Nahost Jahrbuch 1990

Nahost

Jahrbuch 1990

Politik, Wirtschaft und Gesellschaft in Nordafrika und dem Nahen und Mittleren Osten

Herausgeber:
Deutsches Orient-Institut
Thomas Koszinowski/Hanspeter Mattes

Leske + Budrich, Opladen 1991

Mitarbeiter

Die Herausgeber und Autoren des Jahrbuches sind Mitarbeiter des Deutschen Orient-Instituts. Im einzelnen wurden folgende Beiträge verfaßt von

Ahmed, Munir D.	Afghanistan, Pakistan, OIK, PLO
Alkazaz, Aziz	Beziehungen BRD-Nahost (Wirtschaft), Überblick Wirtschaft 1990, Golfstaaten, GKR, OPEC
Clausen, Ursel	Marokko, Mauretanien, Westsahara
Faath, Sigrid	Algerien, Tunesien, Themenartikel: Interessengruppen im Maghreb
Franz, Erhard	Israel, Jordanien, Türkei, AL
Koszinowski, Thomas	Ägypten, Irak, Jemen, Syrien, AKR, Themenartikel: Jemenitische Einheit
Mattes, Hanspeter	Libyen, Sudan, Themenartikel: Proliferation, AMU, Dokumentennachweise
Rieck, Andreas	Iran, Libanon, Saudi-Arabien, Themenartikel: Wahlen
Steinbach, Udo	Beziehungen BRD-Nahost (Politik), Überblick Politik 1990, Themenartikel: Krise um Kuwait

Die Deutsche Bibliothek — CIP-Einheitsaufnahme

Nahost-Jahrbuch: Politik, Wirtschaft u. Gesellschaft in Nordafrika u.d. Nahen u. Mittleren Osten / Hrsg.: Dt. Orient-Inst. — Opladen: Leske u. Budrich.
Erscheint jährl. —

ISBN: 3-8100-0891-5

ISSN: 0935-1051

Druck und Verarbeitung: Druckpartner Rübelmann GmbH, Hemsbach
Printed in Germany

Inhalt

Nachweis und Abkürzungsverzeichnis der benutzten Quellen*

A	al-Ahram, Kairo
AA	Algérie-Actualité, Algier (w)
AdG	Archiv der Gegenwart, St. Augustin
Akinfo	Aktueller Informationsdienst Moderner Orient, Hamburg (ww)
AN	Arab News, Riad
B	al-Ba'th, Damaskus
BO	Baghdad Observer, Bagdad
C	Cumhuriyet, Istanbul
D	al-Dustur, Amman
Dn	Dawn, Karatschi
EGz	The Egyptian Gazette (EM/ Egyptian Mail, Sonntagsausgabe), Kairo
ELM	El Moudjahid, Algier
FAZ	Frankfurter Allgemeine Zeitung, Frankfurt am Main
FT	Financial Times, London/Frankfurt
HB	Handelsblatt, Düsseldorf
IHT	International Herald Tribune, Paris
JA	Jeune Afrique, Paris (w)
JoT	Jordan Times, Amman
JP	Jerusalem Post, Jerusalem
KT	Kabul Times, Kabul
KuT	Kuwait Times, Kuwait
LMS	Le Matin du Sahara (ab April 1989: Le Matin du Sahara et du Maghreb), Casablanca
M	Le Monde, Paris
MD	Monitor Dienst, Deutsche Welle, Serie Nahost, Köln
ME	The Middle East, London (m)
MEED	Middle East Economic Digest, London (w)
MEES	Middle East Economic Survey, Nikosia (w)
MEI	Middle East International, London (ww)
MET	Middle East Times, Nikosia (w)
MN	Morning News, Karatschi
MT	Marchés Tropicaux, Paris (w)
NH	New Horizon, Khartum (w)
NS	News Spot, Ankara (w)
NZZ	Neue Zürcher Zeitung, Zürich
OJ	L'Orient - Le Jour, Beirut
OP	L'Opinion, Rabat
PdT	La Presse de Tunisie, Tunis
PTO	The Pakistan Times, Overseas Weekly, Lahore (w)
S	al-Siyasa, Kuwait
SaG	Saudi Gazette, Dschidda
SWB	Summary of World Broadcast, BBC, Serie Middle East, London
SZ	Süddeutsche Zeitung, München
TDN	Turkish Daily News, Ankara
TT	Tehran Times, Teheran
TTW	Tehran Times International Weekly, Teheran (w)
W	Die Welt, Bonn
YS	al-Yaum al-Sabi', Paris (w)

Nicht abgekürzte Periodika

Africa Confidential, London (ww)
Chaab, Nouakchott
The Echo of Iran, Teheran (w)
Europa-Archiv, Bonn (ww)
al-Hawadith, London (w)
al-Hayat, London
Iran Press Digest, Teheran
Iran Focus, Meckenheim (m)
Jamahiriya, Tripolis (w)
Kayhan International, Teheran
Maghreb-Machrek, Paris (vjl)
Orient, Opladen (vjl)
Révolution africaine, Algier (w)
Ruz al-Yusuf, Kairo (w)
Sahara-Info, Bremen (m)
Sudanow, Khartum (m)
Turkey Briefing, Ankara (w)
al-Zahf al-Akhdar, Tripolis (w)

* Alle Periodika erscheinen, wenn nicht anders vermerkt, täglich; Ausnahmen sind gekennzeichnet mit w = wöchentlich, ww = 14täglich, m = monatlich, vjl = vierteljährlich

Vorwort Jahrbuch Nahost 1990

Das Deutsche Orient-Institut legt hiermit die vierte Ausgabe des *Jahrbuches Nahost* vor, das - wie bereits der erste Band aus dem Jahre 1987 - die wichtigsten politischen und sozio-ökonomischen Entwicklungen im Raum zwischen Mauretanien im Westen und Pakistan im Osten während des Berichtszeitraumes 1. Januar bis 31. Dezember 1990 nachweisen soll. Das *Jahrbuch Nahost* versteht sich damit als aktuelles Nachschlagewerk, das auf der Basis neuester Informationen, Daten und Fakten die Entwicklungen und Trends der arabischen Staaten Nordafrikas und des Nahen Ostens sowie Israels, der Türkei, Irans, Afghanistans und Pakistans aufzeigen möchte und auch in Zukunft spätestens im April jeden Jahres zur Information über das vorausgegangene Kalenderjahr zur Verfügung stehen soll.

Zielgruppe für das *Jahrbuch Nahost* sind alle, die sich mit der Region beschäftigen und Informationen zur aktuellen Entwicklung in der Region benötigen, sei es im Rahmen ihrer beruflichen Tätigkeit im politischen, wirtschaftlichen oder wissenschaftlichen Bereich, sei es privat aus Interesse an der Region, ihren Problemen oder einzelnen Ländern. Aus diesem Grunde dürfte das *Jahrbuch Nahost* für Politiker, Geschäftsleute, Journalisten, Wissenschaftler und Studenten, die mit der Region zu tun haben, gleichermaßen nützlich und ein praktisches Hilfsmittel sein.

Parallel zum *Jahrbuch Nahost* erscheint im übrigen ein vom Institut für Afrikakunde/ Hamburg erstelltes *Jahrbuch Afrika*, auf das an dieser Stelle hingewiesen sei.

Mit der Herausgabe des *Jahrbuches Nahost* sollen die publizistischen Aktivitäten des Deutschen Orient-Instituts, dem die Aufgabe gestellt ist, praxisnahe Forschung zur Politik, Wirtschaft und Gesellschaft Nordafrikas, des Nahen und Mittleren Ostens durchzuführen, sinnvoll ergänzt werden.
Das Jahrbuch mit seiner jährlichen Bestandsaufnahme tritt so neben

- die beiden Reihen **Mitteilungen** bzw. **Schriftenreihe** des Deutschen Orient-Instituts, in der neuere Forschungsergebnisse in monografischer Form mit wechselndem Umfang veröffentlicht werden
- die 1990 im 31. Jahrgang mit vier Nummern pro Jahr beim Leske + Budrich Verlag erschienene Zeitschrift **Orient** (ISSN 0030-5227) mit den Rubriken Kurzbiographien, Berichte aus der Forschung/Tagungen und Konferenzen, Aufsätze und Hintergrundberichte sowie Buchbesprechungen und Bibliographie
- den seit 1975 vierzehntäglich erscheinenden **Aktuellen Informationsdienst Moderner Orient** (ISSN 0342-0329, 25 Nummern pro Jahr, Bezug durch das Deutsche Orient-Institut)
- die in unregelmäßigen Abständen erscheinenden bibliographischen Veröffentlichungen des Referats Vorderer Orient bei der Übersee-Dokumentation des Deutschen Übersee-Instituts (vgl. Hinweis bei Bibliographie)

Zum Aufbau des Jahrbuches

Das *Jahrbuch Nahost* enthält in einem ersten Teil die Länderbeiträge bzw. Angaben zu Organisationen und in einem zweiten Teil Beiträge zu überregionalen oder länderspezifischen Konflikten und Entwicklungen gesellschaftspolitischen oder wirtschaftlichen Charakters. Im vorliegenden *Jahrbuch Nahost 1990* werden außerdem in zwei einführenden Beiträgen die politischen und wirtschaftlichen Entwicklungen des Berichtsjahres im Überblick behandelt, und zugleich wird auf solche internationalen Zusammenhänge und Ereignisse eingegangen, die nicht eindeutig einem Länderbeitrag zugeordnet werden können. Diesen Überblicken ist zur schnellen Orientierung eine fünfseitige Gesamtchronologie mit den zentralen Ereignissen des Jahres 1990 nachgeordnet. Hingewiesen sei in diesem Zusammenhang auf das Überblickskapitel *Beziehungen der Bundesrepublik Deutschland zu Nahost 1990*, in dem die Entwicklung der Interaktion auf politischer und ökonomischer Ebene für das Berichtsjahr bilanziert wurde.

Die einzelnen Länderbeiträge enthalten einführend einen Datenblock mit den wichtigsten Daten zum jeweiligen Land (offizielle Staatsbezeichnung, Unabhängigkeit, Fläche, Einwohnerzahl, Hauptstadt mit Einwohnerzahl, Urbanisierungsgrad, Armeestärke, Bruttoinlandsprodukt, Anteil der Sektoren Landwirtschaft, Industrie und Dienstleistungen am BIP sowie Kurs der Währung zum Dollar). Die Zahlenangaben zur Bevölkerung beziehen sich auf das Jahr 1989, diejenigen zu verschiedenen Wirtschaftsindikatoren im Regelfall, soweit nicht anders angegeben, auf das Jahr 1988. Mit dem Ziel einer besseren Vergleichbarkeit und der Gewährleistung einer einheitlichen Umrechnung von den unterschiedlichen nationalen Erhebungen wurden sie überwiegend aus den neusten Veröffentlichungen der Weltbank (Weltentwicklungsbericht 1990 und Weltbankatlas 1990) bzw. des IWF entnommen; nur in wenigen Ausnahmefällen entstammen sie anderen Quellen (DAC-Bericht der OECD oder nationale Angaben). Zahlen zu neueren Wirtschaftsentwicklungen werden - soweit verfügbar - in den Textbeiträgen angeführt.

Die Anteile am Bruttoinlandsprodukt (BIP) verdeutlichen die relativen Anteile des Primärsektors (Landwirtschaft, Forstwesen, Fischerei, einschließlich Subsistenzwirtschaft), des Sekundärsektors (Industrie und Handwerk, Bergbau, Bauwirtschaft, Strom- und Wasserversorgung) und des Tertiärsektors (Dienstleistungen und alle anderen Wirtschaftsbereiche) an der volkswirtschaftlichen Wertschöpfung. Für die Angaben über die Armeestärke wurden die Zahlen aus The Military Balance 1989-90 des International Institute for Strategic Studies, London 1990, übernommen. Die Währungsangaben beziehen sich auf den Stand zum Jahresende 1989 und sind der Zeitschrift Middle East Economic Digest (Ausgabe 28.12.1990) entnommen. Die Umrechnungskurse sind in Relation zum US-Dollar angegeben; für die Berechnung des Wechselkurses zur DM ist ein Kurs von 1 US-$ = 1,483 DM zugrunde zu legen.

Die einzelnen Länderberichte sind jeweils in die Teile innenpolitische, außenpolitische und sozioökonomische Entwicklung gegliedert. Anschließend folgen Angaben zur Staatsführung (Staatspräsident, Kabinett) sowie eine Jahreschronologie. Die Chronologie soll sowohl die wichtigsten Ereignisse zusammenfassen als auch auf einzelne Fakten aufmerksam machen, die aus Platzgründen im Text nicht berücksichtigt werden konnten.

Zu den im Jahrbuch benutzten Zahlen ist zu bemerken, daß es sich dabei nicht immer um absolut zuverlässige Angaben handelt, da diese je nach Quelle erheblich schwanken. Vielfach waren auch bei Redaktionsschluß die Zahlen für das Jahr 1990 noch nicht zugänglich, so daß für mehrere Länder von den Autoren auf Angaben aus weiter zurückliegenden Jahren zurückgegriffen werden mußte. Im Falle des Libanon wurde auf einige Angaben im Datenblock gänzlich verzichtet, da aufgrund des Bürgerkrieges keine auch nur annähernd zuverlässigen Zahlen vorlagen.

Die einzelnen Länderbeiträge und Organisationen sind alphabetisch geordnet. Schwierig war die Zuordnung der Westsahara, die einerseits von Marokko als integraler Bestandteil des nationalen Territoriums betrachtet wird, während andererseits die Polisario die Westsahara als Staatsterritorium der Demokratischen Arabischen Republik Sahara betrachtet. Im Beitrag Westsahara wird ohne außenpolitische Parteinahme die von Marokko und der Polisario/ DARS ausgehende relevante Entwicklung hinsichtlich dieser Region dokumentiert. Ebenfalls schwierig war die Zuordnung der Ereignisse in den von Israel besetzten Gebieten. Diese werden in einem gesonderten Abschnitt "Besetzte Gebiete" innerhalb des Länderbeitrages Israel abgehandelt, aber auch in der Rubrik PLO dokumentiert. Beide Beiträge sind komplementär zu lesen.

Nicht in das Jahrbuch integriert wurde die Entwicklung auf der Insel Zypern bzw. der nur von der Türkei anerkannten Republik Nordzypern. Trotz Mitgliedschaft in der Arabischen Liga trifft dies auch auf die beiden Staaten Djibuti und Somalia am Horn von Afrika zu. Diese Staaten werden im *Jahrbuch Afrika* berücksichtigt. Nicht konsequent ist die Gruppierung aller Golfstaaten in einem einzigen Länderbeitrag. Diese Staaten sind zwar alle Mitglieder im Golf-Kooperationsrat. Dies trifft aber auch auf Saudi-Arabien zu, dem die Herausgeber jedoch in jedem Fall eine eigenständige Rubrik zuweisen wollten.
Querverweise auf andere (Länder-)Beiträge, in denen sich zum gleichen Sachverhalt ebenfalls Ausführungen oder Ergänzungen finden, erfolgen durch Pfeil (-->). Verweise auf Beiträge in früheren Ausgaben erfolgen in ähnlicher Form. Zum Beispiel wird auf den Iran-Beitrag im Jahrbuch Nahost 1987 folgendermaßen hingewiesen: (--> Iran, JB 1987).

Neu strukturiert wurden die Organisationen. Die Regionalorganisationen wurden in einer Rubrik zusammengefaßt und dabei ihrer politischen und ökonomischen Entwicklung und ihrer Bedeutung entsprechend die Arabische Maghrebunion, der Arabische Kooperationsrat und die OPEC neu aufgenommen und ihre Aktivitäten im Berichtszeitraum dokumentiert.

Im Dokumententeil werden einzelne wichtige Dokumente entweder im vollen Wortlaut oder in Auszügen wiedergegeben. Weitere Dokumente werden unter Angabe der Quelle nachgewiesen. Eine nach Ländern gruppierte Bibliographie, die ab 1988 neben den wichtigsten deutschen Monographien und Aufsätzen auch Veröffentlichungen in englischer und französischer Sprache erfaßt, insbesondere wenn zu zentralen Themen kein deutsches Äquivalent vorliegt, schließt das Jahrbuch ab. Die Bibliographie im *Jahrbuch Nahost 1990* umfaßt Neuerscheinungen aus dem Jahre 1990, in Ausnahmefällen auch Publikationen vom Jahresende 1989. Hinsichtlich des kompletten Nachweises der englisch- und französischsprachigen Literatur wird auf die entsprechenden Bibliographien in den einschlägigen wissenschaftlichen Zeitschriften wie Orient, The Middle East Journal oder Maghreb-Machrek verwiesen. Das Material für die Bibliographie wurde teilweise vom Referat Vorderer Orient der Übersee-Dokumentation beim Deutschen Übersee-Institut/Hamburg zur Verfügung gestellt.

Auf Anmerkungen wurde aus Platzgründen weitgehend verzichtet. Allerdings wurde im laufenden Text nach Maßgabe der Autoren auf die benutzte Quelle in Kurzform (z.B. KuT, 2.7.) hingewiesen. Das Abkürzungsverzeichnis der auf diese Weise ausgewerteten Zeitungen/Zeitschriften findet sich im Anschluß an das Inhaltsverzeichnis. Bei den Datumsangaben wurde generell auf den Zusatz 1990 verzichtet, wenn sich das Datum auf den Berichtszeitraum, also 1990, bezog. Alle anderen Datumsangaben wurden ausgeschrieben.

Notwendige Korrekturen zu versehentlich unterlaufenen gravierenden Fehlern in einem Beitrag des Vorjahres werden am Ende des Textteils des jeweiligen Beitrags vorgenommen (Korrektur JB 1989).

Wichtigste Quelle bei der Erstellung des Jahrbuchs war das Archiv für Zeitungsausschnitte des Deutschen Orient-Instituts, in dem Zeitungen aus fast allen Ländern der Region archiviert werden, sowie seine umfangreiche Sammlung von Zeitschriften. Eine Zusammenfassung der wichtigsten Artikel aus den Zeitungen der Region zur politischen, wirtschaftlichen und sozialen Entwicklung bringt der bereits erwähnte *Aktuelle Informationsdienst Moderner Orient*, der alle 14 Tage vom Deutschen Orient-Institut herausgegeben wird. Weitere wichtige Referenzwerke sind der wöchentlich in London erscheinende Middle East Economic Digest (MEED) sowie die verschiedenen Nahost-spezifischen Zeitschriften wie Maghreb-Machrek, The Middle East, Middle East Economic Survey (MEES), Middle East International usw.

Zur Umschrift

Soweit möglich, wurden bei der Wiedergabe von Eigennamen eingedeutschte oder im Deutschen übliche Schreibweisen benutzt (z.B. Mekka, Riad, Hassan). Aus technischen Gründen und aus Rücksicht auf die Leser wurde auf eine wissenschaftliche Umschrift verzichtet. Für die arabischen Staaten (ohne den Maghreb) wurde eine vereinfachte Umschrift gewählt, die sich an die in der Zeitschrift Orient des Deutschen Orient-Instituts gebrauchte anlehnt, ohne daß jedoch spezielle Transkriptionszeichen verwandt wurden. Für die am Französischen orientierten Maghrebländer Mauretanien, Marokko, Algerien und Tunesien (teilweise gilt das auch für den Libanon) wurde die in der französischsprachigen Presse benutzte Schreibweise übernommen, für die übrigen Staaten Israel, Iran, Afghanistan und Pakistan die in der lokalen englischsprachigen Presse verwandte Schreibweise (z.B. Khomeini). Eine gewisse daraus resultierende Inkonsistenz ließ sich nicht vermeiden. So wird der Name Muhammad in den Maghreb-Staaten in der Regel mit Mohamed wiedergegeben.

Abkürzungen

Länderspezifische Abkürzungen werden in den jeweiligen Länderartikeln erklärt. Im Jahrbuch generell benutzte Abkürzungen sind:
ai (anmesty international), AL (Arabische Liga), AMU (Arabische Maghrebunion), AKR (Arabischer Kooperationsrat), b/d (barrel per day/Barrel pro Tag), BIP (Bruttoinlandsprodukt), BSP (Bruttosozialprodukt), EG (Europäische Gemeinschaft), GKR (Golf-Kooperationsrat), IWF (Internationaler Währungsfonds), KP (Kommunistische Partei), OAU (Organisation für Afrikanische Einheit), OIK (Organisation Islamische Konferenz), PLO (Palästinensische Befreiungsbewegung), NWWO (Neue Weltwirtschaftsordnung), SZR (Sonderziehungsrechte), UNO (Vereinte Nationen), WHO (Weltgesundheitsbehörde), ZK (Zentralkomitee). Darüber hinaus finden in den Chronologien folgende Abkürzungen Anwendung: AM (Außenminister), GS (Generalsekretär), PM (Premierminister/Ministerpräsident), Präs. (Präsident).

Hingewiesen sei schließlich auf die Tatsache, daß die Artikel die Meinung der einzelnen Verfasser und nicht die des Deutschen Orient-Instituts/der Herausgeber wiedergeben.

Dank gebührt dieses Jahr Frau Susanne Todt für die Bereitschaft, das Manuskript druckfertig aufzubereiten.

Hamburg, im April 1991

Thomas Koszinowski
Hanspeter Mattes

Deutsches Orient-Institut
Mittelweg 150
2000 Hamburg 13
Tel.: 040/441481

I. Die Entwicklung 1990 im Überblick

Die Beziehungen Bundesrepublik Deutschland-Nahost 1990

Auch für Bonn stand der Berichtszeitraum 1990 im Zeichen der Krise am Golf, die mit der Aggression des Irak gegen Kuwait am 2.8. ausbrach. Absorbiert durch die vielfältigen Probleme, die sich im Vorfeld und als Folge der deutschen Vereinigung ergaben, war die deutsche Regierung mehr darum bemüht, sich mit niedrigem Profil durch die zahlreichen Klippen zu lavieren als einen klaren, auf politischen Prinzipien gegründeten, Kurs zu steuern.

1. Die deutsch-israelischen Beziehungen und der Einigungsprozeß

Angesichts der Konzentration der deutschen Diplomatie auf die Vereinigung, die sich schon zu Jahresbeginn immer deutlicher abzuzeichnen begann, verwundert es nicht, daß der Nahe Osten - stärker als in vorangegangenen Jahren - im Windschatten der deutschen Außenpolitik blieb. Im Nahen Osten führte die Perspektive eines vereinten Deutschland namentlich in Israel zu frühen Reaktionen. Darin standen tiefsitzende Ängste vor einem "Vierten Reich" einer relativ entspannten Haltung vis à vis einem "neuen" und demokratischen Deutschland gegenüber. Schon im Dezember 1989 hatte sich der israelische Ministerpräsident Yitzhak Shamir in einem Brief darüber besorgt geäußert, daß die Wiedervereinigung eine "tödliche Gefahr für die Juden" bedeuten könne (KuT, 1.2.), eine Äußerung, die zu verärgerten Reaktionen auf der deutschen Seite, namentlich Bundeskanzler Kohls führte. Zahlreiche andere Stimmen des offiziellen Israel drückten ebenfalls Besorgnis aus.

Andererseits zeigte sich auch die israelische Regierung bereit, die anstehende Vereinigung und ein vereintes Deutschland als eine politische Tatsache hinzunehmen. Schon Mitte Februar erklärte Außenminister Moshe Arens im Vorfeld seines Besuchs in Bonn, daß Israel ein künftiges vereintes Deutschland unter der Bedingung unterstütze, daß es sich zur Demokratie und zu einer Verantwortung für den Holocaust bekenne (FAZ, 15.2.). Nach seiner Rückkehr unterstrich Arens im israelischen Fernsehen noch einmal, daß die deutsche Einheit "unvermeidlich" sei, Israel hierbei jedoch nichts zu befürchten habe und die deutsche Einheit deshalb auch nicht ablehnen solle (FAZ, 19.2.). Im übrigen hatte die Bundesregierung Arens versichert, daß sie wirtschaftliche Sanktionen der EG gegen Israel wegen dessen Politik in den besetzten Gebieten ablehne und daß sie sich bemühen werde, die Regierungen der EG-Mitgliedsländer zur Annullierung der vom Europäischen Parlament getroffenen Entscheidung zu bewegen (MD, 16.2.).

Der 25. Jahrestag der Aufnahme diplomatischer Beziehungen zwischen Israel und der BRD am 13.5. gab noch einmal die Möglichkeit, die besondere Qualität der Beziehungen zu unterstreichen. Bundeskanzler Kohl versicherte Ministerpräsident Shamir, daß es ein zentrales Anliegen deutscher Politik bleibe, die Lebens-, Freiheits- und Sicherheitsinteressen des Staates Israel sichern zu helfen. Und Außenminister Genscher schrieb seinem israelischen Kollegen, daß auch ein vereintes Deutschland "die furchbaren Leiden und Opfer der Juden nie vergessen" werde (FAZ 14.5.).

Im Vorfeld der deutschen Einigung war auch die Regierung der DDR bemüht, einen neuen Kurs der Beziehungen zu Israel zu steuern und diese auf eine ähnliche politische und moralische Grundlage zu stellen wie im Falle der BRD. Ende Januar trafen sich Vertreter der ostdeutschen und israelischen Regierung in Kopenhagen. Dabei bekundete die ostdeutsche Delegation ihre Bereitschaft, diplomatische Beziehungen mit Israel aufzunehmen. Zugleich stellte der stellvertretende Außenminister in einem Interview fest, "es sei keine Frage, daß sich die Regierung der DDR zur Verantwortung für die Geschichte des deutschen Volkes bekennen müsse" (Außenpolitische Korrespondenz, 31.1.). Im Februar anerkannte die ostdeutsche Regierung einen Anteil an der Verantwortung für den Holocaust und versprach materielle Hilfe für die jüdischen Opfer. In einem Brief an den *Jüdischen Weltkongreß* in New York betonte Ministerpräsident Hans Modrow eine Verpflichtung der DDR gegenüber den Überlebenden des jüdischen Volkes, die unter der Unterdrückung des nationalsozialistischen Regimes gelitten hätten. Zugleich bestätigte Modrow die Bereitschaft, im Geiste menschlicher

Solidarität Hilfe an Opfer jüdischen Ursprungs des Nazi-Regimes zu leisten (JoT, 10.2.). In diesem Sinne stellte die ostdeutsche Regierung am 25.4. die Zahlung von 6,2 Mio. DM in Aussicht. Trotz einer Reihe ostdeutsch-israelischer Gespräche kam es nicht mehr zur Aufnahme diplomatischer Beziehungen.

Zu einem "historischen" Besuch trafen die Präsidentinnen der beiden deutschen Parlamente, Rita Süssmuth und Sabine Bergmann-Pohl, gemeinsam am 25.6. in Israel ein. Allgemein wurde der Besuch als ein Meilenstein auf der Straße der deutschen Vereinigung mit besonderer Signifikanz im Hinblick auf Israel gewertet. Bei dieser Gelegenheit gab auch Ministerpräsident Shamir ein "bedingunsloses Ja zur Wiedervereinigung" (so Frau Süssmuth; IHT, 28.6.). In einem Interview mit der Bild-Zeitung äußerte Shamir schließlich seine Überzeugung, daß das vereinte Deutschland eine starke Demokratie und ein Hauptpfeiler der freien Welt sein werde. Es werde den demokratischen Charakter Europas mitbewahren; Israel akzeptiere die Einheit Deutschlands (MD, 25.7.). Am 15.10. übergab der erste Botschafter des vereinten Deutschland sein Beglaubigungsschreiben an Präsident Chaim Herzog.

Im ganzen Nahen Osten wurde der deutschen Einigung lebhaftes Interesse entgegengebracht. Die Glückwunschadressen aus nahöstlichen Hauptstädten zum 3. Oktober waren nicht selten mit offenen oder versteckten Anspielungen auf eine stärkere politische Rolle Deutschlands im Rahmen der EG im allgemeinen und im Nahen Osten im besonderen verbunden.

2. Deutschland und die Golfkrise

Mitten im Prozeß der Vereinigung der beiden deutschen Staaten wurde der Überfall Saddam Husains auf Kuwait zu einer politischen Herausforderung, der von Anfang an in Bonn nicht die gebührende Aufmerksamkeit geschenkt werden konnte. Während Washington und europäische Hauptstädte, namentlich London und Paris, vom Beginn der Krise an dieser ihre ungeteilte Aufmerksamkeit zuwenden konnten, war für Bonn - verständlicherweise - der Golf nur ein Nebenschauplatz seiner Politik. Dies konnte sich auch nach der Vereinigung angesichts der zahlreichen inneren politischen und wirtschaftlichen Probleme kaum ändern. Die irrealen Erwartungen des Auslands an eine neue deutsche "Supermachtrolle" in der Weltpolitik, die in weitesten Kreisen der deutschen Öffentlichkeit keinerlei Resonanz finden konnten, und die Konfrontation mit der Frage eines Einsatzes deutscher Truppen außerhalb des NATO-Verteidungsbereichs, der vor dem Hintergrund der deutschen Geschichte in den vergangenen Jahrzehnten immer ausgewichen worden war, schufen immer neue Irritationen auf einer Bonner Bühne, die sich auch noch anschickte, am 2.12. erste gesamtdeutsche Wahlen abzuhalten. Nach und nach enthüllte Offenbarungen, daß deutsche Unternehmen in sensitiven Bereichen an der Waffenentwicklung des Irak einen wichtigen Anteil hatten (woran die Bundesregierung zwar keine unmittelbare Mitschuld trug, die für die Kontrolle der außenwirtschaftlichen Beziehungen zuständigen Organe aber nicht immer mit genügender Akribie gearbeitet hatten), schufen zusätzliche Belastungen für die Bonner Politik in dieser Krise.

Die Bundesregierung schloß sich zunächst allen international bindenden Resolutionen und Beschlüssen an. Namentlich das von der UNO verhängte Embargo wurde umgesetzt (1989 hatte die BRD Waren im Wert von 2,2 Mrd. DM in den Irak und für 860 Mio. DM nach Kuwait geliefert). Die Ankündigung Präsident Bush's vom 8.8, amerikanische Soldaten nach Saudi-Arabien zu schicken (--> Krise), warf auch in Bonn die Frage nach einer deutschen Beteiligung auf. Am 10.8. beschloß die Bundesregierung, einen Minensuch- und Minenräumverband in das östliche Mittelmeer zu entsenden, dessen Operationsgebiet von der Entwicklung in der Region abhängig sein sollte. Für den Einsatzbereich sei die jeweilige Lage entscheidend (FAZ, 11.8.). Dies setzte eine Debatte über die Zulässigkeit einer solchen Maßnahme auf der Basis des Grundgesetzes in Gang, die die Bundesregierung zu der Klarstellung zwang, daß ohne eine Änderung des Grundgesetzes die Marine nicht in den Golf beordert werde (HB, 21.8.). Am 17.8. wurden sieben Personen verhaftet, die im Verdacht standen, dem Irak Anlagen für eine chemische Fabrik verkauft zu haben.

Neben dem deutschen Beitrag zum militärischen Aufmarsch am Golf standen Bemühungen um die Freilassung von etwa 400 Deutschen, die in Bagdad als Geiseln (nach irakischer Lesart: "Gäste der Regierung") zusammen mit Angehörigen anderer Nationen festgehalten wurden und von denen eine große Zahl als lebende Schutzschilde an militärisch sensible Punkte verschleppt worden waren, im Mittelpunkt der politischen Diskussion in Bonn. Die Turbulenzen im Zusammenhang mit einer Reise von Ex-Bundeskanzler Willy Brandt nach Bagdad, in der er - wie *elder statesmen* anderer Staaten auch - den Versuch machen wollte, Geiseln freizubekommen, waren symptomatisch für die Ziel- und Orientierungslosgkeit der Bonner Regierung in der Krise. Zunächst zeigte sich Bundeskanzler Helmut Kohl der Reise kategorisch abgeneigt. Konfrontiert mit der Unterstützung des Unternehmens durch den sozialdemokratischen Spitzenkandidaten Lafontaine für die Wahlen am 2.12. und mit einer zunehmend sensibilisierten Öffentlichkeit, stellte sich die Regierung schließlich doch hinter Brandt, der seine Reise am 5.11. antrat. Die "Ausbeute" (100 Deutsche und 20 Angehörige anderer Nationen) stand freilich hinter den Erwartungen zurück. Die Masse der deutschen Geiseln sollte erst kurz vor Weihnachten zusammen mit allen anderen Geiseln freikommen.

Nach der Absage der Entsendung von Minensuchbooten in den Golf beschränkte sich Bonn auf die Leistung finanzieller Unterstützung. Dabei sollten Zahlungen im Zusammenhang mit dem Aufbau der Militärpräsenz vermieden und vielmehr auf humanitäre Hilfe (z.B. für die Flüchtlinge aus Kuwait) und auf die Unterstützung der vom Embargo betroffenen Staaten beschränkt werden. Daß sich eine solche Zurückhaltung nicht lange würde durchhalten lassen, sollte der Besuch des amerikanischen Außenministers James Baker am 15.10. zeigen. Die deutsche Zusage belief sich auf 3,3 Mrd. US-$ und schloß Sachleistungen für die US-Streitkräfte ein (Radfahrzeuge, Funkgeräte, Generatoren, Pioniermaterial, den Spürpanzer "Fuchs" etc.) - z.T. aus Beständen der ehemaligen Nationalen Volksarmee.

Der zielstrebige Truppenaufmarsch war von wachsender Bewegung in der deutschen Bevölkerung begleitet. Noch nie war eine Krise im Nahen Osten auf eine so verbreitete Anteilnahme in der deutschen Bevölkerung gestoßen; und seit der Zeit der Diskussionen um die Raketenabrüstung war es der Friedensbewegung in Deutschland nicht mehr gelungen, das Engagement für die Erhaltung des Friedens in solchem Ausmaß zu mobilisieren. Daß dabei antimerikanische Tendenzen zutage traten, wurde von vielen Beobachtern mit Besorgnis vermerkt. Andererseits war auch die Aufrichtigkeit der Sorge, daß ein Krieg am Golf kaum wirkliche Lösungen schaffen und unübersehbare Dimensionen annehmen würde, nicht zu übersehen. In bislang nicht gekannter Intensität nahmen sich die Medien - namentlich das Fernsehen - der Krise an (ohne freilich immer dem Anspruch auf sachkundige und objektive Information gerecht zu werden) und trugen damit ihrerseits zur Mobilisierung der Bevölkerung bei.

Ein neues Crecendo erfuhr die Debatte um den deutschen Beitrag Ende des Jahres, als die Türkei die NATO um Entsendung der *Allied Mobile Force* ersuchte. Die Regierung in Ankara hatte das NATO-Hauptquartier wissen lassen, daß sich die Türkei durch den Aufmarsch irakischer Truppen und irakische Raketen bedroht fühle. Einem entsprechenden Beschluß der NATO folgend wurden am 6.1.1991 18 Alpha Jet und 270 Mann Begleit- und Versorgungspersonal auf den türkischen Luftwaffenstützpunkt Erhac verlegt.

3. Die Rolle der EG

Neben ihrer bilateralen Dimension war die deutsche Reaktion naturgemäß auch im Lichte der Antwort der EG auf die Krise am Golf zu sehen. Im Gegensatz zur ersten Golfkrise, die mit dem Überfall des Irak auf Iran im September 1980 ausgelöst worden war, gelang es der EG diesmal von Anfang an, ein hohes Maß an Geschlossenheit zu wahren und wirksame Schritte zu unternehmen. Bereits am 2.8. wurde im Rahmen der *Europäischen Politischen Zusammenarbeit* (EPZ) eine Erklärung abgegeben, in der die Zwölf zum sofortigen Rückzug aufriefen und sich weitere Maßnahmen gegen den Bruch des Völkerrechts vorbehielten. In einer weiteren Erklärung vom 4.8. wiesen sie die vorgebrachten Rechtfertigungsgründe des Irak zurück und erklärten ihre Unterstützung für die Resolutionen der UNO über globale Sanktionen. Auch in der Folge konnte die Geschlossenheit gewahrt werden. Sie manifestierte sich im Nichtabzug des Botschaftspersonals aus Kuwait, der Solidarität mit den betroffenen Staaten und der im Irak festgehaltenen ausländischen Geiseln. Am 17.9. wurd eine Soforthilfe für die Flüchtlinge aus Kuwait und dem Irak zugesagt. Am Rande des KSZE-Gipfels in Paris am 2.10. wurde eine finanzielle Unterstützung für die durch das Embargo betroffenen Länder Ägypten, Jordanien und Türkei in Höhe von 1,5 Mrd. ECU beschlossen, über die mehrere Wochen lang beraten worden war.

Bemerkenswert war in diesem Zusammenhang schließlich die Einberufung einer außerordentlichen Tagung der *Westeuropäischen Union* (WEU), der alle Mitglieder der EG außer Dänemark, Griechenland und Irland angehören. Wenn naturgemäß dabei keine konkreten gemeinsamen militärischen Maßnahmen verwirklicht werden konnten, sollte durch die Einberufung dieses Forums vor allem der Wille zur Zusammenarbeit der EG-Staaten auch im Verteidigungs- und Sicherheitsbereich demonstriert werden. Dementsprechend konzentrierten sich die Beschlüsse mehr auf die Koordination militärischer Operationen in der Golfregion zur Durchsetzung der Maßnahmen des UNO-Sicherheitsrates als auf spezifische militärische Schritte (NZZ, 21.8.).

Auf bilateraler Ebene gestalteten sich die Beziehungen der BRD bzw. des vereinten Deutschland zu den Staaten der Region im übrigen normal. Unter den Besuchern war der tunesische Staatspräsident Zine El Abidine Ben Ali im Juli der höchstrangige aus dem Nahen Osten bzw. Nordafrika. Nach dem Besuch von Bundespräsident von Weizsäcker in Marokko im Oktober 1989 unterstrich die Visite Ben Alis die zunehmend engen Beziehungen Deutschlands mit den Ländern Nordafrikas. Unter den arabischen Staaten blieben die Beziehungen zu Ägypten auch im Berichtszeitraum einmal mehr die intensivsten. Die Beziehungen mit Iran erholten sich wieder nach dem Einbruch des Vorjahres (--> Iran, JB 1989). Demgegenüber kam es im Verhältnis zur Türkei zu einer vorübergehenden Trübung. Im April verfügte das Auswärtige Amt die Ausweisung von 15 türkischen Diplomaten unter dem Vorwurf, im Rahmen nachrichtendienstlicher Tätigkeit Türken in der BRD bespitzelt zu haben. Ankara reagierte mit der Ausweisung von acht deutschen Diplomaten.

4. Die Wirtschaftsbeziehungen 1990 mit dem Nahen Osten

Hinsichtlich ihrer Wirtschaftsbeziehungen zu den Nahostländern brachte das Jahr 1990 für die BRD nicht die erhoffte Konjunkturstütze, sondern zusätzliche finanzielle Belastungen. Im ersten Halbjahr konnte die Region aufgrund der niedrigen Ölpreise und der Stagnation in den kapitalarmen Ländern ihre Nachfrage nach deutschen Waren und Dienstleistungen nicht wesentlich steigern. Der von der OPEC (Ende Dezember 1986) festgestzte nominale Preis von 18 US-$ je Barrel entsprach Mitte 1990 einem realen Wert von weniger als 15 US-$. Nun lagen die tatsächlich am Markt erzielten nominalen Preise unter 14 US-$. Vor diesem Hintergrund blieben die Konsum- und Investitionsausgaben der Ölexportländer sowie ihr Kapitalexport in die Defizitländer der Region begrenzt. Im zweiten Halbjahr (genauer nach dem 2.8. 1990) profitierten zwar die Förderländer von den Ölpreissteigerungen, die Golfkrise verursachte aber ihnen und anderen Ländern der Region erhebliche ökonomische Verluste. Die Bundesrepublik war herausgefordert zu helfen. Sie verpflichtete sich zur Mitfinanzierung des Truppenaufmarsches der von den USA angeführten anti-Irak-Koalition und zum teilweisen Ausgleich der Verluste betroffener Länder (insbesondere Ägypten, Jordanien, Türkei) rund 17 Mrd. DM beizutragen. Aufgrund der Golfkrise und des Wirtschaftsembargos gegen den Irak und Kuwait verzeichnete der deutsche Export in die betroffenen Länder erhebliche Rückschläge. Die Ausfuhren in den Irak, der mit 2,2 Mrd. DM 1987 der zweitgrößte Absatzmarkt im arabischen Raum für die BRD war, sanken 1990 um 44,7 % auf 1,22 Mrd. DM. Der kuwaitische Markt nahm 1990 deutsche Waren und Dienstleistungen im Wert von 548 Mio. DM, 36,3 % weniger als im Vorjahr. Weitere Rückgänge waren zu verzeichnen in Jordanien

-20,9 %, Nordjemen -16,9 %, Libyen -8 %, Saudi-Arabien -4,9 % und Ägypten -4,4 %. Dem gegenüber erhöhte sich der deutsche Export in die VAE, nach Algerien, Tunesien und Marokko. Zusammengenommen ergab sich ein erträglicher Rückgang des deutschen Exports in die arabischen Länder von 15,80 Mrd. DM (1989) um 7,7 % auf 14,58 Mrd. DM (1990). Er wurde durch eine Steigerung des Exports in die Türkei (+44 %), nach Iran (+65 %) und nach Israel (+7,5 %) überkompensiert. Insgesamt haben sich die deutschen Ausfuhren in die Länder des Nahen und Mittleren Ostens um 10 % auf 28,74 Mrd. DM erhöht. Der Anteil der neuen Bundesländer an diesen Ausfuhren war sehr gering, denn Produktion und Export der ehemaligen DDR sind generell zurückgegangen (allein im dritten Quartal 1990 verminderte sich die Produktion der verarbeitenden Industrie um 45 %; der Handel schrumpfte um 35 %).

Die deutschen Importe aus dem Nahen und Mittleren Osten stiegen 1990 um 13 % auf rund 21 Mrd. DM. Damit lag der Handelsbilanzüberschuß mit 7,76 Mrd. DM auf dem gleichen Niveau wie im Vorjahr. Der mengenmäßige Ölimport aus den arabischen Ländern erhöhte sich nur geringfügig von 28,9 auf 29,6 Mio.t, d.h. um 2,4 %. Wertmäßig machte er rund 8,15 Mrd. DM aus, 8,9 % mehr als im Vorjahr. Die Nicht-Öl-Importe wurden zwar um 13 % auf 3,67 Mrd.DM erhöht, konnten aber keine kräftigen Impulse für die wirtschaftliche Entwicklung der Nahostregion geben.

Hinsichtlich der Direktinvestitionen ist grundsätzlich anzumerken, daß viele Kapitalanlagen "aus Gründen der Geheimhaltung von Einzelangaben" nicht veröffentlicht werden. Die verfügbaren Daten erlauben also kein vollständiges Bild. Die veröffentlichten deutschen Direktinvestitionen in 10 arabischen Ländern betrugen Ende 1988 rund 1,67 Mrd. DM, davon 589 Mio. in Libyen, 472 Mio. in Ägypten, 346 Mio. in Syrien, 131 Mio. in Tunesien und 97 Mio. in Saudi-Arabien. Hinzu kamen 330 Mio. in der Türkei, 130 Mio. in Iran und 42 Mio. in Pakistan. Im Jahr 1989 betrug der Nettotransfer in die hier betrachteten Länder 331 Mio. DM; im ersten Halbjahr 1990 waren es nur 52 Mio.DM. Angaben über Direktinvestitionen nahöstlicher Länder in der BRD sind irreführend, weil sie nur solche Kapitalanlagen erfassen, deren Anteil 25 % des Kapitals der betreffenden deutschen Gesellschaft übersteigt. Gerade nahöstliche Investoren pflegen unauffällig zu bleiben und ihre Kapitalanlagen nach Risiko und Rentabilität zu streuen. Ende 1988 betrugen die (veröffentlichten) iranischen Direktinvestitionen in der BRD 597 Mio. DM, die türkischen 77 Mio., die pakistanischen 14 Mio., die kuwaitischen 11 Mio., die tunesischen 9 Mio. und die saudischen 5 Mio. Bei den türkischen Direktinvestitionen gab es einen Nettotransfer von 1 Mio. im Jahr 1989 und 11 Mio. im ersten Halbjahr 1990.

Die BRD setzte 1990 ihre *Technische und Finanzielle Zusammenarbeit* (TZ und FZ) mit den kapitalarmen Ländern der Region verstärkt fort, wobei zusätzliche Beiträge im Rahmen der internationalen Solidaritätshilfe für die von der Golfkrise betroffenen Länder hinzu kamen. Für 1990 hatte die Bundesregierung Ägypten FZ in Höhe von 235 Mio. DM und TZ in Höhe von 30 Mio. zugsagt. Hinzu kamen 158 Mio. in der "Pipeline" und 200 Mio. Warenhilfe. Von der erweiterten Finanzhilfe entfielen auf Ägypten rund 1 Mrd. DM. Dieses Hauptempfängerland konnte aufgrund seines Bündnisses mit den USA während der Golfkrise verschiedene Erlasse und vertrauliche Zusagen erhalten, die seine Auslandsverschuldung von 51 auf 28 Mrd. US-$ reduzierten. Die erlassenen Schulden verteilten sich wie folgt (Mrd. US-$): USA 7, Saudi-Arabien 4,5, andere Golfstaaten 3,2 und die Länder des Pariser Klubs 8. In der Türkei wurden von deutscher Seite 20 Projekte, u.a. aus dem Energiebereich, weiter gefördert. Im Rahmen der TZ wurden deutsche Experten zur Förderung der Kooperation zwischen türkischen und europäischen mittelständischen Unternehmen eingesetzt. Bei Hermes-Kreditversicherung wurde der Jahresplafond 1990 von 300 auf 500 Mio. DM heraufgestzt, was als Indiz verbesserter und ausgeweiteter Wirtschaftsbeziehungen gewertet werden kann. Es gab türkische Befürchtungen, daß die angestiegene Arbeitslosigkeit in den neuen Bundesländern zur Verdrängung eines größeren Anteils der türkischen Gastarbeiter führen könnte. Dies hat sich aber nicht bewahrheitet. Jordanien, Jemen und Pakistan blieben Schwerpunkte deutscher entwicklungspolitischer Zusammenarbeit. Jordanien erhielt zusätzliche Warenhilfe im Wert von 200 Mio. DM, und der jordanischen Industriebank wurde im Mai 1990 eine neue Kreditlinie von 20 Mio. DM zur Verbesserung der Industrieproduktion und Steigerung des

Exports eingeräumt. Im Jemen wurden insbesondere das Berufsbildungswesen (Aufbau des Polytechnikums in Sana) und die Modernisierung der Infrastruktur (Wasserversorgungsprojekt in der Provinz al-Mahwit, Bau der Straße Shibam-Mahwit u.a.) sowie die Reintegration zurückgekehrter jemenitischer Gastarbeiter gefördert. Pakistan erhielt 1990 rund 300 Mio. DM, mit denen Entwicklungsprojekte in Sind, Punjab, Balutschistan und anderen Landesteilen gefördert wurden. Die pakistanische Wirtschaft hatte aufgrund der Golfkrise und des Streits mit den USA wegen der Frage der Kernwaffenproduktion erhebliche Verluste hinnehmen müssen, darunter eine Verteuerung der Ölimportrechnung um 2 Mrd. US-$, den Rückgang der Gastarbeiterüberweisungen, die Einfrierung der amerikanischen Wirtschafts- und Militärhilfe (564 Mio. US-$). Vor diesem Hintergrund wurde die deutsche Finanzhilfe etwas erhöht.

Für die deutsche Wirtschaft sind die Gesundung der Volkswirtschaften der Golfanrainerstaaten und die Weiterentwicklung ihrer aufnahmefähigen Märkte von besonderer Bedeutung. Gerade diese Länder befanden sich aber 1990 im Zentrum der Golfkrise. Die vom UNO-Sicherheitsrat und der EG gegen den Irak beschlossenen Wirtschaftssanktionen wurden mittels Außenwirtschaftsverordnungen in deutsches Recht umgesetzt. Die Hermes-Exportkreditversicherung sowie irakische und kuwaitische Konten und Depots wurden sofort gesperrt. Dieses Embargo gegen den Irak und Kuwait hat nach dem 2.8. den Wirtschaftsverkehr mit einem Schlag unterbrochen und viele laufende Geschäfte eingefroren. Aufgrund der in der Öffentlichkeit geführten Debatte über deutsche Exporte in den Irak und über vermutete Export-Verstöße vor und nach dem Embargo, die zu Angriffen auf die Bundesregierung und zu pauschalen Vorverurteilungen deutscher Unternehmen geführt hatten, hat sich der neue Bundeswirtschaftsminister Möllemann der Exportkontrollen im Kontext des Embargos angenommen. So wurde das Außenwirtschaftsgesetz hinsichtlich illegaler Exporte von Rüstungsgütern und militärisch verwendbaren Technologien deutlich verschärft. Seit der Rabta-Affaire wurden die Kontrollen erheblich ausgedehnt und die Strafen drastisch erhöht. Ferner war die Bundesregierung bemüht, innerhalb der EG und darüber hinaus zu einheitlichen Exportkontroll-Standards zu kommen. Alle Unternehmen verbesserten ihre innerbetrieblichen Kontrollen.

Vom Embargo waren zahlreiche deutsche Unternehmen hart betroffen. Es ging um mehrere Milliarden, darunter unversicherte Forderungen im Unfang von etwa 1 Mrd.DM. Sektoral gesehen war der Maschinenbau besonders betroffen; er hatte 1989 mit 736 Mio. DM den größten Anteil an den deutschen Ausfuhren in den Irak. Wegen der Ölimportsperre bereiteten die noch nicht abgewickelten Kompensationsgeschäfte erhebliche Sorgen. Firmen mit Hermes-gedeckten Forderungen waren in einer besseren Lage, denn ihnen wurden die Verluste bis auf den (hohen) Selbstbehalt von 35 % erstattet. Der Umfang der Hermes-gedeckten Ausfuhren belief sich auf 8 Mrd. DM, von denen 1990 rund 1 Mrd. an Entschädigungen zu zahlen waren. Der Bund muß bis 1997 für Schadensausfälle aus dem Irak-Geschäft etwa 2,6 Mrd. DM an Lieferanten zahlen, davon 1 Mrd im Jahr 1990. Auf bundesdeutsche Kreditinstitute entfielen ca. 3,5 Mrd. DM der irakischen Gesamtschulden, auf die schon in den vergangenen Jahren Wertberichtigungen vorgenommen worden waren. Die deutschen Unternehmen trugen damit die Hauptlast des Embargos.

Golfkrise bzw. Golfkrieg haben die deutsche Wirtschaft in mehrfacher Hinsicht geschädigt (Folgen des Wirtschaftsembargos, erhebliche Finanzierungsbeiträge für den Krieg und für die Linderung der ökonomischen Folgen der Krise in den betroffenen Regionalstaaten, Verlust von Marktanteilen in der Golfregion zugunsten der USA und Englands, die ihre privilegierten Stellungen in der Region ausbauen konnten). Allerdings sind die zukünftigen Chancen deutscher Firmen beim Wiederaufbau im Irak und in Iran sowie in anderen Nahostländern nicht allzu schlecht, zumal das deutsche know-how überall in der Region benötigt wird. Die deutschen Wirtschaftsbeziehungen zu Iran haben sich bereits 1990 weiter verbessert und ausgeweitet, was in den zahlreichen Besuchen offizieller Delegationen und in der Steigerung des bilateralen Handelsvolumens von 3,75 auf 6,45 Mrd. DM zum Ausdruck kam.

Udo Steinbach/Aziz Alkazaz

Die politische Entwicklung 1990 im Überblick

Die neuerliche Krise am Golf, die mit dem Überfall des Irak auf Kuwait am 2.8. ausbrach, bestimmte die Nahostpolitik in der zweiten Jahreshälfte nahezu vollständig. Die aufgrund der Resolutionen des UNO-Sicherheitsrates und namentlich des militärischen Aufmarsches rasch eintretende Internationalisierung der Krise zwang alle arabischen Staaten, Position zu beziehen. Über diese hinaus aber waren mit Israel, der Türkei und Iran drei weitere Regionalmächte mittelbar oder unmittelbar einbezogen. Jenseits der politischen (bzw. militärischen) Aspekte hatte der Konflikt durch die starke Steigerung des Erdölpreises wie durch die negativen Auswirkungen des gegen den Irak verhängten Embargos auf eine Reihe von Regionalstaaten erhebliche wirtschaftliche Auswirkungen.

1. Innere Entwicklungen in ausgewählten Nahoststaaten

Der spektakuläre Charakter der Geschehnisse am Golf freilich läßt leicht weitere bemerkenswerte Entwicklungen in anderen Teilen der Region im Berichtszeitraum übersehen. Mit der Vereinigung der beiden Jemen, d.h. der Arabischen Republik Jemen und der Demokratischen Volksrepublik Jemen am 22.5. war ein Prozeß abgeschlossen, der sich über Jahre hingezogen hatte. Der Zusammenschluß eines Staates, der über zwei Jahrzehnte als einziger arabischer Staat durch ein kommunistisches Regime osteuropäischen Vorbilds (in Aden) beherrscht war, mit einem System, in dem sich Elemente militärischer Herrschaft mit traditionalen, namentlich tribalen Elementen vermischen, schien den Prozeß der Entideologisierung und den Übergang zu einer pragmatischeren Politik zu bestätigen, der seit einigen Jahren in der ganzen Region zu beobachten war. Mit der Golfkrise war der junge jemenitische Einheitsstaat einer doppelten Belastungsprobe ausgesetzt: Politisch mußte die Regierung in Sana insofern eine Gratwanderung machen, als sie in der Konfrontation um Kuwait ihre guten Beziehungen mit Bagdad zu erhalten bemüht war, andererseits aber als - einziges arabisches - Mitglied des UNO-Sicherheitsrates die von der überwältigenden Anzahl der Mitglieder angenommenen, gegen den Aggressor Irak gerichteten Resolutionen mitzutragen hatte. Wirtschaftlich bedeutete die Ausweisung von Hunderttausenden jemenitischer Arbeiter aus Saudi-Arabien den Verlust erheblicher Einnahmen, die dem Lande direkt oder indirekt über viele Jahre zugute gekommen waren.

Kaum weniger bemerkenswert als die Vereinigung des Jemen war der Fortgang der Demokratisierung in Algerien, der 1989 mit der Annahme der neuen Verfassung und der Verabschiedung eines Parteiengesetzes eingesetzt hatte (--> Algerien, JB 1989). Eine Reihe neuer Parteien entstand. Im Vorfeld der Provinz- und Gemeinderatswahlen kam es im April und Mai zu Demonstrationen, in denen einzelne Organisationen und politische Richtungen ihre Anhängerschaft zu mobilisieren suchten. Schon dabei wurde deutlich, daß dabei den islamischen Gruppierungen unter Führung des *Front Islamique du Salut* (FIS) das größte Gewicht zukommen würde. Tatsächlich wurden dann auch die Wahlen am 12.6. zu einem Triumph des FIS: Bei den Wahlen zu den Kommunalparlamenten stimmten 54 % der Wähler für den FIS, bei den Wahlen zu den Wilayatsparlamenten erhielt der FIS gar 57,44 % (--> Algerien). Das Ausmaß an innerer Liberalität wurde auch in der Rückkehr Ahmad Ben Bellas, des ersten Präsidenten Algeriens nach der Unabhängigkeit, Ende September deutlich. Ben Bella war 1965 gestürzt worden und hatte die letzten neun Jahre im Exil gelebt.

Wahlen wurden auch in Ägypten notwendig, nachdem das Verfassungsgericht die Wahlen von 1987 für ungültig erklärt hatte. Angesichts der Verweigerung nahezu der gesamten Opposition (und durchaus in Übereinstimmung mit dem herkömmlichen Wählerverhalten) konnte die *Nationaldemokratische Partei* von Staatspräsident Mubarak 355 Sitze erringen.

Auch die Entwicklung in Pakistan setzte ein hoffnungsvolles Zeichen der Demokratie. Am 6.8. entließ Staatspräsident Ghulam Ishaq Kahn Premierministerin Benazir Bhutto. Vorgeworfen wurden ihr Korruption, Nepotismus und Unfähigkeit. Wenn auch weithin vermutet wurde, hinter der Maßnahme stehe einmal wieder das pakistanische Militär, konnte doch von Anfang an kein Zweifel bestehen, daß der Staatspräsident auf dem Boden der Verfassung gehandelt hatte. Nach kurzem Wahlkampf kam es am 24.10. zur Wahl, aus der die *Islamic Jumhoori Ittihad* (IJI) als klarer Sieger hervorging. Vorwürfe Frau Bhuttos, die Wahlen seien massiv gefälscht worden, konnten nicht erhärtet werden. Anfang November konnte ihr Nachfolger als pakistanischer Premierminister, Mian Mohammed Nawaz Sharif, sein Kabinett vorstellen.

Auch in der Islamischen Republik Iran schließlich wurden im Berichtszeitraum Wahlen abgehalten, die Rückschlüsse auf sich wandelnde innere Machtverhältnisse zuließen. Am 8.10. standen die Wahlen zum *Expertenrat* an, einem 83köpfigen Gremium, dem die Wahl des Nachfolgers des geistlichen Führers der Islamischen Republik in der von Ayatollah Khomeini begründeten Tradition, die in der Verfassung festgeschrieben wurde, obliegt. Das auf 8 Jahre gewählte Gremium war 1982 zum ersten und bis dato einzigen Mal gewählt worden. Im Vorfeld kam es zu einer scharfen Auseinandersetzung zwischen der derzeit führenden politisch-religiösen Fraktion um Präsident Rafsanjani und Ayatollah Khamenei einerseits und den Rivalen des radikalen Flügels andererseits, für den die Namen von Parlamentspräsident Karrubi und dem ehemaligen Innenminister Mohtashemi stehen. Erstere hatten durchgesetzt, daß alle interessierten Kandidaten eine Prüfung ihrer theologischen Qualifikation abzulegen haben würden, die über ihre Kandidatur entscheiden würde. Entrüstet über dieses Vorgehen weigerte sich ein Teil der möglichen Kandidaten aus dem radikalen Lager, andere fielen bei der Prüfung durch. Die Spannungen entluden sich in scharfen Wortgefechten im Parlament, in dem es auch zu handgreiflichen Auseinandersetzungen kam. Ob damit eine Stärkung der pragmatischen Führung angezeigt ist, oder der radikale Flügel, der im Parlament über eine Mehrheit verfügt, seine Politik der Obstruktion nicht eher verschärfen wird, wird abzuwarten sein.

2. Anhaltende regionale Konflikte und Spannungen

Unabhängig vom Ausbruch der Krise am Golf waren Nordafrika sowie der Nahe und Mittlere Osten von anhaltenden Spannungszuständen erfüllt, über die auch bereits in früheren Jahren zu berichten war. Dies gilt "natürlich" von dem im Herzen der Region befindlichen arabisch-israelischen und dem ihm benachbarten und mit ihm untrennbar verbundenen Konflikt im Libanon. Bis zum Ausbruch der Krise am Golf stand die Nahostdiplomatie im Zeichen fruchtloser Versuche, Gespräche über die Zukunft Palästinas in Gang zu bringen. Über die Frage, ob und in welcher Weise die PLO einbezogen werden sollte (--> Israel, JB 89), zerbrach in Israel die große Koalition zwischen dem Likud und der Arbeiterpartei. Nach mühsamen und trickreichen Verhandlungen gelang es Ministerpräsident Shamir im Mai, eine Koalition rechts von der Mitte zusammenzubringen, von der Konzessionen von vornherein nicht zu erwarten waren. Einen gescheiterten Anschlag eines palästinensischen Kommandos auf die Küste von Tel Aviv am 30.5. nutzte die israelische Regierung, Druck auf Washington auszuüben, die seit Ende 1988 sporadisch stattfindenden Gespräche mit der PLO - als einer "Terrororganisation" - abzubrechen. Als dies am 20.6. geschah, waren die Bemühungen, in die Lösung der Palästinafrage Bewegung zu bringen, wieder am Nullpunkt angekommen. Einmal mehr konnten in der PLO diejenigen an Oberwasser gewinnen, die stets Kompromisse und Vorleistungen abgelehnt hatten. Insofern gab es für PLO-Chef Arafat kaum eine Alternative, als sich auf die Seite des irakischen Präsidenten Saddam Husain zu schlagen, der schon im April gedroht hatte, daß im Falle eines israelischen Angriffs "die Hälfte Israels vernichtet würde", und der mehr und mehr einen machtpolitischen Ausweg aus der diplomatischen Sackgasse zu weisen begann, in die sich die arabische Seite manövriert zu haben schien (--> Krise um Kuwait).

Diese Entwicklungen sollten nicht ohne Einfluß auf den palästinensischen Aufstand bleiben. Auch im Berichtszeitraum ging die *Intifada* zunächst weiter - allerdings in einer Weise, daß beide Seiten zu glauben schienen, damit geraume Zeit noch leben zu können. Namentlich die israelische Seite schien zu der Überzeugung gekommen, den Aufstand "im Griff zu haben": Die Besatzungsarmee war weniger sichtbar und damit die Provokation auf die Palästinenser geringer. Die Zahl der Opfer begann abzunehmen. Nach dem Mord an acht Palästinensern durch einen jungen Israeli am 20.5. verschärften sich die Zusammenstöße wieder. Diese eskalierten insbesondere in der Zeit nach dem Ausbruch des Konflikts am Golf, in dem sich die Masse der Palästinenser auf die Seite Saddam Husains schlug. Das Massaker am Tempelberg am 8.10., bei dem 19 Palästinenser getötet wurden, war der dramatischste Ausdruck dieser Verschärfung. Insgesamt zeichnete sich am Ende des Berichtszeitraums die Gefahr ab, daß auch die palästinensische Seite größere Bereitschaft zeigen könnte, ihr zur Verfügung stehende Waffen (zunächst vornehmlich Messer) einzusetzen. Einen Hoffnungsschimmer verbreitete der UNO-Sicherheitsrat, als er am 20.12. einstimmig eine Resolution annahm (681), die Maßnahmen zur Verbesserung des Schutzes der palästinensischen Bevölkerung in den besetzten Gebieten zum Gegenstand hat. Zugleich wurde eine Erklärung des Präsidenten des UNO-Sicherheitsrates gebilligt, in der dieser den Willen der Mitglieder zum Ausdruck brachte, einen aktiven Verhandlungsprozeß zu unterstützen, der auch die Einberufung einer internationalen Friedenskonferenz beinhalten würde.

Zu vorsichtigen Hoffnungen gab die Entwicklung des Konflikts im Libanon Anlaß. Zwar begann das Jahr nach wie vor turbulent: Neben anhaltenden Kämpfen zwischen den beiden schiitischen Milizen, *Amal* und *Hizballah*, und zwischen einzelnen palästinensischen Organisationen hatten die schweren Kämpfe innerhalb der maronitischen Gemeinschaft, zwischen General Michel Aoun einer- und den *Forces Libanaises* unter Samir Geagea andererseits, in jeder Weise katastrophale Auswirkungen. Der Ausbruch der Golfkrise sollte sich dann freilich mittelbar positiv auf die Gesamtkonstellation im Libanon auswirken: Mit eingestandenermaßen "grünem Licht" aus Washington vertrieben syrische Truppen am 13.10. General Aoun aus Baabda, dem Palast des libanesischen Präsidenten. Damit war der Weg für die Ausdehnung der Autorität des gewählten Präsidenten Elias Hrawi auch auf andere Teile des Landes, namentlich Ost-Beirut, frei. Die *Grüne Linie*, die Trennung zwischen West- und Ost-Beirut, konnte wieder geöffnet werden. Die Milizen erklärten sich im Prinzip mit einer umfassenden Entwaffnung einverstanden und zogen sich aus Beirut zurück. Am 20.12. beauftragte Präsident Hrawi Umar Karami mit der Bildung einer neuen Regierung.

Trotz zahlreicher fortbestehender Unsicherheitsfaktoren ergaben sich damit Ende 1990 Perspektiven auf die Durchsetzung des Abkommens von Ta'if (--> Ta'if-Abkommen, JB 1989) und damit auf eine Rückkehr zu einer stabileren Ordnung auf der Grundlage der Neuordnung der Beziehungen unter den Konfessionsgemeinschaften in einem unabhängigen libanesischen Staat.

Unruhig blieb es auch an den Rändern der Region, auch wenn davon keine tiefgreifenden Erschütterungen ausgingen. Der Konflikt zwischen muslimischen Separatisten und der indischen Zentralregierung in Kashmir brachte Pakistan und Indien wiederholt an den Rand einer militärischen Auseinandersetzung, da die indische Regierung Islamabad vorwarf, jene zu unterstützen. Zwar konnte die Krise auf einer Reihe von Treffen der Außenminister beider Staaten entschärft werden; und dem Treffen der beiden - neugewählten - Ministerpräsidenten, Chandra Shekar (Indien) und Nawaz Sharif (Pakistan), im Rahmen des 5. Gipfeltreffens der Mitglieder des *South Asean Regional Cooperation* (SARC) in Male (Malediven) am 23.11. wurde von beiden Seiten ein "spirit of fellowship and empathy" (Dn, 24.11.) bescheinigt. Doch blieb am Ende des Berichtszeitraums Kashmir eine Zeitbombe auch für die Zukunft der Beziehungen der beiden südasiatischen Staaten.

Der Konflikt in Afghanistan schien nach außen in der Sackgasse zu verbleiben, in die er seit dem Abzug der sowjetischen Truppen im Frühjahr 1989 geraten war. Hinter der Fassade der Immobilität aber war eine lebhafte Diplomatie zu konstatieren, einen Ausweg zu finden. Die Stoßrichtung der Bemühungen war, die Rahmenbedingungen zur Abhaltung von Wahlen - möglicherweise unter der Aufsicht der UNO - zu schaffen. Während der sowjetische und amerikanische Außenminister auf einem Treffen in Irkutsk Ende Juli/Anfang August im Prinzip grünes Licht dafür gaben (was namentlich bedeutete, Staatschef Najibullah für eine Übergangsperiode im Amt zu belassen), konnte diesbezüglich mit der Allianz der sieben Mujahidin-Gruppen und der provisorischen Regierung in Peshawar noch kein Einverständis erzielt werden. Nach wie vor bestand diese auf einem Rücktritt Najibullahs als der Vorbedingung zur Abhaltung von Wahlen. Auch über eine mögliche Rolle von Ex-König Zahir Shah bestanden weiterhin Differenzen: Während es inoffizielle und indirekte Kontakte zwischen Najibullah und dem König, der in Rom lebt, gegeben haben soll, lehnten die Mujahidin eine transitorische Rolle des Königs bis zur Ausbildung klarer politischer Herrschaftsverhältnisse ab. Immerhin aber standen diese Organisationen insofern unter Druck, als Washington seine Bereitschaft erkennen ließ, ihre materielle Unterstützung abzubauen.

Unruhig blieb es auch an der nordafrikanischen Flanke der Region. Der Bürgerkrieg im Sudan ging unvermindert weiter, nachdem die Juni 1989 an die Macht gekommene Militärjunta von General Umar Hasan al-Bashir keine Bereitschaft zeigte, den Forderungen der südsudanesischen Rebellen entgegenzukommen. Der Bürgerkrieg ging mit einer Verschärfung politischer Repression im Norden und der Gefahr einer Hungersnot in weiten Teilen des Landes einher. Im Tschad verschärften sich die bereits im April 1989 ausgebrochenen Machtkämpfe. Dem am 8.3. gegründeten *Mouvement Patriotique de Salut* gelang es im November/ Anfang Dezember, Präsident Hissène Habré zu vertreiben. Die Macht übernahm Idriss Déby, einstiger Mitstreiter des gestürzten Präsidenten, der im Juni 1982 in N'Djamena wieder an die Macht gekommen war. Hinter den Aufständischen war - zum Teil wenigstens - die Hand Libyens erkennbar.

Am Horn von Afrika, in Somalia, auch Mitglied der Arabischen Liga, verschärfte sich gegen Ende des Berichtszeitraumes die lange schwelende Konfrontation zwischen Präsident Siad Barre, seit 1969 in Mogadischu an der Macht, und einer Reihe von - im wesentlichen Clan-gestützten - Befreiungsbewegungen derart, daß mit einem baldigen Ende der 20-jährigen Herrschaft des somalischen Diktators gerechnet werden mußte.

Über die genannten Konfliktherde hinaus, die z.T. seit Jahren Gegenstand des jährlichen politischen Überblicks über die Region des Nahen und Mittleren Ostens sind, wird mit dem vorliegenden Bericht 1990 künftig dessen geographischer Raum um eine neue Dimension ergänzt werden müssen: Die Republiken im Süden der Sowjetunion mit überwiegend islamischer Bevölkerung nebst den kleineren Republiken wie Armenien und Georgien, in denen die Muslime Minderheiten stellen. Die Nationalitätenkonflikte in dieser Region, die im Berichtszeitraum etwa 1.000 Todesopfer forderten, und das nationale Erwachen namentlich auch unter den islamischen Turkvölkern (und den persischen Tadschiken) weisen Wirkkräfte nationaler und religiöser Natur auf, die sich auch in der südlich angrenzenden Region und im Nahen Osten insgesamt finden. Im übrigen berühren sie die Türkei, Iran, Afghanistan und Pakistan politisch, wirtschaftlich und kulturell. Die dramatischsten Entwicklungen waren die blutigen Unruhen in der aserbaidschanischen Hauptstadt Baku im Januar, die Gewaltausbrüche in der tadschikischen Hauptstadt Duschanbe im Februar, die Ausschreitungen gegen türkische Mescheten in Parkent (Usbekistan) im März und die Zusammenstöße zwischen Kirgisen und Usbeken im kirgisischen Gebiet Osch. Ende Juni erklärte Georgien seine Unabhängigkeit von der Union.

3. Der Konflikt am Golf

Mit der Besetzung des Emirats Kuwait, der Vertreibung der herrschenden Dynastie der Familie Sabah und der schließlichen Annexion des Emirats als 19. Provinz des Irak entfachte der irakische Diktator am 2.8. eine politische Dynamik, die das Geschehen im ganzen arabischen Raum bis zum Jahresende bestimmte. Über diesen geographischen Raum hinaus berührten die Erschütterungen dort regionale Mächte wie Israel, die Türkei und Iran und mobilisierten z.T. die Muslime außerhalb des Nahen und Mittleren Ostens. Schließlich waren die regionalen Geschehnisse untrennbar eingebunden in die internationale Politik im Rahmen der UNO und außerhalb derselben (--> Krise um Kuwait). Der Gewaltakt vom 2.8. hat eine lange historische Dimension, die in die Zeit der Staatenbildungsprozesse nach dem Ende des Ersten Weltkrieges zurückreicht. Die Spannungen in der Golfregion verschärften sich im Gefolge der Revolution im Irak (1958) und spitzten sich nach der Machtübernahme der *Arabischen Sozialistischen Ba'th-Partei* in Bagdad (1968) seit den beginnenden siebziger Jahren zu einer Dauerkrise zu, in der das irakische Regime bald mit seinen traditionalistischen Nachbarn auf der Arabischen Halbinsel, bald mit dem mächtigen Rivalen Iran in Konflikt geriet. Dem Abkommen von Algier zwischen Bagdad und Teheran (März 1975), in dem es im wesentlichen um eine Teilung des Schatt al-Arab zwischen beiden Ländern ging, folgten fünf Jahre später die einseitige Aufkündigung durch Saddam Husain und der militärische Überfall auf die Islamische Republik Iran am 22.9.1980. Im Vorfeld war Saddam gezwungen gewesen, die Annäherung an die konservativen Regime auf der Arabischen Halbinsel zu suchen, die ihn freilich ausschlossen, als die sechs Staaten 1981 den (-->) Golfkooperationsrat gründeten. Immerhin aber war der irakische Präsident für die Dauer der achtjährigen Kriegführung auf die finanzielle Unterstützung - in erster Linie aus Saudi-Arabien und Kuwait - angewiesen.

Das Ergebnis des Krieges ließ Saddam als Sieger der Auseinandersetzung erscheinen. Der Weg war wieder frei geworden, die herkömmliche Machtpolitik fortzusetzen. In einer spektakulären Rede am 1.4. verkündete Saddam Husain, daß sein Land über binäre Chemiewaffen verfüge, und drohte, daß "das irakische Feuer die Hälfte Israels verschlingen werde", falls dieses versuchen werde, irgendetwas gegen den Irak zu unternehmen. In einer Rede vom 10.4. fügte er hinzu: "Die Amerikaner, die Sowjetunion, die Franzosen, Briten, Chinesen und Japaner garantieren ihre Sicherheit mit eigenen Mitteln. Die arabische Nation ist dazu nicht weniger fähig; sie kann sogar größere eigene Mittel einsetzen. Man kann den Arabern nicht verbieten, Waffen der Art zu besitzen, wie die anderen sie haben" (NZZ 15.5.). Auf der arabischen Gipfelkonferenz von Bagdad (28.-30.5.; --> AL)) wurde Saddam Husain ausdrücklich das Recht bestätigt, die nationale Sicherheit des Irak zu verteidigen.

Eine Reihe von Entdeckungen der Zollbehörden verschiedener Länder ließen darauf schließen, daß der Irak dabei war, sich auf verschlungenen Pfaden die Elemente und das Know how sophistizierter Rüstung unter Einschluß nuklearer Technologie zu beschaffen.

Ob der Beschluß, Kuwait zu besetzen, relativ kurzfristig oder bereits im späten Frühjahr gefaßt wurde, worauf Indizien schließen lassen - Tatsache ist, daß Saddam Husain eines starken finanziellen Fundaments bedurfte, um seine ehrgeizigen Pläne zu verwirklichen. Hatten sich schon bald nach dem Abschluß des irakisch-iranischen Waffenstillstandsabkommens (20.8.1988) Risse in den irakisch-kuwaitischen Beziehungen gezeigt, so brach am 17.7. der Sturm los, als der irakische Präsident anläßlich des 22. Jahrestages der Machtübernahme durch die Ba'th-Partei in Bagdad Kuwait und den VAE vorwarf, mit einer erheblich über den OPEC-Quoten liegenden Produktion die Erdölpreise niedrig zu halten und so - wie es der irakische Außenminister Tarik Aziz in einem Memorandum an die Arabische Liga vom 18.7. formulierte - Millionen von US-$ an Öleinnahmen zu stehlen (BO, 19.7.). Es folgten zwei Wochen hektischer Verhandlungen, die gekennzeichnet waren einerseits durch eine Verhärtung der wechselseitigen Vorwürfe mit kaum noch verhüllten Drohungen und auch - militärischen - Drohgebärden seitens des Irak und eine intensive innerarabische Vermittlungsdiplomatie andererseits, in der sich insbesondere der ägyptische Präsident Mubarak engagierte. Die irakische Invasion in der Nacht des 2.8. machte diesen Bemühungen ein abruptes Ende.

Wenn der irakische Präsident erwartet hatte, mit diesem *fait accompli* eine Ausgangsbasis für Verhandlungen zu schaffen, welche am Ende die irakischen Ölinteressen umfassend verwirklichen würden, so stellte sich dies rasch als eine weitreichende Fehlkalkulation heraus.

Bereits am 2./3.8. verurteilte der Außenministerrat der Arabischen Liga bei einem Treffen in Kairo die Invasion. Die Tatsache freilich, daß Libyen und Tunesien nicht anwesend waren und neben dem Irak Jordanien, Jemen, Sudan und Palästina gegen den Beschluß stimmten, verriet von Anfang an, daß das arabische Lager in der Krise keineswegs geschlossen war. Eine außerordentliche arabische Gipfelkonferenz nahm am 10.8. mit Mehrheit eine Erklärung an, in der die irakische Aggression verurteilt und gefordert wurde, daß sich die irakischen Truppen unverzüglich aus Kuwait zurückziehen. Zugleich wurde auf Ersuchen Saudi-Arabiens die Bereitstellung arabischer Truppen beschlossen, um dessen Verteidigung zu unterstützen. Wiederum war das Abstimmungsergebnis keineswegs geschlossen. In der Folge sollte es trotz anhaltender Bemühungen bis zum Ende des Berichtszeitraumes nicht gelingen, die Grundlage für eine arabische Lösung des Konflikts zu schaffen. Das arabische Lager zeigte sich zutiefst gespalten.

Auf internationaler Ebene war die Reaktion auf die irakische Aggression weitaus geschlossener und wirkungsvoller als unter den arabischen Staaten selbst. Schon am 2.8. verurteilte der UNO-Sicherheitsrat die Invasion und forderte den Irak auf, alle Streitkräfte sofort zurückzuziehen. In einer Kette weiterer Resolutionen wurden ein fast vollständiges Handelsembargo gegen den Irak sowie ein finanzieller und militärischer Boykott verhängt (6.8.); auch wurde die Annexion Kuwaits für "null und nichtig" erklärt (9.8.). Am 25.8. verstärkte der Sicherheitsrat seinen Druck durch eine Resolution, in der alle Mitgliedstaaten, die mit der Regierung von Kuwait zusammenarbeiten, aufgefordert wurden, "alle notwendigen und den Umständen entsprechenden Maßnahmen zu ergreifen, um Schiffe anzuhalten, ihre Fracht zu untersuchen und den Bestimmungsort festzustellen, damit das Embargo gegen den Irak eingehalten wird" (Europa-Archiv, Folge 18/1990, S. Z 190). Am 29.11. schließlich bevollmächtigt der UNO-Sicherheitsrat die Mitgliedstaaten, alle notwendigen Mittel einzusetzen, um die Resolution 660 und die darauffolgenden Resolutionen umzusetzen, wenn der Irak sich nicht bis zum 15.1.1991 zurückgezogen haben würde.

Die für die weitere Entwicklung der Krise entscheidenden Impulse gingen freilich von Anfang an von den USA aus. Zwar unterstrich Präsident Bush am 4.8. (gemeinsam mit der britischen Premierministerin Thatcher) die Rolle der UNO. Doch schon am 6./7.8. hielt sich Verteidigungsminister Cheney in Saudi-Arabien auf. Angesichts einer möglichen militärischen Bedrohung des Landes durch den Irak wurde die Stationierung amerikanischer Soldaten an der Grenze zu Kuwait beschlossen.

Am 8.8. unterstrich Präsident Bush den rein defensiven Charakter der amerikanischen Truppen, legte aber zugleich die amerikanischen Forderungen klar: Totaler Abzug der Iraker aus Kuwait, Wiedereinsetzung der legitimen Regierung, Erhaltung der Sicherheit und Stabilität in der Region und Schutz amerikanischer Bürger. Der Präsident zeigte sich zugleich entschlossen, die Verletzung des Völkerrechts nicht zu dulden.

Eine weitere Eskalation erfuhr die Krise im November: Am 8.11. kündigte Präsident Bush vor Journalisten die Entsendung weiterer amerikanischer Truppen in die Golfregion an; erklärtes Ziel sei es, die militärischen Voraussetzungen für eine mögliche Offensive gegen den Irak zu schaffen. Dieses zusätzliche Kontingent werde etwa 100.000 Soldaten umfassen. Die schon genannte Resolution des UNO-Sicherheitsrates legitimierte dann schließlich eine Intervention der internationalen Streitmacht, falls der Irak sich nicht bis zum 15.1. aus Kuwait zurückziehe. Bis zum Ende des Berichtszeitraums ergab sich trotz zahlreicher Vermittlungsbemühungen keine Veränderung der Gesamtlage. Nur den "Gästen" der irakischen Regierung, d.h. den als Geiseln festgehaltenen ausländischen Bürgern wurde die Ausreise gestattet, als sich Präsident Bush am 30.11. bereit erklärte, Gesprächen der beiden Außenminister vor dem 15.1.1991 zuzustimmen. Es war bemerkenswert, daß die Sowjetunion der amerikanischen Linie im großen und ganzen folgte, auch wenn Moskau - wie u.a. auf dem Gipfeltreffen von Helsinki (9.9.) - mit Nachdruck auf der Ausschöpfung aller diplomatischen Mittel bestand.

Indizien deuten darauf hin, daß die irakische Führung durch den entschlossenen Widerstand seitens der internationalen Gemeinschaft überrascht wurde. Am 25.7. noch hatte die amerikanische Botschafterin in Bagdad, April Glaspie, während eines persönlichen Gesprächs Saddam Husain zu verstehen gegeben, daß man zu dem irakisch-kuwaitischen Disput in Washington keine Meinung habe.

4. EG und Nahost

Die Rolle der EG in der Krise war ambivalent. Geschlossenheit unter den Zwölf konnte gewahrt werden, soweit die Entscheidungen und Resolutionen völkerrechtliche und humitäre Aspekte betrafen. Demgegenüber gelang es nicht, eine politische Alternative zu finden, durch die der Rückzug des Irak aus Kuwait auf diplomatischem Wege hätte erreicht werden können. So bekräftigen die Zwölf in gemeinsamen Resolutionen im Rahmen der Europäischen Politischen Zusammenarbeit (EPZ) ihre Unterstützung für die Resolutionen des UNO-Sicherheitsrates, namentlich auch für die Verhängung globaler Sanktionen gegen Bagdad. Mit gleicher Geschlossenheit wurde auch wiederholt humitäre Hilfe für die durch das Embargo betroffenen ärmeren Staaten, namentlich Ägypten, Jordanien und die Türkei, beschlossen.

Kritiker der Gemeinschaft verweisen demgegenüber darauf, daß die Reisen europäischer zumeist "elder Statesmen" nach Bagdad zurFreilassung der festgehaltenen Geiseln die Solidarität verletzt und Saddam Husain aufgewertet hätten. Auf besonderen Argwohn stieß dabei die Reise Willy Brandts Anfang November, wenige Tage, nachdem die Zwölf am 28.10. beschlossen hatten, keine Einzelaktionen zu unternehmen.

Die Suche nach einer diplomatischen Alternative zu der auf eine militärische Konfrontation ausgerichteten Politik der USA war von vornherein wenig erfolgversprechend. Die britische Regierung war auf die Linie Waschingtons eingeschworen, und die franz. Regierung war Gefangene ihrer eigenen frühen Festlegung auf einen gewichtigen Beitrag zum militärischen Aufmarsch am Golf. Diplomatische Kontakte nach Bagdad und die Auslotung der Bereitschaft Saddam Husains zu einem Rückzug aus Kuwait, der eine militärische Auseinandersetzung hätte vermeiden lassen, mußten deshalb außerhalb des EG-Rahmens erfolgen. Die Bemühungen darum führten zeitweilig nicht nur Bonn, Paris und Rom näher aneinander heran. Auch zu Moskau, das durch den Nahostbeauftragten Präsident Gorbatschows, Jewgeni Primakow, zwei Erkundungsmissionen nach Bagdad entsandte, bestanden diesbezügliche Kontakte.

Unnachgiebig gegenüber den Resolutionen der UNO und anscheinend unbeeindruckt durch das Embargo war Saddam seinerseits bemüht, die arabischen Massen hinter sich zu bringen. Diesem Ziel diente eine Propaganda, die die Besetzung und Annexion Kuwaits als Schritt in Richtung auf die Herstellung der arabischen Einheit darstellte, die Forderung erhob, die Öleinnahmen in den Dienst der arabischen Nation zu stellen und die "Lakaien der USA" zu stürzen. Damit gelang es ihm bei breiten Teilen der arabischen Öffentlichkeit, den Brennpunkt des Konflikts zu verschieben und aus dem Konflikt um Kuwait einen arabisch-amerikanischen Konflikt zu machen. Die Konfrontation zwischen den Massen einerseits und den USA andererseits suchte er schließlich durch den Aufruf zum *Heiligen Krieg* zu verschärfen. Diese islamische Komponente trat gegen Ende des Berichtszeitraumes in Saddams Reden und Aufrufen immer stärker hervor.

Der Ausbruch des Konflikts war von einem Massenexodus von Fremdarbeitern aus Kuwait begleitet. Unter Zurücklassung von Hab und Gut flüchteten Hunderttausende von Asiaten und Arabern aus dem Emirat nach Jordanien und in die Türkei und kehrten von dort in ihre Heimatländer zurück. Die saudi-arabische Regierung verfügte darüber hinaus aus politischen Gründen die Ausweisung von Hunderttausenden palästinensischer und jemenitischer Arbeiter.

Udo Steinbach

Die ökonomische Entwicklung 1990 im Überblick

1. Ökonomische Hintergründe des irakisch-kuwaitischen Konfliktes

Die Besetzung Kuwaits durch irakische Truppen am 2.8.1990 bildet einen markanten Wendepunkt in der ökonomischen Entwicklung der ganzen Nah- und Mittelostregion. Dieser bilaterale Konflikt bezog sich im wesentlichen auf die Erdölpolitik und den vom Irak angestrebten gesicherten Zugang zum Meer (Grenzproblem) sowie auf die geforderte Hilfe für den Wiederaufbau nach Beendigung des achtjährigen irakisch-iranischen Krieges. Der Konflikt war eigent-lich nicht völlig neu, erhielt aber im Zusammenhang mit den irakisch-amerikanischen Auseinandersetzungen und der verschärften politisch-ökonomischen Krise der ganzen Region neue Qualität und Dimensionen. Das erklärt, warum er sofort regionalisiert und internationalisiert wurde.

Nach Beendigung des Krieges mit Iran im August 1988 und der Realisierung einiger Fortschritte in den Friedensverhandlungen entstand in der amerikanischen Nahostpolitik eine immer deutlicher werdende Tendenz, das irakische militärische und wirtschaftliche Machtpotential zu zerstören, was in erster Linie israelischen Interessen entsprach. Denn es war vorauszusehen, daß der Irak aufgrund seiner Faktorausstattung (zweitgrößte Ölreserven in der Welt nach Saudi-Arabien, umfangreiche anbaufähige Flächen, Verfügbarkeit von Süsswasser, relativ große Bevölkerung mit technischem know-how, kriegserfahrene Armee usw.) eine größere regionale Rolle spielen könnte, wenn er seine Finanzierungsprobleme löst und einen sichern Meereszugang erhält. Nach einer offiziellen Studie des *US Army War College* gab es unmittelbar nach Eintritt des Waffenstillstandes im August 1988 eine Wendung der amerikanischen Politik gegenüber dem Irak um 180 Grad (vgl. die Studie Iraqi Power and US Security in the Middle East, herausgegeben Ende 1989 vom Strategic Studies Institute of the US Army War College): "The sudden policy switch from the pro-Iraqi stance Washington had pursued during the last half of the war as occuring a month after the August 1988 cease-fire. This coincided with Israel becoming acutely worried about Iraq's strength after its victory over Iran. Israel's fears were based on the fact that Iraq had emerged as the strongest Arab state, armed with missiles that posed for the first time a strategic challenge to Israel's superiority. It was at this juncture that there was suddenly a 180-degree shift in US policy. The State Department abruptly and in sensational manner condemned Iraq for allegedly using chemicals against its Kurdish population. Soon Israel's threats against Iraq stopped. Did the Reagan administration, fearing a rash act by Israel, head it off by colluding with the Jewish state to pursue a common anti-Iraq policy? Was there an agreement - as there had been in early 1970s in aiding the Kurdish rebellion - to weaken Iraq by damaging its economy and blocking its access to Western technology? A look at the record indicates there is enough circumstantial evidence". Diese Politik wurde von US-Außenminister George Shultz initiiert und von der Bush-Administration fortgesetzt. Bereits im September 1988 beschloß der amerikanische Senat scharfe Wirtschaftssanktionen gegen den Irak, und die Iraker reagierten mit Protesten und Demonstrationen. Die Verschlechterung der Beziehungen eskalierte 1989/90. Im Mai 1990 wurden amerikanische Weizenlieferungen an den Irak unterbrochen. Der Irak betrachtete diese Kampagne als den "Beginn einer Wirtschaftsblockade und als Vorbereitung der Bühne für einen militärischen Schlag, ähnlich wie bei der Zerstörung seines Kernreaktors 1981 durch israelische Flugzeuge". Seine Reaktion berührte drei Konfliktbereiche: (1) die israelische Politik, (2) die amerikanische Präsenz in der Golfregion, (3) die Erdölpolitik.

Der Irak befürchtete, daß die massive Einwanderung sowjetischer Juden nach Israel das Selbstvertrauen des jüdischen Staates soweit stärken würde, daß es militärische Aktionen gegen ihn unternehmen würde. Diese Befürchtungen verstärkten sich nach Veröffentlichung von Berichten in der westlichen Presse über geheime Treffen zwischen israelischen und syrischen Vertretern in Europa. Daher warnte der Irak im Januar 1990 Israel vor jeglichen Attakken gegen seine wissenschaftlichen und militärischen Einrichtungen, und Anfang April gab er (als Abschreckungsversuch) den Besitz binärer chemischer Waffen bekannt. Dies aber wirkte nicht abschreckend, sondern kontraproduktiv. Präsident Bush kritisierte Saddam Husain noch schärfer, und Israel drohte als Erwiderung mit Kernwaffen. Hinsichtlich der verstärkten amerikanischen Präsenz in der Golfregion warf Präsident Saddam Husain den USA (in einer Rede beim Gipfeltreffen des AKR im Februar 1990 in Amman) vor, sie wollten die arabischen Ölquellen kontrollieren, die Ölpolitik bestimmen und damit ihre Konkurrenzfähigkeit gegenüber Europa und Japan verstärken. Nach Beendigung des irakisch-iranischen Krieges und des Ost-West-Konfliktes sowie dem Abzug sowjetischer Truppen aus Afghanistan könne die Präsenz amerikanischer Kriegsschiffe im Golf nicht mehr gerechtfertigt werden. Sie bedeute eine wesentliche Einschränkung der Souveränität der Regionalstaaten. Er rief die arabischen Staaten dazu auf, "ihre Souveränität zu verteidigen und die USA zum Verlassen des Golfes zu bewegen." Dabei betonte er immer wieder, die USA würde "das Öl und die Öleinnahmen als Instrument gegen arabische nationale Interessen einsetzen".

Vor diesem Hintergrund beschuldigte Saddam Husain die kuwaitische Regierung, "mit den USA zusammenzuarbeiten, um den Irak wirtschaftlich in die Knie zu zwingen". Das Überschreiten der vereinbarten OPEC-Quoten durch Kuwait und VAE (--> OPEC) und der damit verbundene Ölpreisverfall habe für den Irak unerträgliche Verluste verursacht. Im irakischen Memorandum an die AL vom 15.7. wurden die Verluste der arabischen Länder wegen Rückgangs der Ölpreise im Zeitraum 1981-1990 auf 500 Mrd. US-$ beziffert, davon 89 Mrd. für den Irak. Allein in den Jahren 1987-1990 waren es 25 Mrd. US-$. Mit jedem US-$ Preissenkung habe der Irak bei seinen jährlichen Einnahmen 1 Mrd. US-$ verloren. Durch die Überproduktion Kuwaits und der VAE sei der Ölpreis in den Monaten Januar-Juni 1990 von 21 auf 11 US-$ je Barrel gedrückt worden. Diplomatische Bemühungen zur Änderung dieses Kurses seien vergeblich gewesen. Dieser "Wirtschaftskrieg" sei deshalb so gefährlich, weil der Irak gerade in dieser Zeit mit besonderen Herausforderungen konfrontiert sei: Wiederaufbau der im Golfkrieg zerstörten Städte und Anlagen, Bedienung der hohen Auslandsschulden, Befriedigung der Konsumerwartungen der Bevölkerung nach langen kriegsbedingten Entbehrungen. Zur Durchführung dieser Vorhaben benötige der Irak für die Periode 1990-1993 rund 58 Mrd. US-$, davon 7 Mrd. für Sofortprojekte in den Bereichen Infrastruktur und Petrochemie, 30 Mrd. für Wiederaufbau des Industriesektors und der Seehäfen, 20 Mrd. für Rückzahlung fälliger Kredite und 1 Mrd. für das Strukturanpassungsprogramm. Dem gegenüber betrugen die jährlichen irakischen Öleinnahmen weniger als 14 Mrd. US-$, obwohl der Irak seine Förder- und Exportkapazität auf mehr als 5 Mio. b/d steigern konnte. Er hielt aber seine OPEC-Quote von 3,1 Mio. b/d ein.

Tatsächlich war die Finanzfrage für den Irak und das Regime von Saddam Husain zu einer existenziellen Frage geworden. Die Öleinnahmen reichten nicht einmal aus, die laufenden Staatsausgaben zu decken, geschweige denn neue Projekte zu finanzieren. Mit einem jährlichen Warenimport von 12 Mrd. US-$ (davon drei Mrd. für Nahrungsmittel), Rüstungsimport von 5 Mrd., Schuldendienst von 5 Mrd. und 1 Mrd. für Gastarbeiterüberweisungen benötigte die Regierung zusätzliche 10 Mrd. US-$ pro Jahr, um die Defizite zu finanzieren, bevor sie überhaupt an Wiederaufbau denken konnte. Dabei ist zu beachten, daß sich die Umschuldungsverhandlungen mit den Gläubigerländern noch schwieriger gestalteten als in den vorangegangenen Jahren, und westliche Firmen und Banken mit der Gewährung neuer Kredite zögerten. Binnenwirtschaftlich konnten die neuen Schritte in Richtung Privatisierung und Liberalisierung noch nicht die Inlandsproduktion im erforderlichen Ausmaß steigern; sie verschärften zunächst die Inflation und belasteten die einkommensschwachen Bevölkerungsschichten, was die Regierung zur Wiedereinführung der Preiskontrollen veranlaßte. Der Mangel an Arbeitsplätzen einerseits und die Blockierung der Friedensverhandlungen mit Iran andererseits setzten der Demobilisierung der irakischen Streitkräfte enge Grenzen, was den Staatshaushalt enorm belastete.

Vor diesem Hintergrund rief Saddam Husain die arabischen Golfstaaten (insbesondere Kuwait und Saudi-Arabien) auf, die aus früher gewährten Kriegssubsidien resultierende Schuldenlast zu streichen und eine neue Finanzhilfe von 30 Mrd. US-$ einzuräumen. Als Begründung wies er darauf hin, daß der Irak die Golfstaaten gegen Iran verteidigt und durch kriegsbedingte Unterbrechungen seines Ölexports 106 Mrd. US-$ verloren habe, die in die

Kassen der Golfstaaten geflossen seien. Der Irak habe von daher einen Anspruch auf Entschädigung. Außerdem erwähnte er die Ansprüche kapitalarmer arabischer Länder und schlug die Schaffung eines regionalen Fonds vor, in den diejenigen Öleinnahmen fließen sollten, die sich bei Ölpreissteigerungen über 25 US-$/b hinaus ergeben. Damit berührte er die Problematik der wachsenden Kluft zwischen armen und reichen Ländern in der Region und die Forderung nach Teilregionalisierung der Öleinnahmen. Gleichzeitig arbeitete der Irak zusammen mit Iran und anderen OPEC-Mitgliedern an der Erhöhung des Ölpreises auf 25 US-$.

Als Kuwait die irakischen Forderungen ablehnte und seine Zusammenarbeit mit den USA fortsetzte, erinnerte die irakische Führung daran, daß Kuwait bis 1913 Bestandteil des Irak gewesen und von der Kolonialmacht England abgetrennt worden sei. Saddam Husain warf der kuwaitischen Regierung vor, sie habe die irakische Initiative von 1988 zur Festlegung der umstrittenen Grenze abgelehnt und militärische und ölindustrielle Einrichtungen auf irakischem Territorium gebaut. Dabei seien irakische Ölmengen im Wert von 2,4 Mrd. US-$ widerrechtlich abgezapft worden. Demgegenüber sagte die kuwaitische Regierung in ihren Antwort-Memorandum an die AL, der Irak sei es, der die endgültige Festlegung der Grenze verzögert habe, und wies auf die kuwaitische Finanzhilfe an den Irak und andere arabische Länder hin.

2. Verschärfte Wirtschaftskrise der Regionalstaaten im ersten Halbjahr 1990

Die Krise der kapitalarmen Länder der Region, über die im (-->)JB Nahost 1989 berichtet wurde, hat sich im ersten Halbjahr 1990 weiter verschärft. Die *ägyptische* Wirtschaft litt unter der außerordentlich hohen Auslandsverschuldung von 52 Mrd. US-$, an zunehmenden Handels- und Haushaltsdefiziten, Zahlungsschwierigkeiten, Inflation von 30 %, Arbeitslosigkeit von 25 %. Es gab kaum reales Wirtschaftswachstum. Die Regierung sah sich gezwungen, die Forderung des IWF nach radikalen Reformen zu erfüllen, um ein neues Umschuldungsabkommen und die Aufnahme neuer Kredite zu ermöglichen. Die Preise für Grundnahrungsmittel wurden kräftig erhöht (10 bis 100 %) bei unzureichenden Lohnerhöhungen, was Unruhen in der Bevölkerung verursachte. Die Landeswährung mußte um 82 % abgewertet werden. Die drei grundlegenden und folgenschweren Ungleichgewichte blieben bestehen: (a) Exporte decken weniger als 25 % der Importe, (b) Staatsausgaben übersteigen die Steuereinnahmen, (c) volkswirtschaftliche Ersparnisse sind niedriger als die volkswirtschaftliche Investition. Die negativen Realzinsen entmutigen die Investoren. Aufgrund des mangelnden Vertrauens in die eigene Volkswirtschaft legten viele Ägypter ihre Ersparnisse im Ausland an. Die ägyptischen Auslandsguthaben wurden auf 40 Mrd. US-$ geschätzt, fast so viel wie die Auslandsverschuldung des Landes. Ohne Aufbau der Inlandsproduktion, insbesondere der exportorientierten Industrien, können die Defizite nicht abgebaut werden. Ausländische Kredite bieten nur eine provisorische Lösung.

In *Syrien* wurde die seit jahren dahinsiechende Wirtschaft durch drei Faktoren zusätzlich belastet: (a) die Veränderungen im Ostblock, (b) das Auslaufen der arabischen Hilfe von jährlich 1 Mrd. US-$, (c) den Rückgang der Ölpreise. Die Budgetausgaben waren nur zu 63 % durch inländische Einnahmen gedeckt. Der Rest mußte wieder durch Kredite und ausländische Hilfe gedeckt werden. Die Inflation stieg weiter auf 40 %.

In *Iran* war das Wachstum der produktiven Wirtschaftssektoren (Bergbau, Industrie, Landwirtschaft) viel schwächer als das des Handels und der Dienstleistungen. Die Investitionsneigung des privaten Sektors im Industriebereich blieb niedrig. Die sehr hohe offene und versteckte Arbeitslosigkeit konnte nicht wesentlich abgebaut werden, und das bei einem starken Bevölkerungswachstum. Die Inflationsrate von 17 % und die Steigerungen staatlicher Gebühren belasteten die einkommensschwachen Bevölkerungsschichten. Die Nichtöl-Exporte stagnierten bei 1,2 Mrd. US-$/Jahr. Die Schwäche der Landeswährung gab nach wie vor Anlaß zur Sorge.

Die *türkische* Wirtschaft blieb krisenhaft und durch hohe Inflation (50 % nach amtlichen Angaben), sowie hohe Handels- und Zahlungsbilanzdefizite gekennzeichnet. Mit 43 Mrd. US-$ machte die Auslandsverschuldung 52 % des BSP aus. Aufgrund der zu hohen Zinssätze bevorzugten die Investoren finanzielle Bereiche und vernachlässigten das verarbeitende Gewerbe.

Stark steigende Lebenshaltungskosten führten zu hohen Lohnforderungen (Lohn-Preis-Spirale). Die Lohnerhöhungen beeinträchtigten den Export und führten zur Verfünffachung des Haushaltsdefizites, obwohl sie den Kaufkraftsverlust nicht voll ausgleichen konnten. Es gab mehrere Streiks. Auf der anderen Seite konnte die freie Konvertibilität der Landeswährung verwirklicht werden.

Für *Jordanien* war die Bedienung der 8,3 Mrd. US-$ Auslandsschulden eine große Belastung. Diese Kredite mußten deshalb aufgenommen werden, weil die arabischen Ölexportstaaten ihre zugesagte Finanzhilfe nicht einhielten. Sie hatten sich 1979 verpflichtet, an Jordanien innerhalb von 10 Jahren 12 Mrd. US-$ zu zahlen. Jordanien erhielt aber nur 7 Mrd. US-$ und wartete auf den Eingang der restlichen 5 Mrd. Die Umschuldungsverhandlungen mit dem IWF und *Pariser Club* sind schwieriger geworden. Im Haushalt 1990 überstiegen Schuldendienst und Nahrungsmittelsubventionen die zugesagte ausländische Hilfe. Berichte über das Ausbleiben der Finanzhilfe der Golfstaaten verursachten immer wieder Abwertungserwartungen und Kursverluste des jordanischen Dinars gegenüber dem US-$.

Algerien verfügte im Juli 1990 über Devisen gerade noch für drei Wochen, und es war damit zu rechnen, daß die Hälfte der 26 Mrd. US-$ Auslandsschulden bis 1993 fällig werden. Die gesellschaftlichen Spannungen kamen in den Streiks und sozialen Konflikten zum Ausdruck. Die Regierung mußte Mindestlöhne und Subventionen für Nahrungsmittel erhöhen. Vor diesem Hintergrund war eine Steigerung der Öl- und Gaseinnahmen notwendig, um die Finanzen des Staates und der öffentlichen Betriebe zu sanieren und das Land für ausländische Investoren attraktiv zu machen.

3. Auswirkungen der Golfkrise im zweiten Halbjahr 1990

Die ökonomischen Auswirkungen der Golfkrise auf die eizelnen Länder waren unterschiedlich. Am härtesten betroffen waren der *Irak, Kuwait, Jordanien und Saudi-Arabien*. Aufgrund des vom UNO-Sicherheitsrat verhängten Embargos kamen die irakischen Ölausfuhren und -einnahmen sowie der gesamte Außenhandel völlig zu Erliegen. Die Ölproduktion sank von 3,5 auf 0,6 Mio. b/d. Das Auslandsvermögen blieb eingefroren. Die Bedienung der Auslandsschulden mußte eingestellt werden. Im Mittelpunkt der staatlichen und privaten Bemühungen stand die Versorgung der Bevölkerung mit Nahrungsmitteln und Medikamenten. Der Landwirtschaft wurde plötzlich konzentrierte Aufmerksamkeit gewidmet. Angesichts des knappen Warenangebots wurden sämtliche Importzölle und -restriktionen aufgehoben. Viele Industriebetriebe konnten aufgrund fehlender Rohstoffe, Halbfabrikate und Ersatzteile nicht mehr arbeiten. Fast alle geplanten und in Bau befindlichen Projekte mußten hinausgeschoben werden. Die Konsumgüterpreise auf dem freien Markt vervielfachten sich. Es gab eine massenhafte Abwanderung ausländischer Arbeitnehmer. Die Kampagne gegen die mit dem Irak kooperierenden westlichen Firmen wurde verschärft. Es mußte mit einem Krieg gerechnet werden, der neben hohen menschlichen Opfern die materielle Infrastruktur, die Industrie und andere Wirtschaftsbereiche weitgehend zerstört.

Die kuwaitische Wirtschaft erlebte während der Okkupationszeit grundlegende Änderungen. Nach der Flucht der gesamten Regierung und maßgeblicher Unternehmer und Manager sowie Hunderttausender in- und ausländischer Arbeitskräfte wurde das Management ausgewechselt, wobei die Iraker bestimmenden Einfluß ausübten. Die Bevölkerung schrumpfte auf weniger als 1 Mio. zusammen. Das bewegliche und unbewegliche Vermögen der Herrscherfamilie Al Sabah wurde beschlagnahmt. Im September wurde mit der Eingliederung der einzelnen kuwaitischen Ministerien und staatlichen Institutionen in die entsprechenden irakischen Ministerien und Institutionen begonnen, die aber nicht vollständig durchgeführt werden konnte. Verwaltungsmäßig wurde der kleine nördliche Teil Kuwaits an die Provinz Basra angeschlossen, während der andere größere Teil am 28.8. zur 19. irakischen Provinz erklärt wurde. Die Wechselkurse der beiden Währungen (Iraqi Dinar und Kuwaiti Dinar) wurden vereinheitlicht. Der kuwaitischen Exilregierung gelang es in Kooperation mit ihren Verbündeten, eine Art "Offshore-Wirtschaft" im Ausland aufrechtzuerhalten, wobei das *Kuwait Investment Office* (KIO) in London eine zentrale Rolle spielte. Das KIO, das ein Vermögen von über 100 Mrd. US-$ verwaltete, mußte rund 10 Mrd. US-$ flüssig machen, um die Exilregierung zu finanzieren und exilierte Kuwaiter und deren Unternehmen am Leben zu erhalten. Der größere Teil wurde jedoch für die finanzielle Stützung der Koalition gegen den Irak verwendet. Die *Kuwait Petroleum Corporation* verlagerte ihr Büro nach London. Mit der Begleichung der Verbindlichkeiten inländischer Banken beauftragte die Zentralbank die Zweigstelle der *National Bank of Kuwait* in London.

Nach dem Irak und Kuwait traf die Golfkrise *Jordanien* am härtesten. Das Strukturanpassungsprogramm konnte nicht fortgesetzt werden. Es gab große finanzielle und wirtschaftliche Belastungen. Der Irak als wichtigster Wirtschaftspartner fiel aus. Sämtliche Bereiche der jordanischen Wirtschaft waren betroffen. Das Baugewerbe stagnierte. Der Handel hatte Umsatzeinbußen bis zu 65 %. Der Außenhandel wurde wegen alliierter Kontrolle stark behindert (Aqabahafen verwaist). Der Transportsektor verzeichnete 500 Mio. US-$ Verluste. Der Tourismus kam völlig zu Erliegen. Der massenhafte Strom zurückgekehrter Gastarbeiter aus Irak/Kuwait belastete Infrastruktur, Verwaltung und Wirtschaft. Von den 500.000 in Irak/ Kuwait tätigen Jordaniern kehrten 300.000 zurück und erhöhten dort die Arbeitslosigkeit. Hinzu kam der Transfer von 1 Mio. anderen Gastarbeitern. Saudi-Arabien und die VAE stellten ihre Finanzhilfe und Öllieferungen an Jordanien ein. Das Land mußte Öl aus Syrien und Jemen zu Marktpreisen importieren, nachdem vorher der Irak 85 % des Landesbedarfs durch Ölschenkungen bzw. zu besonders günstigen Preisen gedeckt hatte. Insgesamt wurden die jordanischen Verluste im zweiten Halbjahr 1990 auf mindestens 2 Mrd. US-$ geschätzt, verglichen mit zugesagter internationaler Hilfe von 1,15 Mrd. US-$.

Die Golfkrise verschlimmerte auch die wirtschaftliche Situation der 1,75 Mio. *Palästinenser* in den von Israel besetzten Gebieten (BG). Aufgrund der Auswirkungen der Intifada, der Ausgehverbote und Streiks sowie des Investitionsmangels herrschte hier in den letzten drei Jahren eine Rezession; das BSP sank um 25 % auf 2 Mrd. US-$, während die Arbeitslosigkeit auf über 10 % anstieg. Nun kamen die Rückwanderung von 10.000 Palästinensern aus Kuwait und anderen Golfländern und die zunehmende Ersetzung palästinensicher Arbeiter in Israel durch neu eingewanderte sowjetische Juden hinzu (1990 kamen 200.000 sowjetische Juden nach Israel). Die BG-Wirtschaft verlor damit 120 Mio. US-$ "Gastarbeiterüberweisungen", die als Existenzgrundlage fungierten; die Arbeitslosigkeit könnte tendenziell 23 % erreichen.

Die Golfkrise beeinflußte auch die *israelische* Wirtschaft, wenn auch auf andere Weise. Im Staatshaushalt (33 Mrd. US-$), in dem 6,3 Mrd. für Verteidigung und 5,5 für die Ansiedlung eingewanderter Juden vorgesehen waren, wurden die Verteidigungsausgaben nochmals erhöht. Baugewerbe und Agrarproduktion wurden durch Aussperrung palästinensischer Arbeiter beeinträchtigt, die Tourismuseinnahmen (jährlich 1,2 Mrd. US-$) gingen zurück. Kunden der Diamantenindustrie (Diamantenexport 1990: 2,78 Mrd.US-$) reisten nicht ein. Einige Banken verzeichneten Verluste. Die Einbußen im Auslandsgeschäft mit Schwerpunkt USA und Kanada bei den fünf größten israelischen Bankengruppen, die 95 % der Bankgeschäfte abwikkeln, führtenzu einem 21%igen Rückgang der Gewinne auf 162 Mio. US-$. Die Wirtschaft blieb 1989 trotz der Ankurbelungsversuche stagnierend und wurde 1990 wegen hoher Inflation (19 %) und Staatsverschuldung (Auslandsschulden stiegen 1990 auf 24,1 Mrd. US-$, 34 % des Haushaltes für Schuldendienst) sowie Intifada und Golfkrise noch weniger attraktiv für ausländische Investoren. Israel nutzte die Golfkrise, um beträchtliche Finanzhilfe aus den USA, Deutschland und anderen westlichen Ländern einzuwerben. Die USA gewährten 650 Mio. US-$, Deutschland zahlte zusätzliche 250 Mio. DM. Israelische Erwartungen gegenüber den USA (einschließlich Spenden) wurden sogar auf mehr als 10 Mrd. US-$ beziffert.

Die Golfkrise belastete auch die ohnehin weitgehend zerstörte *libanesische* Wirtschaft. Der Ende Mai auf der außerordentlichen arabischen Gipfelkonferenz in Bagdad beschlossene 2-Mrd.-US-$-Hilfsfonds für Libanon kam nicht zustande. Die Reisen des Präsidenten Hrawi nach Ägypten, Libyen und vier Golfstaaten im Juni brachten ebenso wenig (150 Mio. US-$ von Saudi-Arabien und 100 Mio. von Kuwait) wie der Antrag beim UNO-Sicherheitsrat auf Entschädigungszahlungen.

Saudi-Arabien, die kuwaitische Exilregierung und die VAE trugen die Hauptlast für die Finanzierung des Truppenaufmarsches der USA und ihrer Verbündeten sowie für den Ausgleich der Verluste der von der Krise betroffener Länder. Allein Saudi-Arabien verpflichtete sich, an verschiedene Länder und Organisationen 65 Mrd. US-$ zu zahlen. Das überstieg bei weitem die durch Ölpreissteigerungen erzielten Gewinne. Daher wurden erstmals Überlegungen über eine Kreditaufnahme auf dem internationalen Kapitalmarkt angestellt.

Im *Jemen* führte die Verschlechterung der Beziehungen zu Saudi-Arabien zur Rückkehr von 500.000 Jemeniten und entsprechender Belastung des Arbeitsmarktes. Günstige Öllieferungen aus dem Irak fielen aus. Der Jemen verlor ausländische Finanzhilfe in Höhe von 289 Mio. US-$ für 1990 und 421 Mio. US-$ für 1991. Die größten Verluste lagen also bei Entwicklungshilfe und Gastarbeiterüberweisungen. Die zugesagte, aber nicht geleistete Hilfe des Kuwait Fund und des Arab Fund betrug 397 Mio. US-$, was die in Bau befindlichen Projekte verzögerte. Der Jemen erhielt aufgrund seiner Haltung zum Irak-Kuwait-Konflikt keinen Ausgleich für seine Verluste.

Die *sudanesische* Wirtschaft, die ohnehin an den Folgen der Erdbeben, Überschwemmungen und Flüchtlingsströme zu leiden hatte, wurde durch die Golfkrise zusätzlich belastet. Exportausfall, Rückgang der Gastarbeiterüberweisungen, Verteuerung des Ölimports und andere Faktoren verursachten Verluste im Wert von 1,7 Mrd. US-$. Aufgrund der Haltung der sudanesischen Regierung zum Golfkonflikt ist die Hoffnung auf Investoren aus den Golfstaaten noch kleiner geworden. Diese Faktoren erschwerten die Durchführung des Strukturanpassungsprogramms und die Beziehungen zum IWF, die durch die ausstehenden Rückzahlungen von 3,6 Mrd. US-$ ohnehin gespannt waren.

Im Vergleich zu den Verlusten derjenigen Länder, die mit dem Irak sympathisierten (Jordanien, PLO, Jemen, Sudan), profitierten Ägypten, Syrien und die Türkei von der Golfkrise, weil sie in die Pläne der anti-irakischen Koalition von vorn herein einbezogen waren. Dazu zählte auch Iran, das eine "neutrale Haltung" einnahm.

Ägypten übernahm die von ihm angestrebte regionale Führungsrolle. Durch Schuldenerlasse und vertrauliche zusätzliche Finanzhilfe der westlichen Staaten und der Golfstaaten wurden seine Auslandsschulden von 52 auf 28 Mrd. US-$ reduziert. Die USA erließen 1990 7,1 Mrd. US-$ Militärschulden und die Golfstaaten 7,5 Mrd. US-$. Hinzu kamen 1,5 Mrd. US-$ neue saudische Budget-und Entwicklungshilfe, 1 Mrd. von Deutschland und 400 Mio. von Japan. Ferner wurde über den Erlaß eines Drittels der 8 Mrd. US-$ Schulden mit dem *Pariser Club* verhandelt, der sich aus 17 europäischen Gläubigerstaaten zusammensetzt. Ägypten sollte hinsichtlich des Schuldenerlasses nach amerikanischer Auffassung wie Polen behandelt werden. Die verbesserten Beziehungen zu Libyen könnten Ägypten bei der Schaffung von Arbeitsplätzen für die aus Irak/Kuwait zurückgewanderten Ägypter helfen. Im Dezember 1990 wurde mit Libyen vereinbart, 150.000 ägyptische Familien (600.000 Menschen) im neu erschlossenem Land anzusiedeln. Für Libyen könnten diese Menschen die Zukunft des Großprojektes "künstlicher Fluß" sichern, da sich die meisten Libyer nicht als Landwirte betätigen wollen. Vor diesem Hintergrund wurden die Verhandlungen mit dem IWF erleichtert. Bei der Liberalisierung wurden vor allem im Bankensektor Fortschritte erzielt, die zum erwünschten Transfer von Devisenkonten in Konten in Landeswährung führen könnten. Das alles darf aber nicht darüber hinwegtäuschen, daß Ägypten wirtschaftliche Verluste wegen der Golfkrise erlitten hatte, die von Präsident Mubarak auf 9 Mrd. US-$ beziffert wurden.

In *Syrien* befand sich die seit Jahren leidende Wirtschaft auf Expansionskurs. Die Ölexporterlöse stiegen 1990 auf 1,6 Mrd. US-$, andere Exporte erhöhten sich um 24 %. auf 3,2 Mrd. US-$. So konnten einige Importbeschräkungen aufgehoben werden, die in den vorangegangenen Jahren zu gravierenden Mangelerscheinungen und Schwarzmärkten geführt hatten. Syrien erhielt beträchtliche Finanzhilfe für seine aktive Beteiligung an der anti-irakischen Koalition. Dazu gehörten (in Mrd. US-$) 1,25 von Saudi-Arabien, 0,3 von Kuwait und 0,6 von Japan sowie 46 Mio. Ecu von der EG. Ferner sagte der kuwaitische Emir die Finanzierung von 40 % der Baukosten verschiedener Projekte zu. Die verbesserte Devisenlage ermöglichte Reformansätze in der Wechselkurspolitik. Der Exporteur kann nunmehr bis zu 75 % seiner Erlöse für die Einfuhr von Rohstoffen, Halbfabrikaten und Ersatzteilen verwenden. Dem Industriesektor konnte verstärkte Aufmerksamkeit gewidmet werden. Produktivität und Rentabilität mancher Industriebetriebe wurden verbessert. Die Beziehungen zu Ägypten und den Golfstaaten wurden aufgrund des sicherheitspolitischen Bündnisses fortentwickelt. Insgesamt wuchs das reale BIP 1990 um 6 %. Die Verbesserung der syrischen Wirtschaftslage war also auf vier Faktoren zurückzuführen: Schritte zur Liberalisierung der sozialistischen Wirtschaft, Erhöhung der Öleinnahmen, Finanzhilfe westlicher Staaten und Golfstaaten, Tolerierung von Schmuggeltätigkeiten.

Eine noch viel größere Finanzhilfe im Rahmen der Golfkrise erhielt die *Türkei*. Dazu gehörten u.a. (in Mio. US-$): 1.200 von Kuwait, 100 von den VAE, kostenlose saudische Öllieferungen und 225 von Japan sowie 110 von Deutschland (plus reguläre Entwicklungshilfe in Höhe von 260 Mio. DM). Die Türkei unterstützte die Idee der Schaffung einer regionalen Wirtschaftsgemeinschaft und propagierte ihr Projekt zum Bau einer großen Wasser-Pipeline via Syrien und Jordanien zur Versorgung der Golfstaaten. Sie unterstützte auch amerikanische Pläne zur Schaffung einer *Middle East Bank for Reconstruction and Development* mit Hauptsitz in Kairo. Auf der anderen Seite mußte die türkische Wirtschaft aufgrund der Golfkrise Verluste in der Größenordnung von 1,5 Mrd. US-$ hinnehmen (Exportverluste, Sperrung der irakischen Ölleitung via Türkei, Verteuerung des Ölimports, Rückgang des Tourismus). Einige Industriebranchen, insbesondere die Textilindustrie, verzeichneten Umsatzeinbußen. Rund 200.000 türkische Arbeitnehmer verloren ihre Arbeitsplätze.

Iran profitierte von der Golfkrise vor allem in Form von Steigerungen der Öleinnahmen. Diese erhöhten sich von 12 auf 20 Mrd. US-$. Als der Irak die iranischen Bedingungen bezüglich der Grenze im Shatt al-Arab akzeptierte, stieg der Wechselkurs der iranischen Währung (Rial) um 10 %. Iran begann mit der Erschließung seines Teils des "North Gas Field", das sich an der Grenze zu Qatar befindet und zwar im Rahmen eines 1,2 Mrd. US-$-Projektes. Es gab generell Zeichen einer wirtschaftlichen Belebung. Der Auslastungsgrad der Industrie verbesserte sich von 30 auf 40 %. Neue ausländische Investitionen gab es hauptsächlich in den Bereichen Öl, Gas und Petrochemie. Durch drei geplante Freizonen im Golf versuchte Iran, ausländische Investoren anzuziehen. Die Insel Qishm soll zu einer neuen Industriezone entwickelt werden (u.a. Stahlwerke in Kooperation mit Japan). Mit der Türkei wurde über den Bau einer Gasleitung nach Europa verhandelt und mit Pakistan über den Bau einer Ölleitung und einer Raffinerie. Iranisches Öl soll nun auch in Rumänien verarbeitet werden. Nach Wiederaufnahme der diplomatischen Beziehungen mit England hob die EG alle Sanktionen gegen Iran im Oktober 1990 auf und öffnete den Weg für Ministerbesuche und Technologielieferungen. Als Symbol für die veränderte Haltung des Westens unterstützten die USA die Gewährung eines 400-Mio.-US-$-Weltbankkredits. Delegationen des IWF und der Weltbank untersuchten schon Anfang 1990 die iranische Wirtschaft und ihren Wiederaufbaubedarf. Iran begann, seine Finanzpolitik nach Beratungen mit dem IWF neu zu orientieren. Der Privatsektor erhielt staatliche Kredite; die Preiskontrollen wurden teilweise aufgehoben. Im November erlaubte das Parlament der Regierung die Aufnahme ausländischer Kredite im Umfang von 17,5 Mrd. US-$.

In den Ländern des *GKR* (außer Kuwait) waren erhebliche Steigerungen der Öleinnahmen zu verzeichnen. Sie erhöhten sich um 55 % auf 70,5 Mrd. US-$, davon 41 Mrd. für Saudi-Arabien, 15 Mrd. für VAE und 3,4 Mrd. für Qatar, 4,7 Mrd. für Oman und 0,88 für Bahrain. Sie konnten sich allerdings auf die binnenwirtschaftliche Entwicklung angesichts der sich verschärfenden politischen Krise nicht positiv auswirken. Die Geschäftstätigkeiten in den Nichtöl-Sektoren verminderten sich, denn die Nachfrage nach Konsum- und Gebrauchsgütern sowie die privaten Investitionen gingen zurück. Außenhandel, Dienstleistungen, Tourismus, Schiffahrt, Luftverkehr und Versicherungen schrumpften. In den ersten Wochen der Golfkrise gab es Kapitalflucht in beträchtlichem Umfang. Aktienkurse sanken zwischen 10 und 20 %. Die Kreditvergabe der Banken ging angesichts der Liquiditätsprobleme zurück. Nur Teilbereiche erlebten aufgrund des militärischen Aufmarsches und der kuwaitischen Auswanderer eine gewisse Belebung. So blühten Groß- und Einzelhandel mit Nahrungsmitteln und Getränken sowie Lagerung und Transport und Vermietungsgeschäfte für Wohnungsraum in solchen Gebieten wie der saudischen Ostprovinzen. In Bahrain und VAE waren Hotels, Gaststätten und Textilhandel voll beschäftigt. Generell stiegen die Inflationsraten in der Region im Jahr 1990 aufgrund der gestiegenen Importpreise. Sie wären ohne die staatlichen Subventionen für Benzin, Strom, Wasser, Nahrungsmittel und andere Produkte viel höher gewesen. Die Haushaltsdefizite der Golfstaaten konnten angesichts der gestiegenen Öleinnahmen abgebaut werden. Oman und die VAE erzielten sogar Überschüsse. Insgesamt verzeichnete das BIP der Golfstaaten positive Wachstumsraten im Jahr 1990.

4. Veränderte Bedingungen für Partnerländer und Firmen

Die Golfkrise bewirkte eine Reihe von Verschiebungen und Veränderungen in den regionalen ländermäßigen Gewichten sowie in den politischen, rechtlichen und ökonomischen Rahmenbedingungen, die für die Entwicklung bilateraler und multilateraler Beziehungen sowie für private Unternehmen relevant sind. Da ist zunächst das erschütterte Vertrauen in- und ausländischer Investoren in die politische und wirtschaftliche Stabilität auf nationaler und regionaler Ebene. Da sind zweitens das vom UNO-Sicherheitsrat gegen Irak/Kuwait verhängte Wirtschaftsembargo mit seinen gegenwärtigen Implikationen und zukünftigen Nachwirkungen. Für Exportfirmen ist die Zahlungssicherung umständlicher und teurer geworden. Der viel beklagte Mangel an Gemeinschaftsunternehmen (Joint-ventures) ist eher größer geworden. Die Zusammensetzung der Nachfrage, insbesondere in den Golfstaaten, hat sich zugunsten des Ölsektors und der Kommunalanlagen sowie hin zu den Bereichen innere und äußere Sicherheit verschoben. Von dieser Verschiebung profitieren in erster Linie die USA aufgrund ihrer privilegierten politischen Stellung und Lieferfähigkeit sowie in zweiter Linie England und Frankreich. An dritter Stelle stehen Deutschland und Japan. Letztere könnten sich am Wiederaufbau des Irak stärker beteiligen, wenn diesem Land eine optimale Nutzung seiner Ressourcen ermöglicht werden würde. Ägypten, die Türkei und Syrien erhielten größere regionale Gewichte, während die Stellenwerte des Irak und Kuwaits zurückgingen. Saudi-Arabien ist "Opfer" und "Sieger" der Golfkrise zugleich; seine Position bleibt gefährdet. Allerdings hat sein erdölpolitisches Gewicht aufgrund der USA-Politik zugenommen, während der Irak seine im Juli 1990 errungene führende Rolle innerhalb der OPEC wieder einbüßte. Auch beim Angebot ergab sich ein deutlicher Strukturwandel. Die Ölkunden vom Irak/Kuwait mußten sich wegen des Embargos an andere Lieferanten wenden, was zu neuen Handelsbeziehungen führen könnte. Während der Golfkrise entstand eine starke politische Tendenz zur Regionalisierung eines Teils der Öleinnahmen, obwohl diese Forderung auf öffentliche Ablehnung Saudi-Arabiens stieß. Die meisten Regionalstaaten und relevanten westlichen Mächte halten einen irgendwie gearteten horizontalen Finanzausgleich für notwendig, um die enorme Kluft zwischen armen und reichen Ländern zu verringern. Die USA haben die Gründung einer *Middle East Bank for Reconstruction and Development* vorgeschlagen, an der sich sowohl die Regionalstaaten als auch die westlichen Industrieländer beteiligen sollten. Dabei sollten die größten Finanzierungsbeiträge von den arabischen Ölexportländern kommen. Die sechs Mitgliedsstaaten des GKR hatten auf ihrer letzten Gipfelkonferenz im Dezember 1990 in Doha/Qatar die Schaffung eines 15-Mrd.-US-$-Fonds für regionale Entwicklung beschlossen, von denen in der ersten Phase nur 5 Mrd. eingezahlt werden sollen. Auf der anderen Seite hat die Golfkrise die Kapitalausstattung und Liquidität der Golfstaaten, insbesondere Saudi-Arabiens und Kuwaits, beeinträchtigt. Zur Erfüllung ihrer hohen Zahlungsverpflichtungen müßten sie einen Teil ihrer Kapitalbeteiligungen an ausländischen Firmen verkaufen oder Kredite auf internationalen Kapitalmärkten aufnehmen. Die im Rahmen der Golfkrise entstandene neue Tendenz zur Regionalisierung eines Teils der Öleinnahmen ist eine Umkehr des seit 1982 bestehenden und nach unten gerichteten Trends der Entwicklungshilfeleistungen der Ölexportländer. Auf der dritten Tagung der *Gulf Financial Crisis Coordination Group* im November 1990 verpflichteten sich Saudi-Arabien, Kuwait, die VAE und Qatar 8,4 Mrd. US-$ für 1990/91 zur Verfügung zu stellen, von denen haupsächlich Ägypten, die Türkei und Jordanien profitieren sollen. Im Vergleich dazu war ihre tatsächlich geleistete offizielle Entwicklungshilfe 1989 um 53 % auf 1,5 Mrd. US-$ gesunken, was nur 0,54 % ihres kumulierten BSP entsprach. Davon waren 1,2 Mrd. US-$ von Saudi-Arabien und nur 169 Mio. von Kuwait aufgebracht worden. Von den vier multilateralen arabischen Entwicklungshilfe-Institutionen (Arab Fund, Islamic Development Bank, Arab Bank for Economic Development in Africa und OPEC Fund) waren 1989 nur beim erstgenannten die Auszahlungen höher als die Rückflüsse.

Aziz Alkazaz

Gesamtchronologie 1990

Januar

9. - Eröffnung der irakischen Pipeline von Rumaila nach Yanbu' am Roten Meer
13. - Die Türkei beginnt mit der Umleitung des Euphrats in das Atatürk-Staubecken (für 30 Tage); Proteste Syriens und des Irak
14. - Demonstrationen in Kuwait; Forderung nach Wiederherstellung des parlamentarischen Systems.
16. - Der türkische Präs. Özal beginnt USA-Besuch; erneut 24.9.
19. - UNO-GS Perez de Cuellar ernennt Johannes Manz zum neuen UNO-Sonderbeauftragten für die Westsahara
22.-23. - 1. ordentlicher Präsidentschaftsgipfel der AMU-Staaten in Tunis
23. - Der jemenitische Präs. Salih beginnt mehrtägigen USA-Besuch; am 31. Treffen mit Mitterrand in Paris.
24. - Oman nimmt diplomatische Beziehungen mit Polen auf, 17.6. mit Bulgarien, 19.6. mit Ungarn, 17.10. mit der CSFR
28. - Der französische Verteidigungsminister Chevènement führt in Bagdad Gespräche mit dem Minister für Rüstungsindustrie
28.-29. -Besuch des irakischen Präs. Saddam Husain in Kairo

Februar

4. - Palästinensischer Anschlag auf einen israelischen Touristenbus bei Isma'ilia (Ägypten)
9. - Israel nimmt diplomatische Beziehungen mit der CSFR auf, 27.2. mit Polen, 3.5. mit Bulgarien
12. - Treffen des französischen Präs. Mitterrand mit dem ägyptischen Präs. Mubarak in Assuan
15. - Iran und die Sowjetunion einigen sich auf Visa- und Reiseregelungen für Azeris
15. - Der israelische AM Arens wird von Bundeskanzler Kohl empfangen
19.-22. - Der französische Staatspräs. Mitterrand besucht Pakistan
20.-21. - Besuch des sudanesischen Staatschefs al-Bashir in Kairo
24. - 4. Gipfelkonferenz der AKR-Staaten in Amman
28. - Besuch des chinesischen AM Qian Qichen in Bagdad

März

1. - Einstellung der US-Hilfen an den Sudan wegen "undemokratischer Politik"
3. - Bahrain nimmt diplomatische Beziehungen mit Ungarn auf, 31.3. mit China, 28.9. mit der UdSSR, 12.10. mit der CSFR
3.-7. - Besuch des libanesischen Präs. Hrawi in Saudi-Arabien, Algerien und Marokko
4. - Der pakistanische Verteidigungsminister trifft in Bagdad ein
6. - Staatsstreichversuch des afghanischen Verteidigungsministers Tanai
6.-8. - Besuch des tunesischen Präs. Ben Ali in Ägypten
11. - Die arabischen AM beschließen die Rückverlegung des Sitzes der Arabischen Liga von Tunis nach Kairo
14. - Vorgetäuschter Brand in der libyschen Chemiefabrik Rabta
15. - Hinrichtung des britischen Journalisten Bazoft wegen Spionage in Bagdad
17.-18. - Der irakische Präs. Saddam Husain trifft mit dem saudischen König Fahd in Hafr al-Batin zusammen
19. - Der ägyptische Präs. Mubarak nimmt an der Sitzung des Südafrika-Komitees in Lusaka teil; am 20. in Windhoek an den Unabhängigkeitsfeiern Namibias
20.-21. - Der saudische König Fahd und Sultan Qabus von Oman unterzeichnen in Hafr al-Batin einen Grenzvertrag
22. - Ermordung des angeblich für den Irak tätigen kanadischen Ballistikexperten Gerald Bull in Brüssel
24.-25. - Treffen Qaddafis mit Asad, Mubarak und al-Bashir in Tobruk
27.3.-26.4. - Fastenmonat Ramadan
28. - England gibt die Beschlagnahme von für den Irak bestimmten Zündern für Atomsprengköpfe bekannt

April

1. - Wiedereröffnung der jordanischen Botschaft in Tripolis nach sechs Jahren
1. - Saddam Husain erklärt, daß der Irak über chemische Waffen verfüge und er im Falle eines israelischen Angriffs "halb Israel" zerstören würde
3. - Israel startet Weltraumsatelliten Ofek 2
3. - Der IWF erkennt die Türkische Lira als konvertible Währung an
7.-8. - Der ägyptische Präs. Mubarak führt Gespräche mit Saddam Husain in Bagdad; er schlägt die Abschaffung aller Massenvernichtungswaffen im Nahen Osten vor
8. - IRNA meldet die Wiederaufnahme iranischer Gaslieferungen in die Sowjetunion nach zehnjähriger Unterbrechung
9. - Die türkische Regierung verdoppelt die Strafen für PKK-Unterstützer und verschärft die Pressezensur
12. - Spannungen an der indisch-pakistanischen Grenze
15. - Aeroflot transportiert 30.000 von König Fahd gespendete Koranexemplare für die Muslime der Sowjetunion
19.-20. - Das PLO-Exekutivkomitee spricht auf einer Sitzung in Bagdad seine Unterstützung für Saddam Husain aus
23. - Putschversuch ehemaliger Offiziere im Sudan; 24.4. Hinrichtungen
22. - Der Emir von Kuwait erläßt ein Dekret über die Einsetzung eines Nationalrates
25. - CSFR-Präsident Havel trifft zu einem dreitägigen Besuch in Israel ein
27. - Neues Kabinett Shamir; am 11.6. von der Knesset bestätigt
27.-29. - Staatsbesuch des syrischen Präsidenten Asad in der Sowjetunion
28.-30. - Besuch des saudischen Königs Fahd in Bagdad
30. - Wiederaufnahme der diplomatischen Beziehungen zwischen dem Südjemen und den USA

Mai

2. - Tagung der OPEC-Ölminister in Genf; irakische Warnung an bestimmte Ölstaaten wegen Überschreitung ihrer Förderquoten
2.-3. - Präs. Mubarak in Damaskus (erster Besuch eines ägyptischen Präs. seit 1977)
4. -Aufhebung des Ausnahmezustandes in Afghanistan
4. - Die Türkei hält für den Irak bestimmte Stahlrohre (angeblich Teile einer Superkanone) zurück
7. - Fazlul Haq Khaliqyar wird zum neuen PM Afghanistans ernannt
9.-23. - Besuch Scheich Zayids der VAE in China, Japan und Indonesien
10.-18. - Reise des ägyptischen Präs. Mubarak nach Oman, China, Nordkorea, in die Sowjetunion und nach Großbritannien
10. - Antrag der PLO auf Aufnahme in die Weltgesundheitsbehörde (WHO) scheitert am Veto der USA
15.-21. - Reise der pakistanischen PM Bhutto nach Teheran, Ankara, Damaskus, Amman, Sana, Kairo und Tripolis
15. - Besuch des portugiesischen Präs. Soares in Marokko
14.-17. - Besuch des tunesischen Präs. Ben Ali in den USA
19.-22. - Sitzung der Sozialistischen Internationale in Kairo
22. - Vereinigung der beiden Jemen zur "Jemenitischen Republik"
22. - Parlamentswahlen in Syrien
28.-30. - Außerordentliche arabische Gipfelkonferenz in Bagdad
30. - Israel vereitelt Angriff von 2 PLO-Schnellbooten an der Küste vor Tel Aviv

Juni

1. - Besuch des libyschen Revolutionsführers Qaddafi in Kairo
5. - Der libanesische Präs. Hrawi beginnt dreitägigen Besuch in Ägypten
10. - Kommunalwahlen in Tunesien
10. - Parlamentswahlen in Kuwait
12. - Kommunalwahlen in Algerien; FIS gewinnt 54,5 % der Stimmen, FLN 23,1 %
14. - EG-Parlament in Straßburg verurteilt Israel wegen der Unterdrückungspolitik in den israelisch besetzten Gebieten
21. - US-Regierung bricht Kontakte zur PLO ab wegen unzureichender Distanzierung Arafats von der Terroraktion vom 30.5.
23.-27. - Der libanesische Präs. Hrawi besucht Kuwait, Qatar, Bahrain und Abu Dhabi
25. - Bundestagspräsidentin Süssmuth und

Volkskammerpräsidentin Bergmann-Pohl beginnen offiziellen Besuch Israels
26. - EG-Gipfelkonferenz in Dublin verabschiedet Nahostresolution
27. - Der UNO-Sicherheitsrat nimmt die erweiterte Fassung des UNO-Friedensplans für die Westsahara an
27. - Verhandlungen über die Verteilung des Euphratwassers in Ankara zwischen der Türkei, Syrien und dem Irak enden ohne Einigung
29. - Die (kommunistische) Demokratische Volkspartei Afghanistans wird im Rahmen einer Reform in Vaterlandspartei umbenannt

Juli

3. - Direkte Gespräche des irakischen und des iranischen Außenministers in Genf
3. - Rücktritt des israelischen Botschafters in Kairo, Shimon Shamir, wegen Differenzen mit PM Shamir
9. - Der ägyptische Präs. Mubarak eröffnet OAU-Sitzung in Addis Abeba
11. - Hinrichtung des im Irak geborenen Schweden Mahdi al-Na'mi in Bagdad wegen angeblicher Spionage für Israel
11. - Besuch des algerischen Präs. Bendjedid in Saudi-Arabien
11.-12. - Gespräche des äyptischen Präs. Mubarak mit dem saudischen König Fahd in Dschidda
14.-16. - Treffen des ägyptischen Präs. Mubarak und des syrischen Präs. Asad in Alexandria
16.-18. - Staatsbesuch des tunesischen Präs. Ben Ali in der Bundesrepublik
18. - Das irakische Parlament stimmt einem Antrag auf Ernennung Saddam Husains zum Präsidenten auf Lebenszeit zu
20.-22. - Besuch des chinesischen AM Qian Qichen in Saudi-Arabien; Vereinbarung über Aufnahme diplomatischer Beziehungen
21.-23. - 2. ordentlicher Präsidentschaftsgipfel der AMU-Staaten in Algier
23. - Beginn des Hidschrajahres 1411
24. - Blitzreise Mubaraks nach Bagdad, Kuwait und Dschidda zwecks Vermittlung zwischen dem Irak und Kuwait
25. - Besuch des chinesischen AM in Marokko und am 28. in Algerien
26.-27. - 87. OPEC-Konferenz in Genf; Erhöhung des Ölpreises von 18 auf 21 US-$/b
28. - Der sowjetische Minister für Verteidigungsindustrie unterzeichnet in Bagdad mit dem irakischen Minister für Industrie und militärische Produktion ein Abkommen über technische und industrielle Zusammenarbeit
30. - Scheich Zayid der VAE besucht Marokko und am 31. Ägypten
30.7.-12.8. - Technische Mission der UNO in der Westsahara
31. - Der UNO-Sicherheitsrat fordert den Abzug der israelischen Truppen aus dem Libanon
31.7.-6.8. - Konferenz der OIK-Außenminister in Kairo

August

1. - Abbruch der irakisch-kuwaitischen Gespräche in Dschidda über die Beilegung des beiderseitigen Konfliktes
2. - Einmarsch irakischer Truppen in Kuwait
2. - Der UNO-Sicherheitsrat tritt auf Antrag Kuwaits zusammen und fordert mit Resolution 660 den sofortigen und bedingungslosen Rückzug der irakischen Truppen
3. - Die Arabische Liga in Tunis verurteilt (mit sechs Gegenstimmen) die irakische Invasion; der Irak verspricht Rückzug nach Stabilisierung der Situation
5. - Der Irak verkündet Beginn des Truppenrückzuges aus Kuwait
6. - Der UNO-Sicherheitsrat verabschiedet Resolution 661 über ein Handelsembargo gegen den Irak
6. - Der pakistanische Präs. Ishaq Khan entläßt PM Benazir Bhutto (seit 1.12.1988 im Amt)
6.8.-21.10. - Nationale Dialogkonferenz legt Grundlinien des politischen Systems des Sudan fest; auf Schlußsitzung Rede des libyschen Revolutionsführers Qaddafi
8. - Der Irak annektiert Kuwait
8. - US-Präs. Bush entsendet auf saudische Bitte Truppen nach Saudi-Arabien
10. - Die Arabische Liga in Kairo fordert den Irak zum Rückzug aus Kuwait auf und beschließt die Entsendung einer arabischen Streitmacht zum Schutze Saudi-Arabiens
10. - Der irakische Präs. Saddam Husain ruft

die Araber zum Heiligen Krieg gegen die US-Truppen und zur Verteidigung der heiligen Stätten auf

12. - Der irakische Präs. Saddam Husain fordert Verhandlungen über die Lösung aller Probleme in der Region einschließlich des Palästina- und des Libanonproblems

15. - Der irakische Präs. Saddam Husain bietet Iran einen Friedensvertrag und Erfüllung aller Forderungen an

20. - Der stellvertretende irakische PM Hammadi trifft zu Verhandlungen in Moskau ein

21. - Das libanesische Parlament stimmt einer Verfassungsänderung (gemäß Abkommen von Ta'if) über größere Rechte der Muslime zu

21. - Der Irak gibt die Beendigung seines Truppenabzugs aus Iran bekannt

22.-23. - Treffen des libyschen Revolutionsführers Qaddafi mit dem Präs. von Tschad, Habré, in Rabat zur Beilegung des Grenzkonfliktes

25. - Der afghanische Staatschef Najibullah kehrt von einem Besuch in Moskau zurück

25.-26. - Besuch des österreichischen Präs. Waldheim im Irak; er erreicht die Freilassung der österreichischen Geiseln

28. - Der Irak erklärt Kuwait zur 19. Provinz

September

1.-2. - Der sudanesische Staatschef al-Bashir und der libysche Revolutionsführer Qaddafi unterzeichnen in Tripolis ein Integrationsabkommen

3. - Rücktritt des Generalsekretärs der Arabischen Liga, Chadli Klibi

6. - Besuch des irakischen Vize-PM Taha Yasin Ramadan in Peking

8.-10. - Die Staatschefs von Algerien, Libyen, Mali und Niger einigen sich nach einem Treffen in der Oase Djanet über Kooperation bei der Entwicklung der Grenzregionen

9. - Der irakische AM Aziz trifft zu Gesprächen in Teheran ein; am 10. Beschluß über Wiederaufnahme der diplomatischen Beziehungen

10. - Der Irak bietet Ländern der Dritten Welt kostenlos Erdöl an

14. - Der israelische AM Levy wird von Gorbatschow empfangen

17. - Aufnahme diplomatischer Beziehungen zwischen Saudi-Arabien und der Sowjetunion (1939 abgebrochen)

17. - Die EG beschließt die Ausweisung der irakischen Militärattachés

18. - Fatah und Hamas beschließen die Koordinierung ihrer Aktivitäten in den besetzten Gebieten

19. - Saudi-Arabien hebt alle Ausnahmeregelungen für Gastarbeiter auf; betrifft Jemeniten, die bisher keine Arbeitserlaubnis benötigten

21.-25. - Besuch des syrischen Präs. Asad in Teheran; Syrien und Iran verurteilen die irakische Aggression in Kuwait

24. - Wiederaufnahme der diplomatischen Beziehungen zwischen Tunesien und Iran

25. - Der Sicherheitsrat beschließt mit Resolution 670 die Luftblockade des Irak

27. Iran und Großbritannien beschließen Wiederaufnahme der diplomatischen Beziehungen (Abbruch März 1989 wegen Rushdi-Affäre)

28. - Ben Bella kehrt nach Algerien zurück (Sturz 1965, im Exil seit 1980)

30. - Die AM Israels und der Sowjetunion beschließen in New York die Aufnahme konsularischer Beziehungen

Oktober

3. - Reise des französischen Präs. Mitterrand in die VAE; am 4. nach Saudi-Arabien

7. - Ableben von Scheich Rashid Ibn Sa'id Al Maktum, Herscher von Dubai; sein Nachfolger wird Maktum Ibn Rashid

8. Blutbad auf dem Tempelberg (19 Tote); Verurteilung Israels durch den Sicherheitsrat am 12.10.

9. - Neues libysches Allg. Volkskomitee (Kabinett) unter GS Abu Zaid Umar Durda

9. - Der Ölpreis steigt auf über 40 US-$/b

11. - Bundeskanzler Kohl empfängt den saudischen AM Faisal

13. - Syrische und libanesische Truppen stürmen Ostbeirut; General Aun gibt auf und flieht in die französische Botschaft

13. - Der Emir von Kuwait eröffnet in Ta'if eine Volkskonferenz (über 1200 Teilnehmer)

13.-18. - Reise des türkischen Präs. Özal nach Dschidda, Abu Dhabi, Doha, Kairo und Damaskus

14. - Wiederaufnahme der diplomatischen Beziehungen zwischen dem Irak und Iran
16. - Qatar und Bulgarien beschließen die Aufnahme diplomatischer Beziehungen
23. - Das irakische Parlament beschließt die Freilassung der französischen Geiseln
24. - Wahlen in Pakistan, Sieg der demokratisch-islamischen Allianz (105 von 217 Sitzen, Bhutto 45 Sitze)
28. - Der israelische Verteidigungsminister verbietet den "Islamischen Jihad" in Gaza
30. - Hizbullah und Amal stimmen einem in Damaskus ausgehandelten Waffenstillstand zu; am 10.11. Beginn des Abzugs der Milizen aus Beirut
31. - Verlegung des Sitzes der Arabischen Liga von Tunis nach Kairo

November

5. - Der frühere Bundeskanzler Brandt trifft in Bagdad ein; Gespräche mit Saddam Husain am 6.; Freilassung der deutschen Geiseln am 25. von S. Husain verkündet
6. - Die neue pakistanische Nationalversammlung wählt Nawaz Sharif zum PM
6. - Der sudanesische Staatschef al-Bashir reist in die Volksrepublik China
10. - Besuch des türkischen Präs. Özal in Teheran
12. - Erstes offizielles Treffen der AM der AMU und EG in Brüssel
13. - Der saudische Innenminister verbietet Frauen offiziell das Fahren von Autos (nach einer Demonstration von Frauen am 6.11.)
13.-14. - Besuch des ägyptischen Präs. Mubarak in Libyen und Syrien
18. - Sultan Qabus von Oman kündigt die Bildung eines Konsultativrates mit Vertretern der Provinzen an
18. - Der israelische PM Shamir bekräftigt den Anspruch seines Landes auf das Gebiet zwischen dem "Meer und dem Jordan"
21. - Der afghanische Staatschef Najibullah trifft in Genf mit Oppositionsführern zusammen
21. - Treffen von US-Präs. Bush mit dem saudischen König Fahd in Dschidda und am 23. mit dem ägyptischen Präs. Mubarak in Kairo sowie mit dem syrischen Präs. Asad in Genf
26. - Reise des irakischen AM Aziz nach Moskau
27. - Gorbatschow empfängt den saudischen AM Faisal und lädt König Fahd in die Sowjetunion ein; saudisches Kreditangebot in Höhe von von 4 Mrd. US-$
28. - Syrien und Großbritannien beschließen Wiederaufnahme der diplomatischen Beziehungen (im Okt. 1986 abgebrochen)
29. - UNO-Resolution 678 beschließt Einsatz militärischer Gewalt gegen den Irak
30. - Bush kündigt an, AM Baker nach Bagdad zu schicken und den irakischen AM nach Washington einzuladen

Dezember

1. - Der irakische Revolutionsrat nimmt das Angebot Bushs zum Dialog an
6. - Der irakische Präs. Saddam Husain kündigt die Freilassung aller Geiseln an
6. - Der israelische PM Shamir reist nach London; am 11. in Washington von Bush empfangen
12.-13. - 88. OPEC-Konferenz in Genf
13.-19. - Vermittlungsreise des algerischen Präs. Bendjedid nach Amman, Bagdad, Teheran, Maskat, Damaskus, Kairo und Tripolis; Fortsetzung der Vermittlung 20.-23.12. in Europa, Marokko und Mauretanien
14. - Generalstreik in Marokko; Protest gegen schlechte soziale Lage; Unruhen mit zahlreichen Toten
16. - Der algerische Präsident besucht als erstes arabisches Staatsoberhaupt seit Ausbruch des Bürgerkrieges den Libanon
20. - Der Sicherheitsrat verurteilt Israel wegen der Deportation von Palästinensern
22. - 11. Gipfelkonferenz des Golfkooperationsrates in Doha
24. - Neue libanesische Regierung unter PM Umar Karami
26. - Beschluß über die Einführung des Arabischen als alleinige offzielle Sprache in Algerien
31. - Der sudanesische Staatschef al-Bashir ordnet die Einführung der Scharia im Nordsudan an

II. Länderbeiträge/Organisationen

Ägypten

Offizieller Name: Jumhuriyat Misr al-Arabiya/Arabische Republik Ägypten; **Unabhängigkeit:** 28.2.1922; **Fläche:** 998.000 qkm; **Einwohner:** 56 Mio. (1990); **Hauptstadt:** Kairo, Ew.: ca. 12 Mio.; **Urbanisierungsrate:** 48 %; **Armeestärke:** 450.000; **BIP:** 34,33 Mrd US-$; **Sektoren in %:** Landwirtschaft 21; Industrie 25; Dienstl. 54; **Pro-Kopf-Einkommen:** 660 US-$; **Währung:** 1 US-$ = 2,7435 ägyptische Pfund (E£)

Innenpolitische Entwicklung

Nachdem sich Präsident Mubarak bereits 1989 wegen eines Gerichtsentscheides, der das bestehende Wahlgesetz für nicht verfassungskonform erklärte, zur Auflösung des *Shura-Rates* und zu Neuwahlen gezwungen gesehen hatte, erklärte das Oberste Verfassungsgericht auf die Klage von Kamal Khalid hin am 19.5. die Parlamentswahlen vom Mai 1987 für ungültig, weil das Wahlgesetz verfassungswidrig sei. Wesentliches Argument hierbei war, daß aufgrund der Parteienlisten die unabhängigen Kandidaten benachteiligt würden und damit die in der Verfassung garantierte Gleichstellung aller Bürger verletzt würde. Mubarak setzte für den 11.10. ein Referendum an, in dem die Bevölkerung über die Auflösung des Parlamentes entscheiden sollte.

Gemäß dem vom Parlament am 30.9. verabschiedeten Wahlgesetz (Text in al-Ahram, 1.10.) wurden Parteienlisten und die Acht-Prozent-Klausel gestrichen. Gewählt ist, wer die absolute Mehrheit der abgegebenen gültigen Stimmen erhält. Trotz dieser Verbesserungen waren die Oppositionsparteien mit der neuen Lage nicht zufrieden. Sie sahen immer noch nicht die Garantie für faire Wahlen gegeben und forderten vor allem die Aufhebung des 1981 nach der Ermordung Sadats eingeführten Ausnahmezustandes. Die *Neue Wafdpartei* (NWP), die *Sozialistische Partei der Arbeit* (SPA) und die *Partei der Sozialistischen Liberalen* (PSL) sowie die Muslimbrüder unter ihrem Führer Ma'mun Hudaibi beschlossen am 21.10. den Boykott der Wahlen. Kritiker dieses Beschlusses warfen diesen Parteien vor, daß sie um ihre Wahlchancen fürchteten, weil viele Politiker, die bisher im Rahmen der Parteilisten für eine dieser Parteien kandidiert hatten, nun als Unabhängige auftreten würden. Hingegen entschied sich die Partei der *National-Progressiven Unionistischen Sammlungsbewegung* (Tagammu') für eine Teilnahme an den Wahlen.

An den Wahlen beteiligten sich auch drei neue Parteien. Am 14.4. hatte das Oberste Verwaltungsgericht den Anträgen von drei Parteien auf Zulassung stattgegeben. Hierbei handelte es sich um die *Partei der Grünen* (al-Khudar al-misri), die *Demokratisch-Unionistische Partei* (al-Hizb al-ittihadi al-dimuqrati) und die *Neue Jugend Ägyptens* (Misr al-fatat al-jadid). Laut Urteilsspruch zielen die Programme dieser Parteien auf die Sicherung der nationalen Einheit, des sozialen Friedens und des demokratisch-sozialistischen Systems und stehen mit der Scharia, dem islamischen Gesetz, in Einklang. Der Antrag der Nasseristen auf Zulassung wurde abgelehnt, weil ihr Programm mit der Demokratie nicht vereinbar sei und die Rückkehr zum Einparteiensystem anstrebe (A, 15.4.; EGz, 16.4.).

Die Wahlen wurden auf den 29.11. festgelegt, nachdem das Referendum vom 11.10. eine Mehrheit für die Parlamentsauflösung gebracht hatte. Am 6.12. fanden Nachwahlen statt. Erwartunsgemäß erhielt die regierende *Nationaldemokratische Partei* (NDP) die Mehrheit der Stimmen, nämlich 79,6 % der insgesamt 444 Sitze, die Tagammu'-Partei 1,4 % (6 Sitze) und die Unabhängigen 19 % (83 Sitze). Von den Unabhängigen gelten nur 23 als zur Opposition gehörend, nämlich 14 Vertreter der NWP, 8 der SPA und einer der PSL, während die übrigen der NDP angehören. Diese NDP-Mitglieder hatten als Unabhängige kandidiert, weil sie von ihrer Partei, der NDP, nicht aufgestellt worden waren. Der Generalsekretär der NDP, Yusuf Wali (zugleich Landwirtschaftsminister), hatte vor den Wahlen allen Parteimitgliedern, die als Unabhängige kandidierten, mit einem Parteiausschluß gedroht. Nach der Wahl schlossen sich diese "unabhängigen" NDP-Vertreter der NDP-Fraktion im Parlament an, ohne daß sie aus der Partei ausgeschlossen wurden. Von Oppositionellen wurde der NDP deshalb krasser Opportunismus vorgeworfen (EGz, 28.12.). Die Tagammu'-Partei, die von insgesamt 28 Kandidaten 6 ins Parlament schicken konnte, war relativ erfolgreich. Von den Kandidaten der drei neuen Parteien wurde keiner ins Parlament gewählt. Im neuen Parlament sind insgesamt sieben Frauen vertreten. Die Wahlbeteiligung betrug nach offiziellen Angaben 45 % (bei insgesamt 17,9 Mio. Wahlberechtigten), nach Angaben der NWP lag sie bei nur 13 % (MET, 11.12.). Am 10.12. ernannte Mubarak die zehn restlichen Parlamentsmitglieder, unter ihnen drei Kopten (einschließlich des Staatsministers für Äußeres Butrus Ghali) und drei Frauen. Insgesamt wurden die Wahlen als die bis dahin fairsten gewertet. 13 Personen kamen bei Streitigkeiten im Zusammenhang mit den Wahlen ums Leben.

Die innenpolitische Lage in Ägypten (Ä.) wurde auch im abgelaufenen Jahr stark von den Aktivitäten der islamischen Gruppen bestimmt. Die Polizei unter Innenminister Zaki Badr ging gegen die islamische Opposition mit äußerster Härte vor, was in der Öffentlichkeit auf Kritik stieß. Da der Innenminister zudem auch führende Politiker der Opposition verunglimpfte, verstärkte sich der Ruf nach seiner Ablösung. Am 9.1 veröffentlichte die Zeitung *al-Sha'b* der SPA einen Bericht über einen Auftritt Badrs in Benha, wo er Politiker der Opposition und selbst der Regierung einschließlich des Ministerpräsidenten beleidigt haben sollte, und forderte seine Ablösung (KuT, JoT, 10.1.). Am 12.1. wurde Badr entlassen. Nachfolger wurde Muhammad Abd al-Halim Musa (geb. 1930), der bis Oktober 1987 Chef der Abteilung für innere Sicherheit im Innenministerium war und danach Gouverneur der Provinz Asiut, die wegen der wiederholten Zusammenstöße zwischen muslimischen Extremisten und Kopten als besonders schwierig gilt. Musa erklärte, daß für ihn die Opposition Teil des politischen Systems sei und daß er sie respektieren werde. Forderungen oppositioneller Politiker nach Bestrafung Badrs blieben ohne Echo. Prominente Vertreter der Menschenrechtsorganisationen behaupteten, daß unter Badr die Folter in ägypt. Gefängnissen Routine gewesen sei (MEED, 26.1.).

Der neue Innenminister kündigte eine Teilamnestie an. Nach seiner Aussage befanden sich 2.411 Personen aufgrund der Notstandsgesetze in Haft, darunter 812 politische Häftlinge (NZZ, 21./ 22.1.). Am 2.3. kam es in Abu Gurgas in der oberägypt. Provinz Minia nach dem Freitagsgottesdienst zu Angriffen extremistischer Muslime auf eine koptische Kirche, die angezündet wurde. Bischof Arsanios erklärte, daß die Extremisten Unruhen verursachten, um dem Islam die Lösung der Probleme und die Herstellung der Ordnung zu übertragen, um so die Macht übernehmen zu können (FT, 27.3.). Musa erklärte, daß diese Ereignisse keinen konfessionellen Konflikt darstellten, sondern begrenzte Vorfälle seitens einer kleinen Gruppe von Gesetzesübertretern. 121 Personen seien in diesem Zusammenhang verhaftet worden (EGz, 26.3.). Aufsehen erregten auch die Ereignisse am 30.4. in dem Dorf Kahk in der Provinz Fayum. Hier hatte sich eine islamische Splittergruppe, die sich von der Jihad-Gruppe abgespalten hatte, gegen die anrückende Polizei verschanzt und sich mit den Sicherheitskräften ein Gefecht geliefert, in dessen Verlauf 16 Extremisten erschossen wurden. In seiner Rede am 1. Mai ging Mubarak auf diese Zwischenfälle ein und gelobte, daß es gegenüber Personen, die zwischen muslimischen und christlichen Ägyptern Zwietracht säten, "weder Nachsicht noch einen Dialog, noch Beschwichtigung" gebe (A; KuT, 2.5.; NZZ, 14.6.).

Am 12.10. wurde der Parlamentspräsident (seit 1984, 1987 wiedergewählt) Rif'at al-Mahjub, der als enger Vertrauter Mubaraks galt, auf offener Straße von islamischen Extremisten erschossen. Es war dies der schwerste Anschlag auf die politische Führung seit der Ermordung Sadats 1981. Weiterhin kamen fünf Personen der Sicherheitskräfte bei dem Anschlag ums Leben. Die Mörder konnten entkommen, drei auf einem Motorrad, einer zu Fuß. In ersten Reaktionen wurden der Irak und die PLO (Gruppe unter Abu Nidal) für den Anschlag verantwortlich gemacht, weil man diesen äußerst professionell durchgeführten Mord einheimischen Extremisten nicht zutraute. Der Irak wies jedoch jede Beteiligung an dem Anschlag zurück (SaG, 16.10.). Wenige Tage zuvor war vor möglichen Infiltrationen von Terroristen und Anschlägen als Vergeltung für die Haltung Ä.s gegenüber dem Irak gewarnt worden. 300 Iraker und Palästinenser wurden festgenommen. Da ungefähr zehn Minuten vor dem Anschlag der Innenminister dieselbe Stelle passierte, wurde angenommen, daß er das eigentliche Ziel der Terroristen gewesen war, daß sie ihn aber mit dem Parlamentspräsidenten verwechselt hatten (EGz, 14. und 15.10.; M, 16.10.; AN, 20.10.). Am 27.10. gab Innenminister Musa die Verhaftung der Mörder des Parlamentspräsidenten bekannt, bei denen es sich um Mitglieder der islamischen Gruppe Jihad gehandelt habe (M, 30.10.). Die Ermordung war offensichtlich ein Racheakt für den Tod von Dr. Ala Muhy al-Din, dem zweiten Mann der Gruppe, der nach ihrer Überzeugung von der Polizei am 2.9. liquidiert worden war. Am 13.12. wurde Dr. Fathi Surur, bis dahin Erziehungsminister, zum neuen Parlamentspräsidenten gewählt.

Im Golfkonflikt stand die Mehrheit der Bevölkerung hinter der Politik Mubaraks (vgl. M, 26.9.). Die über 500.000 aus Kuwait und dem Irak zurückgekehrten Gastarbeiter hatten ihre gesamte Habe einschließlich ihrer Ersparnisse verloren und machten dafür Saddam Husain verantwortlich. Ihrem Einfluß dürfte es zuzuschreiben sein, daß die mit Saddam Husain sympathisierenden Kräfte, vor allem islamische Fundamentalisten, nicht die öffentliche Meinung beherrschten. Am 21.8. verurteilte der Großscheich der Azhar-Moschee, Scheich Jadd al-Haqq Ali Jadd al-Haqq, die Invasion Kuwaits (SWB, 23.8.). Iraker, Jordanier und Jemeniten, die im Rahmen des AKR bis dahin ohne Formalitäten einreisen durften, mußten nun wieder, wegen der Angst vor möglichen Terroranschlägen, Einreisevisa vorlegen (SWB, 2.10.).

Außenpolitische Entwicklung

Nach der Rückkehr Ä.s in die AL Ende 1989 konnte Ä. im abgelaufenen Jahr seine Position innerhalb der arabischen Welt weiter ausbauen. Die außerordentlichen Aktivitäten der ägypt. Diplomatie und die zahlreichen Besuche hochrangiger Politiker machten Kairo erneut zur politischen Drehscheibe im Nahen Osten und unterstrichen den ägypt. Anspruch, Führungsmacht der arabischen Welt zu sein. Die Bedeutung Ä.s wurde nicht zuletzt auch durch die Abhaltung der Sitzung der *Sozialistischen Internationale* in Kairo (19.-22.5.) und in Verbindung damit den Besuch zahlreicher Persönlichkeiten (Mandela, Brandt) hervorgehoben. Wesentliches Anliegen der ägypt. Politik war die Förderung einer friedlichen Lösung des Palästinaproblems. Während seines Besuches in den USA im Januar legte Außenminister Abd al-Majid einen Siebenpunkteplan zur Lösung des Konfliktes vor (A, 21.1.). Mit PLO-Führer Arafat wurden besonders intensive Beziehungen gepflegt; er besuchte in der ersten Jahreshälfte wiederholt Kairo (10.1.; 14.1.; 28.1; 30.4.; 20.5.). Die Beziehungen mit Israel hingegen wurden durch die Einwanderung sowjetischer Juden nach Israel belastet. Im Januar führte Vize-Premierminister Peres in Kairo Gespräche mit Mubarak und erneut am 22.5. anläßlich seiner Teilnahme an der Sitzung der *Sozialistischen Internationale*. Der Anschlag auf einen israelischen Touristenbus bei Isma'ilia (10 Tote) am 4.2. belastete die beiderseitigen Beziehungen nicht ernsthaft. Am 3.7. trat der israelische Botschafter in Kairo, Shimon Shamir, wegen Differenzen mit Premierminister Shamir zurück (Nachfolger wurde am 25.7. Ephraim Dubek).

Im Zusammenhang mit der Lösung des Palästinaproblems bemühte sich Ä. im Interesse einer einheitlichen arabischen Haltung, im Streit zwischen dem Irak und Syrien zu vermitteln, was jedoch an der unnachgiebigen Haltung des irakischen Präsidenten scheiterte. Die Beziehungen zu Syrien, die erst im Dezember 1989 wieder aufgenommen worden waren, entwickelten sich weiter positiv. Nach einem ersten Treffen zwischen Mubarak und Asad auf "neutralem" Boden in Tobruk (Libyen) besuchte Mubarak vom 2.-3.5. Damaskus. Mubarak erklärte, daß die Beziehungen zwischen beiden Staaten für den Erfolg einer friedlichen Lösung des Palästinakonfliktes von entscheidender Bedeutung seien (EGz, 4.5.). Weitere Treffen fanden am 30.5. in Damaskus, am 14.-15.7. und 28.8. in Alexandria sowie am 14.-15.11. in Damaskus statt.

Günstig entwickelten sich auch die Beziehungen mit Libyen. Nach einem Besuch Qaddafis in Assuan am 18.2. kam es zu einem erneuten Treffen der beiden Staatschefs am 24.3. in Tobruk anläßlich der Feiern zum Abzug der britischen Truppen vor 20 Jahren. Libyen erklärte sich bereit, Kompensationen für 33.000 ägypt. Arbeiter, die 1985 ausgewiesen worden waren, zu zahlen (KuT, 21.3.).

Im Verhältnis zum Irak zeigte sich bereits auf der Sitzung des AKR in Amman am 24.2., daß Mubarak und Saddam Husain, der die USA wegen der Einwanderung sowjetischer Juden nach Israel und der Präsenz der US-Flotte im Persischen Golf scharf kritisierte, unterschiedliche politische Auffassungen vertraten und dadurch die Beziehungen belastet wurden. Als sich die Angriffe gegen den Irak nach der Rede Saddam Husains vom 1.4. (Drohung, halb Israel zu vernichten) in den westlichen Medien verschärften, sah sich Ä. zur Unterstützung seines Verbündeten veranlaßt. Als Ausweg aus der sich anbahnenden Krise schlug Mubarak nach seinem Besuch in Bagdad am 8.4. die Abschaffung sämtlicher Massenvernichtungswaffen, also auch der israelischen Atomwaffen, vor (vgl. EGz, 9.4.). Auf einer Pressekonferenz erklärte Außenminister Abd al-Majid, daß auch der Irak das Recht haben müsse, sich zu verteidigen (EGz, 19.4.). Als auf der arabischen Gipfelkonferenz Ende Mai der Konflikt zwischen dem Irak und den beiden Ölscheichtümern Kuwait und VAE eskalierte, versuchte Mubarak erneut zu vermitteln. Nach seinem Besuch in Bagdad am 25.7. äußerte er die Überzeugung, daß Saddam Husain nicht die Absicht hege, Truppen nach Kuwait zu schicken (SWB, 27.7.). Um so größer war der Schock in Kairo am 2.8. nach dem Einmarsch irakischer Truppen in Kuwait. Mubarak fühlte sich von Saddam Husain hintergangen und zutiefst gedemütigt.

Ä. stellte sich nun an die Spitze der gegen den Irak gerichteten Koalition. Für Ä. ging es hierbei auch um die Führung in der arabischen Welt. Vor Truppen, die nach Saudi-Arabien verschifft wurden, sagte Mubarak: "Saddam Husain will letztlich die Führung von Ä. übernehmen. Das ist völlig ausgeschlossen" (SWB, 29.9.). Während sich im Zusammenhang mit dem Golfkonflikt die Beziehungen zu Syrien und Saudi-Arabien sowie den übrigen Golfscheichtümern verbesserten, verschlechterte sich das Verhältnis Ä.s zu den arabischen Staaten, die die Politik des Irak unterstützten oder mit ihr sympathisierten. Dies betraf vor allem die beiden anderen Staaten des AKR, Jordanien und Jemen sowie die PLO. Auch zum Sudan, der sich auf die Seite des Irak stellte, kam es zu Spannungen, nachdem noch zu Beginn des Jahres (Besuch al-Bashirs am 20.2. und des Verteidigungsmin. am 23.3.) Ä. im sudanesischen Bürgerkrieg vermittelt hatte. Als Gerüchte über die Stationierung irakischer Raketen und Flugzeuge im Sudan aufkamen, drohte Mubarak, diese zu vernichten (NZZ, 29.9.).

Ä. verurteilte bereits am 3.8. (vgl. A, 4.8.) die irakische Aggression und forderte den bedingungslosen Rückzug der irakischen Armee. Auf der arabischen Gipfelkonferenz in Kairo am 10.8. setzte sich Mubarak mit seiner Forderung nach Entsendung arabischer Truppen nach Saudi-Arabien durch. Ä. beteiligte sich an der arabischen Streitmacht mit dem größten Kontingent von insgesamt 27.000 Mann (bis Jahresende). Mubarak erklärte wiederholt, offenbar aus Rücksicht auf die öffentliche Meinung im Lande, daß die ägypt. Streitkräfte nur zum Schutz Saudi-Arabiens da seien, daß sie sich aber nicht an einem Krieg gegen den Irak beteiligen würden (SWB, 26.11.). Die Verknüpfung des Golfkonfliktes mit dem Palästinaproblem lehnte Mubarak ab, da dies nicht zu einer Beilegung des Konfliktes um Palästina führen würde (EGz, 12.10.). Auch die Einberufung einer arabischen Gipfelkonferenz zur Lösung des Golfkonfliktes, wie sie von Gorbatschow vorgeschlagen wurde, lehnte der ägypt. Präsident ab (EGz, 1.11.).

Die eindeutige Parteinahme gegen den Irak und für Saudi-Arabien festigte die führende Position Ä.s in der Region und stärkte Mubaraks Ansehen bei den westlichen Verbündeten. Mubarak erwies sich als ein zuverlässiger Partner der USA, was für die amerikanische Politik gegenüber dem Irak äußerst wichtig war. Im Gegenzug erhielt Ä. großzügige Finanzhilfe, sowohl von Saudi-Arabien und den anderen Golfscheichtümern als auch von den USA und den übrigen westlichen Verbündeten (s.u.). Die besonderen Beziehungen Ä.s zu den USA wurden durch zahlreiche Besuche hochrangiger Politiker, vor allem von US-Außenminister Baker (6.11.) und Präsident Bush (23.11.), unterstrichen. Am 22.4. trafen die ersten von insgesamt 700 M-60-Panzern ein, die die USA neben der Finanzhilfe in Höhe von 2,1 Mrd. US-$ (davon 900 Mio. US-$ für den zivilen und 1,2 Mrd. US-$ für den militärischen Bereich) Ä. zur Verfügung stellten.

Die Reise Mubaraks nach China und Nordkorea (10.-14.5.) sowie in die Sowjetunion (14.-15.5.) dienten der Pflege der Beziehungen zu den Staaten des Ostblocks. Der Besuch in Moskau unterstrich die Normalisierung des ägypt.-sowjetischen Verhältnisses.

In den Beziehungen zu Schwarzafrika ging es Ä. neben der Vermittlung im sudanesischen Bürgerkrieg um die Sicherung des Nilwassers. Bei seinem Besuch am 31.1. versicherte der äthiopische Außenminister Testaye Dinka Mubarak, daß sein Land keine Staudämme am Nil plane. Am 19.3. nahm Mubarak an der Sitzung des Südafrika-Komitees in Lusaka teil und am 20.3. an den namibischen Unabhängigkeitsfeiern in Windhoek sowie vom 9.-10.7. am OAU-Gipfel in Addis Abeba. Die Präsidenten Mengistu (Äthiopien) und Mobutu (Kongo) besuchten Kairo am 30.10. bzw. 8.11.

Sozioökonomische Entwicklung

Mit Auslandsschulden von über 50 Mrd. US-$, einem hohen Handels- und Haushaltsdefizit, wachsenden Zahlungsschwierigkeiten, einer hohen Inflationsrate (25-30 %) und Arbeitslosenquote (ca. 25 %) sowie einem niedrigen Wirtschaftswachstum von nur 1,5 % (FAZ, 22.10.) sah sich die Regierung zu Beginn des Jahres gezwungen, der Forderung des IWF nach einer radikalen Wirtschaftsreform nachzukommen, um die Voraussetzungen für den Abschluß eines Umschuldungsabkommens und die Gewährung neuer Kredite zu schaffen. Nachdem ein im September 1989 von der Regierung vorgelegter Entwurf eines "letter of intent" für die Wirtschaftsreform vom IWF abgelehnt worden war, wurden die Verhandlungen im Januar fortgesetzt und bis zum Jahresende weitergeführt, ohne daß es zu einer Vertragsunterzeichnung kam. Grundsätzlich bestand zwischen beiden Seiten Übereinstimmung über die Reformen, Differenzen bestanden jedoch über die Vorgehensweise. Während der IWF das Reformpaket in einem Schritt verwirklicht sehen wollte, bestand die ägypt. Regierung auf einem schrittweisen Vorgehen, um Unruhen in der Bevölkerung, wie sie im Januar 1977 vorgekommen waren, zu vermeiden. Seitens des IWF hielt man die ägypt. Rücksichtnahme auf das Volk eher für einen Vorwand, um sich vor den Reformen zu drücken. Die Forderungen des IWF an Ä. bestanden im wesentlichen in der Reduzierung der Subventionen und des Haushaltsdefizits, der Angleichung der unterschiedlichen Wechselkurse bzw. ihrer Regulierung durch den Markt, der Anhebung des Zinsniveaus auf eine Höhe über der Inflationsrate (auf 25 %) sowie der Privatisierung der Staatsbetriebe.

In seiner Rede zum 1. Mai ging Präsident Mubarak ausführlich auf die wirtschaftlichen Probleme und die Notwendigkeit zu einschneidenden Reformmaßnahmen ein. Der Staat könne auf die Dauer die hohen Subventionen für die Grundnahrungsmittel nicht tragen, erklärte der Präsident. Des weiteren sprach er sich für entschlossene Privatisierungsmaßnahmen aus. Er wies zugleich aber auch darauf hin, daß die Schlüsselindustrien (Stahlwerk Heluan, Aluminiumfabrik Nag Hammadi, Düngemittelfabrik Kima und die Textilfabriken in Mahalla al-Kubra) nicht privatisiert würden. Bereits am 13.4. war der frühere Verteidigungsminister Abu Ghazala mit der Leitung des Privatisierungsprogramms beauftragt worden. Als besonders geeignet für die Privatisierung galten mittlere und kleine Betriebe mit hohen Defiziten, vor allem in der Tourismusbranche (erste Hotels wurden im Januar privatisiert). In der Öffentlichkeit erregte die Frage der Privatisierung eine lebhafte Diskussion zwischen Befürwortern und Gegnern. Der frühere Chefredakteur von al-Ahram, Haikal, warnte vor den Folgen der Privatisierung (MEED, 4.5.).

Nachdem Mubarak die Bevölkerung in seiner Mairede vorgewarnt hatte, wurden am 5.5. umfangreiche Preiserhöhungen (zwischen 10 und 100 %) für Grundnahrungsmittel bekanntgegeben. So stiegen die Preise für Reis (je Kilo) von 40 auf 70, für Mehl von 40 auf 75 und für Speiseöl (je Liter) von 40 auf 80 Piaster. Am folgenden Tag wurden Preiserhöhungen für Benzin von 35 auf 50 Piaster (je Liter), Superbenzin von 40 auf 55, Kerosin von 7 auf 10 und für Butangas (je Flasche) von 65 auf 150 (130 %) angekündigt (MEED, 14.5.). Da Butangas für die Masse der Bevölkerung sowohl zum Kochen als auch zum Heizen äußerst wichtig ist, wurde die drastische Preiserhöhung besonders heftig kritisiert. Oppositionszeitungen berichteten, die Sicherheitskräfte seien in erhöhte Alarmbereitschaft versetzt worden, um möglichen Unruhen zu begegnen (MEED, 18.5.). Bereits im Januar waren die Preise für Zucker (je Kilo) auf 59 Piaster und im April für Zigaretten um 15 % angehoben worden, und am 1.7. stiegen die Strompreise um 35 % (MEED, 29.6.). Als Ausgleich beschloß die Regierung am 28.5. eine Lohn- und Gehaltserhöhung von 15 % (beginnend mit dem 1.7.; Mehrbelastung für den Haushalt 450 Mio. US-$) für alle Beschäftigten in den staatlichen Betrieben (AN, 29.5.).

Der am 31.5. vom Parlament verabschiedete Haushalt für das Finanzjahr 1990/91 (beginnend mit dem 1.7.) galt als weiterer Test für die Reformwilligkeit der Regierung. Wichtigster Aspekt war die Abwertung des Wechselkurses der Zentralbank (für die Berechnung der Nahrungsmittelimporte sowie der Exporte von Erdöl, Baumwolle usw.) um 82 % von 1,10 auf 2 äg. Pfund (E£) je Dollar. Dadurch erhöhten sich die Ausgaben um 36 % auf 41,25 Mrd. E£ (15,3 Mrd. US-$). Das Defizit ging mit 3,78 Mrd. E£ (1,4 Mrd. US-$) auf 8 % des BIP gegenüber 13,5 % im Vorjahr zurück (SaG, 1.6.), was der Forderung des IWF nach Reduzierung des Haushaltsdefizits auf unter 10 % des BIP entsprach. Die Aufwendungen für den Schuldendienst beliefen sich auf 2,67 Mrd. US-$.

Der Ausbruch der Golfkrise machte den Haushalt zur Makulatur. Bis zum Jahresende ließen sich die Folgen für die ägypt. Wirtschaft allerdings noch nicht voll abschätzen. Unmittelbare Auswirkung war der Rückgang der Gastarbeiterüberweisungen, die auf 2,34 Mrd. US-$ (47 % der Deviseneinnahmen) veranschlagt waren. Von den rund 1,5 Mio. Gastarbeitern im Irak und 150.000 in Kuwait kehrten bis zum Jahresende rund 500.000 zurück. Dadurch verloren viele Familien ihre Einkünfte, und die Infrastruktur wurde zusätzlich belastet. Nach Schätzungen der Weltbank beliefen sich die Verluste Ä.s bei den Gastarbeiterüberweisungen auf 2,4 Mrd. US-$, beim Tourismus auf 500 Mio. US-$, die Verluste durch verlorengegangene Exporte nach Kuwait und in den Irak auf 500 Mio. US-$ und bei Einnahmen aus dem Suezkanal auf 200 Mio. US-$ (MEED, 28.9.). Planungsminister Janzuri bezifferte in einem Bericht an die Regierung das Haushaltsdefizit auf 2,15-2,69 Mrd. US-$ gegenüber dem ursprünglich veranschlagten von 538 Mio. US-$. Dagegen wurden die Mehreinnahmen aus dem Erdölexport aufgrund gestiegener Preise auf 358 Mio. US-$ geschätzt (MEES, 24.9.). Mubarak bezifferte in einem Interview (EGz, 21.10.) die Verluste Ä.s als Folge der Golfkrise auf 8-9 Mrd. US-$.

Aufgrund der wichtigen Rolle innerhalb der gegen den Irak gerichteten Allianz erhielt Ä. großzügige Finanzhilfen. Die USA erließen die zwischen 1979 und 1985 auf 6,9 Mrd. US-$ aufgelaufenen Schulden für militärische Lieferungen, Saudi-Arabien erließ die Schulden in Höhe von 4,5 Mrd. und die vier übrigen Golfstaaten die Schulden von insgesamt 3,5 Mrd. US-$, wodurch sich die Gesamtschulden Ä.s auf rund 28 Mrd. US-$ reduzierten. Am 5.12. wurde ein Wirtschaftsabkommen mit Saudi-Arabien unterzeichnet, nach dem Ä. 1 Mrd. US-$ Budgethilfe und 500 Mio. US-$ für Entwicklungsprojekte zur Verfügung gestellt wurden. (AN, 6.12.). Bei seinem Besuch (2.-3.10.) stellte der japanische Premierminister Kaifu einen Kredit in Höhe von 400 Mio. US-$ im Rahmen der Golfhilfe in Aussicht. Die Bundesrepublik bewilligte insgesamt 1 Mrd. DM, davon 200 Mio. DM Finanzhilfe, 235 Mio. DM Entwicklungskredite und 540 Mio. DM im Rahmen der Freigabe gesperrter Kredite (MEED, 30.11.). Zusätzlich sollten ausländische Anleger, vor allem aus der Golfregion durch Verbesserung des Investitionsklimas (Dekret Nr. 205 über Einführung des Bankgeheimnisses) zu Investitionen in Ä. bewogen werden (MEED, 9.11.).

Gegenüber dem IWF wurde von den führenden Industriestaaten die Erwartung geäußert, in den Verhandlungen mit Ä. seine Forderungen abzumildern. Im September kam es zwischen dem IWF und der ägypt. Regierung zu einer grundsätzlichen Einigung. Der *Pariser Club* lehnte Mitte November jedoch die Forderung Ä.s nach Reduzierung der rund 8 Mrd. US-$ Schulden um 50 % und die Umschuldung der restlichen 4 Mrd. US-$ durch 17 europäische Gläubigerstaaten ab. Von Ä. wurden weitere Reformen gefordert, vor allem die Aufhebung des gespaltenen Wechselkurses.

Die wirtschaftlichen Beziehungen Ä.s richteten sich nach dem 2.8. weitgehend nach den politischen. Mit Libyen wurde mit der Unterzeichnung eines umfangreichen Vertragswerkes am 4.12. (10 Abkommen) eine umfassende Zusammenarbeit eingeleitet. Danach sollen 150.000 ägypt. Bauernfamilien (ca. 600.000 Menschen) in libyschen Neulandgebieten angesiedelt werden. Die Zölle für Exporte beider Länder wurden aufgehoben, desgleichen Beschränkungen für Reisen, Aufenthalt und Arbeit für Bewohner beider Staaten. Die Straßen- und Schienenverbindungen sollen ausgebaut werden. Libyen will 200 Mio. US-$ in Ä. investieren. Die ägypt.-saudische Kommission tagte am 5.12.; Ä. erhielt umfangreiche saudische Hilfe in Anerkennung seiner militärischen Unterstützung. Bereits im Juni hatte Ä. von Saudi-Arabien 200.000 t Weizen als Schenkung erhalten. Nach dem Abschluß mehrerer Kooperationsabkommen am 9.1. unterzeichnete der kuwaitische Finanzminister am 18.12. weitere Verträge über Zusammenarbeit. Danach ist in Ä. die Gründung einer kuwaitischen Investmentgesellschaft (500 Mio. US-$ Kapital) zur Finanzierung von Industrie-, Agrar- und Tourismusprojekten vorgesehen (MEES, 31.12.). Anfang Dezember wurde mit dem Sudan das Handelsabkommen für 1991 mit einem Volumen von ca. 300 Mio. US-$ unterzeichnet (A, 14.12.). Mit Syrien wurden am 12.12. in Anwesenheit des syrischen Ministerpräsidenten al-Zu'bi fünf Abkommen über die Kooperation in den Bereichen Wirtschaft, Handel, Transport und Tourismus unterzeichnet.

Die ägypt. Landwirtschaft verzeichnete eine Weizenrekordernte von 4,2 Mio. t auf einer Fläche von 2 Mio. Feddan (840.000 ha), was vor allem auf verbesserte Anbaumethoden zurückgeführt wurde (MEED, 28.9.).

Die Staatsführung Ägyptens
Staatspräsident: Husni Mubarak (seit 13.10.1981)
Ägyptische Regierung vom 13.10.1987
Premierminister: Dr. Atif Sidqi, **Äußeres:** Dr. Ismat Abd al-Majid (1), **Angelegenheiten des Premierministers:** Dr. Atif Ubaid, **Angelegenheiten des Parlaments/der Shura:** Dr. Ahmad Salama Muhammad, **Arbeitskräfte/Ausbildung:** Asim Abd al-Haqq Salih, **Arbeit/Wasserressourcen:** Isam Abd al-Hamid Radi, **Energie:** Muhammad Mahir Abaza, **Erdöl/Bodenschätze:** Abd al-Hadi Muhammad Qindil, **Erziehung:** Dr. Adil Izz (seit 13.12. kommissarisch), **Finanzen:** Dr. Muhammad al-Razzaz, **Gesundheit:** Dr. Muhammad Raghib Duwaidar, **Industrie:** Muhammad Abd al-Wahhab, **Information:** Safwat al-Sharif, **Inneres:** Muhammad Abd al-Halim Musa (seit 12.1.), **Justiz:** Faruq Saif al-Nasr, **Kultur:** Faruq Husni, **Landwirtschaft:** Dr. Yusuf Wali (1), **Planung:** Dr. Kamal Ahmad Janzuri (1), **Religiöse Stiftungen (Auqaf):** Dr. Muhammad Ali Mahjub, **Soziales:** Dr. Amal Uthman, **Tourismus/Luftverkehr:** Fu'ad Sultan, **Transport/ Verkehr:** Sulaiman Mitwalli Sulaiman, **Versorgung/Binnenhandel:** Dr. Jalal Abu al-Dahab, **Verteidigung/Rüstung:** Yusuf Sabri Abu Talib, **Wirtschaft/ Außenhandel:** Dr. Yusri Mustafa, **Wohnungswesen/Städtebau:** Hasballah Muhammad Kafrawi, **Staatsminister:** Dr. Butrus Butrus Ghali (Äußeres), Dr. Fu'ad Iskandar (Auswanderung/Auslandsägypter), Muhammad Abd al-Hamid Radwan (Parlament/Shura), Dr. Adil Izz (Forschung), Dr. Mauris Makramallah (Internationale Kooperation), Dr. Jamal al-Saiyid Ibrahim (Rüstungsindustrie)
(1) Stellvertreter des Premiers

Chronologie Ägypten 1990

1.-4.1. - Staatsbesuch des Emirs von Qatar
10.1. - Gespräche des PLO-Chefs Arafat in Kairo; erneut 14.1.; 28.1.; 30.4.; 20.5.; 4.8.
12.1. - Abd al-Halim Musa wird neuer Innenminister (für Zaki Badr)
23.-24.1. - Der israelische Vize-PM Peres führt Gespräche mit Mubarak in Kairo
28.-29.1. - Besuch des irakischen Präs. Saddam Husain
4.2. - Palästinensischer Anschlag auf einen israelischen Touristenbus bei Isma'ilia (10 Tote)
12.2. - Feier zur Wiederrichtung der Bibliothek von Alexandria in Assuan (Besuch des französischen Präs. Mitterrand)
20.-21.2. - Besuch des sudanesischen Staatschefs al-Bashir; ägypt. Vermittlung im Bürgerkrieg
24.2. - Teilnahme Mubaraks am 4. AKR-Gipfel in Amman
6.-8.3. - Staatsbesuch des tunesischen Präs. Zine El Abidine Ben Ali
19.3. - Teilnahme Mubaraks an der Sitzung des Südafrika-Komitees in Lusaka, am 20. an den Unabhängigkeitsfeiern in Windhoek
24.-25.3. - Treffen Mubaraks mit dem syrischen Präs. Asad und den Staatschefs des Sudan und Libyens in Tobruk
7.-8.4. - Gespräche Mubaraks mit Saddam Husain in Bagdad; Vorschlag für die Abschaffung aller Massenvernichtungswaffen im Nahen Osten
14.4. - Zulassung von drei neuen Parteien
2.-3.5. - Besuch Mubaraks in Damaskus (seit 1977 erster Besuch eines ägypt. Präs.); erneut 30.5. und 14.-15.11.
5.5. - Bekanntgabe umfangreicher Preissteigerungen für Grundnahrungsmittel
10.-18.5. - Reise Mubaraks nach Oman, China, Nordkorea, Sowjetunion (14.-15.) und Großbritannien
19.5. - Das Verfassungsgericht erklärt das aus den letzten Wahlen hervorgegangene Parlament für nicht verfassungskonform
19.-22.5. - Sitzung der Sozialistischen Internationale in Kairo; Gespräche Mubaraks mit Politikern (Brandt, Mandela)
20.5. - Mubarak empfängt die pakistanische PM Bhutto
27.5. - Reise Mubaraks nach Bagdad zur Teilnahme an der arabischen Gipfelkonferenz
1.6. - Besuch des libyschen Revolutionsführers Qaddafi; erneut 12.8.; am 13.11. Reise Mubaraks nach Libyen
5.-7.6. - Gespräche des libanesischen Präs. Hrawi mit Mubarak in Kairo
3.7. - Rücktritt des israelischen Botschafters in Ä. Shimon Shamir; neuer Botschafter Ephraim Dubek ab 25.7.
7.-8.7. - Treffen Mubaraks mit dem jemenitischen Präs. in Ta'izz
9.-10.7. - Teilnahme Mubaraks an der OAU-Gipfelkonferenz in Addis Abeba
11.-12.7. - Gespräche Mubaraks mit dem saudischen König Fahd in Dschidda
14.-16.7. - Treffen Mubaraks mit dem syrischen Präs. Asad in Alexandria; erneut 28.8.
24.7. - Vermittlungsreise Mubaraks nach Bagdad und Kuwait
10.8. - Ä. entsendet gemäß AL-Beschluß Truppen nach Saudi-Arabien
2.-3.10. - Besuch des japanischen PM Kaifu; Zusage eines Kredits über 400 Mio. US-$
11.10. - Referendum über Parlamentsauflösung
12.10. - Ermordung des Parlamentspräs. Rif'at al-Mahjub
16.-17.10. - Staatsbesuch des türkischen Präs. Özal
22.-25.10. - Reise Mubaraks nach Saudi-Arabien, VAE, Qatar und Oman
30.10. - Besuch des äthiopischen Staatschefs Mengistu
31.10. - Rückverlegung des Sitzes der AL nach Kairo
4.11. - Gründungsfeiern für die französischsprachige internationale Universität in Alexandria in Anwesenheit des französischen Präs. Mitterrand
8.11. - Besuch des kongolesischen Präs. Mobutu
15.11. - Reise Papst Shenudas III. nach Deutschland (Verleihung der Ehrendoktorwürde der katholischen Fakultät der Universität Bonn)
23.11. - Besuch des US-Präs. Bush
29.11. - Parlamentswahlen
17.12. - Mubarak empfängt den algerischen Präs. Bendjedid

Thomas Koszinowski

Afghanistan

Offizieller Name: Daulat-i Jumhuriye Afghanistan/Republik Afghanistan ; **Unabhängigkeit:** 1919, de facto aber nie Kolonie ; **Fläche:** 647.497 qkm; **Einwohner:** 13.362.000 Mio. (1989); **Hauptstadt:** Kabul, Ew.: 3 Mio. (Schätzung 1987); **Urbanisierungsrate:** zur Zeit nicht verfügbar; **Armeestärke:** 58.000 Mann; **BIP:** 158,5 Mrd. Afghani (1988); **Sektoren in %:** Landwirtschaft 57; sonstige 43; **Pro-Kopf-Einkommen:** 130-150 US-$; **Währung:** 1 US-$ = 500 Afghani (Schwarzmarkt Anfang 1990)

Innenpolitische Entwicklung

Auch im zweiten Jahr nach dem Abzug der sowjetischen Truppen wurde keine Lösung für das Afghanistan (A.)-Problem gefunden, weder eine politische noch eine militärische. Das Regime des Präsidenten Najib(ullah) war zu keinem Zeitpunkt wirklich gefährdet, obwohl die Mujahidin es weiterhin mit allen Mitteln bekämpften und es in Kabul sogar zu einer Militärrevolte kam. Najib entwickelte unermüdlich neue Initiativen, die stets von den Mujahidin abgelehnt wurden. Im Januar legte er einen Friedensplan vor, der folgende Punkte enthielt: Ausrufung einer sechsmonatigen Waffenruhe; Abhaltung einer nationalen Friedenskonferenz unter Beteiligung seiner Regierung, der Mujahidin sowie neutraler Kräfte; Ausarbeitung einer neuen Verfassung; Abhaltung von Wahlen unter internationaler Schirmherrschaft; Bildung einer Koalitionsregierung (AN, 25.1.). Er soll angeboten haben, sein Amt zugunsten einer künftigen, vom ehemaligen König Zahir Shah geleiteten Übergangsregierung zur Verfügung zu stellen (AN, 22.1.). Für die maßgeblichen Mujahidin-Führer waren indes zwei Dinge von vornherein inakzeptabel: a) Teilhabe des Najib-Regimes an einer künftigen Übergangsregierung und b) die Rückkehr Zahir Shahs in eine Schlüsselstellung. Auf der anderen Seite schien Zahir Shah unter den afghanischen Flüchtlingen große Sympathien zu genießen. Najib kündigte als nächstes an, grundlegende Veränderungen in der *Demokratischen Volkspartei Afghanistans* (DVPA) durchführen und auch Teile der Staatsverfassung ändern zu wollen, um beide für die Regimegegner annehmbar zu machen (TT, 26.2.). Zahir Shah wurde gemeinsam mit führenden Persönlichkeiten aus Politik, Gesellschaft und Islam sowie im Exil lebenden Afghanen zur Teilnahme an der Gründungskonferenz der *Friedensfront*, welche an die Stelle der *Nationalen Front* treten sollte, nach Kabul eingeladen (Dn, 27.3.; NZZ, 28.3.).

Najibs Bemühungen standen in Zusammenhang mit den Verhandlungen zwischen der Sowjetunion und den USA zur einvernehmlichen Beilegung des A.-Problems. Beide Großmächte schienen darüber miteinander einig zu sein, daß eine politische Lösung gefunden werden muß, mit oder ohne die Einwilligung ihrer jeweiligen Klientel. Zur Diskussion stand ein Waffenlieferungsstopp für beide Seiten. Najib stellte dazu vier Bedingungen: a) Proklamierung des Waffenstillstandes; b) Lieferstopp für Waffen nicht nur aus der Sowjetunion und den USA, sondern auch aus den anderen Quellen; c) Beseitigung der vorhandenen Waffen unter UNO-Aufsicht und d) Sicherheitsgarantien für ein demilitarisiertes A. (Dn, 7.2.). Der sowjetische Außenminister Eduard Schewardnadse veröffentlichte in einem Artikel in der *Izvestia* am 14.2. seine Vorstellungen über eine Lösung. Er befürwortete einen Dialog zwischen den relevanten Gruppen und schlug dazu eine A.-Friedenskonferenz und die Bildung einer breitgestützten Übergangsregierung vor, die Wahlen abhalten sollte. Daneben sollte die UNO eine A.-Konferenz einberufen, an der die beiden Großmächte, Pakistan und Iran sowie das Regime in Kabul und die oppositionellen Gruppen teilnehmen sollten. Die Waffenlieferungen an die kriegführenden Parteien sollten mit dem Stopp aller kriegerischen Handlungen Hand in Hand gehen und den Weg zur Demilitarisierung A.s ebnen. Danach sollte eine internationale Konferenz A.s Status als ein neutrales und demilitarisiertes Land besiegeln (Dn, 16.2.; KZ, 17.2.). Premierminister Abdul Rab Rasul Sayyaf von der *Provisorischen Regierung der Mujahidin* (Afghan Interim Government/AIG) lehnte Schewardnadses Vorschläge kategorisch ab und sagte, daß die Mujahidin weder mit dem Najib-Regime verhandeln noch ihren bewaffneten Kampf vor der Vertreibung der Kommunisten aus der Regierungsverantwortung in Kabul aufgeben werden (Dn, 16.2.). Statt dessen kündigte die AIG zusammen mit weiteren Gruppen die Abhaltung von Wahlen in den befreiten südöstlichen Teilen A.s an (Dn, 21.2.).

Am 6.3. putschte in Kabul der Verteidigungsminister General Shah Nawaz Tanai, dem bereits seit Monaten Putschgelüste nachgesagt worden waren. Folglich war der Streit zwischen den miteinander rivalisierenden Fraktionen *Partscham* und *Khalq* der DVPA trotz gegenteiliger Beteuerungen weiterhin akut. Tanai galt als Vertreter der harten sozialistischen Linie und als Kritiker des Staatspräsidenten Najib, dem er Nachgiebigkeit im Kampf gegen die Mujahidin vorwarf. Najib hatte ihn bereits 1989 weitgehend entmachtet, ohne ihn allerdings mit Rücksicht auf die Khalq-Fraktion gänzlich aus dem Kabinett zu entfernen. Tanais Putsch war seit langem erwartet worden, aber scheinbar schlecht vorbereitet gewesen. Er schlug fehl, obwohl er von Teilen der Armee, insbesondere durch die Luftwaffe, und angeblich auch von Gulbadin Hikmatyar von der *Hizb-i Islami* unterstützt wurde. Tanai und mit ihm zusammen vier weitere Politbüromitglieder (Muhammad Gulabzoi, Nazar Muhammad, Niaz Muhammad Momand, Mir Sahib Karwal) sowie zwei Mitglieder des DVPA-Zentralkomitees (Salih Muhammad Zeray, Ghulam Dastgir Panjsheri) und eine Anzahl weiterer Mitglieder wurden aus der Partei ausgeschlossen (KT, 10.3.; Dn, 10.3.). Später wurde von der Verhaftung von 2.600 Mitgliedern aus der Khalq-Fraktion berichtet (Dn, 25.4.).

Angesicht des wachsenden Drucks seitens der USA und der Sowjetunion auf Kabul und die Mujahidin zur Bildung einer Übergangsregierung, an der alle relevanten Gruppen sich beteiligen sollten, verständigte sich die AIG mit Pakistan über die Abhaltung von Wahlen in A. Sie sollten von der UNO und der OIK überwacht werden; die Teilnahme sollte allen Afghanen innerhalb und außerhalb des Landes offen stehen (Dn, 23.4.). Es zeigte sich aber bald, daß diese Ankündigung ohne Verständigung mit den Garantiemächten des Genfer A.-Abkommens (USA; Sowjetunion) gemacht worden war und die Interessen Kabuls nicht in ausreichendem Maße berücksichtigt wurden. Der Vorschlag war daher zum Scheitern verurteilt, und der AIG blieb nichts anderes übrig, als auf ihre frühere Initiative vom November 1989 zurückzugreifen. Damals hatte man Wahlen zum *Konsultativrat* (Majlis-i Shura) vorgeschlagen. Nun aber sprach man von einem *Loya Jirga* (Großer Stammesältestenrat), dessen Mitgliedschaft traditionell nicht durch Wahl, sondern durch Zugehörigkeit zu einflußreichen Klans und Familien erworben wird. Die AIG sprach von Wahlen, ohne allerdings einen einheitlichen Wahlmodus vorzuschlagen. Die Abgeordneten sollten in den Versammlungen von Schriftgelehrten, Stammesvertretern und prominenten Kommandeuren bestimmt oder gewählt werden. Der *Loya Jirga* sollte aus 2.500 Abgeordneten bestehen und drei Funktionen erfüllen: a) das Staatsoberhaupt (ra'is-i jumhuriya) wählen; b) die Regierung bestätigen, die ein vom Staatsoberhaupt nominierter Premierminister bilden wird und c) eine neue Verfassung verabschieden, die von einer Kommission ausgearbeitet wird. Man ging davon aus, daß der *Loya Jirga* innerhalb A.s tagt und daß auch Vertreter aus den Gebieten, die unter der Kontrolle des Najib-Regimes standen, daran teilnehmen würden (Dn, 23.5.).

Die USA und die Sowjetunion bewegten sich bei ihrer Suche nach einem Kompromiß in der A.-Frage aufeinander zu. Anfang Mai gab die Sowjetunion in Helsinki grünes Licht für Wahlen in A., nachdem die USA ihre Forderung zurückgezogen hatten, wonach das Najib-Regime von der künftigen Regelung ausgeschlossen werden sollte. Sie wollten nun Najibs Teilnahme an den Wahlen gestatten, wenn er vorher vom Amt zurücktreten würde (IHT, 4.5.). Najib akzeptierte die Wahlen unter der Aufsicht der UNO, lehnte aber ab, vor den Wahlen zurückzutreten (AN, 9.5.). Er hob den seit Mai 1989 geltenden Notstand am 4.5. auf (KT, 3.5.) und ernannte am 7.5. den parteilosen Fazlul Haq Khaliqyar anstelle von Sultan Ali Kishtmand, der zum Vizepräsidenten avancierte, zum Premierminister. Gleichzeitig kündigte er die Einberufung der *Loya Jirga* zur Herbeiführung wichtiger Verfassungsänderungen an. Diese Maßnahme zielte auf die Gipfelkonferenz der Präsidenten George Bush und Michail Gorbatschow vom 31.5.-3.6., wo auch über A. gesprochen werden sollte. Ein *Loya Jirga* fand vom 28.-29.5. in Kabul statt und genehmigte die vorgeschlagenen Verfassungsänderungen. Am wichtigsten war die Abschaffung der *Nationalen Front*, in der alle gesellschaftlich relevanten Gruppen und Parteien zusammengefaßt waren. Aufgenommen wurde die Verpflichtung zur Neutralität und Demilitarisierung A.s. Ausdrücklich wurde der Pluralismus als Grundlage des politischen Systems bezeichnet. Auch ein Hinweis auf den islamischen Charakter des Landes fehlte nicht.

Der Artikel über die staatliche Kontrolle des Binnen- und Außenhandels wurde fallengelassen (KT, 31.5.). Auch die DVPA wurde einer kosmetischen Operation unterworfen, denn mehr war es nicht, was Ende Juni bei dem zweiten Kongreß der Partei seit ihrer Gründung 1965 beschlossen wurde. Die Partei erhielt den neuen Namen *Hizb-i Watan* (Partei des Vaterlandes/PV) und eine neue Satzung. Die Struktur einer Kaderpartei wurde beibehalten, sogar die Funktionäre der DVPA wurden geschlossen in die neue Partei übernommen. Die Abschaffung des Rades aus dem Parteiemblem stellte die radikalste Veränderung dar. Der umfangreiche Rechenschaftsbericht des Zentralkomitees, der Schuldbekenntnisse der Partei bis hin zu Mord und Folter von Oppositionellen offen zugab, sollte nach außen signalisieren, daß die Partei gewillt war, sich zu bessern (KT, 30.6.; AN, 30.6.).

Auf der Gipfelkonferenz der Supermächte USA und Sowjetunion vom 31.5.-3.6. in Camp David konnten die Präsidenten Bush und Gorbatschow die Meinungsverschiedenheiten über A. nicht beseitigen. Es ging dabei um die Frage, ob Najib vor den Wahlen zur Bildung einer Übergangsregierung zurücktreten muß. Die Sowjetunion hielt seinen Rücktritt nicht für erforderlich, den sie auch nicht durchsetzen zu können vorgab (IHT, 6.6.). US-Außenminister James Baker bezeichnete am 13.6. vor dem US-Kongreß die Meinungsverschiedenheiten mit der Sowjetunion in der A.-Frage als "sehr, sehr gering" (Dn, 9.6.). Der sowjetische UNO-Botschafter Yuli Worontzow schlug vor, daß Najib in der Übergangsphase bis zu den Wahlen zwar sein Amt behalten, aber wesentliche Machtbefugnisse - Kontrolle über die Streitkräfte, Sicherheitsorgane und Medien - an die Wahlkommission, bestehend aus den Regierungs- und Oppositionsparteien, abtreten soll. Die USA signalisierten ihre Bereitschaft zur Annahme des Vorschlags unter der Bedingung, daß die Mujahidin sich zur Mitarbeit in der Wahlkommission bereit erklären (Dn, 16.7.). Najib willigte ein, daß "gewisse Befugnisse" des Verteidigungs- und Innenministeriums an eine gemeinsame Kommission aus Regierungsvertretern und Mujahidin zur Aufrechterhaltung von Ruhe und Ordnung übertragen werden könnten. Letztendlich sollte aber die Macht bei seiner Regierung liegen (Dn, 24.7.). Ein Vertreter der Mujahidin schloß eine Zusammenarbeit mit dem Najib-Regime in einer Wahlkommission kategorisch aus (AN, 24.7.). Baker und Schewardnadse setzten ihre Gespräche am 17.-18.7. in Paris und am 1.-2.8. im sibirischen Irkutsk fort und sollen sich im Prinzip geeinigt haben. Vermutlich handelte es sich um die "negative Symmetrie", womit die Einstellung von Waffenlieferungen durch die Sowjetunion an das Najib-Regime und die USA an die Mujahidin gemeint war. Mit dem Überfall des Irak auf Kuwait am 2.8., der für den Rest des Jahres die Supermächte beschäftigte, geriet indes das A.-Problem fast in Vergessenheit.

Najib war am 1.8. nach Moskau geeilt, um vermutlich Einfluß auf die sowjetische Verhandlungsposition zu nehmen. Er kehrte nach fast einmonatigem Aufenthalt in der Sowjetunion nach Kabul zurück. Im November startete er eine Aktion zur Befragung von Honoratioren, wahrscheinlich um ein günstiges Klima für seine neue Initiative zu schaffen (Dn, 13.11.). Er reiste nach Genf und führte dort Gespräche mit den Oppositionellen, unter denen sich auch Abgesandte von König Zahir Shah sowie Sayyid Ahmad Gilani von der *Nationalen Islamischen Front* und der AIG-Präsident Sibghatullah Mujaddadi befunden haben sollen (Dn, 22.11.; NZZ, 23.11.; Dn, 27.11.). Najib soll König Zahir Shah den Vorsitz der Kommission zur Überwachung der Übergangsphase angeboten haben (AN, 7.12.). Hikmatyar will durch einen gemeinsamen Abgesandten vom König und Najib darüber unterrichtet worden sein, daß die USA und die Sowjetunion Zahir Shah anstelle von Najib zum Interimspräsidenten machen wollten, der weder an den Wahlen teilnehmen noch nach den Wahlen ein Amt annehmen werde (Dn, 22.12.).

Die Mujahidin-Gruppen blieben nach wie vor miteinander zerstritten. Eine Verständigung zwischen den Mujahidin in Pakistan und Iran kam nicht zustande. Selbst innerhalb der AIG, der lediglich sieben Parteien angehörten, gab es unüberwindbare Differenzen. Hikmatyar hatte der AIG, der er selber als Minister angehörte, Untätigkeit vorgeworfen und davon gesprochen, daß "sie aufgehört habe zu existieren"(Dn, 20.2.). Blutige Zusammenstöße fanden zwischen den Kämpfern der *Hizb-i Islami* und der *Harakat Inqilab-i Islami* in der Laghman-Provinz (Dn, 3.4.) und der *Hizb-i Islami* und der *Jami'at-i Islami*, die über vier Wochen andauerten und zahlreiche Opfer forderten, statt (Dn, 23.7.). Neun in Iran ansässige Mujahidin-

Parteien, die sich seit ihrem Zusammenschluß als die *Islamische Einigungspartei* (EIP) bezeichnen und sich als Vertreter der afghan. Schiiten verstehen, fühlten sich an den Rand gedrängt. Sie sind in der AIG nicht vertreten und wollen sich am Konsultativrat nur beteiligen, wenn ihnen eine angemessene Repräsentation gewährt wird. Sie beanspruchten ein Viertel aller Mandate. Im Gegensatz zu der AIG bekundeten sie ihre bedingungslose Bereitschaft zur Teilnahme an von der UNO beaufsichtigten Wahlen. Auch unterschieden sie sich von den Mujahidin-Parteien in Pakistan insofern, als sie sich für das Stimmrecht für Frauen aussprachen (TT, 19.8.). Ein von den Feldkommandeuren einberufener Konsultativrat trat vom 7.-9.5. im östlichen Paktia zusammen und bekräftige seinen Anspruch auf Beteiligung bei einer Lösung des A.-Problems (Dn, 15.5.). Es soll eine weitere Zusammenkunft der Kommandeure in Shah Salim im Grenzgebiet zu Pakistan stattgefunden haben. Eine vom ehemaligen Premierminister Dr. Muhammad Yusuf (Königszeit) geleitete Delegation früherer Minister unternahm im Juni, angeblich mit Zustimmung der US-Regierung, einen vielbeachteten Versuch zur Ausarbeitung geeigneter Maßnahmen für die Übergangszeit. Sie traf in Peshawar mit Teilen der AIG und den Vertretern der neun Mujahidin-Parteien aus Iran zusammen. Bis auf die Bildung eines Ausschusses, der Empfehlungen ausarbeiten sollte, kam indes wenig heraus. Der AIG-Premierminister Sayyaf lehnte es ab, die Delegation zu empfangen, die in seinen Augen nur dazu geschickt worden war, um die Rückkehr Zahir Shahs vorzubereiten (Dn, 27.6.; 30.6.).

Das UNO-Hilfsprogramm zur Rückführung der afghan. Flüchtlinge in ihre Heimat (Operation Salam) machte bescheidene Fortschritte. Man war davon ausgegangen, daß es möglich sein würde, Flüchtlinge in den befriedeten Gebieten unterzubringen. 20.000 Personen wurden in Minenräumarbeiten unterwiesen. Pakistan und die UNO unterzeichneten ein Abkommen über die Durchführung eines Pilotprojektes zur freiwilligen Repatriierung von Flüchtlingen. Jeder Familie wurden 3.300 Rupien als einmalige Rückkehrhilfe für den Transport und für die Ansiedlung sowie 300 kg Weizen als Nahrungsmittelration für die ersten drei Monate angeboten. Innerhalb A.s hatte das UNO-Hilfsprogramm Rehabilitations- und Wiederaufbauprojekte ausgearbeitet (Dn, 20.7.). Premierminister Sayyaf von der AIG bezeichnete die Unterzeichnung des Abkommens als eine "Verschwörung gegen den afghan. Jihad" und einen "Angriff auf das Selbsbestimmungsrecht der afghan. Nation" (Dn, 23.7.). Die Rückkehr der Flüchtlinge begann am 28.7. und sollte in einer drei Monate dauernden Pilotphase 50.000 Personen umfassen. Angeblich kehrten 100.000 Personen nach A. zurück. Trotzdem vermochte es das Pilotprojekt nicht, eine Massenrückkehr einzuleiten. Die Bemühungen der UNO zur Lösung des Flüchtlingsproblems waren durch zwei Faktoren stark behindert. Erstens waren die Mujahidin-Parteien nicht gewillt, sich auf die Repatriierung der Flüchtlinge, die ihr Rekrutierungsreservoir bildeten, einzulassen, solange sie in A. keine sichere Machtbasis aufgebaut hatten. Zweitens war es die unsichere Lage in A., die es den Flüchtlingen ratsam erscheinen ließ, in den Flüchtlingslagern auszuharren, bis die Machtfrage in Kabul definitiv entschieden und der Bürgerkrieg beendet sein würde. Zum Jahresende quittierte der UNO-Koordinator für die *Operation Salam*, Prinz Sadruddin Aga Khan, den Dienst (Dn, 9.12.).

Anfang Oktober eroberten die Mujahidin Tarin Kot, die Hauptstadt der zentral-afghan. Provinz Uruzgan (Dn, 5.10.). In Kabul wurde die Konstituierung der Provinz Nooristan, bestehend aus dem früheren Kreis Nooristan, bekanntgegeben. Abgetrennt wurde der Bezirk Chincha Dara, der der Provinz Kunar zugeschlagen wurde (KT, 20.11.).

Außenpolitische Enwicklung

Die außenpolitische Isolierung A.s blieb bestehen. Trotz gewisser Entspannung in den Beziehungen zu den beiden Nachbarstaaten Pakistan und Iran, wo man offensichtlich seit dem Abzug der sowjetischen Truppen nicht mehr ausschließlich auf eine militärische Lösung setzte, sondern sich auch mit den politischen Alternativlösungen befaßte, blieb das Najib-Regime weltweit geächtet. Die Abhaltung der Wahlen unter der Aufsicht von UNO und OIK könnte nur den ersten Schritt zur Eingliederung A.s in die Staatengemeinschaft bilden. Die Rückkehr afghan. Flüchtlinge in ihre Heimat würde weiter zur Normalisierung der Lage beitragen. Im

Falle Pakistans trat mit der Absetzung der Regierung von Benazir Bhutto am 6.8. eine Wende ein. War die pakistanische Regierung bis dahin bemüht, für das A.-Problem eine politische Lösung zu finden, so änderte sich diese Politik nach dem 6.8. schlagartig. Die Interimsregierung von Ghulam Mustafa Jatoi ließ die Mujahidin wissen, daß sie nicht beabsichtige, ihre Militäraktionen gegen Kabul zu behindern.

Wegen der Besetzung Kuwaits durch den Irak am 2.8. konzentrierte sich die Aufmerksamkeit der Welt im allgemeinen und der Großmächte im besonderen auf die Golfkrise. Eine Lösung für das A.-Problem wurde für weniger dringlich erachtet. Bis auf die Botschaften Frankreichs und Italiens, die im Januar nach Kabul zurückkehrten, blieben die Botschaften anderer westlicher Staaten weiterhin geschlossen. Najibs Auslandsbesuche - in der Sowjetunion im August (angeblich aus gesundheitlichen Gründen) und im Oktober zu politischen Gesprächen mit dem Staatspräsidenten Michail Gorbatschow - wurden mit einem Staatsbesuch in Indien im August gekrönt. Seine Visiten in Genf und Paris und eine Zwischenlandung in Meschhed (Iran) wurden als privat eingestuft.

Die Sowjetunion fuhr in ihrer Unterstützung des Najib-Regimes fort. Sie sorgte durch die Lieferung von Lebensmitteln, Treibstoff und Waffen für Kabuls Überleben. Außenminister Schewardnadse ließ jedoch Najib unmißverständlich wissen, daß die Sowjetunion ihn zwar nicht fallen lassen will, aber es begrüßen würde, wenn er sich mit den Mujahidin arrangieren würde. Wäre es zu den angestrebten Wahlen gekommen, die die Sowjetunion favorisierte, so hätte Najib sicherlich die Beschneidung seiner Machtbefugnisse hinnehmen müssen. Anfang des J7ahres hatte die Sowjetunion noch gehofft, ihre in Gefangenschaft von Mujahidin geratenen Truppenangehörigen auf dem Verhandlungsweg freizubekommen. Die informellen Geheimgespräche brachten keine spektakulären Ergebnisse. Ende Februar wurden aus einem Gefängnis in Kabul 33 Gefangene, darunter lediglich 5 Mujahidin-Kämpfer, freigelassen (TDN, 1.3.). Dies sollte eine Geste des guten Willens gegenüber den Mujahidin sein, die Monate zuvor 2 russische Soldaten deren Müttern übergeben hatten. Im August besuchte eine russische Delegation Hikmatyar in Peshawar und übergab eine Botschaft des Präsidenten der Russischen Republik, Boris Jeltsin (Dn, 13.8.). Auch der Präsident der AIG, Sibghatullah Mujaddadi, schaltete sich in diese Bemühungen ein und sandte durch ein Mitglied des Obersten Sowjets, das ihn in Peshawar aufgesucht hatte, einen Brief an Jeltsin (MD, 23.10.). Für die Sowjetunion war ein weiteres Problem dringend geworden, worüber sie mit den Mujahidin (vergeblich) zu verhandeln suchte. Es ging um angebliche Waffenlieferungen der Mujahidin an die aufständischen Tadschiken in der Sowjetunion (AN, 20.2.).

Die USA erreichten bei ihren Bemühungen, die Mujahidin zu einer für alle Beteiligten annehmbaren Verhandlungslösung zu überreden, wenig. Die USA entsprachen nicht dem Wunsch des Najib-Regimes, diplomatische Beziehungen zu ihm aufzunehmen (Dn, 7.5.). Die US-Hilfe an die Mujahidin wurde zwar nicht so drastisch (100 Mio. US-$) gekürzt, wie dies vom *Senate Intelligence Committee* vorgeschlagen worden war (AN, 26.7.), aber immerhin wurde sie um 10 % verringert (Dn, 28.10.).

Sozioökonomische Entwicklung

Daten zu A.s Wirtschaft sind derzeit praktisch nicht erhältlich. Die wenigen existierenden Berichte sind inhaltlich mehr als zweifelhaft. Die seit 1988 gestoppten Erdgaslieferungen an die Sowjetunion sollen bald wieder aufgenommen werden. Sie bilden mit einem Ertrag von 300 Mio. US-$ die Haupteinnahmequelle, nachdem die Teppichindustrie, die traditionell 40 % der Exporterlöse erwirtschaftete, daniederliegt. A. verfügt über reiche Mineralfunde, darunter Gold, Uran, Zink, Kupfer, Eisenerz und eine Anzahl Edel- und Halbedelsteine. Der Bürgerkrieg ver- bzw. behindert weiterhin deren Abbau; zudem fehlt es an Geld und an Fachkräften, da zuviele einheimische Wissenschaftler und Techniker das Land verlassen haben. A.s Bemühungen, den IWF für eine Kreditgewährung zu gewinnen, blieben bisher erfolglos. Allerdings war ein von der *Asian Development Bank* gewährter Kredit in Höhe von 68 Mio. US-$ bis März 1990 nicht abgerufen worden (Dn, 26.3.).

Die Staatsführung Afghanistans

Präsident/Generalsekretär der Watan-Partei: Dr. Muhammad Najibullah

Stellvertretender Präsident: Sultan Ali Kishtmand

Regierung von Afghanistan (Stand: 31.12.1990)

Premierminister: Fazlul Haq Khaliqyar; **Vizepremierminister:** Mahmud Baryalai; Dr. Abdul Wahid Sarabi (zugleich Planungsminister); Dr. Naimatullah Pazhwak; Abdul Qayyum Noorzai; Sarwar Mangal; Mahbubullah Koshani

Auswärtiges: Abdul Wakil; **Bauwesen:** Dr. Faqir Muhammad Neekzad; **Bergbau/Industrie:** Ing. Abdul Samad Salah; **Erziehungswesen:** Masouma Esmati Wardak; **Finanzen:** Muhammad Hakim; **Gesundheitswesen:** Prof. Dr. Mehr Muhammad Eijazi; **Grenzangelegenheiten:** Sarjang Jaji; **Handel:** Zakeem Shah; **Höhere und Berufsbildung:** Prof. Dr. Muhammad Anwar Shams; **Information/Kultur:** Ahmad Bashir Roigar; **Inneres:** Dr. Raz Muhammad Pakteen; **Islamische/Religiöse Angelegenheiten:** Muhammad Seediq Sailani; **Justiz:** Professor Dr. Ghulam Muhiyuddin Dareez; **Kommunikation:** Eng. Sayed Naseem Alawi; **Landwirtschaft:** Eng. Muhammad Ghufran; **Leichtindustrie/Nahrungsmittel:** Dr. Muhammad Anwar Doost; **Rückkehrer:** Fateh Muhammad Tareen; **Soziales:** Saleha Farouq Etemadi; **Staatssicherheit:** Ghulam Farouq Yaqubi; **Statistik:** Ghulam Muhiyuddin Shahbaz; **Verteidigung:** Muhammad Aslam Watanyar; **Wasser/Energie:** Mir Abdul Ghafour Rahim; **Zivile Luftfahrt:** Hameedullah Tarzi; **Minister ohne Geschäftsbereich:** Dr. Noor Ahmad Baris; Dr. Faqeer Muhammad Yaqubi; Dr. Shah Wali; Sayed Ikram Paigeer

Chronologie Afghanistan 1990

1.1. - Präsident Najib ordnet die Neugestaltung der DVPA an

10.1. - UNO-Generalsekretär Perez de Cuellar führt in Moskau Gespräche über A.

24.1. - Najib legt Friedensplan vor

6.2. - Najib stellt vier Bedingungen für einen Waffenlieferstopp

14.2. - Isvestija veröffentlicht Schewardnadses Vorschläge zur Lösung des A.-Problems

20.2. - AIG kündigt Wahlen in den befreiten Gebieten an

6.3. - Verteidigungsminister Shah Nawaz Tanai putscht erfolglos in Kabul

2.4. - Präsidenten Bush und Gorbatschow verhandeln bei ihrer Gipfelkonferenz in Camp David über A.

6.4. - Mujahidin richten beim Überfall auf eine militärische Zeremonie ein Massaker an

27.4. - Najib empfängt Arafats Abgesandten Abu Khalid

22.4. - AIG und Pakistan verständigen sich über die Abhaltung von Wahlen in A.

3.5. - USA und Sowjetunion führen in Helsinki Gespräche über A.

4.5. - Najib hebt Notstand auf

7.5. - Fazlul Haq Khaliqyar wird zum PM ernannt

7.-9.5. - Konsulativrat der Feldkommandeure tagt in Paktia

28.-29.5. - Loya Jirga tagt in Kabul

26.6. - Delegation ehemaliger Minister unter der Leitung von Dr. Yusuf führt in Peshawar Gespräche mit den Mujahidin

28.-29.6. - Der 2. Kongreß der DVPA verabschiedet neue Satzung und nennt die Partei in Hizb-i Watan (Partei des Vaterlands) um

19.7. - Die UNO (Hilfsprogramm Operation Salam) unterzeichnet ein Abkommen mit Pakistan über die Rückführung von afghan. Flüchtlingen in ihre Heimat (Beginn ab 28.7.)

1.8. - Najib trifft in Moskau ein

1.-2.8. - Außenminister Baker und Schewardnadse konferieren in Irkutsk über A.

29.8. - Najib auf Staatsbesuch in Indien

4.10. - Mujahidin geben die Befreiung der Provinz Uruzgan bekannt

21.11. - Najib trifft in Genf mit Vertretern von Zahir Shah und der Mujahidin zusammen

9.12. - UNO-Koordinator für Operation Salam, Prinz Sadruddin Aga Khan, tritt zurück

Munir D. Ahmed

Algerien

Offizieller Name: al-Jumhuriya al-Jaza'iriya al-Dimuqratiya al-Sha'biya/Algerische Demokratische Volksrepublik; **Unabhängigkeit:** 3.7.1962; **Fläche:** 2.381.741 qkm; **Einwohner:** 24.700.000 Mio. (Jan. 1990); **Hauptstadt:** Algier, Ew.: 1,5 Mio. (Schätzung); **Urbanisierungsrate:** 44 %; **Armeestärke:** 125.500; Gendarmerie 23.000; **BIP:** 51,9 Mrd. US-$; **Sektoren in %:** Landwirtschaft 13; Industrie 43; Dienstleistungen 44; **Pro-Kopf-Einkommen:** 2.360 US-$; **Währung:** 1 US-$ = 10,52 Algerische Dinar (AD)

Innenpolitische Entwicklung

War 1989 die Aufgabe des Machtmonopols durch den Front de Libération Nationale (FLN) mit der Verabschiedung des Gesetzes über die Zulassung politischer Vereinigungen (1.7.1989) wohl die spektakulärste Maßnahme, gilt Ähnliches 1990 für die Ergebnisse und Konsequenzen der Wahlen zu den Provinz- (APW) und Gemeindeparlamenten (APC) am 12.6. Wichtigste Folgen der Umsetzung liberalisierender Gesetze und eines Mehrparteiensystems in der algerischen (alg.) politischen Praxis sind die Auflösung des bisherigen Machtgefüges und die Ausweitung der Protestkultur zahlreicher Bevölkerungs- und Interessengruppen.*

1. Die Vorwahlperiode. Noch am 11.12.1989 hatte die Nationalversammlung (APN) einer Verschiebung der APW-/APC-Wahlen auf 1990 zugestimmt. Im Kontext der auf den 12.6. verschobenen Wahlen erhielten der am 27.3. in Algerien (A.) beginnende Ramadan, die sich weiterhin verschlechternden Lebensbedingungen (Preissteigerungen; kontinuierliche Streiks, Demonstrationen ab Januar aus Protest gegen das sinkende Lebensniveau) eine besondere Bedeutung, erlaubten sie doch der Opposition, insbesondere den im FIS organisierten Islamisten, im Namen der im Koran postulierten sozialen Gerechtigkeit Kritik an der Regierungspolitik zu äußern und durch Gegenaktionen (Verkauf u.a. von Lebensmitteln zu Niedrigpreisen durch Subventionen aus der FIS-Parteikasse), 1. Wahlwerbung zu betreiben; 2. Proteste verschiedener Bevölkerungsgruppen zu schüren und zu dirigieren (Proteste gegen mangelhafte Infrastruktur in den Gemeinden, die Zuweisungsmethoden von nicht im notwendigen Ausmaß vorhandenen Sozialwohnungen); 3. die Ursachen sozialer Mißstände (Übervorteilung, horrende Preissteigerung, Arbeitsplatzmangel, Probleme der gesellschaftlichen Integration von Jugendlichen, Drogenmißbrauch) mit fehlendem sittlichen und moralischen Verhalten und der Aufweichung "islamischer" Werte zu begründen. In diesem Zusammenhang kam es zu zahlreichen gewaltsam verlaufenden Konfrontationen mit Andersdenkenden und Gewaltakten gegen Frauen.

Trotz der zu Beginn des Wahlkampfes am 21.5. von Präsident Bendjedid abgelehnten Verquickung von Religion und Politik unterbanden die staatlichen Maßnahmen von Januar bis Juni 1990 nicht die Nutzung der Moscheen und der Freitagspredigt durch den FIS zu parteipolitischen Zwecken oder stärkten Gegenkräfte, vielmehr nahmen Staatsführung und Armee von Sanktionen Abstand. Der Grund hierfür dürfte in den zahlenmäßig beeindruckenden Demonstrationen und Veranstaltungen der Islamisten (u.a. 20.4.) und in der Militanz einiger nicht legalisierter islamistischer Gruppen (16.1. Angriff auf den Justizpalast in Blida durch ein schiitisches Kommando; ab Februar gewaltsame Konfrontationen an den Universitäten zwischen Islamisten und Nichtislamisten) gelegen haben. Der Fortführung des formal-institutionellen Demokratisierungsprozesses dienten 1. die Erklärung Präsident Bendjedids, die bürgerlichen Rechte und Freiheiten von aus politischen Gründen im Exil lebenden Algeriern wären bei ihrer Heimkehr gewährleistet (daraufhin Rückkehr von Hocine Ait Ahmed/FFS im Februar); 2. die Unterstützung der legalisierten Parteien vor den Wahlen mit insgesamt 120 Mio. AD (abgelehnt von FFS, FIS, MDRA, PUP) und der Unabhängigen (pro Liste 20.000 AD); 3. das verabschiedete Presse-/Informationsgesetz (19.3.) und das Wahlgesetz (20.3.), wenn auch die von den APN-Deputierten verabschiedete Version des Informationsgesetzes die Journalisten wegen der zahlreichen Strafartikel und das modifizierte Wahlgesetz (Verhältniswahl in einem Durchgang mit Mehrheitsprämie) die Parteien von der Öffnungsbereitschaft der Staatsführung enttäuschte. Zwei weitere Ereignisse haben den Vertrauensverlust der Wählerschaft in den FLN und die von ihm gestellte Regierung vor den Wahlen erhöht: zum einen die vom ehemaligen Premierminister Abdelhamid Brahimi bekanntgegebene Bestechung alg. Funktionäre durch ausländische Firmen in Höhe von angeblich 26 Mrd. US-$ während der letzten 20 Jahre (am 27.12. verfügte die APN die Übergabe der Angelegenheit an die Justiz) und zum anderen die von Premierminister Hamrouche am 1.5. eingeleitete Regierungskampagne gegen den Schwarzmarkt, die hauptsächlich die "kleinen Fische" traf und insbesondere unter den zahlreichen Jugendlichen, die sich mit diesen Schwarzmarktgeschäften ihren Lebensunterhalt verdienten, Unruhe und Protestaktionen auslöste.

2. Die Wahlen zu den APW und APC. Durch die Bestimmung, daß die Kandidatenliste zu den APW- und APC-Wahlen so viele Kandidaten wie zur Wahl stehende Sitze und eine bestimmte Anzahl Ersatzkandidaten aufzuweisen hat, war für die kleinen, neu gegründeten Parteien nur eine sehr begrenzte örtliche Kandidatur möglich. Von nicht parteigebundenen Kandidaten wurde erwartet, daß sie eine Unterschriftenliste der sie unterstützenden Wähler ihres Wahlkreises vorlegten, die mindestens 10 % der Gesamtwählerschaft des Wahlkreises umfassen mußte. Eine Revision der Wählerlisten wurde vom 16.4.-16.5. durchgeführt. Ein besonders delikates Anliegen hatte der Reformflügel des FLN bei der Kandidatenaufstellung umzusetzen: jüngere, kompetente, vertrauenswürdige Kader sollten aufgestellt werden, um den Erneuerungswillen der Organisation zu bekunden. Es gelang jedoch der Parteiführung nicht in dem gewünschten Maß, die Basis zur Akzeptanz und Umsetzung dieser Direktiven zu bewegen. Es kam vielfach zur Aufstellung der etablierten Funktionäre und sogar zu gewaltsamen Auseinandersetzungen, so daß zahlreiche junge FLN-Mitglieder, die sich ausgeschlossen sahen, auf den Listen der Unabhängigen kandidierten. Zum Boykott der Wahlen hatte der FFS und der MDA aufgerufen. Am besten vertreten waren FLN (in allen 48 Wilayaten und 1.520 APC-Wahlkreisen sowie 269 APW-Wahlkreisen), gefolgt von den Unabhängigen (48 Wilayate, 1.365 APC-Wahlkreise, 248 APW-Wahlkreise) und der FIS (48 Wilayate, 1.265 APC-Wahlkreise, 248 APW-Wahlkreise). Von den 12.841.769 eingeschriebenen Wählern, die in insgesamt 44.414 Wahllokalen ihre Stimme abgeben sollten, beteiligten sich 8.366.760 (65,15 %) an den Wahlen. 7.870.000 stimmten bei der APC-Wahl ab, davon gaben 4.331.472 Wähler (54,25 %) ihre Stimme dem FIS und nur 2.245.798 (28,13 %) wählten FLN. Bei der Abstimmung zu den APW stimmten 4.520.668 (57,44 %) für den FIS und 2.166.887 (27,53 %) für den FLN. Die unabhängigen Kandidaten vereinigten insgesamt 931.278 Stimmen auf sich (=11,66 % der abgegebenen Stimmen), der RCD 166.014 Stimmen (2,08 %), der PNSD 131.000 Stimmen (1,64 %), PSD 84.029 Stimmen (1,05 %), PRA 4.197 Stimmen, PUAID 869, PAHC 198 und APUA 103 Stimmen. Der Wahlsieg des FIS relativiert sich jedoch, wird die niedrige Wahlbeteiligung berücksichtigt. Dennoch war die Abstimmung am 12.6. eindeutig eine Abstimmung gegen den FLN und mangels gut organisierter, kompetitiver Alternative zum FLN eine Abstimmung zugunsten der (Fundamentalopposition) FIS, dem in 853 von 1.541 APC die Mehrheit zufiel. In den Wilayaten Algier, Blida, Constantine, Jijel, Relizane gelang dem FIS sogar ein 100%iger Wahlsieg. Dem FLN gelang Gleiches nur in der Wilaya Illizi (Südalgerien), den Unabhängigen in der Wilaya Tindouf. Ansonsten gewann der FLN die Mehrheit in 487 APC, der RCD in 87 APC, PNSD, PRA und PSD in je zwei APC und die Unabhängigen in 106 APC (PAGS, PSL, PAHC, PUAID und APUA erhielten keine Sitze). Von den 48 APW werden 32 vom FIS, 14 vom FLN, eine vom RCD (Wilaya Tizi-Ouzou) und eine von den Unabhängigen (Wilaya Tindouf) dominiert. Die regionale Verteilung der Mehrheiten belegt die Verankerung des FIS in den städtischen Agglomerationen, in denen sich die demographischen und sozioökonomischen Probleme am krassesten manifestieren. Innenminister Mohammedi wurde vorgeworfen, den korrekten Wahlablauf nicht garantiert und Wahlmanipulationen zugelassen und schließlich mit der Erlaubnis, ohne Vorlage des Personalausweises wählen zu dürfen, dem Wahlbetrug Vorschub geleistet zu haben. Im europäischen Ausland bzw. in den USA (IHT, 31.7.) wurde der Wahlsieg des FIS als Schock empfunden und Rückwirkungen (Abwanderung) auf Europa befürchtet.

3. Die Nachwahlperiode. Während der FLN im Anschluß an die Wahl in eine Phase des Rückzugs aus öffentlichen Aktivitäten glitt und sich der Premierminister von der Partei distanzierte, etablierte sich der FIS in den APW/APC und versuchte, zunächst eine Sitten und Moral betreffende Neuordnung in den Gemeinden durchzusetzen (Verbot des Alkoholausschanks; Verbot gemischter Schulklassen, Strände, öffentlicher Transportmittel usw.). Islamistische Vereinigungen politisierten sich im Anschluß an die Wahl, indem sie sich als eigenständige Partei zu konzipieren begannen und um Legalisierung ersuchten (Mouvement de la Nahda Islamique/Cheikh Djaballah; Mouvement pour la Société Islamique-Hamas/Cheikh Nahnah), wodurch der FIS nicht mehr der alleinige "politische Arm" der Islamisten ist. Allianzen hinsichtlich der von Präsident Bendjedid am 29.7. angekündigten vorgezogenen Legislativwahl (zunächst nannte er das 1. Trimester 1991, am 5.12. schließlich kündigte er die Wahl "in spätestens 6 Monaten" an) sind unter Islamisten wie den anderen Oppositionsparteien im Gespräch, doch angesichts der Ende 1990 nicht verabschiedeten Wahlgesetzmodifikation noch nicht weiter gediehen. Das "Schweigen" des FLN nach den Wahlen vom 12.6. wurde erst am 24.9. von Generalsekretär Mehri gebrochen, als er ein Fünfpunkteprogramm zur Reorganisation der Partei vorstellte. Nachdem Präsident Bendjedid entsprechend seiner 1989 übernommenen Funktion als "Präsident aller Algerier", der außerhalb des politischen Tagesgeschehens steht, das seit 1965 stets vom Präsidenten wahrgenommene Amt des Verteidigungsministers am 25.7. Generalmajor Khaled Nezzar übergab, sich am 8.10. zur Regierung und ihrem Wirtschaftsprogramm bekannte und schließlich auch die (FLN dominierte) APN auf die von Premierminister Hamrouche am 9.12. gestellte Vertrauensfrage am 11.12. mit 275 Stimmen (2 Gegenstimmen; 11 Deputierte abwesend) für die Regierung und ihr Programm (Fortsetzung der wirtschaftlichen Liberalisierung) eintrat, waren bis Jahresende ein Profilgewinn und verstärkte Aktivitäten des FLN zu verzeichnen. Der Pluralisierungs- und Fraktionierungsprozeß schritt seit den Wahlen im Juni weiter fort (u.a. Abspaltungen innerhalb des FLN und Parteineugründungen: bis Ende 1990 33 legalisierte Parteien; zahlreiche Gewerkschaftsneugründungen). Die vom FLN dominierte APN zog indes erneut heftige Kritik auf sich, als sie am 26.12. ein Gesetz zur Verallgemeinerung der arabischen Sprache verabschiedete, das zwar von Islamisten und ihren Sympathisanten begrüßt, von zahlreichen Oppositionsparteien (FFS-Aufruf zur Demonstration am 28.12.: zwischen 100.000 und 200.000 Demonstranten) kritisiert wurde, da die gegenwärtige APN quasi als Übergangsparlament nicht den tatsächlichen Wählerwillen repräsentiere und somit kein Gesetz verabschieden sollte, das so weitreichende Auswirkungen besitzt. Das innenpolitische Klima in A. Ende 1990 läßt sich als "aktive Warte- und Vorbereitungsphase" auf die Legislativwahl kennzeichnen, wobei die nichtislamistische Opposition und der FLN vielfach von einer islamistischen Partizipation an der Macht, allerdings nicht von einer eindeutigen Mehrheit der Islamisten in der APN, ausgehen.

Außenpolitische Entwicklung

Wirtschaftliche innenpolitische Zwänge bestimmten insbesondere 1990 die Außenpolitik A.s gegenüber afrikanischen Staaten, die zwar nicht ausschließlich, aber zum Großteil von der aus finanziellen Gründen angeordneten Schließung von insgesamt 14 Botschaften und zehn Konsulaten betroffen waren. Mit Namibia (21.3.) und mit Chile (13.8.) wurden indes diplomatische Beziehungen aufgenommen. Während durch die Einführung der Visapflicht für alg. Staatsangehörige seitens Großbritanniens (ab 1.4.), Italiens (ab 3.9.), der Schweiz (ab 1.1.1991) A. sich zur reziproken Einführung gezwungen sah, wurden dennoch auf wirtschaftlicher Ebene die Beziehungen zu Großbritannien (SWB, 30.10.) intensiviert, jene mit Belgien (Besuch des belg. Königs am 27.11.) und insbesondere mit Italien auf zahlreichen Ebenen und Sektoren ausgebaut (ELM, 28.3.; 25.6.; 22.11.; 20.12.). Weniger spektakulär verliefen die bilateralen Beziehungen mit Frankreich, doch wurde auf alg. Seite herausgestellt, daß eine Intensivierung der Wirtschaftskooperation mit ausländischen, d.h. auch französischen Firmen durch die Option für ein liberales Wirtschaftssystem gewünscht und gefördert werde (so Wirtschaftsminister Hidouci während seines Frankreichbesuchs am 24.7.; PdT, 29.7.).

Hinsichtlich der islamischen Staaten wurde ab Juli 1990 ein Zugehen auf Iran deutlich (16.7.: Präsident Bendjedid bekundet seinen Wunsch, den Iran zu besuchen; SWB, 4.6.). Positiv verliefen ferner nach der Wiederaufnahme der diplomatischen Beziehungen 1989, trotz unterschiedlicher Positionen in der Golfkrise, die Beziehungen zu Ägypten (Abschaffung des Visazwanges 21.6.; SWB, 22.11.). In der Frage zur Verlegung des Sitzes der Arabischen Liga nach Kairo versuchte A. eine sowohl Ägypten als auch Tunesien nicht brüskierende Haltung einzunehmen, indem der alg. Außenminister am 28.10. den Umzug des Hauptsitzes nach Kairo unterstützte, jedoch betonte, er müsse "flexibel" gehandhabt werden (AN, 29.10.). Auch mit Saudi-Arabien, das Präsident Bendjedid am 10.7. zu Gesprächen mit König Fahd besuchte (ELM, 11.7.), wurden pragmatisch die Wirtschafts-/Finanzbeziehungen fortgesetzt und am 4.11. vier Finanzabkommen über insgesamt 700 Mio. US-$ unterzeichnet sowie die Gründung der gemischten Barakat-Algeria Bank und einer gemischten Gesellschaft (ELM, 5.11.) unterzeichnet. Entsprechend der arabischen Konstanten der alg. Außenpolitik ernannte A. mit Abdelaziz Khellef (Botschafter in Tunis) einen ersten außerordentlichen Botschafter für Palästina (29.10.). Eine Mittlerrolle versuchte A. bei der Lösung der Libanonkrise zu übernehmen (OP, 27.1.; Beteiligung am arabischen Dreierkomitee, das am 3.4. in Rabat tagte).

Einen Durchbruch erzielte der alg. Präsident allerdings bei den Bemühungen zur Beilegung der Tuaregproblematik (--> Mali, Niger JB Afrika 1990). Die Sahelorientierung der alg. Außenpolitik wurde ferner deutlich u.a. an der Reaktivierung des Projektes einer Transsaharastraße (Treffen in Tunis am 4.5.; ELM, 6.5.) und dem Ausbau der bilateralen Beziehungen mit Mali und Niger. Während des Treffens der Innenminister A.s, Malis und Nigers in Tamanrasset am 13.7. wurde ein Abkommen über Güter- und Personenverkehr und zur Grenzgebietentwicklung unterzeichnet (ELM, 15.7.) sowie eine Kommission zur Kontrolle der Ortswechsel der nomadisierenden Tuareg begründet (M, 17.7.). Die Staatspräsidenten A.s, Malis und Nigers sowie Qaddafi konferierten am 9.9. im alg. Djanet zur selben Problematik.

Parallel zu den inzwischen formal-institutionell geregelt ablaufenden Konsultationen auf AMU-Ebene (--> AMU; alg. Präsidentschaft ab 1.7.; 4. Maghrebgipfel in Algier 21.-23.7.) fand - trotz des weiterhin betonten alg. Eintretens für das Selbstbestimmungsrecht der Sahraouis (OP, 13.1.) bzw. der Forderung nach Organisation eines Referendums und der fortgesetzten Kooperation mit der DARS (ELM, 27.3.; 6.5.) - ein besonders intensiver Ausbau der bilateralen Beziehungen mit Marokko statt (2. Treffen der großen gemischten Kommission 23.-25.1. in Algier; 3. Treffen 14.-16.11. in Rabat). Gut entwickelten sich ebenfalls die Beziehungen zu Tunesien (u.a. Besuch von Premierminister Hamrouche in Tunis 24.-25.12.; PdT, 24.12.).

In der Golfkrise drückte die alg. Staatsführung klar ihre Solidarität mit dem irakischen Volk aus (24.8.; SWB, 28.8.), allerdings verurteilte sie die Besetzung Kuwaits. A. mißbilligte bereits am 7.8. den "gegen das irakische Volk gerichteten Boykott", da er "ohne das Ergebnis der Friedensinitiativen abzuwarten" begonnen worden sei (MD, 9.8.). Das Plädoyer Präsident Bendjedids für eine arabische Lösung der Krise wurde in einer Botschaft Außenminister Ghozalis an den UNO-Generalsekretär am 13.9. (SWB, 15.9.) bekräftigt, in der A. ebenfalls die Anwendung der Resolutionen des Sicherheitsrates auf die von Israel besetzten Gebiete forderte. Vermittelnd und ihre Solidarität mit dem Irak gegen die USA bekräftigend, setzten sich zahlreiche alg. Parteiführer ein (u.a. Bagdadreisen von Repräsentanten des FLN; von Ahmed Ben Bella/MDA am 15.-16.9.; von Abassi Madani/FIS am 30.8., erneut vom 5.-6.9.; von Vertretern der APN u.a. 17.10.). Eine rege Besuchsdiplomatie zur Interessenvertretung in der Golfkrise oder zur Vermittlung/ Konsultation führte zahlreiche arabische Führer oder ihre Repräsentanten auch nach Algier (u.a. 19.8. und 29.12. PLO-Führer Arafat; 16.-18.8. kuwaitische Delegation; 19.8. sudanesischer Staatschef al-Bashir; 20.8. irakischer Erziehungsminister; 29.8. saudischer Außenminister; 15.10. 1. Vizepräsident des Irak). Präsident Bendjedid nahm zu Gesprächen mit dem marokkanischen und jordanischen König am Gipfel von Rabat (19.9.) teil. Die ergebnislosen Vermittlungsbemühungen A.s und anderer Staaten veranlaßten Präsident Bendjedid am 8.10., das Scheitern einer arabischen Lösung für die Golfkrise einzuräumen (OP, 10.10.). Dennoch begann er einen letzten persönlichen Vermittlungsversuch mit einer ersten Rundreise vom 11.-19.12. (Jordanien, Irak, Iran, Oman, Syrien, Libanon, Ägypten, Libyen, Tunesien). Präsident Bendjedids Vorschlag zur Beilegung der Krise lautete: Rückzug der irakischen Truppen aus Kuwait, Einsatz arabischer Friedenstruppen in Kuwait. Vom 20.-23.12. setzte Präsident Bendjedid seine Vermittlungen in Italien, Frankreich, Spanien, Marokko und Mauretanien - ebenfalls ergebnislos - fort. In die insgesamt zur Mäßigung und Verhandlungslösung tendierende Position der alg. Staatsführung reiht sich das von Innenminister Mohammedi am 30.11. ausgesprochene Verbot ein, den von alg. Juristen unter ausländischer Beteiligung (u.a. Roger Garaudy, Vincent Mansour Monteil, Jean Ziegler, Daniel Ortega) für den 10.12. angekündigten "Prozeß gegen Präsident Bush" vor einem sog. "internationalen Tribunal" wegen "Vergehen an der Menschlichkeit" (ELM, 26.11.) in Algier stattfinden zu lassen.

Sozioökonomische Entwicklung

A., das laut Angaben des Statistischen Amtes am 1.1. 24,7 Mio. Einwohner zählte (1989: 755.000 Geburten, 153.000 Todesfälle, 147.250 Heiraten), hat im soziokulturellen Bereich ebenfalls den politischen Liberalisierungsprozeß reflektiert. Dies bezieht sich einmal auf den quantitativen und qualitativen Sprung im Pressewesen (neue Titel sind z.B. Mag 7, Le Jeune Indépendant, Le Nouvel Hebdo, al-Khabar, zuletzt im November die erste satirische Zeitung El Manchar) sowie den Aufschwung im Verlags- und Publikationswesen, so daß Algérie-Actualité vom "Jahr der Bücher" sprach (27.12.), zum anderen auf die möglich gewordene Artikulation von Unzufriedenheit in Streiks und Demonstrationen. Zum sozialen Protest hat der Minister für soziale Angelegenheiten Ghrib im November (ELM, 22.11.) erstmals detaillierte Zahlen vorgelegt: zwischen Januar und August gab es demnach 1.482 Streiks/soziale Konflikte (dies sind immerhin ein Drittel weniger als für den Vergleichszeitraum 1989), an denen 188.358 Arbeitnehmer beteiligt waren. Diese Streiks dauerten zwischen einem Tag (30 %) und neun Tagen (19 %) und hatten in 911 Fällen den Verlust der Kaufkraft zum Anlaß. Die Regierung reagierte auf diese Proteste mit einer Erhöhung der Preisstützungszahlungen (1989: 13 Mrd. AD, 1990: 17 Mrd. AD) und beschloß am 30.1. die Erhöhung des Mindestlohnes auf 1.000 AD, um ihn am 1.1.1991 auf 1.800 AD anzuheben. Diese Zusage fiel auch im Hinblick auf die positive Entwicklung im Wirtschaftssektor, die sich mit Ausbruch der Golfkrise wegen des "oil income windfall" verstärkte. Waren Anfang des Jahres die Wirtschaftszahlen für 1989 durchweg als negativ angegeben worden (OP, 26.9.: "Tous les indicateurs sont au rouge") bei sich beschleunigender Inflation (1982-88 jährlich im Durchschnitt 8,5 %; 1989: 9,3 %), wurde im Vertrauen auf das vom FLN-Parteitag im November 1989 verabschiedete Wirtschaftsreformprogramm 1990 als "Jahr des wirtschaftlichen Aufschwungs" bezeichnet (ELM, 2.1.). Das Wachstum der industriellen Produktion von Januar bis Juni um 6,76 % gegenüber 1989 (besonders Textil 11 %, Schuhindustrie 17 %, Chemie 29 %) bestätigte diese Einschätzung. Die Verabschiedung des neuen Investitionsgesetzes am 26.3. mit der Möglichkeit 100%iger Auslandsinvestitionen sowie der Zulassung ausländischer Bankgründungen hat weitere Impulse verliehen. Begrüßt von der Ölindustrie (HB, 30.8.), hat das Gesetz bis Jahresende bereits mehrere Joint-venture-Abschlüsse gebracht (vgl. MEED, 21.12.), darunter auch die erste "islamische Bankengründung Algeriens" (OJ, 10.11.) zwischen der saudischen Al-Baraka

(49 %) und der alg. Agrar- und Landentwicklungsbank BADR (51 %). Probleme bereitet nach wie vor der Agrarsektor, dessen zu geringe Produktion hohe Importe nötig machte (z.B. 50.000 t Kartoffeln im November) und Spekulation mit Nahrungsmitteln Tür und Tor öffnete (El-Watan, 5.11.). Die mit Gesetz 87/1990 beschlossene Privatisierung des Staatslandes hat nach Beginn der Landneuverteilung (Oktober) am Jahresende zu einem in der Presse viel beachteten Skandal geführt, weil Land (bereits bei der ersten Verteilung ehemaligen Staatslandes 1987) auch an Nichtberechtigte zugewiesen worden war. Die Reform des öffentlichen Sektors setzte sich indes normal fort (Übergabe weiterer Unternehmen zur Autonomie), wobei der neugeschaffenen *Agence Nationale de Développement et de Promotion de l'Investissement* immer mehr Bedeutung zukommt. Neben der Importliberalisierung zusätzlicher Warengruppen (August) wurde der Algerische Dinar abgewertet (Kursverlust gegenüber Januar um 46 % im Verhältnis zum US-$) und davon gesprochen, 1991 gar die freie Konvertibilität einzuführen (ELM, 21.12.). Dies ist eine notwendige Voraussetzung für die diskutierte und en gros beschlossene Aufwertung des Tourismussektors.

Die Golfkrise hat A. schließlich wegen der Erhöhung des Ölpreises 1990 gegenüber 1989 36 % höhere Deviseneinnahmen verschafft (12,3 Mrd. US-$) und zu einem Überschuß der Handelsbilanz (3,5 Mrd. US-$) als auch der Leistungsbilanz (940 Mio. US-$) geführt (MEED, 14.12.). Die Mehreinnahmen wurden zur Bezahlung von Zahlungsrückständen (350 Mio. von 600 Mio. US-$) und erhöhten Importen verwendet. Eine Umschuldung der Auslandsschuld (Januar: 25,35 Mrd. US-$) wurde unter diesen Bedingungen weiterhin abgelehnt.

* Die innenpolitische und sozioökonomische Entwicklung A.s 1989 und 1990 wurde detailliert behandelt in der von mir verfaßten und Dezember 1990 publizierten Studie: Algerien. Gesellschaftliche Strukturen und politische Reformen zu Beginn der neunziger Jahre. Hamburg: Deutsches Orient-Institut, 1990 (Mitteilung 40).

Die Staatsführung Algeriens
Staatspräsident: Chadli Bendjedid (seit 1973; zuletzt wiedergewählt 22.12.1988)
Algerische Regierung vom 25.7.1990
Premierminister: Mouloud Hamrouche, **Äußeres:** Sid Ahmed Ghozali*, **Ausrüstung:** Mohamed Kenifed, **Bergbau/Erdöl/Industrie:** Sadek Boussena*, **Erziehung:** Ali Benmohamed, **Gesundheit:** Hamid Sidi Said, **Inneres:** Mohamed Salah Mohammedi*, **Jugend:** Abdelkader Boudjemaa*, **Justiz:** Ali Benflis*, **Landwirtschaft:** Abdelkader Bendaoud*, **Post/Telekommunikation:** Mohamed Serradj, **Religiöse Angelegenheiten:** Said Chibane*, **Soziales:** Mohamed Ghrib*, **Transport:** Hacène Kahlouche*, **Universitäten:** Mustapha Chérif, **Verteidigung**:** Generalmajor Khaled Nezzar, **Wirtschaft:** Ghazi Hidouci*
"ministres délégués"***/Minister beauftragt für Angelegenheiten der: **Berufsausbildung:** Abdenour Keramane*, **Beschäftigung:** Amar Kara Mohamed*, **Forschung/Technologie:** Chérif Hadj Slimane, **lokalen Körperschaften:** Benali Henni*, **Organisation des Handels:** Smail Goumeziane*
* Bereits Mitglied der 1. Regierung Hamrouche vom 16.9.1989 (--> Algerien, JB 1989); ** seit 1965 erstmals wieder Einsetzung eines Verteidigungsministers; *** ministres délégués sind nicht selbständig, sondern dem Premierminister oder einem anderen Ministerium zugeordnet, das weisungsbefugt ist.

Chronologie Algerien 1990

16.1. - Islamistisches Kommando greift Justizpalast in Blida an
21.-23.1. - Teilnahme Präs. Bendjedids am 3. Maghrebgipfel in Tunis
23.1. - Zulassung der alg. ai-Sektion
25.1. - Demonstration der Berberbewegung für Anerkennung des Tamazight als offizielle und nationale Sprache

1.2. ff. - Demonstrationen gegen die hohen Lebenshaltungskosten
20.-22.2. - Außerordentliche Sitzung des FLN-ZK; erneut 1.-4.3., fortgesetzt 14.-15.3.
5.-6.3. - Staatsbesuch des libanesischen Präs. Hrawi
19.3. - APN verabschiedet das modifizierte Presse- und Wahlgesetz
25.3. - Besuch des Präsidenten der DARS
25.3. - Ex-PM Brahimi gibt Bestechungsaffäre über 26 Mrd. US-$ bekannt
25.3. - Verabschiedung des Investitionsgesetzes durch APN
27.3. - Beginn des Ramadan in A.
1.4. - Visapflicht für die Einreise von Algeriern nach Großbritannien und v.v.
3.4., 4.4. - FFS/Ait Ahmed (seit Febr. aus Exil zurück) und MDA/Ben Bella (-->28.9.) rufen zum Wahlboykott auf
20.4. - FIS-Großdemonstration in Algier
1.5. - Beginn der Regierungskampagne gegen den Schwarzmarkt
8.5. ff. - Demonstrationen von FLN und anderen Parteien (Vorwahlaktivitäten)
21.-23.5. - 5. UNPA-Kongreß
2.6. - Besuch des mauretanischen Präs. Ould Taya
12.6. - Wahlen zu den Kommunal- und Regionalparlamenten; eindeutiger FIS-Sieg
18.6. - Besuch des Präs. von Niger, Ali Seibou
18.6. - Besuch des Präs. von Burkina Faso, Blaise Compaore
21.6. - Ägypten schafft Visumzwang für alg. Staatsangehörige ab
26.-29.6. - 8. UGTA-Kongreß
8.-11.7. - Ordentliche Tagung des FLN-ZK; PB-Mitglieder von 15 auf 13 reduziert
10.7. - Staatsbesuch Präs. Bendjedids in Saudi-Arabien
13.7. - Treffen der Innenminister A.s, Malis, Nigers in Tamanrasset
21.-24.7. - 4. Maghrebgipfel in Algier; A. übernimmt AMU-Präsidentschaft
25.7. - Regierungsumbildung: Präs. Bendjedid ernennt Verteidigungsminister
29.7. - Präs. Bendjedid kündigt vorgezogene Legislativwahlen im 1. Trimester 1991 an; (-->5.12.)
30.7. - APN verabschiedet Amnestiegesetz für Vergehen politischen Charakters
12.8. - FLN-Kommuniqué zur Golfkrise
3.9. - Visumpflicht für alg. Staatsbürger bei Einreise nach Italien (v.v.)
3.9. - Besuch des PLO-Vorsitzenden Arafat
5.9. - Bekanntgabe der Umstrukturierung des Geheimdienstes
28.9. - Rückkehr Ahmed Ben Bellas aus dem Exil
23.-25.10. - Abkommen UGTA-Regierung
1.-11.11. - 8. Kongreß der Moudjahidine
17.11. - APN verabschiedet modifiziertes Gesetz zur Gründung von nichtpolitischen Vereinigungen (Ratifizierung 4.12.)
22.11.-2.12. - 24. Seminar zum islamischen Denken
23.11. - Tagung des FLN-ZK
27.11. - Besuch des belgischen Königs
5.12. - Präs. Bendjedid kündigt Legislativwahlen "in 6 Monaten" an
6.-7.12. - 1. PNSD-Parteikongreß
9.12. - PM Hamrouche stellt APN Vertrauensfrage; APN spricht sich am 11.12. mit 275 Stimmen (2 Gegenstimmen, 11 Deputierte abwesend) für PM und sein Programm aus
11.-19.12. - Präs. Bendjedid auf Nahost-Reise zur Vermittlung in der Golfkrise
13.-16.12. - 1. PAGS-Parteikongreß
25.12.90-2.1.91 - 2. maghrebinische Buchmesse in Algier
26.12. - APN verabschiedet Gesetz zur Verallgemeinerung der arabischen Sprache
27.12. - APN fordert juristische Verfolgung der Schuldigen in der "26-Mrd.-US-$"-Bestechungsaffäre
28.12. - Proteste in Algier gegen das Gesetz zur Verallgemeinerung der arabischen Sprache, für Demokratie, gegen die Preispolitik und gegen Folter
29.12. - Verabschiedung des Finanzgesetzes und des Jahresplanes 1991; Bekanntgabe der Preiseinfrierung für zahlreiche Konsumgüter
30.-31.12. - Prozeß gegen die Angreifer des Justizpalastes von Blida (16.1.); 7 Todesurteile (in Abwesenheit) verhängt
31.12. - Anzahl der legalisierten Parteien erhöhte sich von 16 (Ende 1989) auf 33 Ende 1990

Sigrid Faath

Golfstaaten

Bahrain

Offizieller Name: Daulat al-Bahrain/Staat Bahrain; **Unabhängigkeit:** 14.8.1971; **Fläche:** ca. 678 qkm; **Einwohner:** 486.000 (einschließlich 155.000 Gastarbeiter); **Hauptstadt:** al-Manama, Ew.: 150.000; **Urbanisierungsrate:** ca. 75 %; **Armeestärke:** 6.000 Mann; **BIP:** 3,91 Mrd. US-$; **Sektoren in %:** Landwirtschaft 1; Industrie 45; Dienstl. 54; **Pro-Kopf-Einkommen:** ca. 9.000 US-$; **Währung:** 1 US-$ = 0,377 Bahrainische Dinar (BD)

Trotz Golfkrise gab es in Bahrain (B.) im ganzen Berichtszeitraum keine innenpolitischen Umwälzungen oder Unruhen. Gleichwohl konnte die veränderte außen- und sicherheitspolitische Konstellation nicht ohne Auswirkungen auf die Innenpolitik bleiben. Der Ministerpräsident erklärte, B. werde nach Überwindung der Golfkrise zur parlamentarischen Demokratie zurückkehren. Seit seiner Unabhängigkeit im Jahr 1971 hatte B. nur zwei Jahre lang ein parlamentarisches Experiment: Das 1973 gewählte Parlament wurde schon 1975 vom Emir aufgelöst.

Während des Aufmarsches der von den USA angeführten anti-irakischen Koalition wurde B. zu einer bedeutenden Basis für amerikanische Kriegsschiffe und Marines sowie britische Kampfflugzeuge ausgebaut. Diesbezügliche Gespräche wurden mit den Außen- und Verteidigungsministern der USA, Englands und der GKR-Staaten in Manama geführt. Im September wurden diplomatische Beziehungen zur Sowjetunion aufgenommen, wobei u.a. die Gründung einer bahrain.-sowjetischen Bank besprochen wurde. Die Gespräche mit Delegationen anderer osteuropäischer Länder (Tschechoslowakei, Polen, Ungarn) konzentrierten sich auf wirtschaftliche Themen, darunter Luftfahrtsabkommen. B. öffnete sich den Fluggesellschaften dieser Länder. Eine qualitative Änderung trat in den Beziehungen zu Iran ein. Außenminister Muhammad Ibn Mubarak Al Khalifa vereinbarte im November in Teheran die Aufnahme diplomatischer Beziehungen auf Botschafterebene und die Einrichtung einer direkten Schiffahrtslinie. Ende 1990 wurden also die Handelsbeziehungen nach zehnjähriger Unterbrechung wieder aufgenommen.

Im wirtschaftlichen Bereich hatte die Golfkrise die seit 1988 bestehende Aufwärtsentwicklung unterbrochen, obwohl die Regierung entschlossen war, verlorenes Terrain wiederzugewinnen. Der Bankensektor erlitt einen ernsthaften Rückschlag. Unmittelbar nach dem 2.8. unterbrachen westliche Banken ihre Kreditlinien für bahrain. Partner und verursachten damit Kapitalflucht und Vertrauensverlust bei ausländischen Bankern. Das Netto-Vermögen der *Offshore Banking Units* (OBU) sank vom Juni-September 1990 von 71,2 auf 57 Mrd. US-$, die Zahl der OBU von 56 auf 53. Die Depositen der Geschäftsbanken und OBU gingen im August um 14,6 % zurück. Die *Arab Banking Corporation* (die größte Bank in B.) verlagerte Ende 1990 das Zentrum ihrer Aktivität nach London. Die *Gulf International Bank* entließ 50 Angestellte und reduzierte ihre Auslandsgeschäfte. Die Tätigkeit der 1989 eröffneten Börse ging im zweiten Halbjahr 1990 ebenso zurück wie Aktienkurse und Umsatz. Zentralbank und Regierung ergriffen Gegenmaßnahmen. Es gelang ihnen, vom Oktober an einen gewissen Kapitalrückfluß zu bewirken. Als Zeichen des Vertrauens setzte die Regierung das Großprojekt zur Erweiterung der Produtionskapazität der *Aluminium Bahrain Co.* (Alba) fort, obwohl sich einige Ausländer (wegen der Kriegsgefahr) weigerten, im Gebiet zu arbeiten. Allein hier wurden Aufträge im Gesamtwert von 900 Mio. US-$ vergeben. Glücklicherweise hatte sich Alba kurz vor Ausbruch der Krise (im Juli) eine 650-Mio.-US-$-Anleihe von einem Bankenkonsortium gesichert, und am 15.12. kam es zur Unterzeichnung eines Exportkredit-Pakets in Höhe von 580 Mio. US-$, wobei die *Kreditanstalt für Wiederaufbau*/Frankfurt 300 Mio. US-$ zum Bau des 700-MW-Kraftwerkes einräumte. Die ausländischen Streitkräfte in B. und die 7.000 kuwaitischen Flüchtlinge entfalteten eine zusätzliche Konsumnachfrage, die dem Großhandel zugute kam. Dabei ist zu beachten, daß von 1990 an die Bürger anderer GKR-Länder im Bereich Großhandel in B. gleichberechtigt tätig sein dürfen. Ferner waren mit den gestiegenen Öleinnahmen gewisse Hoffnungen für die Zeit nach Überwindung der Golfkrise verbunden.

Auf der anderen Seite wurde die Durchführung einiger wichtiger Projekte verschoben, darunter das petrochemische Werk der Bahrain Petroleum Co. (365 Mio. US-$), zwei Meerwasserdestillieranlagen (305 Mio. US-$), der Containerhafen im Industriegebiet al-Hidd (185 Mio. US-$), das zweite Trockendock der Arab Shipbuilding & Repair Yard Co. (55 Mio. US-$), die zweite Straßenverbindung Manama-Muharraq und ein neues Krankenhaus in Muharraq (85 Mio. US-$). Das für 1990 geschätzte Wachstum des nominalen BIP von 2,8 % bedeutet bei einer Inflationsrate von 2,5 % eigentlich Stagnation, zumal dieses Wachstum hauptsächlich auf die gestiegenen Öleinnahmen zurückzuführen war.

Die Staatsführung Bahrains
Staatschef: Emir Isa Bin Salman Al Khalifa **Kronprinz:** Hamad Bin Isa Al Khalifa
Die Regierung Bahrains (Stand: 31.12.1990)
Premier: Khalifa Bin Salman Al Khalifa **Inneres:** Muhammad Bin Khalifa Al Khalifa, **Äußeres:** Muhammad Bin Mubarak Al Khalifa, **Verteidigung:** Khalifa Bin Ahmad Al Khalifa, **Finanzen/Wirtschaft:** Ibrahim Abd al-Karim, **Arbeit/Soziales:** Khalifa Bin Salman Bin Muhammad Al Khalifa, **Gesundheit:** Jawad Salim al-Arayid, **Justiz/Islamische Angelegenheiten:** Abdallah Bin Khalid Al Khalifa, **Entwicklung/Industrie/amtierender Staatsminister für Kabinettsangelegenheiten:** Yusuf Ahmad al-Shirawi, **Rechtsangelegenheiten:** Husain Muhammad al-Baharna, **Erziehung:** Ali Fakhru, **Information:** Tariq Abd al-Rahman al-Mu'aiyid, **Öffentliche Arbeiten/Elektrizität/Wasser:** Majid Jawad al-Jishi, **Wohnungsbau:** Khalid Bin Abdallah Al Khalifa, **Handel/Landwirtschaft:** Habib Ahmad Qasim, **Verkehr:** Ibrahim Muhammad Humaidan

Kuwait

Offizieller Name: Daulat al-Kuwait/Staat Kuwait; **Unabhängigkeit:** 19.6.1961; **Fläche:** 17.818 qkm; **Einwohner:** 2,039 Mio. (1989); **Hauptstadt:** Kuwait; **Urbanisierungsrate:** 95 % (1989); **Armeestärke:** 20.300 Mann, Nationalgarde 7.000 Mann; **BIP:** 19,97 Mrd. US-$; **Sektoren in %:** Landwirtschaft 1; Industrie 51; Dienstl. 48; **Pro-Kopf-Einkommen:** 13.400 US-$; **Währung:** 1 US-$ = 0,2942 Kuwaitische Dinar (KD)

Mit der irakischen Besetzung und Annexion Kuwaits (K.) Anfang August und ihren vielfältigen Folgen sowie den vorangegangenen innenpolitischen Auseinandersetzungen bildet das Jahr 1990 einen markanten Wendepunkt in der kuwait. Geschichte. Das erste Halbjahr war gekennzeichnet durch verschärfte Auseinandersetzungen zwischen Regierung und Opposition über die Frage der Demokratisierung und der Korrektur der schiefen Einkommens- und Vermögensverteilung. Bei diesem Machtkampf ging es um die Kernfrage: "Wem gehört Kuwait?" Hier stand die Herrscherfamilie Al Sabah auf der einen Seite und die führenden Kaufmanns-Sippen als treibende Kraft der Opposition auf der anderen Seite. Die Herrscherfamilie betrieb das Land als Domäne, an deren Verwaltung und Einkünften die Untertanen beteiligt wurden - aus Gnade und ohne Rechtsanspruch. Demgegenüber vertraten Bürger und Opposition die Ansicht, K. gehöre ihnen, und dem Emir stehe gemäß der (außer Kraft gesetzten) Verfassung von 1962 nur eine konstitutionelle Rolle zu. Sie forderten die Rückkehr zur Verfassung von 1962 und die Wiedereinsetzung des am 3.7.1986 aufgelösten Parlaments sowie die Aufhebung der seit diesem Datum bestehenden Pressezensur. Mitglieder des aufgelösten Parlaments führten die Protestbewegung an. Die Polizei griff wiederholt ein und inhaftierte eine Anzahl Oppositioneller. Die Regierung lehnte die Forderungen der Opposition ab, führte aber ausgedehnte Dialoge mit ehemaligen Abgeordneten und gesellschaftlichen Gruppen, um die Situation zu entspannen und eine "Kompromißlösung" herauszuarbeiten. Am 22.4. ordnete der Emir die Bildung eines *Nationalrates* (NR) für eine "Übergangsperiode" von 4 Jahren an. Dieser NR bestand aus 75 Abgeordneten, davon waren 50 gewählt und 25 vom Emir ernannt. Er hat beratende Funktion; seine Beschlüsse sind für die Regierung nicht bindend. Die Opposition kritisierte diesen Schritt als ein verfassungswidriges Ausweichmanöver, da nach der Verfassung dem Parlament nur 50 gewählte Abgeordnete und die Minister als stimmberechtigte Mitglieder angehören sollten. Am 26.4. löste die Polizei eine Versammlung von mehreren Tausend Kuwaitern, die für die Einführung der vollen Demokratie demonstrierten, mit Tränengas auf. Die zu wählenden 50 NR-Mitglieder wurden am 10.6. gewählt, wobei die Zahl der Wahlberechtigten auf 62.123 beschränkt war und die Wahlbeteiligung bei 62% lag. Die anderen 25 Mitglieder wurden am 28.6. vom Emir ernannt. Die erste Sitzungsperiode wurde am 9.7. eröffnet. Zuvor wurde ein neues 22köpfiges Kabinett (am 20.6.) gebildet. Die Pressezensur blieb bestehen.

In der Zwischenzeit spitzte sich der kuwait.-irakische Konflikt zu und führte am 2.8. zur Besetzung K.s durch die irakische Armee (--> Krise um Kuwait). Der Emir, der Kronprinz und andere führende Mitglieder der Herrscherfamilie flohen nach Saudi-Arabien und bildeten dort eine Exilregierung mit Sitz in Ta'if. Zwei Tage später wurde im besetzten K. die Zusammensetzung der neuen *Provisorischen Regierung* K.s bekanntgegeben. Sie bestand aus 9 Militärs unter Führung von Oberst Ala' Husain Ali, deren kuwait. Staatsangehörigkeit und Legitimität von der Exilregierung bestritten wurden. Sie faßte mehrere Beschlüsse, darunter die Gründung einer Volksarmee und die Festlegung des Wechselkurses des kuwait. zum irakischen Dinar auf ein Tauschverhältnis von 1:1 (vorher 1:16). Am 3.8. kündigte der Irak den Rückzug seiner Streitkräfte für den 5.8. unter der Bedingung an, daß "nichts geschieht, was die Sicherheit Kuwaits und des Iraks gefährdet". Am 8.8. wurde die "Einheit" beschlossen und K. am 28.8. zur 19. Provinz des Irak proklamiert. Für die entmachtete kuwait. Regierung und alle mit ihr kooperierenden UNO-Mitglieder war dies eine völkerrechtswidrige Annexion, die rückgängig gemacht werden mußte. Angesichts der Maßnahmen des Militärregimes, des vom Sicherheitsrat der UNO gegen den Irak und und K. verhängten Wirtschaftsembargos und des drohenden Krieges hat die kuwait. Bevölkerung (einschließlich der dort lebenden Nicht-Kuwaiter) viel gelitten. Ein Teil der im Land gebliebenen Kuwaiter leistete Widerstand, während sich etwa die Hälfte der Kuwaiter (insgesamt 600.000) in den Golfstaaten, Ägypten und westlichem Ausland befand. Im Oktober wurde mit der Rekrutierung von Freiwilligen begonnen. Die kuwait. Exilregierung bestand auf dem bedingungslosen Rückzug der Iraker und der vollen Anwendung aller Resolutionen des UNO-Sicherheitsrates. Sie arbeitete mit den USA und ihren Verbündeten eng zusammen und gewährte dabei Finanzhilfe in Milliardenhöhe.

In ihrem Exil diskutierten die Kuwaitis immer wieder Fragen der Befreiung ihres Landes, die Art des zukünftigen politischen Systems sowie praktische Probleme des Alltags. Auf dem einberufenen Volkskongreß in Ta'if (13.-15.10.) forderte die Opposition die Rückkehr zur Verfassung von 1962, die Bildung einer "Regierung der nationalen Einheit", mehr Rechte für die Frauen, Pressefreiheit, die Beachtung der islamischen Scharia und die Wiedereinsetzung des Parlaments, das freie Wahlen vorbereiten sollte. Solche Forderungen stießen aber bei der politischen Führung auf Skepsis. Der Kronprinz versprach freie Wahlen, "wenn die innere Situation dies zuließe". Er dachte zunächst an Notstandsgesetze unmittelbar nach der Befreiung. Immerhin wurde am 20.11. eine *Higher Consultative Commission* gebildet, der 10 bürgerliche Persönlichkeiten und 5 Minister angehören. Sie sollte den Emir und den Kronprinzen beraten.

Im außenpolitischen Bereich war es im ersten Halbjahr 1990 deutlich, daß sich K. auf regionaler Ebene immer weiter vom Irak und der PLO entfernte und engere Beziehungen zu Iran, Ägypten und Syrien entwickelte. Auf internationaler Ebene lehnte es sich stärker an die USA an. Gegenüber irakischem Ersuchen um Streichung der Kriegssubsidien und Gewährung zusätzlicher Finanzhilfe (für Irak, Jordanien und PLO) wurde eher ablehnend reagiert. Der Streit um die Ölpreise und die Einhaltung der OPEC-Quoten konnte nicht bereinigt werden. Demgegenüber wurden die Beziehungen zu Teheran rasch verbessert. Während des Besuches des iranischen Außenministers in K. am 10.7. wurden bilaterale Probleme gelöst und verschiedene Abkommen, darunter die Wiederaufnahme des See- und Luftverkehrs, unterzeichnet. Anläßlich der Erdbeben in Nordiran wurde Ende Juni Soforthilfe in einem ungewöhnlichen Ausmaß und unter Einsatz der kuwait. Luftwaffe geleistet. Der mit Syrien verbündete libanesische Präsident Hrawi besprach am 24.6. in K. Fragen zusätzlicher Finanzhilfe für die Bewaffnung der libanesischen Armee und für den Wiederaufbau seines Landes. Am 21.5. besprach der Oberkommandierende der US-Streitkräfte im Nahen Osten Admiral William Fourgati in K. Fragen der Zusammenarbeit. Er wies darauf hin, daß noch 5 kuwait. Tanker unter US-Flagge fahren und daß die amerikanische Präsenz im Golf bei Bedarf schnell verstärkt werden könne (S, 23.5.). Am 20.6. folgte der amerikanische UNO-Botschafter Pickering und führte in K. Gespräche über politische Zusammenarbeit. Von England wurden neue Waffen importiert. Mit Ägypten wurde insbesondere die sicherheitspolitische Zusammenarbeit verstärkt. Der irakische Außenminister Tariq Aziz hatte in einem Brief an den UNO-Generalsekretär K. beschuldigt, eine schriftliche Vereinbarung mit den USA zur Destabilisierung des Irak unterzeichnet zu haben. In seinem Antwortschreiben bezeichnete der kuwait. Außenminister dies als "fabrications and unfounded lies" (SWB, 2.11.). Nach der Besetzung ihres Landes entfaltete die kuwait. Regierung eine umfangreiche diplomatische Aktivität, u.a. wurden alle für den Konflikt relevanten Staaten und internationalen Organisationen besucht und Unterstützungzahlungen zugesagt. Sie erklärte alle vom Irak getroffenen Maßnahmen in K. für null und nichtig und forderte immer wieder den bedingungslosen Rückzug. Dabei unterstützte sie vorbehaltslos die Politik der USA und Englands. Gerüchte über kuwait.-irakische Geheimverhandlungen wurden dementiert.

Im wirtschaftlichen Bereich bildete das *Kuwait Investment Office* (KIO) nach der Okkupation die materielle Substanz "des Staates ohne Land". Die KIO-Zentrale, die sich in London befindet, verwaltet ein Vermögen von 100 Mrd. US-$ und ist im Zuge des Machtkampfes zunehmend unter die Kontrolle der Herrscherfamilie geraten. Aus Protest gegen diese Entwicklung traten Ende 1990 17 führende KIO-Mitarbeiter zurück. Aufgrund der weltweiten Investitionen des KIO erzielte K. 1989 Einkünfte von 8,8 Mrd. US-$, mehr als die Öleinnahmen von 7,7 Mrd. US-$. Im Zeitraum August-Dezember hat die KIO rund 10 Mrd. US-$ flüssig gemacht, um die Exilregierung zu finanzieren und exilierte Kuwaiter und deren Unternehmen am Leben zu erhalten. Der größere Teil wurde jedoch für die finanzielle Stützung der Koalition gegen den Irak verwendet. Beim Tauziehen um die Schlüsselinstitution KIO spielten auch politische Fragen wie die 5-Mrd-US-$-Anleihe an die Sowjetunion und die Verteilung der Prioritäten des Wiederaufbaus eine Rolle. Die *Kuwait Petroleum Corp.* verlagerte ihr Büro nach London. Zur Versorgung ihrer Raffinerien und Tankstellen in Europa bezog sie Rohöl aus Saudi-Arabien und vom Weltmarkt. Zur Begleichung der Verbindlichkeiten inländischer Banken beauftragte die Zentralbank die Zweigstelle der *National Bank of Kuwait* in London. Das Hauptquartier der Kuwait Airways wurde vorläufig nach Kairo verlegt und ein minimaler Flugverkehr aus politischen Gründen wieder aufgenommen. Insgesamt gelang es bis Ende des Berichtszeitraumes, eine "Offshore-Wirtschaft" aufrechtzuerhalten und das internationale Embargo gegen K. zu lockern. Geblieben sind die immens großen Aufgaben des Wiederaufbaus, für den bereits Ende 1990 Vorbereitungen getroffen wurden.

Die Staatsführung Kuwaits
Staatschef: Emir Jabir al-Ahmad al-Sabah, **Kronprinz/Premier:** Sa'd al-Salim al-Sabah
Die (Exil-)Regierung Kuwaits (Stand: 31.12.1990)
Äußeres: Sabah al-Ahmad al-Jabir al-Sabah, **Staatsminister/Nationalrat:** Badr Jasim al-Ya'qub, **Soziale Angelegenheiten/Arbeit:** Jabir al-Abdallah al-Jabir, **Information:** Jabir Mubarak al-Hamad, **Öffentliche Arbeiten:** Jasim Muhammad al-Musa, **Verbindungswesen:** Habib Jauhar Hayat, **Elektrizität/Wasser:** Hamud Abdallah al-Ruqba, **Erdöl:** Rashid Salim al-Umairi, **Inneres:** Salim Sabah al-Salim, **Planung:** Salman Abd al-Razzaq al-Mutaua', **Justiz:** Dhari Abdallah al-Uthman, **Kabinettsangelegenheiten (Staatsminister):** Abd al-Rahman Abdallah al-Wadhi, **Erziehung:** Abdallah Yusuf al-Ghunaim, **Öffentliche Gesundheit:** Abd al-Wahhab Sulaiman al-Fauzan, **Finanzen:** Ali al-Khalifa al-Adhbi, **Hochschulwesen:** Ali Abdallah al-Shamlan, **Kommunalangelegenheiten (Staatsminister):** Fahd Abdallah al-Hisawi, **Religiöse Stiftungen/Religiöse Angelegenheiten:** Muhammad Nasir al-Humdhan, **Handel/-Industrie:** Nasir Abdallah al-Raudhan, **Staatsminister/Auswärtige Angelegenheiten:** Nasir Muhammad al-Ahmad, **Verteidigung:** Nauwaf al-Ahmad al-Jabir, **Wohnungsbau (Staatsminister):** Yahya Fahd al-Sumait

Oman

Offizieller Name: Saltanat Uman/Sultanat Oman; **Unabhängigkeit:** formal nie Kolonie; **Fläche:** 212.457 qkm; **Einwohner:** 1,48 Mio. (1989); **Hauptstadt:** Maskat, Ew.: 300.000; **Urbanisierungsrate:** 28 %; **Armeestärke:** 29.500 Mann; **BIP:** 6,37 Mrd. US-$ (1989); **Sektoren in %:** Erdöl/Gas 41; Landwirtschaft/Fischerei 4; Industrie 9; Dienstl. 46 (1989); **Pro-Kopf-Einkommen:** 4.980 US-$ (1989); **Währung:** 1 US-$ = 0,385 Omanische Riyal (OR)

Nicht nur wegen der geographischen Entfernung, sondern auch wegen der überlegten Politik des Sultans gab es während der Golfkrise keine Panikstimmung in Oman (O.) Im November wurde der 20. Jahrestag des Regierungsantritts des Sultans gefeiert. Aus diesem Anlaß gab er Pläne zur Gründung einer gewählten *Beratenden Versammlung* (Majlis al-Shura) bekannt, der Abgeordnete aller Regionen des Landes angehören sollen. Sie soll demokratischer und effektiver als der bestehende, 10 Jahre alte Majlis sein. Außenpolitisch betrachtet sich O. als eine Oase in einer instabilen und gefährdeten Region. Trotzdem konnte es sich von der Golfkrise nicht isolieren. Auf der einen Seite solidarisierte sich O. mit Kuwait und den anderen GKR-Staaten und forderte die Anwendung aller Resolutionen des UNO-Sicherheitsrates, auf der anderen Seite enthielt es sich jeglicher Propaganda gegen den Irak und plädierte für eine diplomatische Lösung. O. warnte vor den katastrophalen Folgen eines Krieges und versuchte eine Vermittlerrolle zu spielen. In diesem Zusammenhang ist auf den Besuch des irakischen Außenministers Tariq Aziz im November in Maskat und die oman. Gespräche mit den GKR-Staaten hinzuweisen.

Die oman. Wirtschaft wurde von der Golfkrise nicht in dem Maße beeinflußt wie die Volkswirtschaften der anderen GKR-Staaten. Zwar gab es einige zeitlich begrenzte Schwierigkeiten wie den Rückgang der Bankdepositen im August, die Zurückhaltung der Banken bei der Finanzierung bestimmter Projekte und den Rückgang der Nachfrage nach langlebigen Gebrauchsgütern, aber die generelle Wirtschaftsentwicklung war nach oben gerichtet. Es gab keinen Exodus ausländischer Arbeitnehmer. Pläne zur Steigerung der Ölförderung auf 700.000 b/d wurden in Angriff genommen. Aufgrund der gestiegenen Öleinnahmen dürfte O. 1990 einen Handelsüberschuß (erstmals seit Anfang der achtziger Jahre) erzielt haben. *Petroleum Development Oman* setzte ihr Programm (500 Mio. US-$) zur Erschließung des Lekhwair-Feldes im Nordosten des Landes fort. Es sieht eine Verfünffachung der Förderkapazität auf 125.000 b/d vor. Das aus diesem Feld gewonnene assoziierte Gas soll mit einer 110 km langen Pipeline zur Gasverflüssigungsanlage in Yibal transportiert werden, die ihrerseits erweitert werden soll. Auch die Förderleistung des Safah-Ölfeldes (Occidental Oman/Gulf Oman) wird von 190.000 auf 300.000 b/d erhöht. Im Offshore-Konzessionsgebiet der IPC/ Wintershall wurden Erdgas-und Kondensatreserven entdeckt. Das hier geförderte Gas soll als Input für eine schwimmende Methanolanlage vor der oman. Küste verwendet werden. Mit Iran wurde die Zusammenarbeit auch im Ölbereich weiter verbessert. Das gilt u.a. für die gemeinsame Erschließung des Offshore-Feldes Henjam. Für den Bergbau wurden die bestehenden gesetzlichen Regelungen im Sinne ausländischer Investoren verbessert. Lalbuksh Contracting & Trading hat im Auftrag des Bergbauministeriums mit Testbohrungen in bereits identifizierten Gold- und Kupferlagerstätten sowie mit dem Kohleabbau im Niswa-Tal begonnen. In den Gebieten Hay al-Asafil und Rakah wurden neue Kupfervorkommen im Umfang von 8 Mio. t entdeckt, die den Erzbedarf der Raffinerie in Sohar für weitere 7 Jahre decken können. Außerhalb des Bergbaus gehören zu den 1990 durchgeführten Projekten das Kraftwerk von Niswa, der Bau einer neuen Industriezone in Raysut, die Stadtentwicklung Niswa, sozialer Wohnungsbau, der Bau der zweiten Bodenstation für Nachrichtensatelliten nordöstlich von Niswa. Der *4. Fünfjahresplan* 1991-1995 wurde aufgestellt. Er sieht Ausgaben von 9,45 Mrd. OR (25 Mrd. US-$) vor, davon 60 % für Gebiete außerhalb der Hauptstadt Maskat. Insgesamt war die wirtschaftliche Entwicklung O.s im Jahr 1990 zufriedenstellend. Ein Indiz hierfür war das 9,4%ige Wachstum des BIP, zu dem der Ölsektor 44 % beitrug.

Die Staatsführung Omans
Staatschef/Premier/Minister für Äußeres/Finanzen/Verteidigung: Sultan Qabus Bin Sa'id
Die Regierung Omans (Stand:31.12.1990)
Elektrizität/Wasser: Muhammad Bin Ali al-Qatabi, **Erdöl/Bergbau:** Sa'id Bin Ahmad al-Shanfari, **Erziehung/Jugend:** Yahya Bin Mahfuz al-Mundhiri, **Gesundheit:** Ali Bin Muhammad Bin Musa, **Handel/Industrie:** Salim Abdallah al-Ghazali, **Information:** Abd al-Aziz Bin Muhammad al-Ruwas, **Inneres:** Badr Bin Sa'ud Bin Harib, **Rechtsangelegenheiten:** Fahd Bin Mahmud Al Sa'id*, **Justiz/Religion:** Hilal Bin Sa'ud Bin Harib, **Landwirtschaft/Fischerei:** Muhammad Bin Abdalla Bin Zahir al-Hina'i, **Nachrichtenwesen:** Hamud Bin Abdallah al-Harithi, **Nationales Erbe/Kultur:** Faisal Bin Ali al-Busa'idi, **Post/Fernmeldewesen:** Ahmad Bin Suwaidan al-Balutchi, **Sicherheit/Verteidigung:** Fahir Bin Taimur Al Sa'id*, **Soziales:** Mustahil Bin Ahmad al-Ma'shani, **Umwelt/Wasser:** Shabib Bin Taimur Al Sa'id, **Wirtschaft/Finanzen:** Qais Abd al-Mun'im al-Zawawi*, **Wohnungsbau:** Malik Bin Sulaiman al-Mu'ammari, **Verkehr:** Hamud Bin Abdallah al-Harithi, **Arbeit/Berufsbildung:** Mu'tasim Bin Hamud al-Busa'idi, **Staatsminister:** Yusuf Bin Alawi Bin Abdallah (Äußeres), Musallam Bin Ali al-Busa'idi (Gouverneur von Zufar), Mu'tasim Bin Hamud al-Busa'idi (Verteidigung), Mahmud Bin Ali al-Qatabi (Regionale Stadtverwaltung), Hamid Bin Sa'id Bin Muhammad al-Aufi
* stellvertretender Premierminister für das betreffende Portefeuille

Qatar

Offizieller Name: Daulat Qatar/Staat Qatar; **Unabhängigkeit:** 1.9.1971; **Fläche:** 11.437 qkm; **Einwohner:** 397.000 (1989); **Hauptstadt:** Duha, Ew.: 218.000 (1989) **Urbanisierungsrate:** 82 %; **Armeestärke:** 7.500 Mann; **BIP:** 4,67 Mrd. (1989) US-$; **Sektoren in %:** Landwirtschaft 1; Industrie 70; Dienstl. 29 (1989); **Pro-Kopf-Einkommen:** ca. 14.000 US-$ (1989); **Währung:** 1 US-$ = 3,64 Qatar Riyal (QR)

Nach einem innenpolitisch ruhigen ersten Halbjahr war Qatar (Q.) ab Sommer in die Golfkrise relativ stark involviert. Es gewährte den Streitkräften der Koalition gegen den Irak nicht nur finanzielle Unterstützung, sondern auch Stationierungsrechte und das Recht zur Nutzung militärischer Einrichtungen. Auf den GKR-Gipfelkonferenzen, zuletzt am 22.12 in Doha, spielte Q. eine aktive Rolle. Die politische und militärische Koordination mit England, Saudi-Arabien und Ägypten war besonders eng. Demgegenüber verschlechterte sich das Verhältnis zur PLO. Die ersten Deportationen von PLO-Vertretern in der Golfregion wurden aus Q. gemeldet (20 PLO-Mitglieder im August). Im Oktober wurden diplomatische Beziehungen zu Bulgarien und Ungarn aufgenommen. Doha öffnete sich osteuropäischen Fluggesellschaften, einschließlich der sowjetischen Aeroflot.

Für die Wirtschaft war 1990 ein schwieriges Jahr. Eine relativ große Zahl ausländischer Arbeitnehmer verließ das Land. Die staatliche Ausgabenpolitik war zurückhaltend. Die allgemeine Geschäftsaktivität verlangsamte sich. Auf der anderen Seite konnten einige Projekte aufgrund der gestiegenen Öleinnahmen fortgesetzt bzw. begonnen werden. Dazu gehörten die Weiterentwicklung der Ölfelder, das Kraftwerk al-Musail, die dritte Phase des Doha-Stromverteilungsnetzes, die Erweiterung der petrochemischen Werke und der Düngemittelfabrik in Umm Sa'id. Mit Iran wurde im November die gemeinsame Erschließung des an der Grenze befindlichen Pars-Gasfeldes vereinbart. Die Bemühungen um die Vermarktung des qatar. Gases in Japan wurden fortgesetzt, wobei sich ein Durchbruch mit der Chubu Electrical Power Co. gegen Ende des Jahres abzeichnete.

Die Staatsführung Qatars
Staatschef/Premier: Emir Khalifa Bin Hamad Al Thani, **Kronprinz/Verteidigung:** Hamad Bin Khalifa Al Thani
Die Regierung Qatars (Stand: 31.12.1990)
Finanzen/Erdöl: Abd al-Aziz Bin Khalifa Al Thani, **Inneres:** Abdallah Bin Khalifa Al Thani, **Erziehung:** Abd al-Aziz Abdallah Bin Turki, **Elektrizität/Wasser:** Mubarak Ali al-Khatir,

Industrie/Öffentliche Arbeiten: Ahmad Mahmud Ali al-Subai', **Auswärtiges:** Mubarak Ali al-Khatir (amtierend), **Wirtschaft/Handel:** Hamad Bin Jasim Al Thani, **Justiz:** Ahmad Bin Saif Al Thani, **Lokale Angelegenheiten/Landwirtschaft:** Hamad Bin Jasim Bin Jabr Al Thani, **Arbeit/Soziales/Wohnungsbau:** Abd al-Rahman Sa'd al-Dirham, **Verkehr/Post/ Fernmeldewesen:** Abdallah Bin Salih al-Manna, **Gesundheit:** Khalid Bin Muhammad Bin Ali Al Thani, **Information/Kultur:** Hamad Bin Suhaim Al Thani, **Angelegenheiten des Emiri Diwan:** Isa Ghanim al-Kuwari

Vereinigte Arabische Emirate

Offizieller Name: al-Imarat al-Arabiya al-Muttahida/Vereinigte Arabische Emirate; **Unabhängigkeit:** 2.12.1971; **Fläche:** 83.600 qkm; **Einwohner:** 1,681 Mio. (1989); **Hauptstadt:** Abu Dhabi, Ew.: 92.000; **Urbanisierungsrate:** 78 %; **Armeestärke:** 44.000 Mann; **BIP:** 23,85 Mrd. US-$; **Sektoren in %:** Landwirtschaft 2; Industrie 54; Dienstl. 44; **Pro-Kopf-Einkommen:** 15.770 US-$; **Währung:**1 US-$ = 3,673 Dirham

Die Auswirkungen der Golfkrise auf die Innen-, Außen- und Wirtschaftspolitik waren 1990 in den VAE tiefgreifender als in den anderen Golfstaaten. Aufgrund ihrer langjährigen engen Kooperationsbeziehungen zu Iran, England und den USA hatten die VAE ein problematisches Verhältnis zum Irak. Vor der Besetzung Kuwaits hatte Saddam Husain im Juli neben Kuwait auch die VAE beschuldigt, sich am "Wirtschaftskrieg" gegen den Irak durch Überschreiten ihrer OPEC-Quote zu beteiligen. Die VAE-Regierung wies diesen Vorwurf in ihrem Antwort-Memorandum an die AL zurück, befürchtete andererseits Sprengstoffanschläge und innenpolitische Unruhen sowie ein Übergreifen der Feindseligkeiten auf ihr Territorium. Mitte August sollen 500 in den VAE arbeitende Palästinenser festgenommen und des Landes verwiesen worden sein; weitere 400 befanden sich in Untersuchungshaft (SWB, 17.8.). Der Verkauf pro-irakischer Zeitungen wurde verboten. Die Präsenz der Sicherheitskräfte wurde verstärkt, und die staatlichen Medien versuchten, auf die Bevölkerung beruhigend einzuwirken. Die Armeeführung rief alle Männer im Alter zwischen 15 und 40 Jahren auf, sich zur militärischen Ausbildung zu melden. Der Tod des Herrschers von Dubai, Scheich Rashid Bin Sa'id Al Maktum, am 7.7. führte zur Bildung einer neuen Bundesregierung am 20.11. unter Leitung seines Sohnes und Nachfolgers Maktum Bin Rashid. In dieses erweiterte 24köpfige Kabinett wurden 8 neue Minister aufgenommen. Vom vorangegangenen Ministerrat verloren 5 Mitglieder ihre Posten, darunter Ölminister Mani' al-Utaiba. Er hatte am 6.8. in einem Rundschreiben an alle OPEC-Mitglieder für die Einhaltung der am 26.7. beschlossenen Produktionsquoten auch während der Golfkrise plädiert. Außenpolitisch gab die VAE ihre traditionell reservierte Haltung auf. Präsident Scheich Zayid verurteilte den Irak scharf wegen seiner Besetzung und Annexion Kuwaits, lehnte das "linkage" zwischen Golfkrise und Palästinakonflikt ab und intensivierte die Zusammenarbeit mit der anti-irakischen Koalition, insbesondere den USA, England, Ägypten und Syrien, aber auch mit Iran. Er akzeptierte die Präsenz westlicher Truppen in den VAE und leistete einen Finanzierungsbeitrag zum Truppenaufmarsch und zum Krieg in Milliardenhöhe. Nicht nur mit den GKR-Partnern, sondern auch mit Iran wurden sicherheitspolitische Gespräche geführt und u.a. der Bau eines Unterwasser-Kabelsystems zur Verbindung der Kommunikationssysteme beider Länder vereinbart. Auch die Beziehungen zu Moskau wurden weiter verbessert, wobei die VAE an die Sowjetunion u.a. Nahrungsmittelhilfe leistete (16.12.). Mit Rumänien wurde am 5.11. eine gemeinsame Kommission für wirtschaftliche Zusammenarbeit gebildet. Rumänien wird demnach VAE-Öl raffinieren und im In- und Ausland vermarkten. Vor der Golfkrise hatte Scheich Zayid (im Mai) Japan, die VR China und Indonesien offiziell besucht und dort Kooperationsverträge unterzeichnet.

Was die wirtschaftliche Entwicklung der VAE im Jahr 1990 betrifft, so hatte sich der Aufschwung in den ersten sieben Monaten fortgesetzt, wandelte sich aber nach Ausbruch der Golfkrise in eine Rezession um. In der ersten Phase betrug die Ölförderung 1,8 Mio b/d, verglichen mit der vereinbarten OPEC-Quote von 1,1 Mio. b/d. Das bedeutete Mehreinnahmen und eine Wiederbelebung der Wirtschaft. Investitionen, Industrieproduktion, Handel und Hafenumschlag sowie Gewinne der Banken stiegen an. Trotz der Streichung mehrerer Projekte der Dubai-Stadtverwaltung gab es für die inländischen Unternehmen viel zu tun. Hier wie in den anderen Emiraten verstärkte sich die private Bautätigkeit. In Abu Dhabi und Dubai wurden die größeren staatlichen Projekte in den Bereichen Landerschließung, Telekommunikation, Erweiterung der Aluminiumwerke und Bau von Kraftwerken fortgesetzt. In den Monaten August-Dezember schuf die Golfkrise eine Atmosphäre der Unsicherheit für die gesamte Volkswirtschaft. Im August verloren die Banken 15-30 % ihrer Depositen (Kapitalflucht). Zahlreiche ausländische Arbeitnehmer verließen das Land. Die Arbeit an vielen Projekten verzögerte sich bei gleichzeitigen Steigerungen der Baustoffpreise. Der Handel verschob neue Bestellungen und baute die Lager ab. Re-Exporte nach Kuwait und Irak wurden gestoppt. Aufgrund der Kriegsrisikoprämie gab es Transitverlagerungen, von denen der prosperierende Transportsektor und die Häfen betroffen waren. Auch der Tourismus war hart betroffen. Generell hielten sich die privaten Investoren zurück. Auf der anderen Seite versuchte die Regierung, durch Fortsetzung bestimmter Projekte, die Erhöhung der Liquidität der Banken und andere Maßnahmen gravierende Einbrüche zu verhindern. Auch entstand durch die Stationierung ausländischer Streitkräfte in der Golfregion neue Nachfrage und damit neue Geschäftsmöglichkeiten. Langfristige Verträge mit Japan und anderen Ländern bildeten eine Vertrauensbasis für die Zukunft. Dazu gehört insbesondere der 1990 zwischen *Abu Dhabi Gas Co.* und der *Tokio-Elektrizitätsgesellschaft* unterzeichnete Gaslieferungsvertrag (bis zum Jahr 2019), der Investitionen im Umfang von 1,6 Mrd. US-$ in Abu Dhabi erfordert. Hier wurde 1990 mit der Errichtung der dritten Produktionsstraße auf der Insel Das (Baukosten: 600 Mio. US-$) begonnen. Der Bundeshaushalt 1990 wurde erst am 11.12. veröffentlicht. Seine Ausgaben waren mit 15,65 Mrd. Dh um eine Mrd. höher als im Vorjahr, während das Defizit von 667 Mio. Dh (182 Mio. US-$) das niedrigste seit mehreren Jahren war. Insgesamt wuchs das nominale Bruttosozialprodukt 1990 um 26 % auf 128 Mrd. Dh (35 Mrd. US-$), wobei der Beitrag des Ölsektors 47 % betrug. Der Handelsbilanzüberschuß betrug 39,3 Mrd. Dh, verglichen mit 20,3 Mrd. Dh im Vorjahr. Diese Verbesserung war im wesentlichen auf die 52%ige Erhöhung der Öleinnahmen (von 37,6 auf 57,1 Mrd. Dh) zurückzuführen.

Die Staatsführung der VAE

Staatsrat (= Herrscher der einzelnen Emirate): Abu Dhabi: Zayid Bin Sultan Al Nahyan (Staatspräsident), **Ajman:** Humaid Bin Rashid al-Nu'aimi, **Dubai:** Maktum Bin Rashid Al Maktum (Premier), **Fujaira:** Hamad Bin Muhammad al-Sharqi, **Ras al-Khaima:** Saqr Bin Muhammad al-Qasimi, **Shariqa (Sharja):** Sultan Bin Muhammad al-Qasimi, **Umm al-Qaiwain:** Rashid Bin Ahmad al-Mu'alla

Die Regierung der VAE (Stand: 31.12.1990)

Stellv. Ministerpräsident: Sultan Bin Zayid Al Nahyan, **Äußeres:** Rashid Abdallah al-Nu'aimi, **Inneres:** Hammudah Bin Ali, **Finanzen/Industrie:** Hamdan Bin Rashid Al Maktum, **Verteidigung:** Muhammad Bin Rashid Al Maktum, **Erdöl/Bodenschätze:** Yusuf Bin Umair Bin Yusuf, **Wirtschaft/Handel:** Sa'id Ghabbash, **Information/Kultur:** Khalfan Bin Muhammad al-Rumi, **Post/Verkehr:** Muhammad Sa'id al-Mulla, **Bauwirtschaft:** Rukadh Bin Salim Bin Rukadh, **Erziehung:** Hamad Abd al-Rahman al-Madfa', **Jugend/Sport:** Faisal Bin Khalid Bin Muhammad, **Justiz:** Abdallah Bin Umran Tiryam, **Islamische Angelegenheiten/Religiöse Stiftungen:** Muhammad Bin Ahmad al-Khazraji, **Elektrizität/Wasser:** Humaid Bin Nasir al-Uwais, **Arbeit/Soziales:** Saif al-Jarwan, **Gesundheit:** Ahmad Sa'id al-Badi, **Planung:** Humaid Bin Ahmad al-Mu'alla, **Landwirtschaft/Fischerei:** Sa'id al-Raqbani, **Hochschulwesen:** Nahyan Bin Mubarak Al Nahyan, **Staatsminister:** Sa'id al-Ghaith (Kabinettsangelegenheiten), Muhammad Bin Saqr Bin Muhammad al-Qasimi (Angelegenheiten des Obersten Rates), Hamdan Bin Zayid Al Nahyan (Äußeres), Ahmad Bin Humaid al-Tayir (Finanzen/Industrie)

Chronologie Golfstaaten 1990

4.2. - Sharja-Herrscher Sultan al-Qasimi setzt seinen designierten Nachfolger und älteren Bruder Abd al-Aziz ab

22.4. - Als Reaktion auf die Demokratiebewegung ordnet der kuwaitische Emir Gründung eines National Council an

15.-20.5. - VAE-Präsident Zaiyd Bin Sultan Al Nahyan in VR China, Japan und Indonesien; Verstärkung der politischen und wirtschaftlichen Zusammenarbeit

29.5. - Golfstaaten nehmen an der arabischen Gipfelkonferenz in Bagdad teil

3.6. - Qatars Kronprinz Hamad Bin Khalifa Al Thani in Kairo

10.6. - In Kuwait werden 50 Abgeordnete des neugegründeten National Council gewählt

11.6. - Verhaftung von 8 Politikern in Kuwait wegen illegaler Versammlungen und Aufrufe zum Boykott der Wahlen; Streik der Erdölgewerkschaft

20.6. - Bildung einer neuen Regierung in Kuwait

24.6. - Libanesischer Präsident Elias Hrawi in Kuwait

28.6. - Der kuwait. Emir ernennt 25 Abgeordnete zum neugegründeten National Council, darunter 5 Minister

9.-11.7. - Der iranische Außenminister Velayati in Kuwait

12.7. - Die pakistanische PM Bhutto unternimmt Rundreise in die Golfstaaten

17.7. - Irak beschuldigt Kuwait, zusammen mit USA einen Wirtschaftskrieg gegen ihn zu führen

20.7. - Kuwait weist irakische Beschuldigungen in einem Antwort-Memorandum an die AL zurück

24.7. - Ägyptischer Präsident Mubarak vermittelt zwischen dem Irak und Kuwait

26.7. - Der irakische Vizepremier Sa'dun Hammadi besucht Saudi-Arabien, Kuwait, Qatar und die VAE

2.8. - Irakische Truppen besetzen Kuwait; UNO-Sicherheitsrat verurteilt Invasion und fordert sofortigen Rückzug (Resolution 660).

3.8. - USA und UdSSR verurteilen Invasion in einer gemeinsamen Erklärung; Außenministertreffen der AL in Kairo:

4.8. - Bildung einer "Provisional Free Kuwait Government" unter Führung von Oberst Ala' Husain Ali

6.8. - UNO-Sicherheitsrat beschließt Wirtschaftsembargo gegen den Irak und Kuwait (Resolution 661)

7.8. - USA, England und Frankreich entsenden Truppen in die Golfregion

8.8. - Rundreise des iranischen AM Velayatis in die Golfstaaten

8.8. - Der Irak annektiert Kuwait

9.8. - UNO-Sicherheitsrat erklärt die Annexion Kuwaits für null und nichtig

15.8. - Omans AM Yusuf Bin Alawi in Teheran

10.9. - Saudi-Arabien, Kuwait und die VAE sagen 12 Mrd. US-$ zur Finanzierung des amerikanischen Truppenaufmarsches und zur Unterstützung der Frontstaaten Ägypten, Syrien und Türkei zu

4./5.10 - Der französische Präs. Mitterrand besucht Golfregion

7.10. - Dubai-Herrscher Rashid Al Maktum stirbt; sein Sohn Maktum Bin Rashid wird neuer Herrscher

13.-15.10 - Der kuwaitische Volkskongreß in Dschidda fordert Rückkehr zur Verfassung von 1962, ihre korrekte Anwendung sowie Verwirklichung der Frauenrechte

16./18.10. - Qatar nimmt diplomatische Beziehungen zu Ungarn und Bulgarien auf

25.10. - Der kuwaitische Emir in London und Paris

4.11. - US-Außenminister Baker in Bahrain und Saudi-Arabien

5.11. - Die VAE unterzeichnen mit Rumänien ein Abkommen über wirtschaftliche Zusammenarbeit

20.11. - Bildung einer neuen VAE-Regierung

28.11. - Golfstaaten räumen der Sowjetunion einen 4-Mrd.US-$-Kredit ein

10.12. - Qatar nimmt diplomatische Beziehungen zu Rumänien auf

14.12. - Offizieller Besuch des kuwaitischen Emirs in der VR China

22.12. - Gipfelkonferenz der Mitgliedsstaaten des GKR in Doha/Qatar

31.12. - Kuwait sagt den USA 13,5 Mrd. Dollar zur Finanzierung des Truppenaufmarsches und des Krieges gegen den Irak zu

Aziz Alkazaz

Irak

Offizieller Name: al-Jumhuriya al-Iraqiya/Republik Irak; **Unabhängigkeit:** 1932; **Fläche:** 438.446 qkm; **Einwohner:** 17,1 Mio.; **Hauptstadt:** Bagdad, Ew.: ca. 4 Mio.; **Urbanisierungsrate:** 73 %; **Armeestärke:** 1.000.000 Mann; **BIP:** 58,54 Mrd US-$; **Sektoren in %:** Landwirtschaft 15; Industrie 24; Dienstl. 61; **Pro-Kopf-Einkommen:** 2.943 (1988), 2.290 US-$ (1989); **Währung:** 1 US-$ = 0,3125 Irakische Dinar (ID)

Innenpolitische Entwicklung

Der Irak (I.) geriet durch die Besetzung Kuwaits am 2.8. und die darauf folgenden politischen und wirtschaftlichen Sanktionen des Sicherheitsrates in eine schwere Krise. Der von Präsident Saddam Husain in Angriff genommene "Demokratisierungsprozeß" geriet dadurch ins Stocken. Bis zum 2.8. war die Innenpolitik von dem Streben der politischen Führung gekennzeichnet, den unter dem Eindruck der Liberalisierung in Osteuropa sowie dem Ende des Krieges mit Iran aufgekommenen Erwartungen nach mehr Freiheit und Mitbestimmung entgegenzukommen. Die 1982 eingeführten Beschränkungen für Reisen ins Ausland wurden am 17.1. aufgehoben. Allerdings wurden die Devisenbeträge auf maximal 700 US-$ im Jahr beschränkt (SWB, 18.1.). Vor Parteifunktionären erklärte Saddam Husain am 13.2., daß Klagen der Bürger ernst genommen werden müßten, da sie sonst denen folgen würden, die "in der Dunkelheit reden". Auf die Probleme in Osteuropa eingehend, sagte er, daß die früheren Regierungen sich dort in alles eingemischt hätten, vom Zwirnsfaden bis zur Nadel, ihrer Vermarktung und ihrer Verfügbarkeit. "Wenn wir das getan hätten, hätten wir jetzt Probleme mit dem Volk" (MEED, 23.2.). Am 18.1. sagte Saddam Husain in einer Rede vor Juristen der AKR-Staaten, daß die AKR-Länder den Demokratisierungsprozeß beschleunigen sollten (KuT, 1.2.). Zugleich gab er bekannt, daß die neue irak. Verfassung vorliege und zur Diskussion gestellt würde. Am 18.7. beendete die Nationalversammlung (Parlament) die Diskussion über den Verfassungsentwurf, der am 7.7. vom *Kommandorat der Revolution* (KRR) und von der Regionalführung der Ba'th-Partei gebilligt worden war (vollständiger Text in der Tageszeitung al-Thaura, 30.7.). Anschließend sollte die Verfassung in der Öffentlichkeit diskutiert und dann dem Volk zum Referendum vorgelegt werden. Die neue Verfassung besteht aus 180 Artikeln, verteilt auf acht Kapitel. Sie definiert den I. als souveräne, unabhängige Republik. Das Regierungssysstem ist republikanisch und präsidial. Der Islam ist offizielle Staatsreligion. Das irak. Volk setzt sich aus Arabern und Kurden zusammen. Der jetzige KRR soll durch einen 50köpfigen *Konsultativrat* (Shura) ersetzt werden, dessen Mitglieder teils vom Präsidenten ernannt, teils gewählt werden und der auch über legislative Vollmachten verfügen soll.

In derselben Sitzung nahm die Nationalversammlung eine Empfehlung an, wonach Saddam Husain zum Präsidenten auf Lebenszeit gewählt wurde. Gemäß Artikel 78 der neuen Verfassung beträgt die Amtsperiode des Präsidenten acht Jahre. Im Zusammenhang mit der Diskussion um die neue Verfassung hatte Saddam Husain angekündigt, daß er bei der nach der Annahme der Verfassung anstehenden Wahl des Präsidenten kandidieren werde.

Bei einem Besuch der Stadt Arbil in der autonomen kurdischen Provinz anläßlich des 20. Jahrestages des Autonomiegesetzes für die Kurden (11.3.1970) verkündete Saddam Husain erneut eine Amnestie für alle ins Ausland geflüchteten Kurden (nach der Strafexpedition nach Ende des Krieges mit Iran im August 1988) für die Zeit vom 11.3.-11.5. Diese Amnestie schloß ausdrücklich auch die Kurdenführer Jalal Talabani (der Patriotischen Union Kurdistans) und Mas'ud Barazani (der Demokratischen Partei Kurdistans), die von der Amnestie von 1989 ausgenommen worden waren, ein. Am 12.5. und am 10.6. wurde die Amnestie jeweils um einen Monat verlängert. Bis Mai waren 3.365 Kurden zurückgekehrt (SWB, 14.5.). Viele Exil-Kurden warnten vor einer Annahme der Amnestie, da sie nur dazu diene, oppositionelle Kurden gefangenzunehmen. *Amnesty International* (ai) hatte bereits in einer Erklärung vor der UNO-Menschenrechtskommission vom 19.2. darauf hingewiesen, daß viele Kurden nach der

Rückkehr spurlos verschwunden seien. Des weiteren bezichtigte ai die irak. Regierung des Massakers in Dörfern des Südens in der Zeit vom 10.-23.1., offensichtlich im Zusammenhang mit der Suche nach Deserteuren. Auch werde im I. immer noch gefoltert. Die Regierung bestritt diese Anschuldigungen (M, 21.2.; FAZ, 28.2.).

Unter dem Eindruck der wachsenden Kritik im westlichen Ausland wegen der irak. Rüstungspolitik und Drohungen gegen Israel suchte die Führung Unterstützung in der arabischen und islamischen Welt. Vom 18.-20.7. fand in Bagdad eine islamische Volkskonferenz zur Solidarität mit dem I. statt. An ihr nahmen 700 Gelehrte aus 70 Ländern teil. Auf der Schlußsitzung erklärten die Delegierten Saddam Husain zum heiligen Krieger (mujahid) und forderten die islamischen Ulema auf, Saddam Husain bei seinen Anstrengungen, Abschreckungswaffen zu erlangen, zu unterstützen, denn dies sei ein Befehl Allahs und des Korans, um die Feinde Allahs und der Muslime abzuschrecken. Diese Waffen müßten eingesetzt werden, um die Nationen und ihre Länder zu verteidigen und die Gläubigen und ihre Schreine vor den kriminellen Zionisten und ihren Helfern zu schützen (KuT, 20.6.; AN, 21.6.).

Der Konflikt um Kuwait hatte tiefgreifende Auswirkungen auf die innenpolitische Lage. Das für den Herbst angekündigte Referendum über die Verfassung sowie die Präsidentschaftswahl konnten nicht stattfinden. Im Zusammenhang mit der kollektiven Geiselnahme der Ausländer wurde das Verstecken von Ausländern zu einem Spionagedelikt erklärt und dafür die Todesstrafe angedroht (SWB, 27.8.). Infolge des von der UNO verhängten Handelsembargos wurden Medikamente, Nahrungsmittel und andere Waren knapp. Am 15.9. wurden Lebenmittelkarten für Brot eingeführt. Im November wurde auch für das Horten von Nahrungsmitteln die Todesstrafe verhängt (IHT, 21.11.). Der *Baghdad Observer* berichtete am 19.12., daß die Zahl der Babys, die infolge der Blockade gestorben seien, auf 2.042 angestiegen sei.

Am 18.9. wurde der Rücktritt von Sa'dun Shakir als Mitglied des KRR aus gesundheitlichen Gründen bekanntgegeben. Ölminister Chalabi gab am 19.10. die Rationierung von Benzin bekannt. Die dadurch verursachte allgemeine Unzufriedenheit veranlaßte Saddam Husain am 28.10. zur Ablösung Chalabis und zur Aufhebung der Benzinrationierung mit der Begründung, daß dafür kein Anlaß bestanden hätte. Das Ölministerium wurde von Husain Kamil Hasan, Minister für Industrie und Rüstungswirtschaft, übernommen.

Ohne Angabe von Gründen gab die Armeezeitung *Qadisiya* am 8.11. bekannt, daß Generalstabschef Nazir al-Khazraji durch General Husain Rashid, Kommandeur der Republikanischen Garde, abgelöst worden sei (AN, 9.11.). Später wurde berichtet, al-Khazraji sei hingerichtet worden, weil er den Einmarsch in Kuwait nicht gutgeheißen bzw. einen Umsturzversuch unternommen habe (AN, 8.12.; IHT, 8.-9.12.).

Die Zeitung *al-Jumhuriya* gab am 14.11. die Absetzung des Gouverneurs von Kuwait, Ali Hasan al-Majid (seit 28.8.), bekannt. al-Majid gilt als besonders brutal und war als Gouverneur von Kurdistan 1988 für den Einsatz von Giftgas verantwortlich (AN, 15.11.).

Verteidigungsminister Abd al-Jabbar Shanshal wurde am 12.12. wegen seines Alters (über 70 Jahre) durch General Sa'di Tu'ma Abbas ersetzt. Shanshal wurde zum Staatsminister für militärische Angelegenheiten ernannt.

Am 13.12. erließ der KRR erneut eine Amnestie für alle ins Ausland geflüchteten Iraker. Alle gerichtlichen Verfahren wegen politischer Vergehen wie Desertion und Abwesenheit würden eingestellt (SWB, 14.12.). Von den irakischen Oppositionsparteien wurde das Amnestieangebot abgelehnt, weil es ein Täuschungsmanöver sei wie die zehn vorangegangenen Amnestien (B, 16.12.). Angesichts des wachsenden Drucks auf das Regime Saddam Husains sah sich die in über 20 Gruppen zersplitterte irak. Opposition im Ausland zu einer engeren Zusammenarbeit gezwungen. Im Dezember trafen sich in Beirut und Damaskus 17 Oppositionsgruppen und einigten sich am 27.12. auf eine gemeinsame Plattform mit dem Ziel, das Ba'th-Regime Saddam Husains zu stürzen und ein demokratisches System zu errichten (vgl. FT, 28.12.; SWB, 31.12.; A. Jalkh, L'Opposition irakienne dans tous ses états, in: Arabies, Paris, Nr. 51, März 1991).

Außenpolitische Entwicklung

Mit dem *Dreipunkte-Friedensplan* (Forderung nach direkten Gesprächen und Austausch kranker Kriegsgefangener) vom 5.1. versuchte Saddam Husain zu Jahresbeginn, Bewegung in die festgefahrenen Verhandlungen mit Iran zu bringen. Auf einen Brief Saddam Husains Anfang Mai reagierte der iranische Präsident Rafsanjani zunächst positiv. Die Beziehungen verschlechterten sich jedoch wieder, als am 12.6. der iranische Marinechef erklärte, daß er die Einfahrt von Italien gelieferter Kriegsschiffe in den Golf verhindern werde, worauf der I. mit der Sperrung der Straße von Hormuz drohte (KuT, 16.6.; EGz, 19.6.). Am 3.7. trafen sich die Außenminister beider Länder zu direkten Gesprächen in Genf.

In einer Rede anläßlich der Tagung des (-->) AKR in Amman am 24.2. ging Saddam Husain auf die Veränderungen in Osteuropa und ihre politischen Auswirkungen auf die Nahostregion ein, vor allem auf die Masseneinwanderung sowjetischer Juden und die damit verbundenen Folgen für die Araber sowie die dahinter stehenden weitreichenden amerikanischen Pläne zur Kontrolle des arabischen Erdöls und des Persischen Golfs insgesamt. Er rief die Araber zu einem Aktionsplan und zur Bildung einer regionalen arabischen Macht auf (SWB, 26.2.). Damit hatte der irak. Staatschef die Richtung seiner außenpolitischen Aktivitäten aufgezeigt. Erste praktische irak. Maßnahme gegen die neue Bedrohung durch Israel war die am 18.2. in Amman bekanntgegebene Bildung einer gemeinsamen irak.-jordanischen Luftwaffenübungsstaffel. Die Staffel würde helfen, den israelischen Drohungen gegen die arabische Welt zu begegnen (KuT, 19.2.). Der israelische Verteidigungsminister Rabin warnte den I. vor der Stationierung irak. Bodentruppen oder Luftwaffenverbände in Jordanien (FT, 21.2.).

Die Hinrichtung des britischen Journalisten Bazoft am 15.3. wegen angeblicher Spionage für Israel belastete die Beziehungen zwischen dem I. und Großbritannien sowie dem Westen insgesamt. Die bereits kritische Berichterstattung über den I. (wegen Menschenrechtsverletzungen und Streben nach Massenvernichtungswaffen) wurde verschärft, und im Zusammenhang mit der Bekanntgabe der Beschlagnahme von Atombombenzündern auf dem Londoner Flughafen Heathrow (28.3.), die aus den USA in den I. geschmuggelt werden sollten, wurde verstärkt vor den Gefahren einer atomaren Aufrüstung des I. und der daraus folgenden Bedrohung für den Frieden in der Region gewarnt. Von irak. Seite wurde diese Medienkampagne als mögliche Vorbereitung für einen israelischen Angriff auf irak. Rüstungsanlagen verstanden. Am 1.4. erklärte Saddam Husain in einer Rede, daß der I. keine Atomwaffen benötige, weil er über binäre chemische Kampfstoffe verfüge. Er warnte, daß im Falle eines israelischen Angriffs auf den I. "halb Israel ausgelöscht werde" (SWB, 4.4.). Israel ließ wissen, daß der Einsatz chemischer Kampfstoffe gegen Israel zu einem vernichtenden Gegenschlag führen würde, der alle vorherigen Erfahrungen übertreffen würde (IHT, 4.4.).

In der arabischen Welt stieß Saddam Husain allgemein auf Zustimmung, vor allem in der Öffentlichkeit. Am 18.4. forderte der Generalsekretär der AL die arabischen Staaten zur Solidarität mit dem I. auf. Das Exekutivkomitee der PLO erklärte auf einer Sitzung in Bagdad (19.-20.4.) seine Unterstützung für den I. Ägypten betonte zwar ausdrücklich das Recht des I. auf Verteidigung, Mubarak bemühte sich jedoch um eine Entschärfung der Krise und schlug nach seiner Reise nach Bagdad (7.-8.4.) die Abschaffung aller Massenvernichtungswaffen in der Region vor. In einem Interview mit dem *Wall Street Journal* sagte Saddam Husain, daß ein Krieg unvermeidlich sei, wenn Israel seine aggressive Politik nicht einstelle. Wer glaube, daß der I. nach acht Jahren Krieg mit Iran müde sei, täusche sich (KuT, 30.6.).

Trotz dieser Drohungen hielt man in Israel einen Krieg für unwahrscheinlich (JP, 20.6.). Das Säbelrasseln Saddam Husains wurde zum Teil als Manöver im Zusammenhang mit innerarabischen Auseiandersetzungen um die Vorherrschaft in der arabischen Welt (Rivalität zwischen dem I. und Ägypten) gewertet (IHT, 3.7.). Offensichtlich versuchte Saddam Husain, sich durch große Worte gegenüber Israel in der arabischen Öffentlichkeit und gegenüber den arabischen Regierungen als neuer starker Mann zu profilieren und damit den Führungsanspruch in der arabischen Welt zu unterstreichen. Zugleich aber ging es ihm hierbei um die Durchsetzung anderer Ziele, nämlich die Beschaffung von Finanzmitteln. Dies war am ehesten durch die Erhöhung des Ölpreises zu erreichen. Den Rückgang der Ölpreise erklärte Saddam Husain als eine gegen den I. gerichtete Verschwörung der USA, an der sich einige arabische Golfstaaten beteiligten (neben den VAE war vor allem Kuwait gemeint). Wenn Worte nichts nutzten, dann müßten andere Maßnahmen ergriffen werden, um die usurpierten Rechte ihren Besitzern zurückzugeben, sagte er am 17.7. (BO, 20.7.). Am 21.7. warf der I. Kuwait vor, den Konflikt zu internationalisieren, weil es den UNO-Sicherheitsrat angerufen hatte. Der Emir von Kuwait nannte den Konflikt "eine Sommerwolke, die sich bald aufgelöst haben werde" (KuT, 22.7.). Die immer heftigeren Drohungen des I. sowie der Aufmarsch von Truppen im Grenzgebiet lösten eine hektische Diplomatie unter den arabischen Staaten aus, um im Konflikt zu vermitteln. Verhandlungen zwischen einer irak. und kuwaitischen Delegation vom 31.7.-1.8. in Dschidda blieben jedoch ohne Erfolg.

Am 2.8. besetzten irak. Truppen Kuwait. Obwohl der I. schon seit längerem Truppen an der Grenze zu Kuwait stationiert und diese in den Tagen vor der Invasion verstärkt hatte, war mit einer solchen Entwicklung nicht gerechnet worden. Der Schock war um so größer, als Saddam Husain zuvor angedeutet hatte (z.B. gegenüber Mubarak), daß er in dem Konflikt mit Kuwait nicht zu Gewalt greifen werde. Als einer der Gründe für das Vorgehen Saddam Husains wurde die Tatsache genannt, daß er die möglichen Reaktionen des Auslandes, vor allem der USA, falsch einschätzte. Noch am 25.7. hatte er in einem Gespräch mit der amerikanischen Botschafterin, April Glaspie, offensichtlich den Eindruck gewonnen, daß die USA den Streit als eine innerarabische Angelegenheit betrachteten und sich nicht in ihn einzumischen gedächten.

Auf Antrag Kuwaits trat der UNO-Sicherheitsrat noch am 2.8. zusammen und forderte mit der Resolution 660 den sofortigen und bedingungslosen Abzug der irak. Truppen. Bei Verhandlungen mit König Fahd am 3.8. in Dschidda kündigte Izzat Ibrahim den Rückzug der irak. Truppen bis zum 5.8. an, vorausgesetzt, daß sich die Lage in Kuwait stabilisiere. Am 4.8. gab der I. die Bildung einer provisorischen Regierung in Kuwait bekannt. Mit einer weiteren Resolution (Nr. 661) am 6.8. verhängte der Sicherheitsrat ein Handelsembargo gegen den I. Am 7.8. wurde die freie Republik Kuwait proklamiert. Am selben Tag ordnete US-Präsident Bush die Entsendung amerikanischer Truppen nach Saudi-Arabien an (Operation Desert Shield zur Verteidigung Saudi-Arabiens). Einen Tag später (8.8.) wurde Kuwait dem I. angegliedert (vom UNO-Sicherheitsrat mit Resolution 662 vom 9.8. für ungültig erklärt). Auf einem arabischen Gipfeltreffen in Kairo am 10.8. wurde die Entsendung arabischer Truppen nach Saudi-Arabien beschlossen (I., Libyen und PLO stimmten dagegen). Am selben Tag rief Saddam Husain zum "Dschihad" zum Schutze der heiligen Stätten in Saudi-Arabien auf. Im Rahmen einer Friedensinitiative forderte er am 12.8. die Verknüpfung des Problems um Kuwait mit dem um Palästina und den Libanon.

Um der Gefahr eines möglichen Zweifrontenkrieges zu entgehen, bot Saddam Husain am 15.8. Iran Frieden und die Erfüllung aller Forderungen an (21.8. Beendigung des Truppenabzugs aus Iran). Am 9.9. traf Außenminister Aziz in Teheran ein, und am 10.9. wurde der Beschluß über die Wiederaufnahme diplomatischer Beziehungen zwischen beiden Staaten bekanntgegeben.

Die Ankündigung Saddam Husains am 18.8., Ausländer als "lebende Schutzschilde" auf strategisch wichtige Punkte zu verteilen, löste in der Weltöffentlichkeit Empörung aus. Sein Angebot am folgenden Tag, alle Ausländer freizulassen gegen einen Abzug der ausländischen Truppen und eine Regelung der Kuwait-Frage, wurde von den USA abgelehnt. Ein irak. Ultimatum, bis zum 24.8. alle Botschaften in Kuwait zu schließen, wurde nicht befolgt. Der frühere österreichische Präsident Waldheim erwirkte bei seinem Besuch in Bagdad (25.-26.8.) die Freilassung aller österreichischen Geiseln (am 23.10. Freilassung der französischen Geiseln, nach Besuch des früheren japanischen Premiers Nakasone 5.-7.11. und des früheren deutschen Bundeskanzlers Brandt 5.-6.11. Freilassung der japanischen und deutscher Geiseln). Am 6.12. kündigte Saddam Husain die Freilassung aller Geiseln an.

In der Hoffnung auf Unterstützung seitens der befreundeten UdSSR (Freundschaftsvertrag von 1972) und Chinas reisten Außenminister Aziz am 5.9. nach Moskau (erneut 26.11.) und Vizepremier Ramadan am 6.9. nach Peking. Am 10.9. bot Saddam Husain allen Ländern der

Dritten Welt kostenlos Erdöl an, für dessen Transport sie aber selbst zu sorgen hätten. Mit Resolution 670 vom 25.9. verhängte die UNO auch eine Luftblockade gegen den I. Der Botschafter Gorbatschows, Primakow, äußerte sich zum Abschluß seiner Gespräche mit Saddam Husain am 5.10. optimistisch über die Möglichkeit einer friedlichen Regelung des Konfliktes. Er einigte sich mit dem I. auch über die Rückkehr der sowjetischen Berater (EGz, 7.10.). Der I. warnte zugleich die Sowjetunion vor der Weitergabe militärischer Geheimnisse an die USA (BO, 13.10.). Eine Beteiligung sowjetischer Truppen an einer militärischen Aktion gegen den I. lehnte Außenminister Schewardnadse ab (M, 17.10.). Ein weiterer sowjetischer Versuch einer friedlichen Beilegung des Konfliktes durch eine zweite Reise Primakows nach Bagdad (28.10.) blieb ohne Erfolg.

Am 29.11. setzte der UNO-Sicherheitsrat mit der Resolution 678 dem I. eine Frist, bis zum 15.1.1991 Kuwait zu räumen, andernfalls der Einsatz militärischer Mittel erlaubt würde. Präsident Bush kündigte am 30.11. die Entsendung Außenminister Bakers nach Bagdad an und lud zugleich den irak. Außenminister Aziz nach Washington ein. Da der I. das amerikanische Angebot zum Dialog annahm, schien sich eine Entspannung anzubahnen. Schon bald entspann sich jedoch zwischen beiden Seiten ein Streit über den Termin der Besuche. Da Saddam Husain die Termine unmittelbar vor den 15.1.1991 legen wollte, hegten die USA den Verdacht, daß er nicht ernsthaft an Verhandlungen interessiert war, sondern lediglich Zeit gewinnen wollte.

Sozioökonomische Entwicklung

Die Wirtschaft des I. wurde durch den Konflikt mit Kuwait und seinen Folgen (Handelsembargo vom 6.8.) schwer geschädigt. Die Ölexporte und damit die Öleinnahmen kamen nach dem 2.8. völlig zum Erliegen. In den ersten sieben Monaten bis zum Ausbruch der Krise hatte die irak. Wirtschaft mit wachsenden Finanzierungsschwierigkeiten zu kämpfen. Die Auslandsschulden des I. wurden auf 80-100 Mrd. US-$ geschätzt. Für den I. wurde es immer schwieriger, Kredite zu bekommen, um den Wiederaufbau des Landes finanzieren zu können. Deshalb richtete sich das Hauptaugenmerk der Regierung darauf, neue Einnahmequellen zu erschließen. Die schwierige Finanzlage war auch eine Folge des Rückgangs der Ölpreise und der irak. Öleinnahmen. Eine Möglichkeit zur Steigerung der Einnahmen lag in der Erhöhung der Ölpreise. Hier ergriff die irak. Führung deshalb die Initiative, indem sie für eine Erhöhung der Ölpreise plädierte. Gleichzeitig machte sie die VAE und Kuwait für den Verfall der Ölpreise verantwortlich, weil sie ihre Förderquoten überschritten und durch das Überangebot an Öl den Rückgang der Preise verursacht hätten. Anfangs wurden diese Vorwürfe nur indirekt ausgesprochen (Pressekonferenz von Außenminister Tariq Aziz am 3.5., Rede Saddam Husains auf der arabischen Gipfelkonferenz Ende Mai in Bagdad). Vizepremier Hammadi erklärte am 26.6. auf einer Pressekonferenz in Kuwait zum Abschluß einer Reise durch die VAE, Saudi-Arabien, Qatar und Kuwait, daß angesichts der Inflation und der Schwäche des Dollars 25 US-$ pro Faß ein "fairer Preis" seien. Er beklagte die Überproduktion gewisser OPEC-Länder, was zu dem Preisverfall geführt hätte von vorher 18 auf 14 US-$ pro Barrel. Der I. verliere jährlich 1 Mrd. US-$ mit jedem Dollar, den der Ölpreis sinke. Abschließend sagte Hammadi, daß seine Golftour ermutigend gewesen sei (MEES, 2.7.). Am 17.7. griff Saddam Husain in seiner Rede zum Revolutionstag "einige arabische Golfstaaten" an, sie würden mit den USA konspirieren, um den Ölpreis niedrigzuhalten, wodurch der I. jährlich 14 Mrd. Dollar verliere (BO, 18.7.). In einem Memorandum vom 16.7. (veröffentlicht im BO am 19.7.; MD, 20.7.) an den Generalsekretär der AL beschuldigte der irak. Außenminister Aziz Kuwait offen, durch seine Ölpolitik den I. wirtschaftlich zu schädigen. Zudem habe Kuwait durch Ölförderung im Rumailafeld dem I. 2,4 Mrd. US-$ gestohlen. Dies komme einer doppelten Aggression gleich. Die arabischen Ölstaaten hätten nicht nur die Pflicht, dem I. alle Schulden zu erlassen, sondern müßten ihm zudem durch eine Art *Marshall-Plan* aus seiner Wirtschaftskrise helfen. Auf der OPEC-Konferenz am 27.7. in Genf wurde die Erhöhung des Ölpreises von 18 auf 21 US-$ festgelegt, ein Erfolg für den I., auch wenn er sich mit seiner Forderung von 25 US-$ nicht durchsetzen konnte (IHT, 30.7.).

Erstmals seit acht Jahren wurden 1990 wieder Angaben über den Haushalt veröffentlicht. Die Ausgaben lagen bei 24,4 Mrd. ID (78 Mrd. US-$ nach offiziellem Wechselkurs) und somit nicht wesentlich über denen von 1982 (19 Mrd. ID). Statt eines detaillierten Ausgabenplanes nannte Vizepremier Hammadi fünf allgemeine Ziele: Bekämpfung der Inflation, Verringerung der Auslandsschulden, Beschleunigung der Entwicklung, Bereitstellung von Konsumgütern und Beibehaltung des Kampfpotentials der Streitkräfte. Hammadi gab die Inflation mit 11,6-13,1 % an, während sie von ausländischen Beobachtern auf 25 % geschätzt wurde. Das Haushaltsdefizit verringerte sich auf 6,6 Mrd. ID gegenüber dem Vorjahr mit 7,2 Mrd. ID (ME, März 1990).

Die außenwirtschaftlichen Beziehungen des I. konzentrierten sich auf die Umschuldung fälliger Rückzahlungen und die Erlangung neuer günstiger Kredite. Dieses Thema beherrschte fast aussschließlich die bilateralen Verhandlungen mit den einzelnen Ländern. Im 1. Quartal zahlte der I. 3,418 Mrd. US-$ an Schulden zurück, und 1 Mrd. US-$ konnten auf Laufzeiten von 5-10 Jahren bei einem Zinssatz von 2,5 % umgeschuldet werden (MEED, 22.6.).

Der Außenhandel verzeichnete in den ersten fünf Monaten eine Ausweitung des Handels mit den USA. Die Exporte stiegen auf 1,294 Mrd. US-$ (Vorjahr 717 Mio.), die Importe aus den USA auf 527 (415,9) Mio. US-$. Wegen der politischen Krise in den beiderseitigen Beziehungen wurden von verschiedenen Politikern (Senator d'Amato) Wirtschaftssanktionen gegen den I. gefordert (MEED, 27.7.). Die zugesagten Kredite in Höhe von 1 Mrd. US-$ für Getreidelieferungen wurden um die Hälfte gekürzt.

Während seines Aufenthaltes in Japan (3.-7.4.) forderte Ölminister Chalabi die japanische Industrie zu einem stärkeren und langfristigen Engagement im I. auf, vor allem in der Ölwirtschaft und bot dafür langfristige Sicherheit bei Öllieferungen an (AN, 7.4.). Frankreich gab keine Exportgarantien mehr für Lieferungen in den I., nachdem dieser im Vorjahr seine Schuldenrückzahlungen (Schuldenhöhe 25 Mrd. F) eingestellt hatte. Vom 27.-29.1. hielt sich Verteidigungsminister Chevènement in Bagdad auf, wo er mit dem Minister für Industrie und militärische Produktion, Husain Kamil Hasan, verhandelte. In Rom begann eine irak. Delegation am 9.4. Verhandlungen über die Umschuldung von 966 Mio. US-$. Mit der Türkei wurde am 10.2. ein Protokoll über die Gewährung eines Kredits von 800 Mio. US-$ (400 für Warenlieferungen, 400 Mio. US-$ für Projekte) unterzeichnet. Am 28.7. unterzeichnete der sowjetische Minister für Rüstung in Bagdad einen Vertrag über Kooperation in der Rüstungsindustrie. Nach der Verhängung des Handelsembargos (Resolution 661 vom 6.8.) stellte der I. alle Zahlungen ein mit dem Argument, daß seine Auslandsguthaben eingefroren worden seien.

Die Staatsführung des Irak

Staatspräsident, Ministerpräsident und Vorsitzender des Komandorats der Revolution: Saddam Husain (seit 1979)

Irakische Regierung (Stand: 31.12.1990)

Erster Stellvertreter des Ministerpräsidenten: Taha Yasin Ramadan, **Stellv. Ministerpräsident/Äußeres:** Tariq Aziz, **Stellv. Ministerpräsident:** Dr. Sa'dun Hammadi, **Stellv. Ministerpräsident:** Oberst Ala Husain Ali (ab 8.8.), **Inneres:** Samir Muhammad Abd al-Wahhab, **Handel/Finanzen:** Muhammad Mahdi Salih,**Justiz:** Akram Abd al-Qadir Ali, **Arbeit/Soziales:** Umid Midhat Mubarak, **Kultur/Information:** Latif Nasif al-Jasim, **Landwirtschaft/ Bewässerung:** Abd al-Wahhab Mahmud Abdallah al-Sabbagh (ab 25.3.), **Wohnungsbau/ Wiederaufbau:** Tahir Muhammad Hassun Marzuq, **Erziehung:** Abd al-Qadir Izz al-Din, **Industrie/Rüstung:** Brigadegeneral Husain Kamil Hasan (ab 28.10. kommissarisch **Erdöl**), **Transport/Verbindungswesen:** Muhammad Hamza al-Zubaidi, **Gesundheit:** Abd al-Salam Muhammad Sa'id, **Religiöse Stiftungen:** Abdallah Fadil Abbas, **Planung:** Samal Majid Faraj, **Örtliche Verwaltung:** Ali Hasan al-Majid, **Hochschulwesen/ Forschung:** Munthir Ibrahim, **Verteidigung:** General Sa'di Tu'ma Abbas (ab 12.12.), **Staatsminister:** Arshad al-Zaibar, Muhammad Sa'id al-Sahhaf (Äußeres, ab 21.10.), General Abd al-Jabbar Shanshal (militärische Angelegenheiten, ab 12.12.)

Chronologie Irak 1990

5.1. - Dreipunkteplan Saddam Husains für Frieden mit Iran
14.1. - Irak. Protest gegen Unterbrechung des Euphratflusses durch die Türkei am 13.1.
28.1. - Besuch des französischen Verteidigungsministers Chevènement
12.2. - US-Staatssekretär John Kelly führt Gespräche mit Saddam Husain
24.2. - Scharfe Angriffe Saddam Husains gegen die USA und Israel auf dem AKR-Gipfel in Amman
10.3. - Amnestie für Kurden
15.3. - Hinrichtung des britischen Journalisten Bazoft wegen Spionage für Israel
25.3. - Abd al-Wahhab al-Sabbagh wird Minister für Landwirtschaft
28.3. - Beschlagnahme von für den I. bestimmten Atomzündern in London
1.4. -Saddam Husain erklärt in einer Rede, daß der I. binäre chemische Kampfstoffe besitze und im Falle eines israelischen Angriffes "halb Israel auslöschen" werde
7.-8.4. - Der ägyptische Präs. Mubarak in Bagdad; fordert Abschaffung aller Massenvernichtungswaffen
18.4. - Der GS der AL, Klibi, fordert arabische Staaten zur Solidarität mit dem I. auf
19.-20.4. - Das PLO-Exekutivkomitee spricht auf einer Sitzung in Bagdad seine Solidarität mit dem I. aus
28.-30.5. - Arabische Gipfelkonferenz in Bagdad; Programmatische Rede Saddam Husains (Angriffe gegen Israel, die USA und arabische Staaten wegen deren Ölpolitik)
9.7. - Saddam Husain erklärt vor dem französischen Fernsehen TF1, daß der I. keine Atomwaffen besitze (M, 11.7.)
16.7. - Irak. Memorandum an die AL beschuldigt Kuwait, den I. wirtschaftlich zu strangulieren
17.7. - Scharfe Angriffe Saddam Husains gegen die Ölpolitik arabischer Golfstaaten in einer Rede zum Jahrestag der Revolution
18.7. - Das irak. Parlament stimmt einem Antrag auf Ernennung Saddam Husains zum Präs. auf Lebenszeit zu
25.7. - Gespräch Saddam Husains mit der US-Botschafterin April Glaspie (die USA betrachten irak. Konflikt mit Kuwait angeblich als innerarabische Angelegenheit)
31.7.-1.8. - Scheitern irak.-kuwaitischer Verhandlungen in Dschidda
2.8. - Einmarsch irak. Truppen in Kuwait
2.8. - Der UNO-Sicherheitsrat fordert mit Resolution 660 den I. zum sofortigen und bedingungslosen Rückzug auf
6.8. - UNO-Resolution 661 verhängt Wirtschaftsembargo gegen den I.
8.8. - Der I. annektiert Kuwait
10.8. - Arabische Gipfelkonferenz in Kairo beschließt Entsendung einer arabischen Truppe zum Schutze Saudi-Arabiens
12.8. -Saddam Husain fordert als Bedingung für Verhandlungen die Verknüpfung des Konfliktes um Kuwait mit denen um Palästina und den Libanon
15.8. - Saddam Husain bietet Iran Frieden und die Erfüllung aller Forderungen an
18.8. - Verteilung von ausländischen Geiseln auf strategisch wichtige Anlagen
25.-26.8. - Besuch des österreichischen Präs. Waldheim; Freilassung der österreichischen Geiseln
28.8. - Kuwait wird 19. Provinz des I.
9.9. - AM Aziz reist nach Teheran; 10.9. Beschluß über Wiederaufnahme der diplomatischen Beziehungen
18.9. - Rücktritt von Sa'dun Shakir, Mitglied des KRR, aus Gesundheitsgründen
25.9. - UNO-Resolution 670 verhängt Luftblockade
5.10. -Primakow, Sonderbotschafter Gorbatschows, trifft in Bagdad ein; erneut 28.10.
28.10. - Aufhebung der Benzinrationierung und Entlassung Ölminister Chalabis
5.-6.11. -Besuch des früheren Bundeskanzlers Brandt in Bagdad; Entlassung der deutschen Geiseln angekündigt
8.11. - General Husain Rashid wird neuer Generalstabschef für Nazir al-Khazraji
29.11. - UNO-Resolution 678 billigt den Einsatz militärischer Mittel gegen den I.
30.11. - US-Präs. Bush kündigt Entsendung AM Bakers nach Bagdad an und lädt AM Aziz nach Washington ein
6.12. - Ankündigung der Freilassung aller ausländischen Geiseln
12.12. - General Sa'di Tu'ma Abbas wird neuer Verteidigungsminister

Thomas Koszinowski

Iran

Offizieller Name: Jomhuri-ye Eslami-ye Iran/Islamische Republik Iran; **Unabhängigkeit:** formal nie Kolonie; **Fläche:** 1.645.000 qkm; **Einwohner:** 55 Mio.; **Hauptstadt:** Teheran, Ew.: 8 Mio.; **Urbanisierungsrate:** 54 %; **Armeestärke:** 600.000 Mann, zusätzlich 600.000 Mann paramilitärische Kräfte; **BIP:** 11.370 Mrd. IR (1987/1988); **Sektoren in %:** Landwirtschaft 12,5; Industrie 35,3; Dienstl. 53,2; **Pro-Kopf-Einkommen:** 1.500-3.500 US-$; **Währung:** 1 US-$ = 65 iranische Rial (IR), ca. 1450 iranische Rial (Schwarzmarkt)

Innenpolitische Entwicklung

Im zweiten Jahr der Nach-Khomeini-Ära konnten die Verfechter einer pragmatischen Politik gegenüber den radikalen Kräften, die immer noch einer "revolutionären Mission" der Islamischen Republik Iran (I.) nachhingen, ihre Position weiter festigen. Dem Staatpräsidenten Rafsanjani als dem Exponenten der pragmatischen Tendenz gelang es dabei aus dem Schatten Khomeinis herauszutreten und sich als der eigentliche starke Mann des Régimes zu profilieren, während die Autorität des ihm formal übergeordneten *Revolutionsführers* Khamenei häufiger in Frage gestellt wurde. In der Konfrontation mit den Radikalen fanden sich Rafsanjani und Khamenei meistens im gleichen Lager, wenn sich auch Khamenei bei öffentlichen Reden meist der "revolutionären" Parolen bediente.

Der wichtigste Schauplatz für die Rückzugsgefechte der Radikalen blieb das Parlament, wo sie seit den Wahlen von 1988 über eine Mehrheit verfügten. Am 2.1. stellten sie den Außenminister Velayati wegen des Teheran-Besuchs von Rumäniens Diktator Ceaucescu wenige Tage vor dessen Sturz (18.-20.12.89) hart zur Rede, obwohl Khamenei Velayati energisch verteidigt hatte. Khamenei sah sich genötigt, in einer Rede am 8.1. das Parlament zu warnen, er werde keine Schwächung des Führeramtes dulden. Sein Autoritätsdefizit - verglichen mit seinem Vorgänger Khomeini - blieb aber offensichtlich. Hunderte von ranghohen Geistlichen hielten seine theologische Ausbildung für unzureichend, um das Führeramt auszufüllen. Von dem Ayatollah Mahdawi-Kani wurde sogar der auf Khamenei gemünzte Vergleich kolportiert, wer "nur einen Kindergarten besucht habe", könne nicht Universitätsrektor werden (FAZ, 23.1.). Entschieden zu Khamenei hielten dagegen die mächtigen Geistlichen M. Yazdi (oberster Richter) und M. Reyshahri (oberster Ankläger).

Der konservative Ayatollah Adhari-Qomi nahm Khamenei nicht nur gegen den Vorwurf mangelnder Qualifikation in Schutz - mit dem Argument, administrative Fähigkeiten seien ebensowichtig für das Führeramt wie theologisches Wissen - , sondern forderte am 23.2. auch das Recht für Khamenei, Erlasse von Khomeini zu revidieren. Im Sinne einer absoluten Autorität des herrschenden Rechtsgelehrten *(welâyat-e motlaq-e faqîh)* sollten nach seiner Meinung die Erlasse des jeweils amtierenden *Führers* Vorrang haben, bzw. Erlasse Khomeinis sollten der Bestätigung durch Khamenei bedürfen. Die Thesen Adhari-Qomis provozierten heftige Kritik der Radikalen, die darin ein flagrantes Beispiel der von ihnen beklagten "Entkhomeinisierung" *(emâm-zedâ'i)* der iran. Politik sahen. Der Parlamentspräsident Mehdi Karrubi behauptete, Khomeinis antikapitalistische Prinzipien sollten so verwässert werden.

Die Berufung auf die "Linie des Imam (Khomeini)" blieb der wichtigste Slogan, mit dem die Radikalen Änderungen des politischen Kurses zu konterkarieren versuchten, und zwar in der Wirtschafts-, Innen- und Außenpolitik. Bei der Debatte über den Fünfjahresplan 1990-1994/95 im Parlament (bis 9.1.) wurde besonders die darin vorgesehene Kreditaufnahme im Ausland (27,4 Mrd. US-$) kritisiert, weil sie angeblich die wirtschaftliche Unabhängigkeit I.s gefährde. Mit diesem Argument versuchte sich Anfang Januar auch der im Vorjahr entmachtete Ayatollah Montazeri zu profilieren. Der Fünfjahresplan wurde zwar - nach nur geringfügigen Änderungen durch den *Wächterrat* am 31.1. verabschiedet, aber die Hardliner setzten ihre Kampagne gegen die wirtschaftspolitische Liberalisierung fort. Am 18.7. beschloß das Parlament hohe Strafen für "Profiteure" und "Monopolisten", die "durch ihre subversiven Handlungen das wirtschaftliche System der Islamischen Republik schädigen". Der *Wächterrat* verbot jedoch die Todestrafe für sogenannte "Wirtschaftsterroristen" (JoT, 30.7.), und eine

Vorlage zur Verstaatlichung von Stadtgrundstücken mit mehr als zwei Wohnhäusern oder über 1000 m^2 Fläche (11.4.) scheiterte. Die Konservativen konnten ihrerseits die Radikalen mit Enthüllungen über Korruption in den verstaatlichten Firmen und den seit der Revolution geschaffenen "Stiftungen" in Verlegenheit bringen (KuT, 6.3. u. 29.5.; Iran Focus, Mai/Juni). Zur Selbstprofilierung lancierten die Radikalen wiederholt Kampagnen zur Durchsetzung der "islamischen Kleiderordnung" (TT, 13.1., 23.4., 11.5.) und gegen die "liberale" Opposition. Ein offener Brief am 12.5. von 90 Mitgliedern der *Iranischen Freiheitsbewegung* (nehzat-e âzâdî) Mehdi Bazargans und der *Association for the Defence of the Freedom and Sovereignty of the Iranian Nation* (ADFSIN) an Rafsanjani erregte ihren besonderen Zorn: Darin wurde u.a. beklagt, daß die Mehrheit des Volkes verarmt sei, während eine Minderheit das Land plündere und seit der Revolution von 1979 170 Mrd. US-$ Erdöleinnahmen verschleudert habe, daß Gesetzlosigkeit herrsche und daß die "klerikale Monarchie" eine weitverbreitete Abkehr vom Islam, besonders bei der Jugend, bewirkt habe (M, 19.5.). Die Radikalen reagierten mit schärfsten Attacken gegen die "Werkzeuge der amerikanischen Verschwörung" im Inneren und setzten die Verhaftung von Dutzenden der Unterzeichner des Briefes in den folgenden Wochen und Monaten durch (TT, 14.6.; M, 3.8.; JoT, 29.8.).

Auch andere Oppositionsgruppen konnten das Regime 1990 nicht gefährden. Unruhen in Teheran nach einem abgesetzten Fußballspiel am 16.2., die sowohl von den Monarchisten als auch von den *Mojahedin-e Khalq* als Aktionen ihrer Anhänger dargestellt wurden, blieben folgenlos, ebenso wie Demonstrationen von Anhängern Montazeris in den Städten Qom und Najafabad nach dessen kurzfristiger Verhaftung am 6.1. Im Februar und April wurde die Zerschlagung von separatistischen Guerillagruppen in der Provinz Beluchistan bekanntgegeben. Die *Mojahedin-e Khalq* protestierten heftig gegen den Bericht einer UNO-Menschenrechtskommission (26.2.), die unter der Leitung von Galindo Pohl vom 21.-29.1. Teheran besucht hatte. Zwar legte die Pohl-Kommision nach einem zweiten Besuch (9.-15.10.) am 19.11. einen erheblich kritischeren Bericht vor - ebenso wie ai (M, 5.12.) - aber am 4.12. konnte eine diesbezügliche Resolution auf Druck der iran. Regierung entschärft werden. Am 24.4. wurde Kazem Rajawi, ein Bruder des *Mojahedin-e Khalq*-Vorsitzenden und Sprecher des *Nationalen Iranischen Widerstandsrates* bei Genf ermordet. Die *Mojahedin-e Khalq* erhielten zwar Unterstützung im britischen Unterhaus (16.2.) und im amerikanischen Kongreß (TT, 19.7.), verloren aber im Herbst ihre Basis im Irak und damit weiter an Bedeutung.

Ein Hauptthema für die Agitation der Radikalen blieb die Außenpolitik. Hardliner wie Ali Akbar Mohtashemi und Mehdi Karrubi, aber auch Ahmad Khomeini und selbst der *Führer* Khamenei, taten sich mit einer Reihe von scharfen Stellungnahmen gegen jede Verbesserung der Beziehungen zu den USA hervor; de facto konnte sich aber Rafsanjanis vorsichtiger Annäherungskurs durchsetzen. So konnte Rafsanjani bei einer Rede am 29.6. diejenigen, die selbst humanitäre Hilfe der USA nach dem Erdbeben vom 21.6. ablehnten, als "lästige Fliegen" abtun (KuT, 30.6.). Wie wenig die Beschwörung des äußeren Feindbildes USA noch zur Massenmobilisierung taugte, zeigte ab August die passive Reaktion I.s auf den amerikanischen Aufmarsch am Golf, obwohl einzelne Radikale, wie Sadeq Khalkhali, sogar zum Bündnis mit dem Irak aufriefen (9.9.).

Der Machtverlust der Radikalen vollzog sich vor allem im stillen durch die Auswechslung von Personal in vielen Ministerien und staatlichen Organisationen und die völlige Auflösung einiger ihrer Hochburgen, wie z.B. der "islamischen Vereine" *(anjomanhâ-ye eslâmî)* und des *jehâd-e dâneshgâhî* an den Universitäten (Kayhan/London, 30.8.). Augenfällig wurde er aber anläßlich der Wahl eines neuen *Expertenrates* am 8.10. Für Kandidaten in dieses Gremium von Geistlichen, das für die Wahl und ggf. Absetzung des *Führers* zuständig ist, wurde eine theologische Qualifikationsprüfung durch den *Wächterrat* beschlossen, an der 60 radikale Kandidaten scheiterten (u.a. Karrubi, Khalkhali und Mohtashemi), während andere (z.B. Kho'iniha und Musawi-Ardabili) aus Protest ihre Kandidatur zurückzogen. Dagegen wurde Ahmad Khomeini ohne Examen zugelassen und gewählt; er distanzierte sich seitdem von den Radikalen.

Vor und nach der Wahl kam es zu den heftigsten innenpolitischen Auseinandersetzungen des Jahres. Khalkhali prophezeite Khamenei, auch ihm werde eines Tages die Qualifikation (nämlich zum Führeramt) aberkannt werden (Kayhan/London, 4.10.) und erklärte, "die

Revolution würde auch ohne Khamenei überleben". Am 3.10. kam es nach einer Rede des konservativen Abgeordneten Ahmad Zamaniyan zu einer Prügelei im Parlament, bei der Karrubi eine Herzattacke erlitten haben soll. Als die Radikalen am 7.10. die Wahl durch eine Eilvorlage blockieren wollten, die für jeden Wahlkreis mindestens doppelt so viele Kandidaten wie Sitze im *Expertenrat* vorschreiben sollte, verhinderten 55 konservative Abgeordnete durch Abwesenheit die Beschlußfähigkeit des Parlaments. Tatsächlich gab es nur 106 Kandidaten für 83 Sitze (in Teheran 16 für 15 Sitze), und in Gilan, Beluchistan und Bushehr mußte die Wahl mangels Kandidaten ganz ausfallen. Nur 11 von 31 Millionen Wahlberechtigten gaben am 8.10. ihre Stimme ab, obwohl Khamenei dies zur "religiösen Pflicht" erklärt hatte.

Der Abgeordnete Ibrahim Asgharzadeh sprach am 16.10. von einer "Schande für die Islamische Republik". Er und Mohtashemi, Khalkhali und Karrubi griffen auch Khamenei so heftig an, daß dieser in einer Rede am 24.10. seine "arroganten und ignoranten" Kritiker eines "Vokabulars der Stimme Israels" bezichtigte und indirekt mit Maßnahmen gegen das Parlament bis hin zu seiner vorzeitigen Auflösung drohte. Am 26.10. fanden Demonstrationen gegen die Radikalen in Qom statt. Diese lenkten schließlich ein: Am 28.10. erklärte Karrubi, durch Korruptions-Untersuchungen in der von ihm geleiteten "Märtyrer-Stiftung" unter Druck gesetzt, seinen Gehorsam gegenüber Khamenei, und am 30.10. einigte er sich mit dem konservativen Innenminister Nuri auf die "Beendigung des Wortkrieges".

Rafsanjani fühlte sich nach der erfolgreichen "Investitur" des von Konservativen dominierten *Expertenrates* so gestärkt, daß er sich am 3.12. erlauben konnte, bei einer Freitagspredigt provozierende Thesen über die "vom Islam gewünschte sexuelle Befreiung" (mit Hilfe der im schiitischen Islam erlaubten "Zeitehe") zu verkünden (NZZ, 5.12.). Eine Protestdemonstration der *Hezbollahis* in Teheran dagegen (6.12.) blieb ohne Folgen.

Außenpolitische Entwicklung

Mehr noch als in der Innenpolitik konnte sich in der Außenpolitik I.s 1990 ein pragmatischer Kurs durchsetzen, der die langjährige selbstgewählte Isolation überwand. Rafsanjanis neue Politik trug ab August unerwartet schnell Früchte, indem I. nach der irakischen Invasion Kuwaits zum international meistumworbenen Staat der Region wurde.

Die Abkehr vom außenpolitischen Radikalismus zeigte sich schon im Januar anläßlich der Krise im sowjetischen Aserbaidschan. Nach Demonstrationen von Aserbaidschanern der autonomen Region Nachitchewan am Grenzfluß Araxes (ab 31.12.89), bei der auch sowjetische Grenzzäune niedergerissen wurden, suchte I. im Einvernehmen mit der sowjetischen Regierung die Lage zu beruhigen. Der iran. Vize-Außenminister Mahmud Va'ezi reiste vom 6. - 9.1. nach Moskau und erhielt u.a. die Zusage für erleichterten Reiseverkehr. Sogar nach dem gewaltsamen Vorgehen der sowjetischen Armee gegen Unruhen in Baku (20.1.) blieben die iran. Reaktionen äußerst milde. Außenminister Velayati rief am 24.1. lediglich zur friedlichen Lösung der Probleme in Aserbaidschan auf und bekräftigte I.s Nichteinmischung. Ein Schüren des aserbaidschanischen Nationalismus lag nicht im iran. Interesse, und schon wenige Wochen später hatten sich die bilateralen Beziehungen soweit entspannt, daß ein sowjetisch-iran. Grenzprotokoll unterzeichnet (15.2.) und Zusammenarbeit auf militärischem Gebiet vereinbart werden konnten (27.2.). Im Laufe des Jahres wurden dann ein neuer Grenzübergang bei Jolfa eröffnet (15.8), verstärkte Kooperation zwischen der Turkmenischen SSR und den angrenzenden iran. Provinzen Mazandaran und Khorasan beschlossen (19.10.) und der LKW-Verkehr über die Grenze aufgenommen (22.10.). Ab September belieferte die Sowjetunion I. mit modernen Kampfflugzeugen (MiG-29), womit I. erstmals das seit 1979 bestehende internationale Embargo für hochentwickelte Rüstungsgüter durchbrochen hatte (FT, 24.9.).

Die von Rafsanjani und seinem Kreis angestrebte Wiederannäherung an die *USA* gestaltete sich problematischer, weil sie als Reizthema immer wieder von den Radikalen ausgeschlachtet werden konnte. Sie wurde vorsichtig mit der Freilassung von zwei amerikanischen Geiseln im Libanon (22. und 30.4.) angebahnt. Vorausgegangen waren entsprechende Appelle in der konservativen iran. Presse (TT, 22.2. und 11.4.), und es wurde vermutet, daß den Geiselnehmern, die dem radikalen Flügel in I. nahestanden, bei einem Besuch von Rafsanjanis Bruder

Mahmud Hashemi in Syrien (4.3.) neue Waffenlieferungen als Belohnung versprochen worden waren (IHT, 24.4.). Rafsanjani sprach von "Ratschlägen" der iran. Regierung an die Geiselnehmer (NZZ, 5.5.) und von einer "Geste des guten Willens", die Gegenleistungen verlange, z.B. die Freilassung arabischer Gefangener durch Israel und amerikanisches Entgegenkommen im Finanzstreit (FT, 24.4.). Ein Vorstoß des Vizepräsidenten Ata'ollah Mohajerani, der in einem Zeitungsartikel (Ettelaat, 26.4.) für die Aufnahme direkter Verhandlungen mit den USA zur Lösung aller bilateralen Probleme eingetreten war, erregte jedoch einen solchen Sturm der Entrüstung bei den Radikalen, daß auch die Konservativen zurückwichen. Nachdem Khamenei am 2.5. jede Wiederaufnahme der Beziehungen zu den USA ausgeschlossen hatte, pflichtete ihm Rafsanjani am 3.5. bei: Die US-Regierung, die I. weiterhin als "Staat, der den Terrorismus fördert" klassifizierte (KuT, 2.5.) und sich weigerte, über Gegenleistungen für Geiselfreilassung zu verhandeln, verhalte sich "wie ein dickköpfiges Kind" (NZZ, 5.5.).

Trotz der anhaltenden Polemiken gegen die USA wurde zur selben Zeit ein Fortschritt bei dem iran.-amerikanischen Finanzstreit vor dem Den Haager Schiedsgerichtshof erzielt. Am 9.5. einigten sich beide Seiten über die Beilegung von 2.750 Fällen "kleiner Forderungen" von Privatunternehmen, wobei I. sich zur Zahlung von 105 Mio. US-$ verpflichtete, die USA jedoch von nur 0,4 Mio. US-$. Weiterhin erklärte I. sich bereit, der American Oil Company 600 Mio. US-$ für Enteignungen seit der Revolution zu zahlen (JoT, 11.6.). Mit diesen Zugeständnissen hoffte I., einer Freigabe seiner Forderungen von 11 Mrd. US-$ wegen schon bezahlter Rüstungsaufträge näher zu kommen, die die USA seit 1979 blockiert hatten.

Auch im Finanzstreit mit *Frankreich* um die Rückgabe eines 370 Mio. US-$ Restbetrags von dem Milliardenkredit, den I. 1974 der Atom-Kommission "Eurodif" gewährt hatte, konnte I. sich trotz sechs Verhandlungsrunden zwischen September 1989 und Juli 1990 nicht durchsetzen (M, 29.7.), auch nicht bei einem dreitätigen Besuch Velayatis in Paris im Dezember (NZZ, 9.12.). Frankreichs Staatspräsident begnadigte jedoch am 27.7. den libanesischen Schiiten Anis Naqqash und vier Komplizen, die 1980 bei einem versuchten Attentat auf Shahpur Bakhtiar zwei Franzosen getötet hatten, und löste damit ein Versprechen ein, das offenbar vor der Freilassung der letzten französischen Geiseln im Libanon (Mai 1988) gegeben worden war. Naqqash wurde nach Teheran abgeschoben und dort offiziell begrüßt. In der Folgezeit verbesserte sich das Klima zwischen I. und Frankreich deutlich.

Mit Nachgiebigkeit gegenüber I. gelang auch *Großbritannien* am 28.10. die Wiedereröffnung seiner seit dem 20.2.1989 geschlossenen Botschaft in Teheran. Obwohl der Grund für den damaligen Abbruch der Beziehungen, Khomeinis "Todesurteil" gegen Salman Rushdie vom 14.2.1989, keinesfalls aus der Welt geschafft, sondern von Khamenei wiederholt bekräftigt wurde (z.B. 9.2., 5.6., 26.12.), bahnte sich schon im Juni eine Entspannung an (IHT, 4.6.). Ein Durchbruch wurde Anfang August erzielt, nachdem sich Außenminister Douglas Hurd von dem Rushdie-Buch "Satanische Verse" distanzierte und erklärte, weder das Volk noch die Regierung Großbritanniens habe je den Islam beleidigen wollen, vor dem man "größten Respekt" habe (NZZ, 7.8.). I.s *Nationaler Verteidigungsrat* sah damit den eigenen Forderungen Genüge getan und gab am 4.8. seine prinzipielle Zustimmung zur Wiederaufnahme der Beziehungen, die anläßlich eines Treffens von Hurd und Velayati in New York am 28.9. formell beschlossen wurde. Damit schien auch vergessen und vergeben, daß am 16.2. 248 Mitglieder des britischen Unterhauses gefordert hatten, I. aus der UNO auszuschließen und stattdessen den *Nationalen Iranischen Widerstandsrat* unter Vorsitz von Mas'ud Rajawi anzuerkennen.

Der Antrag britischer Abgeordneter hatte sich an eine gleichlautende Resolution von 114 der 177 Mitglieder der Parlamentarischen Versammlung des *Europarates* am 2.2. angelehnt. Die EG, die im Vorjahr Sanktionen gegen I. wegen der Rushdie-Affäre verhängt hatte, war jedoch ebenfalls um eine Verbesserung der Beziehungen bemüht. (Die BRD erweiterte schon im Januar den Umfang der Hermes-Bürgschaften für Geschäfte mit I. auf 500 Mio. DM). Einem Treffen von Vertretern der EG und I.s. am 15. und 16.5., bei dem u.a. über die Geiseln im Libanon und das Rushdie-Urteil gesprochen wurde, folgten monatelange Geheimverhandlungen (FT, 11.9.), die schließlich zur Aufhebung aller EG-Sanktionen am 22.10. führten. Am 22.11. beschloß die EG auch die Einrichtung einer ständigen Vertretung in Teheran.

I.s Beziehungen zu den Staaten der Region entwickelten sich insgesamt positiv. Am gespanntesten blieben sie zu *Saudi-Arabien*. Das iran. Parlament verlangte in einer Resolution vom 11.4. "Blutgeld" für die im Juli 1987 getöteten iran. Mekka-Pilger, ferner eine Pilgerquote von jährlich 150.000 und die Erlaubnis für politische Agitation während der *Hajj*. Da keine Einigung zustande kam (--> Saudi-Arabien), boykottierte I. 1990 zum dritten Mal die *Hajj*, und Khamenei richtete am 29.6. heftige Angriffe gegen die Saudi-Dynastie, die "den USA mehr als Gott diene". Zwar wurde am 27.10. der saudische Vize-Außenminister Abd al-Rahman Mansuri in Teheran empfangen, in der *Hajj*-Kontroverse blieben die Fronten jedoch verhärtet.

Dagegen verbesserte I. erheblich seine Beziehungen zu *Kuwait*. Rafsanjani lobte die großzügige kuwaitische Hilfe für iran. Erdbebenopfer (KuT, 5.7.), und anläßlich eines Besuchs von Velayati in Kuwait am 9.7. wurde von beiden Seiten eine "neue Ära des Vertrauens" beschworen. I. erhielt wenig später die Genugtuung, daß die Kuwaitis öffentlich bereuen mußten, den Irak jahrelang gegen I. unterstützt zu haben (TT, 3.9.), und belohnte Kuwait mit seiner klaren Ablehnung jeglicher irakischer Terraingewinne auf Kosten des Emirats. Am 23.8. besuchte der - inzwischen exilierte - kuwaitische Außenminister Teheran. Dem *Sultanat Oman*, dessen Außenminister viermal in Teheran empfangen wurde (21.-23.2., 15.8., 18.9., 25.11.) statteten sogar iran. Kriegsschiffe einen Freundschaftsbesuch ab (10.-13.6.), wobei auch die Ausbildung omanischer Matrosen durch I. vereinbart wurde. Am 30.9. traf sich Velayati in New York mit den Außenministern aller GKR-Staaten, wobei ein gemeinsames Kommuniqué zur Golfkrise formuliert wurde. Mit seinen Avancen an die kleinen GKR-Staaten strebte I. vor allem eine Wiederanerkennung seiner früheren Rolle als "Ordnungsmacht" im Golf an.

Mit *Pakistan* wurde die Zusammenarbeit im Bereich der Landwirtschaft (20.1.) und des Transportwesens (12.5.) ausgebaut und am 14.7. ein Abkommen über koordinierte Bekämpfung von Schmugglern und Aufständischen in Beluchistan unterzeichnet. Premierministerin Bhutto besuchte am 15.5. Teheran, desgleichen der Außenminister Ya'qub Khan vom 19. bis 21.8. Belastet wurden die Beziehungen durch die Ermordung eines iran. Diplomaten durch die militant-sunnitische Gruppe *Sipâh-i Sahâba* in Lahore am 19.12. Danach forderten iran. Politiker das Verbot dieser Gruppe (Dn, 25.12.; TT, 31.12.). Mit der *Türkei* wurden zwar neue Handels- und Transportabkommen geschlossen (8.1.; 17.8.), das politische Klima war jedoch kaum besser als im Vorjahr. Die türkische Regierung verübelte Velayatis Äußerung, "der Export der islamischen Revolution in die Türkei sei geglückt" (NZZ, 11.8.) und dessen Weigerung, in Ankara dem Mausoleum von Atatürk Reverenz zu erweisen (TDN, 13.12.) und mutmaßte heimliche iran. Förderung der islamischen Fundamentalisten und der kurdischen Opposition im eigenen Lande. I. beschwerte sich seinerseits über den auch in türkischen Kinos gezeigten Film "The Naked Gun" und argwöhnte eine Annäherung der Türkei an Israel. Die Spekulationen des türkischen Präsidenten Özal über eine "Änderung der nahöstlichen Landkarte" nach einem Krieg am Golf wurden in I. verurteilt und mußten bei einem Besuch Özals in Teheran am 10.11. widerrufen werden. Auch bei Velayatis Besuch in Ankara (12.12.) wurde nur oberflächlich eine gemeinsame Haltung zur Golfkrise gefunden.

Die wichtigsten und spektakulärsten außenpolitischen Entwicklungen des Jahres betrafen die Beziehungen I.s zum *Irak* und die Reaktionen I.s auf die *irakische Invasion in Kuwait*. Die iran. Regierung brachte das Kunststück fertig, ihre Beziehungen zum Irak kontinuierlich zu verbessern, obwohl sie sich nach dem 2.8. weitgehend der anti-irakischen Allianz anschloß, und einerseits den amerikanischen Aufmarsch am Golf zu verurteilen, diesen andererseits aber für eigene Zwecke zu nutzen. Auch diese bemerkenswerte Politik trug ganz die Handschrift der Pragmatiker und konnte durch Störmanöver der Radikalen kaum beeinträchtigt werden.

Die Annäherung an den Kriegsgegner Irak begann schon im Januar. I. tat zwar einen Drei-Punkte-Plan Saddam Husains vom 5.1. (direkte Verhandlungen in Bagdad und Teheran, Austausch der Gefangenen, Grenzenöffnung für Pilger) als "Propagandataktik" ab, akzeptierte aber am 10.1. eine Wiederaufnahme der Verhandlungen mit sowjetischer Vermittlung. Tatsächlich kamen die Kontakte dann unter UNO-Vermittlung zustande: Initiativen Perez de Cuellars vom 22.2. und 7.3. (Acht-Punkte-Programm), zwei Briefe Saddam Husains an Rafsanjani (21.4. und 19.5., veröffentlicht in BO, 18. und 19.8.; iran. Antwort am 15.5.) und eine Beteiligung Iraks an der Erdbebenhilfe ab 27.6. bereiteten den Weg zu einem ersten Treffen

Velayatis mit Iraks Außenminister Tariq Aziz am 3.7. in Genf. I. hatte zwar in einem eigenen 8-Punkte-Plan seine Forderung nach einer internationalen Kommission zur Untersuchung der Kriegsschuldfrage bekräftigt (KuT, 13.6.), kooperierte aber bereits im Juli mit dem Irak, um in der OPEC eine Ölpreiserhöhung von 18 auf 21 US-$/Barrel durchzusetzen (KuT, 28.7.).

Anders als viele arabische Staaten verurteilte I. schon am 2.8. klar die irakische Kuwait-Invasion und erklärte am 6.8. sein Veto gegen jede Veränderung der kuwaitischen Grenzen. Die iran. Presse nannte Saddam Husain einen "Frankenstein" der westlichen Staaten, der sich nunmehr gegen seine Schöpfer gekehrt habe (TT, 11.8.). Das hielt diesen nicht davon ab, am 15.8. I. ein umfassendes Friedensangebot zu machen, mit einem plötzlichen Bekenntnis zum Grenzabkommen von Algier (1975) und dem Versprechen eines sofortigen und totalen Abzugs aus noch besetztem iran. Territorium. Der verzweifelte Anbiederungsversuch Saddam Husains ("Lieber Bruder Rafsanjani, alle deine Forderungen sind erfüllt worden ...") wurde als "größter Sieg der Islamischen Republik seit ihrer Gründung" gefeiert; gleichzeitig stellte Rafsanjani eine Beilegung des iran.-irakischen Konflikts und die Krise um Kuwait jedoch als "separate Angelegenheiten" dar. I. akzeptierte gerne die irakischen Zugeständnisse, ohne deshalb seinen Widerstand gegen die Besetzung Kuwaits abzumildern.

Der Irak begann am 18.8. mit dem Abzug seiner Truppen und bezeichnete diesen am 21.8. als "abgeschlossen" (was I. bestritt). Zwischen dem 17.8. und 3.9. wurden laut Angaben des IRK 23.798 iran. und 24.250 irakische Kriegsgefangene freigelassen (M, 6.9.). Zuvor hatte man allerdings ca 40.000 Iraner und 70-100.000 Iraker in Gefangenschaft vermutet (IHT, 15.3.; M, 6.9.). Nach einem Stillstand des Austausches Mitte September wurde bei Velayatis Besuch in Bagdad am 14./15.11 nochmals die Freilassung aller Kriegsgefangenen vereinbart. Am 9. und 10.9. besuchte Tariq Aziz Teheran (zusammen mit dem irakischen Erdölminister) und versuchte I. zur Unterlaufung des internationalen Handelsembargos zu überreden, wofür der Irak mit Rohöl und Devisen zahlen wollte. Aziz schlug eine Verbindung der Ölpipelines und die Verschiffung irakischen Rohöls über iran. Häfen vor (IHT, 14.9.). I. soll als Gegenleistung u.a. die Auslieferung von 4.000 Mitgliedern der *Mojahedin-e Khalq* verlangt haben (M, 23.9.), blieb jedoch bei seiner Unterstützung des von der UNO verhängten Embargos und ließ demonstrativ Schmuggler an der irakischen Grenze verhaften (JoT, 25.9.). Mehr als eine Wiederaufnahme der diplomatischen Beziehungen (19.10. Öffnung der iran. Botschaft in Bagdad) und militärische Rückenfreiheit an der iran. Grenze konnte der Irak nicht erreichen.

Der Widerstand I.s. gegen den militärischen Aufmarsch des "großen Satan" USA in unmittelbarer Nähe seines Staatsgebiets blieb rein verbal. Khamenei erklärte zwar am 12.9., der "Kampf gegen die amerikanische Aggression und Habsucht, gegen ihre Pläne und ihre Politik im Persischen Golf" sei als *Jihad* zu bewerten (NZZ, 14.9.), aber selbst dieser "Führer-Erlaß", der im übrigen vor einer kleinen Gruppe von Besuchern ausgesprochen wurde, blieb ohne jede Konsequenzen. Daran änderten auch seine ausdrückliche Unterstützung durch 168 Abgeordnete des iran. Parlaments (16.9.) und ähnliche Aufrufe des Teheraner Freitagspredigers Ayatollah Emami-Kashani (TT, 20.10. u. 3.11.) nichts.

Zu dieser Haltung I.s hat dessen langjähriger Verbündeter *Syrien* maßgeblich beigetragen. Der syrische Präsident Hafiz al-Asad entschloß sich aus Sorge vor einem iran.-irakischen Arrangement zu seiner ersten Reise nach Teheran seit 1976 (22.-25.9.). In schwierigen Verhandlungen gelang es ihm, Rafsanjani zu überzeugen, daß die irakische Kuwait-Invasion das primäre Übel sei und daß die US-Truppen erst *nach* einem Abzug der Iraker aus Kuwait den Golf wieder verlassen könnten. Die syrisch-iran. Allianz wurde somit bekräftigt und bewährte sich später auch im *Libanon*, wo. I. seine Klientelgruppe *Hizballah* veranlaßte, ein neues Friedensabkommen mit der *Amal*-Miliz zu schließen (5.11.) und mit der pro-syrischen Regierung bei der Ausweitung von deren Autorität zu kooperieren (--> Libanon).

Sozioökonomische Entwicklung

Mit dem iran. Haushaltsjahr 1369 (21.3.1990-20.3.1991) begann auch die Inkraftsetzung des *1. Fünfjahresplans* mit seinen ehrgeizigen Zielen (--> Iran, JB 1989). Von dem gesamten Ausgabenvolumen von 27.620 Mrd. IR (383,6 Mrd. US-$ gemäß offiziellem Kurs von 72

IR/US-$) sollen 120 Mrd. US-$ aus den Deviseneinkünften der Zentralbank bereitgestellt werden, weitere 27,4 Mrd. US-$ aus projektgebundenen Auslandskrediten. Aus dem Export von Erdöl und Erdgas werden in der Planperiode (März 1990 - März 1995) 83 Mrd. US-$ Einnahmen erwartet, weitere 17,8 Mrd. US-$ aus sonstigen Exporten (NZZ, 24.3.). Für die in IR abgerechneten Teile des Fünfjahresplans wie auch des allgemeinen Budgets (1369: 5.596 Mrd. IR = offiziell 79,9 Mrd. US-$) wäre die Umrechnung in US-$ allerdings irreführend, da der IR auf dem freien Markt 20 mal weniger wert war als nach dem offiziellen Kurs. So wurden von den im Budget 1369 vorgesehenen Einnahmen (4 Mrd. IR = offiziell 57,3 Mrd. US-$) nur 15,5 Mrd. US-$ als Deviseneinkünfte veranschlagt.

Die im Fünfjahresplan vorgesehenen Devisenausgaben sollen vor allem Entwicklungsprojekten zugute kommen, mit Priorität für den Wiederaufbau bzw. die Kapazitätserweiterung der Erdölförderanlagen und der petrochemischen Industrie (3,2 Mrd. US-$ für Raffinerien in Abadan, Arak, Bandar Abbas, Bandar Taheri, Tabriz). Mit der Sowjet-Union wurde am 8.4. ein 15-Jahres-Abkommen über die Lieferung von Erdgas unterzeichnet, die von 3 auf 10 Mrd. m^3/Jahr gesteigert werden soll. Eine Gasraffinerie bei Nar-Kangan begann am 9.2. die Arbeit mit einer Anfangskapazität von 282 Mio. m^3/Tag (HB, 17.10.).

Der künstlich hohe Kurs des IR bzw. dessen Unterlaufung durch eine Parallelwirtschaft (freier "Schwarzmarkt", "Wettbewerbskurs" von 800 IR/US-$ seit Oktober 1989 für bestimmte Firmen, Sonderkurse für Umtausch bei Auslandsreisen), während viele staatliche Firmen nach wie vor Devisen für Importe zu diesem Kurs zugeteilt bekamen oder Exporterlöse an den Staat abführen mußten, förderte weiterhin die Korruption und Mißwirtschaft und wurde auch von Regierungsmitgliedern kritisiert (z.B. vom Schwerindustrie-Minister Nejad-Hoseinian; Dn, 20.3.). Finanzminister Nurbakhsh dementierte jedoch am 10.6. alle Gerüchte einer geplanten radikalen Abwertung des IR. Stattdessen beschloß die Zentralbank im Juli, von Privatpersonen Devisen zum Kurs von 1.270 IR/US-$ anzukaufen, und trieb damit den Schwarzmarktkurs bis auf 1.450 IR/US-$ hoch (FT, 26.7.).

Das im Dezember vorgelegte Budget für 1370 (21.3.1991-20.3.1992) sah bereits Ausgaben von 8.190 Mrd. IR vor, allerdings auch ein um 40 % höheres Steueraufkommen und um 24 % gesteigerte Einnahmen aus dem Öl- und Gasexport, bei einem angenommenen Rohölpreis von 18,4 US-$/Barrel (JoT, 19.12.). Die Förderkapazität soll von 3,3 auf 4,5 Mio. b/d gesteigert werden. Bereits in den letzten 5 Monaten 1990 erzielte I. wegen der Golfkrise 5 Mrd. US-$ zusätzliche Einnahmen aus dem Erdölexport.

Damit war auch zumindest wirtschaftlich eine gewisse Kompensation für die Folgen des verheerenden *Erdbebens* gegeben, das am 21.6. die Provinzen Gilan und Zanjan traf. Wegen der Leichtbauweise der Häuser in den ländlichen Gebieten schätze man 40.000 Tote, 200.000 Verletzte und 500.000 Obdachlose. I. erhielt Hilfen von 96 Staaten. Die Wiederaufbaukosten für 90.000 Häuser in Dörfern und 10.000 in Städten und sonstige Infrastruktur wurden mit 2,8 Mrd. US-$ veranschlagt (TT, 26.7.; M, 24.10.). Am 7.11. führte ein weiteres Erdbeben im südlichen Zagros-Gebirge zu nochmals 12.000 Obdachlosen.

Der Jahresbericht der Zentralbank für 1368 (21.3.1989-20.3.1990) hatte um 12 % höhere Devisenreserven als im Vorjahr (9,2 Mrd. US-$), eine um 11 % verringerte Inlandsstaatsverschuldung und einen Rückgang der Inflationsrate von 28,9 auf 17,4 % konstatiert (HB, 3.9.). Andere Quellen schätzten jedoch Anfang 1990 40 % Inflation, eine Kapazitätsauslastung der Industrie von nur 30 % (ausgenommen die voll ausgelastete Petrochemie) und 30-40 % Arbeitslosigkeit (NZZ, 24.3.). Auf jeden Fall war I. auch 1990 noch weit von einem allgemeinen Wirtschaftsaufschwung entfernt, der die Lebensbedingungen der Mehrheit der Bevölkerung spürbar verbessert hätte. Das am 27.2. auf 90.000 IR/Monat erhöhte Mindestgehalt entsprach einem Schwarzmarktwert von DM 140 (FAZ, 9.3.). Der Unmut über die Versorgungskrise - die durch Subventionierung von Grundnahrungsmitteln und Konsumgütern in Höhe von 320 Mrd. IR/Jahr gemildert werden mußte (MD, 22.5.) - und die soziale Polarisierung zwischen der armen Mehrheit und den Nutznießern staatlicher und sonstiger Pfründe machte sich häufiger in Protesten Luft. Ab Ende November streikten z. B. wochenlang die Lehrer in mehreren großen Städten (Kayhan/London, 6.12.).

Die Staatsführung Irans
Staatsoberhaupt ("Revolutionsführer"): Ali Khamenei* (seit 4.6.1989)
Staatspräsident: Ali Akbar Hashemi-Rafsanjani*
Iranische Regierung (seit 28.8.1989):
Arbeit/Soziales: Hosein Kamali, **Äußeres:** Ali Akbar Velayati, **Bergbau/Metalle:** M. Hosein Mahlujchi, **Energie:** Bijan Namdar Zanganeh, **Erdöl:** Gholamreza Aghazadeh, **Erziehung:** Dr. M. Ali Najafi, **Gesundheit:** Dr. Iraj Fazel; **Handel:** Abdolhosein Vahhaji, **Industrie:** M. Reza Ne'matzadeh, **Information/Sicherheit:** Ali Fallahian*, **Inneres:** Abdollah Nuri*, **Islamische Führung:** Dr. M. Khatami*, **Höhere Bildung/Kultur:** Dr. Mostafa Mo'in, **Jehâd-e Sâzandegî ("Aufbau-Jihad"):** Gholamreza Foruzesh, **Justiz:** M. Ismail Shushtari*, **Landwirtschaft:** Dr. Issa Kalantari, **Post/Telekommunikation:** M. Gharazi, **Schwerindustrie:** Dr. M. Hadi Nejad-Hoseinian, **Verkehr:** M. Saidi-Kiya, **Verteidigung/Logistik:** Akbar Torkan, **Wirtschaft/-Finanzen:** Dr. Mohsen Nurbakhsh, **Wohnungsbau/Stadtentwicklung:** Serajeddin Kazeruni.
(*schiitischer Geistlicher)

Chronologie Iran 1989

8.1. - Khamenei warnt Parlament vor "Schwächung des Führeramtes"
26.1. - Freitagspredigt in Azeri-Sprache in Teheran (Musawi-Ardabili)
31.1. - Wächterrat genehmigt Fünfjahresplan
16.2. - Ausschreitungen nach abgesetztem Fußballspiel in Teheran
22.2. - Tehran Times ruft zur Freilassung westlicher Geiseln im Libanon auf
25.-27.3. - Rafsanjani besucht Beluchistan
21.4. - Erster Brief von Saddam Husain an Rafsanjani
26.4. - Vize-Außenminister Mohajerani plädiert für Gespräche mit USA
2.5. - Khamenei schließt Wiederaufnahme der Beziehungen zu USA aus
15.5. - Benazir Bhutto in Teheran
20.5. - Gesetz zum Schutz der Werke Khomeinis vor Verfälschung verabschiedet
5.6. - Khamenei verlangt Auslieferung von Rushdie an britische Muslime
6.6. - Rafsanjani zu Treffen mit Saddam Husain bereit
21.6. - Erdbebenkatastrophe in Nord-I.
3.7. - Treffen der AM Velayati und Tariq Aziz in Genf
9.7. - AM Velayati in Kuwait
15.8. - Saddam Husains Friedensangebot an I., Anerkennung des Algier-Abkommens
21.8. - I. verspricht Perez de Cuellar, UNO-Sanktionen gegen Irak zu befolgen
1.9 - Groß-Ayatollah Mar'ashi-Najati im Alter von 96 Jahren verstorben
9.9. - Sadeq Khalkhali fordert Allianz mit Irak gegen USA
9.-10.9. - Irak. AM Tariq Aziz in Teheran
12.9. - "Jihad-Aufruf" von Khamenei
22.-25.9. - Hafiz al-Asad in Teheran
3.10. - AM Velayati schließt Verwicklung I.s in einen Krieg am Golf aus
8.10. - Wahl des "Expertenrates"
19.10. - Iran. Botschaft in Bagdad eröffnet
28.10. - Karrubi bekräftigt Gehorsam der Abgeordneten gegenüber Khamenei
28.10. - Iran. Botschaft in London eröffnet
11.11. - Turgut Özal in Teheran
14.-15.11. - AM Velayati in Bagdad
18.11. - Rafsanjani empfängt Vertreter des afghanischen Widerstandes
3.12. - Umstrittene Freitagspredigt Rafsanjanis über "sexuelle Befreiung im Islam"
6.-8.12. - AM Velayati in Paris
10.-11.12. - Sudanesischer Staatschef al-Bashir in Teheran
24.12. - Verhaftung von 1.900 Drogenhändlern und 16.000 Süchtigen in 5 Wochen bekanntgegeben
26.12. - Khamenei: Todesurteil gegen Rushdie trotz dessen "Bekehrung" unwiderruflich

Andreas Rieck

Israel

Offizieller Name: Medinat Yisra'el/Staat Israel; **Unabhängigkeit:** 14.5.1948; **Fläche:** 21.949 qkm; **Einwohner:** 4,7 Mio.; **Hauptstadt:** Jerusalem, Ew.: 493.500 (1988) **Urbanisierungsrate:** 89,9 %; **Armeestärke:** 141.000 Mann/Frau, Paramilitär. Einh.: 6.000 Mann Grenzschutz; **BIP:** 44,96 Mrd. US-$; **Sektoren in %:** Landwirtschaft 7; Industrie 36; Dienstleist. 57; **Pro-Kopf-Einkommen:** 8.650 US-$; **Währung:** 1 US-$ = 2,33 Neue Israelische Shekel (NIS)(Dez.1990)

Innenpolitische Entwicklung

Die Meinungsverschiedenheiten zwischen Likud-Block und Labour-Gruppierung in der Palästinenserfrage ließen 1990 die große Koalition von 1988 endgültig auseinanderbrechen. Kaum war die Kabinettskrise vom Ende des Jahres 1989 - Entlassung von Wissenschaftsminister Weizman aus dem "inneren" Kabinett - durch die Aufnahme von Nachrichtenminister Ja'acobi (beide Labour) in dieses wichtige Entscheidungsgremium am 7.1. oberflächlich beigelegt worden, als die nächste Krise durch den Likud ausgelöst wurde. Während einer stürmischen Sitzung des Zentralkomitees des Likud am 12.2. kündigte Handelsminister Ariel Sharon seinen Rücktritt an (wirksam ab 20.2.). Ministerpräsident Shamir zögerte aus koalitionstaktischen Gründen die offizielle Neubesetzung so lange hinaus, bis weitere zur Diskussion stehende Kabinettsbesetzungen mit der Labour-Partei abgeklärt waren. Am 7.3. erhielt er das Votum der Knesset für folgende Ministerberufungen: Ronni Milo (Likud, bisher Staatsminister und verantwortlich für das Umweltministerium) zum Minister für Arbeit und Soziales (seit 1988 vakant), Rafi Edri (Labour, Staatsminister) zum Umweltminister, Moshe Nissim (Likud, Staatsminister) zum Minister für Handel und Industrie, David Magen (Likud) zum neuen Staatsminister ohne Geschäftsbereich. Gleichzeitig berief Shamir den Verkehrsminister Moshe Katsav (Likud) für Sharon in das innere Kabinett.

Unterdessen drängte die Labour-Partei nachdrücklich auf Verhandlungsaufnahme über Palästina auf der Grundlage des Baker-Plans (--> Dokumente, JB 1989). Als Ministerpräsident Shamir auf der Sitzung des inneren Kabinetts am 11.3. äußerte, daß er nicht beabsichtige, den Baker-Plan anzunehmen und eine Abstimmung darüber verweigerte, verließen die Labour-Minister aus Protest die Sitzung. Zwei Tage später, am 13.3., entließ Shamir auf einer Kabinettssitzung den Labour-Vorsitzenden Shimon Peres als stellvertretenden Ministerpräsidenten und Finanzminister aus der Regierung. Die übrigen neun Labour-Minister traten daraufhin geschlossen zurück. Eine anschließende Vertrauensfrage in der Knesset verlor Shamir als erster Ministerpräsident in der israel. Parlamentsgeschichte am 15.3. mit 55 zu 60 Stimmen.

Auf Grund des Abstimmungsergebnisses beauftragte Präsident Herzog am 20.3. den Labour-Vorsitzenden Peres als aussichtsreichsten Kandidaten mit der Regierungsneubildung. Doch auch nach einer Fristverlängerung gelang es Peres nicht, im Vorfeld der Verhandlungen mehr als 60 Abgeordnete für sich zu gewinnen. Er gab den Auftrag deshalb am 4.4. zurück. Shamir, daraufhin mit der Neubildung beauftragt, konnte dagegen - allerdings ebenfalls erst nach einer Nachfrist - am 11.6. mit 61 Stimmen das Vertrauensvotum der Knesset gewinnen. Seine 24. Regierung seit Gründung des Staates vor 42 Jahren war eine Koalition des Likud mit mehreren kleineren religiösen und rechtsextremen Parteien. *Shas* (Council of Tora Sages) und *Eliahu Harut* (National-Religiöse-Partei/NRP) stellten je zwei, *Tsomet* (Kreuzweg) und *Tehiya* (Erneuerung) je einen Minister, während *Degel Hatora* (Banner der Tora) mit stellvertretenden Ministern an der Koalition beteiligt war. Das Arbeits- und Sozialministerium sowie das Umweltministerium wurden für einen angestrebten Beitritt der *Agudat Yisrael* (Union Israels) und der *Moledet* (Vaterland) zur Koalition offen gehalten (wahrgenommen durch den Ministerpräsidenten). Als das Kabinett am 8.11. der Koalitionsvereinbarung mit der Agudat Yisrael zustimmte, erhielt sie mehrere stellvertretende Ministerposten. Der stellvertretende Minister Yigal Bibi (NRP) wurde mit der Wahrnehmung des Umweltministeriums betraut.

Auch diese Koalition belasteten interne Rivalitäten. Gravierend war die Animosität zwischen Einwanderungsminister Peretz (unabhäng., ehemals Shas) und Wohnungsminister Moda'i (lib. Likud-Flügel), die dazu führte, daß Peretz gegen Ende des Jahres nicht mehr an den Sitzungen des Ministerausschusses für die Aufnahme von Einwanderern teilnahm, dessen Vorsitzender Moda'i war. Zwischen Innenminister Der'i (Shas) und Polizeiminister Milo (Likud) kam es zu Differenzen, als letzterer die Befragung von Der'i durch Ermittlungsbeamte in einer Parteigeldaffäre zuließ. Mitte des Jahres hatten zwei Reporter in mehreren Artikeln behauptet, daß Der'i in der vorangegangenen Amtsperiode als Innenminister Mittel des Ministeriums für sich und für religiöse Einrichtungen seiner Partei mißbraucht habe. Nachdem festgestellt worden war, daß eine Privatdetektei Telefongespräche der Journalisten abgehört und der Chauffeur eines Shas-Abgeordneten Auftraggeber und Kurier gewesen war, wurde Der'i am 4. und noch einmal am 27.9. mit Zustimmung des Polizeiministers in seinem Büro befragt. Anfang September verhörte die Polizei auch mehrere derzeitige und ehemalige Mitarbeiter von Der'i, der involvierte Chauffeur blieb mehrere Wochen in Beugehaft. Die Shas, die ihre Wurzeln im Orient-Judentum hat, versuchte die Untersuchungen gegen Der'i und Shas-Mitarbeiter als Verschwörung von Aschkenasim gegen die sephardische Gemeinde in Israel hinzustellen. Zum Beweis dieser Behauptung sowie einer gezielten Weitergabe von Verdachtsmomenten gegen Der'i durch den verantwortlichen Polizeiinspektor an die Journalisten wurde die Kassette eines der abgehörten Gespräche den Untersuchungsbehörden in die Hände gespielt (vom Oberstaatsanwalt jedoch nicht angehört). Die außenpolitische Bedrohung durch den irakisch-kuwaitischen Konflikt verhinderte ein landesweites Aufleben der Aschkenazim-Sephardim Kontroverse.

Im Herbst erschütterte ein Skandal die israelischen Streitkräfte. Am 28.10. hatte die Spezialabteilung der Militärpolizei nach zweijährigen Ermittlungen hinreichendes Verdachtsmaterial, um den Leiter der Beschaffungsabteilung der Luftwaffe, Brigadegeneral Rami Dotan, zu verhaften. Er gab zu, seit acht Jahren vertrauliche Informationen über Beschaffungspläne an amerikanische Firmen weitergegeben zu haben.

Innerhalb der Labour-Partei trat nach ihrem Ausscheiden aus der Regierung gewisse Ruhe ein. Auf einer Sitzung des Zentralkomitees am 22.6. mußte der Herausforderer um die Parteiführung, Rabin, eine Abstimmungsniederlage hinnehmen.

Außenpolitische Entwicklung

Die Bemerkung von Ministerpräsident Shamir während eines Likud-Veteranentreffens, daß Israel (I.) die besetzten Gebiete für die Ansiedlung der erwarteten großen Anzahl von Immigranten aus der UdSSR benötige, löste konzertierte wirtschaftliche und politische Aktionen der USA aus. Auf politischer Ebene verstärkten die USA den Druck auf das Land, dem Baker-Plan über Verhandlungen zum Palästinaproblem zuzustimmen. Regierungsauflösung und -neubildung zögerten die israel. Entscheidung hinaus. Im Juni lehnte der neue Außenminister David Levy den Baker-Plan als "pro-palästinensisch" ab (JP, 27.6.). Aus dieser Bemerkung leiteten Beobachter ab, daß ein Mitte des Monats von Präsident Bush an die neue Regierung in I. gerichteter Brief, dessen Inhalt streng geheim gehalten wurde, sich auf die Palästinagespräche bezogen hatte. Von der am 27.6. übermittelten Antwort Shamirs wurde lediglich bekannt, daß sie im freundlichen Ton gehalten und aus amerikanischer Sicht weder "schwarz noch weiß" war (JP, 29.6.). Unannehmbar für die neue Regierung war eine Beteiligung von ausgewiesenen Palästinensern sowie von Vertretern aus Ostjerusalem an trilateralen Gesprächen in Kairo. Auf wirtschaftlichem Gebiet verzögerten die USA die Übernahme einer im Prinzip zugesagten Wohnungsbau-Darlehensgarantie für die Ansiedlung von Immigranten aus der UdSSR. Die Garantiezusage wurde im März bis nach der Regierungsneubildung zurückgestellt, da die USA von der neuen Regierung zusätzliche Garantien darüber verlangen wollte, daß nicht durch dieses Darlehen indirekt Haushaltsmittel für Ansiedlungen in den besetzten Gebieten freigesetzt würden. Außenminister Levy, neu im Amt, versicherte in einem Brief vom 2.10. an US-Außenminister Baker, daß die Mittel nicht für Siedlungszwecke *jenseits der grünen Linie* verwendet werden würden. International wird unter der "grüner Linie" die vor 1967 gültige Grenzlinie verstanden, einschließlich Ostjerusalems. Dieses Versehen im Levy-Brief versuchte Ministerpräsident Shamir durch die Formulierung: "keine Ansiedlungen in den zur Diskussion stehenden Gebieten" (JP, 1.11.) zu korrigieren (wobei Ostjerusalem für I. nicht zur Diskussion steht). Die Garantiefrage blieb bis zum Jahresende in der Schwebe.

Der Ausbruch des irakisch-kuwaitischen Konflikts stärkte unverhofft die israel. Position gegen Gespräche mit PLO-Vertretern oder mit ihr sympathisierenden Palästinensern, da Arafat eindeutig Saddam Husains Partei ergriffen hatte. Gleichzeitig verlor der amerikanische Druck auf I. zur Einleitung von Friedensgesprächen an Gewicht. Ursprünglich für August geplante zweitägige Verhandlungen zwischen den Außenministern Baker und Levy in Washington schrumpften bis zum 5.9. auf wenige Stunden zusammen. Dennoch blieben die USA konsequent bei ihren Forderungen. Bei einer Zusammenkunft von Ministerpräsident Shamir und Präsident Bush in Washington am 11.12. versicherte Bush zwar, daß die USA keine Lösung im Kuwaitkonflikt auf Kosten israel. Interessen durch eine Koppelung des Konflikts mit dem Palästinaproblem zulassen werde, sein Außenminister Baker betonte jedoch zwei Tage später gegenüber Shamir, daß der neue Konflikt die Palästinagespräche nur aufgeschoben, nicht aufgehoben habe.

Wie ernst es die USA mit ihren Forderungen nach israel. Verhandlungsbereitschaft sowie der Aufgabe von Ansiedlungsplänen in den besetzten Gebieten meinten, zeigte sich bei der Abstimmung von UNO-Sicherheitsratsresolutionen gegen I., für die die USA - gegenüber früheren Enthaltungen - votierten. Am 12.10. unterstützten sie die Resolution 672, die den UNO-Generalsekretär de Cuellar beauftragte, eine Untersuchungskommission zu den Tempelberg-Vorfällen vom 8.10. nach I. zu entsenden, desgleichen den Tadel des Sicherheitsrats vom 24.10. nach der israel. Weigerung, die UNO-Kommission zu empfangen, ebenso am 20.12. die Resolution 681 anläßlich der Ausweisung von vier Hamas-Aktivisten aus den besetzten Gebieten. Die Resolution enthielt einen Aufruf an die Signatarmächte der Vierten Genfer Konvention von 1949, sicherzustellen, daß I. als Besatzungsmacht seinen Verpflichtungen nach Art. 1 der Konvention hinsichtlich des Schutzes der Zivilbevölkerung im Krieg nachkomme. Auch war in ihr, wie allen bisherigen Resolutionen des Sicherheitsrats, Ostjerusalem in die 1967 von I. besetzten Gebiete einbezogen. Die Befürwortung durch die USA mußte von I. als schwerwiegend empfunden werden, besonders, da noch am 24.4. das US-Repräsentantenhaus eine (nichtbindende) Senatsvorlage verabschiedet hatte, in der Jerusalem ohne Einschränkung als Hauptstadt I.s anerkannt worden war.

Im irakisch-kuwaitischen Konflikt hielt sich I. weitgehend zurück, um nicht noch weiteren Zündstoff zu liefern. Amerikanische Waffenverkäufe an die arabischen Verbündeten beunruhigten allerdings I., da durch sie die "quantitative Überlegenheit" des israel. Militärpotentials über die arabischen Staaten in Frage gestellt wurde. Bei einem Besuch in Washington Mitte September erhielt jedoch Verteidigungsminister Arens die Zusicherung, daß die USA u.a. der Lieferung von zwei Patriot-Batterien an I. zustimmen werde (JP, 19.9.).

Die Beziehungen zur Sowjetunion standen unter dem Zeichen der Auswanderungswelle von Juden aus der UdSSR nach I. (bis Jahresende kamen 185.000 Personen aus der UdSSR). Mehrere Besuche israel. Minister in Moskau, die, auch wenn sie z.T. inoffiziellen Charakter hatten, von der sowjetischen Führungsspitze empfangen wurden, deuteten eine wesentliche Kontaktverbesserung an. Am Rande der UNO-Vollversammlung in New York vereinbarten die Außenmininster Schewardnadse und Levy, die konsularischen Beziehungen zwischen beiden Ländern aufzuwerten (der diplomatische Verkehr war im Dez. 1967 erschwert worden). Am 20.12. erhielt der Leiter der israel. konsularischen Delegation in Moskau offizielle Anerkennung als Generalkonsul, und am 25.12. wurde sein Counterpart in I. als Generalkonsul beglaubigt. Einer Wiederherstellung der vollen diplomatischen Beziehungen stand die Weigerung I.s im Wege, Zusagen zu machen, Immigranten aus der UdSSR nicht in den besetzten Gebieten (einschließlich Ostjerusalems) anzusiedeln. Aus dem gleichen Grund verzögerte sich auch die Aufnahme einer direkten Flugverbindung Moskau-Tel Aviv für die jüdischen Emigranten.

Die Aufnahme voller diplomatischer Beziehungen konnte dagegen Minister Arens (zu der Zeit noch Außenminister) in Prag am 9.2. mit der Tschechoslowakei und am 27.2. in Warschau mit Polen vereinbaren. Der Präsident der CSFR, Vaclav Havel, besuchte vom 25.-27.4. als erster Präsident eines Ostblocklandes seit 42 Jahren I. Auch Griechenland stimmte am 21.5. - als letztes EG-Mitgliedsland - der Wiederherstellung der diplomatischen Beziehungen zu I. zu, und am 13.9. überreichte der neue griechische Botschafter Staatspräsident Herzog sein Beglaubigungsschreiben.

Kontakte zwischen Vertretern I.s und der (noch) DDR in Kopenhagen ab 29.1. führten zur Einigung über einen Brieftext, in dem die DDR die Mitverantwortung für die Judenvernichtung im Dritten Reich übernahm. Ministerpräsident Modrow übermittelte den Brief am 8.2. gleichzeitig an den *World Jewish Congress* (WJC) und die israel. Regierung. Ende Juni (25.-28.) besuchte die Volkskammerpräsidentin Sabine Bergmann-Pohl zusammen mit der Bundestagspräsidentin Rita Süssmuth I. Die Kontakte in Kopenhagen wurden am 5.7. von israel. Seite aus abgebrochen, als in einer von der DDR vorgeschlagenen Formel über die Aufnahme von diplomatischen Beziehungen keine Wiedergutmachungszahlungen erwähnt waren. De Maiziere, unterdessen Ministerpräsident, bekräftigte daraufhin am 30.7. in einem Schreiben an den WJC, daß sich die DDR zu Zahlungen verpflichte, sie aber erst nach der Vereinigung mit der Bundesrepublik leisten könne.

In der VR China eröffnete I. am 15.6. formal ein Wissenschafts- und Technologie-Verbindungsbüro, wodurch es eine semi-offizielle Repräsentation in diesem Land erhielt. Äthiopien unterbrach Ende Juni vorübergehend die Visaerteilung für ca. 12.000-15.000 in Addis Abeba auf die Emigration wartende äthiopische Juden (als Vorwand diente die Behauptung, ein Teil der Falasha - etwa 1.500 - seien Christen). Berichte über einen heimlichen Aufenthalt des äthiopischen Führers Mengistu Haile Mariam vom 4.-5.7. in I. wurden sowohl von israel. als auch von äthiopischer Seite dementiert. Vom Januar bis Ende Juli waren 3.000 äthiopische Juden nach I. gekommen, danach bis Jahresende weitere 700, wodurch sich ihre Zahl in I. auf 20.000 Personen erhöhte.

Das ganze Jahr über flog die israel. Luftwaffe wiederholt Angriffe auf palästinensische Stellungen im Südlibanon, kam es zu Zusammenstößen israel. Patrouillen mit Guerillas in der sog. "Sicherheitszone" auf libanesischer Seite der Grenze. An der Grenz- und Demarkationslinie zu Jordanien nahmen die Zwischenfälle zu (speziell im Januar und November). Hierbei zeigten die als Grenzschutz eingesetzten regulären Truppen gewisse Schwächen in der Verteidungsbereitschaft. Sie wurden Mitte November durch Elite-Truppen verstärkt. Ein Bus mit israel. Touristen wurde am 4.2. in Ägypten bei Isma'ilia von Bewaffneten gestoppt und neun Reisende getötet, und am 25.11. tötete ein Mann in der Uniform des ägyptischen Grenzschutzes an der Straße nach Eilat in I. vier Reisende. In beiden Fällen arbeiteten die ägyptischen und israel. Ermittlungsorgane zur Aufklärung der Überfälle zusammen. Mehrere Versuche palästinensischer Guerillas, von der See her israel. Gebiet zu erreichen, konnten von israel. Sicherheitskräften verhindert werden. Der spektakulärste Anschlag erfolgte am 30.5., als es zwei Landungsbooten der PLF (Abu Abbas-Gruppe) gelang, bei Ga'ash und bei Nitzanim den Strand zu erreichen. Dieser Überfall war nach israelischen Angaben von Libyen aus organisiert worden (JP, 31.5.).

Soziökonomische Entwicklung

Die Kabinettskrise verzögerte die Verabschiedung des Haushalts durch die Knesset bis zum 29.3. Abweichend zur Vorlage war das ursprüngliche Volumen von 64 Mrd. auf 62,5 Mrd. NIS abgesenkt worden. Durch den Regierungswechsel kam es in letzter Minute zu einer Neuverteilung von 285 Mio. NIS: religiöse Einrichtungen (Tora-Institute) sollten 222 Mio. an Zuwendungen erhalten (das Dreifache der ursprünglich vorgesehenen Summe), die Gesundheitsfürsorge wurde um 33 Mio. aufgestockt, Parteiinstitutionen des Likud und der Labour wurden mit je 5 Mio. unterstützt, und 20 Mio. wurden für Siedlungen in den Besetzten Gebieten bereitgestellt. Weiterhin erhielt das Wohnungsministerium 200 Mio. NIS zum Bau von 30.000 Wohnungen für neue Immigranten aus den allgemeinen Haushaltsreserven, die sich damit um 40 % verringerten (JP, 5.2., 30.3.). Im Laufe des Jahres mußten wiederholt weitere Umschichtungen vorgenommen werden, da zum einen die Zahl der Immigranten wesentlich höher als angesetzt ausfiel und sich zum anderen die akuten Verteidigungskosten durch den irakisch-kuwaitischen Konflikt erhöhten.

Am 13.10. nahm das Kabinett ein vom neuen Finansminister Moda'i ausgearbeitetes Wirtschaftsprogramm für 1991 an. Es sah für das Haushaltsjahr 1991 u.a. eine allgemeine Erhöhung der Mehrwertsteuer um 2 % auf 18 % sowie eine zusätzliche Einwanderungsabgabe von 5 % auf die zu zahlende Einkommensteuer vor. Das Haushaltsjahr selbst sollte mit dem 31.12. enden und ab 1.1.1992 mit dem Kalenderjahr beginnen.

Der am 24.12. der Knesset vorgelegte Haushaltsentwurf 1991 (1.4.-31.12.) sah ein Volumen von 66,47 Mrd. NIS vor. Er ging von einer Inflationsrate von 18 % für 1990 (gegenüber 21 % 1989) sowie von einer Einwanderung von 300.000 Personen aus (andere Schätzungen erwarteten bis zu 600.000 Immigranten). Für ihre Ansiedlung und Eingliederung wurden 14 % der Haushaltsmittel (9,2 Mrd. NIS) vorgesehen. 15 % sollten für Investitionen ausgegeben werden (gegenüber 8 % 1990), 34 % für Schuldendienste (gegenüber 37 % im Vorjahr), 17 % für Verteidigung und Sicherheit (gegenüber 20 % 1990, wobei sich die Gesamtsumme durch das größere Volumen nicht verringerte) und 20 % für Sozialdienste, Erziehung und Wohlfahrt. Das angesetzte Haushaltsdefizit belief sich auf 5,5 % des BSP. Auf der Einnahmenseite waren 2 Mrd. NIS durch die Privatisierung von Staatsunternehmen berücksichtigt worden (JP, 25.12.). Die Einnahmen aus der Privatisierung hatten 1990 lediglich 250 Mio. betragen.

Mit durch die Immigration bedingt wuchs die Arbeitslosigkeit bis Ende des Jahres auf 9,6 % gegenüber 8,9 % Ende 1989 an. Arbeitslosigkeit, Inflation und nicht zuletzt durch die Immigration ausgelöste Mietsteigerungen führten zu einer neuen Dimension der Obdachlosigkeit in I. Am Rande mehrerer Städte entstanden Zeltlager, in denen Bevölkerungsteile kampierten, die keinen für sie erschwinglichen Wohnraum fanden. Zahlreiche, z.T. "wilde" Streiks kennzeichneten das Jahr. Ein von über 800.000 Beschäftigten im öffentlichen Dienst, in gewerkschaftlichen und staatlichen Betrieben sowie von gewerkschaftlich organisierten Belegschaften in privaten Betrieben wahrgenommener landesweiter Generalstreik erfolgte am 14.6. Er sollte die Forderungen der Gewerkschaften in den seit April laufenden Lohnverhandlungen unterstreichen. Zu neuen Tarifabschlüssen im öffentlichen Dienst kam es am 24.10. Löhne und Gehälter wurden rückwirkend ab 1.4. stufenweise um je 3 % zum 1.4., 1.10. erhöht (weitere Erhöhung zum 1.4.1991). Ein weiterer Generalstreik im öffentlichen Dienst, begleitet von Sympathiestreiks in privaten Unternehmen, an dem sich rund 500.000 Arbeitnehmer beteiligten, richtete sich gegen den Wirtschaftsplan für 1991 von Finanzminister Moda'i, der u.a. auch eine Senkung der Mindestlöhne im ersten halben Beschäftigungsjahr sowie strengere Maßstäbe bei der Arbeitslosenunterstützung vorsah. 90 % der Ingenieure, Techniker und Akademiker im öffentlichen Dienst, rund 100.000 Personen, streikten vom 31.10.-3.11. Vom 1.-20.7. hielt eine Streikwelle der 12.000 in der *Israel Medical Association* (IMA) zusammengefaßten Ärzte an. Anlaß war ein Verbot von Überstunden an den Kupat Holim Clalit-Kliniken (Kliniken der "Allgemeinen Krankenkasse" für Gewerkschaftsmitglieder, ca. 2 Mio. Personen), die dem öffentlichen Dienst gleichgestellt sind. Auch die rund 12.000-15.000 Krankenschwestern im öffentlichen Dienst führten am 25.7., 29.7. und am 13.9. vierundzwanzigstündige Streiks durch. Ihnen ging es um eine steuerliche Gleichstellung bei Nacht- und Doppelschichten mit Schichtarbeitern in anderen Berufen.

Besetzte Gebiete

Die seit Dezember 1987 anhaltende Intifada der 1,75 Mio. Palästinenser in den besetzten Gebieten (Gaza, Ostjerusalem, Judäa und Samaria) eskalierte nach dem "Rishon Massaker". Am 20.5. hatte ein Israeli in Rishon Lezion unweit von Tel Aviv mit einer MP-Salve sieben Araber einer Baukolonne getötet und weitere 15 verletzt. Proteste und Unruhen gegen diesen

Massenmord, in deren Verlauf sechs Personen getötet und 630 verletzt wurden, beschränkten sich nicht nur auf die Besetzten Gebiete, sondern ergriffen auch die arabische Bevölkerung in I. selbst, besonders in Nazareth sowie in Haifa und Umgebung.
Zu einer weiteren Verschärfung des Problems trug das rigorose Vorgehen der Polizei gegen aufgebrachte palästinensische Demonstranten im sicherheitspolitisch sensitiven Tempelbergbezirk der Altstadt von Jerusalem bei. Unter Verwendung scharfer Munition hatte sie 21 Personen getötet (später auf 19 bzw. 18 korrigiert) und zahlreiche andere verletzt. Eine von Ministerpräsident Shamir am 10.10. unter Vorsitz von Zvi Zamir (Leiter des Mossads 1968-77) eingesetzte israel. Untersuchungskommission legte ihren Bericht am 26.10. vor. Sie kam darin zu dem Schluß, die Polizei hätte "routinemäßig" reagiert, jedoch im Vorfeld die Situation falsch eingeschätzt (JP, 28.10.).

Um die anschließend verstärkt aufflammenden Unruhen einzudämmen, wurden vom 24.-27.10. die Palästinenser aus Gaza, Judäa und Samaria an der Einreise nach I. (einschließlich Jerusalems) gehindert sowie die ca. 15.000 in I. arbeitenden Palästinenser zur Rückkehr in ihre Gebicte aufgefordert. Am 29.10. traten verschärfte Bedingungen für eine Arbeitserlaubnis von Palästinensern in I. in Kraft; Personen mit aktenkundiger "feindlicher Einstellung" gegenüber I., auch solche aus Judäa und Samaria, sollten künftig keine Arbeitserlaubnis mehr in I. erhalten. Betroffen davon waren schätzungsweise 7.000 Personen zusätzlich zu rund 8.000, die durch eine grüne Kennkarte bereits von einer Einreise nach I. ausgenommen worden waren.

Nachdem am 14.12. zwei Palästinenser aus dem Gazastreifen, Mitglieder der im Dezember 1987 gegründeten fundamentalistisch-islamischen Widerstandsorganisation Hamas, in Jaffa drei israel. Angestellte einer Fabrik erstochen und die Leichen vestümmelt hatten, setzte die Regierung eine bereits zuvor beschlossene Deportation von vier führenden Hamas-Mitgliedern innerhalb von drei Wochen in die Tat um.

Im April war es zu Spannungen zwischen dem griechisch-orthodoxen Patriarchat von Jerusalem und I. gekommen, als jüdische Siedler am 11.4. ein Haus im Christenviertel der Altstadt besetzt hatten, an dem das Patriarchat Besitzansprüche geltend machte. Protestierende Gemeindemitglieder, unter denen sich auch der Patriarch, Deodoros I., befand, wurden am 12.4. von der Polizei mit Tränengas zerstreut. In einer Solidaritätsaktion gegen die Besetzung schlossen am 27./28.4. sämtliche christlichen Konfessionen für vierundzwanzig Stunden ihre Kirchen in I. und den besetzten Gebieten. Der legale Streit um die Besitzverhältnisse an dem Gebäude war bis zum Ende des Jahres noch nicht entschieden.

Die Staatsführung Israels
Staatspräsident: Chaim Herzog (seit 1983, wiedergewählt 1988)
Kabinett Shamir vom 12.6.1990
Ministerpräsident: Yitzhak Shamir, **Äußeres:** David Levy (stellv. Ministerpräs.), **Industrie/Handel:** Moshe Nissim (stellv. Ministerpräs.) **Gesundheit:** Ehud Olmert, **Landwirtschaft:** Rafael Eitan, **Verteidigung:** Moshe Arens, **Inneres:** Aryeh Deri, **Erziehung/Kultur:** Zevulun Hammer, **Wirtschaft/Planung:** David Magen, **Finanzen:** Yitzhak Moda'i, **Polizei:** Ronni Milo, **Justiz:** Dan Meridor, **Wissenschaft/Technologie:** Yuval Ne'eman, **Einwanderung:** Yitzhak Peretz, **Nachrichtenwesen:** Rafael Pinhasi, **Tourismus:** Gideon Patt, **Verkehr:** Moshe Katsav, **Religiöse Angelegenheiten:** Avner Shaki **Wohnungswesen:** Ariel Sharon, **Umwelt:** stellvertr. Minister Yigal Bibi (seit 18.11.) **Arbeit/Soziales:** NN (vom Ministerpräsidenten wahrgenommen),

Chronologie Israel 1990

7.1. - Aufnahme von Nachrichtenmin. Gad Ya'acobi an Stelle von Weizman in das "innere" Kabinett

29.1.-5.7. - Kontakte DDR-Israel in Kopenhagen über Aufnahme diplomatischer Beziehungen

4.2. - Überfall auf einen Bus mit israel. Touristen bei Isma'ilia/Ägypten
8.-10.2. - AM Arens in Prag, Abkommen über Aufnahme voller diplomatischer Beziehungen mit der CSFR
12.2. - Industrie- und Handelsminister Ariel Sharon kündigt seinen Rücktritt an (wirksam zum 20.2.)
23.2. - Offene Worte von US-AM Baker an AM Arens in Washington: Ägypten und PLO haben US-Formel angenommen, jetzt sei Israel an der Reihe
26.2. - AM Arens in Warschau, Abkommen über Wiederherstellung der diplomatischen Beziehungen mit Polen
7.3. - Kabinettsumbildung
13.3. - Shamir entläßt Labour-Vorsitzenden Peres aus dem Kabinett, zehn weitere Labour-Minister treten zurück
15.3. - Shamir verliert Vertrauensfrage in der Knesset
20.3. - Peres wird vom Staatspräs. mit Regierungsneubildung beauftragt
22.3. - Wahl von Erzbischof Torkom Manougian zum neuen armen.-orthodoxen Patriarchen von Jerusalem (sein Vorgänger, Derderian, war am 1.2. verstorben)
Ende März - Unbefristeter Streik der Gemeindeverwaltungen in 47 arab. Orten
4.4. - Abkommen zwischen Regierung und Lehrergewerkschaft über Einführung der Fünftagewoche an Grund- und Mittelschulen ab Sept.
11.4. - Besetzung eines griech.-orth. Hauses in Ostjerusalem durch jüd. Siedler
24.4. - US-Repräsentantenhaus nimmt (nichtbindende) Resolution hinsichtlich Jerusalems als Hauptstadt Israels an
25.-27.4. - Vaclav Havel, Präs. der CSFR, zu Besuch in I.
26.4. - Peres gibt Regierungsauftrag zurück
27.4. - Regierungsauftrag an Shamir
20.5. - "Rishon Lezion"-Massaker
21.5. - Abkommen mit Griechenland über Aufnahme diplomatischer Beziehungen (Eintreffen des griech. Botschafters am 13.9.)
30.5. - Zwei Landungsboote der PLF (Abu Abbas) versuchen bei Nitzanim u. Ga'ash/Herzliya am Strand zu landen
11.6. - Neues Kabinett Shamir erhält Knesset-Votum (am 12.6. von Präs. Herzog vereidigt)
14.6. - Histadrut-Generalstreik von über 800.000 Beschäftigten im öffentlichen Dienst
15.6. - Formelle Eröffnung eines israel. Wissenschafts- und Technologiebüros in China (semi-offizielle Repräsentation)
25.-28.6. - Bundestagspräs. Rita Süssmuth und Volkskammervorsitzende Sabine Bergmann-Pohl zu Besuch
1.-20.7. - Ärztestreik
13.9. - Dritter Streik von 12.000-15.000 Krankenschwestern in öffentlichen Krankenhäusern (zuvor schon 25. u. 29.7.)
30.9. - Gespräche Levy-Schewardnadse am Rande der UNO-Vollversammlung in New York, Vereinbarung über die Aufwertung der konsularischen Beziehungen
2.10. - Levy-Brief an US-Regierung
8.10. - Palästinens. Protest am Tempelberg, beim Einschreiten der Polizei 19 Tote und 140 Verletzte
12.10. - UNO-Sicherheitsratsresolution 672 zum Tempelberg-Vorfall
24.10. - Tarifvereinbarungen Histadrut-Regierung: 9 % Lohnanhebung im öffentlichen Dienst
24.-28.10. - Bewohner des besetzten Westjordanlandes und Gazas am Betreten Israels (und Jerusalems) gehindert, Ausweisung von rund 150.000 palästinens. Arbeitnehmern aus I. Rückkehr ab 29.10. nur mit spezieller Arbeitserlaubnis
24.10. - UNO-Sicherheitsratstadel an I.
30.10.-2.11. - Streik von 120.000 Ingenieuren im öffentl. Dienst
18.11. - Koalitionsabkommen Likud-Agudat vom Kabinett gebilligt, Stellvertr. Min. Yigal Bibi (NRP) verantwortlich für Umweltministerium
2.-3.12. - Generalstreik von 500.000 Arbeitnehmern im öffentl. Dienst
6.-13.12. - Shamir in London und Washington
20.12. - UNO-Sicherheitsratsresolution 681 gegen Ausweisung von vier Hamas-Aktivisten
31.12. - Der 200.000. Einwanderer des Jahres trifft auf dem Ben-Gurion Flughafen ein

Erhard Franz

Jemen

Offizieller Name: al-Jumhuriya al-Yamaniya/Jemenitische Republik; **Tag der Proklamation:** 22.5.1990; **Fläche:** 528.000 qkm; **Einwohner:** 11 Mio.; **Hauptstadt:** Sana, Ew.: 427.000; **Urbanisierungsrate:** 33 %; **Armeestärke:** ca. 66.000 Mann; **BIP:** 6,75 Mrd. US-$; **Sektoren in %:** Landwirtschaft 20; Industrie 25; Dienstl. 55; **Pro-Kopf-Einkommen:** 535 US-$; **Währung:** 1 US-$ = 12,00 Riyal (YR) = 0,461 Dinar (SYD)

Innenpolitische Entwicklung

1. Der Einigungsprozeß. Am 30.11.1989 hatten sich die Führungen der beiden Staaten des Jemen (J.) auf ein Etappenprogramm zur Vereinigung des J. innerhalb eines Jahres geeinigt. Vom 24.-26.12.1989 hatten sich der Präsident des Nordj., Ali Abdallah Salih, und der Generalsekretär der *Jemenitischen Sozialistischen Partei* (JSP) des Südj., Ali Salim al-Baid, erneut getroffen und ihren Willen zur Einheit des J. bekräftigt. Die im Zusammenhang mit dem Einigungsprozeß anstehenden Probleme sollten von einem *Komitee für die politische Organisation* (Lajnat al-tanzim al-siyasi) geklärt werden. Dieses Komitee tagte vom 10.-12.1. in Aden unter dem Vorsitz von Salim Salih Muhammad, stellvertretender Generalsekretär der JSP; die nordj. Delegation wurde von Außenminister al-Iryani geleitet. Wichtigstes Ergebnis dieser Sitzung war, daß man sich darüber einigte, die beiden bestehenden politischen Organisationen, nämlich den *Allgemeinen Volkskongreß* (AVK) im Norden und die JSP im Süden beizubehalten und künftig andere nationale politische Strömungen zuzulassen. Damit hatte sich im wesentlichen der Süden durchgesetzt, der auf der Eigenständigkeit der beiden Parteien bestand, während der Norden die Bildung einer nationalen Front, bestehend aus AVK und JSP, bevorzugt hatte (AN, 13., 21.1.). Die Zulassung neuer politischer Parteien vor der Vereinigung lehnte die Regierung in Sana, im Gegensatz zu Aden, ab. Vom 20.-22.1. tagten erstmals die beiden Kabinette gemeinsam in Sana. Sie beschlossen die Bildung von drei Arbeitsgruppen für 1. militärische und Sicherheitsangelegenheiten, 2. für Finanzen und Wirtschaft sowie 3. für Dienstleistungen und soziale Angelegenheiten (KuT, 21.1.). Auf der gemeinsamen Kabinettssitzung wurde ferner die Freilassung aller politischen Gefangenen sowie die Auflösung aller Internierungslager beschlossen (vollständiger Text der Beschlüsse in SWB, 24.1.).

Am 18.2. fand das 3. Gipfeltreffen zwischen Salih und al-Baid in dem südj. Grenzort Mukairas statt. Vom 2.-3.3. trafen sich die beiden Regierungschefs Abd al-Ghani (Sana) und al-Nu'man (Aden) in der nordj. Stadt Ta'izz. Sie erzielten Einverständnis über die Zusammenlegung der Zentralbank, der Medien und anderer Institutionen (Post, Zoll, Kommunikation). Ab März waren Visa von Ausländern auch für den jeweils anderen Teil des J. gültig. Flüge der beiden Fluggesellschaften galten im gesamten J. als Inlandsflüge beginnend mit dem Monat März. Am 8.3. begann ein weiteres Gipfeltreffen in Ta'izz, das am 10.3. in Aden fortgesetzt wurde. Salih und al-Baid betonten, daß es keinen Rückzug von dem historischen Beschluß vom 30. November geben werde, welche Schwierigkeiten auch immer auftreten würden (MD, 13.3.). Offensichtlich gab es Widerstand gegen die geplante Vereinigung der beiden J. Scheich Abd al-Hamid Zaidani, Führer der islamistischen Bewegung im Nordj., lehnte die Verfassung für den einheitlichen J. ab, weil sie die Scharia nicht zur alleinigen Quelle der Rechtsprechung erhob, und erklärte der "atheistischen Gruppe" im Südj. den Heiligen Krieg (SWB, 18.4.).

Am 1.5. fand ein erneutes Treffen zwischen Salih und al-Baid in Aden statt. Vom 1.-4.5. tagten die beiden Regierungschefs mit einigen Fachministern (Finanzen, Wirtschaft, Öl) ebenfalls in Aden, wo sie u.a. die Zusammenlegung der beiden Währungen beschlossen (Festlegung des Wechselkurses 1 Dinar = 26 Riyal). Vom 3.-5.5. hielt das Komitee für die politische Organisation seine vierte und letzte Sitzung in Ta'izz ab. Es legte eine Reihe von grundlegenden Gesetzesentwürfen für den einheitlichen J. vor. Ferner wurde die Bildung eines Komitees für den Dialog mit den politischen Parteien, Organisationen und unabhängigen politischen Persönlichkeiten beschlossen (SWB, 8.5.).

Der Einigungsprozeß würde beschleunigt werden, um die Möglichkeit einer Einmischung von außen, vornehmlich durch die Manipulierung religiöser Kräfte im Lande, zu verhindern, erklärte ein Parlamentsabgeordneter in Sana (JoT, 9.5.). Gerüchte über eine Rebellion der Stämme im Gebiet Sa'da wurden in Sana dementiert. Präsident Salih sei auch nicht nach Aden gegangen, um militärische Hilfe anzufordern, wie im Ausland behauptet würde, sondern um den Einigungsprozeß zu beschleunigen, erklärte Außenminister al-Iryani (MEED, 11.5.).

Auf ihrem 6. Gipfeltreffen vom 10.-12.5. in Ta'izz beschlossen Salih und al-Baid die Vorverlegung der Vereinigung, offensichtlich auf Drängen des Nordens, wo sich der Widerstand gegen die Vereinigung unter den islamistischen Kräften und auch unter den Stämmen verstärkte. Beide Seiten einigten sich ferner auf den Abzug der Truppen aus den Städten Sana und Aden. Vom 12.5. an wurden der Nationale Sicherheitsrat im Norden und der Staatssicherheitsdienst im Süden aufgelöst. Eine zu bildende Kommission sollte den Dialog mit den oppositionellen Parteien und Kräften beginnen (OJ, 14.5.). Am 13.5. unterzeichneten die beiden Informationsminister das Presse- und Rundfunkgesetz für den Gesamtj. Dieses Gesetz sieht die Freiheit der Rede, des Denkens und der Presse vor und erlaubt die uneingeschränkte Herausgabe von Zeitungen (SWB, 17.5.).

Am 21.5. ratifizierten die beiden Parlamente in Sana und Aden die Einheit des J., die am folgenden Tag, dem 22.5., um 12.00 Uhr mit der Hissung der Fahne durch Präsident Salih in Aden feierlich proklamiert wurde. Während der *Oberste Volksrat* (OVR) in Aden dem Vertrag über die Einheit des J. einstimmig zustimmte, boykottierten in Sana 25 von den insgesamt 159 Abgeordneten, vorwiegend Islamisten, die Abstimmung. Der 17köpfige Präsidialrat des Südens und die 25köpfige *Beratende Versammlung* des Nordens unter Leitung von Scheich Sinan Abu Luhum wählten in Aden gemeinsam Ali Abdallah Salih, der am Vorabend vom Obersten zum Generalleutnant befördert worden war, zum Vorsitzenden des fünfköpfigen Präsidialrates und somit zum Präsidenten der Jemenitischen Republik (al-Jumhuriya al-Yamaniya). Zum stellvertretenden Vorsitzenden wurde Ali Salim al-Baid gewählt. Die weiteren Mitglieder des Präsidialrates sind Qadi Abd al-Karim al-Arshi (bis dahin Sprecher des Shura-Rates in Sana), Salim Salih Muhammad und Abd al-Aziz Abd al-Ghani. Die Amtsdauer des Präsidialrates beläuft sich auf 30 Monate und entspricht somit der Übergangszeit bis zur endgültigen Einheit.

Der Präsidentschaftsrat ernannte am 22.5. Haidar Abu Bakr al-Attas, bis dahin Staatspräsident des Südj., zum Ministerpräsidenten. Das neue Parlament umfaßt insgesamt 301 Abgeordnete, 159 bzw. 111 Abgeordnete der beiden früheren Parlamente in Sana und Aden sowie 31 vom Präsidialrat ernannte Abgeordnete, vornehmlich aus der Opposition, u.a. den früheren Chef der oppositionellen Nationaldemokratischen Front, Sultan Ahmad Umar, sowie vier Vertreter der von dem 1986 gestürzten südj. Präsidenten Ali Nasir Muhammad gegründeten Partei. Aufgabe des Präsidialrates ist es, das Gleichgewicht zwischen der Legislative und der Exekutive zu überwachen.

2. Die Entwicklung im Südj. bis zur Vereinigung. Nachdem das ZK der JSP in seiner Sitzung am 10./11.12.1989 das Parteienverbot aufgehoben hatte und sich als erste Partei die *Nasseristische Unionistische Partei* konstituiert hatte, wurde Anfang Januar die *Unionistische Demokratische Partei* gebildet, die sich aus den Anhängern des gestürzten Präsidenten Ali Nasir Muhammad zusammensetzt. Muhammad hatte zuvor alle Ansprüche auf eine Rückkehr zur Macht aufgegeben (AN, 4.1.).

Ein weiterer wichtiger Schritt auf dem Wege der Demokratisierung war die Pressefreiheit, die auf der 17. ZK-Sitzung (30.9./1.10.1989) beschlossen worden war. Informationsminister Jarhum sagte am 4.1. vor privaten Publizisten, daß die Einfuhr ausländischer Publikationen keinerlei Beschränkungen mehr unterworfen sei (AN, 5.1.).

Mitte Januar setzte eine Welle von Streiks ein, die sich gegen niedrige Löhne und schlechte Arbeitsbedingungen richteten. Die Tatsache, daß diese Aktionen von den Sicherheitsbehörden nicht unterdrückt wurden wie in der Vergangenheit, konnte als Indiz dafür gewertet werden, daß es die Führung mit der Demokratisierung ernst meinte. Die Streiks begannen am 13.1. in der Erdölraffinerie Aden und setzten sich dann in anderen Industriebetrieben (Fischerei,

Textil) und landwirtschaftlichen Betrieben fort. Am 14.2. ordnete das ZK Lohnerhöhungen zwischen 18 SYD (52 US-$) für die niedrigsten Lohngruppen und 6 SYD (18 US-$) für die höchsten Lohngruppen an. Die Mindestlöhne stiegen damit um 30 % auf 60 (176 US-$), die Maximallöhne auf 150 SYD (440 US-$) (AN, 12.2.; JoT, 19.2.). Ende Februar streikten Ärzte und Apotheker für höhere Gehälter und die Absetzung des Gesundheitsministers. Am 12.3. sah sich Präsident al-Attas zu der Erklärung veranlaßt, daß es keine politischen Gefangenen im Zusammenhang mit den Ereignissen vom 13. Januar 1986 mehr gebe, nachdem Frauen wiederholt für die Freilassung ihrer Männer demonstriert hatten (SWB, 14.3.). Anläßlich einer Demonstration von Studenten in Mukalla wurden Schüsse auf einen Soldaten abgegeben. Hierbei handelte es sich offensichtlich um einen Protest von islamistischen Kräften gegen die Koedukation in den Schulen.

Nach der Wahl des Gouverneurs von Aden am 11.4. wurde erstmals offenkundig, daß die JSP über den Demokratisierungskurs gespalten war. Der amtierende Gouverneur, der als Vertreter des Reformkurses galt, verlor gegen den Vertreter der sogenannten *Fattahin*, den Anhängern des im Januar 1986 umgekommenen früheren Chefideologen Abd al-Fattah Isma'il. Die Reformanhänger erhoben den Vorwurf der Wahlfälschung und formierten sich am 12.4. zu einem rund 6.000 Demonstranten umfassenden Protestmarsch mit Salim Salih Muhammad, neben al-Baid der entschiedenste Befürworter von Reformen, an der Spitze. Bei diesen Wahlen waren erstmals mehr als ein Kandidat aufgestellt worden. Ursprünglich sollten die Wahlen im November 1989 stattfinden, waren dann aber verschoben worden (JoT, 17.4.).

In Vorbereitung der bevorstehenden Vereinigung wurden von der südj. Führung eine Reihe wichtiger Entscheidungen getroffen. Auf der 13. ordentlichen Sitzung des Obersten Volksrates am 15.5. wurden Gesetze und Verordnungen bezüglich der Verwirklichung des politischen und wirtschaftlichen Reformprogramms getroffen. Damit wurden praktisch die wesentlichen Gesetze zur Durchsetzung einer sozialistischen Wirtschaft, die Anfang der 70er Jahre erlassen worden waren, außer Kraft gesetzt und somit die Voraussetzung für die Vereinigung der beiden Wirtschaftsbereiche geschaffen. Dazu gehörte vor allem das Gesetz über die Reprivatisierung von enteignetem Land. Der Südj. warf den Marxismus endgültig über Bord (SWB, 18.5.; AN, 19.5.). Am 20.5. wurden alle politischen Opfer rehabilitiert, unter ihnen der erste Präsident Qahtan al-Sha'bi sowie Salim Rubai' Ali, der 1978 hingerichtet worden war. Beiden wurde die höchste Auszeichnung, der Orden des 14. Oktober, nachträglich verliehen (AN, 22.5.).

Außenpolitische Entwicklung

Die außenpolitischen Aktivitäten konzentrierten sich in den Monaten bis zur Einheit auf die Beziehungen zu den Mitgliedstaaten des AKR sowie im Zusammenhang mit der jemen. Vereinigung auf Saudi-Arabien und nach Ausbruch des irakisch-kuwaitischen Konfliktes auf die Begrenzung des außenpolitischen Schadens, der infolge der Unterstützung für den Irak entstanden war.

Am 23.1. traf Präsident Salih zu einem einwöchigen Besuch in den USA ein. Es war der erste Besuch eines jemen. Staatsoberhauptes in den USA. Am 24.1. wurde Salih von Präsident Bush empfangen. Beide Präsidenten hatten sich bereits 1986 getroffen, als Bush in seiner Eigenschaft als Vizepräsident die Erdölraffinerie von Marib einweihte. Salih trat während seiner Gespräche für die Rechte der Palästinenser und für eine gerechte Lösung des arabisch-israelischen Konfliktes ein (SaG, 26.1.). Während seines Aufenthaltes in den USA traf Salih auch mit dem UNO-Generalsekretär de Cuellar sowie mit Vertretern der Exxon Ölgesellschaft zusammen. Bei seiner Rückkehr führte Salih am 31.1. in Paris Gespräche mit dem französischen Präsidenten Mitterrand.

Am 24.2. nahm Salih an der Gipfelkonferenz des AKR in Amman teil. Die Beziehungen zu den drei AKR-Partnerstaaten wurden im Rahmen der Sitzungen der bilateralen Kommissionen geregelt. Bereits am 10.2. hatte die jemen.-irakische Kommission unter Leitung des 1. stellvertr. irakischen Premierministers Taha Yasin Ramadan und des jemen. Ministerpräsidenten Abd al-Ghani getagt. Vom 17.-18.3. hielt die jemen.-jordanische Kommission unter Beteiligung des jordanischen Premierministers Badran in Aden ihre Sitzung ab. Vom 25.-26.3. tagte dann ebenfalls in Sana die jemen.-ägyptische Kommission unter Leitung des ägyptischen Premierministers Sidqi. Es wurden Abkommen über die Zusammenarbeit in den Bereichen Wirtschaft, Kultur, Information und Bildung sowie über den Austausch von Fachkräften und die Ausbildung jemen. Techniker in Ägypten abgeschlossen (MD, 28.3.).

Auf seinem Rückflug vom AKR-Gipfel traf Salih am 25.2. in Hafr al-Batin mit dem saudischen König Fahd zusammen. Bei dieser Gelegenheit sprach König Fahd seine "absolute und bedingungslose" Unterstützung für die jemen. Einheit aus. Die Vereinigung, erklärte Fahd, nutze dem Islam und den Muslimen und den beiden Ländern (AN, 26.2.; MD, 28.2.). Diese Bemerkung wurde als Kritik der saudischen Führung an der ablehnenden Haltung der jemen. Muslimbrüder an der Vereinigung verstanden. Gerüchte in den folgenden Monaten über eine saudische Unterstützung für die islamistischen Gegner der Vereinigung wurden in Riad dementiert (SWB, 28.6.).

Nach einem Besuch in Oman erklärte der südj. Informationsminister Jarhum, daß eine vollständige Lösung der beiderseitigen Grenzprobleme erreicht worden sei (AN, 11.2.). Am 30.4. gaben der Südj. und die USA die Wiederaufnahme der 1968 abgebrochenen diplomatischen Beziehungen bekannt.

Im irakisch-kuwaitischen Konflikt nahm die jemen. Führung eine pro-irakische Haltung ein, billigte aber offiziell die gegen den Irak verhängten UNO-Sanktionen und verurteilte die irakische Aggression. Im Sicherheitsrat, in dem der J. als einziges arabisches Land vertreten war (ab 1.12. Übernahme des Vorsitzes) enthielt sich der J. fünfmal der Stimme (Resolutionen 660, 661, 665, 666, 674), sechsmal stimmte er dafür und einmal (Resolution 678 vom 29.11.) dagegen. Als Reakion auf die offene Unterstützung des J. für die irakische Position, sowohl seitens der Regierung als auch in der Bevölkerung, hob Saudi-Arabien am 19.8. alle Privilegien für jemen. Bürger in Saudi-Arabien auf. Dies hatte zur Folge, daß bis Ende Oktober rund 750.000 Jemeniten aus Saudi-Arabien in den J. zurückkehrten und daß dadurch die Deviseneinnahmen durch die Gastarbeiter drastisch zurückgingen. Bei dem Besuch von US-Außenminister Baker in Sana am 22.11. erklärte Präsident Salih, daß er nicht zur Unterstützung der amerikanischen Politik gegen den Irak bereit sei.

Sozioökonomische Entwicklung

Die sozioökonomische Entwicklung wurde, ebenso wie die politische, von der Vereinigung und dem irakisch-kuwaitischen Konflikt und seinen Folgen beeinflußt. In den ersten fünf Monaten wurden im Rahmen der einzelnen bilateralen Begegnungen Maßnahmen zur Angleichung der beiden unterschiedlichen Wirtschaftssysteme bzw. zur Ausarbeitung der neuen, für den gesamten J. geltenden Gesetze getroffen. Beide Regierungen bemühten sich zugleich, durch entsprechende Gesetze die Voraussetzungen für höhere Devisenüberweisungen seitens der im Ausland tätigen jemen. Gastarbeiter und für ein günstigeres Klima für Investitionen, sei es durch einheimische, arabische oder ausländische Investoren, zu schaffen. In Sana wurde zu diesem Zweck der Riyal laut Kabinettsbeschluß vom 19.2. um 18 % abgewertet (1 US-$ = 12 YR, bis dahin 9,77 YR). Gleichzeitig wurden die Zinsen um 2 % erhöht, für Kredite von 15 auf 17 % (MEED, 2.3.).

In Aden verabschiedete der OVR in seiner 12. Sitzung vom 25.-28.2. das Investitionsförderungsgesetz, das längere Zeit diskutiert und dessen letzte Fassung aufgrund von Kritik wesentlich verbessert worden war (vgl. MEED, 23.2. und 23.3.).

Die gemeinsame Yemen Company for Investment in Oil & Mineral Resources (YCIOMR) unterzeichnete am 14.3. in Aden einen Vertrag mit einem Viererkonsortium (Exxon, Kuwait, Total und Sowjetunion) über die Exploration und Entwicklung des Ölfeldes Shabwa im Grenzgebiet. Die gemeinsame Ausbeutung dieses Gebietes, in dem es in der Vergangenheit wiederholt zu Grenzzwischenfällen gekommen war, spielte eine wesentliche Rolle bei der Vereinigung der beiden J. (MD, 19.3.).

Bei dem Treffen der beiden Ministerpräsidenten vom 1.-2.3. in Ta'izz wurde die Zusammenlegung der beiden Nachrichtenagenturen, des Rundfunks und Fernsehens, der Post, der Luftfahrtgesellschaften, der Zoll- und Finanzämter, der Hafen- und Schiffahrtsbehörden sowie der beiden Zentralbanken beschlossen. Bei ihrem Treffen vom 1.-4.5. in Sana wurde die Gültigkeit beider Währungen als offizielles Zahlungsmittel in beiden J. vereinbart. Der offizielle Kurs wurde mit 1 Dinar = 26 Riyal festgelegt (MEED, 18.5.). Am 11.5. gab Aden die Abwertung des Dinar um 32 % bekannt (1 US-$ = 0,461 SYD). Damit sollten Investitionen, die Überweisung von Gastarbeiterdevisen sowie der Export gefördert werden (EGz, 12.5.). Um das niedrigere Zinsniveau an das höhere im Nordj. anzugleichen, wurden am 15.7. in Aden die Zinssätze für Einlagen auf 10,5/15 % und für Kredite auf 11/17 % erhöht (MEED, 27.7.).

Vor dem neuen Parlament legte Ministerpräsident al-Attas in seiner Regierungserklärung am 16.6. auch das Wirtschaftsprogramm dar. Kernpunkt soll die Errichtung einer Freihandelszone in Aden sein, um ausländische Investitionen anzuziehen. Die Regierung würde die Freiheit der wirtschaftlichen Aktivitäten garantieren, die Produktion fördern sowie Inflation und Schmuggel bekämpfen (MEED, 29.6.).

Der Ausbruch des irakisch-kuwaitischen Konfliktes am 2.8. und die deutliche Unterstützung der jemen. Führung, insbesondere Präsident Salihs, für die irakische Position hatten weitreichende wirtschaftliche und gesellschaftliche Folgen für das Land. Der Beschluß der saudischen Regierung, alle Privilegien für Jemeniten in Saudi-Arabien abzuschaffen, zwang viele der rund zwei Millionen Jemeniten zur Rückkehr in die Heimat. Dies reduzierte weiter die Deviseneinnahmen des Staates und belastete zudem den einheimischen Arbeitsmarkt. Aus diesem Grunde sollten bis Ende des Jahres rund 100.000 ausländische Arbeitnehmer durch Nichterneuerung ihrer Verträge das Land verlassen, um so Arbeitsplätze für die Rückkehrer zu schaffen (SWB, 27.11.).

Angesichts der durch den irakisch-kuwaitischen Konflikt bedingten Einstellung der Öllieferungen des Iraks (30.000 b/d) und Kuwaits (20.000 b/d) sah sich die Regierung gezwungen, ihre Ölexporte vorläufig einzustellen, um die Ölraffinerie in Aden mit Rohöl zu versorgen (SaG, 1.9.). Von der vom Irak zugesagten Budgethilfe in Höhe von 50 Mio. US-$ erhielt der J. nur 25 Mio. US-$. Die Verluste an ausländischer Finanzhilfe für 1990 bezifferte al-Attas auf 289 Mio. US-$, für 1991 auf 421 Mio. US-$, bei Berücksichtigung der saudischen und kuwaitischen (18,5 Mio. US-$ Budgethilfe jährlich) Finanzhilfen. Die Gesamtverluste durch den Konflikt wurden auf 1,684 Mrd. US-$ beziffert, und die Regierung forderte von den westlichen Industriestaaten deshalb ebenfalls Unterstützung im Rahmen der Hilfsmaßnahmen. Die deutsche Regierung stellte ein Hilfspaket in Höhe von 40 Mio. US-$ bereit. Frankreich erklärte, die Schulden in Höhe von 55 Mio. US-$ zu erlassen. Die gesamten Auslandsschulden beliefen sich Mitte des Jahres auf 7 Mrd. US-$ (MEED, 28.9.; 23.11.).

Die Staatsführung des Jemen
Staatspräsident: Ali Abdallah Salih (seit 18.7.1978)
Jemenitische Regierung vom 24.5.1990
Ministerpräsident: Haidar Abu Bakr al-Attas (S), **Erster Stellvertreter:** Hasan Muhammad Makki, **Stellvertreter:** Mujahib Abu Shawarib (**Inneres**), Salih Ubaid Ahmad (S) (**Sicherheit/ Verteidigung**), Muhammad Haidar Masdus (S); **Arbeit/Berufsausbildung:** Abd al-Rahman Dhaiban (S), **Äußeres:** Abd al-Karim al-Iryani, **Auslandsjemeniten:** Salih Munassar Siyaili (S), **Elektrizität/Wasser:** Abd al-Wahhab Mahmud Abd al-Hamid, **Erziehung:** Muhammad Abdallah al-Ja'ifi, **Finanzen:** Alawi Salih al-Salami, **Fischereiwesen:** Salim Muhammad Jabran (S), **Gesundheit:** Muhammad Ali Muqbil, **Höhere Erziehung/Wissenschaft:** Ahmad Salim al-Qadi (S), **Industrie:** Muhammad Sa'id al-Attar, **Information:** Muhammad Ahmad Jarhum (S), **Inneres/Sicherheit:** Ghalib al-Qamishi, **Jugend/Sport:** Muhammad Ahmad al-Kabab, **Justiz:** Abd al-Wasi' Abd al-Salim (S), **Kommunikation:** Ahmad Muhammad al-Ansi, **Kultur:** Hasan al-Lauzi, **Landwirtschaft/Wasserressourcen:** Sadiq Amin Abu Ras, **Lokalverwaltung:** Muhammad Sa'id Abdallah (S), **Öffentlicher Dienst:** Muhammad al-Khadim al-

Wajih, **Erdöl/Bodenschätze:** Salih Abu Bakr Ibn Husainun (S), **Planung/Entwicklung:** Faraj Ibn Ghanim (S), **Rechtsangelegenheiten:** Isma'il Ahmad al-Wazir, **Religiöse Stiftungen (Auqaf):** Muhsin Muhammad al-Ulfi, **Soziales:** Ahmad Muhammad Luqman, **Tourismus:** Muhammad Abdallah al-Arasi (S), **Transport:** Salih Abdallah Muthanna (S), **Versorgung/Handel:** Fadl Muhsin Abdallah (S), **Verteidigung:** General Haitham Qasim Tahir (S), **Wiederaufbau:** Abdallah Husain al-Kurshumi, **Wohnungswesen/Städteplanung:** Abd al-Qawi Hadi (S) (1), **Staatsminister:** Abd al-Aziz al-Dali (S) (**Äußeres**), Yahya Husain al-Arashi (**Kabinettsangelegenheiten**), Rashid Muhammad Thabit (S) (**Parlamentsangelegenheiten**), Muhsin Ali al-Hamdani

(S) Südjemenit; (1) am 24.7. verstorben

Chronologie Jemen 1990

20.-22.1. - Erste gemeinsame Sitzung der beiden jemen. Ministerräte in Aden

22.1. - Nord- und Südj. ordnen die Freilassung aller politischen Häftlinge an

23.1. - Präs. Salih beginnt offiziellen Besuch in den USA; am 31. Treffen mit Mitterrand in Paris

10.-11.2. - Sitzung des gemeinsamen jemen.-irakischen Komitees in Sana

18.2. - Treffen Salih-al-Baid in Mukairas (Südj.), weitere Treffen 8.-9.3. in Ta'izz, 19.-22.4. in Sana, 1.5. in Aden sowie 10.-12.5. in Ta'izz

25.2. - König Fahd sagt Salih in Hafr al-Batin die "absolute und bedingungslose" Unterstützung Saudi-Arabiens bei der Vereinigung des J. zu

18.-19.3. - Sitzung des jemen.-jordanischen Komitees in Sana

20.-22.3. - Zweite gemeinsame Sitzung der beiden Ministerräte in Aden

24.-26.3. - Sitzung der jemen.-ägyptischen Kommission in Sana

26.3. - Die Jemenitische Sozialistische Partei wird Mitglied der Sozialistischen Internationale (nach al-Yaum al-Sabi', 26.3.)

10.4. - Arbeitsbesuch Präs. Salihs in den VAE

18.-19.4. - Ali Salim al-Baid in Bagdad

30.4. - Der Südj. und die USA nehmen diplomatische Beziehungen auf (Abbruch 1968)

4.5. - Währungen beider J. werden legales Zahlungsmittel im gesamten J.

18.5. - Der Südj. nimmt diplomatische Beziehungen mit Südkorea auf

19.5. - Besuch der pakistanischen PM Bhutto in Sana

20.5. - Erklärung des Obersten Volksrates in Aden über die Rehabilitierung aller Opfer

22.5. - Vereinigung beider J. zur Jemenitischen Republik

24.5. - Haidar Abu Bakr al-Attas (früherer Präs. des Südj.) wird PM des vereinten J.

25.5. - Präs. Salih bildet einen 45köpfigen Konsultativrat

28.-30.5. - Teilnahme Präs. Salihs an der arabischen Gipfelkonferenz in Bagdad

29.5. - Aufnahme des vereinigten J. in den AKR anläßlich der Sitzung in Bagdad

30.5. - Besuch des libyschen Revolutionsführers Qaddafi in Sana

31.5. - Der Präs. von Djibuti, Hasan Goulid Aptidon, führt Gespräche in Sana

17.-18.6. - Besuch des irakischen Präs. Saddam Husain

7.-8.7. - Der ägyptische Präs. besucht auf seinem Weg nach Addis Abeba Sana und Aden

4.8. - Präs. Salih führt Gespräche mit dem irakischen Präs. Saddam Husain in Bagdad und mit dem saudischen König Fahd in Dschidda

23.8. - König Husain von Jordanien führt mit Präs. Salih Gespräche in Sana

19.9. - Saudi-Arabien hebt alle Vergünstigungen für Ausländer (Einreisevisum, Arbeitserlaubnis) auf; 750.000 Jemeniten kehren in den J. zurück

15.11. - Arbeitsverbot für Nichtjemeniten zwecks Arbeitsbeschaffung für Jemeniten

3.12. - Vizepräs. al-Baid fliegt nach Amman; am 4.12. Weiterflug mit König Husain nach Bagdad

Thomas Koszinowski

Jordanien

Offizieller Name: al-Mamlaka al-Urdunniya al-Hashimiya/Haschemitisches Königreich Jordanien; **Unabhängigkeit:** 22.3.1946; **Fläche:** 89.206 qkm; **Einwohner:** 3,22 Mio. (1990); **Hauptstadt:** Amman, Ew.: 1,34 Mio.; **Urbanisierungsrate:** 60 %; **Armeestärke:** 100.000 Mann, Paramilitär. Einh.: 4.000 Mann bewegliche Einsatzpolizei, 15.000 Mann Zivilmiliz ("Volksarmee"); **BIP:** 3,9 Mrd. US-$; **Sektoren in %:** Landwirtschaft 10; Industrie 25; Dienstl. 65; **Pro-Kopf-Einkommen:** 1.500 US-$; **Währung:** 1 US-$ = 0,661 jordanische Dinar (JD)

Innenpolitische Entwicklung

Die im Vorjahr eingeleitete Beteiligung des Volkes an politischen Entscheidungen führte 1990 zu einem sich immer stärker innen- und außenpolitisch artikulierenden islamisch-palästinensischen Aktionsbündnis. Es drückte die um sich greifende Meinung aus, daß der Islam und seine Bewegung die einzige Antwort auf die zionistischen Praktiken Israels sei.

Gleich zu Beginn des Jahres, am 1.1., hatte das Unterhaus mit den Stimmen der islamischen Bewegung der neuen Regierung Badran das Vertrauen ausgesprochen (65 zu 9 Stimmen, bei 16 Enthaltungen). Zuvor hatte Badran versprochen, Ausbildungszentren für islamische Lehrer und eine Schariats-Fakultät einzurichten sowie die Gesetze an das Schariatsrecht anzunähern.

Eine kleine Kabinettsumbildung am 18.6. besetzte nach dem Rücktritt von Auni al-Masri das Planungsminsterium mit dem Bankier Khalid Auni Abdallah neu, nahm einen Staatsminister für Angelegeheiten des Ministerpräsidenten, Hikmat al-Sakit, auf und tauschte die Zuständigkeiten von Nabil Abu l-Huda (jetzt Verkehr) und Ibrahim Aiyubi (jetzt Versorgung) aus. Bei der Eröffnung der neuen Sitzungsperiode des Unterhauses am 18.10. gelang es der *Islamischen Bewegung/Muslimbrüder* (22 Abgeordnete) und dem unabhängigen *Islamischen Block* (8 Abgeordnete) mit Unterstützung von fünf Stimmen des *Liberalen Blocks* (insges. 7 Abgeordnete, im Oktober vom *Nationalen Block* abgespalten) sowie weiteren sechs Stimmen, gleich im ersten Wahlgang mit der erforderlichen absoluten Mehrheit von 41 Stimmen ihren Kandidaten, Abu Latif Arabiyat, als Parlamentssprecher durchzusetzen. Elf Abgeordnete der *Demokratischen Allianz* (insges. 12 Abgeordnete) hatten sich der Stimme enthalten. Vom Nationalen Block (insges. 16 Abgeordnete) und der Gruppe der Unabhängigen (insges. 15) hatten 28 Parlamentarier für den bisherigen Sprecher, Sulaiman Arar, votiert.

Der parlamentarische Erfolg der Muslimbrüder verdeutlichte, daß eine Regierung ohne ihre Beteiligung kaum politisches Durchsetzungsvermögen hat. Nach mehrwöchigen Verhandlungen und der am 21.12. bekundeten Rücktrittsbereitschaft von zehn Ministern war bis Jahresende der Weg für die Aufnahme von Ministern aus dem Block der Muslimbrüder und aus dem unabhängigen Islamischen Block ins Kabinett geebnet.

Ihre Reformversprechen setzte die Regierung in kleinen Schritten in die Tat um. Im Februar wurde die Zuständigkeit von Militärgerichtshöfen eingeschränkt und politische Straftäter amnestiert (die letzten 28 am 26.2.). Am 9.4. ernannte König Husain eine aus 60 Mitgliedern bestehende Kommission unter Vorsitz des Senators und ehemaligen Ministerpräsidenten, Ahmad Ubaidad, zur Ausarbeitung einer jord. Nationalcharta. Sie überreichte am 29.12. dem König offiziell ihren Entwurf. Zu diesem Zeitpunkt herrschte noch Unklarheit, durch wen und in welcher Form die Nationalcharta angenommen und damit in Kraft gesetzt werden sollte. Ab Juli befaßten sich Parlamentskomitees mit Ersatzregelungen für die Gesetzgebung von 1935, auf deren Grundlage 1967 das 1989 "eingefrorene", de jure aber nach wie vor gültige Kriegsrecht verhängt worden war. Auch die Wiedereinstellung von Personen, die aus politischen Gründen aus dem öffentlichen Dienst entlassen worden waren, wurde vorangetrieben und bis Jahresende 416 Personen wieder eingestellt, die meisten davon vom Erziehungsministerium.

Im Mai kam es zu größeren Polizeieinsätzen gegen palästinensische Sympathiekundgebungen. Am 14.5. zerstreuten starke Polizeiverbände unter Einsatz von Tränengas einen "Friedensmarsch" von rund 20.000 Palästinensern, die anläßlich des 42. Jahrestages des UNO-Beschlusses zur Gründung Israels auf israelisch besetztes Gebiet marschieren wollten. Bei dieser Aktion gab es nach offizieller Darstellung 52, nach inoffizieller 103 Verletzte. Der Tod von sieben Palästinensern im *Rishon-Massaker* (--> Israel) führte vom 21.-23.5. zu weiteren Demonstrationen. Polizeieinheiten stoppten gewaltsam einen erneuten Marsch von ca. 7.000 Palästinensern auf israelisch besetztes Gebiet, in Irbid wurde ein vierzehnjähriger palästinensischer Molotowcocktailwerfer von der Polizei erschossen. Die Bewußtseinsverknüpfung zwischen Islam und Palästinenserfrage verdeutlichten Vorfälle in Rusaifa nordwestlich von Amman, wo mit den Palästinensern symphatisierende Demonstranten die dortigen Alkoholfabriken demolierten und in Brand setzten.

Aufschlüsse über das politische Verhalten von Bevölkerungsteilen lieferte die Kommunalwahl in Zarqa, mit 450.000 Ew. die zweitgrößte Stadt des Landes. Erstmals seit 1978 sollte hier im Mai wieder eine zivile Verwaltung gewählt werden. Als am 15.5. von 63.000 Wahlberechtigten nur 17.000 ihre Stimme abgegeben hatten, wurde die Wahl um einen Tag verlängert. Bis zum Abend des 16.5. machten insgesamt 21.943 Personen von ihrem Wahlrecht Gebrauch. Organisatorische Schwächen der Durchführung mögen eine Rolle bei der geringen Wahlbeteiligung gespielt haben, ausschlaggebend dürften jedoch Gleichgültigkeit und Frustration unter der Bevölkerung gewesen sein. Den Nutzen daraus zogen die Kandidaten eines islamischen Wahlbündnisses unter den 54 Bewerbern um zehn Stadtratssitze. Acht der Sitze gewann der *Islamische Aktionsblock* (Muslimbrüder) zusammen mit dem *Islamischen Block Zarqa*.

Die Blöcke bei der Kommunalwahl und im Unterhaus nahmen die Stelle von politischen Parteien ein, deren offizielle Zulassung erst nach Annahme der Nationalcharta vorgesehen ist. Lediglich eine politische Gruppierung gab am 18.11. ihre Formierung als Partei öffentlich bekannt, die *Jordanische Populäre Demokratische Unionspartei* (JPDUP), ein Ableger der palästinensischen PFLP (Popular Front for the Liberation of Palestine).

Im Laufe des Jahres häuften sich die Anzeichen, daß die Loyalität des beduinischen Bevölkerungsteils - bisher die Stütze der jord. Armee - gegenüber dem König zu bröckeln begann. Offenbar versuchte König Husain durch eine Zusammenarbeit mit den fundamentalistischen und konservativen islamischen sowie mit den palästinensischen Kräften im Lande eine breitere Loyalitätsbasis aufzubauen.

Außenpolitische Entwicklung

Im ersten Halbjahr schien sich die Achse Kairo-Amman-Bagdad mit häufigen persönlichen Kontakten der Staatsoberhäupter untereinander weiter zu konsolidieren. Bis zum Juni reiste König Husain sechs Mal nach Bagdad (darunter vom 28.-30.5. zum Gipfeltreffen der Arabischen Liga), und Saddam Husain kam im Januar nach Amman sowie weiterhin im Februar zum Gipfeltreffen des Arabischen Kooperationsrats (AKR). Am AKR-Gipfel nahmen auch der Staatspräsident des Nordjemen, Ali Abdallah Salih, und der ägyptische Präsident Husni Mubarak teil. Präsident Mubarak legte im April auf dem Rückweg von Bagdad einen kurzen Zwischenaufenthalt bei König Husain in Aqaba ein. Die meisten dieser Kontakte hatten die zu erwartende Ansiedlung Hunderttausender von jüdischen Emigranten aus der Sowjetunion in den israelisch besetzten Gebieten zum Thema. Auch ein Besuch des Königs und des Ministerpräsidenten Badran in den VAE, Kuwait, Bahrain und Qatar Ende Februar sowie eine Reise König Husains nach Frankreich und England Anfang März, in deren Verlauf er am 6.3. mit Präsident Mitterrand sowie mit Premierminister Rocard und am 11.3. mit Premierministerin Thatcher zusammentraf, dienten zur Unterstreichung der gemeinsamen arabischen Ablehnung israelischer Siedlungspläne.

Während des Besuchs von Yasir Arafat an der Spitze einer hochrangigen PLO-Delegation im April wurde dem Vernehmen nach eine prinzipielle Verständigung über die Föderation zwischen einem befreiten Palästina und Jordanien erzielt, eine Idee, die schon einmal, 1985, aufgebracht worden war (JoT, 1.5.). Die engen und guten Kontakte zur PLO bewirkten, daß während der pro-palästinensischen Unruhen im Mai Arafat seinen Botschafter in Amman anwies, beschwichtigend auf die Palästinenser in den jord. Lagern einzuwirken (JP, 23.5.).

Daß König Husain nicht mehr wie bisher alleiniger Initiator der jord. Außenpolitik war, zeichnete sich Anfang Februar ab. Am 10.2. verabschiedete das Unterhaus mit Stimmenmehrheit der beiden islamischen Blöcke und weiterer palästinensischer Abgeordneter einen Aufruf an die Staatsführungen von Jordanien, Syrien, des Irak sowie an die PLO, das "Ostfrontkonzept" gegen Israel von 1956 wiederzubeleben.

Die Außenpolitik der zweiten Jahreshälfte stand vollständig im Zeichen der Kuwaitkrise. Noch vor Ausbruch des offenen Konflikts bemühte sich König Husain um Vermittlung: vom 22.-23.7. besprach er den zwischen Irak und Kuwait aufgekommenen Streit mit Präsident Mubarak und dem irakischen Außenminster Aziz in Alexandria, und vom 29.-30.7. hielt er sich zur Vermittlung in Bagdad und in Kuwait auf. Am Tag des irakischen Einmarsches erörterte er die neue Situation mit Präsident Mubarak in Alexandria sowie am nächsten Tag mit Saddam Husain in Bagdad.

Auf der Gipfelkonferenz der AL am 10.8. in Kairo schloß sich Jordanien (J.) zwar der Verurteilung des irakischen Einmarsches an, stimmte jedoch nicht für die Entsendung von arabischen Truppen nach Saudi-Arabien. König Husain vertrat die Ansicht, daß sich die arabischen Staaten nicht durch Ächtung Saddams den Spielraum für eine innerarabische Lösung verbauen sollten. Diesen Spielraum versuchte er zu wahren, auch wenn er durch eine mangelnde Dialogbereitschaft der Beteiligten enttäuscht wurde (speziell der von Saddam Husain, wie sich aus manchen seiner Äußerungen ablesen ließ). Ohne einen direkten Kausalzusammenhang zwischen der Besetzung Kuwaits und dem Palästinaproblem herzustellen, vertrat der König den Standpunkt, daß bei der Durchsetzung von UNO-Resolutionen allen Ländern gegenüber die gleichen Normen und Standards anzuwenden seien. Er unterstützte die Idee einer allgemeinen Problemlösung für den Nahen Osten, bei der allerdings Prioritäten zu setzen seien und die Lösungsinititativen aus der Region selbst kommen sollten. Indizien für einen starken Einfluß der PLO auf die jord. Haltung waren die von September bis Dezember monatlichen (im September sogar zweimaligen) Besuche Arafats in Amman.

Als keine Hoffnungen mehr auf eine schnelle Konfliktlösung bestanden, setzte König Husain seine gesamte Energie ein, einen Krieg zu verhindern. Vor einer Reise in die USA suchte er Bagdad in der vergeblichen Hoffnung auf, während seiner Unterredung mit Präsident Bush am 16.8. eine persönliche Botschaft von Saddam Husain übermitteln zu können. Bei den Gesprächen in den USA ging es u.a. auch um die lückenlose Einbeziehung des jord. Hafens Aqaba in die Blockade gegen den Irak. Noch im gleichen Monat reiste König Husain in den Jemen und in den Sudan, und vom 26.8.-4.9. besuchte er in Begleitung von Ministerpräsident Badran die Staaten der Maghrebunion sowie die meisten EG-Staaten. Anschließend informierte er Saddam Husain in Bagdad persönlich von den Ergebnissen dieser Reise. Mitte September besprach er mit König Hassan II. von Marokko und dem algerischen Präsidenten Bendjedid in Rabat einen erneuten arabischen Friedensvorstoß, Anfang November suchte er Sultan Qabus in Oman, den amtierenden Vorsitzenden des Golf-Kooperationsrates, auf. Seine Teilnahme an der internationalen UNO-Ökologiekonferenz in Genf am 6.11. nutzte König Husain zu einer eindringlichen Warnung vor den katastrophalen Umweltfolgen eines eventuellen Krieges um Kuwait sowie zu den üblichen politischen Kontakten auf der Hinreise und während der Konferenz. Am 4.12. flog er mit dem jemenitischen Vizepräsidenten, al- Baid, der ihn in Amman aufgesucht hatte, nach Bagdad. An den dortigen Gesprächen mit Saddam Husain nahm auch Yasir Arafat teil.

Die Vermittlungsdiplomatie des Königs spiegelte nicht die "Volksstimmung" in J. wider. Vom 15.-17.9. fand in Amman eine dreitägige *Konferenz der Arabischen Volkskräfte* zur Kuwaitkrise statt, die eine unverhohlene Sympathiekundgebung für Saddam Husain war. Unter den Teilnehmern befanden sich auch Delegationen der palästinensischen DFLP (Demokratische Front zur Befreiung Palästinas) mit Nayif Hawatma und der PFLP mit George Habash an der Spitze. Beide Organisationen waren nach den Unruhen 1970 in Jordanien verboten und Hawatma und Habash zu unerwünschten Personen erklärt worden. Hawatma und Habash durften zur Konferenz nach J. einreisen, und König Husain gewährte ihnen sogar am 16.9. - allerdings getrennte - Audienzen. Am 17.9. empfing König Husain ebenfalls eine Gesamtdelegation der Konferenz.

Die jord. Haltung in der Kuwaitfrage bewirkte eine abrupte Verschlechterung der Beziehungen zu Saudi-Arabien. Noch im Februar und April hatten Besuche König Husains und Badrans in Saudi-Arabien zu weiteren Finanzhilfen an J. geführt. Zwei Tage nach der "panarabischen" Konferenz der Arabischen Volkskräfte in Amman, am 19.9., stoppte die Behörde der saudischen Trans-Arabian-Petroleum Line (Tapline) ihre Lieferungen innerhalb von sechs Stunden. Zuvor hatte sie das Land aufgefordert, seine Schulden von 46 Mio. US-$ zu begleichen (6 Mio. für Lieferungen im Juni und 40 Mio. für die im Juli fällig gewesene erste Rate einer Gesamtschuld von 120 Mio. US-$ aus dem Jahre 1984; JP, 23.9.). Zum gleichen Zeitpunkt wies Saudi-Arabien mehrere jord. Diplomaten aus, forderte die Schließung des Militärattaché-Büros und verlangte eine Reduzierung des Personals der Botschaft in Riad und des Generalkonsulats in Dschidda auf je zwei Personen (außer Botschafter und Generalkonsul). Als aus Protest gegen diese Forderung am 25.9. der jord. Botschafter aus Saudi-Arabien zurückgerufen wurde, reagierte Saudi-Arabien am 6.10. mit der Rückberufung seines Botschafters aus Amman.

Dagegen normalisierten sich die 1984 unterbrochenen diplomatischen Beziehungen mit Libyen wieder (eine Wiederaufnahme war bereits 1987 auf dem Gipfeltreffen der AL in Amman vereinbart worden). Im Juni wurde die jordan. Botschaft in Tripolis wieder geöffnet und im Oktober die libysche Botschaft in Amman.

Sozioökonomische Entwicklung

Das Unterhaus verabschiedete am 3.2. den Haushalt 1990, der den vom IWF geforderten Wirtschaftsreformmaßnahmen weitgehend entsprach. Das Abstimmungsergebnis (56 gegen 16 Stimmen) ist daher auch als indirekte Bestätigung der IWF-Forderungen durch das Unterhaus zu werten. Ausgaben in Höhe von 1.094,122 Mio. JD standen Einnahmeerwartungen von 906,4 Mio. JD gegenüber. An ausländischen Hilfen wurden insges. 350 Mio. JD erwartet, davon allein aus arabischen Staaten 220 Mio. JD. Auf der Ausgabenseite waren für Schuldendienste und Rückzahlungen 87,46 Mio. JD vorgesehen; Nahrungsmittel und einheimische Waren sollten mit insges. 132 Mio. JD subventioniert werden.

Erfolgreich verliefen in der ersten Jahreshälfte weitere Umschuldungsverhandlungen bei einer Auslandsschuldenlast von 8,3 Mrd. US-$. Nach einwöchigen Verhandlungen mit einer sowjetischen Delegation in Amman unterzeichneten am 5.2. beide Länder ein Abkommen, das die jord. Seite günstig bewertete. Von 214 Mio. US-$ 1989/90 fälligen Schuldendiensten verblieben bis zum 15.3. nur noch 4 Mio. Barzahlungsverpflichtungen für Zinsdienste. Die restliche Summe wurde in einen 160-Mio.-Kredit mit zwölfjähriger Laufzeit (bei sechs Freijahren) umgewandelt, und für 42 Mio. wurden jord. Warenlieferungen, vor allem Phosphat, in die UdSSR vereinbart. Mit Frankreich und mit Österreich konnte am 15.2. ein Umschuldungsabkommen über 130 Mio. bzw. 13,5 Mio. US-$ bei einer Rückzahlungsfrist von 10 Jahren abgeschlossen werden. Gespräche mit einem vom 31.3.-4.4. in Amman weilenden IWF-Team führten zur Verständigung über die Auszahlung der restlichen vier Raten à 11 Mio. US-$ einer 1989 zugesagten Unterstützung von insges. 77 Mio. US-$.

Bis Mitte des Jahres zeigte die jord. Wirtschaft hoffnungsvolle Anzeichen einer Erholung. Die Inflationsrate konnte von 25 % Ende 1989 auf 12 % (nach Aussagen von Finanzminister Jardana sogar auf 8 %) abgesenkt werden, das Handelsbilanzdefizit von 166 Mio. US-$ Ende 1989 auf 100 Mio. verringert und der Zahlungsbilanzüberschuß des Vorjahres von 348 Mio. US-$ auf 452 Mio. verbessert werden.

Der Ausbruch der Golfkrise machte sämtliche Hoffnungen zunichte. Durch das UNO-Embargo gegen den Irak verlor J. sein Hauptexportland. Die Quasi-Blockade gegen den Hafen Aqaba (zwei Drittel seines Umschlags hatten aus Transitwaren für Irak bestanden) verursachte einmal erhöhte Importkosten, zum andern wurde das jord. Transportwesen, das überwiegend vom Transitgeschäft nach Irak gelebt hatte, schwer in Mitleidenschaft gezogen. Vor der Krise hatte J. 86 % seines Erdölbedarfs aus dem Irak bezogen. Danach reduzierte es den Bezug auf 40 % (als Bezahlung für alte irak. Handelsschulden deklariert). Ob und wann

diese Lieferungen eingestellt wurden, ist nicht bekannt. Noch am 9.9. verkündete Außenminister al-Qasim, daß J. den Bezug erst völlig einstellen werde, wenn es entsprechend günstige Alternativen gefunden habe (16,4 US-$/ Barrel bei Weltmarktpreisen von 31 $; SWB, 11.9.).

Erste Schätzungen über die jord. Wirtschaftsverluste durch die Golfkrise bezifferten sich auf 730 Mio. bis über eine Mrd. US-$ für das Jahr 1990 und rund 2,5 Mrd. für 1991. Die jord. Außenpolitik in der Kuwaitfrage bewirkte, daß die arabischen Golfstaaten sämtliche Hilfeleistungen einstellten. Ein gewisser Verlustausgleich konnte durch Finanzhilfen und günstige Kredite westlicher Industrienationen geschaffen werden. Bis Jahresende gingen 20 Mio. US-$ Finanzhilfe aus Frankreich sowie 127 Mio. aus der Bundesrepublik Deutschland ein, und mit Japan wurden Verhandlungen über ein Darlehen von 83 Mio. zu günstigen Bedingungen (1 % Zinsen bei einer Rückzahlung von 30 Jahren) abgeschlossen. Andere Länder hatten Finanzhilfen von zusammen 97,3 Mio. US-$ angekündigt.

Eine Belastung besonderer Art stellte der Zustrom aus dem Irak und Kuwait fliehender Ausländer dar. Vom August bis Ende des Jahres passierten über 1,6 Mio. Personen (einschließlich Jordanier) den Grenzübergang al-Ruwaishad; 865.000 Flüchtlinge, meist aus asiatischen Ländern, mußten vorübergehend in Lagern untergebracht werden. Für Unterbringung und Ernährung dieser Flüchtlinge gab J. zwischen August und November 56 Mio. US-$ aus, an internationaler Hilfe erhielt es 12 Mio. (JoT, 8.1.91). Einer anderen Quelle zufolge beklagte Kronprinz Hassan, daß von zugesagten 100 Mio. US-$ internationaler Flüchtlingshilfe lediglich 6 Mio. eingetroffen seien (TDN, 19.1.91).

Zur Haushaltsdebatte 1991 veröffentlichte Schätzungen zum Haushaltsergebnis 1990 enthielten die Erwartung, durch rigorose Einsparungen das Defizit 1990 trotz der Krise nicht über die 187 Mio. JD des Ansatzes hinaus anwachsen zu lassen. Der am 19.12. vom Unterhaus für 1991 verabschiedete Haushalt mit einem Volumen von 1,1 Mrd. JD sah Einnahmen in Höhe von 902,5 Mio. vor. Darin enthalten waren Einnahmeerwartungen von 150 Mio. durch externe Darlehen und Hilfen sowie 50 Mio. durch interne Anleihen. An Ausgaben waren u.a. vorgesehen für laufende Ausgaben 883,2 Mio. JD und an Kapitalausgaben weitere 230 Mio. Die Auslandsneuverschuldung sollte 326 Mio. JD betragen. Allein 71 % dieser Summe, 250 Mio., mußten allerdings für alte Schuldendienste gegengerechnet werden.

Vor der Krise hatten sich ca. 120.000 jord. Arbeitnehmer in Kuwait befunden, deren Überweisungen nach dem Einmarsch ausblieben. Rückkehrer aus Kuwait und aus dem Irak belasteten zusätzlich den jord. Arbeitsmarkt. Mitte des Jahres waren 20 % der Erwerbsbevölkerung (80.000 Personen) arbeitslos gewesen, ein Anstieg der Arbeitslosigkeit auf 30-40 % wird erwartet. Bereits 1990 befanden sich nach einer UNICEF-Studie ca. 1 Mio. Jordanier an der untersten Armutsgrenze, 130.000-160.000 hatten sie bereits unterschritten (JoT, 20.12.).

Um einen Mißbrauch staatlich subventionierter Nahrungsmittel (Reis, Zucker, Milchpulver) zu vermeiden, führte die Regierung Anfang September Bezugsscheine ein.

Die Staatsführung Jordaniens
Staatsoberhaupt: König Husain Ibn Talal (seit 1953)
Jordanische Regierung (Stand: 31.12.1990)
Ministerpräsident/Verteidigung: Mudar Badran, **Stellvertr. Ministerpräsident/Äußeres:** Marwan al-Qasim, **Stellvertr. Ministerpräsident/Inneres:** Salim Musa'ada, **Arbeit:** Dr. Qasim Ubaidat, **Soziale Entwicklung:** Abd al-Majid al-Shuraida, **Kommunal-/Dorfangelegenheiten/Umwelt:** Abd al-Karim al-Dughmi, **Auqaf/Islam. Angelegenheiten:** Ali al-Faqir, **Öffentl. Arbeiten/Wohnungswesen:** Abd al-Ra'uf al-Rawabida, **Versorgung:** Ibrahim Aiyub, **Handel/ Industrie:** Dr. Ziyad Faris, **Erziehung/Hochschulen:** Dr. Muhammad Hamdan, **Finanzen/ Zölle:** Basil Jardana, **Verkehr/Telekommunikation:** Nabil Abu l-Huda, **Energie/Mineralwirtschaft:** Thabit al-Tahir, **Planung:** Khalid Amin Abdallah, **Landwirtschaft:** Dr. Sulaiman Arabiyat, **Justiz:** Yusuf al-Mubaidin, **Information:** Ibrahim Izz ad-Din, **Gesundheit:** Dr. Muhammad al-Zabin, **Jugend:** Ibrahim al-Ghababisha, **Wasser/Bewässerung:** Dawud Khalaf, **Tourismus/Altertümer:** Abd al-Karim al-Kabariti, **Parlament. Angelegenheiten:** Abd al-Baqi Jamu, **Kultur:** Dr. Khalid al-Karaki, **Staatsminister** (für Angelegenheiten des Ministerpräs.): Hikmat al-Sakit

Chronologie Jordanien 1990

1.1. - Vertrauensvotum für PM Badran durch das Parlament
5.-6.1. - König Husain und PM Badran in Bagdad
17.-18.1. - Saddam Husain in Amman
28.1.-30.1. - Syr. PM al-Zu'bi an der Spitze einer Wirtschaftsdelegation in Amman
5.2. - Umschuldungsabkommen mit der Sowjetunion
8.2. - König Husain und PM Badran in Bagdad
13.2.-15.2. - König Husain in Saudi-Arabien
23.-24.2. - AKR-Gipfel in Amman
26.2.-1.3. - König Husain und PM Badran in den VAE, Kuwait, Bahrain und Qatar
3.3. - König Husain in Bagdad
5.-22.3. - König Husain über Paris nach England
27.-31.3. - Privatbesuch des UNO-GS Perez de Cuellar in Aqaba
7.4. - Zwischenaufenthalt des ägypt. Präs. Mubarak in Aqaba
9.4. - Ernennung einer königlichen Kommission zur Ausarbeitung einer jord. Nationalcharta
17.-19.4. - Arafat an der Spitze einer PLO-Delegation in Amman
20.-21.4. - König Husain und PM Badran in Saudi-Arabien
5.5. - König Husain und PM Badran in Bagdad
14.5. - "Friedensmarsch" von 20.000 Palästinensern anläßlich des 42. Jahrestags der Gründung Israels
15.-16.5. - Kommunalwahl in Zarqa
18.-19.5. - Pakistan. PM Benazir Bhutto zu Besuch
21.-23.5. - Demonstrationen anläßlich der Ermordung von 7 Palästinensern in Rishon Lezion/Israel
28.-30.5. - Teilnahme von König Husain am AL-Gipfel in Bagdad
18.6. - Kabinettsumbildung
21.6. - König Husain in Bagdad
23.6. - Wiedereröffnung der jord. Botschaft in Tripolis/Libyen
17.-18.7. - König Husain und PM Badran in Jemen, Saudi-Arabien und Oman
22.-23.7. - König Husain in Alexandria
29.-30.7. - König Husain und PM Badran in Bagdad und in Kuwait
2.8. - König Husain in Alexandria
3.8. - König Husain und PM Badran in Bagdad
13.8. - König Husain in Bagdad
15.-17.8. - König Husain und PM Badran in den USA
23.-24.8. - König Husain im Jemen und Sudan
25.8.-4.9. - König Husain und PM Badran in Libyen, Tunesien, Algerien, Mauretanien, Marokko (-30.8.), Madrid, London, Bonn, Paris und Rom
5.-6.9. - König Husain in Bagdad
12.-13.9. - Arafat in Amman (ebenso 18.9., 6./7.10, 13.11. u. 15.12.)
15.-17.9. - Konferenz der "Arab Popular Forces" in Amman
16.9. - König Husain empfängt Nayif Hawatma (DFLP) und George Habash (PFLP)
19.9. - Saudische Tapline-Behörde stoppt Öllieferungen
19.-20.10. - König Husain in Rabat
25.9. - Rückberufung des jord. Botschafters aus Riad
3.-4.10. - Jap. PM Toshiki Kaifu in Amman
6.10. - Rückberufung des saud. Botschafters aus Amman; Einführung der Fünftagewoche im öffentlichen Dienst als Energiesparmaßnahme
28.10. - Libyscher Botschafter trifft in Amman ein
31.10.-2.11. - König Husain in Oman
4.-7.11. - König Husain über Paris zur internat. Ökologie-Tagung in Genf (6.11.)
17.11. - Abu Latif Arabiyat zum neuen Parlamentssprecher gewählt
3.12. - Vizepräs. des Jemen, al-Baid, in Amman
4.12. - König Husain, PM Badran und al-Baid reisen nach Bagdad
11.-12.12. - Der algerische Präs. Chadli Bendjedid in Amman
29.12. - Entwurf der Nationalcharta dem König überreicht

Erhard Franz

Libanon

Offizieller Name: al-Jumhuriya al-Lubnaniya/Libanesische Republik; **Unabhängigkeit:** 22.11.1943; **Fläche:** 10.452 qkm; **Einwohner:** 3,5-4 Mio. (geschätzt); **Hauptstadt:** Beirut, Ew. ca. 1,5 Mio.; **Urbanisierungsrate:** ca. 78 %; **Armeestärke:** 30-35.000 Mann; **BIP:** 3,5 Mrd. US-$ (1989); **Sektoren in %:** Landwirtschaft 18; Industrie 12; Dienstl. 70 (1989); **Pro-Kopf-Einkommen:** 1.100 US-$ (1989);**Währung:** 1 US-$ = 842 Libanesische Pfund (L£) (Jahresende)

Innenpolitische Entwicklung

Im 16. Bürgerkriegsjahr erreichten die Kampfhandlungen im Libanon (L.) einerseits neue Höhepunkte der Intensität und Destruktivität; andererseits wurde auch ein Durchbruch auf dem Weg zu einer Gesamtlösung des Konflikts erzielt, indem wichtige Elemente des im Oktober 1989 ausgehandelten Friedensplans von Ta'if in die Tat umgesetzt werden konnten.

Das Jahr begann mit weiteren herausfordernden Schritten des General Michel Aoun, der im Dezember 1989 mit seiner Totalopposition gegen das Ta'if-Abkommen und die daraus hervorgegangene neue lib. Regierung eine Massenbewegung in der christlichen Enklave um sich geschart hatte (--> Libanon, JB 1989). Mit einem Dekret vom 16.1., das den Medien verbot, den neuen Präsidenten Elias Hrawi und die "Ta'if-Regierung" mit ihren offiziellen Titeln zu benennen, versuchte er auch der Miliz *Forces Libanaises* (FL) seine politische Linie aufzuzwingen. Die FL, deren Führer Samir Geagea bei Pressekonferenzen am 4. und 10.1. sein Projekt einer "föderalistischen Lösung" für den L. wiederholt hatte, blieben jedoch bei ihrer ambivalenten Haltung weder für noch gegen das Ta'if-Abkommen. Am 30.1. erklärte Aoun die FL für "illegal" und forderte die Entwaffnung oder freiwillige Eingliederung ihrer Kämpfer in die lib. Armee unter seinem Kommando. Einen Tag später begannen Aouns Truppen eine Generaloffensive gegen die FL.

Der Versuch Aouns, seine Macht in der christlichen Enklave durch die Ausschaltung der konkurrierenden FL-Miliz zu konsolidieren, erwies sich als selbstzerstörerische Fehlkalkulation. Sämtliche Einheiten der Armee in den Landkreisen Byblos und Kisrawan blieben entweder neutral oder wurden von der FL-Miliz überwältigt (zuletzt die Hubschrauberbasis Adma bei Jounieh am 17.2.), und auch im Zentrum von Ostbeirut (Achrafieh, Doura, Nabaa) verteidigten die FL ihre Stellungen, u.a. ihr Hauptquartier in Qarantina. Aouns Truppen erzielten nach der Eroberung der Beiruter Vororte Dubayyé (4.2.) und Ain al-Rummana (16.2.) und einem Vorstoß in die Bergdörfer Daraiya und Qlai'at in Kisrawan (10.-15.2.) keinen weiteren Geländegewinn mehr und blieben auf einen Machtbereich von 300 qkm in den Landkreisen Matn und Baabda zusammengedrängt. Schon ab Ende Februar erstarrte Aouns "Eliminierungskrieg" (so die FL-Terminologie) zu einem Stellungskrieg, in dem eher die dezimierten Truppen Aouns als die FL die Belagerten waren (ein Drittel seiner zuvor 15.000 Soldaten verließ Aoun nach dem 31.1. oder wurde neutralisiert). Versuche Aouns, den Schiffsverkehr zu den Häfen der FL zu unterbinden ("Dekret" vom 9.5.) und eine zeitweilige Blockade der Straßenverbindungen (8.-21.5.) brachten Aoun ebensowenig Vorteile wie spätere Offensiven gegen Nabaa (1.3.) und Qlai'at (30.3.).

Der innerchristliche Machtkampf forderte schon in den ersten drei Wochen 650 Tote und 1.200 Verletzte (HB, 20.2.) und innerhalb von vier Monaten 1.075 Tote und über 3.000 Verletzte (KuT, 5.6.). Er führte zu noch schwereren Zerstörungen in der christlichen Enklave als der "Befreiungskrieg" gegen die Syrer vom Vorjahr und traf besonders einige dicht besiedelte und wirtschaftlich wichtige Stadtteile Ostbeiruts (Doura, Achrafieh, Sinn al-Fil, Furn al-Shibbak, Ain al-Rummana). Zeitweilig flohen 300.000 Christen aus der Enklave, davon etwa die Hälfte ins Ausland (KuT, 2.7.; M, 6.7.). Der maronitische Patriarch bedrohte die Kontrahenten Aoun und Geagea zweimal mit kirchlicher Exkommunikation, wenn sie die Kämpfe nicht einstellen würden (1.3., 30.3.).

Die vom Präsidenten Elias Hrawi und der Regierung Salim al-Huss repräsentierte "Legalität" konnte trotz der Schwächung ihres Hauptwidersachers Aoun nur sehr langsam ihre Autorität aufbauen. Erste wirtschaftliche Sanktionen ab Ende 1989 blieben wirkungslos und wurden von Aoun mit der Unterbrechung der Wasser- und Stromversorgung von Westbeirut gekontert (29.1.). Die christlichen Minister George Saadé und Michel Sassin suspendierten vom 29.1. bis zum 4.6. ihre Mitgliedschaft im Kabinett. Ein bei dem Antrittsbesuch von Hrawi und al-Huss in Damaskus (21.-23.1.) vereinbarter "Sicherheitsplan" für Westbeirut führte erst Monate später (30.5.-5.6.) zu ersten energischen Maßnahmen der syrischen Armee gegen die dortigen schiitischen Milizen *Amal* und *Hizbullah*. Diese lieferten sich während fast des ganzen Jahres Gefechte, besonders im Iqlim al-Tuffah (Südlibanon), wo die *Hizbullah*, ausgehend von dem Ort Jubaa, zwischen dem 23.12.1989 und dem 2.1. einige Dörfer erobert hatte (Ain Qana, Kfar Fila, Kfar Melki) und am 16.7. weiter vorstieß (Jarjouh). Erst am 5.11. konnte eine mit syrisch-iranischer Vermittlung ausgehandelte neue Version des "Abkommens von Damaskus" vom 30.1.1989 die innerschiitischen Kämpfe vorläufig beenden, die seit April 1988 über 1.200 Tote und 6.500 Verletzte gefordert hatten (OJ, 7.11.).

Die muslimischen Milizen blieben reserviert bis ablehnend gegenüber dem Ta'if-Abkommen. Die *Hizbullah* bezeichnete es auf einer Kundgebung am 20.4. als "Verbrechen"; Walid Junblat, Vorsitzender der drusischen *Progressiven Sozialistischen Partei* (PSP) polemisierte wiederholt gegen die neue Regierung als die "korrupteste in der Geschichte L.s" (z.B. am 10.7.), und auch die *Amal* war nicht zufrieden mit der im Ta'if-Plan vorgesehenen 50-zu-50- Machtverteilung zwischen Muslimen und Christen. Dagegen modifizierten die bedrängten FL ihre Position: Geagea rief schon am 15.2. die "legale Staatsmacht" auf, "ihre Verantwortung wahrzunehmen", und erklärte sich am 3.4. offen solidarisch mit der Regierung, ohne allerdings die von den FL kontrollierten Gebiete wirklich dieser zu unterstellen. Auch Aoun, der noch am 7.2. die Ablehnung des Ta'if-Abkommens durch die FL zur Vorbedingung eines Waffenstillstandes machen wollte, zeigte sich erstmals in einem Zeitungsinterview (al-Nahar) am 9.3. kompromißbereit. Am 11.7. bot die Regierung in einer Grundsatzerklärung Aoun den Rest einer politischen Rolle im Falle seines friedlichen Rücktritts von seinen Funktionen an und führte über auswärtige Vermittler mehrwöchige Verhandlungen mit diesem Ziel. Aoun bestand jedoch auf Modifikationen des Ta'if-Planes und Parlaments-Neuwahlen vor seinem Auszug aus dem Präsidentenpalast in Baabda.

Erst am 3.5. hatte die Regierung die Gehälter aller Staatsbeamten suspendiert, die nicht ihren Anordnungen folgten. Ab 29.7. wurde auch die Versorgung der Aoun-Enklave mit Treibstoff unterbunden und den ausländischen Diplomaten jeder Kontakt mit Aoun verboten. Am 21.8. verabschiedete das Parlament mit 48 zu 3 Stimmen Änderungen von 31 Artikeln der lib. Verfassung zur Verwirklichung der in Ta'if beschlossenen Reformen. Am 30.8. begannen in aller Öffentlichkeit die Vorbereitungen zu einem militärischen Entscheidungsschlag gegen Aouns Truppen, die vom 28.9. an durch eine hermetische Blockade von deren Enklave ergänzt wurden. Zwischen dem 30.9. und dem 12.10. konnte Aoun nochmals Zehntausende seiner Anhänger zu Protestdemonstrationen mobilisieren, am 1.10. kam es dabei zu einem Massaker an 20 Demonstranten durch Unbekannte an einer der Ostbeiruter Frontlinien (Nahr al-Maut). Noch bei einer Kundgebung am 12.10., bei der Aoun einem Attentatsversuch entging, versprach er seinen Anhängern, lieber kämpfend unterzugehen als nachzugeben. Am 13.10. floh Aoun jedoch schon 45 Minuten nach dem Angriff syrischer Flugzeuge auf den Baabda-Palast in die französische Botschaft und rief von dort aus seine Soldaten auf, den Befehlen der Regierung zu folgen. Teile seiner Truppen leisteten danach noch stundenlang Widerstand, so daß am 13.10. 350 Tote (davon 100 Syrer) und 1.200 Verletzte zurückblieben (NZZ, 19.10.). Nachdem syrische Einheiten bei Dahr al-Wahsh und Suq al-Gharb in Hinterhalte geraten waren, exekutierten sie über 100 Soldaten Aouns an Ort und Stelle.

Zusammen mit syrischen und muslimisch-lib. Truppen zogen am 13.10. auch pro-syrische Milizen der *Syrischen Nationalen Sozialistischen Partei* (SNSP) und der Gruppe *al-Wa'd* des ehemaligen (1986 von Geagea gestürzten) FL-Chefs Elie Hubaiqa in die Vororte von Ostbeirut ein und besetzten zahlreiche frühere Parteilokale der FL und der Kata'ib. Am 21.10. wurde Dany Chamoun, der als prominentester Anhänger Aouns am 10.4. eine *Neue Libanesische Front* gegründet hatte (als Alternative zu der seit 1976 bestehenden Organisation, deren bewaffneter Arm die FL waren), zusammen mit seiner Frau und zwei Söhnen in Baabda ermordet. Die Syrer hatten zuvor schon den 1982 verhafteten Mörder von Bechir Gemayel, ein Mitglied der SNSP, aus dem Militärgefängnis von Rumiyeh (Ostbeirut) befreit (18.10.).

Die lib. Regierung nutzte den Sturz Aouns zur schnellen Konsolidierung ihrer Position. Sofort nach dem 13.10. begannen umfangreiche Arbeiten zur Beseitigung der Barrikaden im geteilten Beirut und Umgebung, und bis zum 3.12. konnte der am 7.11. beschlossene Abzug aller schweren Waffen der Milizen aus der Hauptstadt und einer angrenzenden Zone von 600 qkm verwirklicht werden. Das von der lib. und syrischen Armee kontrollierte "Groß-Beirut" erstreckte sich vom Nahr al-Kalb bis zum Damur-Fluß und bezog ehemalige "Frontorte" wie Dhur Shuwair, Alayh und Suq al-Gharb ein.

Am 19.12. erklärte Ministerpräsident Salim al-Huss seinen Rücktritt, und der noch mehr pro-syrische Umar Karami wurde zum neuen Ministerpräsidenten designiert. Er stellte am 24.12. ein Kabinett von 30 Personen vor, in dem die wichtigsten lib. Milizen durch 7 Staatsminister ohne Geschäftsbereich vertreten waren. Die FL, die Kata'ib-Partei und die *National-Liberale Partei* (NLP) erklärten die Regierung für unausgewogen und verweigerten die Mitarbeit. Bei der ersten Sitzung des neuen Kabinetts (31.12.) erschienen nur 21 Minister.

Außenpolitische Entwicklung

Das internationale Interesse am lib. Problem, das 1989 einen Höhepunkt erreicht hatte, flaute 1990 deutlich ab und mündete nach der irakischen Invasion Kuwaits (2.8.) fast wieder in die alte Politik ein, der "Ordnungsmacht" Syrien freie Hand im L. zu lassen. Die Ende 1989 gebildete Regierung war ihrerseits mehr als jede lib. Regierung seit dem Bürgerkrieg von Syrien abhängig und steuerte einen entsprechenden außenpolitischen Kurs. Allein zwischen dem 28.4. und dem 13.12. besuchte der lib. Präsident achtmal Syrien zu "politischen Konsultationen".

Bis zum Juli gab es jedoch noch starke internationale Vorbehalte gegen eine gewaltsame Beendigung der "Rebellion" Aouns. Als Vermittler zwischen Aoun und der lib. Regierung taten sich besonders Frankreich und der Vatikan hervor. Der päpstliche Nuntius im L., Pablo Puente, vermittelte auch wiederholt im Konflikt zwischen Aoun und den FL (größter Erfolg am 29.5.). Außerdem blieben die Regierungen der 1989 von der AL beauftragten "Troika" (Marokko, Algerien, Saudi-Arabien) aktiv, um über die Schritte zur Anwendung des unter ihrer Regie ausgehandelten Abkommens von Ta'if zu wachen. Die erste Auslandsreise (außer nach Syrien) führte Hrawi und al-Huss in diese drei Länder (4.-10.3.), und der algerische AL-Vizegeneralsekretär Lakhdar Ibrahimi kam dreimal zu Beratungen nach Beirut (12.4., 10.-25.7., 19.9.). Dabei traf sich Ibrahimi auch viermal mit Aoun (15., 19., 23. und 25.7.) und versuchte ihn zum Nachgeben zu bewegen.

Die US-Regierung verurteilte am 31.1. Aouns Angriff auf die FL und forderte ihn zum schnellen Rücktritt auf, während Frankreich und der Vatikan in dem Konflikt eher Aoun zuneigten (Kritik an den FL durch den franz. Staatssekretär Bernard Kouchner am 11.2.). Hrawi beschuldigte am 31.2. Frankreich, durch heimliche Unterstützung Aouns das Ta'if-Abkommen zu blockieren, desgleichen noch am 1.7. der Minister Dallul. Dagegen scheinen die USA - ungeachtet aller späteren Dementis - wenigstens indirekt Syrien grünes Licht für militärisches Vorgehen gegen Aoun gegeben und auch Israel bewegt zu haben, sein "Veto" gegen einen Einsatz der syrischen Luftwaffe im L. aufzuheben (IHT, 17.10.).

Im Oktober versuchten Frankreich und der Vatikan den militärischen Schlag gegen Aoun, der sich durch syrische Truppenverstärkungen und eindeutige Erklärungen lib. Minister ankündigte, mit allen diplomatischen Mitteln zu verhindern. Der franz. Botschafter René Ala führte zuletzt täglich Gespräche mit Hrawi und al-Huss, und am 12.10. warnte die franz. Regierung vor einem "Blutbad" im L. Nach dem Sturz Aouns am 13.10. erklärte Präsident Mitterrand die Asylgewährung für ihn zur "Ehrensache Frankreichs", während die lib. Regierung vergeblich Aouns Auslieferung an die lib. Justiz forderte. Die bilateralen Beziehungen kühlten weiter ab, nachdem die franz. Regierung am 18.10. eine Untersuchung der Übergriffe der syrischen Armee am 13.10. durch den UNO-Generalsekretär verlangte.

Die Syrer hatten bei ihrer Abrechnung mit Aoun sehr lange auf den günstigsten Zeitpunkt gewartet. Während der Kämpfe zwischen Aouns Truppen und den FL von Februar bis Mai blieben sie passiv und unterstützten sogar Aoun logistisch, sobald sich die FL als die stärkere Kraft herausstellten, um so beide Seiten zu schwächen. Erst nachdem die Syrer im August zum wichtigen Partner der USA in der internationalen Anti-Irak-Koalition geworden waren, während der Irak gleichzeitig als Verbündeter Aouns endgültig ausfiel, bereiteten sie den militärischen Schlag vor.

Am 13. Oktober besetzten syrische Truppen u.a. den Baabda-Palast und das lib. Verteidigungsministerium in Yarzé, erbeuteten wichtige Dokumente und verhafteten Hunderte lib. Soldaten, darunter einige der wichtigsten Mitarbeiter Aouns im Offizierskorps. Die syrische Armee blieb mit mehreren Tausend Mann in den strategisch wichtigen Vororten von Ostbeirut stationiert, wo sie seit 1979 nicht mehr präsent gewesen war. Abgesehen von dem weiteren Terraingewinn für ihre Hilfstruppen (SNSP und Hubaiqa-Miliz) konnten die Syrer auch ihre Beziehungen zu den FL verbessern (Besuch des syrischen Generals Ghazi Kanaan bei Geagea am 12.11.).

Besonders augenfällig wurde Syriens Machtzuwachs bei der Regierungsumbildung im Dezember. Der langjährige und von fast allen Parteien respektierte Ministerpräsident al-Huss wurde zum Rücktritt gedrängt, weil er ein Kabinett von 30 Ministern ablehnte, und auf syrische Anordnung durch den unerfahrenen Umar Karami ersetzt, während die von der neuen Verfassung vorgeschriebenen Konsultationen der Abgeordneten nur pro forma und in größter Hast absolviert wurden. Mehr als 20 der neuen Minister sind entschieden pro-syrisch, die Gegentendenz sollte nur durch drei Minister (Geagea, Saadé, Sassin) repräsentiert werden. Diese sprachen am 26.12. von einer "Verletzung der in Ta'if vereinbarten nationalen Versöhnung" und riefen die "Troika" der AL zur "Rettung des Ta'if-Friedensprozesses" auf.

Neben den Verfechtern der lib. Unabhängigkeit waren auch Israel und Iran Verlierer der Entwicklung im L. 1990. Israel unterstützte wahrscheinlich die FL bei ihrem Existenzkampf gegen Aoun mit neuen Waffenlieferungen, beschränkte seine offenen Aktivitäten jedoch weiterhin auf den Südlibanon, wo anti-israelische Widerstandsaktionen und israelische Vergeltungsschläge zunahmen. Am 30.7. zäunten israelische Truppen eine Fläche von 50 qkm im Grenzgebiet bei Shabaa (am Südhang des Hermon) ein, die seit 1988 als "annektiert" galt. Einzelne israel. Politiker bedauerten im Oktober öffentlich, den Sturz Aouns zugelassen zu haben, und befürchteten Rückwirkungen auf die Moral der überwiegend christlichen lib. Hilfstruppe Israels *Südlibanesische Armee* (SLA). Der israelische "Koordinator für L." Uri Lubrani bekräftigte daher am 7.11., daß an der "Sicherheitszone" im Südlibanon einschließlich der Kleinstadt Jezzin festgehalten werde, während Israels Verteidigungsminister Arens am 27.11. (nach dem Tod von 5 Israelis bei Shabaa) die lib. Regierung beschuldigte, "Terroristen zu ermuntern".

Der verringerte Einfluß Irans - trotz eines gewissen Terraingewinns seiner Klientelmiliz *Hizbullah* im Süden - zeigte sich, als auch die *Hizbullah* ihre Positionen in Westbeirut räumen mußte (12.11.) und später als einzige wichtige Gruppe von der neuen Regierung ausgeschlossen blieb. Am 30.7. forderte die lib. Regierung, wie schon mehrfach zuvor der *Amal*-Chef Nabih Birri, Iran offiziell zum Abzug seiner seit 1982 im L. stationierten 1.000-2.000 *Revolutionswächter* auf. Die pro-iranischen Gruppen ließen die seit Jahren als Geiseln festgehaltenen Amerikaner Robert Polhill und Frank Reed (22. und 30.4.) und den Iren Brian Keenan (24.8.)

frei, forderten aber vergeblich die Freilassung von vier 1982 von den FL entführten Iranern und des 1989 von Israel entführten Scheich Abd al-Karim Ubaid.

Auch palästinensische Gruppen ließen Geiseln frei, so am 10.4. die Belgier Fernand Houtekins und Jacqueline Valente (1987 von der Abu-Nidal-Gruppe entführt) und am 8. und 14.8. die Schweizer Emanuel Christen und Elio Erriquez. Die PLO konnte 1990 ihre autonome Machtbasis um Saida weiter ausbauen. Am 7.1. besetzten 400 Kämpfer der *Fatah* Positionen im Iqlim al-Tuffah zwischen *Amal* und *Hizbullah*, am 17.7. waren es 600 Mann, die bis zu den Dörfern Sarba, Houmin, Ankoun und Jarjouh vorrückten. Am 2.8. und 7.9. entmachteten Arafat-treue *Fatah*-Einheiten ihre pro-syrischen und sonstigen Konkurrenten (Abu-Nidal-Gruppe) im Lager Ain al-Hilwa bei Saida in blutigen Kämpfen (60 Tote, 270 Verletzte). Die PLO blieb auch bei ihrer Ablehnung der im Ta'if-Abkommen vorgesehenen Entwaffung "aller lib. und nichtlib. Milizen" und verlangte stattdessen Verhandlungen mit der lib. Regierung über ihren Status (OJ, 3.11.).

Sozioökonomische Entwicklung

Die durch Kampfhandlungen verursachten Schäden trafen 1990 neben dem südlib. Iqlim al-Tuffah fast ausschließlich Ostbeirut und die angrenzende christliche Enklave, wo 70 % der industriellen Infrastruktur des L. liegen. Zu den Schäden dort in Höhe von 1 Mrd. US-$ vom Vorjahr (AN, 16.3.) addierte sich die Zerstörung von 30.000 Wohnungen und 600 Betrieben und Werkstätten durch die innerchristlichen Kämpfe ab Februar (HB, 12.9.). Am Jahresende waren rund 80 % aller Industriebetriebe weitgehend zerstört, die restlichen 20 % nur beschränkt arbeitsfähig (HB, 11.12.). Schwer betroffen waren außerdem das Wasser-, Strom und Telefonnetz. Für den Wiederaufbau im ganzen Land wurden von lib. Experten Kosten von mindestens 21 Mrd. US-$ veranschlagt (AN, 14.7.).

Zusätzliche Belastungen für die lib. Wirtschaft brachte die Golfkrise. Zuvor waren 50 % der lib. Agrar- und Industrieexporte nach Irak, Kuwait und in andere Golfstaaten gegangen, und lib. Gastarbeiter in diesen Staaten hatten jährlich 1,5 Mrd. US-$ an ihre Familien überwiesen (HB, 12.9.). Das L£, dessen Wert bis zum 31.7. schon bis 668 L£/US-$ abgesunken war, fiel nach dem 2.8. so dramatisch, daß die Zentralbank im August wiederholt den Devisenhandel einstellte. Zwischen dem 6. und 19.9. lag der Kurs bei 1.185 L£/US-$. Erst nach einer Soforthilfe aus Saudi-Arabien (19.9.) und der Wiedervereinigung Beiruts nach dem Sturz Aouns (13.10.) wuchs das Vertrauen in die Landeswährung wieder, so daß am 31.10. ein Kurs von 685 L£/US-$ erreicht wurde. Die innenpolitischen Querelen kehrten den Trend im Dezember wieder bis zu einem neuen Tiefstand von 877 L£/US-$ (21.12.) um.

Ein auf der arabischen Gipfelkonferenz in Bagdad (30.5.) beschlossener Hilfsfonds für den L. von 2 Mrd. US-$ wurde wegen der Golfkrise nicht realisiert (Verschiebung des für den 11.9. geplanten Gründungstreffens). Reisen von Hrawi und al-Huss nach Ägypten, Libyen und Tunesien (4.-10.6.) und in vier Golfstaaten (22.-27.6.) erbrachten ebensowenig die erhofften Finanzhilfen wie ein Antrag beim UNO-Sicherheitsrat, L. als ein von der Golfkrise geschädigtes Land zu behandeln (MD, 3.10.). Bis zum Jahresende zahlten lediglich Saudi-Arabien 150 Mio. US-$ und Kuwaits Exilregierung 100 Mio. US-$ (HB, 11.12.).

Trotz eines geschätzten Außenhandelsdefizits von 1,3 Mrd. US-$ 1990 (1989: 1,1 Mrd.) standen den staatlichen Auslandsschulden von 350 Mio. US-$ und Inlandsschulden von 1,8 Mrd. US-$ im Dezember noch Devisenreserven von 500 Mio. US-$ und Goldreserven im Wert von 3,5 Mrd. US-$ gegenüber (HB, 11.12.; AN, 17.12.). Die Regierung stellte für 1990 zum ersten Mal seit 1986 wieder ein reguläres Budget auf (22.4.), das bei Ausgaben von 597 Mrd. L£ ein Defizit von 387 Mrd. L£, d.h. 65 %, vorsah. Allein für den Schuldendienst waren 183,6 Mrd. L£ veranschlagt (HB, 12.9.). Nach einer Anordnung vom 16.5. mußten die privaten Banken 60 % ihrer Einlagen in Form von Staatsanleihen zusätzlich zu 13 % in bar (L£) in der Zentralbank hinterlegen (FT, 18.5.). Am 12.11. wurde auch bereits das Budget für 1991 aufgestellt (775 Mrd. L£ Ausgaben, 64 % Defizit).

Die Staatsführung Libanons
Staatspräsident: Elias Hrawi (seit 24.11.1989)
Libanesische Regierung vom 24.12.1990:
Ministerpräsident: Umar Karami, **Vize-MP/Verteidigung:** Michel Murr, **Äußeres/ Emigranten:** Faris Buwaiz, **Inneres:** Sami al-Khatib, **Justiz:** Khatchik Babikian, **Gesundheit:** Jamil Kibbi, **Arbeit:** Michel Sassin, **Post/Telekommunikation:** George Saadé, **Finanzen:** Ali al-Khalil, **Erziehung:** Butrus Harb, **Hydro-elektrische Ressourcen:** Muhammad Yusuf Baidun, **Wirtschaft/Handel:** Marwan Hamadé, **Information:** Albert Mansur, **Landwirtschaft:** Muhsin Dallul, **Staatsmin. für Verwaltungsreform:** Zahir al-Khatib, **Öffentliche Arbeiten/Transport:** Nadim Salem, **Industrie und Erdöl:** Muhammad Jarudi, **Staatsmin. für Transport:** Shauqi Fakhuri, **Staatsmin. für Umwelt:** Hagop Jokhadarian, **Wohnungsbau/Kooperativen:** Muhammad Baidun, **Tourismus:** Talal Arslan; **Staatsmin. ohne Geschäftsbereich:** Nabih Birri (*Amal*), Walid Junblat (PSP), Abdallah al-Amin (Baath-Partei), As'ad Hardan (SNSP), Samir Geagea (FL), Elie Hubaiqa (*al-Wa'd*), Sulaiman Tony Frangié (*Marada*), Nazih Bizri, Niqula Khouri (parteilos).
Konfessionszugehörigkeit: **Maroniten:** Buwaiz, Saadé, Harb, Geagea, Hubaiqa, Frangié; **Sunniten:** Karami, S. al-Khatib, Kibbi, Z. al-Khatib, Jarudi, Bizri; **Schiiten:** al-Khalil, M.Y. Baidun, Dallul, M. Baidun, Birri, al-Amin; **Griech.-Orthod.:** Murr, Sassin, Fakhuri, Hardan; **Griech.-Kathol.:** Mansur, Salem, Khouri; **Drusen:** Hamadé, Arslan, Junblat; **Armenier:** Babikian, Jokhadarian.

Chronologie Libanon 1990

2.1. - Aoun in Baabda, schließt bewaffneten Konflikt zwischen Armee und FL aus
5.1. -Hrawi bezieht Residenz in Westbeirut
16.1. - Aoun verhängt Pressezensur
21.-23.1. - Hrawi, al-Huss und Husseini in Damaskus, Sicherheitsplan für Westbeirut beschlossen
31.1. - Aoun beginnt Offensive gegen FL
17.2. - Armee evakuiert Adma-Basis, Offensive gegen FL erstarrt im Stellungskrieg
4.-10.3. - Hrawi und al-Huss in Saudi-Arabien, Algerien und Marokko
15.3. - Skandal um Übergriff der Gendarmerie auf Zentralbankpräsidenten Edmond Na'im, Innenminister al-Khazin bietet Rücktritt an
3.4. - Geagea erklärt FL loyal zu Hrawi
10.4. - Dany Chamoun und Jibran Tuwaini gründen "Neue Libanesische Front"
22. u. 30.4. - Amerikanische Geiseln Robert Polhill und Frank Reed freigelassen
29.5. - Vom Vatikan vermitteltes Abkommen zwischen Aoun und FL
4.-10.6. - Hrawi und al-Huss in Ägypten, Libyen und Tunesien
22.-27.6. - Hrawi und al-Huss in Kuwait, Qatar, Bahrain und VAE
11.7. - Regierungserklärung mit letzten Angeboten für Aoun
21.8. - Parlament verabschiedet Verfassungsänderungen
7.9. - al-Fatah entmachtet Abu-Nidal-Gruppe im Lager Ain al-Hilwa bei Sidon
ab 28.9. - Strenge Blockade gegen Aouns Restmachtbereich
13.10. - Sturz Aouns durch syrische Militärintervention
14.10. - Regierung verlangt Auslieferung Aouns an lib. Justiz
16.10. - Husain al-Husaini für 4 Jahre zum Parlamentspräsidenten wiedergewählt
21.10. - Ermordung von Dany Chamoun
5.11. - Neues Abkommen zwischen Amal und Hizbullah
11./12.11. - Muslimische Milizen räumen Positionen in Westbeirut
29.11. - Rückkehr des US-Botschafters nach Beirut
3.12. - FL vollenden als letzte Miliz Abzug aus Groß-Beirut
16.12. - Chadli Bendjedid als erster arabischer Staatschef seit 1975 in Beirut
19.12. - Rücktritt der Regierung al-Huss
24.12. - Umar Karami stellt neues Kabinett vor
28.12. - Neun christliche Minister beraten in Jounié über Haltung zur neuen Regierung

Andreas Rieck

Libyen

Offizieller Name: al-Jamahiriya al-Arabiya al-Libiya al-Sha'biya al-Ishtirakiya al-Uzma/Große Sozialistische Libysche Arabische Volksjamahiriya; **Unabhängigkeit:** 24.12.1951; **Fläche:** 1.759.540 qkm; **Einwohner:** 3.637.488 (Zensus 1984), 4,5 Mio. (1989); **Hauptstadt:** Tripolis, Ew.: 990.697 (Zensus 1984); **Urbanisierungsrate:** 68 %; **Armeestärke:** 85.000 und Miliz 40.000; **BIP:** 24 Mrd. US-$ (1988); **Sektoren in %:** Landwirtschaft 5,3; Industrie 34,7; Dienstl. 46; **Pro-Kopf-Einkommen:** 10.654 (1980), 5.700 US-$ (1988); **Währung:** 1 US-$ = 0,296 Libysche Dinar (LD)

Innenpolitische Entwicklung

Ideologische Vision und sich weiter akzentuierender Pragmatismus im Kontext der seit 1976 etablierten Staatsstrukturen kennzeichnen bei zugleich außenpolitischen Erfolgen und weiterer ökonomischer Entspannung das Berichtsjahr. Auf der einen Seite vertrat Qaddafi in zahlreichen Reden die Auffassung, daß "die Staaten der Welt sich unausweichlich zu Jamahiriya-Staaten mit Volksmassenherrschaft" entwickeln werden, das Ende der Einparteiensysteme im Grünen Buch vorgezeichnet sei (Qaddafi explizit am 9.7.) und die Entwicklung in Osteuropa, aber auch die Vollziehung der deutschen Einheit "die Relevanz des Grünen Buches" verdeutliche (MEI, 18.12.); zudem wurden in Uganda vor versammelten Führungskadern westliche Demokratien als "Fehlschlag" (Qaddafi 25.10.) eingestuft. Ebenfalls in diesen Bereich gehört die Verabschiedung des von Qaddafi im März vorgelegten sog. "revolutionären Programmes" durch die Allgemeine Volkskonferenz (AVK) auf ihrer Sondersitzung am 27.3., mit dem die von den Basisvolkskonferenzen (BVK) auf ihren Sitzungen im Februar festgestellten "negativen Phänomene" (von Korruption bis Amtsunfähigkeit) beseitigt werden sollen (vgl. Rede Qaddafis; MD, 29.3.). Zur Umsetzung des von den BVK am 17.3. auf geheimen Sitzungen diskutierten Programmes sollen von den BVK erstmals engagierte revolutionäre Personen gewählt werden, was in Rückwirkung auf die Revolutionskomiteebewegung (13. Jahrestagung 24.-26.10.) dieser einen neuen Charakter verleiht und sie noch stärker in kontrollierte Bahnen lenkt. Diese machtpolitische Einschränkung, die auch der *Mathaba* (Weltzentrum zum Kampf gegen Imperialismus, Faschismus, Reaktion und Zionismus) widerfuhr, von der 1989 kaum Aktivitäten zu vermelden sind, ist Resultat der seit Beginn der Liberalisierungspolitik 1987 verstärkten innenpolitischen Normalität, die derzeit nur von den Islamisten (bes. Auseinandersetzungen 1989, März) gefährdet wird, so daß Qaddafi in mindestens 17 Reden 1990 die *islamistische* Verfremdung des Islams anprangerte. Die von Qaddafi am 12.6. angeordnete Formierung von sog. *Volkswachen* (haras sha'bi/people's guards), gebildet aus freiwilligen Zivilisten, wird vor diesem Hintergrund primär als Instrument zur Bekämpfung der Islamisten interpretiert, nachdem die Revolutionskomitees ihre Sicherungsfunktion seit 1988/89 verloren. Der politische Pragmatismus manifestierte sich vor allem auf den Tagungen der AVK. Die 16. ordentliche Sitzung (Tripolis, 2.-9.3.) war eindeutig weniger von ideologischen als ökonomischen Themen geprägt, wobei die massive Kritik an einzelnen Sekretären (Ibrahim, al-Shamek) nicht nur zu den ersten Sekretärsrücktritten in der Geschichte der AVK führte, sondern die inhaltlichen Differenzen auch die Wahl eines neuen Allgemeinen Volkskomitees verhinderten, was auf einer Sondersitzung der AVK am 7.10. nachgeholt werden mußte. Erster Hauptkonfrontationspunkt war der Haushalt 1990, der auf 3,24 Mrd. LD festgeschrieben wurde bei Priorität innerhalb des Importbudgets für Bartergeschäfte und Importe aus arabischen Bruderstaaten; Militärausgaben und Subventionen wurden von 750 auf 600 Mio. LD gekürzt, um das Budgetdefizit auf 322 Mio. LD zu beschränken. Zweiter und dominierender Kritikpunkt, zugleich Inhalt der AVK-Reden Qaddafis vom 2. und 6.3., war dessen Vorwurf, daß einmal die Administration (Volkskomitees) Nepotismus und Korruption praktizieren und

BVK-Beschlüsse nicht umsetzen, zum anderen daß die BVK verantwortungslose Beschlüsse (z.B. hinsichtlich der Höhe gewünschter Projekte und des Umfanges freier Sozialleistungen) fassen. Konsequenz aus dieser Situation war nicht nur die Neuaufteilung der BVK durch einen Beschluß des Generalsekretariats der AVK am 24.9., sondern auch die vom Allgemeinen Volkskomitee am 11.11. dekretierte Modifikation der dezentralisierten Verwaltungsstrukturen, d.h. die weitere Reduzierung der städtischen Verwaltungsbezirke (baladiyat) von 13 auf nur noch sieben (vgl. Dekret SWB, 14.11.), die verstärkte Forderung der Umwandlung von Staatsgesellschaften in private Produktionsgenossenschaften (tasharukiyat), um dadurch die Anzahl der 900.000 Staatsangestellten (die 75 % des Verwaltungshaushaltes absorbieren und 1989 eine Kreditaufnahme des Finanzsekretariats bei der Zentralbank in Höhe von 450 Mio. LD zur Deckung des Defizits notwendig machten) abzubauen (AN, 7.3.). Die signifikanteste Konsequenz war die Aufwertung der Berufsorganisationen/-konferenzen (niqabat), die neben BVK und Volkskomitees die dritte Säule der Staatsstruktur bilden. Vertreter dieser Berufsorganisationen, die im August landesweit ihre Sekretariate neu wählten (vgl. Jamahiriya, 24.8.), wurden am 7.10. bei der Neuwahl des von 19 auf 22 Mitglieder erweiterten Allgemeinen Volkskomitees verstärkt berücksichtigt, so daß von einer "Niqabat-Regierung" gesprochen wurde (YS, 15.10.). Insgesamt brachte die AVK-Sitzung eine Veränderung des AVK-Generalsekretariats, als auch "the biggest shake-up" (Arab News) des Allgemeinen Volkskomitees seit 1987: neuer Generalsekretär wurde der langjährige Minister (erster Regierungseintritt 16.7.72) Umar Durda, neuer Sekretär für auswärtige Beziehungen der Sicherheitsberater Qaddafis und Geheimdienstverantwortliche Ibrahim al-Bishari (dessen Mutter aus dem Tschad stammt), Sekretär für strategische Industrien trotz Widerstandes der bisherige Sekretär für auswärtige Beziehungen al-Talhi und neuer Sekretär für Erdöl der bisherige Vorsitzende der National Oil Company (NOC) al-Badri. Das neugeschaffene (und aufgewertete) Sekretariat für AMU-Angelegenheiten wurde hochrangig besetzt und dem langjährigen Zentralbankgouverneur Rajab übertragen. Konsequenz des veränderten politischen Kontextes war das Ausscheiden der Ideologen (Ibrahim, Bu Dabbus, Farhat, Zaidi); auch die einzige Frau im Sekretariat wurde abgelöst (MEES, 15.10.).

Weitere Indikatoren der politischen Stabilisierung waren neben der Gründung der ersten libyschen Journalistenunion (11.9.) unter Vorsitz von Ahmad al-Busaifi, der Anregung zur Bildung von juristischen Berufsvereinigungen durch Qaddafi am 12.6. und der Wiederzulassung freier Rechtsanwälte Ende des Jahres auch die Tagungen des Volksgerichts, dessen Urteile (im Oktober z.B. seitenweise im Fajr al-Jadid abgedruckt) sich mit Unregelmäßigkeiten bei der Wahl von Gremien und Amtsverletzungen auseinandersetzten.

Außenpolitische Entwicklung

Die lib. Außenpolitik war 1990 durch zwei Entwicklungen besonders beeinflußt: am Jahresanfang durch Rabta, in der zweiten Jahreshälfte durch die Golfkrise. Von noch größerer Reichweite war indessen die Entwicklung des Verhältnisses zu Ägypten, Sudan und den anderen Staaten südlich der Sahara, weil damit 1989 mit Ausnahme der Beziehungen zu den USA und - abgeschwächt - zur EG (Aufrechterhaltung der Sanktionen trotz Bemühungen der AMU-Staaten zu ihrer Aufhebung) endgültig die außenpolitische Isolierung überwunden wurde. Nachdem US-Präsident Bush am 2.1. die Sanktionen gegen L. wegen dessen "Unterstützung des internationalen Terrorismus" zum vierten Mal verlängerte (eine Position, die von der AL am 13.3. verurteilt wurde) und es im Frühjahr zu amerikanischen Drohungen kam, die Chemie(waffen)fabrik Rabta bei Produktionsaufnahme durch eine Militäraktion zu zerstören, schuf der Brand der Fabrik am 14.3. massive Spannungen, wobei L. von seiten der AL, OAU, OIK Unterstützung gegen die USA erhielt. Allerdings wurde der Brand allem Anschein nach nicht durch Sabotage herbeigeführt, sondern war ein lib. Täuschungsmanöver, dessen Ziele bislang ungeklärt sind. Tatsache ist, daß die Fabrik nicht oder nur kaum beschädigt wurde (M, 21.3.). Offiziell beschuldigte Qaddafi am 15.3. vor allem neben dem CIA und dem Mossad den bundesdeutschen Geheimdienst, in die Affäre verwickelt zu sein (SZ, 16.3.), was zu Spannungen (u.a. vorübergehende Einstellung von Zahlungen; Demonstration vor der Botschaft am 15.3.) führte. Zugleich wurde am 26.3. in Mannheim der Geschäftsführer von Imhausen wegen der nachgewiesenen unerlaubten Beteiligung am Bau der Chemie(waffen)fabrik zu fünf Jahren Gefängnis verurteilt; im April wurden zwei weitere deutsche Unternehmen der Beteiligung an Rabta beschuldigt. In der zweiten Jahreshälfte entspannte sich die Lage: Qaddafi begrüßte die deutsche Einheit (der deutsche Botschafter überbrachte persönlich ein Schreiben Bundeskanzler Kohls), offerierte den USA Gesprächsbereitschaft, während die USA am 12.12. nach langem Zögern technische Hilfe zur Bekämpfung der Goldfliege/cochliomyia hominivorax gewährten (OJ, 25.12.). Die Vermittlung L.s bei der Freilassung von im Libanon festgehaltenen europäischen Geiseln (April, Anfang Dezember) sowie die Ausweisung der Palästinenserorganisation PLF um Abu Abbas (1.11.; AN, 3.11.) verbesserte besonders die Beziehungen zu Frankreich, Belgien und der Schweiz. Das lib. Sekretariat für auswärtige Beziehungen erneuerte am 23.12. die offizielle Ablehnung L.s von terroristischen Aktionen (SWB, 24.12.).

Die Beziehungen zur UdSSR waren 1989 hingegen konstant ohne hochrangiges Profil (Januar Beratung über Kulturkooperation, 19.6. Kooperationsabkommen). Anfang August bestätigte Qaddafi in einem Interview, daß die UdSSR die Waffenlieferungen an L. eingestellt habe und die lib. Militärschulden gegenüber Moskau sich auf 3 Mrd. US-$ belaufen (PdT, 10.8.). Ausgeglichen wurde dies durch die sich intensivierende Militärkooperation mit Ägypten (u.a. dreiwöchiger Besuch von Oberst Idris in ägyptischen Rüstungsbetrieben; SWB, 11.11.) im Rahmen der seit 1989 eingeleiteten Aussöhnung, die 1990 die Form einer engen Kooperation annahm. Die Grundlagen dafür wurden auf den Gipfeln von Assuan (18./19.2.), Tobruk (24.3.), Kairo (4.6.), Sirte (13.11.) und mit den zehn Kooperationsabkommen vom 4.12. (Details SWB, 11.12.) geschaffen. Ohne die (-->) AMU und die bilateralen Beziehungen zu den anderen Maghrebstaaten (zahlreiche Besuche und Abkommen) zu vernachlässigen (u.a. Teilnahme an den Präsidentschaftsgipfeln in Tunis und Algier und der Ernennung eines Sekretärs für die AMU im Ministerrang am 7.10.), war 1990 L.s Blick eher mashriqorientiert: Stärkung der Kooperation mit Syrien (Asad in Tobruq 24.3.; hochrangige Delegationen), Libanon (Präsident Hrawi am 7.-8.6. in Tripolis; Abkommen über libysche Militär- und Wirtschaftshilfe) und besonders dem Sudan (u.a. Bashir in L. 2.-5.3., 24.3., 1.9.; Qaddafi in Khartum 20.-23.10.; Unterzeichnung der sudanesisch-lib. Integrationscharta am 12.7. bzw. der Organisationsstatuten am 1.9.; zahlreiche Kooperationsabkommen). Die Beziehungen zum Sudan spielten wegen der Auseinandersetzungen im Tschad eine besondere Rolle, weil von Darfur aus im November Idriss Débys Siegeszug gegen Hissen Habré begann (Einnahme von N'Djamena 1.12.), wobei dieser Sieg weitgehend der lib. Militärhilfe (Toyota-Geländewagen, Waffen) zu verdanken war. Die tschadisch-lib. Beziehungen nahmen dadurch eine deutliche Wende, weil trotz mehrerer Tagungen der gemischten Kommission und des von König Hassan vermittelten Treffens von Habré/Qaddafi in Rabat am 22.-23.8. wegen der fortgesetzten Festhaltung der lib. Gefangenen (seit 1987) durch Habré kein genereller Durchbruch gelang. Déby hat hingegen zahlreiche Libyer entlassen, und die 600 von den USA zunächst nach Zaire ausgeflogenen, vom CIA ausgebildeten "Antiqaddafi-Kampftruppen" harren dort auf ihre Repatriierung (bis 31.12.: freiwillige Rückkehr von 45 Mitgliedern dieser Truppe nach Tripolis). Gab es mit zahlreichen anderen afrikanischen Staaten, u.a. Uganda, Burkina Faso, Ghana, Botswana, Mozambique, Somalia, Namibia sowie mit Nelson Mandela hochrangige Kontakte/Präsidentenbesuche (teilweise sogar mehrfach wie im Falle von Compaore aus Burkina Faso oder Museveni aus Uganda), wurden die Beziehungen zu Niger und Mali durch die internen bewaffneten Auseinandersetzungen zwischen Tuareg und Regierungstrupppen (--> JB Afrika) belastet, weil L. der Verwicklung in die Vorfälle beschuldigt wurde. Ein Gipfel im südalgerischen Djanet am 8./9.9. mit Teilnahme Qaddafis, Bendjedids, Traorés (Mali) und Seibous (Niger) hat hier teilweise das Klima bereinigt (Sicherheitsabkommen mit Niger am 23.12.).

Die Haltung L.s in der Golfkrise, in deren Verlauf es zu zahlreichen hochrangigen Kontakten (u.a. zahlreiche Besuche von PLO-Chef Arafat, Besuch des jordanischen Königs Hussain in Tripolis 26.8.; Bendjedid) kam, ist einerseits konstruktiv (lib.-palästinensische Friedensinitiative 6.8.; Sondersitzung der AVK am 1.9.; Vierergipfel in Misrata 3.1.91; Teilnahme an Tagungen der AL am 10.8. und 30./31.8.), andererseits fühlt sich L. nicht an die UNO-Resolution zum Handelsembargo gebunden und lehnt die Präsenz der "Nato-US-Streitmacht" am Golf ab. Zugleich kritisierte Qaddafi heftig und wiederholt die irakische Invasion Kuwaits und die Geiselnahme der Ausländer. Qaddafi forderte eine arabische Lösung, der auch seine Vermittlungsbemühungen dienten.

Außerordentliche Aktivitäten gab es 1990 im Bereich der islamischen Mission. Dazu zählten neben der Grundsteinlegung für ein islamisches Zentrum in Harare (Dez.) und der vorbereitenden Tagung westafrikanischer Muslime zur Gründung des "Höchsten Rates islamischer Unionen und Organisationen in Westafrika" (Dakar, Dez.) vor allem die 4. Tagung der Allgemeinen Weltislamkonferenz (Tripolis, 24.-28.9. mit 450 Teilnehmern von 300 islamischen Organisationen) zur Bilanzierung der bisherigen und Diskussion der zukünftigen Missionsanstrengungen des Islams qaddafischer Prägung; die 9. Jahrestagung des Weltrates der lib. Missionsgesellschaft (Dakar, 7.-10.5.) sowie die beiden Tagungen des *Internationalen Islamischen Volkskommandos* (IIVK), das Qaddafi 1989 ins Leben gerufen hatte. Die 2. ordentliche Tagung des IIVK fand vom 19.-22.3. in Tripolis (Verabschiedung der Statuten und politischer Resolutionen, die die Außenpolitik L.s widerspiegeln), die 1. außerordentliche Tagung vom 30.-31.10. in Tripolis (Diskussion der Golfkrise) statt. Ebenfalls aktiv wurde das von der Missionsgesellschaft Anfang 1990 gegründete *Islamic World Studies Center* mit Sitz auf Malta (Postfach 528, La Valletta), dessen Exekutivrat im Mai seine Statuten verabschiedete; erste Veranstaltung war eine Konferenz zur "politischen Geographie des Islams" (Tripolis, 15.-19.10.). Neu eröffnet wurden schließlich 1990 zwei libysche Kulturzentren in Djibuti und Tunis.

Sozioökonomische Entwicklung

Qaddafi, der sich erstmals auch als Verfasser eines historischen Romans zur Kolonialzeit ("Tod den Italienern") betätigte, hat 1990 stärker als in den Vorjahren zur sozialen Entwicklung und ihren negativen Auswirkungen Stellung genommen. Haben Reden vor Studenten besonders der Politikwissenschaft und den universitären Lehrkörpern Tradition (Reden Qaddafis am 15.1., 6.8., 9.8., 3.12.), rief der Revolutionsführer 1990 inhaltlich zu zwei Neuerungen auf: 1. der verstärkten Weltraum- und Atomforschung ("Arbeitet Tag und Nacht..."), denn nur so könnten die Versuche der USA, Staaten der Dritten Welt den Zugang zu modernster Technologie zu verwehren, vereitelt werden (Qaddafi am 16.6.; AN, 19.6.); 2. zur sozialen Revolution (thaura ijtima'iya), die laut Qaddafis Rede vom 19.4. (SWB, 23.4.) in vier Monaten beginnen sollte. Tatsächlich erfolgte mit einem entsprechenden Aufruf Qaddafis vor den Studenten des sozialwissenschaftlichen Instituts in al-Marj am 2.11. die Lancierung dieser Bewegung. Als Avantgarde sollten die Studenten der Sozialwissenschaften, deren Hauptaufgabe die "Überwindung der Rückständigkeit" sei, dienen, die in den BVK, Unternehmen und Volkskomitees Aufklärung (über die moderne Jamahiriyagesellschaft) leisten sollten. Operationale Details wurden bislang nicht publiziert. Als Folge der Öffnungspolitik gegenüber dem arabischen Ausland haben in den großen Städten L.s lange Jahre unbekannte oder limitierte Phänomene wie Bettelei, Prostitution, (ausbeuterische) Anheuerung besonders von ägyptischen und sudanesischen Tagelöhnern (z.B. in Tripolis auf der "Straße des 11. Juni") im Gegensatz zur staatlich geregelten Anwerbung von Arbeitskräften bzw. der geplanten Ansiedelung ägyptischer Bauern auf Bewässerungsparametern des *Großen Künstlichen Flusses* (die Rede ist von mehreren Hunderttausend Ägyptern; PdT, 16.11.) wieder Einzug gehalten. Zunehmend problematisch gestaltet sich wie in den anderen Maghrebstaaten auch das Drogenproblem (PdT, 17.12.; Beschlagnahmung von 2,5 t Haschisch am 8.1.).

Die wirtschaftliche Lage L.s hat sich hingegen 1990 nicht zuletzt wegen der Golfkrise positiv entwickelt. Höhere Ölpreise bei zugleich erheblich ausgedehnter Produktion (Quote Dezember 1989: 1 Mio. b/d, tatsächliche Förderung Januar-August 1,350 Mio. b/d; Anstieg bis Dezember auf 1,65 Mio. b/d) haben die Erdöleinnahmen von 7,5 Mrd. US-$ (1989) auf rund 9,5 Mrd. US-$ 1990 bei allerdings schwächerem US-$-Kurs ansteigen lassen (MEED, 9.11.). Ein Erdöltestprogramm hat darüber hinaus den Nachweis weitaus höherer Reserven als vermutet erbracht (JoT, 6.3.). Der Devisenzufluß hat zur Ausschreibung/Neubewilligung mehrerer Projekte (u.a. Kraftwerk Mlita, Erdölentwicklungsprojekte mit südkoreanischen Firmen) bzw. weiteren verstärkten Anstrengungen zur Entwicklung der Landwirtschaft geführt (Qaddafi erklärte 1990 zum "Jahr der Landwirtschaft"; MEED, 3.8.); u.a. wurde am 4.2. der Vertrag für die zweite Baustufe des *Großen Künstlichen Flusses* unterzeichnet. Eingeweiht wurden im Laufe des Jahres diverse Industriebetriebe, u.a. am 18.6. eine Computerfabrik in Tripolis (ausgelegt auf 30.000 Computer pro Jahr, die den eigenen Bedarf weit überschreiten), am 8.10. das Stahlwerk in Misurata. Die Produktion des petrochemischen Komplexes Ras Lanuf (Daten MEES, 2.4.) erhöhte sich beträchtlich und damit auch die Exportziffern an Erdölderivaten. L. war nach den veröffentlichten Zahlen des Statistischen Bundesamtes bei den Importen 1989 der wichtigste arabische Handelspartner (3,1 Mrd. DM, weit vor Saudi-Arabien mit 1,5 Mrd. DM); L. hat dagegen nur für 1,3 Mrd. DM (= 6. Platz; 1. Platz Saudi-Arabien mit 2,8 Mrd. DM) Waren aus der BRD bezogen. Verstärkt haben sich die durch Oilinvest getätigten lib. Auslandsinvestitionen in Europa (Kauf der schweizerischen Gatoil; MEES, 25.6.) und in arabischen Staaten (besonders Ägypten).

Die Staatsführung Libyens
Revolutionsführer: Oberst Mu'ammar al-Qaddafi (Titel seit 2.3.1979)
Generalsekretariat der Allgemeinen Volkskonferenz vom 7.10.1990:
Generalsekretär: Abd al-Raziq Sausa; Vizegeneralsekretär: Mahmud Hamid al-Khafifi; Sekretär für Angelegenheiten der Volkskonferenzen: Abd al-Hamid al-Faituri Ammar; Sekretär für Angelegenheiten der Volkskomitees: Sulaiman Sasi al-Shuhumi*; Sekretär für Angelegenheiten der Berufskonferenzen und Berufsorganisationen: Bashir Huwaj al-Huwaidi*
Allgemeines Volkskomitee vom 7.10.1990:
Generalsekretär: Abu Zaid Umar Durdah, **Sekretär des Volksbüros für auswärtige Beziehungen und internationale Kooperation:** Ibrahim Muhammad al-Bishari, **Wirtschaftliche Planung:** Umar al-Muntasir**, **Strategische Industrien:** Jadallah Azuz al-Talhi**, **Elektrizität°:** Jum'a Salim al-Arbash, **Meeresreichtum:** Miftah Muhammad Ku'aiba*, **Leichtindustrien:** Dr. Ahmad Fathi Ibn Shatwan**, **Wissenschaftliche Forschung:** Dr. Ing. Nuri al-Faituri al-Madani*, **Finanzen:** Muhammad al-Madani al-Bukhari*, **Kommunikation/Transport:** Izz al-Din al-Hinshari**, **Gewerbe-/Berufsausbildung:** Ing. Ma'tuq Muhammad Ma'tuq*, **Hochschulwesen:** Ibrahim Misbah Bukhizam**, **Landreform/Urbanisierung:** Ing. Abd al-Majid al-Qa'ud*, **Justiz:** Ibrahim Muhammad Bakkar, **Gesundheit:** Dr. Zaidan Badr Zaidan, **Öffentliche Dienste/Öffentliche Arbeiten°:** Dr. Salim Ahmad Funair, **Soziale Sicherheit°:** Isma'il Miftah Ibn Sharada, **Erdöl:** Abdallah Salim al-Badri, **Arabische Maghrebunion°:** Muhammad al-Zarruq Rajab, **Jugend/Sport°:** Bukhari Salim Hauda, **Information/Kultur:** Ali Milad Abu Jaziya, **Allgemeines Bildungswesen:** Madani Ramadhan Abu al-Tuwayrat
° neues Sekretariat, * unverändert, ** bereits Mitglied im Generalsekretariat der AVK bzw. im Allgemeinen Volkskomitee vom 2.3.89 auf anderem Posten

Chronologie Libyen 1990

Januar-März - Erneute lib.-amerikanische Spannungen wegen Rabta (Vorwurf der Giftgasproduktion; lib. Dementi); Solidaritätsadressen zugunsten L.s durch OIK, OAU, AL, diverse arabische Staaten
2.1. - US-Präs. Bush verlängert Sanktionen gegen L. um 12 Monate
18.-19.2. - Qaddafi reist zu Gesprächen mit Präs. Mubarak nach Assuan
19.2. - Verlängerung des Freundschaftsvertrages (ohne Militärklausel) mit Malta für 5 Jahre

1.-5.3. - Der sudanesische Staatschef al-Bashir in L.; Teilnahme an AVK; Gespräche über Integration Sudan-L. (prinzipielle Befürwortung)
2.-9.3. - 16. ordentliche Sitzung der AVK; u.a. Proklamation eines revolutionären Programmes; Reden Qaddafis am 2. und 6.3.
5.-25.3. - 24. Internationale Messe in Tripolis (Teilnahme von 26 Ländern)
6.3. - Qaddafi erklärt auf geheimer Sitzung der AVK: Spannungen mit Frankreich sind beseitigt
14.3. - Dubioser Brand in der Chemie(waffen)fabrik Rabta; kaum Schäden
24./25.3. - Gipfel von Tobruk: Qaddafi feiert zusammen mit Präs. Mubarak, Asad und al-Bashir den 20. Jahrestag (28.3.) der Räumung der britischen Basen; Rede Qaddafis; politische Beratungen
27.3. - Sondersitzung der AVK in Tripolis zum "Revolutionären Programm" nach Tagungen der BVK am 17.3.
31.3. - Äthiopien weist nach Bombenexplosion 2 lib. Diplomaten aus
4.4. - Aufruf Qaddafis an die Muslime, zu Ehren des Ramadan alle Geiseln freizulassen; mehrere Freilassungen bis Jahresende
19.4. - Qaddafi verkündet eine "soziale Revolution"; erneut am 2.11.
27.4. - JANA dementiert Verwicklung L.s in liberianischen Bürgerkrieg
18.5. - Nelson Mandela lobt in Tripolis L.s Unterstützung für den ANC und die Befreiungsbewegungen; erneut in L. 30.8.-1.9.
21.5. - Besuch der pakistanischen PM Bhutto
27.5. - Qaddafi auf dem Weg zum arabischen Gipfel in Bagdad besucht syrischen Präs. Asad in Damaskus, um ihn zur Teilnahme zu überreden; auf Rückflug am 2.6. Besuch des Jemen, am 4.6. Treffen mit Mubarak
12.6. - Qaddafi ordnet die Aufstellung einer Volkspolizei (haras sha'bi) an
13.6. - Qaddafi kündigt die Bildung von Volkskomitees für das Justizwesen an
13.6. - Verleihung des Qaddafi-Menschenrechtspreises an die "Kinder der Steine"
16.6. - Rede Qaddafis vor Studenten der Universität Tripolis; Aufruf zur verstärkten Weltraum- und Atomforschung
28.-29.6. - 1. Tagung der großen gemischten lib.-marokkanischen Kommission; zwei Abkommen
29.-30.6. - 6. Tagung der gemischten lib.-tunesischen Kommission; Teilnahme des tunesischen PM Karaoui
12.7. - Unterzeichnung des lib.-sudanesischen Abkommens zur Integration (ökonomische Aspekte)
22.-23.8. - Treffen Habré-Qaddafi in Rabat durch Vermittlung von König Hassan
August - Neuwahl der Sekretariate der Berufskonferenzen/-organisationen
1.9. - Revolutionsfeiertag; in Tripolis Unterzeichnung des politischen Integrationsabkommens zwischen Qaddafi und al-Bashir
1.9. - Sondersitzung der AVK in Tripolis; Diskussion der Golfkrise; Vorlage eines Friedensplanes durch Qaddafi
8.-9.9. - In Djanet (Algerien) beraten die Staatschefs Algeriens, L.s (Qaddafi), Malis und des Niger die Tuaregproblematik
11.9. - Gründung des ersten lib. Journalistenverbandes; Präs.: Ahmad al-Busaifi
24.-28.9. - 4. Weltkonferenz der Islamischen Mission L.s in Tripolis (nach 1970, 1982, 1986)
7.10. - Sondersitzung der AVK in Misurata; Neuwahl des Allgemeinen Volkskomitees
20.-23.10. - Qaddafi im Sudan; Rede vor der Nationalen Dialogkonferenz; Forderung der arabischen Einheit; 24.-26.10. Staatsbesuch in Uganda
24.-26.10. - 13. Jahrestreffen der Revolutionskomitees in Tripolis; Schlußrede Qaddafis am 26.10.; erneut Aufruf zur Union Ägyptens, Sudans, L.s
1.11. - L. führt neue Regelung der Wochenruhezeit ein (Freitag, Samstag)
11.11. - Das Allgemeine Volkskomitee erläßt Dekret zur Neugliederung der Jamahiriya in 7 Baladiyat
4.12. - Unterzeichnung in Kairo von 10 wirtschaftlichen Integrationsabkommen zwischen L. und Ägypten
31.12. - Ankündigung von friedlichen Volksmärschen an den Grenzen zur arabischen Einheit nach deutschem Vorbild

Hanspeter Mattes

Marokko

Offizieller Name: al-Mamlaka al-Maghribiya/Königreich Marokko; **Unabhängigkeit:** 2.3.1956; **Fläche:** 458.730 qkm (ohne Westsahara); **Einwohner:** 25,1 Mio. (1990); **Hauptstadt:** Rabat, Ew.: 1,345 Mio. (mit Salé 1988); **Urbanisierungsrate:** 47 %; **Armeestärke:** 192.500 Mann (Gendarmerie 10.000); **BIP:** 21,99 Mrd. US-$; **Sektoren in %:** Landwirtschaft 17; Industrie 34; Dienstl. 49; **Pro-Kopf-Einkommen:** 830 US-$; **Währung:** 1 US-$ = 8,03 Marokkanische Dirham (DH)

Innenpolitische Entwicklung

Schwierige wirtschaftliche und soziale Verhältnisse in Marokko (M.) sowie Demokratisierungs- und Liberalisierungstendenzen, die weltweit und in nächster Nähe (Algerien) zu beobachten waren, führten dazu, daß die Regierung unter zunehmenden Druck der Opposition, von der national-konservativen Istiqlal-Partei (PI) über die Sozialisten (USFP) und die Kommunisten (PPS) bis zu den Marxisten (OADP), geriet. Die Frage der (-->) Westsahara, in deren Interesse die Opposition in die Verschiebung der Wahlen von 1990 auf 1992 eingewilligt hatte, blieb weiterhin ungelöst.

Das diesjährige Thronfest (3.3.) fand in Agadir statt, der nunmehr 5. Königsstadt, deren Bedeutung als neuer Mittelpunkt des nach Süden ausgedehnten Reiches unterstrichen wurde (während die seit Jahren, zuletzt für September, angekündigte Reise des Königs in die Nordprovinzen wieder nicht stattfand). Dabei sagte der König wirtschaftliche Austeritätsmaßnahmen an, da der Haushalt 1990 von zu positiven Daten ausgegangen war. Aus Protest gegen das in diesem Sinn revidierte Budget, das auch von Politikern der Mehrheitsparteien kritisiert wurde, stellte die Opposition am 14.5. im Parlament einen Mißtrauensantrag, nach 1964 den zweiten in der Parlamentsgeschichte M.s. Der Antrag wurde zwar am 20.5. mit 200 gegen 82 Stimmen abgelehnt, doch gab er Anlaß zu mehrtägigen sehr kontroversen und offenen Debatten, die auch über die Medien verbreitet wurden. Im Dezember schließlich folgten die Oppositionsparteien den ihnen nahestehenden Gewerkschaften und riefen zum Generalstreik auf, der im Parlament zu ähnlich heftigen Debatten führte.

Auch die Menschenrechtsdiskussion intensivierte sich. In einer live-Sendung des französischen Fernsehens Ende 1989 dazu herausgefordert, hatte sich der König bereit erklärt, eine Delegation von Amnesty International (ai) zu empfangen (13.2.). Die Gespräche, die am 14.2. auf Minister-und Expertenebene fortgesetzt wurden, verhinderten nicht, daß ai am 20.2. einen bereits fertiggestellten Bericht über schwerwiegende "Menschenrechtsverletzungen in Polizeihaft" in unveränderter Form veröffentlichte. Die Regierung wies die Vorwürfe umgehend zurück. Der Dialog mit ai, der ursprünglich fortgeführt werden sollte, brach ab. Etwa gleichzeitig konnten jedoch 5 Organisationen, die Vereinigungen der Anwaltskammern M.s und der marokk. Juristen sowie die drei Menschenrechtsligen LMDDH (PI-nahe), AMDH (der Linksopposition nahestehend) und OMDH (überparteilich), den schon drei Jahre zuvor initiierten Entwurf zu einer marokk. Menschenrechts-Charta veröffentlichen, in dem sie ihrerseits auf Mißstände wie willkürliche Verhaftungen, illegales Verschwindenlassen, Folter, Pressezensur, Wahlfälschungen, Wohnungsnot, ungleichen Zugang zu Bildung und medizinischer Versorgung sowie auf die Verarmung weiter Bevölkerungskreise hinwiesen. Die Charta wurde am 16.11. in erweiterter Form verabschiedet und am 10.12. verkündet. Ab 1.5. wurden Restriktionen bei der Ausstellung von Reisepässen aufgehoben. Bisher konnten nur Bürger mit gesichertem Einkommen und/oder Beziehungen einen Paß erhalten. Gelegentlich wurde politisch Unliebsamen der Paß entzogen oder nicht erneuert. Frauen benötigen allerdings nach wie vor eine Erlaubnis des Vaters bzw. Ehemanns. Am 8.5. gab der König die Gründung von Verwaltungsgerichten in den 7 Wirtschaftsregionen sowie die Einsetzung eines "Konsultativrats für Menschenrechte" bekannt, der die Anschuldigungen von ai untersuchen sollte. Ihm gehören unter der Leitung des Präsidenten des Obersten Gerichts neben Personen, die der König wegen ihrer Kompetenz direkt ernennt, die Minister für Justiz, Äußeres, Inneres(!)/Information und Religion sowie je ein Vertreter der Parteien, Gewerkschaften und Menschenrechtsorganisationen (die AMDH nahm den Ruf nicht an; JA, 28.5.), des Richter-Bundes, der Anwaltskammern, der Professorenschaft und der Ärztekammer an. Journalisten und Frauen sind nicht repräsentiert. Dies, die Paßregelung und die Äußerung des Religionsministers vom April, Frauen seien für politische Ämter nicht geeignet, wurde besonders von Frauenverbänden scharf kritisiert. Im Juli bildete der Rat 3 Arbeitsgruppen (Polizeihaft, Lage in den Gefängnissen und Kontakt zu internationalen Menschenrechtsorganisationen). Zu einer eindeutigen Empfehlung, die (als solche offiziell nicht anerkannten 250-360) politischen Häftlinge zu begnadigen, konnte er sich nicht entschließen. Am 21.11. veröffentlichte ai einen Bericht über das "Verschwindenlassen" Hunderter von Sahrauis seit 1975 in Süd-M. und der Westsahara. Vor dem UNO-Menschenrechtskomitee in Genf, wo M. zu diesen und anderen Vorwürfen Stellung nehmen mußte, hatte sich der Präsident des Obersten Gerichts am 7.11. nur ausweichend geäußert (--> Westsahara). Vorschlägen des Konsultativrats folgend, beschloß das Kabinett am 27.12., etliche Bestimmungen der Strafprozeßordnung bezüglich der Polizei- und Untersuchungshaft zu liberalisieren. Wie die USFP am 1.1.1991 mitteilte, wurden 1990 Menschenrechtsverletzungen in 4.755 Fällen (114% mehr als 1989) festgestellt (M, 3.1.1991).

Während die Regierung den offiziellen Islam förderte (Eröffnung neuer Moscheen - der Prachtbau in Casablanca wurde indes noch nicht fertig -, Verdoppelung der Gehälter für das Moscheenpersonal ab 1.3., Bereitstellung von 31,7 Mio. US-$ zum Bau von 3.000 Koranschulen im Juli, Abhaltung einer Veranstaltung zum Thema "Erwachen des Islam" vom 28.8. bis 3.9. in Casablanca mit 600 Ulama aus 35 Ländern), wurde den Islamisten soweit wie möglich Einhalt geboten: Die Moscheen blieben nur zu den Gebetszeiten geöffnet; am 10.1. wurde die 1980 gegründete, nicht legalisierte Bewegung "Gerechtigkeit und Wohltätigkeit" aufgelöst, deren Leiter Yassine seit Ende 1989 unter Hausarrest stand, und 11 ihrer Mitglieder erhielten am 13.2. und 16.3. Haftstrafen bis zu zwei Jahren. Als 6 von ihnen am 8.5. in Rabat vor die 2. Instanz zitiert werden sollten, kam es zur bisher größten islamistischen Sympathiekundgebung. Hunderte (nach anderen Quellen 2.000) Demonstranten wurden verprügelt und für kurze Zeit festgenommen. Der König, dessen Besorgnis über das Wirken der marokk. Islamisten (JA, 18.7.) von allen Parteien geteilt wird, empfing am 24.7. in Algier (--> AMU) den algerischen Islamistenführer Madani, dessen Partei bei den Kommunalwahlen am 12.6. einen hohen Sieg errungen hatte.

Außenpolitische Entwicklung

Die (-->) Golfkrise sowie die Beziehungen zu Frankreich waren die wichtigsten Themen des Jahres. Schon am 2.8. verurteilte M. in scharfer Form die Besetzung Kuwaits durch den Irak als völkerrechtswidrigen Akt und forderte die Herstellung des Status quo ante. Beim Gipfel der AL am 10.8. stimmte es für die Stationierung arabischer Truppen am Golf und entsandte "aus Solidarität mit den Regierungen Saudi-Arabiens und Kuwaits" und zu rein defensiven Zwecken ein "symbolisches" Kontingent von 1.200 Mann (das saudischem Kommando unterstellt wurde), so der König in einem Interview (M, 16.8.). Er fuhr jedoch fort, der irakische Präsident, dessen Anschuldigungen gegen Kuwait "offenbar nicht ganz unberechtigt" seien, solle nun die Vermittlung seiner arabischen Freunde, zu denen er durchaus M. rechne, nutzen, um sich "ohne Gesichtsverlust" mit Kuwait zu arrangieren. Eine Eskalation des Konflikts zu einer allgemeinen Konfrontation der arabischen Massen mit den USA und Israel sei grundsätzlich zu befürchten, solange das Palästinaproblem ungelöst sei. Der König beklagte die einseitige Unterstützung der israelischen Rechtsregierung durch den amerikanischen Kongreß - auch in der (Atom-) Rüstungsfrage: "Alle dürfen ihre kleine Bombe haben, nur die Araber nicht." Die Position des Königs war um so nuancierter, als M.s Beziehungen zu beiden Konfliktparteien wichtig waren: Saudi-Arabien hatte M. im Westsahara-Konflikt stets unterstützt (bis 1985 sogar finanziell), und die Fürsprache der USA in den internationalen Finanzgremien ist für das hochverschuldete M. von ebensolchem Interesse wie die US-Wirtschafts- und Militärhilfe (Sept.89-Sept.90: 103/44 Mio. US-$ lt. LMS, 2.11.). Aber auch der Irak erkannte die Demokratische Arabische Republik Sahara (DARS) nie an (er drohte am 5.8., dies nachzuholen), und er beschäftigte etwa 30.000 Marokkaner, v.a. in der Landwirtschaft (MT, 31.8.). Die folgenden diplomatischen Aktivitäten dienten also dem Versuch, Solidarität für Kuwait und Saudi-Arabien zu zeigen (Nichtabzug des Botschaftspersonals aus Kuwait bis zur Ausweisung durch Irak am 25.8., Empfang des saudischen Außenministers am 26.8., des kuwaitischen Kronprinzen am 16.8. und des Außenministers am 20.10. sowie kuwaitischer Parlamentarier am 14.12., Ausweisung einer irakischen Ba'th-Delegation am 30.8.), gleichzeitig jedoch mit Verständnis für Irak auf Saddam Husain einzuwirken (Rede des Königs am 12.10., Empfang des 1. Vizepräsidenten des Irak am 16.10. und 14.11.) und nach Lösungen für die Krise zu suchen (Beratung der --> AMU-Außenminister in Algier am 2.9., Treffen des Königs mit dem algerischen Staatschef und dem jordanischen König 19./21.9., - vergebliche - Einladung zu einem Sondergipfel der AL in Rabat am 11.11., Beratungen mit dem algerischen Staatschef am 22./23.12.). Die Stimmung in der Bevölkerung war seit langem pro-palästinensisch und anti-amerikanisch. Der König selbst setzte sein Bemühen um die Lösung des Palästinaproblems das ganze Jahr über fort (gemeinsam mit PLO-Chef Arafat und als Präsident des Jerusalem-Komitees der --> OIK). Erstmals seit Jahren wurde am 6.6. in Rabat eine Demonstration genehmigt: Einem Aufruf der *Marokk. Vereinigung zur Unterstützung des palästinensischen Kampfes*, der Opposition, von Menschenrechtsorganisationen und Gewerkschaften folgend, protestierten 30.000 Menschen gegen die amerikanische Israel-Politik - und gegen die Einladung des israelischen Premierministers Peres 1986 nach M. Nach dem 2.8. nahmen die Bevölkerung und alle Oppositionsparteien bis auf die Kommunisten eine eindeutig pro-irakische Haltung ein. Entsprechende Demonstrationen wie die am 14.10. in Casablanca wurden jedoch zerstreut.

Wenn auch die - vor allem auf wirtschaftlichem Gebiet - exzellente Zusammenarbeit mit Frankreich nicht grundsätzlich in Frage gestellt schien, geriet sie doch in die schwerste Krise seit der Ben-Barka-Affäre (1965). Die wichtigsten Gründe hierfür waren: 1. eine kritische Debatte über die Lage der Menschenrechte in M. - besonders im linken Spektrum der französischen Öffentlichkeit und in den Menschenrechtsorganisationen - im Vorfeld eines Kulturfestivals ("Marokk. Zeiten"), das unter der Schirmherrschaft der beiden Staatschefs von Oktober 1990 bis März 1991 in Frankreich stattfinden sollte, verbunden mit der Erwartung französischer Politiker (gerade M. wohlgesonnener), der König müsse vorher zugunsten bestimmter besonders unmenschlich behandelter Personen ein Zeichen setzen (er tat es nicht und sagte Anfang Oktober das Festival unter dem Vorwand der Golfkrise ab); 2. die Ankündigung von Präsident Mitterrand beim 16. franko-afrikanischen Gipfel in La Baule (19.-21.6.), Frankreich werde künftig Entwicklungshilfe an Demokratisierungsanstrengungen knüpfen; 3. die Ende Oktober verkündigte Absicht Frau Mitterrands, in ihrer Eigenschaft als Präsidentin der Menschenrechtsorganisation *France-Liberté* im November in die Polisario-Lager nach Tindouf zu reisen (sie verzichtete auf den Besuch, empfing jedoch die Frau des Staatschefs der DARS); und 4. eine Anfrage des französischen Außenministeriums nach dem Schicksal von drei seit 1973 in M. verschwundenen französischen Staatsbürgern, nachdem Mitte Dezember bekannt geworden war, daß diese zusammen mit marokk. Häftlingen in der berüchtigten Haftanstalt von Tazmamart festgehalten werden, deren Existenz offiziell geleugnet wird. Die marokk. Regierung, die sich Einmischung in ihre inneren Angelegenheiten aufs schärfste verbat, erhielt von französischer Seite mehrmals (u.a. durch Außenminister Dumas am 9.11. in Rabat) die Zusicherung, Frankreich sei an einer Erhaltung der Freundschaft mit M. gelegen.

Die Beziehungen zu Spanien, M.s zweitwichtigstem (EG-)Partner, entwickelten sich im ganzen positiv, v. a. die wirtschaftlichen Beziehungen (starker Anstieg der spanischen Investitionen, Beginn der 2. Phase der Machbarkeitsstudie für die "feste Verbindung" zwischen Spanien und M. im Mai, Ausweitung des spanischen Finanzhilfeangebots 1988-92 von 1,31 auf 1,65 Mrd. US-$ beim 1989 vereinbarten, ersten regulären Treffen der Regierungschefs am 20./21.12. in Rabat usw.). Die Frage der von M. beanspruchten spanischen Enklaven Ceuta und Mellilia wurde offiziell nicht erörtert. Nach der Aufnahme diplomatischer Beziehungen zu Namibia am 26.3. empfing König Hassan als erster arabischer Staatschef den südafrikanischen

Präsidenten de Klerk (22.10.). Die Wirtschaftsbeziehungen zu Pretoria sollen ausgebaut werden. M. erwarb in der Vergangenheit bereits südafrikanische Rüstungsgüter (JA, 31.10.).

Sozioökonomische Entwicklung

Wirtschaftliche Bedrängnis und wachsende soziale Spannungen kennzeichneten das 3. Jahr des Orientierungsplans 1988-1992. 1989 war das BIP nicht um die erwarteten 2,5 %, sondern nur um 1,3 % (1988: 10,5 %) gewachsen. Die Schuldendienstrate war um 18 % auf 40 % der Exporterlöse angestiegen (mit 22 Mrd. US-$ Auslandsschulden steht M. an 11. Stelle der meistverschuldeten Länder; jährlich fließen 200 Mio. US-$ mehr ab als zu). Das Handelsbilanzdefizit hatte sich um 132 % erhöht, u.a. wegen eines Handelsstreits mit Indien (der Ende des Jahres beigelegt wurde), so daß die Importdeckung von 76 % (1988) auf 60,6 % gesunken war. Da auch die Gastarbeiterüberweisungen und die Einnahmen aus dem Tourismus (wegen der geringeren Zahl europäischer Besucher) nicht im erhofften Maß gestiegen waren, hatte 1989 nach zwei positiven Jahren wieder mit einem Leistungsbilanzdefizit abgeschlossen, und das Haushaltsdefizit war auf 5,7 % des BIP gestiegen (1988: 4,2 %; LMS 9.9.). Eine Reihe von Maßnahmen sollte das Vertrauen des Auslands wiederherstellen und gleichzeitig das seit 1983 laufende, mit dem IWF koordinierte Strukturanpassungsprogramm (Liberalisierung und Privatisierung) fortsetzen (das v.a. von der Linksopposition heftig kritisiert wird). Am 8.1. wurden auf dem Verordnungsweg die wesentlichen Teile des *Marokkanisierungs-Gesetzes* von 1973 außer Kraft gesetzt, das u.a. ausländische Mehrheitsbeteiligungen an marokk. Unternehmen untersagt hatte. Zur Exportbelebung wurde am 16.2. ein Außenhandelsministerium geschaffen. Am 10.4. unterzeichnete M. mit den privaten Gläubigerbanken ("Londoner Klub") ein Abkommen 1. über die Umschuldung von 3,2 Mrd. US-$ und 2. Schuldenerleichterungen im Rahmen des Brady-Plans; letztere Zusage wurde an ein mit dem IWF zu erarbeitendes (nicht vor 1991 zu erwartendes) mittelfristiges Wirtschafts- und Finanzprogramm geknüpft. Am 23.4. nahm das Kabinett (am 13.6. das Parlament) die Sparfassung des Haushalts 1990 an. Auf die Erhöhung der landwirtschaftlichen und nichtlandwirtschaftlichen Mindestlöhne um 10 % auf 703/1.087 DH (die angeblich 60 % der Arbeitgeber nicht einhalten) am 1.5. folgte am 2.5. die seit langem vom IWF geforderte Abwertung des Dirham um 9,25 %. Am 3.6. wurden Pläne zur Schaffung einer Industriefreizone bei Jorf Lasfar und von Offshore-Banken (vermutlich in Tanger) bekannt (Ende November wurde der Banken-Gesetzentwurf veröffentlicht; kuwaitisches und anderes Golf-Kapital wird erwartet; MEED, 14.12.). Am 20.7. sagte der IWF in Erwartung eines mittelfristigen Kredits aus der erweiterten Fondsfazilität einen Übergangs-Standby-Kredit (Laufzeit 8 Monate) von 134 Mio. US-$ zu. Die Kabinettsumbildung vom 31.7. bezweckte Leistungssteigerungen in den drei wichtigsten devisenbringenden Bereichen, d. h. Gastarbeiterüberweisungen und -investitionen (neues Ressort), Tourismus (neuer Minister) und Phosphatexport (der scheidende Minister für Energie und Bergbau, Mohammed Fettah, übernahm die Leitung des Scherifischen Phosphat-Amtes). Am 11.9. schuldeten die öffentlichen Kreditgeber ("Pariser Klub") 1,2 von insgesamt 11 Mrd. US-$ um. Am 16.10. beriet das Kabinett die Durchführungsbestimmungen zum Ende 1989 angenommenen Gesetz über die Privatisierung von 113 staatlichen und halbstaatlichen Unternehmen. Bei der Vorstellung des Haushalts 1991 am 22.11. im Parlament hob der Finanzminister als positive Ergebnisse von 1990 (Jan.-Sept.) u.a. das Wachstum des BIP um 2,4 %, die Zunahme der Devisenbestände und die Abnahme der Auslandsschulden auf 82 % des BIP (1985: 123 %) hervor. Negativ wirke sich indes die Golfkrise aus: durch den Verlust von Märkten infolge des Embargos (100 Mio. US-$ lt. MEED, 11.1.1991) und die höhere Erdölrechnung (200 Mio. US-$ lt. JA, 12.12.); 1989 mußte M. 5,6 Mio. t Rohöl einführen. Verluste durch ausbleibende Gastarbeiterüberweisungen, Entlassungen (5.000 Betroffene, schätzte JA, 12.12.) und Tourismuseinbußen erwähnte der Minister nicht.

Unterdessen sagten auch offizielle Zahlen etwas über die Lebensbedingungen der Masse der Bevölkerung aus: Die Arbeitslosigkeit, die schon 1989 auf 16,3 % (v. a. in den Städten, unter den Jugendlichen) gestiegen war, nahm weiter zu, so daß sich der König am 8.7. veranlaßt sah, die Gründung eines *Rates für Jugend und Zukunft* anzukündigen, der 100.000 Arbeitsplätze schaffen solle. Der Rat, mit dem USFP-Politiker Habib El-Malki als Generalsekretär, konstituierte sich am 12.11. Ihm gehörten Vertreter der Regierung, der Parteien und der Sozialpartner an. 6,5 Mio. Marokkaner lebten in Armut, davon die Hälfte in absoluter; 56 % der Männer und 72 % der Frauen waren Analphabeten; 7,8 % der Städter lebten in Slums. Schon vor der Golfkrise hatten Preiserhöhungen u.a. für Wasser und Strom die Lebenshaltungskosten um 6,9 % (MT, 26.10.) steigen lassen. Am 20. und 29.10. verteuerten sich Milch sowie, erstmals seit 1984, Benzin, Diesel und Lampenöl. Die Gewerkschaft CDT (USFP-nahe) kündigte für den 19.4. einen Generalstreik an, verschob ihn jedoch, als die Regierung versprach, bestimmte gewerkschaftliche Bedingungen, vor allem die Wiedereinstellung 1981 entlassener Gewerkschaftsmitglieder, zu erfüllen und den seit Jahren unterbrochenen Dialog mit den Arbeitnehmervertretern wieder aufzunehmen. Die Bedingungen wurden nur z. T. erfüllt, und der Dialog scheiterte, so daß die CDT und die UGTM (PI-nahe) als zweit- und drittgrößte Gewerkschaftsverbände für den 14.12. zum Generalstreik aufriefen. Der größte und älteste Gewerkschaftsbund, die UMT, schloß sich nicht an, wollte den Streik jedoch punktuell unterstützen. Die Regierung erklärte den Streik für illegal und suchte ihn mit allen Mitteln zu verhindern, da der letzte Generalstreik, 1981, zu blutigen Unruhen geführt hatte. Die Zahlen über die Befolgung des Aufrufs gingen auseinander. Doch kam es am 14. und 15.12. in einigen Städten, primär in Fes und Tanger, zu Zusammenstößen zwischen Jugendlichen und der Polizei, die durch Armee-Einheiten aus der Sahara verstärkt wurde. Dabei kamen nach offizieller Quelle 5, nach offiziöser 170 Menschen (darunter 20 Sicherheitskräfte) ums Leben; in den folgenden Wochen wurden etwa 700 Personen teils zu milden, teils zu Haftstrafen bis zu 15 Jahren verurteilt (M, 3./4.2.1991), wobei in- und ausländische Menschenrechtsorganisationen die Rechtmäßigkeit mancher Verfahren bezweifelten. Zur Untersuchung der Vorfälle sowie der Prozesse wurde am 27.12. (auf Wunsch der Opposition) ein parlamentarischer Ausschuß und am 31.12. ein Ausschuß aus Mitgliedern des Konsultativrates für Menschenrechte gebildet. Am 19./20.12. erklärte die UMT die Regierung für unfähig und forderte Neuwahlen. Nachdem CDT und UGTM am 22.12. erneut mit Streik gedroht hatten, begannen am 26.12. "erstmals in der Geschichte M.s" (LMS, 27.12.) Verhandlungen zwischen der Regierung und den Sozialpartnern. Am 27.12. beschloß das Kabinett, im Rahmen der Dezentralisierung ohnehin vorgesehene Maßnahmen vorzuziehen (Aufteilung von Fes und Marrakesch in 3 sowie von Meknes in 2 Präfekturen), um diese Städte, wie schon Casablanca und Rabat, besser verwalten (und kontrollieren) zu können. Am 2.1.1991 sagte König Hassan u.a. die 15%ige Erhöhung der Mindestlöhne zu, bot für die nächsten 4-5 Jahre einen "sozialen Friedenspakt" an und bat um "Geduld", bis der Sahara-Konflikt endgültig gelöst sei.

Die Staatsführung Marokkos
Staatsoberhaupt: König Hassan II. (seit 1961), Berater: Ahmed Reda Guedira, Ahmed Bensouda, Mohammed Aouad
Marokkanische Regierung (Stand: 31.12.1990)
Premierminister (PM): Azzeddine Laraki (parteilos), **Staatsminister:** Moulay Ahmed Alaoui (RNI), **Äußeres/Zusammenarbeit:** Abdellatif Filali (parteilos, Staatsminister seit 15.7.), **Angelegenheiten der Auslandsmarokkaner** (beim PM, seit 31.7.) seit 31.7.: Rafiq Haddaoui (parteilos), **Außenhandel (seit 16.2.):** Hassan Abouayoub (parteilos) **Arbeit:** Hassan Abbadi (RNI), **Energie/ Bergbau:** Driss Alaoui M'Daghri (seit 31.7.), **Entwicklung der Saharaprovinzen** (beim PM): Khali Henna Ould Er-Rachid (PND), **Erziehung:** Taieb Chkili, **Finanzen:** Mohammed Berrada (parteilos), **Fremdenverkehr:** Abdallah Kadiri (seit 31.7.; PND), **Generalsekretär der Regierung:** Abbès Kaissi (parteilos), **Gesundheit:** Tayeb Bencheikh (RNI), **Handel/ Industrie:** Abdallah Azmani, **Handwerk/Soziales:** Mohammed Labied, **Hochseefischerei/ Handelsmarine:** Bensalem Smili (parteilos), **Infrastruktur/ Berufsausbildung/ Ausbildung von Führungskräften:** Mohammed Kabbaj (parteilos), **Inneres/Information:** Driss Basri (parteilos), **Jugend/ Sport:** Abdellatif Semlali (UC), **Justiz:** Moulay Mustapha Belarbi Alaoui (parteilos), **Kultur:** Mohammed Benaissa (RNI), **Landwirtschaft/ Landre-**

form: Othmane Demnati (parteilos), **Planung** (beim PM): Rachidi Ghazouani, **Post/ Fernmeldewesen:** Mohand Laenser (MP), **Religiöse Stiftungen/Islamische Angelegenheiten:** Abdelkebir Alaoui M'Daghri (parteilos), **Transport:** Mohammed Bouamoud (RNI), **Verbindungen zum Parlament und (seit 31.7.) für AMU-Angelegenheiten** (beim PM): Abdessalam Baraka, **Verwaltungsangelegenheiten** (beim PM): Abderrahim Benabdeljalil, **Wirtschaft und Privatisierung:** Moulay Zine Zahidi (parteilos), **Wohnungsbau:** Abderrahmane Boufettas, **Staatssekretär im Außenministerium:** Ahmed Cherkaoui
(RNI = Rassemblement National des Indépendants, PND = Parti National Démocrate, UC = Union Constitutionnelle, MP = Mouvement Populaire)

Chronologie Marokko 1990

22./23.1. - Klärung bilateraler Fragen zwischen König Hassan und dem alger. Präs. beim UMA-Gipfel in Tunis
8.2. - Beginn einer Alphabetisierungskampagne für 250.000 Menschen
20.2. - ai wirft M. Menschenrechtsverletzungen vor
3.3. - Thronfest in Agadir; Sparmaßnahmen angekündigt
3.3.-11.3. - Besuch des Präs. von Äquatorial-Guinea, Obiang N'Guema (erneut am 8./9.9.)
11.-12.3. - Besuch des Staatspräs. von Senegal, Diouf
14.-16.3. - Besuch des tschadischen Staatschefs, Habré; erneut am 22.8.; in Rabat Treffen mit Qaddafi durch Vermittlung König Hassans
27.3. - OADP-Kongreß; GS Ben Saïd wiedergewählt
2.5. - Abwertung des Dirham um 9,25 %
8.5. - Gründung des "Konsultativrats für Menschenrechte"
8.5. - Islamisten-Demonstration in Rabat
14.5. - Mißtrauensantrag der Opposition
15.-20.5. - Besuch des portugiesischen Präs. Soares
24.5. - Besuch des amtierenden Präs. des EG-Ministerrats, Collins
6.6. - Pro-palästinensische Demonstration in Rabat
18.-22.6. - Besuch des Kronprinzen in England
25.-28.6. - Spanisch-marokk. Luftmanöver
Juli - 57,3 % der Kandidaten an öffentlichen Schulen bestehen das Abitur (1989: 53,3 %)
12.-13.7. - Besuch der pakistanischen PM
14.-16.7. - Besuch des Präs. der VAE
17.7. - Fes: Verurteilung von 9 Studenten zu Haft bis zu 5 Jahren nach Studentenunruhen im März 1989
23./24.7. - Parteienvertreter und der König treffen in Algier beim UMA-Gipfel mit Vertretern algerischer Parteien zusammen
26.7. - USA verkaufen M. Kernforschungsreaktor; Kooperationsangebot durch den argentinischen AM am 7.9. in Rabat
2.8. - Scharfe Verurteilung der irakischen Invasion Kuwaits
8.8. - Besuch des US-Verteidigungsministers
10.8. - M. stimmt für die Entsendung von Truppen an den Golf
16.8. - Interview des Königs zur Golfkrise
31.8. - Besuch einer Abordnung des US-amerikanischen Senats; erneut 1.12.
4.9. - Entsendung weiterer marokk. Truppen in die VAE, wo nach dem Abkommen von 1986 bereits 5.000 Mann stationiert sind
Anfang Okt. - Absage des in Frankreich geplanten Festivals "Marokk. Zeiten"
22.10. - Südafrikas Präs. de Klerk vom König empfangen
26.10. - Fes: linke Studenten nach Zusammenstößen mit (falschen?) Islamisten zu Haftstrafen von 2-3 Jahren verurteilt
12.11. - "Rat für Jugend und Zukunft" gegründet
2.-4.12. - Besuch des tschechoslowakischen PMs Calfa
10.12. - Verkündigung einer marokk. Menschenrechts-Charta
14./15.12. - Generalstreik; blutige Unruhen, Verhaftungen, Prozesse
20./21.12. - Rabat (statt Fes): Arbeitsbesuch des spanischen PMs González

Ursel Clausen

Mauretanien

Offizieller Name: al-Jumhuriya al-Islamiya al-Muritaniya/Islamische Republik Mauretanien; **Unabhängigkeit:** 28.11.1960; **Fläche:** 1.030.700 qkm; **Einwohner:** 1,86 Mio. (1988); **Hauptstadt:** Nouakchott, Ew.: 500.000 (Schätzung); **Urbanisierungsrate:** 40 %; **Armeestärke:** 11.100 Mann, Nationalgarde 2.800; **BIP:** 929 Mio. US-$ (1988); **Sektoren in %:** Landwirtschaft 38; Industrie 21; Dienstl. 41; **Pro-Kopf-Einkommen:** 480 US-$; **Währung:** 1 US-$ = 75,2 Ouguiya (UM)

Innenpolitische Entwicklung

Die Verschärfung des ethnischen Konflikts (bei anhaltendem Streit mit Senegal) und die Fortsetzung des Demokratisierungsprozesses kennzeichneten 1990 die innenpolitische Lage in Mauretanien (M.).

Die Ergebnisse der 2. Volkszählung (1988) wurden bekannt (1,86 Mio. Einwohner, davon 224.000 Nomaden; Bevölkerungswachstum 1977-1988: jährlich 2,9 %; Einwohner unter 15 J.: 44,1 %; Lebenserwartung: 46 J.; Analphabeten: 61 %), gaben indes keine Auskunft über die umstrittene ethnische Verteilung. Teile der schwarzmauret. Bevölkerung, von der nicht bekannt ist, ob sie gegenüber den (arab.-berberischen) Mauren noch in der Minderheit ist, sehen sich von der maurisch dominierten Führungsschicht nicht nur unzureichend repräsentiert, sondern unterdrückt. Konkret bedroht sind die angestammten Rechte der schwarzmauret. Bauern am Senegalfluß, weil immer mehr Mauren in Erwartung der neuen Bewässerungsprojekte der *Organisation pour la Mise en Valeur du Fleuve Sénégal* (OMVS) in die Landwirtschaft investieren. 1989, im Jahr nach dem Zensus, änderte sich das Zahlenverhältnis zugunsten der Mauren, als infolge der Pogrome in M. und Senegal 250.000 Mauren aus Senegal repatriiert und schätzungsweise 50.000 Schwarzmauretanier aus M. vertrieben oder zur Flucht veranlaßt wurden. Nach *Amnesty International* (ai) waren diese Vertreibungen mit den schwersten Menschenrechtsverletzungen (Verhaftungen, Folter z.T. mit Todesfolge) seit dem Aufleben des ethnischen Konflikts im Jahre 1986 verbunden (ai-Bericht vom 30.11.1989). Die Regierung wies diese (wie auch spätere) Vorwürfe zurück und warf ai Parteilichkeit zugunsten von Senegal vor. Africa Confidential/London (29.6.) zitierte Schätzungen, wonach "im letzten Jahr über 1.000 Halpulaar" oder Tukulör-Fulbe (mit rd. 70% die größte nichtmaurische Volksgruppe) in ihren Dörfern getötet wurden. In einem am 2.10. veröffentlichten Bericht bestätigte ai dies zumindest teilweise: Armee, Polizei und bewaffnete irreguläre Haratin-Milizen hätten ungestraft "Hunderte Halpulaar" verhaftet, mißhandelt und z.T. ermordet; in den Dörfern im Süden herrsche praktisch der Ausnahmezustand (Haratin sind ehemalige schwarze Sklaven, die sich als Mauren verstehen). Gewalt übte auch die 1983 (nach mauret. Meinung von Senegal) gegründete, in Senegal ansässige *Front de Libération des Africains de Mauritanie* (FLAM) aus, eine Sammlung schwarzmauret. Oppositioneller, die v.a. seit den Pogromen Zulauf erhielt und inzwischen durch zwei neue Organisationen verstärkt wurde, den *Front de Résistance pour l'Unité, l'Indépendance et la Démocratie en Mauritanie* (FRUIDEM) im Sept. 1989 sowie den *Front Uni pour la Résistance Armée en Mauritanie* (FURAM) am 30.4.; (MT, 4.5.). Ziel der FLAM ist nicht Sezession, sondern die "totale nationale Befreiung und die Errichtung eines föderalistischen Staates mit einer Verfassung, in der sich alle Nationalitäten erkennen" (Le Soleil/Dakar, 22.10.). FLAM-Truppen mit schwarzmauret. Soldaten, die nach dem Putschversuch 1987 aus der Armee ausgeschlossen worden waren, drangen nach eigenen Angaben mehrmals von Senegal aus in Süd-M. ein und töteten Militärs sowie "bewaffnete Zivilisten", die Land bewirtschafteten, das "nach Senegal deportierten Schwarzmauretaniern" gehörte (Afrique Défense/ Paris, Juni: 51 Tote am 8.5.; MT, 19.10.: 49 Tote am 26./27.9., von der Regierung dementiert; Le Soleil/Dakar, 22.10.: 9 Tote am 12./13.10.). Ferner holten sich Vertriebene und Flüchtlinge von Senegal und Mali aus nicht nur ihr Vieh und anderes Eigentum zurück, sondern griffen auch mauret. Militärposten an. Ab Oktober gab es v.a. in Nouakchott und Nouadhibou Verhaftungswellen (M, 6.12.). Wie ai am 11.12. und 15.1.1991 berichtete, waren davon schwarzmauret. Militärs und Zivilpersonen betroffen, außer Halpulaar erstmals auch

Soninke; "Hunderte" befänden sich ohne Anklage noch immer in Polizei- und Armeegewahrsam; inoffiziellen Quellen zufolge hänge diese Verhaftungswelle mit den bevorstehenden Gemeindewahlen zusammen. In der Tat kündigte sich während des Wahlkampfs in Nouakchott ein nie dagewesenes, ethnisch motiviertes Bündnis zwischen Schwarzmauretaniern und einem Teil der Haratin an (al-Hayat, 6.12.). Am 4.12. gab die Regierung ihrerseits Verhaftungen v.a. in der Marine und im Heer bekannt und nannte als Grund die Aufdeckung eines von Senegal inspirierten Putsches, der für den 27.11., den Vortag des 30. Jahrestages der Unabhängigkeit, geplant gewesen sei.

Während es Indizien dafür gab, daß sich die Regierung den schwarzmauret. Bevölkerungsteil nicht völlig entfremden wollte (Begnadigung einiger 1986 verhafteter Schwarzmauretanier am 14.9.; laut JA, 17.10., Einsetzung einzelner Vertriebener in ihre alten Rechte, einige Untersuchungen und Bestrafungen im Zusammenhang mit den Übergriffen im Süden, Absetzung arab.-nationalistischer Persönlichkeiten in den Medien), gab es neben den erwähnten Ausschreitungen und Verhaftungen viele Zeichen für den Willen der Regierung, die arab. Identität M.s weiter zu stärken: Offizielle Verlautbarungen wurden nicht mehr in Französisch, sondern in Arabisch gemacht; im Januar wurden im Rahmen einer Verwaltungsneuordnung arab. Bezeichnungen eingeführt (Region: Wilaya, Gouverneur: Wali; Departement: Muqata'a, Präfekt: Hakim; das Arrondissement wurde abgeschafft); die arabische, nicht die französische Ausgabe der Tageszeitung *Chaab* vermehrte ihren Umfang ab 1.7.; und prominente (pro-irakische) Ba'thisten erhielten hohe Ämter im CMSN und im Kabinett.

Der Staatschef trat 1990 selten in Erscheinung und vermittelte einen Eindruck der Schwäche (EIU Country Report, Nr. 2/1990, 28; Nr. 4/1990, 10). Während das *Ständige CMSN-Sekretariat* zweimal die Leitung wechselte, wurde das Kabinett siebenmal personell und organisatorisch verändert, so daß nur 7 Ämter gar nicht, 8 dagegen einmal, 5 zweimal und eins dreimal neu besetzt wurden. Die wichtigsten Änderungen betrafen 1. die Absetzung des als effektiv und mächtig geltenden halbfranzösischen Innenministers Oberstleutnant Ould Abdellahi am 4.2., der der FLAM und Senegal gegenüber harte Positionen eingenommen hatte; 2. die Übergabe der Abteilung "Frauen" an die Beauftragte für Frauenfragen im *Ständigen Sekretariat des CMSN* am 4.2. (deren Amt aufgewertet wurde, als dort am 13.12. ein eigenes Exekutivsekretariat für Frauenfragen eingerichtet wurde; nach dem Tod der Handelsministerin im Juni gab es im Kabinett keine Frau mehr); 3. den Wechsel des Erziehungsministers, eines Zivilisten, ins Außenministerium, das seit Tayas Amtsantritt im Dez. 1984 stets mit Militärs besetzt war. Die Zahl der Militärs im Kabinett sank von 5 auf 3, während in der Staatsführung das Verhältnis zwischen Mauren (darunter 2 Haratin) und Schwarzmauretaniern fast unverändert (3:1) blieb.

Die Gemeindewahlen, nach dem Willen der Militärs die erste Etappe in der schrittweisen Wiedereinführung demokratischer Strukturen, fanden am 7. und 14.12. statt. Sie waren 1989 um ein Jahr verschoben worden. In den 208 Gemeinden waren die Räte zu erneuern, die seit 1986 in drei Stufen gewählt worden waren. Um die Ratssitze bewarben sich wieder bis zu 4 Listen, die im Prinzip nicht nach politischen (Parteien sind verboten), tribalen oder ethnischen Merkmalen zusammengestellt sein durften. Auf dem Land, wo es meist nur eine Liste gab, spielte die Stammeszugehörigkeit indes noch eine große Rolle, während die Behörden in Nouakchott, wo ein Viertel der Bevölkerung lebt, 4 Listen zuließen, von denen 3 deutlich politisch gefärbt waren. Dort siegte im 2. Wahlgang die von Teilen der Geschäftswelt unterstützte *Shura*-Liste der Islamisten und Traditionalisten (24 von 37 Sitzen); die von einem Hartani angeführte Liste, die nicht nur von der Haratin-Bewegung *al-Hurr* (Der Freie), sondern auch von Schwarzmauretaniern (!), Marxisten und vielen Frauen unterstützt wurde, erhielt 10, die Liste der Nasseristen 3 Sitze; die (pro-irakische) Ba'th-Liste war nicht zugelassen worden (al-Hayat, 14. und 16.12.; EIU Nr. 1/1991, 10). Die Wahlbeteiligung war niedrig. Am 5.12. nahm der Ministerrat die Verordnung zur Bildung des bereits für 1989 angekündigten Wirtschafts- und Sozialrats an, eines beratenden Organs (möglicherweise die Vorform eines Parlaments), dem 70 teils ernannte, teils gewählte Vertreter aus Wirtschaft und Gesellschaft angehören sollen.

Außenpolitische Entwicklung

Zu dem im Januar befürchteten Krieg mit Senegal kam es nicht. Doch trotz zahlreicher Vermittlungsbemühungen, v.a. Malis, das mit Senegal und M. in der OMVS zusammenarbeitet, und verschiedener bilateraler Kontakte auf Ministerebene wurden die im August 1989 abgebrochenen Beziehungen nicht wiederhergestellt, die Grenze blieb geschlossen, der Handel lag still. Erst Ende Dez. schien sich die Lage zu entspannen. M. erklärte, in Senegal seien 1989 nicht 100, sondern 10.000 Mauretanier umgebracht worden ; immer noch würden Tausende als Geiseln zurückgehalten (Chaab, 27.6. und 12./13.7.; JoT, 17.12.; ai und das Rote Kreuz konnten hierfür keine Bestätigung finden). Senegal wiederum beschuldigte M., die Casamance-Rebellen mit irakischen Waffen auszustatten, und bestand auf globalen Verhandlungen unter Einschluß des Problems der umstrittenen Grenze, die nach seiner Auffassung am rechten Flußufer verläuft. Es dementierte jede Beteiligung am Putsch vom November. Da die Beziehungen Senegals zu Marokko anhaltend gut waren, blieb das marokkanisch-mauret. Verhältnis belastet, obwohl sowohl die bilaterale Zusammenarbeit als auch die Kooperation im Rahmen der (-->) AMU weitergingen. M., das gleichzeitig Mitglied der westafrikanischen Wirtschaftsgemeinschaften ist, pflegte außerdem gute Kontakte zu schwarzafrikanischen Staaten, z.B. zu Gambia und den Kapverden. M.s Position im (-->) irakisch-kuwaitischen Konflikt überraschte nicht, da M. in den letzten Jahren, v.a. seit 1989, zu Iraks wichtigstem Parteigänger in Afrika geworden war. Abgesehen vom Aufstieg ba'thistischer Politiker und der Wiedereingliederung Hunderter von Militärs, die 1988 wegen ihrer Ba'th-Sympathien aus der Armee entlassen worden waren, leistete Irak v.a. Militärhilfe (Waffenlieferungen, Entsendung von rund 100 Beratern, Ausbildung mauret. Offiziere im Irak, Abschluß eines Militärabkommens im Februar), während bei Akjoujt eine Anlage zur Erprobung irakischer Mittel- und Langstreckenraketen geplant, offenbar jedoch nicht gebaut wurde (Africa Confidential, 29.6., und 12.10.; Arabies, Juli-Aug.; MEI, 3.8.). Als der Irak am 3.8. im Ministerrat der AL wegen der Invasion Kuwaits mehrheitlich verurteilt wurde, enthielt M. sich der Stimme. Am 10.8. beim AL-Gipfel schloß es sich der Verurteilung "mit Vorbehalt" an und akzeptierte auch das Embargo, während es die Truppenstationierungen in Saudi-Arabien verurteilte und pro-irakische und anti-amerik. Demonstrationen gestattete. Später verurteilte der Außenminister die Invasion eindeutig und bezeichnete die Präsenz der Alliierten in Saudi-Arabien als "legal und legitim" (EIU Nr. 1/1991, 38). Die USA unterbrachen einige Hilfsprojekte und repatriierten vom 15.12. an die meisten Staatsangehörigen. Frankreich und die übrigen EG-Staaten, v.a. die BRD, setzten ihre Unterstützung fort, obwohl zwischen Frankreich und M. wegen M.s Irakpolitik einerseits und Frankreichs angeblich pro-senegalesischer Haltung andererseits Verstimmungen festzustellen waren. Am 21.3. wurden diplomatische Beziehungen zu Namibia, am 19.6. zu Peru und am 5.10. zu Iran aufgenommen (letztere waren 1987 abgebrochen worden).

Sozioökonomische Entwicklung

1990 war das 2. Jahr innerhalb des von IWF und Weltbank unterstützten Konsolidierungsplans (Plan de Consolidation et de Relance) 1989-1991, der das 1985 begonnene Strukturanpassungsprogramm fortführen und ein jährliches BIP-Wachstum von 3,5 % gewährleisten sollte (diese und die folgenden Angaben nach MT, 26.10). 1989 wuchs das BIP jedoch nur um 2,3 % (1988: 2,8 %), während die Inflationsrate 10,5 % betrug (1988: 6,5 %). Die Handelsbilanz schloß mit 124 % Deckung ab, und das Leistungsbilanzdefizit nahm von 10,3 % (1988) des BIP auf 9,6 % (1989) ab. Die Senkung der Schuldendienstquote, die 1989 bei einer Verschuldung von 2,1 Mrd. US-$ (das sind 225 % des BIP) bei 39,8 % lag, konnte nach den 1989 mit den Kreditgebern des *Pariser Klubs* geschlossenen Umschuldungsabkommen 1990 vermutlich auf 26 % gesenkt werden. Dennoch war 1990 ein schlechtes Jahr, nicht nur wegen unbefriedigender Fischfang- und Ernteergebnisse. Zum einen hielt der Senegalkonflikt an, der sich schon 1989 negativ ausgewirkt hatte. Zum anderen wirkte sich der (-->) irakisch-kuwaitische Konflikt durch das Einfrieren arabischer Kredite und strengere IWF-Konditionen aus (EIU Nr. 1/1991, 38). Denn unter den ausländischen Investoren lagen Kuwait mit 45% (Durchschnitt 1985-1988) und Saudi-Arabien mit 16 % (1988) mit Abstand an der Spitze. Allein der *Arab*

Fund und der *Kuwait Fund* finanzierten laufende Projekte in Höhe von 788 Mio. FF in wichtigen Sektoren (Kleinfischerei, Telekommunikation, Elektrifizierung von 13 Städten, Straßenbau usw.). 1990 sollten sie Mittel für den renovierungsbedürftigen Eisenerzbergbau bereitstellen, der nach der Fischwirtschaft an zweiter Stelle der Devisenbringer liegt. Die Mehrkosten für das (von Algerien) importierte Erdöl wurden auf ein Viertel des Handelsbilanzüberschusses geschätzt. Nicht erst nach Beginn des irakisch-kuwaitischen Konflikts gab es in verschiedenen Landesteilen Demonstrationen gegen die Inflation, die schon zu Jahresmitte bei 14 % lag (Africa Confidential, 29.6.; MT, 19.10.).

Die Staatsführung Mauretaniens

Präsident des Militärausschusses für Nationales Heil (CMSN), Staatschef, Verteidigung: Oberst Maaouya Ould Sid'Ahmed Taya (seit Dezember 1984); Ständiger Sekretär des CMSN: Oberstleutnant Mohamed Lemine Ould N'Diayane (außer vom 16.2. bis 27.10.)

Regierung von Mauretanien (Stand: 31.12.1990)

Allgemeine Budget- und Finanzaufsicht: Ethmane Ould Sid'Ahmed Yessa, **Äußeres/ Zusammenarbeit:** Hasni Ould Didi (seit 28.4.), **Ausrüstung/Transport (seit 4.2.):** Oberstleutnant Dieng Oumar Harouna (CMSN), **Bergbau/Industrie:** Boullah Ould Mogueya (seit 28.4.), **Erziehung:** Moctar Ould Haye (seit 28.4.), **Finanzen:** Mohamed Ould Boubacar (seit 21.10.), **Fischerei/ Fischwirtschaft:** Ahmed Ould Khalifa Ould Jiddou (seit 4.2.), **Gesundheit/Soziales:** Abderrahmane Ould Moine (seit 28.4.), **Handel/Handwerk/Tourismus(seit 4.2.):** Oumar Soumaré (seit 21.10.), **Information:** Mohamed Lemine Ould Ahmed, **Inneres/Post/ Verbindungswesen:** Major Cheikh Sid'Ahmed Ould Baba (CMSN, seit 28.4.), **Justiz:** Sow Adama Samba (seit 28.4.), **Kultur/Islamische Orientierung:** Didi Ould Bounaama (seit 28.4.), **Ländliche Entwicklung:** Mohamed Ould Sid'Ahmed Lekhal (CMSN, seit 17.6.), **Öffentlicher Dienst/Arbeit (seit 27.10.)/Jugend/Sport:** Mohamed Ould Heimer, **Plan (seit 27.10.):** Mouhammadou Ould Michel (seit 21.10.), **Wasser/Energie:** Moustapha Ould Abeiderrahmane (seit 21.10.), **Staatssekretäre:** Rachid Ould Saleh (Alphabetisierung und traditionelles Schulwesen), Ahmed Ould Sid'Ahmed (Maghrebangelegenheiten, seit 17.6.), **Generalsekretär der Regierung:** Baro Abdoulaye (Stellvertreter: Ba Alassane Yero), **Kommissar für Ernährungssicherung (im Präsidialamt, mit Ministerrang):** Mohamed Sidya Ould Bah

Chronologie Mauretanien 1990

1.1. - Einführung strengerer Vorschriften im Standesamtswesen

21.-23.1. - Teilnahme Oberst Tayas am AMU-Gipfel in Tunis

4.2. - Kabinettsumbildung; erneut 16.2, 9.4., 28.4., 17.6., 21.10.

6.2. - Neue Kommunalabgabenordnung

19.3. - Besuch der Staatschefs von Gambia und Guinea, Jawara und Conté (Vermittlung im Senegalkonflikt)

21.3. - Beginn der 5. Alphabetisierungskampagne in 7 ländlichen Wilayas

28.-30.5. - Oberst Taya beim AL-Gipfel in Bagdad

4.-7.6. - Besuch des Präsidenten der Kapverden, Pereira

6.6. - Besuch des Präsidenten von Mali, Traoré (Grenzzwischenfälle)

22.-23.7. - Teilnahme Oberst Tayas am AMU-Gipfel in Algier

29.8. - Besuch des Königs von Jordanien, Husain (irakisch-kuwaitischer Konflikt)

Sept. - Studentenunruhen in Nouakchott

27.10. - Umstrukturierung des CMSN und eines Ministeriums

13.11. - 2. Tagung der AMU-Innenminister in Nouakchott

19.11. - Bildung eines nationalen Drogenbekämpfungsausschusses

4.12. - Regierung gibt Putschversuch bekannt

5.12. - Bildung eines Wirtschafts - und Sozialrats beschlossen

7./14.12. - Gemeindewahlen

20.12. - Ende der maghrebweiten Impfkampagne (in M. 20.000 Kinder und 15.000 Frauen geimpft)

23.12. - Besuch des algerischen Präs. Bendjedid (irakisch-kuwaitischer Konflikt)

Ursel Clausen

Pakistan

Offizieller Name: Islami Jumhuriya Pakistan/Islamische Republik Pakistan; **Unabhängigkeit:** 14.8.1947; **Fläche:** 803.940 qkm; **Einwohner:** 106,3 Mio.; **Hauptstadt:** Islamabad, Ew.: 370.000; **Urbanisierungsrate:** 31 %; **Armeestärke:** 550.000 Mann, Nationalgarde 150.000, Frontier Corps 65.000; **BIP:** 34,05 Mrd US-$; **Sektoren in %:** Landwirtschaft 26; Industrie 24; Dienstl. 49; **Pro-Kopf-Einkommen:** 350 US-$; **Währung:** 1 US-$ = 21,828 Rupien (Rs)

Innenpolitische Entwicklung

Die Auseinandersetzung zwischen der *Pakistan People's Party* (PPP)-Regierung und der COP (Combined Opposition Parties) beherrschte die Innenpolitik zum Jahresanfang. Premierministerin Benazir Bhutto lenkte weder im Streit mit den Provinzen Pandschab und Belutschistan ein, noch suchte sie mit der *Mohajir Qaumi Movement* (MQM/Nationale Aussiedlerbewegung) in Sind einen Kompromiß. In Karatschi und Hyderabad lieferten sich die PPP- und die MQM-Kombattanten Straßenschlachten. Die COP hielt am 26.1. in Karatschi eine vielbeachtete Protestversammlung ab. Der MQM-Führer Altaf Hussein rief den Staatspräsidenten Ghulam Ishaq Khan zur Intervention auf, weil, wie er es formulierte, "die PPP die Ausrottung der Aussiedler betreiben würde" (Dn, 2.2.). Es folgten in Karatschi und Hyderabad schwere Straßenkämpfe, zu deren Eindämmung die Streitkräfte eingesetzt werden mußten. Präsident Khan riet zur Einberufung einer Allparteienkonferenz, ohne daß sein Rat befolgt wurde. Die COP forderte ihn auf, die PPP-Regierung in Sind zu entlassen und die Provinz unter direkte Verwaltung der Bundesregierung zu stellen. Die MQM-Abgeordneten blieben wegen fehlender persönlicher Sicherheit den Sitzungen des Parlaments in Sind fern. Schließlich trat am 24.2. der Ministerpräsident von Sind, Qa'im Ali Shah, zurück und wurde durch Aftab Shahban Mirani ersetzt. Vom 7.2. bis Ende März mußte die Universität von Karatschi und Anfang April mußten alle höheren Lehranstalten wegen Unruhen geschlossen werden. Am 6.4. wurden Mitglieder der *People's Students Federation* (PSF) bei einer Straßenschlacht mit den MQM-Aktivisten getötet. Die Regierung nahm mehrere MQM-Führer unter dem Verdacht der Anstiftung zum Mord fest. Der MQM-Gründer, Altaf Hussein, begann am 8.4. aus Protest einen Hungerstreik, dem sich Hunderte seiner Anhänger anschlossen. Er wollte die Verhaftung von Heckenschützen erreichen, die Tage zuvor 12 Menschen erschossen hatten. Auch ein PPP-Führer trat in den Hungerstreik, um zu dokumentieren, daß die MQM die eigentliche Schuldige war. Präsident Khan schaltete sich ein und regte Gespräche zwischen der Provinzregierung und der MQM an. Die Intervention des Gouverneurs führte schließlich zum Abbruch des Hungerstreiks (Dn, 16.4.). Die Regierung gab den Plan zur Aufstellung einer 20.000-Mann starken Ordnungstruppe "Sindh Force" bekannt (Dn, 11.4.). Die MQM lehnte diesen Plan ab, weil die Truppe aus Sindhis bestehen und sich gegen die Aussiedler richten würde. Im Mai geriet die Situation in Sind zusehends außer Kontrolle. Am 26.-27.5. schritt in Hyderabad die Polizei gegen protestierende Aussiedlerfrauen und -kinder ein und richtete ein Blutbad unter ihnen an. Präsident Khan mißbilligte die Polizeiaktion in scharfer Form, aber die PPP-Regierung verteidigte sie, obwohl es sich herausgestellt hatte, daß die Polizei brutal vorgegangen war. Die Folge waren schwere Auseinandersetzungen in Karatschi und Hyderabad, denen Hunderte von Menschen zum Opfer fielen.

Am 28.5. mußte die Armee zur Unterstützung der Zivilverwaltung eingesetzt werden, und damit begann ein neuer Streit. Nach Artikel 245 der Verfassung wird für die Dauer des Armee-Einsatzes in deren Geltungsbereich die Jurisdiktion der Gerichtshöfe (High Courts) ausgesetzt. Benazir Bhutto lehnte den Einsatz der Armee nach diesem Artikel ab, weil dies "der Ausrufung des Kriegsrechts gleichkommen würde". Dagegen stimmte Präsident Khan mit dem Oberbefehlshaber des Heeres, General Aslam Beg, überein, daß der Einsatz der Armee nur dann effektiv sein würde, wenn die Armee mit entsprechender Autorität ausgestattet ist, selbständig handeln kann und die von ihr verhängten Strafen von keinem Richter rückgängig gemacht werden können. Benazir Bhutto schwebte die Anwendung der Sektion 131 des "Criminal Penal Code" mit entsprechender Modifikation vor. General Beg bedauerte, daß man nicht gewillt war, der Armee, die binnen einer Woche Ruhe und Ordnung schaffen könnte, freie Hand zu geben.

Der Streit zwischen der Bundesregierung und den Provinzen Pandschab und Belutschistan schwelte weiter. Belutschistans Premierminister Akbar Bugti beklagte sich darüber, daß Islamabad seiner Provinz die Einnahmen aus dem Sui(erd)gas vorenthielt. Er bemängelte die Unterrepräsentation seiner Provinz bei den Bundesbehörden sowie verstaatlichten und autonomen Institutionen des Landes. Der Bundesregierung warf er vor, die Zuständigkeit der Provinzen zu mißachten. Auch die Nordwest-Grenzprovinz (NWFP), wo die PPP eine Koalitionsregierung bildete, zeigte sich unzufrieden mit der Kompensation, die sie für die Elektrizitätsabgabe an andere Landesteile erhielt, wobei den Löwenanteil der Einahmen die Bundesregierung für sich behielt. Das Pandschab war bereits 1989 dazu übergegangen, eine eigene Bank und ein eigenes Fernsehprogramm zu schaffen. Die Bundesregierung zeigte keine Bereitschaft, die Forderung der Provinzen nach Einberufung des *Council of Common Interests* (CCI) zu erfüllen. Der CCI, dessen Aufgabe es ist, zwischen dem Bund und den Provinzen oder zwischen den Provinzen untereinander zu schlichten, ist ein Verfassungsorgan. Er setzt sich aus den Premierministern der vier Provinzen und ebensovielen Bundesministern zusammen. Im Falle einer Pattsituation muß der Streitfall einer gemeinsamen Sitzung der Nationalversammlung und des Senats vorgelegt werden, wo er mit Stimmenmehrheit entschieden wird. Da die PPP in diesem Gremium nicht über die absolute Mehrheit verfügte, stand zu befürchten, daß die Bundesregierung überstimmt werden würde. Im April 1990 reichten Pandschab und Belutschistan beim *Supreme Court of Pakistan* eine Verfassungspetition in diesem Zusammenhang ein, worüber am 18.6. verhandelt wurde.

Am 6.8. entließ Präsident Khan die Regierung von Benazir Bhutto, löste die Nationalversammlung auf und setzte Neuwahlen für den 24.10. fest. Er berief sich auf den Artikel 58-2(B) der Verfassung und führte folgende Gründe für seinen Schritt an: a) Die Nationalversammlung habe das Vertrauen des Volkes verloren und ihre Nützlichkeit und Effizienz eingebüßt. Das Mandat sei durch den internen Zwist und Streit und fortwährendes, skandalöses "horse trading" in Mißkredit gebracht worden. Das Ansehen des Parlaments habe unter korrupten Praktiken und verfassungs- und rechtswidrigen Anreizen gelitten; b) Das Gremium habe bis auf die Verabschiedung des Haushaltes keine wesentliche gesetzgeberische Tätigkeit entfaltet. Der Regierung warf er vor, 1. ihre Befugnisse überschritten und 2. die verfassungsmäßigen Gebote der Provinzialautonomie vorsätzlich verletzt und die Verfassungsordnung geschädigt zu haben, wodurch großer Schaden enstanden sei und die Integrität des Landes in Mitleidenschaft gezogen wurde. In diesem Zusammenhang nannte er auch die Weigerung der Bundesregierung zur Einberufung des CCI und der *National Finance Commission* (NFC), die von den Provinzen Pandschab und Belutschistan mehrfach beantragt worden war. Außerdem dehne die Bundesregierung entgegen den Bestimmungen des Artikels 97 der Verfassung ihre Exekutivgewalt auf Kosten der Provinzen aus, indem sie ihr "People's Works Programme" aufgebaut und betrieben habe; 3. der Senat sei von der Regierung verspottet und seine verfassungsmäßige Rolle unterhöhlt worden; 4. die Korruption und die Vetternwirtschaft in der Bundesregierung, unter ihren Amtsträgern, Behörden und Dienststellen sowie Korporationen (z.B. Banken, welche von ihr beaufsichtigt und überwacht werden) und unter den Mandatsträgern habe solche Dimensionen erreicht, daß die Regierung jegliche Kredibilität verloren habe und bei der Bevölkerung kein Vertrauen mehr genieße; 5. die Regierung sei unfähig, die Provinz Sind vor inneren Unruhen zu schützen und dafür zu sorgen, daß die Provinzregierung ihren verfassungsmäßigen Auftrag erfüllen könne; 6. die Regierung handele in vielen Fällen gegen die Gebote der Verfassung, z.B. a) als die höheren Gerichte öffentlich verhöhnt wurden und versucht wurde, ihre Integrität und Unabhängigkeit in Frage zu stellen; b) weil die Autorität und Ressourcen der Behörden einschließlich von Körperschaften des öffentlichen Rechts sowie Banken für politische Zwecke und zur persönlichen Bereicherung mißbraucht worden seien; c) weil der "Civil Service of Pakistan" durch Verletzung der Verfassungsartikel 240 und 242 unterminiert worden sei; d) weil die Befugnisse des Artikel 45 ohne vorherige Genehmigung des Präsidenten angewandt worden seien (MN, 7.8.).

Präsident Khan proklamierte den Notstand und ernannte den Oppositionsführer in der Nationalversammlung, Ghulam Mustafa Jatoi, zum interimistischen Premierminister, dessen Regierung in der Hauptsache mit der Abhaltung von Wahlen am 24.10. beauftragt wurde. Für Benazir Bhutto stand von Anfang an fest, daß ihre Regierung auf militärischen Druck abgesetzt worden war. Denn zwischen ihr und der Führung des militärischen Geheimdienstes hatten sich seit Mai Differenzen in bezug auf die Politik vis-a-vis Kaschmir und Afghanistan ergeben. Ohne die USA als Drahtzieher zu bezeichnen, sagte sie, daß sie wegen ihres Festhaltens am Nuklearprogramm habe gehen müssen, wie seinerzeit auch ihr Vater Zulfikar Ali Bhutto aus dem gleichen Grund gestürzt worden sei. Auf jeden Fall war es außergewöhnlich, daß die beiden PPP-Regierungen von Sind und der NWFP jeweils von den dortigen Gouverneuren entlassen und die Provinzparlamente aufgelöst wurden. Aber sowohl in Pandschab als auch in Belutschistan, wo jeweils die *Islami Jumhuri Ittihad* (IJI) und die *Jumhoori Watan Party* (JWP) Koalitionsregierungen stellten, wurde die Entscheidung den dortigen Ministerpräsidenten (chief ministers) überlassen, ob sie die Provinzparlamente auflösen wollten oder nicht. Beide rieten zur Auflösung und reichten gleichzeitig die Demission ihrer Regierungen ein, damit in allen vier Provinzen gleichzeitig Wahlen stattfinden konnten.

Bereits im August gingen bei allen vier Oberlandesgerichtshöfen (High Courts) Petitionen gegen den Präsidentenerlaß vom 6.8. ein. Beim Peshawar High Court wurde darüber hinaus auch gegen die Auflösung des Provinzparlaments und die Entlassung des Ministerpräsidenten Aftab Ahmad Sherpao eine Klage eingereicht. Der Oberste Gerichtshof (Supreme Court) entschied für die Zusammenlegung der Petitionen bei zwei Gerichtshöfen (Lahore High Court; Sind High Court), um zwei höchstrichterliche Entscheidungen zu haben. Weil die beim Peshawar High Court vorliegende Klage die Auflösung des Provinzparlaments betraf, wurde für ihren Verbleib in Peshawar entschieden.

Der Peshawar High Court erkannte die Klage als rechtens an und hob den Erlaß des Gouverneurs vom 6.8. auf. Aber bereits wenige Minuten nach der Urteilsverkündung erließ ein Richter des Supreme Court eine einstweilige Verfügung gegen diese Entscheidung und untersagte deren vorläufige Vollstreckung. Dies wurde am gleichen Tag vom Senat des gleichen Gerichtshofs bestätigt. Über die Petition konnte bis zu den Provinzwahlen am 27.10. nicht entschieden werden. Nach einer Entscheidung des Supreme Court vom 11.10. sollte über den verfassungsrechtlichen Aspekt in aller Ruhe und ohne Rücksicht auf den Terminplan, das heißt erst nach den Wahlen, verhandelt werden.

Vor dem Lahore High Court wurde über fünf Petitionen verhandelt. Die Kläger stellten fest, daß fünf von insgesamt sieben angegebenen Gründen, die Präsident Khan zum Handeln veranlaßten, faktisch falsch waren: 1. die Regierung war nicht handlungsunfähig, wie angegeben wurde, sondern genoß die Unterstützung von 140 der insgesamt 237 Abgeordneten in der Nationalversammlung; 2. der CCI war bereits gebildet und die Provinzen waren aufgefordert worden, ihre Vorschläge für die Tagesordnung einzureichen; 3. ebenso verhielt es sich mit dem Vorwurf des Amtsmißbrauchs durch den ehemaligen Staatsminister für Finanzen, Ehsan-ul Haq Piracha, den der Supreme Court bereits voll rehabilitiert und ein gegen ihn ergangenes Urteil des Lahore High Court revidiert hatte; 4. die NFC wurde am 25.7. gebildet, obwohl es sie während der gesamten Regierungszeit von Präsident Zia und Premierminister Junejo nicht gegeben hatte; 5. dem People's Works Programme hatte Präsident Khan in seiner Rede vor der Nationalversammlung am 2.12.1989 ein Potential für Sozialfürsorge bescheinigt. Die Verfassung gestattet es der Bundesregierung, Programme zur Bevölkerungsplanung und Sozialfürsorge in den Provinzen durchzuführen; 6; der Vorwurf gegen Premierministerin Benazir Bhutto in Zusammenhang mit den herabsetzenden Bemerkungen gegen den Senat entbehre jeder Grundlage; 7. ebenfalls unbewiesen waren die Beschuldigungen von Korruption und Nepotismus. Pirachas Fall wurde, wie erwähnt, vom Supreme Court für erledigt erklärt.

Der zweite Fall betraf einen Abgeordneten des Provinzparlaments von Sind und konnte nicht für die Auflösung der Nationalversammlung herangezogen werden; 8. was die Unruhen in Sind anbelangte, so war es die Bundesregierung, die dort die Armee eingesetzt hatte und auch bereit war, ihr gewisse Befugnisse der Gerichtsbarkeit durch die Änderung der Sektion 131 des Criminal Penal Codes zu übertragen. Der Generalbundesanwalt widersprach dieser Darstellung und machte geltend, daß der Präsident entsprechend seiner Vollmacht befugt war zu handeln, ohne daß jemand dies streitig oder rückgängig machen könne. Im wesentlichen wiederholte er die im Präsidentenerlaß vom 6.8. genannten Gründe und untermauerte sie mit weiteren Fakten. Der Gerichtshof erkannte den genannten Präsidentenerlaß als gesetzmäßig an und verwarf die Petitionen (Dn, 15.10).

Der Sind High Court, bei dem drei Petitionen eingereicht worden waren, kam zur gleichen Entscheidung (Dn, 19.10). In Karatschi wurde zusätzlich darauf hingewiesen, daß der Präsident zahlreiche Appelle aus der Bevölkerung erhalten hatte, die ihn zu diesem Schritt aufforderten. Zu ihnen gehörte der Präsident der *Tehrik-i Istiqlal*, Luftmarschall Asghar Khan, der in einer Presseverlautbarung am 25.7. den Präsidenten zur Auflösung des Parlaments und zur Ernennung einer Interimsregierung sowie zur Abhaltung von Neuwahlen aufgerufen hatte und meinte, daß er handeln müsse, bevor es zu spät sei. Nur so sei eine erneute Kriegsrechtsproklamation zu verhindern. In seiner Entscheidung wies der Sind High Court auf die anstehenden Wahlen hin. Bedeutungsvoll war die Feststellung des Gerichts, daß die Gerichte bei der Ausübung ihres Rechts zur juristischen Überprüfung solcher Fälle keinesfalls die Rolle einer Appellationsinstanz übernehmen könnten oder sich als eine über dem Präsidenten stehende Autorität verstehen sollten. Vielmehr sollten sie sich darauf beschränken, zu überprüfen, ob der Präsident für den Eingriff Grund gehabt habe und ihm entsprechende Berichte vorgelegen haben. Richter Saleem Akhtar widersprach in dieser Frage seinen Kollegen und schrieb in einer getrennten Note, daß die höheren Gerichte sehr wohl das Recht haben, darüber zu befinden, ob der Eingriff des Präsidenten gerechtfertigt sei oder nicht (Dn, 21.10.). Eine abschließende Behandlung dieser Frage hat sich der Supreme Court für später vorbehalten.

Die Wahlen fanden in zwei Etappen, am 24.10. für die Nationalversammlung und am 27.10. für die Provinzparlamente, statt. Ebenso wie bei den Wahlen im November 1988 stellte sich die IJI (Islami Jumhoori Ittehad/Islamische Demokratische Allianz), ein Wahlbündnis von mehreren Parteien, zur Wahl auf. Ihr gehörten folgende Parteien an: Pakistan Muslim League (PML-Junejo/Sharif-Gruppe); Jama'at-i Islami; Jami'at Ulama-i Islam (JUI-Darkhwasti-Gruppe); National People's Party (NPP); Jami'at Masha'ikh-i Pakistan; Jami'at Ahl-i Hadith; Hizb-i Jihad; die unabhängige Gruppe von Fakhr Imam; Pakistan Democratic Party (PDP) und Jami'at-i Ulama-i Pakistan (JUP-Niazi-Gruppe). Der Mohajir Qaumi Movement (MQM) vereinbarte mit der IJI eine Zusammenarbeit, ohne allerdings Mitglied in der IJI zu werden. Der IJI stand die *Pakistan's Democratic Alliance* (PDA) bestehend aus folgenden Parteien gegenüber: Pakistan People's Party (PPP); Tehrik-i Istiqlal (TIP); Tehrik-i Nifaz-i Fiqh-i Ja'fariya (TNFJ); Pakistan Muslim League (PML-Qasim-Gruppe). Folgende Parteien schlossen sich keinem Bündnis an: Die Jami'at Ulama-i Islam (JUI-Fazlur Rahman-Gruppe); die Jami'at Ulama-i Pakistan (JUP-Noorani-Gruppe); Pakistan National Party (PNP); Balochistan National Movement (BNM); Qaumi Inqilabi Party (QIP); National Awami Party (NAP); Pakhtoonkhwa Milli Awami Party (PMAP) und die Jumhoori Watan Party (JWP). Die linken Gruppen versuchten erst gar nicht, ein eigenes Bündnis zu bilden.

Der Wahlkampf begann mit erheblicher Verzögerung, weil viele Parteien gar nicht glaubten, daß die Wahlen tatsächlich stattfinden würden. Zudem schien die Interimsregierung bemüht zu sein, Benazir Bhutto und weitere PPP-Führer von der Teilnahme auszuschließen. Gegen mehrere ehemalige Minister im Kabinett von Benazir Bhutto wurden Klagen wegen angeblicher Verfehlungen im Amt bei den höheren Gerichten eingereicht. Das Hauptgewicht legte man auf Benazir Bhutto, die von zwei Sondergerichten in Karatschi und Lahore in sieben Fällen vorgeladen wurde. Für Benazir Bhutto stand fest, daß diese Aktion politisch motiviert war und dem Zweck diente, die Chancen der PPP und ihrer Verbündeten bei den Wahlen zu schmälern und sie persönlich aus der Politik zu verbannen. Präsident Khan wurde der Parteinahme für die IJI im Wahlkampf beschuldigt und zum Rücktritt aufgefordert. Benazir Bhutto ihrerseits wurde des Abfalls vom Islam bezichtigt, weil sie äußerte, daß sie "von einer Strafjustiz nichts halte, die die Verstümmelung des Menschen zulasse". Ihre Mutter Nusrat Bhutto machte man für die Einstellung der US-Finanzhilfe verantwortlich, die wegen angeblicher Pläne Pakistans zur Herstellung der Atombombe verfügt worden war.

Im Wahlmanifest der IJI veränderte sich gegenüber dem Wahl-Programm vom November 1988 wenig. Es fehlten indes die zwei Punkte, bei denen es sich um die Umgestaltung der Verfassung handelte: a) bzgl. der Ergänzungen in der Verfassung von 1973, die rückgängig gemacht werden sollten und b) bzgl. der Herbeiführung des Gleichgewichts bei den Machtbefugnissen zwischen dem Präsidenten und dem Premierminister. Damit war klar, daß die IJI an einer gänzlichen Abschaffung der 8. Verfassungsergänzung nicht mehr interessiert war. Im Vordergrund standen auch diesmal die Islamisierungspolitik und die Reprivatisierung der verstaatlichten Industrien und Banken. Besonderer Wert wurde auf die Provinzialautonomie gelegt.

Die PDA hielt an ihrer Absicht fest, die 8. Verfassungsergänzung rückgängig zu machen und die Verfassung von 1973 in der ursprünglichen Form wiedereinzusetzen. Auch sie erkannte den Vorrang des Korans und der Sunna in bezug auf die Gesetzgebung an, sprach sich aber dafür aus, die gesetzgeberische Kompetenz unter Ausschluß aller anderen Institutionen und Personen bei der Nationalversammlung zu belassen. Auch sie befürwortete die Privatisierung von Industrie und Banken. Sie trat für die Fortführung der Landreform von 1973 ein und für die Rückkehr zum alten Wahlsystem, das zwischen den muslimischen und nichtmuslimischen Wählern keine Unterschiede machte.

Die IJI gewann von den 205 Sitzen für Muslime in der Nationalversammlung 105 Sitze und verdoppelte damit fast die Zahl ihrer Abgeordneten. Die PDA war mit nur 45 Sitzen der Hauptverlierer, zumal alleine die PPP bei den Wahlen im November 1988 immerhin 92 Sitze gewonnen hatte. Sie hatte damals 38,74 % der abgegebenen Stimmen erhalten, gegenüber 36,84 % bei diesen Wahlen. Die IJI konnte ihren Anteil von 30,16 % (1988) auf 38,86 Prozent erhöhen. Die übrigen Parteien erhielten 15,40 % und die unabhängigen Kandidaten 10,76 % der Stimmen. In Parlamentsmandaten ausgedrückt ergab dies folgendes Bild: IJI 105; PDA 45; MQM 15; JUI(F) 6; ANP 6; JUP(N) 3; JWP 2; PNP 2; PMAP 1; Unabhängige 13. Bei den Nachwahlen gewann die IJI 7 von 9 Sitzen. Nur ein Sitz ging an die PDA, und einer wurde von einem unabhängigen Kandidaten gewonnen. Die 8 für die Stammesgebiete und 10 für die religiösen Minoritäten reservierten Mandate gingen ebenfalls an parteienunabhängige Kandidaten. Die in den früheren Legislaturperioden für Frauen reservierten 20 Parlamentssitze sind inzwischen weggefallen. Erneut boykottierte die Ahmadiya-Gemeinde die Wahlen, konnte aber nicht verhindern, daß 8 Personen für den für sie reservierten Sitz kandidierten. Für den Gewinner wurden lediglich 105 Stimmen gezählt.

Von den 483 Mandaten in den Provinzparlamenten gewann die IJI 254 (Pandschab 208; Sind 6; NWFP 33; Belutschistan 7). Die PDA kam lediglich auf 65 Sitze (Pandschab 10; Sind 47; NWFP 6; Belutschistan 2). Die MQM gewann 28 Sitze in Sind und wurde zur zweitstärksten Partei. Die *Sind National Alliance* (SNA), die aus mehreren Sindi-nationalistischen Parteien besteht, konnte lediglich einen Sitz gewinnen. In der NWFP kam die ANP mit 22 Sitzen auf Platz zwei, gefolgt von 14 Unabhängigen. Die JUI(F) gewann 2 Sitze. In Belutschistan wurde die JWP mit 11 Sitzen die stärkste Partei, gefolgt von der IJI 7; JUI(F) 6; PNP 5; PMAP 3; BNM 2; Unabhängige 5 und PDA 3. Bei den Nachwahlen gewann die IJI 11 von insgesamt 16 Sitzen (Pandschab 10; Belutschistan 1). Die PDA konnte lediglich 3 Sitze gewinnen (Pandschab 2; NWFP 1). In Sind gingen beide Sitze an unabhängige Kandidaten. Die Wahlbeteiligung lag für die Nationalversammlung bei 45,2 % (November 1988: 43 %) und für die Provinzparlamente bei 45,75 % (November 1988: 43,20 %).

Eine Beobachterdelegation des *National Democratic Institute* (Washington) gab unmittelbar nach den Wahlen bekannt, daß sie keine systematische und verbreitete Wahlfälschung beobachtet habe. Später schwächte sie diese Aussage ab und deutete die Möglichkeit an, daß es in etwa 15 % der Wahlbezirke zu Manipulationen gekommen sein könnte. Dies hätte aber ihrer Meinung nach keinen Einfluß auf den Wahlsieg der IJI gehabt. Dagegen sprach die Beobachtergruppe der *International Federation for Human Rights* (Paris) von schweren Unregelmäßigkeiten.

Die IJI bildete sowohl in Islamabad als auch in allen vier Provinzen Koalitionsregierungen. Zum neuen Premierminister wurde am 6.11. Nawaz Sharif gewählt.

Außenpolitische Entwicklung

Pakistans (P.s) Beziehungen zu Afghanistan blieben unverändert gespannt. Entgegen der beabsichtigten Duldung des Najib-Regimes in Kabul durch die USA und der erklärten Politik P.s, das Afghanistan-Problem politisch lösen zu wollen, schien der pakistanische militärische Geheimdienst ISI (Inter-Services Intelligence) die militärische Option zur Beseitigung des Kabul-Regimes nicht ganz aufgegeben zu haben. Dies kam zum Vorschein, als im März der afghanische Verteidigungsminister, General Shahnawaz Tanai, in Kabul putschte und den Führer der Hizb-i Islami, Hikmatyar, um Unterstützung bat. Die ISI schaltete sich ein, konnte aber die Mujahidin nicht zum Zusammengehen mit General Tanai, der für seine harte Anti-Mujahidin-Linie berüchtigt war, überreden. Die pakistanische Regierung stimmte ausdrücklich dem UNO-Plan für Wahlen in Afghanistan zu. Ebenso bekundete sie ihre Bereitschft, bei der von der UNHCR (United Nations High Commission for Refugees) ausgearbeiten Repatriierung von afghanischen Flüchtlingen in ihre Heimat mitzuwirken. Daß aber der Rückführung, die am 28.7. begann, kein großer Erfolg beschieden war, lag am Widerstand der Mujahidin und an der unsicheren Lage in Afghanistan.

Die bilateralen Beziehungen zur Sowjetunion zeigten eine vorsichtige Entspannungstendenz. Dies war Ausdruck der gewandelten Politik beider Staaten in bezug auf Afghanistan. Die seit 1965 bestehende kulturelle und wissenschaftliche Zusammenarbeit wurde durch die Unterzeichnung eines Protokolls für 1990-91 verlängert und auf die Gebiete Erziehung, Sport, Tourismus und Archäologie erweitert (Dn, 20.9.). Sowohl der Handel (Volumen 1989: 200 Mio. US-$) als auch die technische Kooperation waren sogar während der Stationierung von sowjetischen Truppen in Afghanistan weitergegangen. Moskau hatte die Betreuung des in der Nähe von Karatschi durch die Sowjets gebauten Stahlwerks weitergeführt und bewilligte 1990 weitere 95 Mio. US-$ für die Kapazitätserweiterung. Weitere Projekte (Erdölprospektierung, Meerani-Damm, Elektizitätswerk in Muzaffarabad) wurden weitergeführt oder neu vereinbart. Außenminister Yaqub Khan dankte der Sowjetunion für die konstruktive Rolle, die sie beim Abbau der Spannungen zwischen P. und Indien in der Kaschmirfrage gespielt hatte (Dn, 6.10.). Der sowjetische Botschafter Victor P. Yakunin sagte, daß sein Land für das Selbstbestimmungsrecht aller Völker einschließlich der Kaschmiris eintritt, würde es aber vorziehen, das Kaschmir-Problem auf dem Verhandlungswege zu lösen (Dn, 9.6.).

Die jahrzehntelangen guten Beziehungen zu den USA gerieten 1990 unter Druck, als am 1.10. die US-Militär- und Wirtschaftshilfe an P. suspendiert wurde. Präsident Bush hatte dem Kongreß die im *Pressler-Amendment* geforderte Bescheinigung über das Nichtvorhandensein eines atomaren Sprengsatzes in P. nicht vorgelegt. Die pakistanische Regierung konnte oder wollte den Verdacht nicht ausräumen, daß sie an der Herstellung der Atombombe arbeitet. Noch am 15.6. hatte ein Kongreßausschuß empfohlen, für ein weiteres Jahr auf die Bescheinigung zu verzichten. Pikanterweise änderte sich die Stimmung im Kongreß, nachdem am 6.8. Präsident Khan die Premierministerin Bhutto entließ und das Parlament auflöste. Eine Senatorengruppe verlangte, daß die Verlängerung der Militär- und Wirtschaftshilfe von der Wiederherstellung der demokratischen Institutionen in P. abhängig gemacht werden sollte. Auch der US-Botschafter in Islamabad, Robert Okley, machte sich für die Demokratie stark und verursachte mit einer diesbezüglichen Bemerkung eine ernste Verstimmung in P. Der Vorsitzenden der PPP, Nusrat Bhutto, wurde von den politischen Gegnern im Wahlkampf unterstellt, daß sie der US-Regierung zur Suspendierung der Finanzhilfe geraten habe. Nach den Wahlen, glaubte man, würden die USA zur alten Praxis zurückkehren und im Falle P.s die Ausnahmeregelung wieder in Kraft setzen. Man übersah in Islamabad offensichtlich die veränderte Weltlage, in der P. für die USA nicht mehr die alte Bedeutung besitzt. Für eine ernsthafte Belastung der Beziehungen mit den USA sorgte der Innenminister der Übergangsregierung, Zahid Sarfraz, der Robert Okley in scharfer Form kritisierte und mit der Einstellung von Kreditrückzahlungen drohte (FT, 19.9.; IHT, 30.10.). Noch weiter ging der Oberbefehlshaber des Heeres, General Aslam Beg, der es ablehnte, Diktate der Geberländer, die nicht im Interesse des Landes sind, zu akzeptieren. Er erinnerte an die Suspendierung der US-Hilfe an P. 1965 und 1971, die das Land ohne Schaden überstanden habe. Zugleich drückte er seine Hochachtung für die "strategische Herausforderung" der Iraker aus (Dn, 3.12.). P.s Übergangsregierung hatte am 12.8. der Bitte Saudi-Arabiens entsprochen und 5.000 Soldaten zur ausdrücklichen Verteidigung der heiligen Stätten des Islams entsandt. Damit war Pakistan der Anti-Irak-Allianz beigetreten. Die breite Masse des Volkes verurteilte indes die Politik der Alliierten gegenüber dem Irak. General Beg drückte deren Ressentiments aus und trug damit zur weiteren Abkühlung der Beziehungen zu den USA bei.

Ernsthafte Spannungen gab es auch mit Indien, die bisweilen in eine Kriegshysterie zu münden drohten. Den Hintergrund bildeten die Unruhen im indischen Kaschmir, wo eine militante Freiheitsbewegung seit längerem aktiv ist. P. schaltete sich ein und verlangte Verhandlungen zur Beilegung des Kaschmir-Konflikts. Indien drohte mit Krieg, fand sich aber schließlich zu Gesprächen bereit. Zwei Gesprächsrunden (18.-19.6. in Islamabad und 10.-11.8. in Neu-Delhi) auf Staatssekretärsebene fanden statt, blieben aber ergebnislos. Inzwischen hatte P. einsehen müssen, daß die Freiheitsbewegung der Kaschmiris nicht für einen Anschluß an P. eintrat, sondern die Gründung eines unabhängigen Staates beabsichtigte. Eine am 18.6. von der *Jammu and Kashmir Liberation Front* (JULF) ausgerufene Übergangsregierung für Kaschmir wurde auf Veranlassung der pakistanischen Regierung später zurückgenommen. Indiens und P.s Premierminister Chandra Shekhar und Nawaz Sharif konferierten am Rande des SAARC-Gipfels (South Asian Association for Regional Cooperation) in Male (Malediven) am 22.11. miteinander und verabredeten die Beilegung der bilateralen Probleme auf dem Verhandlungswege (Dn, 23.11.).

Sozioökonomische Entwicklung

1989-90 betrug die Zuwachsrate des BIP (zu Faktorkosten 1980-81) 5,2 % (4,8 % 1988-89); sektoral gab es folgendes Bild: Landwirtschaft 4,0 % (2,4 % 1988-89), Industrie 7,9 % (4% 1988-89), wovon auf die Großindustrie 7,7 % (2,4 % 1988-89) entfielen. Das Haushaltsdefizit erhöht sich von 56,9 Mrd. Rs auf 64,44 Mrd. Rs (7,3 % des BIP). Das Bruttoanlagevermögen stieg um 16,2 % (11,1 % 1988-89); sein Anteil am BSP erhöhte sich von 15,4 % (1988-89) auf 15,9 %, davon entfielen 12,6 % (19,6 1988-89) auf den Privatsektor und 19,9 % (2,6 % 1988-89) auf den Staatssektor. Die Investitionen des Privatsektors betrugen 51,2 % (49,7 % 1988-89) und die des Staatssektors 48,8 % (50,3 % 1988-89). Die nationale Sparrate stieg um 19,3 % (7,1 % 1988-89). Der Zufluß der externen Ressourcen erhöhte sich lediglich um 4,5 % (25,6 % 1988-89). Die Zahlungsbilanz blieb mit einem Defizit von 1,7 Mrd. US-$ (4,4 % des BSP) gegenüber 1,9 Mrd. US-$ (1988-89) weiterhin unter Druck. Die Exporte stiegen um 5,8 % auf 4,992 Mrd. US-$ (4,693 Mrd. US-$ 1988-89). Die Importe gingen um 1,8 % auf 6,941 Mrd. US-$ (7,069 Mrd. US-$ 1988-89) zurück. Die ausländische Finanzhilfe stieg von 3,123 Mrd. US-$ (1988-89) auf 3,423,3 Mrd. US-$; ebenso erhöhten sich die Auslandsschulden von 14,2 Mrd. US-$ auf 15,2 Mrd. US-$. Das Handelsbilanzdefizit reduzierte sich um 12 % auf 2,260 Mrd. US-$ (2,611 Mrd. US-$ 1988-89). Die Inflationsrate betrug 6 % (10 % 1988-89).

Die Staatsführung Pakistans
Präsident: Ghulam Ishaq Khan (gewählt am 12.12.1988)
Regierung von Pakistan (Stand: 31.12.1990)
Premierminister: Nawaz Sharif, **Arbeit:** Ejazul Haq, **Auswärtiges:** Shahibzada Yaqub Khan, **Drogenbekämpfung:** Rana Chandar Singh, **Eisenbahn:** Mir Hazar Khan Bijarani, **Ernährung/ Landwirtschaft:** Lt. Gen. (a.D.) Abdul Majeed Malik, **Erdöl:** Chaudhury Nisar Ali, **Erziehungswesen/Recht/Justiz/Parlamentsangelegenheiten:** Syed Fakhr Imam, **Finanzen/ Wirtschaft:** Sartaj Aziz, **Gesundheitswesen:** Tasneem Nawaz Gardezi, **Handel:** Malik Naeem **Industrie/Inneres:** Chaudhry Shujaat Hussain, **Jugendfragen:** Pir Gohar Ali Shah, **Kommunalverwaltung/Ländliche Entwicklung/Sonderschulen/Soziale Wohlfahrt:** Maulana Abdul Sattar Khan Niazi, **Kommunikation:** Ghulam Murtaza Jatoi, **Planung und Entwicklung/ Wissenschaft und Technologie:** Hamid Nisar Chatta, **Produktion:** Islam Nabi, **Wohnungsbau/ Öffentliches Bauwesen:** Tariq Mahmood, **Umwelt/Städtische Entwicklung:** Sardar Yaqub Khan Nasir

Chronologie Pakistan 1990

23.-24.1. - AM Yaqub Khan führt Gespräche in Neu Delhi über Kaschmir
19.2. - Frankreichs Präsident Mitterrand auf Staatsbesuch in Pakistan
25.4. - Pakistan und Indien vereinbaren den Abbau von Spannungen an der gemeinsamen Grenze
2.-3.5. - Japans PM Kaifu Toshika auf Staatsbesuch in Pakistan
15.-23.5. - Zur Erläuterung der Position Pakistans in der Kaschmirfrage besucht Premierministerin Bhutto Iran, Türkei, Syrien, Jordanien, Ägypten und Tunesien
21.5. - Parlamentswahlen finden in Azad Kaschmir statt
27.5. - Die Armee wird in Karatschi und Hyderabad zur Bekämpfung von Unruhen eingesetzt
29.6. - Raja Mumtaz Rathore (PPP) wird zum PM von Azad Kaschmir gewählt
10.-16.7. - PM Bhutto besucht wegen Kaschmir die Länder Irak, Kuwait und Algerien
18.-19.7. - Indiens Staatssekretär des Auswärtigen Muchkand Dubey führt Gespräche in Islamabad
6.8. - Präsident Khan enthebt PM Bhutto des Amtes, löst die Nationalversammlung auf, ernennt Ghulam Mustafa Jatoi zum interimistischen PM und schreibt Wahlen für den 24.10. aus.
13.8. - Pakistan beschließt die Entsendung von Truppen nach Saudi-Arabien
27.8. - Sardar Abdul Qayyum wird erneut zum Präsidenten von Azad Kaschmir gewählt
20.-21.9. - Präs. Khan auf Staatsbesuch in der Volksrepublik China
14./18.10. - Der Erlaß des Präs. Khan vom 6.8. zur Entlassung der Regierung von PM Bhutto und zur Auflösung des Parlaments wird am 14.10. vom Lahore High Court und am 18.10. vom Sind High Court als rechtmäßig anerkannt
24./27.10. - Wahlen für die Nationalversammlung finden am 24.10. und für die Provinzparlamente am 27.10. statt
6.11. - Nawaz Sharif wird zum PM gewählt
17.-19.11. - Nawaz Sharif in Saudi-Arabien
23.11. - Nawaz Sharif konferiert in Male (Malediven) mit Indiens PM Chandra Shekhar
24.11. - PM Nawaz Sharif auf Staatsbesuch in Abu Dhabi
4.12. - Pakistan beschließt die Entsendung von Truppen in die VAE
18.12. - Staatssekretäre des Auswärtigen aus Pakistan und Indien führen Gespräche über bilaterale Beziehungen in Islamabad

Munir D. Ahmed

Saudi-Arabien

Offizieller Name: al-Mamlaka al-Arabiya al-Sa'udiya/Königreich Saudi-Arabien; **Unabhängigkeit:** 1932 (Gründung des Staates); **Fläche:** 2,15 Mio. qkm; **Einwohner:** 12 Mio. (1990, einschl. 4 Mio. Gastarbeiter); **Hauptstadt:** Riad, Ew.: 1,34 Mio.; **Urbanisierungsrate:** 75 %; **Armeestärke:** 67.500 Mann, Nationalgarde 56.000 Mann; **BIP:** 72,62 Mrd. US-$; **Sektoren in %:** Landwirtschaft 8; Industrie 43; Dienstl. 50; **Pro-Kopf-Einkommen:** 6.200 US-$; **Währung:** 1 US-$ = 3,75 Saudische Riyal (SR)

Innenpolitische Entwicklung

Die Herrschaft der 5.000köpfigen Saudi-Großfamilie, die Saudi-Arabien (S.) seit der Staatsgründung ohne Verfassung und geregelte politische Partizipation der übrigen Bevölkerung mit bloßer Berufung auf "den Islam" regiert, wurde durch die Ereignisse des Jahres 1990 einer schweren Legitimationsprobe ausgesetzt. Die nach dem irakischen Einmarsch in Kuwait erzwungene Entsendung amerikanischer und anderer westlicher Truppen zum Schutz S.s lieferte den Gegnern der Saudi-Dynastie Anlaß für scharfe Propaganda, führte aber noch nicht zu einer nennenswerten innenpolitischen Destabilisierung.

Rechtfertigungsprobleme für die Dynastie gab es auch vor dem Hilferuf an die USA. Am 11.1. wiesen saud. Stellen mit Berufung auf die islamische *Scharia* einen ai-Report zurück, der von über 700 politischen Häftlingen seit 1983 und über 100 Fällen von Folterung in saud. Gefängnissen 1989 sprach (M, 12.1.; KuT, 13.1.). Vielmehr hielt sich die saud. Justiz zugute, durch 99 öffentliche Enthauptungen 1989 den Drogenhandel um 40 % verringert zu haben (AN, 20.1.). Im April wurden zum Ende des Fastenmonats Ramadan 7.681 Häftlinge amnestiert und die Gefängnisse "fast geleert". Betroffen waren hauptsächlich Personen mit geringfügigen Vergehen, säumige Schuldner u.ä. (AN, 17..4.).

Die Pilgersaison Juni/Juli 1990, bei der ein neuer Rekord von 827.236 ausländischen Mekka-Pilgern ermittelt wurde (KuT, 1.7.), wurde durch ein tragisches Unglück am 2.7. überschattet. In einem 600 m langen und 10 m breiten Tunnel bei *Mina* kam es durch Überfüllung mit ca. 50.000 Personen und Stürze am Tunneleingang zu einer Panik, bei der 1.426 Pilger zu Tode getrampelt wurden oder erstickten. Die saud. Behörden dementierten einen Ausfall des Ventilationssystems (bei 43^0 C Außentemperatur) und gaben der Nichtbefolgung von Instruktionen durch die Pilger die Schuld. S.s König Fahd sprach von einem "Akt Gottes" (AN, 4.7.); aus den hauptbetroffenen Ländern Indonesien, Türkei und Malaysia (562, 550 und 122 Tote) kam jedoch erhebliche Kritik an saud. Organisationsmängeln. Irans Regime nutzte die Gelegenheit, um einmal mehr die "Inkompetenz der Saudi-Dynastie für die Verwaltung der heiligen Stätten" zu brandmarken (FAZ, 4.7.).

Eine wirkliche Herausforderung für das saud. Regime entstand aber erst mit der irakischen Invasion Kuwaits (2.8.). Der Schock über dieses Ereignis und den Aufmarsch starker irakischer Truppenverbände nahe der eigenen Grenzen war so tief, daß die saud. Medien sogar die Invasion drei Tage lang ganz verschwiegen. Nachdem die ersten amerikanischen Truppen in S. gelandet waren (8.8.), bekannte sich die saud. Führung jedoch unzweideutig zur Allianz mit den USA gegen Saddam Husain und stellte sich dem Propagandakrieg.

Ein irakisches *Radio des heiligen Mekka* nannte König Fahd, der sich seit 1986 nur als "Diener der beiden heiligen Stätten (Mekka und Medina)" *(khadim al-haramain)* titulieren läßt, seit dem 27.8. stets den "Verräter der beiden heiligen Stätten" *(kha'in al-haramain)*, und die übrigen Mitglieder der Dynastie bestenfalls "amerikanische Sklaven". Pro-irakische und andere Oppositionsgruppen sahen in der Stationierung "ungläubiger" Soldaten auf saud. Boden eine "Entweihung" und begannen, Polemiken gegen die Saudi-Dynastie auf Kassetten zirkulieren zu lassen (IHT, 11.10.). Die inländischen Personen und Gruppen, die zum Sturz der Saudis wegen ihres "Verrats am Islam" aufriefen, blieben zwar obskur (z.B. *Arab Revolutionary Tali'a Group*, BO, 28.8.; *National Revolution and Struggle Front in the Arab Peninsula*, JoT, 8.11.);

Kritik am saud. Regime, u.a. auch wegen der mangelnden Selbstverteidigungsfähigkeit des Landes trotz riesiger Militärausgaben der letzten 15 Jahre, und Zweifel an den langfristigen Absichten der westlichen Hilfstruppen waren aber durchaus weit verbreitet (IHT, 11.10.).

Das saud. Regime führte seinerseits islamische Theologen ins Feld, um die Angriffe auf seine Politik zu kontern. Am 13.8. tagte der 17köpfige *Oberste Rat Islamischer Gelehrter in S.* und rechtfertigte die Entscheidung, "qualifizierte und kompetente Kräfte, fähig zur Abwehr jeder Aggression" ins Land zu holen, was am 14.8. von islamischen Richtern "im Lichte der Scharia" unterstützt wurde (AN, 14. u. 15.8.). Scheich Abdalaziz Ibn Abdallah Ibn Baz als oberste religiöse Autorität S.s erklärte am 20.8. die Pflicht zum Dschihad, falls das Land angegriffen würde. Der ägyptische Obermufti Dr. M. Sayyid al-Tantawi unterstützte S. und dementierte die Propaganda, wonach fremde Truppen auch bei den heiligen Stätten stationiert seien (AN, 17.8.). Zur Rechtfertigung des Einsatzes nichtmuslimischer Kräfte zur Verteidigung islamischen Landes wurde u.a. angeführt, wenn ein Muslim von einem Wegelagerer angegriffen würde, dürfe er sich auch durch einen (nach muslimischem Ritus unreinen) Hund beschützen lassen.

Der Aufmarsch von mehreren 100.000 Mann fremder Truppen im zuvor gegen westliche Einflüsse weitgehend abgeschirmten S. zeigte dennoch zwangsläufig Folgen. Nach anfänglichem Widerstand mußten die saud. Behörden erstmals auch die Einfuhr von Bibeln und die Abhaltung christlicher Gottesdienste in ihrem Land zulassen. Besonders problematisch war die Beteiligung von 10-12 % weiblichen Soldaten am amerikanischen Kontingent. Durch deren selbstbewußtes Auftreten kam es häufiger zu Konflikten mit der saud. religiösen Sittenpolizei *(al-mutawwi'un)*, deren Mitglieder in einigen Fällen von amerikanischen Soldaten verprügelt worden sein sollen (IHT, 14.9.; HB, 24.10.). Die Regierung versetzte vorsichtshalber Einheiten der *mutawwi'un* in den Westen des Landes, wo sie ihrerseits wegen Unkenntnis der örtlichen Gepflogenheiten für Unruhe sorgten (vorübergehende Verhaftung von 44 westlichen Ausländern bei einer Party in Dschidda; JoT, 19.11.). Am 6.11. widersetzten sich in Riad 70 saud. Frauen demonstrativ auf einer Hauptstraße dem für sie bestehenden Fahrverbot (M, 9.11.).

Die Saudi-Dynastie ergriff selbst einige Initiativen, die Bewegung in die starre Innenpolitik brachten. Zwar wurden die für Fahrerlaubnis demonstrierenden Frauen festgenommen und gerügt, aber schon am 10.9. begann angesichts der Kriegsgefahr erstmals die Rekrutierung saud. Frauen für freiwillige medizinische und pflegerische Hilfsdienste (AN, 23.9.). Einem Aufruf König Fahds vom 20.8. zum Militärdienst in Armee oder Nationalgarde folgten in vier Wochen schon 12.000 männliche Freiwillige (AN, 27.9.). Bei einer Umfrage im November hielten 57 % der befragten Saudis einen Krieg für unvermeidlich, 43 % befürworteten die Einführung einer allgemeinen Wehrpflicht (AN, 1.12.).

Am 1.9. plädierte die Zeitung *Arab News* in einem Leitartikel für die Pressefreiheit "als einzigen Weg, um künftige Saddam Husains zu stoppen", und auch die übrigen saud. Medien erlebten durch die Golfkrise einen Liberalisierungsschub (AN, 7.11.). Angesichts der von Saddam Husain provozierten Debatte über die Legitimität der Monarchien auf der arabischen Halbinsel änderten auch die Saudis ihren politischen Stil. König Fahd hielt entgegen seiner Gewohnheit eine Reihe von öffentlichen Reden und Pressekonferenzen. Am 8.11. versprach er die "baldige" Einberufung einer sogenannten "konsultativen Versammlung" *(shura)*, für die "die Vorbereitungen schon weit fortgeschritten" seien. Allerdings waren ähnliche Versprechen von saud. Königen schon 1962, 1979 und 1980 gemacht und niemals eingelöst worden; seit Mitte der 80er Jahre hatte man lediglich ein *Gebäude* für die *shura* in Riad fertiggestellt. Auch König Fahd relativierte: "We will not accept manmade systems and laws, which are contrary to Islamic teachings" (AN, 9.11.) und bekräftigte bei einer Rede am 26.11.: "Nichts darf im Widerspruch zum Koran und zur *Sunna* des Propheten stehen. Was uns die islamische *Scharia* zu tun gestattet, werden wir tun, was sie uns verbietet, werden wir unterlassen" (MD, 28.11.). Mehr als eine im wesentlichen vom Königshaus *ernannte* Versammlung mit bescheidenen Machtbefugnissen wurde Ende 1990 von saud. Beobachtern nicht erwartet, und dies auch frühestens nach dem Ende der Golfkrise.

Außenpolitische Entwicklung

Die Verwandlung der seit 1980 bestehenden saud.-irakischen Allianz in erbitterte Feindschaft und die Schlüsselrolle S.s als Aufmarschgebiet für die internationale Anti-Irak-Koalition nach dem irakischen Überfall auf Kuwait waren die beherrschenden außenpolitischen Ereignisse des Jahres, die auch alle anderen Entwicklungen der Außenbeziehungen S.s prägten. Die plötzliche Bedrohung durch den Irak zwang das saud. Regime, seine jahrzehntelange Distanz zu seinen westlichen Bündnispartnern und die Zurückhaltung bei innerarabischen Konflikten aufzugeben und sein Schicksal ganz mit der Kampagne gegen Saddam Husain zu verknüpfen.

Anfang 1990 hatten sich die saud. Beziehungen zum *Irak* noch durchaus positiv entwickelt. Eine Rede Saddam Husains zum Tag der Armee wurde vom saud. Verteidigungsminister Prinz Sultan als "saturated with the spirit of Islam and peace" gelobt (AN, 8.1.), und am 9.1. wurde eine neue Pipeline für irakisches Erdöl durch S. eröffnet. Am 17. und 18.3. besuchte Saddam Husain König Fahd in Hafr al-Batin, und man beschwor u.a. Solidarität gegen die Emigration sowjetischer Juden nach Israel. S. engagierte sich für die wegen der Sowjet-Juden einberufene arabische Gipfelkonferenz in Bagdad (28.-30.5.) und versuchte auch Syrien zur Teilnahme daran zu bewegen. Während des Bagdader Gipfels (--> AL) brachen jedoch neue Gegensätze auf, indem sich S. wie Kuwait weigerte, dem Irak große Teile seiner Schulden zu erlassen, die "Ölwaffe" gegen den Westen einzusetzen, um Druck in der Palästina-Frage auszuüben, oder auch nur durch die Verringerung seiner Erdölförderung den Ölpreis hochzutreiben. S.s. feste Haltung ermutigte auch Kuwait, irakischem Druck nicht nachzugeben (JoT, 25.7.).

Nachdem der Irak am 18.7. mit öffentlichen Beschuldigungen und Bedrohungen Kuwaits den Konflikt eskaliert hatte, trat S. neben Ägypten als Hauptvermittler auf (KuT, 21.7.). Die entscheidenden letzten Verhandlungen zwischen dem kuwaitischen Kronprinzen Sa'd al-Abdallah al-Sabah und dem irakischen Delegierten Izzat Ibrahim fanden am 31.7. und 1.8. in Jiddah statt, wobei beide auch von König Fahd empfangen wurden. Offenbar wurde der saud. König ebenso wie der ägyptische Präsident mit falschen Versprechungen Saddam Husains getäuscht, so daß die Kuwait-Invasion am 2.8. S. unvorbereitet traf. Zwar nahm es sofort die geflohenen Mitglieder der kuwaitischen Regierung auf und wies ihnen in der Stadt Ta'if eine Exil-Residenz zu - wie auch schon am 3.8. eine kuwaitische Radiostation in S. eingerichtet wurde -, aber die Saudis wagten in den ersten Tagen nur im Rahmen des GKR eine Verurteilung Iraks (JoT, 5.8.) und sperrten die irakische Ölpipeline zum saud. Hafen Yanbu' erst, als keine Schiffe mehr irakisches Erdöl verluden (FAZ, 11.8.). Noch am 6.8. sprach Saddam Husain von den "sehr engen brüderlichen Beziehungen zwischen dem Irak und S." und von der "Sicherheit S.s als Teil der Sicherheit des Irak" (MD, 7.8.). Am gleichen Tag konnte aber der amerikanische Verteidigungsminister Richard Cheney das Königshaus von einer akuten Bedrohung S.s durch den irakischen Aufmarsch überzeugen und Einverständnis für die Stationierung amerikanischer Truppen gewinnen. Nach dem Eintreffen der ersten Kontingente (8.8.) änderten die Saudis völlig den Ton. König Fahd bezeichnete in einer Fernsehansprache vom 9.8. die irakische Invasion als den "abscheulichsten Aggressionsakt, den die arabische Nation in ihrer modernen Geschichte erlebt hat" und forderte ultimativ die Wiedereinsetzung der al-Sabah-Dynastie in Kuwait. Gleichzeitig erklärte er die Stationierung der fremden Truppen für "vorübergehend" und daß diese abziehen würden, "sobald S. sie dazu auffordert" (AN, 10.8.).

Während der Irak bestritt, jemals aggressive Absichten gegen S. gehegt zu haben (BO, 9.8.), wies der saud. Generalstabschef Khalid Ibn Sultan darauf hin, daß für die Eroberung von Kuwait zwei Divisionen ausgereicht hätten, aber sieben dort einmarschiert seien (AN, 28.8.). Nach der Legitimierung der westlichen Truppenpräsenz durch die (--> AL) in Kairo (10.8.) begann der Irak eine massive Propagandakampagne gegen das saud. Regime, daß sich zum "Instrument und direkten Partner einer von den *Kräften des Bösen* gegen den Irak geplanten Aggression" mache (JoT, 12.8.). Irakische Medien drohten im Falle eines Krieges z.B. mit der "Zerstörung der Nester des Verrats im Königreich des Bösen" (MD, 31.8.) oder daß "die

Köpfe dieser Verräter des Arabertums noch vor der Zerstörung ihrer Throne fallen" würden (MD, 8.11.).

Innerhalb des Saudi-Clans waren die enge Anlehnung an die westlichen Schutzmächte und der harte Kurs gegen den Irak nicht unumstritten. Der Verteidigungsminister Prinz Sultan erklärte am 1.9., S. sei "keine Arena für irgendwelche Aktionen, die nicht seiner eigenen Verteidigung dienen" (JoT, 2.9.). Am 21.10. sagte er sogar, die arabischen Länder seien bereit, dem Irak nach dessen Abzug aus Kuwait "alle seine Rechte zu gewähren", und es sei "kein Schaden, wenn ein arabisches Land seiner arabischen Schwester Land, eine Anlage oder eine Position auf See überlasse" (NZZ, 24.10.). Nach heftiger Kritik mußte Prinz Sultan jedoch einräumen, daß er "keinesfalls für Konzessionen an den Irak plädiert" habe (MD, 24.10.).

Der US-Verteidigungsminister dementierte sofort das "Veto" seines saud. Amtskollegen gegen den offensiven Einsatz amerikanischer Streitkräfte (FT, 5.9.), und der Befehlshaber der amerikanischen Truppen, General Schwarzkopf, äußerte Bedenken gegen die Forderung von General Khalid Ibn Sultan nach Konsultationen zwischen Präsident Bush und König Fahd vor *jedem* etwaigen Einsatz (NZZ, 6.9.). Das Problem des Oberkommandos über die in S. stationierten Truppen wurde erst bei einem (zweiten) Besuch des US-Außenministers Baker in Dschidda am 5.11. gelöst: Im Falle eines irakischen Angriffs auf S. sollte es gemeinsam geführt werden, außerhalb von S. sollten die US-Truppen jedoch nur ihrer eigenen Führung unterstehen. Spannungen wegen der wachsenden Zahl amerikanischer Soldaten auf saud. Boden (bis Mitte November schon 230.000) waren trotzdem unvermeidlich. Die saud. Regierung beschwerte sich über das Auftreten von Soldaten in Waffen und Uniform in saud. Städten (JoT, 13.9.) und versuchte die Zurschaustellung christlicher und jüdischer religiöser Symbole zu verhindern. Die US-Militärführung gab ihrerseits den Soldaten strenge Verhaltensregeln, um die Traditionen und religiösen Gefühle der Gastgeber nicht zu verletzen (EG, 21.9.; JoT, 28.10.). Anläßlich eines Besuches von Cheney und Stabschef Powell am 19.12. beschwerten sich die USA aber bereits über die Säumigkeit S.s bei der Überweisung des am 7.9. zugesagten finanziellen Beitrags zur Operation *desert shield* (NZZ, 21.12.).

Die engere Bindung an die USA führte auch zu größeren Bestellungen amerikanischer Rüstungsgüter. Schon am 10.7. war der Kauf von 315 M-1 Kampfpanzern im Wert von 3,1 Mrd. US-$ vereinbart worden (NZZ, 12.7.), im September erhöhte sich das Volumen auf 6,74 Mrd. US-$ durch die Bestellung von 1.750 TOW- und 6 Batterien *Patriot*-Raketen (FT, 28.9.; IHT, 29.9.). Die israelische Lobby in den USA widersetzte sich dem Geschäft nicht, da über die Lieferung von F-15 und F-18 Kampfflugzeugen im Wert von 14 Mrd. US-$ erst Anfang 1991 verhandelt werden sollte, blieb aber bei ihren Einwänden (MD, 19.9.). S. hatte schon vorher die Option für 48 *Tornado*-Flugzeuge aus Großbritannien (zusätzlich zu 72 bereits gelieferten) storniert (FT, 3.9.). Die Briten, die sich neben den USA am stärksten mit eigenen Truppen in S. engagierten (bis Anfang 1991 ca. 30.000 Mann), verloren 30 % ihres Auftragsvolumens von 38 Mrd. US-$ für Rüstungsgüter, weil S. außerdem amerikanische *Apache*- anstelle britischer *Black Hawk*- Helikopter bestellte (MD, 19.9.). In Frankreich orderte S. 1990 drei Fregatten (IHT, 6.6.); der saud. Wunsch, in Deutschland Panzer im Wert von 540 Mio. DM zu erwerben, wurde jedoch von der Bundesregierung abgelehnt (NZZ, 13.10.).

Die Golfkrise führte zu einer stärkeren Hinwendung S.s zu *Ägypten* und *Syrien*, die jeweils größere Kontingente eigener Truppen entsandten (bis Jahresende ca. 40.000 bzw. 17.000 Mann). Besonders die klare Parteinahme des ägyptischen Präsidenten Mubarak gegen die Kuwait-Invasion und für den Hilferuf an die USA schon vor dem arabischen Gipfel in Kairo wurde von S. gewürdigt (MD, 9.8.). Bei einem Besuch Mubaraks in Dschidda am 22.10. erklärten er und König Fahd ihre "identische Sicht der Golfkrise", auch wenn der ägyptische Kommandeur vor Ort (General M. Ali al-Bilal) zuvor ausgeschlossen hatte, daß Ägypten sich an einer Offensive gegen den Irak beteiligen würde (JoT, 9.10.). Am 1.12. ordnete König Fahd die Streichung von 4 Mrd. US-$ ägyptischer Schulden bei S. an (EG, 2.12.). Die Beziehungen zu *Syrien* waren bis zur Golfkrise noch durch das Engagement S.s im *Libanon* bestimmt. Als "Architekt" des *Ta'if-Abkommens* vom Oktober 1989 suchte S. Syriens Kooperation für dessen

Anwendung mit friedlichen Mitteln. Außenminister Saud al-Faisal lotete bei Gesprächen in Damaskus am 29.6. die Möglichkeit aus, das Ta'if-Abkommen "nachzubessern" (OJ, 30.6.). Im August war die Entscheidung des "arabisch-nationalistischen" Syrien, sich an der multinationalen Schutztruppe für S. zu beteiligen, von großer symbolischer Bedeutung und wurde von S. mit hohen finanziellen Zuwendungen honoriert. Als weiteres arabisches Land - außer den Staaten des GKR - beteiligte sich Marokko an der multinationalen Truppe in S., ferner die islamischen Staaten Senegal, Niger, Pakistan, Bangladesh und die afghanischen Widerstandskämpfer mit Kontingenten zwischen 450 (Niger) und 5.000 (Pakistan) Mann.

Diejenigen arabischen Staaten, die sich von der anti-irakischen Koalition distanzierten oder sich gar mit dem Irak solidarisierten, bekamen die Folgen schnell zu spüren. Dies galt in erster Linie für Jordanien, den Jemen und die Palästinenser, in geringerem Maße für den Sudan, Algerien, Libyen und Tunesien. *Jordaniens* König Husain besuchte dreimal S., um Finanzhilfe zu erbitten (13.-15.2., 21.4., 18.7.); im Juni erhielt sein Land, das zwischen 1979 und 1988 bereits jährlich 360 Mio. US-$ von S. empfangen hatte (FT, 1.10.), eine Sonderzuwendung von 100 Mio. US-$ (MD, 28.6.). Nach den pro-irakischen Kundgebungen in Jordanien im August begannen saud. Grenzbeamte jordanische Reisende zu schikanieren (JoT, 14.8.). Am 19.9. stoppte S. seine Öllieferungen an Jordanien, angeblich wegen 46 Mio. US-$ Zahlungsrückständen. Drei Tage später wurden 30 jordanische (und 50 jemenitische und irakische) Diplomaten und Botschaftsangestellte ausgewiesen, mit der Begründung, sie gefährdeten S.s Sicherheit. Jordanien berief aus Protest seinen Botschafter ab. Anläßlich kritischer Äußerungen König Husains in den USA über S. polemisierte der saud. Botschafter in Washington in einem offenen Brief in der New York Times gegen ihn (IHT, 27.9.). Anfang Oktober verhängten S. und Jordanien gegenseitige Blockaden für den LKW-Transitverkehr (IHT, 2.10.), die jedoch nach syrischer Vermittlung wieder aufgehoben wurden (JoT, 7.10.).

Den höchsten Preis zahlte der *Jemen* für sein unsolidarisches Verhalten zu S. in der Golfkrise. Schon vorher hatte es Gerüchte gegeben, daß S. die Vereinigung von Nord- und Südjemen (22.5.) nur ungern sah und zu hintertreiben versucht hatte (FT, 16.5.), auch wenn König Fahd bei einem Besuch des nordjemenitischen Präsidenten Ali Abdallah Salih (25.2.) das Gegenteil behauptet hatte. Salih reiste auch am 4.8. nach Dschidda, um mit Fahd über Möglichkeiten einer friedlichen Lösung der Golfkrise zu diskutieren, und Vertreter der über 1 Mio. jementischen Gastarbeiter erklärten noch nach der Entsendung amerikanischer Truppen ihre Solidarität mit S. (AN, 20.8.). Das Verhalten des jemenitischen Delegierten im UNO-Sicherheitsrat, der Tenor der jemenitischen Medien und pro-irakische Demonstrationen in jemenitischen Städten (FAZ, 1.9.) veranlaßten S. jedoch am 19.9. zur Abschaffung der Privilegien für jemenitische Gastarbeiter. Sie verloren das Recht, eigene Geschäfte ohne saud. Partner zu betreiben, und mußten - wie alle übrigen Ausländer - saud. Bürgen für ihre Aufenthaltserlaubnis finden (NZZ, 13.10.). Heftige Reaktionen der jemenitischen Presse heizten die Krise auf, so daß im September und Oktober mindestens 300.000 Jemeniten S. verließen (AN, 28.10.). Die saud. Behörden bestritten Schikanen und Beschlagnahmung von Eigentum der Ausreisenden (AN, 17.10; MD, 30.10.) und verlängerten am 21.10. die Frist für Formalitäten der Aufenthaltserlaubnis um einen Monat. Trotzdem erhöhte sich die Zahl der ausreisenden Jemeniten auf ca. 500.000 (FT, 12.12.).

Die *PLO*, die seit 1979 1 Mrd. US-$ von S. erhalten hatte (MD, 6.3.), verscherzte sich durch ihre pro-irakische Haltung in der Golfkrise das Wohlwollen der Saudis gründlich. Einige PLO-Funktionäre sahen die Gefahren dieser Politik deutlicher und versuchten, mit Äußerungen von Dankbarkeit und Solidarität S. zu beschwichtigen, besonders Yassir Arafats politischer Berater Hani al-Hasan (AN, 27.8.; MD, 13.9.). S. verurteilte zwar Israel wegen der "Aggression bei der al-Aqsa-Moschee" am 8.10., reduzierte aber auch seine Zuwendungen an die Palästinenser in den besetzten Gebieten.

Ein weiterer Nebeneffekt der Golfkrise war die Wiederaufnahme der seit 1938 suspendierten diplomatischen Beziehungen zur *Sowjetunion*, die bei einem Besuch des Außenministers Saud al-Faisal in Moskau am 17.9. vereinbart wurde. Saud al-Faisal war schon am 8.3. in

Moskau empfangen worden, und die Sowjetunion ließ 1990 erstmals 1.525 Pilger nach Mekka reisen, während S. Flugzeugladungen von Koranen zurückschickte (EG, 27.6.; KuT, 30.6.). S. hätte sogar eine sowjetische Beteiligung an der multinationalen Truppe begrüßt (FT, 19.9.) und gewährte der Sowjetunion anläßlich eines dritten Besuchs von Saud al-Faisal Kredite und Hilfen im Umfang von 4 Mrd. US-$ (FT, 29.11.). Schon im Juli hatte Saud al-Faisal in Peking auch die Aufnahme diplomatischer Beziehungen mit *China* vereinbart (SaG, 23.7.), und auch China schickte 1.500 Mekka-Pilger. Keine wesentliche Besserung ergab sich 1990 in den Beziehungen S.s zu (--> Iran). S. beharrte zunächst auf seiner auf 45.000 Personen jährlich festgesetzten Quote für iranische Mekka-Pilger (AN, 16.4.) und ließ sich auch bei einem Besuch des iranischen Vize-Außenministers Besharati nicht mehr als eine Quote von 50.000 - statt der 150.000 von Iran verlangten - abhandeln (KuT, 21.5.). Auf polemische Angriffe von Khamenei (29.6.) und Rafsanjani (4.7.) reagierte S. mit entsprechend scharfen Repliken (MD, 7.6.; AN, 10.7.). Nachdem Iran auch 1990 die *Hajj* boykottiert hatte, war eine Quote von 75.000 das äußerste Zugeständnis, zu dem S. sich bereit zeigen wollte (TT, 30.10.).

Sozioökonomische Entwicklung

Der am 31.12.1989 vorgelegte Haushalt für 1990 sah Ausgaben von 143 Mrd. SR bei Einnahmen von 118 Mrd. SR vor und unterschied sich damit kaum vom Vorjahresbudget (141:116 Mrd. SR). Das Defizit von 25 Mrd. SR sollte aus Staatsanleihen gedeckt werden. Zum ersten Mal wurden solche Anleihen 1990 auch fremden Investoren angeboten (KuT, 27.6.). Der Posten "Verteidigung und innere Sicherheit" war mit 51,9 Mrd. SR am größten.

Gemäß dem *Fünfjahresplan 1990-1994* sollen bis 1994 753 Mrd. SR (ca. 200 Mrd. US-$) ausgegeben werden, davon insgesamt 498 Mrd. SR für zivile Zwecke (385 Mrd. SR für Entwicklungsprojekte). Die angestrebte Diversifizierung der saud. Wirtschaft soll nach Angaben des Erdölministers Nazir schon weit fortgeschritten sein, die Einnahmen aus dem Rohölexport seien von 85 % auf 64 % der gesamten Staatseinnahmen gesunken (AN, 10.8.). S. soll 1989 3,3 Mio. t Weizen exportiert haben (AN, 26.11.), und seine Industrie-Exporte seien 1990 auf 2,2 Mrd. SR, 71,2 % mehr als im Vorjahr, gestiegen (AN, 3.12.). S. hatte 1989 mit 1 % eine der niedrigsten Inflationsraten der Welt (AN, 20.1.) bei 4,6 % Wirtschaftswachstum (AN, 26.3.).

Dennoch gab es 1990 eine Rückorientierung zum verstärkten Erdölexport, und zwar schon vor der Golfkrise. Schon im Januar soll König Fahd Vorbereitungen zur Steigerung der Ölförderung von 5,7 auf 10 Mio. b/d im Laufe von 5 Jahren angeordnet haben (FT, 22.1.), wozu 10-15 Mrd. US-$ Investitionen vorgesehen waren (AN, 3.4.). Nach neuen Funden von Erdöllagerstätten (AN, 8.1., 12.4., 17.7.) wurden die Reserven S.s zunächst auf 257,5 Mrd. Barrel hochgerechnet, im Oktober sprach man sogar von 315 Mrd. Barrel Reserven nach "riesigen" Neuentdeckungen im Südosten des Landes (NZZ, 17.10.). Angesichts des Ausfalls von 4 Mio. b/d der Weltölproduktion nach der irakischen Besetzung Kuwaits legte S. alle Zurückhaltung ab und setzte seine Pläne beschleunigt in die Tat um. Da die OPEC sich einem saud. Ultimatum nach Neuaushandlung der Förderquoten verweigerte (FT, 21.8.), erhöhte S. seine Produktion unilateral um über 2 Mio. b/d und überschritt im Dezember die Grenze von 8,2 Mio. b/d.

Die Steigerung der Erdölproduktion um 57 % und die Ölpreissteigerung ab August sollen S. aber nur geschätzte Mehreinnahmen zwischen 9,8 und 13 Mrd. US-$ erbracht haben (IHT, 5.1.91; FT, 20.12.), die zudem durch die Aufwendungen für die multinationale Truppe und andere Folgen der Golfkrise (nach saud. Angaben 20 Mrd. US-$) mehr als aufgezehrt wurden. S. machte auch geltend, daß es für 300.000 kuwaitische Flüchtlinge kostenlose Unterkunft, medizinische Versorgung usw. bereitgestellt habe. König Fahd wies Forderungen nach gerechterer Verteilung des Erdölreichtums in der arabischen Welt mit dem Argument zurück, S. sei "selbst bedürftig" (JoT, 23.12.).

Ein Haushalt für 1991 wurde wegen der vielen Unwägbarkeiten im Zusammenhang mit der Golfkrise bis zum Jahresende noch nicht aufgestellt.

Die Staatsführung Saudi-Arabiens

Staatschef und Mininsterpräsident: König Fahd Ibn Abd al-Aziz Al Sa'ud (seit 1982)

Regierung von Saudi-Arabien (Stand: 31.12.1990):

Erster stellvertret. Ministerpräsident/ Kommandeur der Nationalgarde: Kronprinz Abdallah Ibn Abd al-Aziz, **Zweiter stellvertret. Ministerpräsident/Minister für Verteidigung und Luftfahrt:** Prinz Sultan Ibn Abd al-Aziz, **Arbeit/Soziales:** Muhammad Ali al-Fayiz, **Äußeres:** Prinz Sa'ud al-Faisal, **Erdöl/geschäftsführend Planung:** Hisham Nazir, **Erziehung/geschäftsführend Hochschulwesen:** Dr. Abd al-Aziz al-Khuwaitir, **Finanzen/ Wirtschaft:** Muhammad Aba al-Khail, **Gesundheit:** Faisal al-Hujailan, **Handel:** Dr. Sulaiman Abd al-Aziz al-Sulaim, **Industrie/Elektrizität:** Abd al-Aziz al-Zamil, **Information:** Ali Hasan al-Sha'ir, **Inneres:** Prinz Nayif Ibn Abd al-Aziz, **Justiz:** Scheich Muhammad Ibn Ibrahim Ibn Jubair, **Landwirtschaft/ Wasser:** Dr. Abd al-Rahman Al Shaikh, **Öffentliche Arbeiten/ Wohnungsbau:** Prinz Mut'ib Ibn Abd al-Aziz, **Pilgerwesen/religiöse Stiftungen:** Abd al-Wahhab Ahmad Abd al-Wasi, **Post/Telekommunikation:** Dr. Ali Darwish Kayyal, **Städte/Gemeinden:** Dr. Khalid Ibn Muhammad al-Anqari, **Verkehr:** Husain Ibrahim al-Mansuri, **Staatsminister ohne Geschäftsbereich:** Muhammad Ibrahim Mas'ud; Muhammad Abd al-Latif al-Milham; Dr. Fayiz Badr, Turki Ibn Khalid al-Sudairi; Umar Abd al-Qadir Faqih; Muhammad Ibn Abd al-Aziz Zara

Chronologie Saudi-Arabien 1990

9.1. - Neue irakische Pipeline durch S. eröffnet
1.2. - Drei saud. Diplomaten in Bangkok ermordet
13.-15.2. - König Husain von Jordanien in S. (erneut 21.4. u. 18.7.)
25.2. - Jemenitischer Staatschef Salih in S. (erneut 4.8.)
4.-5.3. - Libanesischer Präs. Hrawi in S.
17.-18.3. - Saddam Husain in S.
20.-21.3. - Sultan Qabus in S.; Grenzabkommen mit Oman unterzeichnet
16.4. - Pakistanische PM Bhutto in S.
23.4. - Yassir Arafat in S.
2.7. - 1.426 Tote bei Unglück in Mekka
10.-11.7. - Algerischer Präs. Bendjedid in S.
11.7. - Ägyptischer Präs. Mubarak in S.
24.7. - Sudanesischer Staatschef al-Bashir in S.
31.7.-1.8. - Irakisch-kuwaitische Verhandlungen in Dschidda
5.8. König Fahd empfängt geflohenen kuwaitischen Emir al-Sabah
6.8. - US-Verteidigungsmin. Cheney in S.
8.8. - Erste amerikanische Truppen landen in S.
9.8. - König Fahd verurteilt "abscheuliche Aggression" des Irak in Kuwait
11.8. Ägypten und Marokko schicken Truppen nach S.
13.8. - Oberster Rat islamischer Gelehrter in S. rechtfertigt Hilferuf an ausländische Truppen
13.8. - Syrien zur Entsendung von Truppen nach S. bereit
6.9. - US-AM Baker in S. (erneut 4.-5.11.)
12.9. - Konferenz von 300 islamischen Geistlichen aus 60 Ländern in Mekka unterstützt S.s Politik
17.9. - Saud. AM in Moskau (auch 8.3. und 27.11.), diplomatische Beziehungen vereinbart
19.9. - Privilegien für jemenitische Gastarbeiter abgeschafft
22.9. - Ausweisung von Diplomaten aus Irak, Jordanien und Jemen
4.10. - Französischer Präs. Mitterrand in S.
10.-12.10. Saud. AM in Bonn, Deutschland lehnt Waffenlieferungen ab
13.-14.10. - Türkischer PM Özal in S.
22.10. - Ägyptischer Präs. Mubarak in S.
5.11. - Frauen in Riad demonstrieren gegen Fahrverbot
8.11. - König Fahd verspricht Einrichtung einer "konsultativen Versammlung" (shura)
16.11. - Erstes größeres gemeinsames Manöver von saud. und US-Truppen
17.-19.11. - Pakistanischer PM Nawaz Sharif in S.
21.-22.11. - US- Präs. Bush in S.
22.-25.12. - König Fahd bei GKR-Gipfel in Doha (Qatar)

Andreas Rieck

Sudan

Offizieller Name: Jumhuriyat al-Sudan/Republik Sudan; **Unabhängigkeit:** 1.1.1956; **Fläche:** 2.505.805 qkm; **Einwohner:** 26,2 Mio. (1990); **Hauptstadt:** Khartum (einschließlich Omdurman, Khartum-Nord), Ew.: rund 3 Mio.; **Urbanisierungsrate:** 21 %; **Armeestärke:** 75.700 Mann, SPLA: 55.000; **BIP:** 11,24 Mrd. US-$; **Sektoren in %:** Landwirtschaft 33; Industrie 15; Dienstl. 52; **Pro-Kopf-Einkommen:** 480 US-$; **Währung:** 1 US-$ = 12,2 sud. Pfund (S£)

Innenpolitische Entwicklung

1. Suche nach adäquatem politischem System und Opposition. Der *Revolutionary Command Council for National Salvation* (RCCNS) unter Vorsitz von Generalleutnant Hasan al-Bashir vermochte auch 1990 nicht, dem Sudan (S.) ein definitives politisches System auf der Basis einer Verfassungserklärung zu geben. Nachdem Ende 1989 al-Bashir dem Kommunismus und der Parteidiktatur eine Absage erteilte (Rede vom 3.12.1989), zugleich aber für die Einführung einer für alle Sudanesen offenen Einheitspartei (Rede vom 31.12.1989; erneut 7.2.1990) und eines föderalen Systems eintrat, dessen Grundlinien die bereits 1989 entstandenen Volkskomitees (aus RCCNS-Anhängern) beschließen sollten, gab es im folgenden zwar weitere Kommentare von RCCNS-Mitgliedern und Konferenzen, jedoch keine konstruktiven Beschlüsse, sieht man vom Ausschluß der Rückkehr zu einem Mehrparteiensystem und der Wiederzulassung von Parteien ab (so al-Bashir explizit in seinen Reden vom 12.5. und 19.5.). Laut RCCNS-Mitglied Brigadegeneral Uthman al-Hasan, Vorsitzender des politischen Komitees des RCCNS, sollte das neue demokratische Legislativsystem demokratischer als das 1989 zum Vorbild erklärte libysche System sein (AN, 8.4.). Am 26.5. schließlich erklärte RCCNS-Mitglied Oberst Salah al-Din Karrar, seit 10.2. einflußreicher Koordinator für Wirtschaftsfragen zwischen RCCNS und Ministerrat, daß das Militär "keine Vormachtstellung im politischen Leben des Landes wünsche", sondern die Macht einer Zivilregierung übergeben werde, sobald ein nationaler Kongreß Anfang 1991 die künftige Regierungsform festgelegt habe" (AdG, 26.5.), in der es drei bis vier politische Organisationen mit unterschiedlichen politischen Richtungen gebe, für die sich das Volk entscheiden könne. Zur Vorbereitung dieses Procedere wurde vom RCCNS vom 6.8.-21.10. die *National Dialogue Conference on the Political System* (NDCPS) einberufen, an der 500 von der Regierung ernannte Persönlichkeiten unter Vorsitz von Brigadegeneral al-Hasan teilnahmen, um über das zukünftige Regierungssystem zu debattieren (Eröffnungsrede al-Bashirs). Entsprechend dem am 21.10. verabschiedeten Schlußbericht (NH, 27.10., 3.11., 10.11.) einschließlich einer Nationalen Charta zur politischen Aktion, ausgearbeitet von drei Kommissionen (zu den Themen: Intellektueller und sozialer Kontext; Frühere politische Experimente im Sudan; Rolle von organisierten Kräften), betonten die Teilnehmer die "klare Rolle der Religion für das soziale und politische Verhalten", führten die bisherige politische Instabilität auf die "Abweichung der Regierungen von den Prinzipien der Gerechtigkeit, Freiheit, Demokratie und Gleichheit" zurück. Hinsichtlich des neuen politischen Systems, dessen tragende Säule die organisierten Kräfte ("sectors and forces") sein sollen, wurde die Etablierung von acht Partizipationsforen (1. Economic, 2. socio-cultural, 3. youth and students, 4. women, 5. diplomatic, 6. legal, 7. administrative, 8. security and defence conference) beschlossen, deren Vertreter alle im nationalen politischen Führungsorgan vertreten sein sollen. Genau in diesen Kontext war das "wichtigste, auf der NDCPS vorgetragene Arbeitspapier jenes zum politischen System Libyens" (Sudanow, September) mit seinen drei konstituierenden Elementen Basisvolkskonferenzen, Volkskomitees und Berufskonferenzen, das als Grundlage für eine angepaßte sud. Version herangezogen wurde "to hand over power to the masses". Das technische, 48köpfige Arbeitskomitee zur definitiven Ausarbeitung der politischen Systemstruktur wurde von RCCNS-Mitglied al-Hasan per Dekret schließlich am 3.1.1991 eingesetzt. Bereits im Vorfeld gab es in Fortsetzung der *National Conference on Economic Salvation* (Khartum, 30.10.-21.11.1989) weitere sektorielle Konferenzen, auf denen die Vorstellungen des RCCNS und der betroffenen Berufssparten diskutiert wurden. Dazu zählten die Zusammenkunft von 240 Diplomaten (Diplomatic Conference, Jahreswechsel 1989/90 in Khartum) mit Resolutionen zur Außenpolitik sowie der National Dialogue on Mass Media (Khartum 19.-28.2.) mit Resolutionen zum Presse- und Außeninformationswesen.

Die rasche Umsetzung der vom RCCNS angestrebten föderativen Staatsstruktur, von der *Nationalen Friedensdialogkonferenz* im Oktober 1989 noch empfohlen, wurde von den Teilnehmern eines "Seminars über das föderale System" (Khartum 20.-25.3.) abgelehnt und erst die versuchsweise Einführung in einer oder mehreren Provinzen befürwortet (SWB, 28.3.). Das am 9.2. vom Sprecher des RCCNS, Oberst Sulaiman, angekündigte "federal government year" (SWB, 12.2.) fand deshalb in dieser Form nicht statt. New Horizon publizierte immerhin am 13.10. Details für die Bildung von elf neuen Provinzen im zukünftigen Bundesstaat Equatoria (einer von insgesamt neun geplanten), die langfristig und nach Beendigung des Südsudankonflikts auf drei reduziert werden sollen. Reflektiert das Zögern bei der Etablierung des neuen politischen Systems auch Unsicherheit, so ist es zugleich Ausdruck von Behutsamkeit und Absicherung, die sich auch in der Gründung von Beratungsgremien niederschlägt wie z.B. der Einsetzung eines dem politischen Komitee des RCCNS unterstehenden "Konsultativrates" durch al-Bashir (11.3.). Auf der anderen Seite ging das Regime gegenüber offener systemischer und antisystemischer Opposition und Verletzung der Gesetze mit großer Härte (u.a. Folter) vor, was zu mehrfachen Anklagen von ai, Africa Watch und der Arab Organisation for Human Rights geführt hat (IHT, 19.3.; ELM, 2.5.; M, 29.6.). Hat das Regime noch zwischen Januar-März des Jahres die meisten inhaftierten Führer der (inzwischen verbotenen) Parteien freigelassen (u.a. Uthman al-Mirghani/DUP und Hasan al-Turabi/NIF 1.1.; Sadiq al-Mahdi/Umma 10.1.; Nuqud/KPS 10.2.) - wenngleich weiterhin unter Hausarrest - und im Laufe des Jahres weitere Gefangene begnadigt, wurde am 27.3. ein subversives Komplott aufgedeckt (Verhaftung u.a. von zwei Exministern, Exgeneralstabschef Nimr und über 20 Offizieren) und am frühen Morgen des 23.4. ein Putschversuch vereitelt. Die Anführer des Putschversuchs, die pensionierten Generäle al-Kuduru und Karrar, wurden zusammen mit weiteren 26 verhafteten Offizieren (vgl. Liste SWB, 26.4.) am 24.4. vom Militärgericht wegen Hochverrats zum Tode verurteilt und umgehend hingerichtet. Sechs Mitangeklagte erhielten am 5.5. relativ milde Haftstrafen (AN, 6.5.). Direkte Reaktion des RCCNS auf die bis dahin massivste machtpolitische Herausforderung war einmal die Verabschiedung des *National Security Law* durch den RCCNS am 6.5., durch das die Sicherheitsdienste restrukturiert und zur *General Security Organization* (Jihaz al-amn al-amm) zusammengefaßt wurden (SWB, 8.5.). Bereits am 2.5. wurde wegen der scharfen Reaktionen des Auslandes (besonders USA, Ägypten) auf die Hinrichtungen ein hochrangiges Komitee eingesetzt, dessen Aufgabe es ist, die "Medienlügen des In- und Auslandes" und die "Propaganda der sud. Auslandsopposition" zu neutralisieren (Dekret Nr. 8/1990, SWB, 8.5.). Zugleich erfolgte eine Verschärfung der Medienkontrolle, die sich u.a. am 25.5. im Verbot von vier Zeitungen (al-Nas wal-hayat, al-Masa', al-Saha al-tijâri, Akhbar al-suq) - nach einem Verbot von neun Sportzeitungen bereits am 15.2. - und der Herausgabe einer regierungstreuen englischsprachigen Zeitung (New Horizon) ab 3.5. äußerte.

Scharfe Reaktionen der Militärjunta gab es nicht nur bei der Zerschlagung antisystemischer Opposition, sondern auch bei Gesetzesübertretungen (Todesstrafe für Schmuggel ab 16.11. und für Korruption sowie Devisenvergehen; u.a. Hinrichtung eines Oberst wegen Korruption im Dezember; eines Geschäftsmannes und eines Piloten von Sudan Airways wegen Devisenschmuggels am 5.2. bzw. 20.4.). Hinzu kamen die mehrfachen Hinrichtungen von überführten Kriminellen, darunter auch eine "Kreuzigung" von zwei Straftätern (FAZ, 10.8.). Trotz repressiver Maßnahmen gab es ausgehend von Studenten und Gewerkschaften das Jahr über Protestaktionen und Streiks. Zum Jahreswechsel 1989/90 gab es Studentendemonstrationen zugunsten der Wiederzulassung von Parteien, danach immer wieder Proteste gegen ungenügende soziale Leistungen für Studenten und die schlechten Lebensbedingungen. Folge war die Schließung der Universität Khartum ab 5.9. (SWB, 12.9.). Zugleich wurde unter dem Druck der Islamisten am 20.11. angekündigt, daß die Verträge der britischen Englischlehrer nicht verlängert werden. Streiks wegen sozialer Unzufriedenheit legten im November - ausgehend von Atbara - das Eisenbahnnetz lahm, weitere Zusammenstöße (8 Tote) wurden aus Darfur und Kordofan gemeldet (SWB, 23.11.). Die sog. "Hungermärsche" Ende November wurden laut Le Monde (29.11.) massiv unterdrückt. In diesem Zusammenhang wurden mindestens drei Exminister Sadiq al-Mahdis verhaftet (SWB, 17.11.). Internen Protestaktionen liefen solche der Exilopposition parallel, wobei die wichtigste der Aufruf des am 30.6.1989 entmachteten "legitimate military command" unter Führung von Exgeneralstabschef General Fathi Ahmad Ali war, der am 27.9., von der SPLA am 4.10. wiederholt, die sud. Offiziere zum Sturz der Junta aufrief (Text SWB, 8.10.). Reaktion auf die "opposition on all fronts" (MEI, 8.6.) und die innen- wie außenpolitische Isolation des RCCNS waren neben Umbesetzungen in den Reihen der Streitkräfte zwei Kabinettsumbildungen am 10.4. und 11.8.. Vom ersten Revirement waren das Finanz-, das Informations-, das Wohnungsbau- und das Erziehungsministerium betroffen, vom zweiten das Justiz- und Handelsministerium. Informationsminister Shummu mußte gehen, weil er dem RCCNS-Mitglied Oberst Sulaiman, zugleich Vorsitzender des RCCNS-Informationskomitees, zu schwach und ineffizient war, und Finanzminister Zaki zog bei seinen Auseinandersetzungen mit den RCCNS-Mitgliedern Karrar (Vorsitzender des RCCNS-Wirtschaftskomitees) und Oberst Khalifa über den Wirtschaftskurs den kürzeren. Der neue Finanzminister Hamdi ist hingegen als Anhänger der National Islamic Front und als Führungsmitglied der Muslimbrüder seit 1969 bekannt, der neue Informationsminister Salhain war bereits 1983 Minister unter Numairi zur Zeit der Verabschiedung der Schariagesetze. Insofern hat sich zusammen mit anderen Maßnahmen (Ausweisung christlicher Priester aus dem Südsudan im April; Entsendung von Islamisten auf Botschafterposten, so der Vorwurf des sud. Botschafters in Rabat, der am 21.6. zur Exilopposition überwechselte; das Arbeitsverbot für Männer in Frauenfrisiersalons, ab April; die Trennung von Männern und Frauen im öffentlichen Transportwesen am 28.1.; das Verbot aller Bankzinsen am 14.8.) das islamistische Profil des Regimes akzentuiert und damit erste Befürchtungen bestätigt. Die Ernennung von zwei Parteiführern (Abu Salih/DPU und Ahmad/islamistischer Flügel der Umma) zu den neuen Ministern für Wohnungsbau bzw. Erziehung sollte nach außen den (tatsächlich jedoch nicht gegebenen) Rückhalt des RCCNS in diesen Parteikreisen manifestieren (M, 12.4.; SWB, 18.4.). Die Kabinettsumbesetzung im August hatte ähnliche Hintergründe, wurde doch mit Brigadegeneral Hasan der juristische Berater al-Bashirs, der ebenfalls für seinen islamistischen Eifer bekannt sein soll, neuer Justizminister (JA, 5.9.). Nach einer Großdemonstration am 1. Jahrestag des Militärputsches (30.6.) zugunsten der (Wieder-)Einführung der Scharia (M, 3.7.) war er für die Vorbereitungen verantwortlich, damit Staatschef al-Bashir am 31.12. die sofortige Einführung der Scharia (mit Ausnahme der südlichen Regionen) dekretieren konnte "in Übereinstimmung mit den Resolutionen der Nationalen Friedensdialogkonferenz von 1989" (SWB, 4.1.). Der Iran begrüßte diesen Schritt umgehend.

2. Der Südsudankonflikt. Der Südsudankonflikt näherte sich auch 1990 trotz diverser Friedensinitiativen keiner Lösung. Unter Fortsetzung der irakisch-libyschen Militärhilfe und der verstärkten Ausbildung von Stammeskämpfern in Regionen, die von der *Sudanese People's Liberation Army* (SPLA) bedroht sind (AN, 16.2.), wurden im Zusammenhang mit der am 6.11.1989 angeordneten Bildung einer *Popular Defence Force* - zu der auch nach Schließung der Universität Khartum die Studenten einberufen wurden (SWB, 28.11.) - bis 7.11. vom Führungskommando die Ausbildung von 40.000 Personen gemeldet (bis 30.6.1991 sollen es 150.000 sein; laut Brigadegeneral al-Mahmud, Kommandeur der PDF sollen bis 1995 alle Sudanesen im Rahmen eines Sonderprogrammes am Gebrauch von Waffen unterwiesen werden; Interview mit Mahmud NH, 1.12.) und damit der Wille zur militärischen Lösungsbereitschaft des Konflikts (Ablehnung einer Kapitulationslösung) dokumentiert. Die SPLA ihrerseits versuchte durch militärischen Druck und politische Allianzen ihre Stellung zu behaupten. Eine besondere Rolle spielte dabei die *National Democratic Alliance* (NDA), die am 31.10.1989 von Gewerkschaften und Parteien (mit Ausnahme der NIF) begründet wurde und laut ihrer Charta für die Lösung des Südsudankonflikts eintritt. Die SPLA stimmte am 22.2. nach Gesprächen mit Umma-Vertretern der Charta zu und koordinierte in der Folge mit der Umma (MD, 2.3.) bzw. mit der NDA und Exgeneral Fathi Ahmad Ali (gleichfalls Mitglied der NDA) ihre Aktivitäten (z.B. SPLA-NDA-Treffen in Addis Abeba, 4.3.). Die NDA sendet seit 18.9. eigene Programme vom "Sender der Kräfte der NDA", u.a. am 3.11. einen Bericht über ihr Verhältnis zur SPLA. Parallel zur vor allem am Jahresanfang immer wieder vom RCCNS betonten Dialogbereitschaft (10.1., 2.2., 27.2., 16.3., 30.4.) und parallel zu den offiziellen Friedensinitiativen, gekennzeichnet durch Gespräche des RCCNS-Friedenskomitees unter Führung von Oberst al-Amin Khalifa bzw. der SPLA mit dritten Vermittlern (*Ägypten:* SPLA-Delegation in Kairo 19.-28.3.; Reduzierung der Vorbedingungen, aber Festhalten an Forderung nach einer Verfassungskonferenz; *Sambia:* Besuch al-Bashirs bei Präsident Kaunda am 22.4., um ihn für Vermittlungsaktion zu gewinnen; *Zaire:* von Januar-April persönliche Vermittlung von Präsident Mobutu; Gespräche mit SPLA-Chef Garang 27.1. und 20.3.; al-Bashir bei Mobutu 11.-12.3.; zairische Sondergesandte in Khartum, am 13.4. in Khartum Ankündigung, daß dritte Gesprächsrunde mit SPLA nach Treffen in Addis Abeba und Nairobi 1989 nicht wie ursprünglich geplant in Kairo, sondern in Zaire stattfinden werde; *USA:* Friedensinitiative im Gefolge des mit der SPLA ausgearbeiteten Friedensplans vom Dezember 1989 durch US-Unterstaatssekretär Cohen; Treffen Garang-Cohen in Nairobi 18.5.; am 5.6. Ablehnung des Plans durch RCCNS-Mitglied Khalifa wegen der vorgesehenen Stationierung ausländischer Truppen im Südsudan, was eine "Internationalisierung" des Konflikts bedeuten würde; MD, 6.6.) sowie der Einsetzung eines *Nationalen Komitees des Südsudan zur Unterstützung des Friedens* am 11.8. unter Vorsitz von RCCNS-Mitglied Pio Yukwan als Sammelbecken dialogbereiter Südsudanesen (MD, 14.8.; JoT, 13.9.) gab es das ganze Jahr über militärische Auseinandersetzungen zwischen der SPLA und der sud. Armee trotz eines angeblichen einseitigen von al-Bashir am 2.10. verkündeten Waffenstillstandes der Armee. Während die SPLA im Frühjahr (MEI, 19.1.) ihren bereits begonnenen siegreichen Feldzug zunächst fortsetzen konnte, gab es bis Jahresende ausgewogene Erfolgsmeldungen beider Seiten. Khartum beschuldigte dabei Südafrika, Kuba und Israel mehrmals (EGz, 21.2.), die SPLA massiv zu unterstützen.

Außenpolitische Entwicklung

Die sud. Außenpolitik fungierte während des ersten Halbjahres ausschließlich als Instrument zur Lösung des Südsudankonflikts, zur Überwindung der ökonomischen Schwierigkeiten (Suche nach Kapitalgebern) und zur Durchbrechung der politischen Isolation, geriet jedoch im zweiten Halbjahr zunehmend in den Orbit der Golfkrise, die eine neue regionalpolitische Verortung nach sich zog (wachsende Konfrontation mit Ägypten und Saudi-Arabien). Determinierte der Südsudankonflikt die Beziehungen zu den südlichen Anrainerstaaten ZAR, Zaire, Uganda, Kenya und Äthiopien, wobei die Proklamation des Jahres 1990 zum "Jahr der Brükkenbildung zwischen Schwarzafrika und den arabischen Staaten" (AN, 23.4.) und das am 9.7. am Sitz der OAU unterzeichnete Abkommen zur Beendigung der regionalen Spannungen (MEI, 20.7.) den formalen Rahmen abgaben, entwickelte sich das bilaterale Verhältnis zu den einzelnen Staaten durchaus unterschiedlich: gab es hinsichtlich der ZAR (Besuch al-Bashirs bei Präsident Kolingba am 12.2.; Wiederaufnahme der diplomatischen Beziehungen) und Zaires tatsächlich eine positive Entwicklung (bilaterale Kooperationsvereinbarungen am 22.1.; Besuch al-Bashirs bei Mobutu im März; Vermittlerrolle Zaires gegenüber SPLA, ergänzt durch eine diplomatische Offensive des RCCNS vom 4.1.-12.2. in westafrikanischen Staaten), gab es mit Äthiopien wegen dessen SPLA-Unterstützung, wegen des Nilwassers (scharfe Verurteilung von geplanten äthiopischen Nildammbauten im Februar und August; Sudanow, Juli) und wegen der "von Äthiopien ausgehenden zionistischen Penetration Afrikas" (Oberst Khalifa, 20.1.) erheblichen Disput. Demgegenüber haben sich die Beziehungen zu Uganda nach Spannungen wegen Übergriffen der sud. Armee auf ugandisches Territorium bei Kämpfen mit der SPLA am Jahreswechsel 1989/90 im Frühjahr gebessert (al-Bashir in Kampala 1.-2.4.; Unterzeichnung eines Nichtangriffsvertrages; Museveni als einziger afrikanischer Präsident in Khartum am 30.6. zum Jahrestag des Staatsstreiches), so daß sich al-Bashir am 23.10. mit der bilateralen Kooperation "zufrieden" äußerte (MD, 26.10.). Die Beziehungen zum Tschad verbesserten sich ebenfalls nach dem Sturz Habrés durch Idriss Déby am 1.12., dessen Aufmarschgebiet für seine von Libyen mit Waffen und Geld unterstützten militärischen

Operationen in Darfur lag und das ganze Jahr über immer wieder zu Grenzverletzungen geführt hatte. Al-Bashir, der auf dem Rückflug von Lagos (dort Vorbereitung des OAU-Gipfels) mit Déby in N'Djamena (28.12.) zusammentraf, hat dem Tschad die freie Nutzung von Hafenfazilitäten in Port Sudan angeboten (SWB, 4.1.1991). Weiter ausgebaut haben sich auch die Beziehungen zu S.s gegenwärtigem Hauptverbündeten Libyen. Dies betraf sowohl die Intensität und Hochrangigkeit der gegenseitigen Besuche (u.a. al-Bashir in Libyen am 2.3., 24.3., 1.9.; Qaddafi in Khartum 20.-23.10., Rede vor der NDCPS), die ökonomische Zusammenarbeit (Öllieferungen; Kooperation zur Sicherung der Nahrungsmittelversorgung; Banktransferabkommen; Beschäftigung von 300.000 Sudanesen in Libyen, die 50 % ihrer Gehälter transferieren dürfen usw.), die politisch-militärische Verzahnung (u.a. neue Städtepartnerschaften in der Grenzregion; Kooperation im Sicherheitswesen, in der Justiz; Aufruf Qaddafis an Garang, innerhalb eines Jahres die "Revolte" zu beenden; JoT, 23.10.) und die kodifizerten Perspektiven der sud.-libyschen Integration (vgl. Integrationscharta, 2.3.; Integrationsprotokolle, 13.7.; Organisationsstatut und Umsetzungsprogramm zur Charta, 1.9.), durch die innerhalb von vier Jahren die staatliche Vereinigung möglich werden soll. Die daraus resultierenden Spannungen mit Ägypten haben sich im zweiten Halbjahr mit Ausbruch der Golfkrise und der eindeutigen pro-irakischen Position des RCCNS verschärft, wie andererseits der dadurch bedingte abrupte Bruch mit Saudi-Arabien, wo al-Bashir noch am 24.7. persönlich um finanzielle Hilfe nachsuchte, die Finanzierung der SPLA durch Saudi-Arabien und Solidaritätsadressen der Umma-Partei (10.9.) an König Fahd nach sich zog. Die pro-irakische Position S.s äußerte sich einmal in mehreren Großdemonstrationen (ab 19.8.), der Ablehnung der AL-Resolution (vom 3.8.), einer pro-irakischen Vermittlungsrundreise al-Bashirs vom 18.-26.8. (Jemen, Algerien, Tunesien, Libyen; 26.-27.8. in Bagdad) sowie der Verurteilung des westlichen Truppenaufmarsches am Golf. Umgekehrt beschuldigte die ägyptische Presse den S., der irakischen Luftwaffe Stützpunkte für Raketenstellungen und Kampfflugzeuge mit Angriffsziel Ägypten/Assuanstaudamm und Saudi-Arabien zur Verfügung gestellt zu haben (sud. Dementi, NH, 22.9.).

Kompensierende Aktivitäten im entwicklungsökonomischen Bereich gab es mit asiatischen Staaten (Rundreise al-Bashirs 9.-14.11. in VR China, Japan und Pakistan; Normalisierung der Beziehungen mit Iran, wo al-Bashir vom 10.-12.12. die Kooperation im Erdölsektor besprach; SWB, 15.12.). Die Beziehungen zur Bundesrepublik Deutschland wurden im März von Botschafter Simon (MD, 7.3.) als "erfolgreich" bezeichnet, wenngleich es wegen der Menschenrechtsverletzungen Anprangerungen gab. Für die USA war das Fehlen demokratischer Freiheiten indes Anlaß, am 1.3. die jährliche Wirtschafts- und Militärhilfe von 50 Mio. US-$ einzufrieren. Dies sowie die Ablehnung des US-Vorschlags (5.6.) zur Lösung des Südsudankonflikts und die Blockierung eines sud. Schiffes im Golf von Aqaba (16.8.) haben quasi zu einem Bruch mit den USA geführt (MEI, 26.10.) mit der Folge, daß die US-Regierung Ende November ihre Staatsbürger zum Verlassen des Landes aufforderte.

Sozioökonomische Entwicklung

Die sozialen Proteste waren ein Indiz für die sich generell verschlechternden Lebensbedingungen im S., der 1990 von Erdbeben in den Südprovinzen (20.-25.5., 10.7.) mit rund 30 Toten und 300.000 Obdachlosen (AN, 28.5.), einer Meningitiswelle (111 Tote) im Sommer, zunehmenden Aidsfällen (1987: 23, 1990: 534), Überschwemmungen Ende August (100.000 Betroffene) heimgesucht wurde und erneuten konfliktbedingten Flüchtlingsströmen aus dem Tschad (November, Dezember) und Äthiopien (Neuzustrom im Sommer: 900.000 Personen; SWB, 23.7.) ausgesetzt war. Auf der anderen Seite gab es im Dezember insgesamt 385.000 sud. Flüchtlinge in Äthiopien und rund 4 Mio. Flüchtlinge aus dem Süden im Nordsudan (KuT, 5.2.), davon laut dem am 9.1. überraschend in Khartum durchgeführten Zensus 66.283 (Dezember 85.000) in der Hauptstadt. Aus "humanitären Gründen" zerstörte die Armee am 28.10. das Bidonville Hilaat-Shuk (30.000 Bewohner) und transportierte die Bewohner in Regionen südlich Khartums (M, 4.11.).

Die bereits desolate Wirtschaftslage hat sich durch die Golfkrise (Exportausfall, Rückgang der Gastarbeitertransfers, Verteuerung der Erdölimporte; Verlust auf 1,7 Mrd. US-$ beziffert) verschlechtert und die Umsetzung eines einschneidenden, auf drei Jahre konzipierten Restrukturierungsprogrammes notwendig gemacht, das der RCCNS am 18.6. auf einer gemeinsamen Sitzung mit dem Kabinett verabschiedete (Sudanow, Juli). Die bereits im April vom RCCNS-Wirtschaftskomitee befürwortete und am 19.5. angeordnete Privatisierung der defizitären Staatsunternehmen wurde dadurch definitiv. Eine erste Textilfabrik wurde am 23.6. geschlossen. Beschlossen wurde die generelle Öffnung zur Marktwirtschaft durch sukzessiven Abbau staatlicher Subventionen auf Konsumgüter und die schrittweise Aufgabe des Staatsmonopols in diversen Wirtschaftssektoren. Detaillierte Pläne und eine Bestandsaufnahme hat Industrieminister Abdallah im November vorgelegt (MD, 13.11.). Die Reorganisierung der Kooperativen wurde wegen administrativer und finanzieller Unregelmäßigkeiten bereits am 3.5. durch al-Bashir angeordnet (Dekret MD, 14.5.). Diese Maßnahmen sollten als Ergänzung des Ende 1989 verabschiedeten neuen Investitionsförderungsgesetzes (vgl. Text in: al-Iqtisad al-kuwaiti, Nr. 290, März) insbesondere arabische Auslandsinvestitionen aus den VAE, Qatar, Saudi-Arabien, Jemen (Ziele einer Rundreise von RCCNS-Mitglied Karrar im Januar; Sudanow, März) und Kuwait anziehen, was durch die pro-irakische Haltung des RCCNS in der Kuwaitkrise zunächst jedoch vereitelt wurde, wie auch das am 14.8. beschlossene Zinsverbot für westliche Investoren abschreckend wirkte. Der wirtschaftliche Restrukturierungsplan zog im Juni im Zusammenhang mit der Aufstellung des Budgets für das Finanzjahr 1990/91 weitere Maßnahmen nach sich. Der am 23.6. verabschiedete Haushalt, zweigeteilt in einen Verwaltungs- und einen von in- und ausländischen Krediten und Entwicklungshilfeleistungen finanzierten Entwicklungshaushalt (Höhe 5,2 Mrd. S£), sah Einnahmen in Höhe von 15,457 Mrd. S£ (=3,4 Mrd. US-$ zu offiziellem Wechselkurs) und Verwaltungsausgaben in Höhe von 16,163 Mrd. S£ bei einem Defizit von 706 Mio. S£ vor; größter Einzeltitel waren mit 4,3 Mrd. S£ (25 % der Ausgaben) die Verteidigungsausgaben. Zur Reduzierung der Ausgaben erhöhte die Regierung die Abgabepreise für wichtige Importgüter wie Benzin (+25 %), Dieselöl (+50 %), Zigaretten (+30 %), Tee (+25 %) und führte Gebühren für Gesundheitsdienstleistungen ein (AN, 25.6.). Von Preissteigerungen ausgenommen wurden explizit Grundnahrungsmittel (u.a. Brot, Zucker), allerdings erstmals eingeführt, daß derjenige, der über seine ihm zustehende Quote konsumieren möchte, den unsubventionierten Preis zu bezahlen habe (SaG, 25.6.). Zusätzlich beschloß die Regierung am 18.7. zur Einsparung von 6 Mrd. S£ die Entlassung von 10 % der 500.000 Staatsangestellten (25 % der Beschäftigten in staatlichen Unternehmen, 15 % der Lokal- und 7 % der Zentralverwaltung unter Aussparung des Sicherheitsapparates und des Gesundheits- und Erziehungswesens) innerhalb eines Monats (SWB, 31.7.), die Kürzung von Überstundenzahlungen um 50 % und verfügte einen Gehaltsstopp im öffentlichen Dienst. Ein geplanter Sozialversicherungsfonds sollte die größten sozialen Härten vermeiden helfen und zugleich die Grundlage für ein zukünftiges Sozialsystem bilden.

Weiterhin ausgeschlossen wurde von Finanzminister Hamdi eine Abwertung des S£, wie sie vom IWF gefordert wird. Überhaupt waren während des Berichtjahres die Beziehungen S.s zum IWF sehr gespannt, wobei die ausstehenden Rückzahlungen an den IWF in Höhe von 1,05 Mrd. US-$ (Stand 27.2.; 1,2 Mrd. US-$ 14.9.) sowie die Weigerung des RCCNS, "sich dem Druck des IWF zu beugen" (al-Bashir, 19.3.), und gescheiterte Verhandlungen im August (SWB, 28.8.) zur Verabschiedung einer *declaration of noncooperation* des IWF am 14.9. führte. Als Folge des vom IWF angedrohten Ausschlusses aus der Organisation (JoT, 16.9.) wurden die bilateralen Gespräche am 29.9. fortgesetzt und von Finanzminister al-Hamdi auf die schwierige Situation des S. (Auslandsschulden 12,965 Mrd. US-$ 1989; ausstehende Rückzahlungen insgesamt 3,6 Mrd. US-$) hingewiesen. Aus diesem Grunde haben 1990 mehrere Staaten (u.a. BRD: 3,6 Mio. US-$) dem S. die Schulden ganz oder teilweise erlassen.

Die Staatsführung des Sudan
Staatspräsident und Vorsitzender des Revolutionären Kommandorates für nationale Rettung (RCCNS): Generalleutnant Umar Hasan Ahmad al-Bashir

Regierung des Sudan (Stand: 31.12.1990)
Premierminister/Verteidigung: Generalleutnant Umar Hasan Ahmad al-Bashir*; **Vizepremier:** Brigadegeneral Zubair Muhammad Salih*; **Präsidialangelegenheiten:** Taiyib Ibrahim Muhammad; **Arbeit/Sozialversicherung:** George Kinga; **Auswärtige Angelegenheiten:** Ali Sahlul; **Bewässerung/Wasserwirtschaft:** Dr. Ya'qub Abu Shura Musa; **Energie/Bergbau:** Ing. Abd al-Mun'im Khujali; **Erziehung:** Abdallah Muhammad Ahmad (seit 10.4.); **Finanzen/Wirtschaftsplanung:** Abd al-Rahim Hamdi (seit 10.4.); **Gesundheit/Soziale Wohlfahrt:** Dr. Shakir al-Sarraj; **Handel/Kooperation:** Dr. Awad Ahmad al-Jaz (seit 11.8.); **Hilfe/Flüchtlingsangelegenheiten:** Peter Arwat Adur (auch: Bashir Edouard); **Inneres:** Brigadegeneral Faisal Ali Abu Salih*; **Industrie:** Dr.-Ing. Muhammad Umar Abdallah; **Jugend:** Brigadegeneral Ibrahim Nayil Adam*; **Justiz/Generalstaatsanwalt:** Brigadegeneral Ahmad Mahmud Hasan (seit 11.8.); **Kultur/Information:** Muhammad Khujali Salhain; **Landwirtschaft/Natürliche Ressourcen:** Prof. Ahmad Ali Junaid; **Lokalverwaltung/Koordination von Provinzangelegenheiten:** Natale Yanko Ambo (Pancrasio); **Religiöse Führung:** Abdallah Deng Lual; **Transport/Kommunikation:** Ali Ahmad Ibrahim; **Wohnungsbau/Öffentliche Arbeiten:** Dr. Husain Sulaiman Abu Salih; **Staatsminister für Koordination von Provinzangelegenheiten (seit 8.3.):** Ahmad Shaikh Idris Manna; **Staatsminister für Verteidigung (seit 10.4.):** Uthman Muhammad al-Hasan; * RCCNS-Mitglied

Chronologie Sudan 1990

Januar - Weitere militärische Erfolge der SPLA
17.1. - Treffen al-Bashirs mit Yoweri Museveni in Kampala
26.1. - Neuer Nationalfeiertag S.s ("Befreiung vom Kolonialismus")
7.2. - al-Bashir kündigt erneut Bildung einer Einheitspartei an
20.-21.2. - al-Bashir in Kairo; Wunsch nach Weiterbestehen des ägyptisch-sud. Paktes
22.2. - In Addis Abeba bilden SPLM und Umma-Partei gemeinsame Front zur Wiederherstellung der Demokratie im S.
1.3. - Einstellung der US-Militär- und Wirtschaftshilfe (50 Mio. US-$/Jahr) wegen "undemokratischer Politik"
2.3. - al-Bashir in Tripolis; Teilnahme an Allgemeiner Volkskonferenz; Unionsprojekt mit Libyen
11.-12.3. - al-Bashir besucht Zaire; Präsident Mobutu will in Konflikt mit SPLA vermitteln
13.3. - Bericht über Stammesauseinandersetzungen zwischen Arabern und Fur (69 Tote)
27.3. - Aufdeckung eines "subversiven Komplotts" in Kreisen der Umma-Partei
5.4. - Arbeitsverbot für Männer in Damenfrisiersalons
10.4. - Kabinettsumbildung (Erziehung, Finanzen, Information, Wohnungsbau; neues Amt: Staatsminister für Verteidigung
23.4. - Putschversuch unter Führung der pensionierten Generäle al-Kaduru und Karrar scheitert; Verhaftung von 26 weiteren Offizieren; 24.4. Verurteilung zur Todesstrafe und umgehende Hinrichtung
18.5. - In Nairobi treffen US-Vizeaußenminster Cohen und Garang zusammen
25.5. - Verbot von 5 Zeitungen
5.6. - RCCNS-Mitglied Oberst Khalifa weist US-SPLA-Friedensplan zurück
17.-19.6. - Tagung von RCCNS und Regierung zur Wirtschaftspolitik; Verabschiedung eines wirtschaftlichen Sanierungsplans
24.6. - Vorlage des Budgets 1990/91
27.7. - S. schließt aus Spargründen zahlreiche Abteilungen in seinen Auslandsbotschaften
6.8.-21.10. - National Dialogue Conference on the Political System, Khartum; 21.10. Rede Qaddafis auf Schlußsitzung
11.8. - Erneute Regierungsumbildung
14.9. - IWF spricht S. Nichtkooperationsstatus zu
November - In mehreren Städten sog. "Hungermärsche"; Eisenbahnerstreik
9.-14.11. - Rundreise von al-Bashir durch VR China, Japan und Pakistan
10.-12.12. - al-Bashir in Teheran; Kooperationsgespräche (Erdölsektor)
31.12. - al-Bashir ordnet sofortige Einführung der Scharia im Nords. an

Hanspeter Mattes

Syrien

Offizieller Name: al-Jumhuriya al-Arabiya al-Suriya/Syrische Arabische Republik; **Unabhängigkeit:** 17.4.1946; **Fläche:** 185.000 qkm; **Einwohner:** 13,3 Mio. (1989); **Hauptstadt:** Damaskus, Ew.: 1,4 Mio.; **Urbanisierungsrate:** 51 %; **Armeestärke:** 404.000 Mann, Republikanische Garde 10.000; **BIP:** 14,9 Mrd. US-$; **Sektoren in %:** Landwirtschaft 38, Industrie 16, Dienstl. 46; **Pro-Kopf-Einkommen:** 1.680 US-$; **Währung:** 1 US-$ = 22 Syrische Pfund (£S)

Innenpolitische Entwicklung

Die Perestroika in der Sowjetunion und die Demokratisierungsbewegung in den osteuropäischen Staaten, mehr noch aber der Sturz des rumänischen Diktators Ceaucescu bewegten die arabische Öffentlichkeit zu Beginn des Jahres. Wenn in einigen arabischen Zeitungen (z.B. al-Hayat, London) das Wort von den "arabischen Ceaucescus" die Runde machte, so war damit neben dem irakischen Staatschef Saddam Husain auch der syr. Präsident Hafiz al-Asad gemeint. In Syrien (S.) regten sich Hoffnungen, daß sich die Führung unter dem Druck der Ereignisse in Osteuropa zu Demokratisierungs- und Liberalisierungsmaßnahmen gezwungen sehen könnte. Solche Erwartungen richteten sich auf den bevorstehenden Parteikongreß der regierenden *Ba'th-Partei*. Dieser Kongreß war bereits zweimal verschoben worden. Gerüchte gingen um, daß die Einführung eines pluralistischen Parteiensystems bevorstehe (KuT, 5.2.). Radio Monte Carlo berichtete am 16.2., daß das seit Ende der fünfziger Jahre bestehende Ausnahmegesetz aufgehoben würde (SWB, 21.2.). Dergleichen Spekulationen erwiesen sich jedoch als grundlos, auch der Parteikongreß wurde erneut verschoben.

Präsident Asad war sich offensichtlich der Unruhe und der Erwartungen in der Bevölkerung bewußt. Ihn selbst beschäftigten ohne Zweifel die Entwicklungen in Osteuropa und die möglichen Konsequenzen für die politische Ordnung in der Region und für das eigene Herrschaftssystem. In einer Rede anläßlich eines Banketts für die Mitglieder des Parlaments, dessen Legislaturperiode im Februar endete, nahm Asad ausführlich zu dem Thema Stellung (vgl. B, 28.2.; SWB, 1.3.). Bezugnehmend auf die Entwicklungen in der Welt sagte er, "wir tun nicht etwas, nur weil es andere tun. Wir handeln nicht unter dem Einfluß anderer oder unter dem Druck von bestimmten Umständen." Unter Berücksichtigung der Erfahrungen mit der Korrekturbewegung (von 1970) erklärte er, daß die Entscheidung für ein Mehrparteiensystem und politischen Pluralismus gefallen sei. Im weiteren Verlauf der Rede sagte Asad, "ich möchte nicht sagen, daß wir die Freiheit ausüben, wie wir möchten. Wir wollen immer mehr. Wir fürchten nicht die Freiheit, sondern wir fürchten, sie zu verlieren."

Unter dem Einfluß der aktuellen Ereignisse in Osteuropa nahmen auch die Vertreter der syr. Opposition im Ausland einen neuen Anlauf, ihre unterschiedlichen Gruppen zu einer gemeinsamen Front zusammenzuschließen. Am 21.2. wurde in Paris die *Nationale Front zur Rettung Syriens* (al-Jabha al-wataniya li-inqadh Suriya) gegründet. Zu den Gründern gehörten Shibli al-Aisami und Muhammad Ahmad Burhan von der Ba'th-Partei, Adnan Sa'd al-Din und Muhammad Hasanawi von den Muslimbrüdern, Muhammad al-Jarrah von der Sozialistischen Union sowie eine Reihe Unabhängiger, u.a. der frühere Präsident Amin al-Hafiz. Als Ziel der Front wurde die Errichtung eines demokratischen, konstitutionellen und parlamentarischen republikanischen Systems formuliert, das den Parteienpluralismus und die öffentlichen Freiheiten, einschließlich der Freiheit des Glaubens, der Rede und der Presse, garantiert (vgl. SWB, 27.2.; MEI, 2.3; YS, 5.3.).

Die anstehenden Wahlen nach Auslaufen der vierjährigen Parlamentsperiode gaben der Führung die Gelegenheit, dem Volk ihre Bereitschaft zu mehr Demokratie zu signalisieren. Gemäß Gesetz vom 12.4. wurde die Zahl der Parlamentssitze von bisher 195 auf 250 erhöht, um, wie Asad sagte (AN, 14.4.), das Bevölkerungswachstum zu berücksichtigen und sicherzustellen, daß alle Schichten der Bevölkerung vertreten werden. Diese zusätzlichen 55 Sitze wurden ausschließlich unabhängigen Kandidaten zugewiesen, deren Anteil von bisher 18 auf 40 % anstieg, während die restlichen 60 % den sieben in der *Nationalen Progressiven Front*

(NPF) zusammengeschlossenen Parteien vorbehalten blieben. Insgesamt bewarben sich 9.765 Kandidaten, davon 494 Frauen, um die 250 Parlamentssitze. 5.483 Kandidaten gehörten dem sogenannten A-Sektor (Arbeiter und Bauern) und 4.282 dem B-Sektor (Vertreter der übrigen Gesellschaftsschichten) an. Die Zahl der Wahlbezirke belief sich auf 15, die der Wahllokale auf 7.651. Wahlberechtigt waren insgesamt 6.576.907 Personen. Die Wahlen fanden am 22. und 23.5. statt. Nach Aussagen des Innenministers vom 27.5. (SWB, 29.5.) lag die Wahlbeteiligung bei 49,63 % (3.264.616 Personen). Die niedrige Wahlbeteiligung erklärte der Minister damit, daß viele Syrer im Ausland lebten und daß Mitglieder der Polizei und der Streitkräfte nicht wählen dürften. Unter Berücksichtigung dieser rund 1,2 Mio. Personen erhöhte sich die Wahlbeteiligung auf 60,71 %. Von den Gewählten gehörten 127 dem Sektor A und 123 dem Sektor B an. Die Verteilung der Sitze auf die Parteien wurde wie folgt angegeben: 166 NPF, davon Ba'th-Partei 134, Syrische Kommunistische Partei 8, Sozialistische Unionistische Partei 7, Sozialistische Unions-Partei 8, Arabische Sozialistische Partei 5, Sozialistische Unionistische Demokratische Partei 4; 84 Vertreter waren Unabhängige. Von den Abgeordneten wurden 173 neu, 77 wiedergewählt, von den 21 Frauen wurden 16 zum ersten Mal gewählt. Unter den Abgeordneten des neuen Parlaments sind sieben Universitätsprofessoren, neun Ärzte, 15 Ingenieure und 13 Rechtsanwälte; insgesamt 70 Parlamentarier sind Akademiker, davon 11 Frauen (SWB, 29.5.; NZZ, 31.5.). Am 25.5. wurden die Ergebnisse in zehn Wahllokalen (in Dair al-Zaur und Latakia) wegen offensichtlicher Wahlfälschungen für ungültig erklärt (B, 25.5.).

Die Beteiligung S.s an der anti-irakischen Front gemeinsam mit den USA stieß in der syr. Öffentlichkeit eher auf Ablehnung. In großen Teilen der Bevölkerung gab es Sympathien für Saddam Husain. Berichte über Demonstrationen wurden von offizieller Seite dementiert (vgl. FT, 30.8; 18.9.; SWB, 1.9.). Am 12.9. rechtfertigte Asad in einer Rede vor Studenten (vgl. MEI, 28.9.) seine Politik. Die syr. Truppen seien nach Saudi-Arabien geschickt worden, um ihre nationale Pflicht zu erfüllen und weil sie helfen sollen, das Problem um Kuwait zu lösen.

Außenpolitische Entwicklung

Für die syr. Außenpolitik war 1990 ein insgesamt erfolgreiches Jahr, denn die langjährige Isolierung auf arabischer und internationaler Ebene konnte endgültig überwunden werden. Dies war vor allem eine Folge des irakisch-kuwaitischen Konfliktes. Noch zu Beginn des Jahres waren die Aussichten für die syr. Politik nicht so günstig. Aufgrund der Veränderung in der sowjetischen Nahostpolitik konnte Asad nicht mehr mit der Hilfe der Sowjetunion bei der Verwirklichung seines Ziels der Erlangung eines strategischen Gleichgewichts mit Israel rechnen. Die größte Sorge bereitete jedoch der wachsende Druck des irakischen Führers Saddam Husain, der sich nach dem Ende des Krieges mit Iran darauf konzentrierte, Asad für seine Haltung im Golfkrieg zu bestrafen. Durch massive Unterstützung General Aouns suchte dieser, die syr. Position im Libanon zu schwächen. Dem setzte Asad eine Politik der weiteren Annäherung an Ägypten entgegen, nachdem im Dezember 1989 die diplomatischen Beziehungen mit Kairo wiederhergestellt worden waren. Hierbei kam ihm die sich verstärkende Rivalität zwischen dem Irak und Ägypten und die Suche des ägyptischen Präsidenten Mubarak nach einem Gegengewicht gegen den wachsenden Einfluß Bagdads zustatten. Im Interesse einer größeren arabischen Solidarität angesichts der drohenden Gefahren durch die befürchtete Masseneinwanderung sowjetischer Juden nach Israel bemühte sich Mubarak zudem um eine Beilegung des syr.-irakischen Streits. Eine Aussöhung zwischen Asad und Saddam Husain scheiterte jedoch an den Bedingungen, die der irakische Führer am 22.2. stellte, nämlich eine Entschuldigung Asads für seine Haltung im Golfkrieg (M, 24.2.). Nach einer ersten Begegnung Asads mit Mubarak in der libyschen Stadt Tobruk (24./25.3.) wurde die Versöhnung zwischen den beiden Ländern mit dem Besuch Mubaraks vom 2.-3.5. in Damaskus - es war der erste Besuch eines ägyptischen Staatsoberhauptes seit 1977 - besiegelt. Zur Teilnahme an der arabischen Gipfelkonferenz Ende Mai ließ sich Asad nicht bewegen, vor allem deshalb nicht, weil diese in Bagdad stattfand. Am 21.5. hatte Asad den irakischen Justizminister mit einer persönlichen Einladung Saddam Husains empfangen. Auch der libysche Revolutionsführer Qaddafi blieb mit seinem Versuch am 27.5. in Damaskus, Asad zu einem Einlenken zu überreden, erfolglos. Am 30.5. informierte Mubarak auf seiner Rückreise von Bagdad Asad über die Ergebnisse des arabischen Gipfeltreffens. Der Gegenbesuch Asads in Ägypten (Alexandria) vom 14.-16.7. war ein Indiz dafür, daß sich die syr.-ägyptische Zusammenarbeit immer mehr zu einem wichtigen Faktor in der arabischen Politik entwickelte, was angesichts des sich anbahnenden Konfliktes zwischen dem Irak und den beiden Ölscheichtümern Kuwait und den VAE für die weitere politische Entwicklung in der Region von entscheidender Bedeutung war. Die Beziehungen zu Jordanien entwickelten sich trotz der Unterstützung König Husains für den irakischen Staatschef günstig (Tagung der gemeinsamen Kommission in Amman 29.-30.1. und in Damaskus 6.-7.8.). Am 17.12. führte der jordanische Premierminister Badran Gespräche mit Asad über Möglichkeiten zur Beilegung des irakisch-kuwaitischen Konfliktes.

Nach dem Einmarsch der irakischen Truppen in Kuwait am 2.8. stellte sich S. mit der Verurteilung der Aggression und der Forderung nach einem bedingungslosen Rückzug auf die Seite der anti-irakischen Kräfte. Die in den zurückliegenden Monaten erfolgte Annäherung zwischen S. und Ägypten bildete nun gemeinsam mit Saudi-Arabien und den anderen Staaten des GKR die Grundlage für eine gegen den Irak gerichtete Koalition. Auf der arabischen Gipfelkonferenz am 10.8. in Kairo wurde der Beschluß über die Entsendung einer arabischen Streitmacht an den Golf von S., das sich mit 18.000 Mann und 300 Panzern beteiligte, mitgetragen. Damit war die syr. Isolierung innerhalb der arabischen Welt, die Saddam Husain noch zu vertiefen versucht hatte, endgültig überwunden. Darüber hinaus sicherte sich Asad die tatkräftige Finanzhilfe Saudi-Arabiens und Kuwaits für sein militärisches Engagement.

Trotz der eindeutigen Stellungnahme S.s hielten sich die syr. Medien mit ihrer Propaganda gegenüber dem Irak zurück. Dies war zum einen eine Reaktion auf die Einstellung der irakischen Propaganda gegenüber S. Bagdad versuchte offenbar, S. für eine gemeinsame Politik zu gewinnen. Darauf deutete auch der überraschende Besuch des irakischen Ölministers Chalabi am 7.8. in Damaskus hin. Zum anderen erfolgte die Zurückhaltung der syr. Medien gegenüber dem Irak auch aus Rücksicht auf die Stimmung in der eigenen Bevölkerung, der nach der jahrelangen anti-amerikanischen Propaganda die Beteiligung syr. Truppen an der Koalition mit den USA nur schwer verständlich gemacht werden konnte. Die syr. Propaganda betonte deshalb wiederholt, daß Saddam Husain mit seiner Politik den amerikanischen und zionistischen Interessen in die Hände spielte, wie die vermehrten US-Waffenlieferungen an Israel (Patriot-Raketen) bewiesen.

Mit seiner Beteiligung an der anti-irakischen Koalition konnte Asad zugleich auch ein weiteres politisches Ziel erreichen, nämlich die Überwindung der Isolierung S.s auf internationaler Ebene, wobei es vor allem um die Normalisierung der Beziehungen zu den USA ging. Asad hatte bereits bei dem Besuch des früheren US-Präsidenten Carter am 14.3. seine Bereitschaft zu Friedensverhandlungen mit Israel signalisiert (IHT, 19.3.). Die Freilassung der beiden amerikanischen Geiseln Polhill und Reed Ende April trug zu einer spürbaren Verbesserung der beiderseitigen Beziehungen bei; Präsident Bush dankte Asad in einem Telefongespräch für die syr. Vermittlung. Der Konflikt um Kuwait wertete S. weiter auf. Eine Beteiligung S.s an den arabischen Truppen in Saudi-Arabien war sowohl für die Stellung Ägyptens als auch Saudi-Arabiens im gemeinsamen Bündnis mit den USA von entscheidender Bedeutung. Wenn Asad mit der Entsendung syr. Truppen zögerte, so geschah dies vor allem in der Absicht, den politischen Preis, den die USA zu zahlen hatten, möglichst hochzutreiben. Am 10. und 13.8. verhandelte US-Staatssekretär John Kelly in Damaskus und am 14.9. Außenminister Baker mit Asad. Das Treffen Asads mit Bush am 23.11. in Genf beendete die syr. Isolierung auf internationaler Ebene.

Während die Weltöffentlichkeit vom Geschehen am Golf abgelenkt war, konnte Asad im Libanon ungestört vollendete Tatsachen schaffen. Am 13.8. stürmten syr. Truppen das Hauptquartier General Aouns, der nun nicht mehr mit irakischer Hilfe rechnen konnte und in die französische Botschaft floh. Am 24.12. wurde nach dem Rücktritt des S. nicht genehmen Ministerpräsidenten al-Huss mit Umar Karami ein pro-syrischer Politiker an die Spitze der Regierung berufen. Als Preis für die syr. Beteiligung an der Koalition gegen den Irak duldeten die USA S.s Rolle als Ordnungsmacht im Libanon.

Die Entwicklung im Libanon und die Geiselfrage spielten auch in den Beziehungen zu Iran eine wichtige Rolle. Vom 21.-25.9. hielt sich Asad zu seinem ersten Staatsbesuch seit 1976 in Iran auf, wo vor allem die unterschiedliche Haltung beider Staaten im irakisch-kuwaitischen Konflikt zur Sprache kam. Iran war gegen die Beteiligung S.s in der gemeinsamen Front mit den USA. Einig waren sich beide Seiten, daß Saddam Husain Kuwait zu räumen habe.

Die Haltung S.s im Golfkonflikt führte auch zu einer Verbesserung im Verhältnis zu Großbritannien und am 28.11. zur Wiederaufnahme der diplomatischen Beziehungen, die 1986 wegen der syr. Verwicklung in internationale Terroraktionen abgebrochen worden waren. Auch die EG hob ihre Sanktionen gegen S. auf und erneuerte ihre Entwicklungshilfe (PdT, 19.9.).

Das Verhältnis zur Türkei wurde durch die Unterbrechung des Wasserlaufs des Euphrats am 13.1. schwer belastet. Um eine weitere Verschlechterung der ohnehin nicht guten Beziehungen zu vermeiden, fiel der syr. Prostest relativ gemäßigt aus. Vom 14.-16.6. hielt sich Außenminister al-Shar' in Ankara auf, wo die Verteilung des Euphratwassers sowie die von der Türkei verlangte Unterbindung von Aktivitäten kurdischer Aufständischer Gegenstand der Gespräche waren. Am 25.8. empfing Asad den türkischen Außenminister, und vom 17.-18.10. hielt sich der türkische Präsident Özal zu einem Staatsbesuch in S. auf. Am 16.10. wurde ein Abkommen über die Zahlung einer Kompensation in Höhe von 3,43 Mio. US-$ für ein im Vorjahr abgeschossenes türkisches Flugzeug unterzeichnet (SWB, 19.10.).

Bis zum Ausbruch der Golfkrise beschäftigten die syr. Führung vor allem die Auswirkungen der Veränderungen in der Sowjetunion. Vom 27.-29.4. hielt sich Asad zu einem offiziellen Besuch in der Sowjetunion auf, um sich persönlich der weiteren sowjetischen Unterstützung zu vergewissern. Wichtiges Thema war auch die Einwanderung sowjetischer Juden nach Israel. In einer Rede am 16.5. (SWB, 18.5.) erklärte Asad, daß die Sowjetunion ein fester Freund S.s und der Araber bleibe. Die sowjetische Führung habe ihm versichert, daß sie das Problem der jüdischen Einwanderung unter Berücksichtigung der syr. Einwände behandeln würde. Die Reise von Vizepräsident Mashariqa in die Volksrepublik China (6.-18.6.) und der Besuch des nordkoreanischen Vizepräsidenten Yi Chonk-ok (28.3.-1.4.) unterstrichen das syr. Interesse an der Fortführung der traditionell guten Beziehungen zu diesen Staaten.

S. war auch im abgelaufenen Jahr um die Pflege der Beziehungen zu den Auslandssyrern in Südamerika bemüht (der argentinische Präsident Menem ist syr. Abstammung). Vom 20.-23.9. nahm der stellvertretende Generalsekretär der Ba'th-Partei, Abdallah al-Ahmar, am 9. panamerikanisch-arabischen Kongreß in Buenos Aires teil. Am 29.10. kehrte eine Delegation unter Leitung von Parlamentspräsident Qaddura von einer Südamerikareise zurück.

Sozioökonomische Entwicklung

Die seit Jahren dahinsiechende Wirtschaft S.s wurde infolge der Veränderungen im Ostblock sowie des Auslaufens der auf der arabischen Boykottkonferenz 1979 für zehn Jahre beschlossenen Finanzhilfe für die sogenannten Frontstaaten (Syrien, Jordanien, PLO), die sich für S. auf rund eine Mrd. US-$ im Jahr belief, zusätzlich belastet. Die qualitativ schlechten syr. Produkte, die bis dahin zu überhöhten Preisen an die Sowjetunion verkauft wurden, fanden auf dem Weltmarkt kaum Abnehmer (HB, 25./26.5.). Enttäuscht wurden auch die Hoffnungen auf höhere Öleinnahmen aufgrund der gestiegenen Ölproduktion, weil zugleich die Preise für Öl fielen. Deshalb unterstützte S. grundsätzlich die vom irakischen Staatschef Saddam Husain geforderte Erhöhung der Ölpreise auf 25 US-$ pro Barrel. Als dann im Zusammenhang mit dem irakisch-kuwaitischen Konflikt die Ölpreise stark anstiegen, gehörte auch S. zu den Gewinnern. Bei einer Förderung von rund 410.000 b/d (am Jahresende), von denen rund 110.000 b/d exportiert wurden, lagen die Öleinnahmen bei 1,5 Mrd. US-$ (HB, 4.12.). Der starke

Anstieg der Öleinnahmen führte zu einem Handelsbilanzüberschuß von 985 Mio. US-$, bei Ausfuhren im Wert von 3,3 Mrd. US-$ einschließlich Öl (11 % Steigerung gegenüber Vorjahr) und Einfuhren von 2,4 Mrd. US-$ (plus 14 %). Günstig fiel auch die Getreideernte mit 2 Mio. t (1989: 1,02) Weizen aus.

Der irakisch-kuwaitische Konflikt bescherte S. nicht nur höhere Öleinnahmen, sondern erneut auch großzügige Finanzhilfen seitens Saudi-Arabiens und der übrigen Golfstaaten in Anerkennung der syr. Beteiligung an der anti-irakischen Koalition und der Entsendung von Truppen. Bis zum Jahresende erhielt S. rund 1,25 Mrd. US-$ (JP, 7.12.). Damit wurden die Verluste durch den Ausfall der Überweisungen der Gastarbeiter in Kuwait (ca. 100.000) von rund 360 Mio. US-$ leicht wettgemacht. Wirtschaftsminister Imadi bezifferte hingegen die Gesamtverluste als Folge des Golfkonfliktes für S. auf etwa 4 Mrd. US-$ (MEES, 22.10.).

Der Haushalt für 1990 sah Ausgaben in Höhe von 61,875 (1989: 57,413) Mrd. £S (2,946 Mrd. US-$) vor. Angesichts einer Inflationsrate von rund 40 % bedeutete dies real eine Ausgabenreduzierung. Die laufenden Ausgaben erhöhten sich um 20 % (1989: 19 %), überwiegend wegen der gestiegenen Löhne und Gehälter. Einen starken Anstieg (45 %) verzeichneten die Ausgaben für Bergbau (Ölförderung) sowie für Land- und Forstwirtschaft und Fischerei. 44 % davon waren für Bewässerungs- und Staudammprojekte vorgesehen. Die Einnahmen waren nur zu 63 % gedeckt, der Rest sollte durch Kredite und ausländische Finanzhilfen finanziert werden. Diese Zahlen spiegelten nur einen Teil der Wirtschaftsaktivitäten wider, da ein Großteil auf inoffizieller Basis abgewickelt wurde (Staatsanzeiger, 7.3.; MEES, 7.5.).

Der Devisenmangel hatte S. schon Ende 1987 gezwungen, die Zahlungen an die Weltbank einzustellen, was wiederum die Sperrung der Kredite durch die Weltbank zur Folge hatte. 1989 war S. mit 160 Mio. US-$ im Zahlungsrückstand, zahlte aber lediglich 2,5 Mio. US-$. Mit der Erhöhung der Ausgaben für den Industriesektor von 919 Mio. £S (1989) auf 1,495 Mrd. £S wurde eine gewisse Revision der Wirtschaftspolitik der zurückliegenden Jahre, die den Schwerpunkt auf die Landwirtschaft legte, vollzogen. Industrieminister Jubran kündigte in einer Rede an, den Industriesektor neu zu ordnen, die Qualität der Produkte zu verbessern, die Auslastung der Kapazitäten zu steigern und eine wirtschaftliche Arbeitsteilung zwischen Staatsunternehmen und privaten Betrieben herbeizuführen. Mit Dekret Nr. 279 wurde der Pflichtumtausch von Exporterlösen zum ungünstigen Wechselkurs (1 US-$ = 11,2 £S) auf 25 % festgelegt, während die restlichen 75 % der Deviseneinnahmen für die Einfuhr von Waren (Rohstoffe, Halbfabrikate usw.) verwendet oder zum Vorzugskurs (1 US-$ = 20 £S) umgetauscht werden können (HB, 27./28.7.).

Auf Drängen der im Ausland tätigen Syrer erließ die Regierung ein Gesetz, das ihre Rechte und Pflichten regelt. Danach müssen Gastarbeiter, abhängig von ihrem beruflichen Status, jährlich 50-700 US-$ an Steuern abführen. Arbeiter, die mindestens fünf Jahre im Ausland waren, dürfen Haushaltsartikel einschließlich Autos (außer Personenwagen) einführen, bei zehn Jahren Auslandsaufenthalt dürfen sie auch Personenwagen importieren, die aber nicht älter als drei Jahre sein dürfen (MEED, 29.6.).

Bei seiner Rede anläßlich der Eröffnung der Damaszener Messe machte Wirtschaftsminister Imadi Angaben zur Bedeutung des öffentlichen Sektors. Dieser trägt mit 45 % zum BSP bei. Im Bergbau (Erdöl, Phosphat) sowie in der Wasserwirtschaft ist er absolut dominierend, in der Industrieproduktion beträgt sein Anteil 87 %, im Bauwesen 50 % und im Finanzsektor 41 %. In der Landwirtschaft gehören 98,6 %, im Transportsektor 72 % und im Handel 62 % zum privaten oder gemischten Sektor (OJ, 31.8.).

Nach einer Bevölkerungsstudie wird S. im Jahre 2000 18 Mio. Einwohner haben bei einem jährlichen Bevölkerungswachstum von 3,36 %. Von 1960-88 stieg die Bevölkerung um 150 % auf 13,3 Mio. an. 48 % sind unter 15 Jahre alt. 66 % der Bevölkerung lebt in den Städten Damaskus, Aleppo, Homs, Hama und Latakia (MEED, 14.9.). Der Anteil der Arbeitskräfte in der Landwirtschaft sank von 51 % 1970 auf 25 % 1990. Der Anteil der Frauen an den Arbeitskräften stieg von 8,6 % 1980 auf 13,9 % (OJ, 9.7.).

Die Staatsführung Syriens

Staatspräsident: Hafiz al-Asad (seit 2.3.1971), **Vizepräsidenten:** Abd al-Halim Khaddam, Rif'at al-Asad, Zuhair Mashariqa

Syrische Regierung vom 1.11.1987

Ministerpräsident: Mahmud al-Zu'bi, **Äußeres:** Faruq al-Shar', **Bauwesen:** Dr. Marwan Farra, **Dienstleistungen:** Mahmud Qadduri (1), **Elektrizität:** Kamil al-Baba, **Erdöl/Bodenschätze:** Dr. Matanius Habib, **Erziehung:** Ghassan Halabi, **Finanzen:** Khalid al-Mahayini, **Gesundheit:** Dr. Iyad al-Shatti, **Hochschulwesen:** Dr. Kamal Sharaf, **Industrie:** Antuan Jubran, **Information:** Muhammad Salman, **Inneres:** Dr. Muhammad Harba, **Justiz:** Khalid al-Ansari, **Kultur:** Dr. Najah al-Attar, **Landwirtschaft:** Muhammad Ghabbash, **Lokale Verwaltung:** Ahmad Diyab, **Präsidentschaftsangelegenheiten:** Wahib Fadil, **Religiöse Stiftungen (Auqaf):** Abd al-Majid al-Tarabulsi, **Soziales/Arbeit:** Haidar Buzu, **Transport:** Yusuf Ahmad, **Tourismus:** Adnan Quli, **Verkehr:** Murad Quwatli, **Versorgung/Binnenhandel:** Hassan al-Shaqqa, **Verteidigung:** Mustafa Talas (1), **Wirtschaftsangelegenheiten:** Dr. Salim Yasin (1), **Wirtschaft/Außenhandel:** Dr. Muhammad al-Imadi, **Wohnungswesen:** Muhammad Nur Antabi, **Staatsminister:** Ghazi Mustafa, Dr. Muhammad Jum'a (ohne Portefeuille), Nasir Qaddur (Äußeres), Yasin Rajjuh (Kabinettsangelegenheiten), Dr. Sabah Baqjaji (Planung), Abd al-Hamid Munajjid (Umwelt)

(1) Stellvertr. Ministerpräsident

Chronologie Syrien 1990

13.1. - S. protestiert gegen die Unterbrechung des Wasserlaufs des Euphrats durch die Türkei

21.-23.1. - Gespräche des libanesischen Präs. Hrawi mit Präs. Asad in Damaskus; erneut 9.5.; 20.6.; 27.7.; 29.8.; 20.-21.10.; 20.11.; 12.12.

29.-30.1. - PM al-Zu'bi in Amman

22.2. - Wirtschaftsmin. Imadi unterzeichnet in Kairo ein Handelsabkommen

14.3. - Besuch des früheren US-Präsidenten Carter

24.-25.3. - Treffen Asads mit dem libyschen Revolutionsführer Qaddafi, dem ägyptischen Präsidenten Mubarak und dem sudanesischen Staatschef al-Bashir in Tobruk

27.-29.4. - Offizieller Besuch Asads in der Sowjetunion

2.-3.5. - Staatsbesuch des ägyptischen Präs. Mubarak; erneut 30.5. und 14.-15.11.

5.-6.5. - Besuch des saudischen Kronprinzen Abdallah

7.5. - Besuch Vizepräs. Khaddams in Libyen; erneut 17.7. und 4.10.

14.5. - Walid Mu'allim wird neuer syr. Botschafter in den USA

17.5. - Besuch der pakistanischen PM Bhutto

22.5. - Parlamentswahlen

28.5. - Besuch des libyschen Revolutionsführers Qaddafi

14.-15.6. - AM al-Shar' führt Verhandlungen in Ankara

18.6. - Der israelische PM Shamir lädt Asad zu Friedensverhandlungen nach Jerusalem ein

14.-16.7. - Gespräche Asads mit Mubarak in Alexandria; erneut 28.8.

6.8. - Besuch des jordanischen PM Badran; erneut 17.12.

13.8. - Asad empfängt den kuwaitischen Kronprinzen Sa'd Abdallah al-Sabah

15.8. - Vizepräsident Khaddam in Teheran

14.9. - US-AM Baker in Damaskus

21.-25.9. - Besuch Asads in Iran

13.10. - Syr. Truppen stürmen Ostbeirut (Entmachtung Aouns)

17.-18.10. - Besuch des türkischen Präs. Özal

3.-6.11. - Der iranische Vizepräs. Habibi führt Verhandlungen in Damaskus

21.11. - Treffen Asads mit US-Präs. Bush in Genf

28.11. - Wiederaufnahme der diplomatischen Beziehungen mit Großbritannien

12.12. - PM al-Zu'bi unterzeichnet in Kairo 5 Wirtschaftsabkommen

Thomas Koszinowski

Türkei

Offizieller Name: Türkiye Cumhuriyeti/Republik Türkei; **Unabhängigkeit:** 29.10.1923 (Gründung der Republik); **Fläche:** 779.452 qkm; **Einwohner:** 56,969 Mio. (1990); **Hauptstadt:** Ankara, Ew.: 2,5 Mio. (1990); **Urbanisierungsrate:** 58,8 % (1990); **Armeestärke:** 827.000 Mann, Paramilitär. Einh.: 75.000 Mann Gendarmerie, 24.000 "Dorfschützer"; **BIP:** 64,36 Mrd. US-$; **Sektoren in %:** Landwirtschaft 17; Industrie 36; Dienstl. 46; **Pro-Kopf-Einkommen:** 1.434 US-$ (1989); **Währung:** 1 US-$ = 2867,25 Türk Lirasi (TL)

Innenpolitische Entwicklung

Bei vielen Politikern und Juristen entstanden im Laufe des Jahres schwerwiegende verfassungsrechtliche Bedenken zu der Art und Weise, in der Turgut Özal auch als Staatspräsident (seit November 1989) aktiv die Außenpolitik des Landes gestaltete. Sie sahen darin eine Kompetenzüberschreitung, bedenklich, weil der Staatspräsident keinem anderen Staatsorgan gegenüber verantwortlich ist und von keinem Gericht, auch nicht dem Verfassungsgericht, kontrolliert werden kann. Artikel 105 der Verfassung (von 1982) sieht lediglich eine Hochverratsanklage durch mindestens drei Viertel aller Mitgliederstimmen der Nationalversammlung vor.

Das im Schatten von Özal geringe Profil des Ministerpräsidenten Akbulut führte zu einer Reihe von Rücktritten in seinem Kabinett, Ausdruck der heftigen innerparteilichen Flügelkämpfe. Am 20.3. trat Außenminister Mesut Yîlmaz zurück, weil es keine "harmonische Arbeit im Kabinett" gäbe (TDN, 22.2.). Sein Nachfolger wurde Ali Bozer, Staatsminister seit 1983. Im zweiten Kabinett Özal (Dez. 1987 - Nov. 1989) zuständig für die EG-Beziehungen, hatte er sich bereits internationale Anerkennung erworben. Im März übte Finanz- und Zollminister Ekrem Pakdemirli auf einer Versammlung der ANAP (Mutterlandspartei)-Parlamentarier Kritik an der Regierungspolitik. In der Kabinettssitzung am 28.3. soll der darüber verärgerte Akbulut bemerkt haben: "Wer immer es will, kann das Kabinett verlassen" (TDN, 30.3.), woraufhin Pakdemirli seine Demission einreichte. Zum neuen Finanzminister wurde Adnan Kahveci berufen, Staatsminister im zweiten Kabinett Özal bis zur Umbildung im April 1989. Auch der Rücktritt des Verteidigungsministers Safa Giray am 18.10. steht im Zusammenhang mit innerparteilichen Querelen. Giray äußerte sich "höchst entrüstet" über die Art und Weise, in der die ANAP-Regierung das Land führte (TDN, 19.10). Sein Ministeramt erhielt am 30.10. Staatsminister Hüsnü Doğan, ein Cousin Özals.

In direktem Zusammenhang mit Özals außenpolitischem Auftreten stand der Rücktritt Ali Bozers als Außenminister am 10.10. Während einer Unterredung Özals mit Präsident Bush in Washington am 25.9. war US-Außenminister Baker, nicht jedoch Bozer hinzugezogen worden. Dritter Außenminister des Jahres wurde noch am gleichen Tag Ahmet Kurtcebe Alptemoçin, Finanz- und Zollminister unter Özal 1983 bis April 1989.

Ein von vielen Beobachtern sehr ernst genommener Protest gegen die Staatsführung Özals stellte die Amtsniederlegung von Necip Torumtay, Generalstabschef seit August 1987, am 3.12. dar. Sie erfolgte zwei Tage nach einer Sitzung des Nationalen Sicherheitsrates, in der die letzte Entwicklung der Golfkrise anläßlich des UNO-Sicherheitsratsultimatums beraten worden war. Torumtay, bekannt für seine ablehnende Haltung gegenüber einer direkten Beteiligung der Türkei bei einem möglichen militärischen Eingreifen gegen den Irak, begründete seinen Rücktritt mit den Worten: "Die Prinzipien, an die ich glaube, und mein Verständnis vom Staat machen es mir unmöglich, meinen Dienst fortzusetzen" (TDN, 5.12.). Zum neuen Generalstabschef ernannte Staatspräsident Özal am 4.12. den bisherigen Kommandeur der Landstreitkräfte, General Doğan Güreş.

Als ein Zeichen, daß sich das Demokratieverständnis im westlichen Sinne in der Türkei vertieft habe, wurde die Entlassung der beiden Kommunistenführer Kutlu und Sargín aus der Untersuchungshaft am 4.5. angesehen (sie waren bei ihrer Rückkehr in die Türkei im November 1987 verhaftet und vor ein Staatssicherheitsgericht gestellt worden). Einen Monat später, am 4.6., beantragten sie offiziell die Gründung der *Vereinigten Kommunistischen Partei der Türkei* (TBKP) beim Innenministerium als 16. offiziell zugelassene Partei (bis zum Jahresende erfolgten noch zwei weitere Parteineugründungen). Auch der Beschluß des Parlaments vom 21.11., die im Absatz 1 des Artikels 141 StGB (dem sog. "Kommunistenparagraphen") vorgesehene Todesstrafe in lebenslängliche Hafstrafe umzuwandeln, deutete auf eine Entwicklung in dieser Richtung hin, obwohl sich die Regierung noch nicht zur völligen Streichung des umstrittenen Artikels durchringen konnte.

Wenig demokratisch orientiert blieb die Regierungshaltung gegenüber den Problemen im Südosten. Im März kam es in mehreren Städten der Provinz Mardin zu Protestaktionen, die stark an die palästinensische Intifada erinnerten. Am 15.3. zerstreuten Sicherheitskräfte unweit von Nusaybin die Trauergäste während der Beerdigung eines zwei Tage zuvor im Feuergefecht getöteten PKK-Mitglieds. Kurz darauf formierte sich in Nusaybin ein Demonstrationszug, bei dessen Auflösung die Sicherheitskräfte einen Demonstranten erschossen. Die Bevölkerung reagierte mit Geschäftsschließungen und trotz Ausgangssperre wiederholten Demonstrationen, die auch auf benachbarte Städte übergriffen. Der schwerste Zwischenfall ereignete sich am 20.3. in Cizre. Im Verlauf einer Demonstration wurden vier Personen getötet, neun verletzt und 125 festgenommen. Bei dieser Demonstration - angeblich war aus den Reihen der Demonstranten auf die Sicherheitskräfte geschossen worden - wurden offizielle Gebäude beschädigt, kurdisch-nationale Slogans gerufen und türkische Fahnen angezündet. Am 22.3. ermordete ein PKK-Kommando neun Ingenieure des Etibanks-Eisenstahlwerks in Kovancılar/Elazığ. Der Mord in Kovancılar führte zur Verständigung zwischen den Parlamentsparteien (Gesprächsrunde zwischen Özal, Akbulut, Demirel und Inönü am 2.4.) über verschärfte Antiterrormaßnahmen. Auf einer Kabinettssitzung unter der Leitung von Özal beschlossene neue Antiterrormaßnahmen, die am 10.4. in Kraft traten, gingen nach Meinung der Opposition jedoch über den vorher vereinbarten Rahmen hinaus. Der neue Antiterrorerlaß schuf die Voraussetzung, Publikationen mit unwahrer Berichterstattung (Berichte und Analysen, die nicht dem entsprechen, was als Wahrheit betrachtet wird - TDN, 11.4.) bzw. die die Ruhe und Ordnung gefährden, zu verbieten oder aber die Verlagshäuser zu schließen. Die Berichterstattung der staatlichen Rundfunk- und Fernsehanstalten über den Südosten sollte künftig mit dem Innenministerium und dem Sekretariat des Nationalen Sicherheitsrats abgestimmt werden. Weiterhin erhielt der Regionalgouverneur der elf Südostprovinzen unter Ausnahmerecht die Vollmacht, Personen, die als Gefahr für die öffentliche Ordnung angesehen werden, aus den betreffenden Gebieten zu deportieren. Personen, die aus Sicherheitsgründen die Region verlassen wollen, sollte mit staatlicher Unterstützung eine Ansiedlung in anderen Provinzen erleichtert werden. Die Gefängnisstrafe für die Beherbergung von Terroristen wurde auf zehn Jahre verdoppelt. Weiterhin wurde vorgesehen, für Arbeitslose im Südosten 90.000 Arbeitsplätze zu beschaffen. Wie im September bekannt wurde, hatte die Türkei die Anwendung der Europäischen Menschenrechtskonvention aus nationalen Sicherheitsinteressen für drei Monate im Südosten ausgesetzt, was ihr in Übereinstimmung mit Artikel 15 der Konvention möglich war (und auch schon früher von Frankreich und von England praktiziert worden war - Turkey Briefing, Nr. 5). Angesichts einer drohenden Annullierung der Antiterrorgesetze vom April durch das Verfassungsgericht (Verfassungsklage der SHP) beschloß die Regierung am 16.12., die Restriktionen bei der Berichterstattung über den Südosten wieder zu lockern.

Daß die Türkei noch einen weiten Weg zur innenpolitischen Konsolidierung vor sich hat, zeigte sich an einer Reihe von politischen Morden. Bei einem Teil der Opfer handelte es sich um ehemalige Angehörige des Militärs, der Polizei bzw. des Geheimdienstes. Diese Morde wurden allgemein als politische Racheakte der militanten Linken angesehen, speziell der Kreise um die *Dev-Sol* (Revolutionäre Linke). Andere Opfer waren für ihre laizistische und gegen den fundamentalistischen Islam gerichtete Einstellung bekannte Journalisten und Personen des öffentlichen Lebens. Gegen den für die Zeitschrift *200'e Doğru* tätigen ehemalige Mufti Turan Dursun, der am 4.9. ermordet wurde, hatte das iranische Fernsehen bereits im April 1989 Todesdrohungen verbreitet. Sein Tod bildete auch einen Hauptpunkt in den irani-

schen Nachrichten, in denen er als "türkischer Salman Rushdie" bezeichnet wurde (Turkey Briefing, Nr. 5). Am 6.10. wurde die 71jährige Professorin em. Dr. Bahriye Üçok, Mitglied der kurz zuvor gewählten SHP-Parteiversammlung, als 11. von insgesamt 16 Opfern bis Jahresende durch eine Briefbombe tödlich verletzt. In beiden Fällen bekannte sich die *Organisation der Islamischen Bewegung* zu den Anschlägen. Mitglieder der Regierungspartei bezweifelten jedoch öffentlich, daß tatsächlich islamische Kräfte hinter diesen Morden ständen.

Am 3.6. und am 19.8. fanden für 75.000 bzw. 116.000 Wähler kommunale Wahlen statt, Nachwahlen in alten und Neuwahlen in neu eingerichteten Stadtbezirken und zu Städten erhobenen Orten. Bei den Wahlen am 3.6. in 51 Wahlbezirken schnitt die ANAP mit 37,0 % aller abgegebenen Stimmen am besten ab, gefolgt von der SHP (Inönü) mit 26,8 %, DYP (Partei des Rechten Weges - Demirel) 24,5 %, RP (Wohlstandspartei - Erbakan) 10,2 %, DSP (Demokratische Linkspartei - Ecevit) 7,6 % und der MÇP (Nationale Arbeiterpartei - Türkeş) 4,7 %. Am 19.8. wurde in 13 Bezirken gewählt. Hier gewann die DSP einen Überraschungserfolg in Bayrampaşa/Istanbul, mit rund 85.000 Wählern der größte Bezirk bei dieser Wahl. Sie lag dadurch mit 30,1 % aller abgegebenen Stimmen an der Spitze, gefolgt von der ANAP mit 20,4 % (wobei die ANAP jedoch in elf der Wahlbezirke den Bürgermeister stellte), der RP mit 18,7 %, SHP 10,1 %, DYP 9,8 % und der MÇP mit 4,6 %. Insgesamt gesehen schnitt die ANAP besser ab, als angesichts der deutlich werdenden Parteispaltung unter der schwachen Führung von Akbulut erwartet worden war (Turkey Briefing, Nr. 5).

Außenpolitische Entwicklung

Wesentlich geprägt wurde die türkische Außenpolitik durch eine starke Annäherung an die USA einerseits sowie eine Öffnung in Richtung benachbarter Ostblockländer, einschließlich der Sowjetunion und ihrer Teilrepubliken, andererseits.

Turgut Özal pflegte weiterhin die aus seiner Ministerpräsidentenzeit stammenden persönlichen Kontakte zu den USA. Während einer ersten USA-Reise (16.-27.1.) konferierte er am 18.1. mit Präsident Bush, ebenso am 25.9. bei einer zweiten USA-Reise (24.9.-2.10.). Eine kleine Verstimmung auf türkischer Seite rief der am 21.2. vom US-Außenministerium veröffentlichte jährliche Menschenrechtsbericht hervor, in welchem auch Menschenrechtsverletzungen durch die Türkei in den Südostprovinzen erwähnt wurden. Befriedigt zeigte sich dagegen die Türkei über die Ablehnung des von Senator Dole eingebrachten Antrags auf einen Armeniergedenktag durch den Senat der USA am 27.2. Zwei Tage später (1.3.) wurde offiziell die Aufhebung der gegen die US-Basen im Lande verhängten Einschränkungen vom Oktober 1989 bekanntgegeben. Besuche von US-Außenminister Baker in der Türkei am 5.8. und vom 6.-7.11. standen in Verbindung mit den amerikanischen politischen Aktivitäten nach dem irakischen Einmarsch in Kuwait (2.8.). Im gleichen Kontext erfolgte auch ein Besuch des CIA-Chefs Webster in Ankara am 9.11., der dort u.a. Gespräche mit dem Chef des türkischen Geheimdienstes MIT (Nationale Nachrichtenorganisation), Teoman Koman, führte.

Unstimmigkeiten mit dem Irak waren bereits Anfang des Jahres erneut zutage getreten. Nachdem die Türkei am 13.1. den Wasserfluß des Euphrats zur Füllung des Atatürkstausees für einen Monat unterbrach, überreichte am 14.1. der zu Wirtschaftsgesprächen in Ankara weilende irakische Erdölminister al-Chalabi eine offizielle Protestnote. Als die Türkei am 4.5. auch noch für den Irak bestimmte Hochdruckstahlrohre nach Prüfung durch Experten an die Lieferfirma in England zurückgehen ließ, stagnierten die 1981 vereinbarten Grenzsicherheitsgespräche zwischen beiden Ländern. Auch ein Besuch von Ministerpräsident Akbulut in Bagdad vom 5.-7.5. führte der Euphratwasserfrage wegen zu keiner Verständigung in der Grenzfrage. Nach dem irakischen Einmarsch in Kuwait übertrug das Parlament am 12.8. der Regierung die Vollmacht, im Falle eines irakischen Angriffs den Kriegszustand zu erklären, und am 5.9. ermächtigte es mit 246 gegen 136 Stimmen die Regierung, türkische Truppen ins Ausland zu entsenden sowie die Stationierung ausländischer Truppen im Lande zu gestatten. Die gegen den Irak verhängte Blockade beachtete die Türkei trotz wirtschaftlicher Bedenken in vollem Umfang. Sie sperrte u.a. ab 7.8. die beiden irakischen Pipelines zum türkischen

Mittelmeerhafen Yumurtalík, und sie befolgte strikt die am 26.9. durch den UNO-Sicherheitsrat ausgesprochene Luftblockade. Das vom Irak im August gemachte und im September wiederholte Angebot über verbilligte Erdöllieferungen hatte keinen Einfluß auf die türkische Haltung. Lediglich später ausdrücklich von der Blockade ausgenommene Lebensmittel- und Medikamentensendungen durften nach vorheriger Kontrolle die Grenze zum Irak passieren. Bis zum Ende des Jahres verstärkte die Türkei ihre militärische Präsenz im Südosten um weitere 35.000 auf 100.000 Mann, wie der neue Verteidigungsminister Doǧan am 9.12. bekanntgab (TDN, 14.12).

Die Beziehungen zum zweiten arabischen Nachbarstaat, Syrien, blieben wie bisher überschattet von der Euphratwasser- und der PKK-Frage. Eine am 15.1. dem türkischen Botschafter in Damaskus überreichte Note zur Sperrung des Euphrats stufte die Türkei nicht als offiziellen Protest ein. Gespräche, die der syrische Außenminister al-Shar' vom 14.-16.6. in Ankara führte, erzielten keine Annäherung. Syrien war nicht bereit, den türkischen Wünschen nach Unterbindung von PKK-Aktivitäten über die syrische Grenze hinweg voll zu entsprechen, die Türkei gab ihrerseits nicht in der Euphratfrage nach. Um die von der Türkei weitergeleitete Wassermenge des Euphrats ging es auch vom 26.-27.6. in Ankara bei Gesprächen zwischen der Türkei, Syrien und dem Irak auf Ministerebene. Syrien und der Irak forderten eine konstante Weiterleitung von 700 m^3/Sek., die Türkei beharrte auf 500 m^3. In der syrischen Haltung zur Kuwaitfrage sah Özal möglicherweise den Ansatz einer moderateren syrischen Außenpolitik, von der auch die Türkei profitieren mochte. Am Schluß seines Besuchs in vier arabischen Ländern im Oktober machte er vom 17.-18.10. in Damaskus Zwischenstation.

Gegenüber Iran bemühte sich die Türkei um eine Normalisierung, u.a. wohl auch deshalb, weil die Erdölimporte aus Iran 1989 zurückgegangen waren. Ministerpräsident Akbulut besuchte vom 27.2.-2.3. Teheran, eine Reise, die vom 19.-21.2. durch Staatsminister Taner vorbereitet worden war. Vereinbart wurde eine dauerhafte (wirtschaftliche) Zusammenarbeit, ein Handel zu freien Devisenkursen ab Juni sowie die Gewährung eines türkischen Kredits in Höhe von 700 Mio. US-$ für den Import türkischer Waren und für Geschäftskontakte. Staatspräsident Özal machte vom 11.-12.11. auf dem Weg zu den Inthronisationsfeiern in Tokio Zwischenstation in Teheran, wo er am 12.11. ein Gespräch mit dem iranischen Präsidenten Rafsanjani führte. Der türkische Außenminister (Bozer) war am 18.8. in Iran, und der iranische Außenminister Velayati besuchte vom 12.-13.12. die Türkei. Spezielles Anliegen seines Besuchs war, die ECO (Economic Cooperation Organization - gegründet 1985 zwischen Pakistan, Iran und der Türkei) zu einem regionalen politischen Instrument auszubauen. Die türkische Seite verhielt sich reserviert gegenüber diesen Vorstellungen. Trotz guter diplomatischer Kontakte blieben gewisse Probleme zwischen beiden Ländern bestehen. Iran sympathisierte weiterhin offen mit islamisch-fundamentalistischen Strömungen in der Türkei.

Am Beispiel der türkisch-sowjetischen Beziehungen läßt sich ablesen, wie wirtschaftspragmatisch orientiert die von Özal dirigierte Außenpolitik der Türkei war. Nach den Zusammenstößen zwischen Demonstranten und Truppen der Zentralregierung in Baku um den 20./21.1. entstand in der Türkei eine emotional beladene pro-azarbaidschanische (und antisowjetische) Stimmung. Selbst Kabinettsmitglieder forderten auf Grund des gemeinsamen kulturellen und ethnischen Ursprungs zwischen den Bewohnern der Türkei und Azerbaidschans eine diplomatische Intervention. Am 23.1. kamen jedoch Außenminister Yílmaz und Ministerpräsident Akbulut nach mehrstündigen Gesprächen überein, die Entwicklung in Azerbaidschan als "interne Angelegenheit" der UdSSR zu betrachten, einen klaren Kopf zu bewahren und allein den Außenminister zu bevollmächtigen, offizielle Statements zur türkischen Haltung in der Azerbaidschanfrage abzugeben (TDN, 24.1). In der grenznahen Stadt Iǧdir/Aǧrí demonstrierten am 25.1. ca. 20.000 türkische Azeris (in der Türkei leben angeblich 400.000 türkischsprachige schiitische Azeris, die z.T. nach dem Ersten Weltkrieg aus Azerbaidschan in die Türkei geflohen waren). Die offizielle türkische Zurückhaltung ebnete den Weg zu einer Reihe von Wirtschaftsvereinbarungen, sowohl mit Azerbaidschan als auch mit der sowjetischen Zentralregierung. Der vom 14.-19.9. in der Türkei weilende azerbaidschanische Ministerpräsident, Gassan Gasanov, unterzeichnete mehrere Abkommen zur Einrichtung von

Geschäfts- und Handelsbeziehungen zwischen beiden Ländern (bereits vom 5.-10.1. hatte sich Muttalibov, damaliger Premierminister und jetziger Präsident, zu Wirtschaftsgesprächen in der Türkei aufgehalten). Für die Zentralregierung unterzeichnete der für Wirtschaftsfragen zuständige erste stellvertretende Ministerpräsident, Leo Woronin, während eines Türkeibesuchs vom 2.-12.8. ein Protokoll über verstärkte türkisch-sowjetische Wirtschaftszusammenarbeit. Auch eine Vereinfachung der gegenseitigen Visaerteilungen wurde vereinbart. Der Besuch von Außenminister Schewardnadse vom 13.-14.12. in Ankara diente neben einer Konsultation über den aktuellen Stand der Golfkrise auch der Vorbereitung eines neuen türkisch-sowjetischen Freundschaftsvertrages (der Freundschaftsvertrag von 1921 war von Stalin außer Kraft gesetzt worden). Ebenfalls angesprochen wurde Özals Idee, eine Wirtschaftskooperationszone der Schwarzmeerländer zu schaffen. Vom 19.-21.12. fanden dann in Ankara vorbereitende Gespräche zwischen Delegationen aus der UdSSR, Rumänien, Bulgarien und der Türkei über die Gründung dieser Kooperationszone statt.

Möglich geworden waren die Gespräche durch eine weitgehende Normalisierung der türkisch-bulgarischen Beziehungen im Laufe des Jahres. Bereits während der Zusammenkunft zwischen Außenminister Yilmaz und seinem bulgarischen Kollegen Dimitrov vom 9.-10.1. in Kuwait (zweite Runde der durch Vermittlung des Emirs von Kuwait als Vorsitzender der OIK zustande gekommenen türkisch-bulgarischen Kontaktaufnahme) war eine gegenseitige Annäherung vorbereitet worden. Beide Minister setzten sich am 13.2. am Rande der *Open Skies Conference* in Ottawa erneut zusammen. Am Rande der UNDP-Konferenz in Antalya vereinbarten Staatspräsident Özal und der bulgarische Minsterpräsident Lukanov am 7.9., die bilateralen Beziehungen zwischen beiden Ländern auf allen Gebieten zu (re)aktivieren.

Keine Annäherung zeichnete sich dagegen in den Beziehungen zu Griechenland ab. Zwar trafen sich die Außenminister beider Länder am 11. und 14.2. in Ottawa, und die Ministerpräsidenten Akbulut und Mitsotakis einigten sich am 6.7. während des NATO-Gipfels in London auf einen Zusammentritt von technischen Kommissionen am 20.9. in Ankara, der "Geist von Davos" (Vereinbarungen Özal-Papandreou 1988) kam jedoch nicht wieder auf. Zu groß waren die Differenzen bezüglich der Anwesenheit türkischer Truppen in Nordzypern, des griechischen Anspruchs auf die Vorherrschaft im Ägäischen Meer und die von der Türkei kritisierten griechischen Verstöße gegen Grundrechte der ethnisch-türkischen Minderheit in Westthrakien. Außenminister Bozer und sein griechischer Kollege Samaris stellten bei einem Gespräch unter vier Augen am Sitz der Vereinten Nationen in New York am 27.10. lediglich fest, daß beiderseits der politische Wille zur Lösung der Probleme vorhanden sei.

Zu einer vorübergehenden Verstimmung kam es im Frühjahr mit der Bundesrepublik Deutschland. Am 26.3. fordete die Bundesrepublik von der Türkei die Abberufung eines Botschaftsrats aus Bonn, da er für den Geheimdienst MIT tätig sei. Die Türkei reagierte nicht auf die Forderung. Als am 3.4. in einer Sendung der Fernsehanstalt ARD berichtet wurde, daß weitere 15 namentlich erwähnte türkische Diplomaten für den MIT tätig seien und deswegen ihre Rückberufung gefordert werden müßte, reagierte die Türkei mit der Forderung nach Abzug von acht deutschen Diplomaten aus der Türkei. Außerdem fragte sie bei den zuständigen deutschen Behörden an, wie es möglich war, daß Telefongespräche der türkischen Botschaft in Bonn abgehört werden konnten. Am 8.5. einigten sich beide Länder in stiller Diplomatie auf eine "Grauformel", derzufolge Ankara vier, die Bundesrepublik einen Diplomaten "zu gegebener Zeit" zurückrufen werde (TDN, 10.5.).

Sozioökonomische Entwicklung

Das für das Jahr 1989 errechnete Wirtschaftswachstum lag mit 1,7 % etwas höher als die noch im Dezember des Vorjahrs geschätzte Zunahme von 1,1 %. Die Wachstumsrate für 1990 wurde Ende des Jahres auf 9,1 % geschätzt, wobei sie von über 10 % in den ersten sieben Monaten durch die Golfkrise nach August wieder abgesunken war. Das Wachstum im Landwirtschaftssektor wurde mit 11,3 % beziffert (nach einem Rückgang von 11,5 % durch die Trockenheit 1989), im Dienstleistungssektor mit 6,7 % und in der Industrie mit 9,8 %. Die

Inflationsrate lag gegen Ende des Jahres offiziell bei 49,2 %.

Ungünstig auf die Wirtschaftsentwicklung wirkte sich ein hohes Handelsbilanzdefizit aus. Importen in Höhe von ca. 22,3 Mrd. US-$ standen Exporte im Werte von ca. 12,9 Mrd. US-$ (TDN, 26.2.1991) gegenüber. Gleichzeitig wurde das Defizit in der Zahlungsbilanz mit rund 2 Mrd. US-$ angegeben. Die Devisenreserven der Zentralbank betrugen Endes des Jahres 6,2 Mrd. US-$ (ohne Gold). Ende 1989 hatte die Auslandsverschuldung 41,2 Mrd. US-$ betragen, 51,6 % des BSP (TDN, 22.3.), Ende September 1990 belief sie sich auf 42,8 Mrd. US-$. Zur Tilgung wurden 1990 insges. 5,6 Mrd. US-$ aufgebracht (NS, 3.1.91).

Der am 24.12. vom Parlament verabschiedete Ansatz des konsolidierten Haushalts 1991 hat ein Gesamtvolumen von 103.900 Mrd. TL. Für laufende Ausgaben sind vorgesehen 51.400 Mrd. (davon für Personalausgaben 39.000 Mrd.), für Investitionen 12.193 Mrd. und für Transfers 38.307 Mrd. An Einnahmen wurden erwartet 82.550 Mrd. TL aus dem allgemeinen Haushalt (davon 69.600 Mrd. aus dem laufenden Steueraufkommen) sowie 800 Mrd. aus dem Zusatzhaushalt. Zur Deckung des Defizits war eine Neuverschuldung von 20.550 Mrd. TL vorgesehen, doppelt so hoch wie im Ansatz 1990 (wobei das tatsächliche Defizit mit 11.500 Mrd. ausgewiesen wurde - TDN, 17.1.91). Für 1991 ist ein Wachstum von 5,9 % und ein Außenhandelsdefizit von 8,9 Mrd. US-$ veranschlagt.

Abgeschlossen wurde 1990 die Wechselkursfreigabe des TL. Am 25.2. fielen die Deviseneinschränkungen bei der Einfuhr weg (bei Ausfuhr auf 5.000 US-$ begrenzt), und Ansparungen bei Geldinstituten im In- und Ausland wurden gestattet. Der IWF registrierte am 3.4. die türkische Währung als frei konvertibel, und am 18.8. hob die Türkei die letzten Wechselkurseinschränkungen bei privaten Finanzunternehmen auf.

Die direkten Wirtschaftsverluste in Verbindung mit der Golfkrise wurden für 1990 auf 1,5 Mrd. und für 1991 auf 5,0 Mrd. US-$ geschätzt, zusammengesetzt aus Exportverlusten, höheren Erdölpreisen, Verlusten von im Irak und in Kuwait tätigen Baufirmen, entgangenen Einnahmen aus den Pipelines zum Mittelmeer sowie aus einem Rückgang des Tourismus. Der Türkei gewährte Verlustausgleiche bestanden u.a aus Finanzhilfen in Höhe von 300 Mio. US-$ durch die kuwaitische Exilregierung, von 100 Mio. aus den VAE, 110 Mio aus der BRD, zugesagten freien Erdöllieferungen aus Saudi-Arabien in Höhe von 1,1 Mrd. sowie einem langfristigen japanischen Kredit (Laufzeit 30 Jahre bei zehn Freijahren) in Höhe von 225 Mio. US-$. Bei seinen Auslandskontakten gab Staatspräsident Özal wiederholt der Einräumung von längerfristigen türkischen Exportchancen gegenüber einmaligen Finanzhilfen den Vorzug.

Einen Rückschlag erlitt die staatliche Privatisierungspolitik. Zwei Urteile des Obersten Verwaltungsgerichts in Ankara vom 29.3. und 4.4. annullierten den Verkauf der Flugzeugkantinengesellschaft USAŞ an eine SAS-Tochterfirma vom Dezember 1988 sowie den von fünf Zementwerken der Çitosan an ein französisches Großunternehmen vom September 1989. Das Gericht entschied, daß beide Verkäufe den Richtlinien widersprachen, die im April 1987 von dem für die Privatisierung zuständigen obersten Planungsausschuß (KKOI) aufgestellt worden waren (Verkaufsangebot von Aktien zuerst an Betriebsangehörige, dann Ortsbewohner, bereits beteiligte Kleinaktionäre, türkische Arbeiter im Ausland, an andere türkische Staatsbürger). Ein nach diesen Urteilen eingeleiteter Verkauf staatlicher Aktienanteile von Unternehmen mit staatlicher Minderheitsbeteiligung blieb weit hinter den Erwartungen zurück (von einem angebotenen 10-Mrd.-Aktienpaket des Zementwerkes Ünye wurden nur Aktien im Werte von 2 Mrd. verkauft, von 62 Mrd. Aktien des Zementwerkes Konya nur ein Viertel). Der für Anfang November vorgesehene Aktienverkauf des Zementwerkes Mardin wurde zurückgestellt, nachdem der bereits erschütterte türkische Aktienmarkt zum Erliegen gekommen war.

Erstmals seit 1973 wurde wieder offizielles statistisches Material über die Einkommensverteilung in der Türkei veröffentlicht. Einer Untersuchung des *Staatlichen Statistischen Instituts* zufolge hatte die Gruppe der ersten 20 % an der Spitze der Einkommensskala in der Türkei einen Anteil von 49,94 % am Volkseinkommen, die Gruppe der nächsten 20 % einen von 21,15 %, gefolgt von 14,06 % in der der nächsten Gruppe und von 14,85 % in der Gruppe der restlichen 40 % (TDN, 28.12.).

Steigende Lebenshaltungskosten führten nach gescheiterten Lohnverhandlungen zu einer Reihe von Streiks im Laufe des Jahres. Der erste größere Streik war der von über 10.000 gewerkschaftlich organisierten Arbeitern in 21 privaten und 17 staatlichen Zementwerken, der am 26.3. begann. Eine Kabinettsverfügung vom 13.4. setzte den Streik aus Gründen der nationalen Sicherheit für 60 Tage aus. In der privaten Zementindustrie einigte man sich am 17.4. auf eine 100%ige Lohnanhebung im ersten und auf eine weitere 60%ige im zweiten Jahr. Nachdem der Staatsrat am 9.5. eine Aufhebung der Regierungsverfügung vom April empfohlen hatte, wurde vom 23.5-13.6. der Streik in den staatlichen Zementwerken fortgesetzt (ausgenommen blieben fünf Werke im Südosten, in denen der Streik auf Grund des Ausnahmezustands verboten worden war). Am 30.11. traten 48.000 Bergbauarbeiter der Kohlegruben bei Zonguldak in den Streik. Sie forderden Lohnerhöhungen von 500 %. Zwischen dem 25. und 28.12. begannen ca. 130.000 Arbeiter mehrerer Gewerkschaften der Metall- und Autoindustrie einen Streik, um Forderungen nach Lohnerhöhungen von 350 % durchzusetzen. Zur Jahreswende befanden sich insgesamt über 180.000 Arbeiter im Ausstand.

Die Staatsführung der Türkei
Staatsoberhaupt: Turgut Özal (seit 9.11.1989)
Kabinett Akbulut (Stand: 31.12.1990)
Ministerpräsident: Yildírím Akbulut, **Stellvertr. Ministerpräsident:** Staatsmin. Ali Bozer (bis 21.2., danach bis 12.10. Äußeres), **Justiz:** Oltan Sungurlu, **Verteidigung:** Hüsnü Doğan (seit 30.10.), **Inneres:** Abdülkadir Aksu, **Äußeres:** Ahmet Kurtcebe Aptemoçin (seit 12.10.), **Finanzen/Zölle:** Adnan Kahveci (seit 29.3.), **Erziehung:** Avni Akyol, **Bau-/Siedlungswesen:** Cengiz Altínkaya, **Gesundheit:** Halil Şívgín, **Verkehr:** Cengiz Tuncer, **Agrar-/Forst-/Landwirtschaft:** Lütfullah Kayalar, **Arbeit/Soziales:** Frau Imren Aykut, **Industrie/Handel:** Şükrü Yürür, **Energie:** Fahrettin Kurt, **Kultur:** Namík Kemal Zeybek, **Tourismus:** Ilhan Aküzüm, **Staatsminister:** Mehmet Keçeciler, Kamran Inan, Güneş Taner, Cemil Çiçek, Vehbi Dinçeler, Mehmet Yazar, Ismet Özarslan, Ercüment Konukman, Ibrahim Özdemir, Kemal Altínkaya, Hüsamettin Örüç

Chronologie der Türkei 1990

13.1.-12.2. - Unterbrechung des Euphrat-Wasserflusses zur Füllung des Atatürkstausees
16.-27.1. - Staatspräs. Özal in den USA (Gespräch mit Präsident Bush am 18.1., UNICEF-Feier in New York und Medaillenverleihung an Semra Özal)
16.1. - Österreich führt Visumszwang für türk. Staatsbürger ein, im Gegenzug Visumszwang für Österreicher ab 18.1.
17.1. - Einstweilige Verfügung des Obersten Verwaltungsgerichts gegen den Verkauf von fünf staatlichen Zementwerken an franz. Unternehmen (Annullierung am 4.4.)
7.2. - 67 Tote beim Grubenunglück in Mezifon/Amasya
20.2. - Rücktritt von AM Mesut Yílmaz, Nachfolger wird am 21.2. Ali Bozer; Einstweilige Verfügung des Obersten Verwaltungsgerichts gegen den Verkauf der staatlichen USAŞ-Catering an SAS-Tochtergesellschaft (Annullierung am 28.3.)
27.2.-2.3. - PM Akbulut in Teheran
1.3. - Offizielle Aufhebung der im Nov. 1989 gegen US-Militärbasen im Lande verhängten Sanktionen
18.3. - Beisetzung des armen. Patriarchen Snork Kalustian in Şişli/Istanbul (am 5.3. in Bomiasin/Armenien verunglückt)
20.3. - Höhepunkt einer Welle von Protestaktionen im Südosten, 4 Tote und 9 Verletzte bei einer Demonstration in Cizre
22.3. - PKK-Kommando ermordet 9 Ingenieure des Stahlwerks in Kovancílar/ Elaziğ
26.3.-17.4. - Streik in 21 privaten und 17 staatlichen Zementwerken
28.3. - Finanz- und Zollminister Ekrem Pakdemirli tritt zurück, Nachfolger wird am 29.3. Adnan Kahveci
3.4. - IWF registriert TL als konvertible Währung

10.4. - Neue Anti-Terrormaßnahmen treten in Kraft
25.4. - Gedenkfeier in Çanakkale an die Galipoli-Schlacht vor 75 Jahren unter Beteiligung des neuseeländischen Generalgouv. Reeves, des australischen PM Hawke und der britischen PM Thatcher
4.5. - Für den Irak bestimmte Stahlrohre werden nach Großbritannien zurückgesandt; Haftentlassung von Kutlu und Sargin
5.-7.5. - PM Akbulut in Bagdad
8.5. - "Grauformel" zwischen Türkei und BRD im Diplomatenstreit
15.-20.5. - Besuch des PM der Republik Singapur, Lea Kuan Yew
16.5. - Besuch der pakistan. PM Benazir Bhutto; Gründung von Şirnak und Batman als neue Provinzen (Ausdehnung des Ausnahmezustands auf sie)
23.5.-13.6. - Streikfortsetzung in 16 staatlichen Zementfabriken
3.6. - Kommunalwahlen in 51 Stadtbezirken und Kleinstädten, Führung der ANAP mit 37 % aller abgegebenen Stimmen
26.-27.6. - Ministertreffen Türkei-Syrien-Irak in Ankara zur Wasserfrage
25.-28.7. - Besuch des PM der Republik Korea, Young-hoon Kang (bis 27. in Ankara)
5.8. - Der stellvertr. PM des Irak, Ramadan, wird von Staatspräs. Özal empfangen
9.8. - US-AM Baker in der Türkei
19.8. - Kommunalwahlen in 13 neuen Bezirken und Kleinstädten, Überraschungssieg der DSP in Bayrampaşa/Istanbul, ANAP mit 11 Bürgermeistern an zweiter Stelle; völlige Freigabe des Wechselkurses bei privaten Finanzfirmen
5.9. - Parlament ermächtigt die Regierung, nach Ermessen Truppen außerhalb des Landes zu entsenden sowie Stationierung ausländischer Truppen im Lande zu erlauben; Wahl des armenischen Erzbischofs von Jerusalem, Karekin Bedros Kazanciyan, zum 83. Patriarchen der armen. Kirche in Istanbul
7.9. - Gespräche zwischen dem bulgar. PM Lukanov und Präs. Özal am Rande des UNDP-Treffens in Antalya
11.-13.9. - Besuch des Staatspräs. von Bangladesh, Mohammad Ershad (u.a. Besichtigung der Flüchtlingszeltstädte bei Habur an irakischer Grenze)
17.9. - Nachträgliches Staatsbegräbnis für Adnan Menderes (PM), Rüştü Zorlu (AM) und Hasan Polatkan (Finanzmin.), 1961 hingerichtet
24.9.-2.10. - Präs. Özal in USA; Gespräche mit Präs. Bush in Washington (25.9.), Teilnahme an UNO-Weltkindergipfel in New York
1.10. - Visumszwang für Italiener (Italien hatte ihn für Türken am 1.7. eingeführt)
1.-2.10. - PM Akbulut in der Türkischen Republik Nordzypern
4.-6.10. - Besuch des jap. PM Toshiki Kaifu
8.10. - Zweite drastische Erhöhung von Beamtengehältern in Provinzen unter Ausnahmerecht (erste am 11.4.)
10.10. - Rücktritt von Ali Bozer als AM, Ernennung von Ahmet Kurtcebe Aptemoçin zum Nachfolger
13.-18.10. - Präs. Özal in fünf arabischen Staaten (Saudi-Arabien, 14.10. VAE, 15.10. Qatar, Ägypten, 17.-18.10. Syrien)
18.10. - Verteidigungsmin. Safa Giray tritt zurück, Nachfolger wird am 29.10. Hüsnü Doğan
21.10. - Volkszählung: 56,969 Mio. Ew.
6.-7.11. - US-AM Baker in Ankara
10.-16.11. - Präs. Özal zu den Inthronisationsfeiern nach Tokio, Zwischenlandung in Teheran 10.11.
18.-22.11. - Teilnahme von Staatspräs. Özal und PM Akbulut am KSZE-Gipfel in Paris
30.11. - Streikbeginn der Kohlegrubenarbeiter in Zonguldak
3.12. - Generalstabschef Torumtay tritt zurück, als Nachfolger übernimmt am 4.12. General Doğan Güreş das Amt
13.-14.12. - Besuch des sowjetischen AM Schewardnadse
16.12. - Lockerung der restriktiven Bestimmungen zur Berichterstattung über den Südosten
ab 26.12. - Beginn von Streikwellen in der Metall- und Autoindustrie

Erhard Franz

Tunesien

Offizieller Name: al-Jumhuriya al-Tunisiya/Republik Tunesien; **Unabhängigkeit:** 20.3.1956; **Fläche:** 163.610 qkm; **Einwohner:** 7.990.000 (1990); **Hauptstadt:** Tunis, Ew.: 620.200 (1989), Distrikt: rund 2 Mio. (1988); **Urbanisierungsrate:** 60,8 % (1990); **Armeestärke:** 38.000 Mann, Garde Nationale 10.000 Mann; **BIP:** 10,5 Mrd. US-$ (1990); **Sektoren in %:** Landwirtschaft 14; Industrie 32; Dienstl. 54; **Pro-Kopf-Einkommen:** 1.230 US-$; **Währung:** 1 US-$ = 0,818 Tunesische Dinar (TD)

Innenpolitische Entwicklung

Im dritten Jahr des nach dem Machtwechsel 1987 angekündigten Demokratisierungs- und Pluralisierungsprozesses traten die 1989 bereits anläßlich der Legislativwahl und der ab Oktober 1989 nach der von Bildungsminister Charfi angekündigten Revision der Schulbuchinhalte (--> Tunesien, JB 1989) zunehmenden Spannungen mit der legalisierten und nichtlegalisierten Opposition noch deutlicher zutage, um schließlich 1990 die Innenpolitik wesentlich zu beeinflussen. Resümierend kann für Ende 1990 eine Positionsverhärtung zwischen legalisierten Oppositionsparteien und Staatsführung auf der einen und zwischen Islamisten und Staatsführung auf der anderen Seite gesprochen werden, obwohl es Kooperationsangebote der Staatsführung an die legalisierte Opposition gegeben hat. Die (durchaus auch, aber nicht nur historisch bedingte) organisatorische und programmatische Schwäche der Opposition hatte bewirkt, daß sie (mit Ausnahme des RSP) die Beteiligung an der Kommunalwahl zurückwies und sich mehr und mehr als eine Opposition der einseitigen Anklage und Kritik der Staatsführung präsentierte. Die mangelnde Konsensbereitschaft der Opposition hat nicht unwesentlich zur Stagnation des von ihr konstant eingeklagten Demokratisierungsprozesses geführt.

Die innenpolitische Entwicklung im einzelnen: Nach den Ferien um die Jahreswende fanden ab 13.1. die ersten universitären Unruhen, organisiert von islamistischen Studenten (UGTE) statt (Inbrandsetzung des Gebäudes der auf dem Kampus der Universität Kairouan stationierten Ordnungskräfte). Diese Aktion löste Polizeieinsätze, Verhaftungen, Solidaritätsstreiks, Aufrufe zur Besetzung von universitären Gebäuden durch die UGTE aus, die sich steigerten, als von 583 verhafteten Studenten 283 zur Armee eingezogen wurden (leicht abweichende Angaben je nach Quelle; hier: PdT, 24.2.). Zu den Hauptforderungen der UGTE zählte der Abzug der Polizei von den Universitäten. Parallel zu den universitären Unruhen nutzten islamistische Gruppen die Mitte Januar Südtunesien heimsuchenden Überschwemmungen (56 Tote, 15.000 zerstörte Häuser, 72.000 Obdachlose, rund 50 Mio. US-$ Schäden; Sofortfinanzhilfe aus Kuwait und Saudi-Arabien in dieser Höhe angekündigt; KuT, 29.1.) und die schwerfällige staatliche Hilfe für die Betroffenen, um die Emotionen der Bevölkerung anzustacheln und sie zum Angriff staatlicher Symbole zu bewegen (Sitz des Gouverneurs in Sidi Bouzid und in Nefta 24./27.1.). Die jeweils folgenden staatlichen Reaktionen (Polizeieinsatz, Verhaftungen) zogen, wie im Falle der zur Armee eingezogenen Studenten, Proteste und Kritik der tunesischen Menschenrechtsliga LTDH und der Opposition nach sich (11.4.). Die gereizte Stimmung zwischen Islamisten/Ennahdha und Staatsführung seit Herbst 1989 minderte sich nicht, trotz der am 8.1. erfolgten Genehmigung zur Publikation der Ennahdha-Zeitung *al-Fajr*, die der Organisation Gelegenheit geben sollte, ihr Programm, ihre Ziele usw. darzulegen (in T. der erste Schritt, um die eventuelle Legalisierung einer Partei zu erwägen). Die Beziehungen verschlechterten sich vielmehr nach Äußerungen des Sprechers (ad interim, d.h. während der Abwesenheit Rachid Ghannouchis) Ali Laaridhs, der in *Tunis-Hebdo* (16.4.) bei der Darlegung der Ennahdha-Ziele "den Islam über alles" stellte, sich gegen Familienplanung und das derzeitig gültige tun. Personalstatut wandte, und nach der Aufforderung Rachid Ghannouchis am 7.5. (in Algier), in T. die islamische Herrschaft zu errichten. Die Bekanntgabe der Aufdeckung eines "terroristischen Netzes", das Anschläge plante, durch den Innenminister (18.11.) und mit Ennahdha in Verbindung stünde, die folgende Verhaftung von 102 Mitgliedern Ennahdhas (22.12.; ELM, 27.12.) trugen - wie die seit Sommer stattfindenden Prozesse gegen Islamisten und die am 16.6. und 10.11. verfügten jeweils dreimonatigen Erscheinungsverbote des *al-Fajr* wegen "Aufrufen zur Rebellion" bzw. "Kritik an der Staatsführung", zur Radikalisierung der Beziehungen bei. Die sich nicht nur auf islamistische Publikationen beschränkende, sondern speziell die Oppositionspresse betreffende, allerdings gegen das Pressegesetz von 1988 verstoßende, Vorabkontrolle des Zeitungsinhalts (seit 2.8. auch im Zusammenhang mit Äußerungen zur Golfkrise) rief den Protest und Unmut der Menschenrechtsorganisation LTDH, der Journalisten (Kommuniqué der Association des Journalistes vom 26.12.) und der betroffenen Oppositionsparteien hervor, von denen Ende des Jahres die Mehrzahl ihre Publikationen einstellte, da der Verrieb nicht gewährleistet ist (ELM, 8.10.) und sie die finanziellen Verluste nicht tragen können. Die Zensur, die Konfrontationen mit den Islamisten und in diesem Zusammenhang die Foltervorwürfe von ai, LTDH, MDS oder das vom Kassationsgericht am 31.12. bestätigte Todesurteil gegen den wegen Spionage verurteilten Diplomaten Hamari Dali (M, 28.12.90) und die Vollstreckung des Todesurteils an einem dreizehnfachen Kindesmörder am 17.11. (PdT, 18.11.) erzeugten den Eindruck einer - nicht nur in der organisierten Opposition geäußerten - Verhärtung der staatlichen Kontrolle und erneuten Dominanz autoritärer Tendenzen. Die am 3.3. erfolgte Regierungsumbildung wurde hinsichtlich der Ernennung von Exgeneral Abdelhamid Escheikh (bisher Außenminister) zum Innenminister als Versuch gedeutet, die innere Sicherheit zu stärken. Dem steht der staatliche Einsatz zur Umsetzung eines moderaten Islamverständnisses gegenüber (Premierminister Karoui betont die Notwendigkeit der Trennung von Religion und Politik; 22.-24.9. Veranstaltung des 17. islamischen Kolloquiums von Kairouan; im April Arbeitsaufnahme des 1988 gegründeten Centre d'Etudes Islamiques). Allerdings wurde am 15.1. vom Höchsten Islamischen Rat die Darstellung des Koraninhalts in comicheftähnlicher Art und Weise durch den in Paris lebenden Tunesier Yousef Seddik verurteilt. Die Bildungspolitik wiederum richtete sich an demokratischen, pluralistischen und moderaten Werten und Gesichtspunkten aus und führte konsequent die angekündigte Modifikation der Schulbuchinhalte durch. Das am 7.8. formal begründete, Ende 1990 jedoch noch nicht arbeitende, *Centre de Recherche, de Documentation et d'Information sur la Femme,* die Gründung des Verfassungsrates (18.4.) und die am 7.11. von Präsident Ben Ali angekündigte Gründung einer Höchsten Kommission für Menschenrechte und Grundfreiheiten soll(t)en die Demokratisierungs- und Liberalisierungsabsicht der Staatsführung im politischen Bereich verdeutlichen. Die am 1.5. angekündigte Lohnerhöhung um 27 % in den nächsten drei Jahren (flankiert im privaten Sektor durch das am 14.7. zustande gekommene UGTT-UTICA-Abkommen, das eine 7-12 %ige Lohnsteigerung im gleichen Zeitraum vorsieht) und die Aufhebung des Dekrets von 1985, das gewerkschaftliche Aktivitäten in Institutionen beschränkte (21.4.; MD, 25.4.), sollte schließlich das soziale Engagement der Staatsführung ausdrücken und die Angriffspunkte der Staatsführung und ihrer Wirtschaftspolitik minimieren.

Mit Beginn des Jahres versuchte die tun. Staatsführung zwecks Konsultation, Konsensfindung und Konzertation in wichtigen Fragen, die Vertreter der legalisierten Parteien und wichtiger nationaler Organisationen und sozialer Gruppen im Höchsten Rat des Nationalen Pakts zu vereinen (1. Treffen 9.1., anwesend Vertreter der Regierungspartei RCD, PUP, PSP, RSP, der UGTT, UTICA, UNA, UNFT). Präsident Ben Ali wiederholte das Angebot zu konsultativen Gesprächen in diesem Rat am 7.11. Bei einem außerordentlichen Treffen am 2.3. stand hauptsächlich die von der Opposition vorgeschlagene Wahlgesetzänderung vor der von Mai auf 10.6. verlegten Kommunalwahl zur Begünstigung der kleinen Parteien zur Debatte. Trotz der Wahlgesetzmodifikation vom 4.5. (Mehrheitswahlrecht wurde durch ein Halbproporzwahlrecht ersetzt) boykottierten mit Ausnahme des RSP alle Oppositionsparteien die Kommunalwahl, da ihr Antrag auf erneute Verschiebung und die Forderung nach Erneuerung der Wahllisten nicht respektiert worden war. So stand das Ergebnis der Kommunalwahl vom

10.6., an der sich 79,37 % der Wahlberechtigten (1.349.566 von 1.700.269 eingeschriebenen Wählern) beteiligten, von vorneherein fest. Von den 3768 Gemeinderatssitzen (246 Gemeinderäte) fielen denn auch 98 % an den RCD (MD, 12.6.), doch erreichten die Unabhängigen (19 Wahllisten) in einem Gemeinderat (La Chebba/Sahel) die Mehrheit und sind in weiteren 13 Gemeinderäten vertreten.

Ein offen formulierter Bruch der Opposition mit der Staatsführung trat als Reaktion auf die Rede Präsident Ben Alis zum 7.11. auf dem MDS-Parteikongreß (28.-30.12.) zutage, als sich die eingeladenen Vertreter der anderen Oppositionsparteien und Ennahdhas (Cheikh Mourou) zur Ablehnung einer Allianz mit der Regierung bekannten (ELM, 30.12.), da die Regierung ihre Vorbedingungen für eine konstruktive Zusammenarbeit nicht akzeptiert sah: Zu diesen Forderungen gehörten u.a. jene nach Reaktivierung des Dialogs auf nationaler Ebene (der Höchste Rat des Nationalen Pakts hatte seit April nicht mehr getagt), nach Ausweitung der öffentlichen Freiheiten (insbesondere der Pressefreiheit, Vereinigungsfreiheit), zur allmählichen Entflechtung von Staat und Regierungspartei, des freien Zugangs zu den staatlichen Medien, zur Legalisierung "noch nicht legalisierter Parteien" (gemeint war Ennahdha; als Bedingung wurde jedoch die Vorlage eines ausformulierten Programmes und Gesellschaftsprojektes verlangt; JA, 21.11.). Ende des Jahres hatte andererseits die Haushaltsdebatte (11.-30.12.) anhand der zahlreichen Interventionen der Deputierten gezeigt, daß - trotz RCD-Dominanz der Deputiertenkammer - sich das Selbstverständnis der Deputierten und ihre Beziehung zu den Wählern zugunsten des Wählers und seiner Interessen verändert hatte (von Le Temps, 7.12. bereits beobachtet) und sie eine aktivere, nicht nur akklamatorische Rolle zu übernehmen gewillt sind.

Außenpolitische Entwicklung

In seiner Rede zum 3. Jahrestag des "7. November" zog Präsident Ben Ali die Bilanz tun. Außenpolitik seit seiner Machtübernahme und charakterisierte gleichzeitig die 1990 bestimmenden Grundlinien außenpolitischer Aktivitäten. Insbesondere seit Beginn der Golfkrise nahm die tun. Außenpolitik eine überwiegend arabische Dimension in ihrer regionalen Ausrichtung an, die nicht nur die tun. Diplomatie in der zweiten Jahreshälfte dominierte, sondern auch die Innenpolitik beeinflußte. Präsident Ben Ali betonte die Absicht der Staatsführung, das internationale Prestige T.s zu heben, die Freundschafts- und Kooperationsbeziehungen auszubauen und die internationalen Anliegen der Entspannung und den Wunsch nach Frieden und Sicherheit zu stärken. Die historischen und geographischen Gegebenheiten beachtend, verbinde die Staatsführung arabische und islamische Identität mit der Politik der offenen Tür (SWB, 9.11.). Diese von Präsident Ben Ali skizzierten außenpolitischen Maximen, die durchaus nicht in einem unbedeutenden Maße durch pragmatische wirtschaftliche Überlegungen mit beeinflußt wurden, schlugen sich konkret in Einzelaktivitäten nieder, insbesondere den vier Staatsbesuchen des tun. Präsidenten in Ägypten, den USA, Italien und der BRD, die sowohl der Festigung des internationalen Ansehens (ebenfalls im Rahmen der von T. wahrgenommenen AMU-Präsidentschaft im 1. Halbjahr 1990) als auch zur Intensivierung der Wirtschafts- und Finanzkooperation dienen sollten.

Die Reise Präsident Ben Alis nach Kairo (6.-8.3.; 1. Besuch eines tun. Staatsoberhauptes in Ägypten seit 25 Jahren) wurde als "Schritt zur Verwirklichung der arabischen Solidarität" gefeiert und in einem gemeinsamen Kommuniqué der Wille zur Intensivierung der tun.-ägyptischen Kooperation vor allem im Wirtschaftsbereich betont (AdG, 8.3.; PdT, 9.3.). Die Normalisierung der Beziehungen zu Ägypten war mit diesem Besuch offiziell abgerundet. Während des USA-Besuches von Präsident Ben Ali (14.-17.5.) wurde von Ben Ali anerkannt, wie wichtig die US-Hilfe für T. ist (Gespräche mit wichtigen Geldgebern; Besuch ferner bei IWF und Weltbank). Als Vermittler trat Ben Ali für die PLO in den USA auf, deren Nahostfriedensoptionen er Präsident Bush vermitteln sollte (im Vorfeld seiner USA-Reise Treffen mit PLO-Führer Arafat am 12.5.). Im Rahmen des Italienbesuchs (4.-6.6.) traf Präsident Ben Ali

Vereinbarungen zu gemeinsamen Wirtschaftsprojekten, die insbesondere Arbeitsplätze schaffen sollten (MD, 8.6.) und im Rahmen der von 16.-18.7. dauernden Reise Ben Alis in die BRD wurde ein Regierungsabkommen über Entwicklungshilfe in Höhe von 55 Mio. DM unterzeichnet (FAZ, 18.7.). Der steigende Handelsaustausch (1989 Import: 915,8 Mio. DM; Export: 824,8 Mio. DM) ließ die BRD zum dritten Handelspartner mit 13 % des Gesamtvolumens des tun. Außenhandels avancieren.

Während die tun.-maghrebinische Kooperation im AMU-Kontext (Maghrebgipfel in Tunis 21.-22.1.: Diskussion der Wirtschaftsintegration; ab 23.4. Abschaffung der Visapflicht zwischen den Mitgliedstaaten; 19.9. Verabschiedung von fünf Abkommen gemäß Beschluß vom 23.7. zur Vermeidung der Doppelbesteuerung, Förderung von Investitionen, Austausch landwirtschaftlicher Produkte) keinen Spannungen unterlag, sondern für T. in den ersten fünf Monaten ein positives Ergebnis im Handel zeigte (Handelsüberschuß mit den Maghrebstaaten 17,14 Mio. TD; OP, 21.9.), hatte der auf der außerordentlichen Tagung des Rates der Arabischen Liga (AL) am 10.9. gefaßte Beschluß von 12 Staaten für die Verlegung des AL-Sitzes zum 31.10. nach Kairo Verstimmung in T. hervorgerufen. T. erklärte sich nicht bereit, das Abstimmungsergebnis dieser Sitzung, auf der nicht alle Mitglieder versammelt waren, anzuerkennen, sondern beharrte auf der im Frühjahr getroffenen Entscheidung der AL-Mitglieder, einen progressiven Transfer des Sitzes bis Juni 1991 einzuleiten (PdT, 12.9.) (-->AL, JB). Der nicht näher begründeten Wiederaufnahme der im März 1987 abgebrochenen Beziehungen zum Iran am 24.9. (SWB, 25.9.) stand die generelle Verstimmung mit jenen arabischen und europäischen Staaten und den USA gegenüber, die eine ausländische Intervention am Golf rechtfertigten. Erst im Oktober (JA, 24.10.) wurde wieder von einem größeren Verständnis für die tun. Position in der Golfkrise gesprochen. Der Grund für die Verstimmung lag in der Weigerung der tun. Staatsführung, die ausländische Intervention als "legitim" anzuerkennen. Eine T. vorgehaltene pro-irakische Haltung schien bestärkt zu werden durch pro-irakische Demonstrationen (SWB, 17.8.; unterstützt von den Parteien, nationalen Organisationen, der LTDH), die Gründung eines von Hichem Djait, einem international renommierten Historiker, präsidierten Komitee zur Unterstützung des Irak, und die Ernennung von Habib Boularès zum neuen Außenminister (28.8.), der den als Wirtschaftspragmatiker bekannten (und erst am 3.3. zum Außenminister ernannten) Ismail Khélil ablöste, und umgehend eine Erklärungskampagne der tun. Position einleitete. Die tun. Staatsführung hatte sich am 11.8. dezidiert für den Rückzug des Irak aus Kuwait ausgesprochen (Rede Ben Alis, in der er das Fernbleiben T.s vom Arabischen Gipfel 10.8. in Kairo begründete mit der kurzfristigen und hastigen Ansetzung des Gipfels, um dessen Verschiebung T. ersucht habe; SWB, 13.8.). In derselben Rede forderte Ben Ali die Freilassung aller zivilen Geiseln in Kuwait und Irak sowie eine friedliche "arabische" Lösung, drückte jedoch gleichzeitig die Anerkennung der UNO-Resolutionen seitens T.s aus. Auch die tun. Führung konnte, trotz zahlreicher Vermittlungsaktivitäten (u.a. Premierminister Karoui vom 22.-23.9. in Bagdad; 16.12. Präsident Ben Ali in Bagdad; Entsendung zahlreicher Sonderbotschafter in die wichtigsten Hauptstädte) und Vorschlägen zur Beilegung der Golfkrise (14.9.: T. bietet Unterstützung zur Konstituierung einer arabischen Streitmacht als Ersatz der nichtarabischen Truppen am Golf an). Am 25.9. legte Außenminister Boularès der UNO-Vollversammlung einen tun. Friedensplan vor (PdT, 27.9.), der den Austausch der "ausländischen" Truppen durch "arabische" Truppen, die Garantie der staatlichen Integrität der Golfstaaten, die "Regelung der grundlegenden Probleme, die die Krise auslösten", und die Regelung des Nahostkonflikts (in diesem Zusammenhang Kritik an der Nichtumsetzung der UNO-Resolutionen) vorsah.

Sozioökonomische Entwicklung

Sowohl im soziokulturellen als auch ökonomischen Bereich herrschte 1990 in T. Zufriedenheit. Die großen Erfolge des Filmes *Halfaouine* (asfour stah/Der Vogel der Terrassen) von Férid Boughédir auf den 13. Filmfestspielen von Carthage (Verleihung des Tanit d'Or), dem 14. Filmfestival in Kairo im Dezember (bester Film) und in Paris sowie der Filme *La Nuit de la Décennie* zu den Gewerkschaftsunruhen 1978 von Brahim Babai und *El Beznass* von Nouri Bouzid, die Übernahme der Präsidentschaft des arabischen Schriftstellerverbandes durch Laroussi Métoui (17. Kongreß, Tunis 21.-27.12.) und ein erfolgreiches Konferenz- und Buchpublikationsjahr zeugen von der Originalität und Vitalität der tun. Kulturszene.

Im ökonomischen Bereich führte die positive Entwicklung in zentralen Sektoren zu einem unerwartet hohen Wirtschaftswachstum von 6,5 % (dem höchsten seit 1984; 1989: 3,1 %). Maßgeblichen Anteil daran hatte die Landwirtschaft, die nach schlechten Getreideernten 1988 (300.000 t) und 1989 (600.000 t) 1990 trotz Unwetter im Frühjahr das Rekordergebnis von 1,63 Mio. t erbrachte bei zugleich guter Dattelernte (80.000 t) und Agrumenernte. Das Nahrungsmitteldefizit schrumpfte so bei einem durchschnittlichen Bedarf von 2,4 Mio. t Getreide/Jahr auf unter 800.000 t Importbedarf. Ebenfalls gute Resultate zeigte der Tourismussektor (3 Mio. Touristen, darunter besonders viele Italiener; Einnahmen 900 Mio. US-$ gegenüber 800 Mio. US-$ 1989), von dem 50.000 Personen direkt und weitere 200.000 Personen indirekt abhängen (LMS, 25.12.). Dem Ausbau des Hotelsektors (Bewilligung von 164 Projekten; u.a. neuer Komplex in Tabarka, Dar Midron Hotel auf Djerba) gilt deshalb nach wie vor Priorität und macht T. noch mehr als bisher zum "leader africain du tourisme" (Jeune Afrique). Als Folge der Liberalisierungsmaßnahmen und der Stärkung des Privatsektors gab es 1990 in Fortsetzung des Aufschwungs von 1989 (Deviseneinnahmen in Höhe von 2,782 Mrd. TD) einen ungebrochenen Aufwärtstrend im Außenhandel bei einem allerdings beträchtlichen Handelsdefizit (1989: 1,37 Mrd. TD). Insofern ist die tun. Konjunktur gespalten ("économie à deux vitesses"): auf der einen Seite Problembereiche wie zu hohe Importe, zu wenig neugeschaffene Arbeitsplätze (48.000 statt der 70.000 notwendigen), 7,7 % Inflation (1989), auf der anderen Seite eine Diversifizierung der Exporte (besonders im Textilbereich), ein Aufschwung der Investitionstätigkeit (Daten vgl. PdT, 19.11.), eine gute internationale Bonität und ein positives Investitionsklima (allein 1989/90 200 neue tun.-italienische Joint-ventures (Le Renouveau, 12.12.). Die tun. Regierung teilte in diesem Zusammenhang mit, daß 1990 die Investitionssumme mit 2,9 Mrd. US-$ um 25 % über derjenigen von 1989 lag. Dies ist auch ein Resultat der "wohlstrukturierten Reformmaßnahmen", die seit 1986 in T. eingeleitet wurden, und von IWF bzw. der Weltbank als befriedigend beurteilt wurden. Insbesondere die Schuldensituation T.s hat sich leicht verbessert (Anteil des Schuldendienstes an den Gesamtexporten sank von 28 % 1986 auf 22,5 % 1989). Der Schuldendienst war 1990 mit 1,376 Mrd. US-$ "vertretbar". Die Golfkrise hat an dieser Situation (bislang) wenig modifiziert: zwar gab es den Verlust von Exportmärkten am Golf (tun. Export in den Irak 1989 45 Mio. TD, nach Kuwait 1,18 Mio. TD), doch haben die höheren Ölpreise und neue Erdölfunde T. als kleinen Nettoölexporteur begünstigt. Offen ist indes das zukünftige Investitionsverhalten der Golfstaaten (VAE, Qatar, Kuwait) in T.. Am 27.4. ist T. dem GATT beigetreten.

Die Staatsführung Tunesiens
Staatspräsident: Zine El Abidine Ben Ali (seit 7.11.1987)
Tunesische Regierung (Stand: 31.12.1990)
Premierminister: Hamed Karoui, **Äußeres:** Habib Boularès (seit 28.8.; Vorgänger: Ismail Khélil: 3.3.-28.8.), **Berufsausbildung/Arbeit*:** Tahar Azaiez, **Erziehung/Hochschulbildung/Wissenschaftliche Forschung:** Mohamed Charfi, **Infrastruktur/Wohnungsbau:** Ahmad Friaâ, **Inneres:** Abdelhamid Escheikh (seit 3.3.), **Jugend/Kinder*:** Hammouda Ben Slama, **Justiz:** Chedli Neffati (seit 3.3.), **Kommunikation:** Sadok Rabah (seit 17.12. ad interim Minister für Landwirtschaft), **Kultur/Information:** Ahmed Khaled (seit 3.3.), **Landwirtschaft:** Nouri Zorgati (bis 17.12.; seither ad interim Sadok Rabah), **Öffentliche Gesundheit:** Daly Jazi, **Plan/Regionalentwicklung*:** Mustapha Nabli (seit 3.3.), **Soziales:** Moncer Rouissi, **Staatsdomänen*:** Mustapha Bouaziz, **Tourismus/Handwerk:** Mohamed Jegham, **Transport:** Ahmed Smaoui, **Verteidigung:** Abdallah Kallel, **Wirtschaft/Finanzen*:** Mohamed Ghannouchi,

Generalsekretär der Präsidentschaft mit Ministerrang: Mohamed Jeri, **Generalsekretär der Regierung mit Ministerrang:** Taoufik Cheikhrouhou, **Außerordentlicher Berater der Präsidentschaft mit Ministerrang:** bis 28.8. Habib Boularès, **Berater und Sprecher der Präsidentschaft mit Ministerrang:** seit 20.12. Abdelwahab Abdallah
seit 3.3.: 16 Staatssekretäre; ab 28.10. Ernennung von Hamadi Khouini zum Staatssekretär für maghrebinische Angelegenheiten beim Außenministerium; Zentralbankgouverneur seit 3.3.: Mohamed El Béji Hamda
* Neues Ministerium bzw. Ministerium mit modifizierter Aufgabenstellung seit dem 3.3.

Chronologie Tunesien 1990

8.1. - Ennahdha erhält Erlaubnis zur Publikation der (Wochen-)Zeitung al-Fajr
9.1. - Tagung des Höchsten Rates des Nationalen Pakts
13.1. - Gewaltsame Aktionen von islamistischen Studenten der Universität Kairouan; Übergreifen der Unruhen auf andere Universitäten bis Ende März; 11.4. teilweise Zwangsrekrutierungen der Involvierten
21.-23.1. - Maghrebgipfel in Tunis (tun. Präsidentschaft der AMU 1. Halbjahr 1990)
2.-3.3. - Außerordentliche Sitzung des Höchsten Rates des Nationalen Paktes
3.3. - Regierungsumbildung
6.-8.3. - Präs. Ben Ali zu Staatsbesuch in Kairo
16.4. - Ennahdha stellt Programm vor ("Islam soll über allem stehen)
16.4. - Ordentliche Tagung des Höchsten Rates des Nationalen Pakts
18.4. - Gründung eines Conseil Constitutionnel mit Gesetz 90-39
3.5. - Modifikation des Wahlgesetzes
14.-17.5. - Präs. Ben Ali auf Staatsbesuch in den USA
4.-6.6. - Staatsbesuch Präs. Ben Alis in Italien
10.6. - Kommunalwahl
16.-18.7. - Präs. Ben Ali auf Staatsbesuch in Bonn
8.8. - Erhöhung der Preise für Grundnahrungsmittel
11.8. - Präs. Ben Ali setzt sich für irakischen Rückzug aus Kuwait und arabische Lösung ein
20.8. - Besuch des sudanesischen Staatschefs al-Bashir in Tunis
20.8. - Verhaftung des am 3.3. eingesetzten Staatssekretärs beim Innenministerium für die Sûreté Nationale, Mohamed Larbi Mahjoubi wegen Spionageverdacht
28.8. - Regierungsumbildung
Sept. - Erneute islamistische Aktivitäten an den Universitäten
17.9. - Aufhebung der Preisbindung von 65 Produkten (ausgenommen: Obst, Gemüse)
22.-23.9. - PM Karoui zu Vermittlungsgesprächen in Bagdad
24.9. - Wiederaufnahme der diplomatischen Beziehungen mit dem Iran
5.-14.10. - Islamische Messe in Tunis (Teilnahme von 23 Staaten)
14.10. - 1. Vizepräsident des Irak in Tunis
29.-31.10. - Kongreß der Arbeitgeberorganisation UTICA
7.11. - Präs. Ben Alis Rede an die Nation; Ankündigung der Gründung einer Commission Supérieure des Droits de l'Homme et des Libertés Fondamentales
10.11. - Verhaftung zahlreicher Islamisten wegen illegalem Waffenbesitz
17.11. - Vollstreckung des Todesurteils an einem Massenmörder
18.11. - Innenminister gibt Aufdeckung eines islamistischen "terroristischen Netzes" bekannt
11.-30.12. - Haushaltsdebatte '91 (Haushaltsvolumen 1991: 4080 Mio TD)
16.12. - Präs. Ben Ali zu Gesprächen in Bagdad
22.12. ff. - Verhaftung von Führungsmitgliedern Ennahdhas (102 Personen)
29.-31.12. - Parteikongreß des MDS
31.12. - Kassationsgericht bestätigt Todesurteil (vom 25.12.) gegen den ehemaligen Diplomaten Lamari Dali (wegen Spionage)

Sigrid Faath

Westsahara

1990 setzte UNO-Generalsekretär Pérez de Cuellar in Abstimmung mit dem OAU-Präsidenten seine 1986 begonnenen Bemühungen fort, den 15 Jahre alten Westsahara(W.)-Konflikt zwischen Marokko und der *Demokratischen Arabischen Republik Sahara* (DARS) bzw. der Befreiungsbewegung Polisario-Front auf der Basis des OAU/UNO-Friedensplans zu lösen, dem die Resolution 104 der 19. OAU-Gipfelkonferenz von 1983 und die inhaltsgleiche Resolution 40/50 der UNO-Vollversammlung von 1985 zugrunde liegen. Darin wurde den Sahrauis die Ausübung ihres Rechts auf Selbstbestimmung und Unabhängigkeit in einem "von administrativem und militärischen Zwang freien" Referendum zugesichert. Am 19.1. ernannte Pérez de Cuellar den Schweizer Diplomaten Johannes Manz zum neuen UNO-Sonderbeauftragten für die W. (Manz besuchte die Region vom 22.2.-3.3.) und verhandelte auch selbst mit den Konfliktparteien (am 22. und 27.1. mit dem marokk. Außenminister und dem außenpolitischen Beauftragten der Polisario-Front, mit letzterem noch einmal am 14.5.; vom 23.-27.3. mit dem marokk. König und dem Staatschef der DARS). Am 20.6. legte er dem Sicherheitsrat die erweiterte Fassung des Friedensplans von 1988 vor, den damals bereits beide Parteien "im Prinzip" gebilligt hatten. Der Sicherheitsrat nahm ihn am 27.6. an (Resolution 658). Der sehr detaillierte Plan, der, im Gegensatz zu 1988, im Wortlaut veröffentlicht wurde (18.6.; ME, August), sah 1. die Entsendung von UNO-Einheiten (MINURSO, d.h. Mission der Vereinten Nationen zur Organisation des Referendums in der W.) vor, die das Referendum in einem Zeitraum von maximal 35 Wochen organisieren und überwachen sollen, während sich die marokk. Truppen "angemessen, substantiell und schrittweise" zurückziehen; 2. die Erstellung der Wählerlisten auf der Basis des aktualisierten letzten spanischen Zensus (1974); und 3. die Frageformulierung "Unabhängigkeit oder Integration in Marokko?". Zur Erstellung der Wählerlisten hatten UNO-Experten bereits vom 5.-7.6. in Genf den Rat von 38 sahrauischen Stammesältesten (19 aus den Flüchtlingslagern bei Tindouf in Algerien, 19 aus der besetzten W.) eingeholt. Vom 5.-9.7. führte Pérez in Genf erneut Gespräche mit den Konfliktparteien - entgegen seinen Hoffnungen wiederum an getrennten Tischen. Vom 30.7. - 12.8. sammelte eine technische UNO-Mission in der Region weitere Informationen (u.a. zur Ermittlung des Finanzbedarfs), auf deren Grundlage der Generalsekretär einen neuen Bericht für den Sicherheitsrat abfaßte. Daß dieser Bericht bis zum Jahresende im Sicherheitsrat nicht beraten und die Entsendung der MINURSO noch nicht förmlich beschlossen wurde, war einerseits auf die (-->)Golfkrise zurückzuführen (für die Polisario-Führung war, inoffiziellen Verlautbarungen zufolge, der irak. Überfall auf Kuwait ein ebenso zu verurteilender Verstoß gegen das Völkerrecht wie die Annexion der W. durch Marokko; Sahara-Info 1/1991, 7). Andererseits machte Marokko neue Vorbehalte geltend (Sahara-Info 5-6/1990, 3). Diese betrafen 1. die Zahl der marokk. Soldaten, die vor und beim Referendum in der W. verbleiben dürften (1990 befanden sich dort nach marokk. Angaben 167.000 Mann), 2. die Vollmachten der MINURSO, die nach marokk. Auffassung die eigene Souveränität einschränken würden (Marokko teilte der UNO seine Bedenken am 30.7. in einem Memorandum mit, das am 20.10. auch der marokk. Öffentlichkeit zugänglich gemacht wurde; Abdruck des Friedensplans in OP, 6.7., und LMS, 21.10.), und 3. den spanischen Zensus als Grundlage für die Erstellung der Wählerlisten (Marokko wünschte nun den Ausschluß von etwa 4.000 Sahrauis, die nach 1974 die mauretanische Staatsangehörigkeit erworben hatten, sowie die Einbeziehung derjenigen Sahrauis, die 1974 in Südmarokko lebten). Obwohl Marokko eine neuerliche W.-Resolution der UNO-Vollversammlung gerne verhindert hätte, bekräftigte die (für Entkolonisierung zuständige) 4. Kommission am 19.10., wie schon 1989 einstimmig, die früheren UNO-Beschlüsse und sagte dem Friedensplan des Generalsekretärs ihre Unterstützung zu (Resolution am 20.11. von der Vollversammlung übernommen). Dem Wunsch des Generalsekretärs entsprechend hielt sich die (etwa 10.000 Mann starke) Polisario-Armee 1990 mit Aktionen gegen den marokk. Verteidigungswall, der gut zwei Drittel der W. einschließt, zurück.

Die marokk. Opposition attackierte den UNO-Friedensplan heftig. Die Istiqlal-Partei, die die marokk. Verluste seit 1975 auf 10.000 Soldaten schätzte, hielt das Referendum sogar für "überflüssig"; sie werde sich seiner Durchführung mit allen Mitteln entgegensetzen (MT, 10.8.). Dagegen erklärte der marokk. König am 6.11., zum 15. Jahrestag des "Grünen Marsches", das Referendum werde stattfinden und für Marokko positiv ausgehen: In einer Zeit, da ein "100.000-Seelen-Gebilde" ein "prähistorisches Relikt" sei, forderte er seine "Söhne" jenseits der östlichen und südlichen Grenzen erneut auf, ins "Vaterland" zurückzukehren (laut LMS, 20.1., taten das bereits Hunderte) oder, falls ihnen das nicht möglich sei, beim Referendum für die Integration zu stimmen (LMS, 8.11.). Nach marokk. Auffassung werden die Flüchtlinge in den Lagern mit Gewalt an der Rückkehr in die W. gehindert.

Im Mai besuchten drei Sprecherinnen der 1985 entstandenen fraktionsübergreifenden Gruppe "Frieden für das sahrauische Volk" im Europäischen Parlament die Flüchtlingslager bei Tindouf. Die Gruppe will erreichen, daß EG-Hilfe an Marokko in Zukunft an marokk. Zugeständnisse im W.-Konflikt geknüpft wird.

Politische, humanitäre und Menschenrechtsorganisationen in Europa machten auch 1990 auf marokk. Menschenrechtsverletzungen im Zusammenhang mit der W. aufmerksam, u.a. das Europäische Parlament am 15.2. und am 11.10. und ai in einem am 21.11. veröffentlichten Bericht über das "Verschwindenlassen" von Sahrauis in Marokko und der W. (laut Polisario-Front handelt es sich um 850 Personen, von denen etwa 450 vermutlich in einem geheimen Lager in Südostmarokko festgehalten werden; Sahara-Info 2/1990, 3). U.a. um die "Verschwundenen" ging es auch bei der Diskussion des Marokko-Berichts im UNO-Menschenrechtskomitee am 7./8.11. in Genf (--> Marokko). Auf die Frage nach ihrem Verbleib teilte der Präsident des Obersten marokk. Gerichts mit, sie seien unauffindbar, weil es sich um Nomaden handle (M, 10.11.). Den 200 von der Polisario-Front freigelassenen marokk. Kriegsgefangenen verweigerte Marokko nach wie vor die Rückkehr. Es gestattete dem Internationalen Komitee des Roten Kreuzes auch weiterhin nicht, Gefangene der Polisario-Armee zu besuchen. M. fuhr 1990 mit der wirtschaftlichen und sozialen Entwicklung des annektierten Gebietes fort. Am 19.3. erhielt der König z.B. vom Stamm der Ulad Dlim 2.500 ha Land zum Geschenk, auf dem durch künstliche Bewässerung ein landwirtschaftlicher Musterbetrieb entstehen soll.

Die Staatsführung der Demokratischen Arabischen Republik Sahara (DARS)
Staatsoberhaupt (seit 1982), Revolutionsratsvorsitzender und Generalsekretär der Polisario-Front (seit 1976): Mohamed Abdelaziz
Regierung der DARS (Stand: 31.12.1990)
Premier/Inneres/Justiz: Mahfoud Ali Beiba, **Äußeres:** Mohamed Sidati, **Ausrüstung/Transport:** Mhamed Mustafa Tlaimidi, **Gesundheit:** Sid Ahmed Batal (seit 5.1.), **Handel/ Wirtschaft:** Saleh Baba Hassana, **Information/Kultur:** Abdelkader Taleb Omar, **Unterricht/ Erziehung:** Mohamed Salek Ould Salek (seit 5.1.), **Verteidigung:** Mohamed Lamine Bouhali, **Leiter des Front-Komitees für Äußeres:** Bachir Mustapha Sayed

Chronologie Westsahara 1990

5.1. - Regierungsumbildung (DARS)
17.1. - Überläufer der Polisario-Front werden in Marokko zum Gouverneur im Innenministerium (Omar Hadrami) und zum Berater im Außenministerium (Noureddine Ahmed) ernannt
19.1. - Ernennung von Johannes Manz zum UNO-Sonderbeauftragten für die W.
25.-27.2. - Flüchtlingslager: 2. Kongreß der Nationalunion der sahrauischen Frauen
ab 28.3. - Polisario-Front hält Feuerpause ein
5.4. - Anerkennung der DARS durch Lesotho
29.5. - Anerkennung der DARS durch Namibia
5.-7.6. - Genf: Befragung von 38 sahrauischen Stammeschefs durch die UNO
27.6. - Annahme des UNO-Friedensplans durch den UNO-Sicherheitsrat (Resolution 658).
20.11. - Einstimmige Annahme der W.-Resolution durch die UNO-Vollversammlung
Dez. - Flüchtlingslager: Abhaltung von Basis-Volkskongressen

Ursel Clausen

PLO

1. Die innere Entwicklung der PLO

Der Aufstand der Palästinenser in den besetzten Gebieten (Intifada) vollendete im Dezember 1990 das dritte Jahr, ohne daß Entscheidendes erreicht wurde. Die israelische Regierung zeigte sich nach wie vor hartnäckig in ihrer Ablehnung der PLO (Palestine Liberation Organization/Munazzamat al-Tahrir al-Filastiniya) als Verhandlungspartner, ohne allerdings einen anderen Partner an ihrer Stelle gefunden zu haben. Vielmehr schienen die radikalen Kräfte unter den Palästinensern Zulauf zu bekommen. Dies traf insbesondere für die *Hamas* (Harakat al-Muqawama al-Islamiya/Islamische Widerstandsbewegung) zu, die nach wie vor das Existenzrecht Israels ablehnte und den palästinensischen Staat vom "Fluß bis zum Meer" errichten will. In einem Brief an den Präsidenten des Exilparlaments *Palestine National Congress* (PNC), Scheich Abd al-Hamid al-Sayih, von dem Kopien unter der Bevölkerung der West Bank und des Gazastreifens verteilt wurden, legte *Hamas* ihre politischen Überzeugungen dar und stellte ihre Mitarbeit im PNC in Aussicht, wenn ihre Bedingungen erfüllt werden würden. Am wichtigsten war, daß die PLO in ihrer Charta den Islam an die Stelle des Säkularismus setzen soll. Außerdem soll sie ihren Beschluß vom November 1988 in Algier zurücknehmen, mit dem die *Zwei-Nationen-Lösung* gebilligt und das Existenzrecht Israels anerkannt wurde. Sie verlangte die Zurückweisung aller UNO-Resolutionen, die nicht ausdrücklich das Recht des palästinensischen Volkes auf das gesamte Territorium bestätigen. Für sich beanspruchte sie 40 % der Sitze im PNC, was ihrem Gewicht in den besetzten Gebieten entspreche, sowie eine propotionale Beteiligung an allen Institutionen der PLO. In einem von der israelischen Zeitung Haaretz veröffentlichten Bericht wurde bestätigt, daß die *Hamas* in einigen Flüchtlingslagern die Unterstützung der Hälfte der Bevölkerung genießt (AN, 9.4.; NZZ, 19.5.). Die PLO begrüßte die Bereitschaft von *Hamas* zur Mitarbeit im PNC, lehnte aber die überzogene Forderung nach 40 % der Sitze ab (FT, 12.4.). Die PLO attackierte die Hamas in einem Zeitungsartikel wegen ihrer angeblichen Bemühungen, sich gegenüber den USA und Israel anstelle der PLO als Sprecherin der Bevölkerung in den besetzten Gebieten präsentieren zu wollen (JoT, 12.-13.7.).

Die Forderung der USA nach Verurteilung und Bestrafung der *Palestine Liberation Front* (PLF) von Abu'l-Abbas wegen eines Kommandoangriffs auf Tel Aviv am 30.5. als Bedingung für die Fortsetzung der Gespräche mit der PLO stellte diese vor eine schwere Entscheidung. Abu Iyad, Sicherheitschef der PLO und Stellvertreter Arafats, bezeichnete Angriffe außerhalb der besetzten Gebiete als Terrorakte und verurteilte sie ebenso, wie dies Arafat getan hatte. Die USA dagegen stempelten alle Formen des bewaffneten Kampfes als Terrorismus ab. Sie verlangten von der PLO die Einstellung jeglicher Kampfhandlungen gegen Israel, auch des unbewaffneten Widerstandes gegen die israelische Besatzung. Abu Iyad gab zu verstehen, daß die palästinensische Basis den Kampf fordere (NZZ, 19.7.).

Die linksgerichtete *Democratic Front for Liberation of Palestine* (DFLP), welche innerhalb der PLO nach der al-Fatah von Arafat und der *Popular Front for the Liberation of Palestine* (PFLP) von George Habash die drittgrößte Organisation darstellt, war seit geraumer Zeit in zwei Fraktionen gespalten, die sich gegenseitig aufs schärfste bekämpften. Nayif Hawatma, Generalsekretär der DFLP, war nicht mit der Rolle einverstanden, die sein Stellvertreter Yasir Abd Rabbuh bei den PLO-USA-Gesprächen, die er seitens der PLO bis Anfang 1990 führte, spielte. In einer Zentralkomiteesitzung der DFLP vom 15.2.-4.3. in Algier konnte sich die Fraktion von Abd Rabbuh durchsetzen (JoT, 17.-18.5.). Nach der Invasion Kuwaits durch den Irak, die im Gegensatz zu der Fraktion von Abd Rabbuh von der Hawatma-Fraktion, die ihre Zentrale in Damaskus hat, verurteilt wurde, scheint zwischen den beiden Fraktionen eine Spaltung stattgefunden zu haben (JoT, 26.8.).

Die von Abu Nidal (Sabri al-Banna) geleitete und bereits totgesagte Kampfgruppe *Fatah-Revolutionsrat* setzte ihre blutige interne Fehde im Mai in Algier fort, wo anscheinend die beiden miteinander rivalisierenden Fraktionen Unterschlupf gefunden hatten (IHT, 18.5.). Im Libanon ging ab Juni al-Fatah gegen sie mit Waffengewalt vor, nachdem sie einige ihrer abtrünnigen Kollegen ermordert hatte. Im September meldete al-Fatah die "Ausrottung" der Gruppe nach einem mörderischen Kampf (AN, 9.9.). Es darf aber bezweifelt werden, daß damit der Fatah-Revolutionsrat zu existieren aufgehört hat.

2. Die PLO und die Beziehungen zu den USA

Der Dialog zwischen der PLO und den USA auf Botschafterebene ging vorerst weiter, obwohl die USA Ende 1989 die Bemühungen der PLO vereitelt hatten, die volle Migliedschaft in der Weltgesundheitsorganisation WHO zu erlangen. Am 7.1. fand in Tunis ein Gespräch zwischen dem PLO-Vertreter Hakam Balawi und dem US-Botschafter Robert Pelletreau statt, bei dem die USA vorschlugen, daß die Namen sowohl der palästinensischen als auch der israelischen Delegation durch Ägypten, dem Gastgeberland für die geplanten Gespräche, bekannt gegeben werden sollten. In bezug auf die Liste der Palästinenser sollte Israel das Recht haben, ihm nicht genehme Personen auszustreichen. "Zähneknirschend" soll die PLO bereit gewesen sein, diesen Vorschlag anzunehmen, wollte aber vorerst die Reaktion ihrer Organe auf den Vorschlag abwarten. Nayif Hawatma, Chef der DFLP, der ohnehin dem Dialog mit den USA mißtrauisch gegenüberstand, lehnte ihn kategorisch ab (AN, 5.2.). Bei den weiteren Gesprächsrunden in Tunis zwischen Balawi und Pelletreau (12.4.; 22.4.; 26.4.) kamen beide Seiten nicht weiter. Vorausgegangen war am 4.4. eine als privat bezeichnete Begegnung des ehemaligen US-Präsidenten Jimmy Carter mit dem PLO-Chef Yasir Arafat in Paris; beide wurden gemeinsam auch vom französischen Präsidenten Frainçois Mitterrand empfangen. Carter soll von der US-Regierung für sein Treffen mit Arafat ermächtigt worden sein. Das State Department bescheinigte der PLO in einer Studie, daß sie sich an ihr Versprechen von 1988 gehalten und vom Terrorismus Abstand genommen habe (EG, 22.3.; JoT, 22.3.). Im UNO-Sicherheitsrat brachten die USA eine Resolution zu Fall, die die Entsendung einer UNO-Delegation in die besetzten Gebiete zur Untersuchung der Behandlung der palästinensischen Bevölkerung durch Israel vorsah. Die PLO betrachtete dies als einen feindseligen Akt und forderte die arabischen Staaten zum Wirtschaftsboykott der USA auf. Ein gescheiterter Kommandoangriff auf Tel Aviv durch die PLF am 30.5. bezeichneten die USA als einen terroristischen Akt und verlangten seine Verurteilung durch die PLO. Vorerst zum letzten Mal trafen sich Balawi und Pelletreau am 11.6. Bereits am 20.6. gab Präsident Bush die Suspendierung der Gespräche mit der PLO bekannt. Letztere bedauerte dies und schlug eine UNO-Friedensinitiative nach dem Vorbild der in Namibia und in Kambodscha praktizierten Form vor (FAZ, 26.7.). Nach der Besetzung Kuwaits durch den Irak am 2.8. und der Begeisterung der Palästinenser für Saddam Husain sowie der Zustimmung der PLO zur Verknüpfung der Golfkrise mit dem Palästina-Problem durch Baghdad waren die USA nicht mehr bereit, den Dialog mit der PLO fortzusetzen.

3. Die Beziehungen zur Sowjetunion

Die Beziehungen der PLO zur Sowjetunion näherten sich 1990 ebenfalls einem toten Punkt, wofür zwei Dinge maßgeblich waren. Zum einen war es der Wunsch der Sowjetunion, mit Israel diplomatische Beziehungen aufzunehmen (Außenminister Schewardnadse empfing den israelischen Wissenschaftsminister Ezar Weizman). Gleichzeitig erkannte Moskau der PLO-Vertretung den Status einer Botschaft zu, obwohl Washington und Tel Aviv dagegen protestiert hatten. Der zweite und eigentliche Streitpunkt zwischen der PLO und der Sowjetunion war die verstärkte Einwanderung sowjetischer Juden nach Israel, deren Unterbringung in den besetzten Gebieten als wahrscheinlich angenommen wird. Alle Bemühungen der PLO, Moskau zum Stopp oder zur Reduzierung der Einwandererzahl zu bewegen, blieben erfolglos. Auch der Vorschlag der PLO, die Direktflüge von Moskau nach Tel Aviv zu stoppen und die Einwanderer über Europa, wo sie einen längeren Aufenthalt einlegen müßten, wurde von der Sowjetunion abgelehnt. Der Führer der PFLP, Ahmad Jibril, drohte daraufhin Moskau mit Vergeltungsanschlägen gegen die sowjetischen Botschaften. Er kündigte darüber hinaus Angriffe seiner Organisation auf die sowjetischen Einwanderer an. Mahmud Abbas, Mitglied des PLO-Exekutivrates, traf am 24.5. mit Schewardnadse in Moskau zusammen, der versicherte, daß Präsident Gorbatschow beim bevorstehenden Gipfeltreffen mit Präsident Bush auch auf eine Lösung des Palästinaproblems drängen werde (MD, 25.5.). Die Golfkrise manifestierte deutlicher als je zuvor, daß die PLO und Moskau nicht mehr in einem Boot saßen. Die PLO-Delegation legte am 19.9. in Moskau einen Vorschlag zur Lösung der Golfkrise vor, der weiterhin von einem Junktim zwischen der Räumung Kuwaits durch die irakischen Truppen und dem Rückzug israelischer Truppen aus den besetzten Gebieten ausging. Schewardnadse lehnte dieses Junktim ab und bereitete dadurch der PLO eine herbe Enttäuschung, die mit Moskaus Hilfe eine Rolle bei der Beilegung der Golfkrise spielen wollte (MD, 20.9.). Wie sehr Schewardnadse die PLO verärgert haben muß, kann den Worten Hauranis, einem Mitglied des PLO-Exekutivrates, entnommen werden, der nach dem Rücktritt Schewardnadses von dessen "provokativem" Verhalten gegenüber der PLO sprach und hoffte, daß nach seinem Weggang die sowjetische Außenpolitik in bezug auf Palästina sich ändern würde (IHT, 22.-23.12.).

4. Die PLO und der Irak

Die fortschreitende Isolation der PLO sowohl innerhalb der arabischen Welt als auch auf internationaler Ebene, insbesondere die Abwendung beider Großmächte von ihr, wurde von Saddam Husain geschickt ausgenutzt. Er hofierte Yasir Arafat und die PLO, und obwohl sein Land unter Finanznot litt, spendete er großzügig für die Intifada. Verschiedenen palästinensischen Widerstandsorganisationen bot er die Möglichkeit, sich in Bagdad niederzulassen, nachdem sie in Damaskus und Tripolis unter strenge Bewachung gestellt worden waren. Die PLO erwies ihre "Dankbarkeit", indem sie bei den Entschließungen der Arabischen Liga in der Frage der Besetzung Kuwaits durch den Irak sich der Stimme enthielt. Dies hatte zur Folge, daß Arafat auf seiner Friedensmission vom saudischen König Fahd abgewiesen wurde. Die Bestrebungen Arafats, die PLO im Golfkonflikt als neutral erscheinen zu lassen, konnten nicht beeindrucken, zumal die Palästinenser in den besetzten Gebieten, Jordanien und anderswo Saddam Husain als einen arabischen Helden feierten, der ihnen die Freiheit und Würde wiedergeben würde. Andererseits schlug Arafat in einer mit den nordafrikanischen Ländern abgestimmten Friedensinitiative die Aufstellung einer arabischen Truppe vor, die die alliierten Verbände ablösen und binnen sechs Monaten Wahlen in Kuwait durchführen sollte. Daraus sollte ein neues politisches System mit einem halbautonomen Scheichtum Kuwait hervorgehen. Später modifizierte die PLO ihre Vorschläge und verlangte die Ersetzung der alliierten Verbände durch UNO-Truppen. Wegen ihrer Kritik gegenüber den USA und den Alliierten blieb der PLO jegliche Einflußmöglichkeit auf den Gang der Ereignisse im Golfkonflikt versperrt. Trotz ihrer Beteuerungen des Gegenteils wurde die PLO als Verbündeter Iraks angesehen. Die Isolierung der PLO in der arabischen Welt hatte zum Jahresende einen nie dagewesenen Grad erreicht, und es wurde bezweifelt, daß es Arafat gelingen könnte, sie bald daraus zu befreien.

Chronologie PLO 1990

7.1. - Offizielles Treffen zwischen USA/PLO; weitere Treffen folgen am 12.4.; 22.4.; 26.4.;11.6.
4.4. - Arafat trifft den ehemaligen US-Präs. Jimmy Carter in Paris
24.5. - Mitglied des PLO-Exekutivrates Mahmud Abbas wird in Moskau vom sowjetischen AM Schewardnadse empfangen
30.5. - Israelische Patrouillenboote vereiteln einen Kommandoangriff der PLF auf Tel Aviv
20.6. - Präs. Bush suspendiert Gespräche mit der PLO
19.9. - PLO-Delegation legt in Moskau Lösungsvorschläge für den Golfkrieg vor; AM Schewardnadse lehnt diese ab

Munir D. Ahmed

Regionalorganisationen

1. Arabische Liga (AL)

Die Jami'at al-Duwal al-Arabiya (Liga der Arabischen Staaten/AL), gegr. 22.3.1945, hat folgende 21 (bis zur Vereinigung von Nord- und Südjemen im Mai 22) Mitglieder: Ägypten, Algerien, Bahrain, Djibuti, Irak, Jemen, Jordanien, Kuwait, Libanon, Libyen, Marokko, Mauretanien, Oman, Palästina/PLO, Qatar, Saudi-Arabien, Somalia, Sudan, Syrien, Tunesien und die VAE.

Ziele der AL sind: Förderung der politischen, wirtschaftlichen und kulturellen Zusammenarbeit zwischen den arabischen Staaten zum gemeinsamen Wohl und zur Wahrung der Unabhängigkeit und Souveränität aller arabischen Länder. *Organe:* Die Gipfelkonferenz (GK), das aus den Staatsoberhäuptern der Mitgliedsstaaten gebildete oberste Beschlußorgan; die Außenministerkonferenz (AK); der Ligarat (Rat der ständigen Vertreter der Mitglieder in Tunis); der Generalsekretär, bis zu dessen Rücktritt am 3.9.1990 Chadli Klibi (Tunesien), keine Neunominierung; Ständige Ausschüsse; Autonome Sonderinstitutionen.

Aktivitäten 1990

Auf der turnusgemäßen Außenministerkonferenz vom 11.-12.3. in Tunis fiel die Entscheidung, im September den Hauptsitz der Liga wieder nach Kairo zurückzuverlegen. Weiterhin wurde, angesichts der erwarteten Einwanderung von über 200.000 Juden aus der UdSSR nach Israel und einer geplanten Ansiedlung in den besetzten Gebieten,eine außerordentliche GK einberufen.

Zur Vorbereitung des Gipfels, für dessen Ausrichtung sich der Irak angeboten hatte, fand vom 22.-24.5. eine AK in Bagdad statt. Die Wahl von Bagdad als Konferenzort war auf heftigen Widerstand Syriens gestoßen, das trotz Vermittlungsbemühungen durch Besuche des ägyptischen Präsidenten Mubarak, des saudischen Kronprinzen Abdallah und noch am Tag des Konferenzbeginns Qaddafis in Damaskus eine Teilnahme verweigerte. Der Konferenzbeginn am 28.5. lag zwei Tage vor der geplanten Zusammenkunft Bush-Gorbatschow, um gegenüber den beiden Weltmächten eine geschlossene arabische Haltung in der Israelfrage zu unterstreichen. Auf der GK (28.-30.5.) trafen sich 16 Staatsoberhäupter, vier hatten Stellvertreter geschickt. Außer Syrien nahm der Libanon seiner ungeklärten Staatsoberhauptfrage wegen (Aoun oder Hrawi) nicht an der GK teil. Der Entwurf des Abschlußkommuniqués enthielt eine besonders von Ägypten widersprochene Kritik an der amerikanischen Israelpolitik (aktueller Anlaß war eine vom Senat und Kongreß der USA im März bzw. im April verabschiedete Resolution über Jerusalem als Hauptstadt Israels gewesen). Das angenommene Abschlußkommuniqué enthielt eine strenge Verurteilung der israelischen Siedlungspolitik in den besetzten Gebieten. Sie wurde insgesamt als rechtswidrig bezeichnet, und es wurde eine Eliminierung der bereits bestehenden jüdischen Siedlungen in diesen Gebieten gefordert. Die Vereinten Nationen wurden aufgefordert, Beobachter nach Palästina zu entsenden. Weitere Punkte des Kommuniqués stellten im großen und ganzen Wiederholungen von bereits auf der GK 1989 in Casablanca aufgegriffenen Anliegen dar.

Unmittelbar nach dem irakischen Einmarsch in Kuwait tagte am 3.8. eine außerordentliche AK der AL in Kairo. 14 der vertretenen Länder verurteilten den Einmarsch und forderten den sofortigen Rückzug des Iraks aus Kuwait. Vorbehalte äußerten Jordanien, der Sudan, Mauretanien, der Jemen und die PLO. Am 10.8. fand ebenfalls in Kairo eine GK statt, auf der sich zehn Staatsoberhäupter vertreten ließen; Tunesien blieb der Konferenz fern. Eine sieben Punkte umfassende Resolution verurteilte die irakische Invasion in Kuwait und forderte den sofortigen Rückzug. Weiterhin sah sie auf der Basis des 1950 zwischen den Mitgliedsstaaten geschlossenen Verteidigungsabkommens vor, Truppen nach Saudi-Arabien zu entsenden. Zum ersten Mal in der Tradition der Gipfelkonferenzen wurde die Resolution nicht einstimmig verabschiedet. Während 12 Staaten die Resolution trugen, enthielten sich Algerien, der Jemen und nach jordanischen Angaben auch Jordanien der Stimme, Sudan und Mauretanien äußerten Vorbehalte gegen Teile der Resolution, Libyen, der Irak (vertreten durch Außenminister

Aziz) und die PLO stimmten gegen sie (SWB, 13.8.).

Eine weitere AK im Rahmen der AL, an der 13 Mitgliedsländer teilnahmen, tagte vom 30.8.-1.9. in Kairo. Auf ihr wurde u.a. beschlossen, die Blockade gegen den Irak zu unterstützen. Einige Teilnehmer äußerten Kritik am Generalsekretär der Liga, der ihrer Meinung nach in der Kuwaitfrage zu inaktiv geblieben war (Klibis Heimatland, Tunesien, gehörte zu den Mitgliedsländern, die bedingt für den Irak Partei ergriffen hatten). Verstimmt über diese Kritik, legte Klibi am 3.9. sein Amt als Generalsekretär der AL nieder. Um ein endgültiges Auseinanderbrechen der AL zu vermeiden, erfolgte keine Nominierung eines Nachfolgers. Als geschäftsführender Generalsekretär amtierte As'ad al-As'ad (Libanon).

Bei einer AK am 10.9., auf der 12 AL-Mitgliedsländer vertreten waren, wurde als Termin für die Rückverlegung des Hauptsitzes nach Kairo der 31.10. beschlossen. Da ein im März für die Umsiedlungsvorbereitungen eingerichtetes Komitee unter irakischem Vorsitz seit August inaktiv geblieben war - der Irak, ursprünglich ein Befürworter der Rückverlegung, hatte sich nach dem August vehement dagegen ausgesprochen -, wurde ein neues Komitee eingesetzt.

Auf einer auf Wunsch der PLO nach Tunis einberufenen AK vom 17.-18.10. waren noch einmal sämtliche Mitgliedsländer vertreten, allerdings nur sieben durch ihre Außenminister, der Rest durch ihre ständigen Vertreter beim Ligarat in Tunis. Tagungsthema war die Tötung von 19 (tatsächlich 17) Palästinensern durch israelische Sicherheitskräfte während der Unruhen am Tempelberg in Jerusalem am 8.10. Eine im Resolutionsentwurf enthaltene scharfe Verurteilung der amerikanischen Haltung gegenüber Israel wurde mit 11 zu 10 Stimmen abgelehnt, was zu einem Eklat führte (vorübergehender Auszug von vier Delegationen). In der mühsam ausgehandelten Kompromißformel wurde den USA nahegelegt, ihre Politik gegenüber Israel zu ändern und die nationalen Rechte der Palästinenser und Araber anzuerkennen.

Als König Hassan II. von Marokko nach dem UNO-Sicherheitsratsultimatum gegenüber dem Irak Anfang November eine GK als letzte Chance einer friedlichen Lösung des Golfkonflikts vorschlug, scheiterte dies bereits im Vorfeld an der gegensätzlichen Haltung des Iraks und Saudi-Arabiens.

Die politische Zerstrittenheit der AL ab August verhinderte auch ein für den 7. und 8.10. in Venedig geplantes Treffen der EG- und AL-Außenminister (im Anschluß an die Tagung der EG-Außenminister vom 6.-7.10. bei Venedig). Mehrere AL-Außenminister hatten abgesagt, einige trotz anfänglicher Zusage. Auf Wunsch der AL wurde nicht bekanntgegeben, welche Außenminister abgesagt hatten, es verlautete lediglich, daß die Absagen im wesentlichen der auf der GK am 10.8. zutage getretenen Parteiung folgten.

Chronologie Arabische Liga 1990

11.-12.3. - Turnusmäßige AK in Tunis, Kompromiß über die Rückverlegung des Hauptsitzes nach Kairo

28.-30.5. - GK in Bagdad: 19 Staaten vertreten, abwesend Syrien und Libanon

3.8. - AK in Kairo verurteilt den irak. Einmarsch in Kuwait und fordert den Rückzug (14 von 19 vertretenen AL-Ländern)

10.8. - GK in Kairo (20 Staaten vertreten); Verurteilung der irak. Invasion, Forderung nach sofortigem Rückzug und Beschluß, Truppen nach Saudi-Arabien zu entsenden (angenommen von 12 Ländern)

30.-31.8. - Eine AK von 13 AL-Ländern beschließt in Kairo, die Handelsblockade gegen den Irak zu unterstützen (Stimmenthaltung von Libyen)

3.9. - GS Chadli Klibi tritt zurück

10.9. - AK von 12 AL-Ländern in Kairo, Rückverlegung des AL-Hauptquartiers nach Kairo auf den 31.10. festgesetzt

17.-18.10. - AK in Tunis, sieben Staaten durch ihre AM vertreten, die anderen durch die ständigen Vertreter beim Ligarat in Tunis (Ablehnung einer Verurteilung der USA mit 11 zu 10 Stimmen)

1.11. - Offizielle Arbeitsaufnahme des AL-Generalsekretariats in Kairo unter dem amtierenden GS As'ad al-As'ad

Erhard Franz

2. Arabischer Kooperationsrat (AKR)

Der am 16.2.1989 in Bagdad von Ägypten, Jordanien, dem Jemen und dem Irak gegründete AKR (--> Arabischer Kooperationsrat, JB 1989) mit dem Ziel der wirtschaftlichen Zusammenarbeit und Integration führte zu Beginn des Jahres seine Aktivitäten zur Verwirklichung der gesetzten Ziele fort. Vom 16.-17.1. tagte in Bagdad das Ministerkomitee unter Leitung der Ministerpräsidenten der einzelnen Mitgliedstaaten, Atif Sidqi (Ägypten), Mudar Badran (Jordanien), Abd al-Aziz Abd al-Ghani (Nordjemen) und Taha Yasin Ramadan (Erster Stellvertretender Ministerpräsident, Irak). Ihre Aufgabe bestand im wesentlichen in der Vorbereitung der für Februar geplanten Gipfelkonferenz. Das Komitee verabschiedete insgesamt 12 Vertragsentwürfe zur Zusammenarbeit zwischen den Mitgliedstaaten. Dr. Hilmi Nimr, Generalsekretär des AKR, erklärte nach der Konferenz, daß sich das Komitee auf die Gründung eines gemeinsamen Ausschusses zwecks Durchführung der einzelnen Verträge geeinigt habe. Eine weitere Vorlage für einen Vertrag über die Zusammenarbeit auf dem Gebiet der Sozialversicherung sei verschoben worden (A, 18.1.).

Ebenfalls in Bagdad begann am 1.2. das erste Treffen der parlamentarischen Komitees der AKR-Staaten. Nach Aussagen des Sprechers des jordanischen Unterhauses, Sulaiman Arar, wurden eine Satzung verabschiedet und verschiedene Themen diskutiert, u.a. die Lage in den besetzten Gebieten und die Immigration sowjetischer Juden nach Israel, die Lage im Libanon und die irakisch-iranische Situation am Golf (JoT, 4.2.). In Kairo trafen sich am 1.2. die Leiter der Fernsehanstalten der AKR-Staaten, um über die Verbesserung der Zusammenarbeit zu beraten (EGz, 2.2.).

Am 23.2. trafen die Präsidenten Mubarak (Ägypten), Saddam Husain (Irak) und Ali Abdallah Salih (Jemen) in Amman ein, wo am 24.2. die 5. AKR-Gipfelkonferenz stattfand. Die vom irakischen Staatschef Saddam Husain gehaltene Rede wurde in der arabischen Öffentlichkeit mit Aufmerksamkeit registriert. Saddam Husain ging insbesondere auf die jüngsten Veränderungen in der weltpolitischen Arena ein, vor allem die Schwäche der Sowjetunion und den daraus resultierenden Machtzuwachs für die USA. Dies hätte für die Araber weitreichende Folgen, denn die USA würden ihre Macht dazu benutzen wollen, um ihre Kontrolle über die Golfregion und das arabische Öl zu festigen. Als besondere Gefahr nannte er die Immigration sowjetischer Juden nach Israel. Da sich der wichtigste Advokat der Araber im Konflikt mit Israel, die Sowjetunion, aus der Region zurückgezogen habe und die zionistische Lobby volle Kontrolle über die US-Politik ausübe, sollten die Araber sich darauf gefaßt machen, daß Israel zu jeder Zeit neue dumme Abenteuer beginnt. Um die Position der Sowjetunion zu stärken, sollten die Araber ihre Gelder vermehrt in der Sowjetunion und in Osteuropa investieren. Ihren finanziellen Reichtum sollten sie zugleich auch nutzen, um mehr Einfluß auf die amerikanische Politik auszuüben. Zu den innerarabischen Beziehungen sagte Saddam Husain, daß die Region innerarabische Kriege und Kriege zwischen Arabern und Nachbarstaaten erleben würde, wenn es nicht gelänge, spürbare Ergebnisse auf der Grundlage der Prinzipien der Nichteinmischung in die inneren Angelegenheiten anderer Staaten und des Verzichtes auf die Anwendung militärischer Gewalt in den innerarabischen Beziehungen zu erzielen (Text in SWB, 26.2.). Gemäß dem Schlußkommuniqué billigten die Staatschefs elf Verträge über Zusammenarbeit zwischen den AKR-Staaten.

Anläßlich der arabischen Gipfelkonferenz in Bagdad (28.-30.5.) fand eine Sitzung der Staatschefs der AKR-Staaten statt (29.5.), auf der die Aufnahme der Jemenitischen Republik (Zusammenschluß aus Nord- und Südjemen am 22.5.) in den AKR beschlossen wurde. Damit war auch der frühere Südjemen Mitglied des AKR geworden.

Durch die Invasion des Irak in Kuwait am 2.8. und die Spaltung der Mitglieder des AKR in zwei Lager, auf der einen Seite der Irak mit Jordanien und dem Jemen, auf der anderen Seite Ägypten, waren die Voraussetzungen für eine weitere Zusammenarbeit nicht mehr gegeben. Bis zum Jahresende wurde indes von keiner Seite die Auflösung des AKR bekanntgegeben.

Thomas Koszinowski

3. Arabische Maghrebunion (AMU)

Nachdem am 1.1. Tunesien turnusgemäß von Marokko die Präsidentschaft der AMU für das 1. Halbjahr 1990 übernommen hatte, fanden noch im Januar die notwendigen Treffen des Durchführungskomitees (Comité de Suivi), bestehend aus dem von jedem Mitgliedsstaat ernannten Staatssekretär/Minister für AMU-Angelegenheiten (Tunis, 8.-10.1.; neuer Präsident des Komitees wurde der Tunesier Mohamed Amamou) und des Rates der AMU-Außenminister (Tunis, 12.-14.1.) statt, um die Tagesordnung für den zweimal auf Antrag Marokkos und Libyens verschobenen 3. Maghrebgipfel seit 1988 (= 1. regulärer Präsidentschaftsgipfel, Tunis 21.-23.1.) festzulegen. Dieser "sommet de concrétisation" hat entsprechend der offiziellen Schlußerklärung (ELM, 24.1.) nicht nur den Beschluß zur Verstärkung der innermaghrebinischen politischen Konzertation und der Kontaktaufnahme zu anderen Regionalorganisationen (GKR, AKR, besonders jedoch zur EG) gebracht, sondern auch die institutionelle Struktur optimiert. Beschlossen wurde so die Erhöhung der jedem Land zustehenden Mitgliederzahl im AMU-Konsultativrat von 10 auf 20 und die Einrichtung von vier Ministerkommissionen (Menschliche Ressourcen, Nahrungsmittelsicherheit, Infrastruktur, Wirtschaft/Finanzen), die im Laufe des Jahres mehrmals tagten und teilweise selbst wieder ministerielle Expertenräte einsetzten. Beschlossen wurde außerdem die Tagung der AMU-Innenminister (Nouakchott 17.-18.3.), die auf ihrer 2. Tagung (Nouakchott 12.-13.11.) ein Abkommen zum geplanten einheitlichen AMU-Personalausweis, der Koordinierung der Sicherheitsorgane und der Freizügigkeit für Reisen und Wohnort unterzeichneten. Der Präsidentschaftsrat beschloß ferner die Einrichtung eines permanenten AMU-Generalsekretariats, über dessen Sitz aber bis Ende 1990 noch keine Einigung erzielt werden konnte. Die Aufforderung des Präsidentschaftsrates zur Einrichtung des laut Art. 13 des AMU-Vertrages vorgesehenen rechtsprechenden Organs (instance judiciaire) wurde am 25.6. durch den amtierenden AMU-Präsidenten Ben Ali formal vollzogen. Der AMU-Ministerrat für juristische Angelegenheiten hat auf seiner Tagung am 29.10. in Algier ein Kooperationsabkommen für juristische und Rechtsfragen verabschiedet.

Bis zur Übergabe der AMU-Präsidentschaft an Algerien folgten zahlreiche Tagungen der AMU-Gremien (Durchführungskomitee Rabat 21.-22.2., Tunis 27.-28.3., Tunis 19.6.; Außenminister Tunis 29.-30.3., Tunis 22.6.; Konsultativrat Tunis 17.-20.2., Tunis 24.-26.6.) mit teilweise wichtigen Beschlüssen. Dazu zählt die gemeinsame Tagung der AMU-Außen- und Verteidigungsminister (Tunis 30.3.), deren Ergebnis die Einsetzung eines Komitees war, das praktische Vorschläge zur Zusammenarbeit im militärischen Bereich und der Koordination militärischer Ausbildungsprogramme erarbeiten soll, und die Vorbereitung von 24 Abkommen zur maghrebinischen Wirtschaftskooperation, die dem Präsidentschaftsrat auf seiner zweiten regulären Sitzung (Algier 21.-23.7.) vorgelegt wurden. Stand die AMU folglich im ersten Halbjahr im Zeichen der institutionellen Konsolidierung, war das zweite Halbjahr wirtschaftspolitisch geprägt, u.a. weil der neue AMU-Präsident Chadli Bendjedid dem Gipfel in seiner Eröffnungsrede eine noch vor Ende der Dekade zu realisierende globale Integrationscharta vorschlug und auch die getroffenen Beschlüsse in diese Richtung zielten. Im einzelnen waren dies neben institutionellen Gründungsaufträgen z.B. für eine maghrebinische Universität oder ein maghrebinisches Agrarinstitut die Grundlegung einer bis 1995 umzusetzenden Zollunion und fünf (durch die Außenminister unterzeichnete) Konventionen/Rahmenabkommen zur Schaffung eines einheitlichen Agrarmarktes, der Förderung der intramaghrebinischen Investitionsförderung, zur Harmonisierung der Finanzpolitik (Vermeidung von Doppelbesteuerung), zum regionalen Pflanzenschutz (Quarantänebestimmungen) und zur Regelung des Personen- und Warenverkehrs (vgl. Schlußkommuniqué; SWB, 25.7.). Nicht geeinigt hat sich der Präsidentschaftsrat auf den Sitz des Generalsekretariats der AMU (hier soll der Gipfel in Tripolis Anfang 1991 eine Lösung bringen). Die NZZ wies in einem Kommentar (26.7.) auf die zwar beeindruckenden Beschlüsse und die verbale Stärkung des Unionsgedankens hin, äußerte jedoch an der Umsetzung und den dazu notwendigen Erfordernissen, z.B. einer flexibleren Bürokratie, Bedenken. Auch der minimale intramaghrebinische Warenaustausch (2 % des Gesamtvolumens 1988; LMS, 29.3.) habe sich von Einzelbeispielen abgesehen nur minimal gesteigert. Das Ungleichgewicht der Handelsströme mit der Konzentrierung auf die EG-Staaten wird nach wie vor als "schwerwiegendes Handikap auf dem Weg zur Komplementarität" (LMS) eingestuft.

Dominierendes Thema ab August war die Golfkrise. Sie war Gegenstand der AMU-Außenministersondersitzung (Algier 19.10.) und schlug sich in verschiedenen Vermittlungsaktivitäten (wenngleich nicht immer im offiziellen AMU-Auftrag) nieder, wie z.B. den Vermittlungsbemühungen von Präsident Bendjedid im Golf und in Europa (Dezember). Dennoch wurde darüber das maghrebinische Eigeninteresse nicht vergessen. Sowohl die Sondersitzung des Konsultativrates mit Vertretern des europäischen Parlaments unter Führung von Claude Cheysson in Tunis (19.10.) als auch die Tagung des AMU-Außenministerrates in Algier (19.10.) zur Vorbereitung des ersten gemeinsamen Treffens der AMU- und EG-Außenminister in Brüssel (12.11.) nach vorhergehenden Expertengesprächen in Rom (21.-24.3.) zeigt den hohen Stellenwert, den beide Seiten den maghrebinisch-europäischen Beziehungen zuordnen. Hauptanliegen der AMU sind eine Neuregelung der Arbeitsemigration, der europäischen Finanzhilfe und Handelserleichterungen im Kontext einer neu zu konzipierenden Mittelmeerpolitik (ELM, 12.11.). Zugleich nahm die AMU die Gelgenheit wahr, einmal mehr für die Aufhebung der EG-Sanktionen (seit 1986) gegenüber Libyen einzutreten (MD, 14.11.). Die letzte AMU-Außenministertagung vor Übergang der Präsidentschaft auf Libyen fand vom 29.-30.12. in Algier statt und verabschiedete in Anwesenheit der Agrar- und Wirtschaftsminister ein Dokument, das die großen Linien einer Strategie zur wirtschaftlichen Integration enthielt (OP, 1.1.91). Zugleich wurde als signifikantes Ergebnis der algerischen Präsidentschaft die Tatsache hervorgehoben, daß der (jeweilige) Präsident der AMU inzwischen de facto die Maghrebstaaten in außenpolitischen Fragen nach außen vertritt.

Weiter fortgesetzt hat sich 1990 die institutionelle Vernetzung (z.B. Gründung der Union des Economistes Maghrébins, der Union des Banques Maghrébines oder der Union des Architectes Maghrébins), ergänzt durch gesamtmaghrebinische Tagungen und Veranstaltungen wie die 2. maghrebinische Buchmesse (Algier, 25.12.1990-2.1.1991), die 1. Tagung der maghrebinischen Zentralbankgouverneure (Algier, 5.9.), die 2. Konferenz der maghrebinischen Presseagenturen (Algier, 19.-21.6.) oder der 1. maghrebinische Studentenkongreß (Algier, Juni). Die maghrebinischen Unternehmerverbände planen ebenfalls einen Zusammenschluß.

Chronologie AMU 1990

1.1. - Beginn der sechsmonatigen AMU-Präsidentschaft Tunesiens

21.-23.1. - 1. ordentl. AMU-Präsidentschaftsgipfel in Tunis

17.-20.2. - 1. Tagung des AMU-Konsultativrates in Tunis; erneut 24.-26.6.

4.-6.4. - 1. Tagung der AMU-Religionsminister

25.6. - Einrichtung der AMU-Justizinstanz in Tunis durch Präsident Ben Ali

1.7. - Beginn der sechsmonatigen AMU-Präsidentschaft Algeriens

1.7. - Tagung der maghrebinischen Polizeichefs in Algier

21.-23.7. - 2. ordentl. AMU-Präsidentschaftsgipfel in Algier

31.7. - König Hassan ernennt Abd al-Salam Barakat zum Minister für Parlaments- und AMU-Angelegenheiten

7.10. - In Libyen Wahl von al-Zarruq Rajab zum Minister (Sekretär) für die AMU

12.11. - Erstes offizielles AMU-EG-Treffen in Brüssel; AMU-Staaten fordern u.a. Aufhebung der EG-Sanktionen gegen Libyen

Hanspeter Mattes

4. Golf-Kooperationsrat (GKR)

Die Tätigkeit des GKR stand 1990 im Schatten der verstärkten Bedrohung für Sicherheit und Stabilität in der ganzen Region. Im ersten Halbjahr ging es um drei zusammenhängende Fragenkomplexe: (a) die Patt-Situation zwischen dem Irak und Iran und die Durchführung der Resolution Nr. 598 des UNO-Sicherheitsrates, die an einem toten Punkt angelangt war, (b) die Einwanderung zahlreicher sowjetischer Juden nach Israel und die damit verbundenen expansionistischen Tendenzen in der israelischen Politik, (c) Auseinandersetzungen zwischen dem Irak einerseits und den USA, England und Israel andererseits hinsichtlich der Reduzierung des irakischen Militärpotentials und der Einschränkung seines Technologieimports sowie der Änderung seiner Palästinapolitik. Bei der ersten Frage behielten die GKR-Staaten ihre Neutralität bei und plädierten für die vollständige Implementierung der Resolution 598 bzw. für eine dauerhafte Lösung. Bei der zweiten und dritten Frage vertraten sie verbal allgemeine arabische Standpunkte, gewährten jedoch nicht die vom Irak, Jordanien und PLO geforderte materielle Unterstützung. Auch waren alle GKR-Staaten auf der arabischen Gipfelkonferenz Ende Mai in Bagdad vertreten (--> AL), die diese drei Fragenkomplexe behandelte.
Die Besetzung Kuwaits durch die irakische Armee am 2.8. bildete einen Wendepunkt. Die GKR-Staaten konnten natürlich diese Besetzung nicht akzeptieren und forderten in allen nachfolgenden Konferenzen den bedingungslosen, vollständigen Abzug der irakischen Truppen. Die Überwindung der Golfkrise (mit friedlichen oder militärischen Mitteln) lag allerdings nicht in ihren Händen, sondern in erster Linie bei den USA, England und ihren Verbündeten. Die GKR-Staaten folgten der politischen Linie der von den USA angeführten anti-irakischen Koalition und unterstützten diese mit diplomatischen und finanziellen Mitteln in Milliardenhöhe. In diesem Rahmen entwickelten sie ihre Beziehungen zu den USA, England, Ägypten und Syrien zu einer Art Bündnissystem. Am aktivsten waren hier die Außen-, Verteidigungs- und Finanzminister. Innerhalb der AL, die sich an der Frage des Einsatzes westlicher Truppen spaltete, agierten die GKR-Staaten gegen diejenigen arabischen Staaten, die für eine "arabische Lösung" eintraten und den gegen Einsatz fremder Truppen ablehnten. Das zeigte sich bereits am 3.8. bei den Tagungen der arabischen und islamischen Außenminister in Kairo.

Die in Kairo versammelten GKR-Außenminister vertraten die Meinung, die geforderte "arabische Lösung" schließe Aktionen im Rahmen der Resolutionen des UNO-Sicherheitsrats nicht ein. Diese Grundhaltung bekräftigten die GKR-Außenminister auch auf ihrer 12. außerordentlichen Tagung am 7.8. in Dschidda. Demgegenüber warf der irakische Außenminister Tariq Aziz den GKR-Staaten vor, "die unzutreffende These von der Bedrohung Saudi-Arabiens als Deckmantel für die Einladung der US-Truppen zu benutzen" (SWB, 11.8.). Als sich im arabisch-islamischen Raum Proteste gegen die Stationierung amerikanischer Truppen in der Golfregion verbreiteten, sagte am 9.8. ein GKR-Sprecher in Riad: "GKR-Mitglieder sind souveräne Staaten und haben die absolute Freiheit, die geeigneten Mittel zur Erhaltung ihrer Sicherheit und Souveränität zu wählen und einzutreten" (SWB, 11.8.). Die Golfkrise blieb in allen weiteren Tagungen der GKR-Außenminister ein zentrales Thema, so z.B. am 5.9. in Dschidda, am 29.9. bei den Beratungen mit den Außenministern der USA und der UdSSR am Rande der UNO-Vollversammlung in New York und am 9.12. in Doha/Qatar. Auf der letztgenannten Tagung sagte Qatars Außenminister Mubarak Bin Ali al-Khatir: "Die Golfkrise hat gezeigt, wie wichtig es ist, die Verteidigungskraft des GKR und seine Institutionen zu stärken, damit wir uns auf uns selbst verlassen können. Wir müssen uns auf die neue Weltordnung einstellen, wo sich der Wettkampf mehr und mehr auf den wirtschaftlichen Bereich verschiebt und sich auf unsere Region auswirkt" (al-Sharq al-Ausat, 12.12.). Insgesamt haben die GKR-Staaten viel zum Zustandekommen der anti-irakischen Koalition und der Resolutionen des UNO-Sicherheitsrates beigetragen, u.a. auch durch Finanzhilfen. Im Rahmen des GKR wurden immer wieder Vorschläge zur Stärkung der kollektiven Verteidigung und der regionalen Sicherheit sowie zum Aufbau einer Rüstungsindustrie erörtert. Der Premier Bahrains Khalifa Bin Salman Al Khalifa plädierte für einen Plan für die regionale Sicherheit, in dem die GKR-Länder mindestens 50 % der Streitkräfte stellen sollten (SWB, 19.12.). Auf der Tagung der GKR-Verteidigungsminister am 22.8. in Dschidda erinnerte der kuwaitische Verteidigungsminister Nawwaf al-Ahmad al-Sabah an den Grundsatz der kollektiven Verteidigung und forderte konkrete Schritte zur Befreiung Kuwaits und Pläne für die künftige Sicherheit. Zuvor hatten die GKR-Generalstabschefs Empfehlungen (am 12.8.) in Riad ausgearbeitet und den Verteidigungsministern vorgelegt. Tatsächlich bildeten die GKR-Streitkräfte einen kleinen Teil der Streitkräfte der von den USA angeführten anti-irakischen Koalition. Mit der Entsendung ägyptischer Truppen nach Saudi-Arabien und in die VAE verstärkte sich die regionale Führungsrolle Ägyptens auf Kosten des Irak.

Parallel zu den Aktivitäten im Verteidigungsbereich ergriffen die GKR-Staaten verschiedene Maßnahmen zur Verbesserung ihrer inneren Sicherheit, zumal es Gefahren terroristischer Anschläge und Infiltrationen gab. Auf ihrer Tagung am 7.11. in Dschidda beschlossen die GKR-Innenminister, die Unterstützung kuwaitischer Bürger fortzusetzen und die Tätigkeiten ihrer Sicherheitsorgane und -kräfte besser zu koordinieren (al-Hawadith, 16.11.).

Auf ihrem 11. Gipfeltreffen am 22.-25.12. in Doha/Qatar traten die Herrscher der GKR-Staaten entschieden für die bedingungslose Räumung Kuwaits und die Wiedereinsetzung der Regierung Al Sabah ein und beschlossen neue Maßnahmen zur Verstärkung der gemeinsamen Verteidigung und Sicherheit, zur Koordinierung regionaler und internationaler Aspekte ihrer Politik sowie zur Erhöhung der Wirksamkeit ihrer Massenmedien.

Im Bereich Wirtschaftsintegration gab es 1990 keine wesentlichen Fortschritte. Das galt insbesondere für den angestrebten gemeinsamen Außenzolltarif und die Währungsunion. Neben den negativen Auswirkungen der Golfkrise auf ihre Volkswirtschaften mußten die GKR-Staaten den Aufmarsch ausländischer Truppen finanzieren, ihre eigenen Verteidigungsausgaben erhöhen und von der Krise betroffene Länder finanziell unterstützen. Hier brachten allerdings die gestiegenen Ölpreise eine gewisse Entlastung.

Der im Rahmen des Kooperationsabkommens mit der EG gebildete *Gemeinsame Rat* befaßte sich am 17.3. in Maskat/Oman mit der Entwicklung der Handelsströme zwischen der EG und den GKR-Ländern. Er bewertete die Ergebnisse der Konferenz über industrielle Zusammenarbeit und Investitionen in Granada vom 15.-22.2., an der 400 Vertreter der Industrie aus EG- und GKR-Ländern teilnahmen, positiv. Der *Gemeinsame Rat* konzentrierte sich auf die Bereiche Industrie, Absatzförderung, Landwirtschaft, Energie, Wissenschaft und Technologie und beauftragte den Gemischten Kooperationsausschuß mit der Umsetzung dieser Orientierungen. Beim Meinungsaustausch ging es auch um ein künftiges Freihandelsabkommen, für das zu einem späteren Zeitpunkt Verhandlungen aufgenommen werden sollen.

Chronologie GKR 1990

15.-22.2. - Konferenz über industrielle Zusammenarbeit zwischen EG und GKR in Granada

4.-5.3. - 34. Tagung der GKR-Außenminister in Riad; erneut 7.8.; 36. Tagung 5.9. in Dschidda

16.5. - Übung der GKR-Streitkräfte in Oman

2.8. - Besetzung Kuwaits durch irakische Truppen

3.8. - Außerordentliche Sitzung der GKR-Außenminister in Kairo

7.8. - GKR-Außenminister erarbeiten in Dschidda Pläne und Unterlagen für die Generalstabschefs ihrer Länder im Hinblick auf die Befreiung Kuwaits

12.8. - 3. außerordentliche Tagung der GKR-Generalstabschefs in Riyadh

22.8. - GKR-Verteidigungsminister besprechen in Dschidda militärische Situation und sicherheitspolitische Pläne

29.9.-5.10. - Gespräche der GKR-Außenminister mit den Außenministern der USA und UdSSR in New York am Rande der UNO-Vollversammlung

7.11. - 3. außerordentliche Tagung der GKR-Innenminister (Ausbau der Sicherheitsorgane; Terrorismusbekämpfung)

22.-25.12. - Tagung der 11. GKR-Gipfelkonferenz in Doha/Qatar

Aziz Alkazaz

5. Organisation Islamische Konferenz (OIK)

Die*Organisation Islamische Konferenz* (OIK), gegründet 1969, ist ein Staatenbund, dem zur Zeit 45 islamische Länder angehören. Es sind: Ägypten, Afghanistan, Algerien, Bahrain, Bangladesch, Benin (Dahomey), Brunei, Burkina Faso (Obervolta), Djibuti, Gabun, Gambia, Guinea, Guinea-Bissau, Indonesien, Irak, Iran, Jordanien, Kamerun, Komoren, Kuwait, Libanon, Libyen, Malaysia, Malediven, Mali, Mauretanien, Marokko, Niger, Nigeria, Jemen, Oman, Pakistan, Palästina/PLO, Qatar, Saudi-Arabien, Senegal, Sierra-Leone, Somalia, Sudan, Syrien, Tschad, Tunesien, Türkei, Uganda, Vereinigte Arabische Emirate. Die Mitgliedschaft Afghanistans ist seit 1980 suspendiert, allerdings nimmt die afghanische provisorische Regierung, die von den Mujahidin in Peschawar/Pakistan gebildet worden ist, seit 1989 an den Sitzungen teil. Beobachterstatus haben: Die Türkische Republik Nordzypern und die Moro Nationale Befreiungsfront (Philippinen).

Die Schwäche der OIK hat sich in diesem Jahr erneut vor aller Welt manifestiert. War es ihr beim Einmarsch der sowjetischen Truppen im Dezember 1979 in Afghanistan doch nicht gelungen, auf die Herausforderung, außer mit der Suspendierung der Mitgliedschaft Afghanistans, konstruktiv zu reagieren und im Falle des Iran-Irak-Krieges sich weitgehend neutral zu verhalten und sich damit aus der Verantwortung zu stehlen. So hat sie sich 1990 fast völlig abgemeldet. Erneut war ein OIK-Mitgliedstaat (Kuwait) von einem zweiten OIK-Mitgliedstaat (Irak) angegriffen worden, ohne daß sie in der Lage gewesen wäre, ein Krisenmanagement zu betreiben. Außer einer beiläufigen Verurteilung Iraks durch die OIK-Außenministerkonferenz, die zufällig am Tage der irakischen Invasion in Kairo tagte, hat sie nichts fertiggebracht. Nicht einmal eine außerordentliche Gipfelkonferenz der Staats- und Regierungschefs kam zustande, geschweige denn, daß die OIK energische Schritte eingeleitet hätte und zusammen mit den Alliierten oder ohne sie gegen den Irak eingeschritten wäre. Dies lag sicherlich nicht nur daran, daß sie über keine Militärverbände verfügt - auch die UNO ist in einer ähnlichen Lage - sondern es entsprach ihrer inhärenten Schwäche.

Aktivitäten 1990

Die 19. Außenministerkonferenz (AK) der OIK-Mitgliedstaaten fand vom 31.7.-6.8. in Kairo statt. Die Nachricht von der Invasion Kuwaits durch den Irak am 2.8. überraschte die Teilnehmer. Und danach war es nicht mehr möglich, die Fassade der Eintracht aufrechtzuerhalten. In einer Deklaration, die von Jordanien, Mauretanien, der PLO, dem Jemen und dem Sudan nicht unterstützt wurde - Libyen und Djibuti waren bei der Abstimmung nicht zugegen - rief die AK alle Mitgliedstaaten auf, ihre bilateralen Streitigkeiten auf dem friedlichen Weg und ohne Einmischung in die internen Angelegenheiten der anderen Staaten zu lösen. Der "legitimen Regierung" Kuwaits und seinem Herrscher Sheikh Jabir Al Ahmad as-Sabah wurde die Unterstützung der OIK zugesichert. Der Irak wurde aufgefordert, seine Truppen auf die Position vom 1.8. zurückzuziehen (SG, 6.8.). Im Abschlußkommuniqué sagte die AK ihre Unterstützung und Solidarität mit dem palästinensischen Volk für seine nationalen Rechte und für die Gründung eines palästinensischen Staates mit Jerusalem als Hauptstadt unter der Führung der PLO zu. Der Intifada wurde Anerkennung gezollt und die "terroristische" Unterdrückungspolitik Israels verurteilt. Besorgnis wurde über den Zustrom sowjetischer Juden nach Israel geäußert und die internationale Staatengemeinschaft, insbesondere die Sowjetunion, die USA und die EG wurden aufgefordert, die Konsequenzen dieser Einwanderung zu überdenken. Gefordert wurde eine internationale Nahostkonferenz unter der UNO-Ägide mit Beteiligung der ständigen Mitglieder des Sicherheitsrates und aller betroffenen Staaten, einschließlich der PLO als gleichberechtigtes Mitglied. Verurteilt wurde die Siedlungspolitik Israels in den besetzten Gebieten. Bedauert wurde der Abbruch des Dialoges zwischen der PLO und den USA. Die US-Regierung wurde gebeten, den Dialog wiederaufzunehmen. Besorgnis wurde geäußert über die Situation der palästinensischen Lager im Libanon und über die Fortdauer der Besetzung Südlibanons durch Israel. Die atomare Bewaffnung Israels wurde als eine Gefahr für die gesamte Region bezeichnet. Gelobt wurden die Bemühungen des *Hohen Arabischen Rates* zur Beilegung der libanesischen Krise, dem die Könige Fahd und Hassan sowie Präsident Chadli Bendjedid angehören. Befriedigt wurden positive Entwicklungen zwischen dem Irak und Iran zur Kenntnis genommen und die Hoffnung zum Ausdruck gebracht, daß die laufenden Verhandlungen zwischen den beiden Staaten zur vollen Implementierung der UNO-Sicherheitsratsresolution 598 führen werden. Gelobt wurde der heroische Kampf des afghanischen Volkes, und den Mujahidin wurde bei der Schaffung eines unabhängigen, paktfreien und islamischen Staates Afghanistan die Unterstützung zugesichert. Unterstützt wurde die Bildung einer breitangelegten Regierung als eine notwendige Maßnahme zur Schaffung des Friedens und um dem afghanischen Volk die Möglichkeit zu geben, ohne ausländische Einmischung eine Regierung zu wählen. Gefordert wurde eine friedliche Beilegung des Konflikts um Jammu und Kaschmir entsprechend den UNO-Resolutionen. Der diesbezüglich zwischen Indien und Pakistan begonnene Dialog wurde begrüßt, und die Entsendung einer OIK-Delegation zum Abbau von Spannungen zwischen den beiden Staaten wurde angeboten. Bedauert wurden die fortdauernden US-Verschwörungen gegen Libyen einschließlich des wirtschaftlichen Boykotts. Dem Sudan und Somalia wurde die Unterstützung bei der Wahrung ihrer Unabhängigkeit, Souveränität und territorialen Integrität gegenüber den ausländischen Komplotts zugesagt. Demokratische Entwicklungen in Osteuropa wurden begrüßt und die Hoffnung ausgesprochen, daß dies zur engen Zusammenarbeit zwischen der islamischen Welt und den osteuropäischen Staaten führen würde. Unterstrichen wurde das Recht der islamischen Nation, die Naturwissenschaften und Technologie zur sozialen und wirtschaftlichen Entwicklung einzusetzen. Erneut wurde die Einberufung einer internationalen Konferenz unter der UNO-Schirmherrschaft gefordert, um den Terrorismus zu definieren und zwischen ihm und dem Kampf eines Volkes um die Unabhängigkeit zu unterscheiden. Verurteilt wurde jedwede Art des Terrorismus, einschließlich des vom Staat organisierten Terrorismus, Flugzeugentführung sowie alle anderen ungesetzlichen Akte gegen die Sicherheit der zivilen Luftfahrts. Sympathie und Unterstützung wurde der islamischen Minderheit in Bulgarien zugesichert, und die Maßnahmen der neuen bulgarischen Regierung zur Abminderung der Härten für sie wurden begrüßt. Angeregt wurde die Ausarbeitung einer umfassenden Strategie zur Begegnung der Umwandlungen in Osteuropa im Hinblick auf Maßnahmen, die der dortigen muslimischen Minderheit zur Wahrung ihrer Identität, der islamischen Lehren und Praktiken verhelfen würde. Die schweren Probleme der Millionen von Flüchtlingen in aller Welt, von denen die meisten Muslime sind, wurden mit Sorge betrachtet. Ebenso wurde auf die prekäre Lage der muslimischen Minderheiten in der Welt hingewiesen. Die AK veröffentlichte die Kairoer Deklaration zu den Menschenrechten im Islam, nach der sich die Mitgliedstaaten richten sollen. Die 20. AK soll im August-September 1991 in Istanbul stattfinden (SG, 8.8.).

Chronologie OIK 1990

17.3. - Vertreter von 9 OIK-Staaten beraten in Dschidda über die Einwanderung sowjetischer Juden nach Israel

7.-8.3. - Der OIK-Jerusalem-Ausschuß (al-Quds) tagt in Rabat und appelliert an die USA, die Sowjetunion und die EG, die Einwanderung sowjetischer Juden nach Israel einzudämmen

31.7.-6.8. - Die OIK-Außenministerkonferenz findet in Kairo statt

15.10. - Der OIK-Jerusalem-Ausschuß berät in Rabat über Israels Weigerung, die UNO-Sicherheitsratsresolution 672 zu akzeptieren

7.11. - Die für Januar 1991 in Dakar vorgesehene 6. OIK-Gipfelkonferenz wird auf unbestimmte Zeit vertagt.

Munir D. Ahmed

6. OPEC

Die Golfkrise, die die regionalen und internationalen Entwicklungen 1990 kennzeichnete, hatte zwar vielfältige historische und politische Ursachen und Dimensionen, die Ölinteressen der Konfliktparteien gehörten jedoch zu den wichtigsten direkten Ursachen. Die Krise, die 1991 zu einem Krieg eskalierte, bedrohte indessen die Existenz und Zukunft der OPEC, da fünf ihrer Mitglieder direkt am Konflikt beteiligt waren. Die Organisation war bestrebt, sich aus dem politischen Konflikt herauszuhalten und ihre Rolle bei der Stabilisierung des Weltölmarktes weiter zu spielen. Dies war jedoch angesichts der divergierenden Interessen ihrer Mitglieder keine einfache Aufgabe. Es gab heftige Kontroversen bezüglich der Verteilung der Förderquoten (Marktanteile) und der Preise. Die 13 OPEC-Länder lassen sich bekanntlich hinsichtlich Ölreserven, Förderkapazität und Finanzbedarf in zwei Gruppen unterteilen: (a) Länder mit niedrigen Reserven und hohem Finanzbedarf, (b) Länder mit großen Reserven und wachsender Förderkapazität (Irak, Kuwait, Saudi-Arabien, VAE). Die erste Gruppe ist grundsätzlich an der Maximierung ihrer Einnahmen durch Preissteigerungen interessiert. Die zweite Gruppe (außer dem Irak) bevorzugt Produktionssteigerungen und höhere Marktanteile bei niedrigen Preisen. Der Irak plädierte für eine Kombination von Preis- und Produktionssteigerungen, die die Interessen aller Mitglieder berücksichtigt und den Erfordernissen der langfristigen Marktstabilität entspricht. Alle Mitglieder sind jedoch an der Erhaltung der Bedeutung des Erdöls für die Energieversorgung der Weltwirtschaft interessiert. Sie sind sich allerdings nicht einig in der Frage, inwieweit der Ölpreis entsprechend dem Wachstum der Weltwirtschaft dynamisiert werden soll. Außerdem hatten der Irak und Iran wegen des geplanten Wiederaufbaus ihrer Volkswirtschaften nach Beendigung des Golfkrieges 1980-1988 einen Nachholbedarf, dessen finanzielle Deckung eine gewisse Reduzierung der Ölproduktion der Golfstaaten voraussetzt.

Für die Mehrheit der OPEC-Mitglieder war die Marktentwicklung im ersten Halbjahr 1990 unbefriedigend und voller Widersprüche. Nach dem katastrophalen Preisverfall von 1986 wurden im Rahmen der OPEC ein Referenzpreis von 18 US-$ pro Barrel (im Dezember 1986) und ein Quotensystem für die Ölproduktion der einzelnen Mitglieder (im November 1989) vereinbart. Aufgrund der Überproduktion bestimmter Mitglieder gab es im ersten Halbjahr 1990 eine echte Preiskrise. Der durchschnittliche Preis für die diversen OPEC-Öle, der im Januar 1990 20,56 US-$ betrug, sank kontinuierlich und betrug Anfang April 1990 nur noch 15,5 US-$, was einem Verlust von 25 % entspricht. Der festgelegte nominale Referenzpreis von 18 US-$ hatte Mitte 1990 einen realen Wert von 15 US-$. Tatsächlich betrug der faktisch erzielte nominale Preis weniger als 14 US-$, obwohl die Nachfrage nach OPEC-Öl eine steigende Tendenz aufwies. Es bestand ferner die Gefahr, daß diese ohnehin niedrigen Preise angesichts des Fehlens einer konkreten Verständigung zwischen OPEC- und Nicht-OPEC-Staaten sowie zwischen Förder- und Verbraucherländern weiter sinken würden. Die OPEC war damit also bis Ende Juli 1990 mit der Gefahr instabiler und ständig sinkender Preise konfrontiert. Ursache dieser Entwicklung war die Nichteinhaltung der vereinbarten Quoten durch sieben Mitglieder, wobei Kuwait und die VAE im Mittelpunkt der Diskussion standen. Im März 1990 war der Markt bei einer OPEC-Produktion von über 24 Mio. b/d überschwemmt. Kuwait und die VAE überschritten ihre Quoten um jeweils 500.000 b/d. Zehn OPEC-Mitglieder plädierten für die Einhaltung der Quoten und für Erhöhung des Referenzpreises von 18 auf 19 US-$. In die Preiskontroversen waren auch die Staatspräsidenten der betreffenden Länder involviert. In Briefen an die Staatschefs Saudi-Arabiens, Kuwaits und der VAE plädierte der irakische Präsident Saddam Husain für eine realen Preis von 18 US-$. Demgegenüber war Kuwait "gegen jegliche Erhöhung des nominellen Preises in den nächsten 3 bis 4 Jahren" und für die Beseitigung des Quotensystems (Erklärung des kuwaitischen Ölministers; in MEES, 12.3.1990). Saudi-Arabien war zwar für kleinere Preiskorrekturen, aber gegen wesentliche Produktionssenkungen, unterstützte also tendenziell die kuwaitische Position. Auf ihrer Konferenz am 2.5.1990 in Genf beschloß die OPEC, ihre Produktion für die drei Monate Mai-Juli 1990 um 1,445 Mio. b/d zu senken, davon 1 Mio. b/d von Saudi-Arabien, Kuwait und VAE. Sieben Mitglieder sollten zu ihren Quoten zurückkehren und fünf Mitglieder sollten ihre Förderung freiwillig kürzen. Diese Beschlüsse wurden wiederum nicht eingehalten, und damit wurde die Glaubwürdigkeit der OPEC bei den Marktteilnehmern aufs Spiel gesetzt. Eine direkte Folge war, daß sich dadurch der irakisch-kuwaitische Konflikt weiter verschärfte. Während der Irak und andere OPEC-Mitglieder für die strikte Einhaltung der Quoten eintraten, waren Kuwait und die VAE höchstens zu "kleineren freiwilligen Kürzungen" ihrer Produktion bereit. Der irakische Außenminister Tariq Aziz warnte am 3.5. vor "Fortsetzung dieses unverantwortlichen Spiels (Überschreitung der Quoten)", und die offizielle irakische Zeitung al-Thaura beschuldigte am selben Tag "bestimmte OPEC-Staaten, die sich im Rahmen der zionistisch-imperialistischen Kampagne gegen den Irak an einer konzertierten Aktion zur Unterminierung der irakischen Wirtschaft beteiligen". Der algerische OPEC-Präsident Boussena besuchte im Juni den Irak, Iran, Saudi-Arabien, Kuwait und VAE und wiederholte seine Warnungen vor einem erneuten Preisverfall wie 1986 mit seinen unübersehbaren Folgen für die Volkswirtschaften der OPEC-Länder. Er sagte: "Der Markt fühlt, daß die OPEC-Vereinbarungen nicht eingehalten werden; das ist die Ursache der Verschlechterung der Situation. Es besteht die Gefahr, daß die Dinge außer Kontrolle geraten und der Zusammenhalt der OPEC geschädigt wird." Auch bat er am 18.5. in Rundbriefen an die Ölminister der IPEC (Independent Petroleum Exporting Countries) um Beiträge zur Stabilisierung des Marktes.

Der politische Druck des Irak auf Kuwait und die VAE brachte neue Elemente in den Mechanismus der OPEC-Entscheidungen. Präsident Saddam Husain beschuldigte im Juni und Juli öffentlich die kuwaitische Regierung, "mit den USA zusammenzuarbeiten, um den Irak wirtschaftlich in die Knie zu zwingen". Das Überschreiten der Quoten habe dem Irak unerträgliche Verluste verursacht. Im irakischen Memorandum vom 15.7. an die AL wurden die Verluste der arabischen Länder wegen des Ölpreisverfalls im Zeitraum 1981-1990 auf 500 Mrd. US-$ beziffert, davon 89 Mrd. für den Irak. Allein im Zeitraum 1987-1990 seien es 25 Mrd. gewesen, und mit jedem US-$ Preissenkung habe der Irak jährlich 1 Mrd. US-$ verloren. Nun sei der Ölpreis in den Monaten Februar-Juni 1990 von 21 auf 11 US-$ gedrückt worden, und diplomatische Bemühungen zur Änderung dieses Kurses seien vergeblich gewesen. Dieser "Wirtschaftskrieg" sei angesichts der massiven Finanzierungsprobleme des Irak existenzbedrohend (al-Thaura, 18.7.). Als Antwort drohte der Irak mit Anwendung militärischer Mittel, und dies verhalf zu einem Durchbruch. Am 11.7. einigten sich in Dschidda die Ölminister des Irak, Saudi-Arabiens, Kuwaits, Qatars und der VAE auf die Rückkehr zum Quotensystem und zur Stabiliseirung des Preises bei 18 US-$. Dies war die Grundlage für die erfolgreiche OPEC-Konferenz am 26.7. in Genf. Hier wurde der Referenzpreis von 18 auf 21 US-$ erhöht und die Obergrenze der OPEC-Produktion auf 22,49 Mio. b/d festgelegt. Diese Produktionsbeschränkung sollte nicht nur den genannten Preis realisieren, sondern auch die staatlichen und kommerziellen Vorräte in den OECD-Ländern langsam abbauen helfen. Dabei sollten die Quoten von 12 Mitgliedern unverändert bleiben und nur die Quote der VAE von 1,1 auf 1,5 Mio. b/d erhöht werden. Die Überwachung der Produktion und des Exports der Mitglieder übernahmen 2 Unterausschüsse unter Vorsitz des Irak und Irans. Wenn sich herausstellen sollte, daß der faktische Preis im Dezember 1990 den festgelegten Mindestpreis von 21 US-$ übersteigt, dann würden sowohl die Produktion als auch der Referenzpreis erhöht werden. Dieses Abkommen war für alle Mitglieder zufriedenstellend und berücksichtigte auch langfristige Aspekte der Ölpolitik. Es bedeutete hinsichtlich der Preise eine Trendwende. Auf dieser Konferenz waren sich die Mitglieder über das Prinzip einer Preiserhöhung einig, nicht aber über ihr Ausmaß. Libyewar für mehr als 25 US-$. Der Irak war für eine stufenweise Verwirklichung eines Preises von 25 US-$ und wurde von Iran, Ecuador und Gabun unterstützt. Auf der anderen Seite traten Saudi-Arabien, Kuwait, Qatar, VAE und Venezuela für einen Preis von 20 US-$ ein. Schließlich einigte man sich auf 21 US-$.

Eine viel härtere Zerreißprobe für die OPEC kam nach der Besetzung Kuwaits durch den Irak am 2.8. Aufgrund des vom UNO-Sicherheitsrat verhängten Wirtschaftsembargos wurden die irakischen und kuwaitischen Ölexporte (4 Mio. b/d) vollständig gesperrt. Das Fehlen dieser Exportmenge und die Krisenatmosphäre verursachten sprunghafte Preissteigerungen. Der Irak und die mit ihm kooperierenden Kräfte hofften, daß die erwartete Preisexplosion die USA und ihre Verbündeten von der Durchführung eines Krieges abschrecken und zu einer diplomatischen Lösung bewegen würde. Auf der anderen Seite waren die USA und ihre Verbündeten bestrebt, die Versorgung der Marktes zu erträglichen Preisen mit Hilfe der Golfstaaten und der *Internationalen Energieagentur* sicherzustellen. Die Golfstaaten ihrerseits waren entschlossen, durch eigene Produktionssteigerungen den Ausfall des irakischen und kuwaitischen Exports zu kompensieren, mit oder notfalls auch ohne Zustimmung der OPEC. Bei dieser Strategie stützten sich die USA hauptsächlich auf Saudi-Arabien, die VAE und Venezuela. Die OPEC als Organisation bedachte die Risiken für ihren Zusammenhalt und für ihre zukünftige Rolle. Sie wollte keine massiven Preissteigerungen und Lieferstörungen zulassen. Saudi-Arabien wollte von der OPEC grünes Licht für Produktionssteigerungen und lud zu einer außerordentlichen OPEC-Konferenz nach Wien ein. Am Anfang konnte diese keine Mehrheit erreichen. Auf saudischer Seite standen nur Kuwait, Qatar, VAE und Venezuela. Später wurde noch Gabun gewonnen. Algerien, Indonesien und Nigeria wollten die Entscheidung über Produktionssteigerungen hinausschieben, um die sehr hohen Vorräte in den OECD-Ländern abzubauen. Sie gaben allerdings später nach. Iran hatte rechtliche Bedenken gegen die Abhaltung einer solchen außerordentlichen Konferenz, akzeptierte jedoch die Ergebnisse der Konferenz. Zuvor bezeichnete der iranische Präsident die beabsichtigte Produktionssteigerung als "Verrat". Die Konferenz fand dann am 29.8. in Wien auf der Ebene des ministeriellen Überwachungsausschusses statt. An ihr nahmen der Irak, Libyen und Iran nicht teil. Die anwesenden zehn Mitglieder beschlossen, die Produktion zwecks Marktstabilisierung zu erhöhen, ohne die zusätzliche Fördermenge und ihre ländermäßige Verteilung festzulegen. Allerdings gelte dies nur für die Zeit der Krise. Sobald die Krise überwunden sei, solle man zum Abkommen vom Juli 1990 und seinem Quotensystem zurückkehren. Ferner appellierten sie an die Verbraucherländer, durch Abbau der Vorräte zur Marktstabilisierung und zur Versorgung der Dritten Welt beizutragen. Diese Konferenz, die vom Irak als illegal zurückgewiesen worden war, war ein Erfolg für die USA und ihre Verbündeten. Sie konnte die Angebotskrise weitgehend entschärfen. Die reservearmen OPEC-Mitglieder wurden mit der versprochenen Rückkehr zum Abkommen vom Juli 1990 vertröstet. Die *Internationale Energieagentur* brauchte ihre staatlichen Vorräte nicht abzubauen, denn zum Ausgleich der irakischen und kuwaitischen Exportsmenge genügten drei Faktoren: eine höhere OPEC-Produktion, ein gewisser Abbau der kommerziellen Vorräte und ein Rückgang der Nachfrage wegen der gestiegenen Preise. Diese Regelung wurde auf der OPEC-Konferenz am 12.12. in Wien bestätigt. Die Situation war indes inzwischen besorgniserregend, denn der erwartete Krieg würde viele Öleinrichtungen zerstören, Ölfelder in Brand stecken, die Umwelt gefährden und die Volkswirtschaften der OPEC-Mitglieder erschüttern. Für die Zeit nach Überwindung der Krise rechnete man mit einer Überproduktion und einem Preisverfall sowie mit Schwierigkeiten bei der Integration der irakischen und kuwaitischen Produktion.

Mit der Landung amerikanischer Truppen im August in Saudi-Arabien und den fieberhaften Kriegsvorbereitungen war es klar geworden, daß die USA einen unmittelbaren Einfluß auf die OPEC und ihre gegenwärtigen und zukünftigen Entscheidungen zu nehmen entschlossen waren. Militärisch gesichert gegen irakische und andere Reaktionen, konnten Saudi-Arabien und die VAE ihre Ölproduktion bis zur Entstehung eines Überangebots kräftig erhöhen. Die "Ölwaffe" zur Kriegsverhinderung wurde ausgeschaltet. Saudi-Arabien behielt seine dominierende Stellung in der OPEC, die ihm der Irak im ersten Halbjahr 1990 streitig gemacht hatte. Es verstärkte sich die Tendenz, die Preise zu senken und die vereinbarte Quotenverteilung nicht einzuhalten. Die festgelegten Referenzpreise wurden von Saudi-Arabien über die Krisensituation hinaus als Orientierungsgröße und nicht als verbindlicher Mindestpreis interpretiert. Diese Tendenz wurde vom OPEC-Präsidenten immer wieder kritisiert. Die Saudis wollen über die Golfkrise hinaus den amerikanischen Präsidenten bei der angestrebten Überwindung der Rezession und bei seiner Wiederwahl durch niedrige Ölpreise unterstützen. Der Ölpreis sollte nach diesen ordnungspolitischen Vorstellungen auch im Jahr 1991 zwischen 15 und 20 Dollar liegen. Bei dieser Strategie wurde innerhalb der OPEC oft argumentiert, die niedrigen Preise würden die Ersetzung des Erdöl durch Altenativenergie verhindern und den OPEC-Marktanteil erhöhen. Aber trotz des Preisrückgangs seit 1986 verlor der OPEC-Marktanteil zwischen 1973 und 1990 15 Prozentpunkte.

Aziz Alkazaz

Tabelle: Die OPEC Rohölproduktion 1989-1990

Land	Jan.	Juli	Aug.	Dez.
Algerien	780	780	800	800
Ekuador	280	280	280	290
Gabun	250	270	270	300
Indonesien	1.240	1.250	1.290	1.400
Iran	2.500	2.190	3.200	3.450
Irak[1]	3.150	3.280	700	450
Kuwait	1.800	1.750	150	100
Libyen	1.350	1.300	1.350	1.550
Nigeria	1.700	1.750	1.800	1.900
Qatar	370	370	380	360
Saudi-Arabien	5.600	5.250	5.500	8.300
VAE	2.000	1.970	1.600	2.350
Venezuela	1.950	2.000	2.000	2.350
Neutrale Zone[2]	350	320	250	260
Total	23.320	23.480	19.570	23.860

Land	1990	1989	Veränd. in %	Quote Juli 1990
Algerien	785	727	+8.0	827
Ekuador	283	279	+1.4	273
Gabun	272	204	+33.3	197
Indonesien	1.287	1.231	+4.5	1.374
Iran	3.109	2.814	+10.5	3.140
Irak[1]	2.040	2.786	-26.8	0
Kuwait	1.083	1.313	-17,5	0
Libyen	1.394	1.129	+23.5	1.233
Nigeria	1.811	1.716	+5.5	1.611
Qatar	382	320	+19.4	371
Saudi-Arabien	6.247	4.914	+27.1	5.380
VAE	2.065	1.858	+11.1	1.500
Venezuela	2.096	1.747	+20.0	1.945
Neutrale Zone[2]	298	300	-0.7	-
Total	23.152	21.338	+8.5	17.851

[1] Sept.-Dez. betrugen Eigenverbrauch und Lieferungen an Jordanien 60.000 b/d
[2] Aufteilung der Förderung zwischen Saudi-Arabien und Kuwait 50:50

Quelle: MEES, Nikosia, 25.3.1991

III. Konflikte und gesellschaftliche Entwicklungen

Die Krise um Kuwait

In der Nacht zum 2.8. besetzten irakische Truppen das südlich angrenzende Emirat Kuwait. Nach der vom irakischen *Revolutionären Kommandorat* abgegebenen Erklärung war der Emir von "jungen Revolutionären" gestürzt worden und hatte die irakische Armee "zur Unterstützung des freien Kuwait" interveniert (JoT, 3.8.). Die neue Regierung versprach, die Probleme zwischen Kuwait und dem Irak zu lösen, und schloß die Grenzen. In einer Verlautbarung beteuerte sie die volle Kontrolle über Kuwait City und versicherte: Die Herrschaft von Korruption und Terrorismus, die von der Clique der früheren Regierung ausgeübt worden sei, sei ein für allemal vorbei.

Der Invasion vorangegangen war ein scharfer Disput zwischen beiden Seiten über die Ölpolitik des Emirats. Im Verlauf der vergangenen Monate hatte die irakische Regierung bereits mehrfach Kritik an der Ölpolitik von OPEC-Mitgliedern durchblicken lassen, deren Produktion die offizielle Quote überstieg, und ihnen vorgeworfen, mitverantwortlich zu sein, daß der Ölpreis unter dem Richtpreis von 18 US-$ liege. Am 26.6. war Ölminister Hammadi deutlicher geworden und hatte Kuwait und die Vereinigten Arabischen Emirate (VAE) beim Namen genannt. In seiner Rede zum 22. Jahrestag der Machtübernahme der Ba'th-Partei in Bagdad griff Saddam Husain selbst am 17.7. in bis dahin nicht dagewesener Schärfe seine arabischen Nachbarn am Golf an und drohte mit Vergeltung. Wenn Worte nicht ausreichten, irakische Interessen zu schützen, müsse etwas Wirksames getan werden, um die Dinge auf ihren normalen Kurs zurückzubringen und usurpierte Rechte ihren Eignern zurückzugeben (FT, 18.7.). Einen Tag später verschärfte der irakische Außenminister Tarik Aziz den Ton in einem an die Arabische Liga gerichteten Memorandum. Es enthielt die Beschuldigung, daß Kuwait Miliarden von Dollar irakischen Öls "gestohlen" habe, die Verurteilung der "Aggression" Kuwaits und der VAE gegen den Irak und die arabische Nation sowie die Unterstellung, Kuwait unterminiere die Volkswirtschaft des Irak und der arabischen Welt in einer bewußten, offenen und direkten Politik, "ein Kapitel des imperialistisch-zionistischen Plans gegen den Irak und die arabische Nation auszuführen" (BO, 19.7.). Damit verbunden war die Beschuldigung, Kuwait habe die Grenze verletzt und seit 1980 vom irakischen Ölfeld Rumaila widerrechtlich Öl gepumpt.

Während Kuwait die Arabische Liga und die UNO einzuschalten suchte, bestand Bagdad auf einer bilateralen Lösung. Gleichwohl setzten intensive arabische Vermittlungsbemühungen ein, in denen sich der ägyptische Präsident Mubarak und der jordanische König Husain besonders engagierten. Etwa vom 24.7. an begann der Irak, seinen Druck durch die Verlegung von Truppen an die irakisch-kuwaitische Grenze zu verstärken, deren Stärke bis Anfang August auf ca. 100 000 Mann anwuchs. Nach hektischen diplomatischen Vorbereitungen trafen sich Delegationen der beiden Kontrahenten am 31.7./1.8. in Dschidda, um die strittigen Probleme zu beraten, zu denen die irakische Regierung Verhandlungen über die Grenzziehung und die Forderung nach einer Entschädigung von 2,4 Mrd. US-$ hinzugefügt hatte. Die Gespräche, die von irakischen Drohungen begleitet waren, endeten ohne Ergebnis; man einigte sich auf eine Fortsetzung in Bagdad. Dazu kam es indes nicht mehr, denn wenige Stunden, nachdem man auseinandergegangen war, hatten irakische Truppen bereits das Emirat besetzt, ohne daß es zu nennenswertem Widerstand von seiten kuwaitischer Truppen gekommen wäre. Dem Emir, seiner Familie und der kuwaitischen Führung gelang - mit wenigen Ausnahmen - die Flucht nach Saudi-Arabien.

Auch die - vorstehend skizzierte - Ouverture zu der Invasion hat wiederum ihre Vorgeschichte. Schon unmittelbar nach dem Ende des acht Jahre andauernden Golf-Krieges (Waffenstillstand am 20.8.88), der durch den irakischen Überfall auf die Islamische Republik Iran im September 1980 ausgelöst worden war und in dem - neben anderen arabischen Staaten -

auch Kuwait den Irak mit erheblichen Beträgen unterstützt hatte (die genauen Zahlen sind nicht bekannt; Schätzungen belaufen sich auf Beträge zwischen 25-40 Mrd. US-$), war es zwischen beiden Staaten zu Unstimmigkeiten gekommen. Von August 1988 bis zum Jahresende 1988 wurden eine Reihe von wechselseitigen Besuchen verzeichnet, die stichhaltigen Mutmaßungen zufolge die Beziehungen Kuwaits zu Iran, das Problem der Grenzziehung und wohl auch finanzielle Forderungen des Irak zum Gegenstand hatten (FAZ, 27.12.88). 1989 verlagerten sich die Gespräche dann auf die höchste politische Ebene. Im Februar hielt sich der kuwaitische Kronprinz und Ministerpräsident Scheich Sa'd al-Salim al-Sabah zu einem sechstägigen Staatsbesuch in Bagdad auf. Obwohl über das inhaltliche Spektrum der Gespräche keine offiziellen Verlautbarungen gemacht wurden, soll wieder über die Grenzfrage gesprochen worden sein. Das besondere Interesse der irakischen Führung richtete sich dabei auf die Überlassung der beiden für den Irak strategisch wichtigen Inseln Bubiyan und Warbah. Zugleich aber soll Scheich Sa'd die irakische Führung an die Rückzahlung der irakischen Schulden erinnert haben (Saudi-Arabien hatte noch höhere Zahlungen geleistet). Dagegen standen irakische Forderungen an die kuwaitische Regierung, die Schulden zu streichen und sich finanziell am Wiederaufbau des Irak zu beteiligen, dies nicht zuletzt auch als Gegenleistung für eine eventuelle Grenzvereinbarung im kuwaitischen Sinne (NZZ, 10.2.89; MD, 3.3.89). Auch bei dem dreitägigen Besuch des Emirs selbst, Scheich Jabir al-Ahmad al-Sabah, im September 1989 blieben die strittigen Punkte offenbar unausgeräumt. Der im Juli 1990 losbrechende Sturm sollte schließlich zeigen, wie tief die Differenzen hinter der unablässigen Demonstration der "Brüderlichkeit" und des Danks für die Hilfe des "schwesterlichen Kuwait" gegen die "iranische Aggression" geworden waren.

Über die irakisch-kuwaitischen Differenzen hinaus ist das Ausbrechen der Krise am 2.8. in zwei tieferreichenden Dimensionen zu sehen. Zum einen in der historischen Dimension, die in die Zeit der Staatenbildung in der Region nach dem Fall des *Osmanischen Reiches* (1918) zurückreicht und sich in den Problemen der Grenzziehungen und im Verhältnis von Staat und Nation in weiten Teilen des Nahen Ostens generell sowie im Verhältnis der beiden Staaten Irak und Kuwait im besonderen gegebenen Fall manifestiert. Naturgemäß können an dieser Stelle die Fragen nur gestellt, nicht aber beantwortet werden. Vor dem Hintergrund der Annexion Kuwaits durch den Irak am 8.8. und der Einverleibung desselben als dessen "19. Provinz" am 28.8. muß in aller Kürze auf die Problematik der "historischen Ansprüche" eingegangen werden, die die Führung in Bagdad in diesem Zusammenhang geltend machte und die tatsächlich ein lange Vorgeschichte haben. Seit der Mitte des 18. Jahrhunderts hatte Kuwait politische Konturen angenommen (1756 Machtübernahme durch die Familie Sabah). Im 19. Jahrhundert nahm der osmanische Einfluß in dem Emirat langsam zu, und 1871 wurde es als eine Unterprovinz von Basra dem Osmanischen Reich gleichsam "eingemeindet". Bestrebt freilich, die Unabhängigkeit zu wahren, schloß der Emir von Kuwait 1899 einen geheimen Schutzvertrag mit England, das kurz vor dem Ersten Weltkrieg das Protektorat über Kuwait proklamierte. In den späteren Verhandlungen war Kuwait von der Konkursmasse des Osmanischen Reiches ausgenommen. Mit der Entlassung des Irak in die Unabhängigkeit (1932) wurde die Frage der Unabhängigkeit Kuwaits wieder akut. Die Anerkennung eigener Staatlichkeit (1932 bzw. 1963) und die Reklamierung der Zugehörigkeit zum Irak wechseln einander ab. Tatsache ist, daß die genaue Grenzziehung niemals in einem gemeinsamen Grenzvertrag vorgenommen wurde.

Die zweite Dimension liegt in der Logik der Politik Saddam Husains in den vergangenen zwei Jahrzehnten, in denen er die Politik des Irak entscheidend prägte. Gewalttätig im Inneren wie kein anderer arabischer Potentat seit dem Entstehen der arabischen Staatenwelt, war das Streben nach einer Vormachtrolle des Irak - zunächst am Golf und schließlich darüber hinaus in der arabischen Welt - eine unübersehbare Leitvorstellung Saddamscher Außenpolitik. Die Herausforderung Irans (nicht zuletzt ausgesprochen in der Forderung nach dem "Arabischen" Golf), die Nationalisierung des Erdöls, die führende Rolle im arabischen Widerstand gegen das Abkommen von Camp David und schließlich der Überfall auf Iran im September 1980 sind einige markante Etappen auf dem Wege Saddam Husains zur angestrebten regionalen Vormacht.

Es mag hier dahingestellt bleiben, inwieweit sich hinter dieser Machtpolitik die Ideologie der Ba'th-Partei, d.h. ihre Vision von der arabischen "Renaissance" (ba'th) auftut. In jedem Falle aber ist auch die andere Komponente Saddamscher Politik, die Propagierung eines arabischen Sozialismus (ishtirakiya) Teil dieser Ideologie des Ba'th. Vor diesem Hintergrund hat seit der Machtübernahme dieser Partei in Bagdad (Juli 1968) ein Spannungszustand gegenüber den konservativen Regimen auf der Arabischen Halbinsel bestanden, der erst Ende der 70er Jahre beigelegt zu sein schien. Der Besuch Saddam Husains in Riad (August 1980) und Saddam Husains Vorschlag einer "Nationalen Charta" schienen in diese Richtung zu deuten. Daß bei den traditionalistischen Regimen das Mißtrauen gleichwohl nicht völlig ausgeräumt war, demonstrierten diese, als sie bei der Gründung des *Golf-Kooperationsrates* (GKR) den Irak (Februar 1981) von der Mitgliedschaft ausschlossen.

Das Ende des achtjährigen irakisch-iranischen Krieges sah Saddam Husain in der Pose des Siegers. Er versuchte, Iran die Bedingungen der Verwirklichung der Resolution 598 des UNO-Sicherheitsrates, die die Grundlage des Waffenstillstands vom 20.8.1988 war, zu diktieren. Verwunderung erregte, daß der saudische König Fahd bei seinem Besuch in Bagdad im März 1989 einen Nichtangriffspakt schloß; hatte doch Saudi-Arabien wie Kuwait auch Saddam Husains Krieg gegen Iran zu finanzieren geholfen.

1990 trat Saddam Husains Ehrgeiz, eine Vormachtrolle zu spielen, unverhüllt hervor. Schon auf der Gipfelkonferenz der Mitgliedsländer des (-->) *Arabischen Kooperationsrates* (AKR) Ende Februar in Amman griff Saddam Husain die USA scharf an. Er warf ihnen vor, im Golf eine machtpolitische Rolle spielen zu wollen und die jüdische Einwanderung nach Palästina zu unterstützen. Am 1.4. gab er öffentlich zu, über chemische Waffen zu verfügen und drohte, daß ein Feuer die Hälfte Israels vernichten werde, wenn dieses irgendetwas gegen den Irak unternehmen werde. "Wer uns mit der Atombombe bedroht, den rotten wir mit der chemischen Bombe aus" (Der Spiegel, 5/91). Auf der arabischen Gipfelkonferenz in Bagdad (28.-30.5.), auf der Saddam Husain einmal mehr militant gegen die USA und Israel auftrat, wurde Bagdad ausdrücklich das Recht bestätigt, seine nationale Sicherheit zu verteidigen. Die westlichen und israelischen Beschuldigungen und Drohungen gegen den Irak wurden verurteilt.

Tatsächlich häuften sich 1990 die Indizien, daß der Irak an der Entwicklung biologischer und atomarer Waffen sowie an der Entwicklung einer "Superkanone" arbeitet, von der einzelne Teile auf dem Weg in den Irak sichergestellt werden konnten. Trotz wachsender internationaler Kritik wurde freilich sowohl auf die Drohungen aus Bagdad wie auf die dramatische Aufrüstung nicht mit angemessener Entschiedenheit reagiert. Einer Gruppe amerikanischer Senatoren gegenüber, die Bagdad wenige Tage nach Saddam Husains Drohungen gegen Israel besuchte, bestand er noch einmal auf dem Recht auf binäre Chemiewaffen (MD, 17.4.). In einer Botschaft am 25.4. drückte US-Präsident Bush seinen Wunsch aus, daß die beiderseitigen Beziehungen einen Beitrag zu Frieden und Stabilität in der Region leisten würden (IHT, 26.4.). Im Juni erklärte die amerikanische Administration ihren Widerstand gegen Bestrebungen im Kongreß, Handelssanktionen gegen den Irak zu verhängen (IHT, 17.6.), eine Position, an der Washington bis zum Vorabend der irakischen Invasion in Kuwait festhielt. Im Sinne dieser Politik scheint auch die amerikanische Botschafterin April Glaspie in einem persönlichen Gespräch mit Saddam Husain am 25.7., in dem dieser ziemlich unverhüllt mit Vergeltungsmaßnahmen gegen Kuwait drohte, reagiert zu haben. Nach dem Protokoll, das von Bagdad veröffentlicht wurde, soll die Botschafterin u.a. gesagt haben, "... aber wir haben keine Meinung zu den innerarabischen Konflikten, insbesondere zum Grenzstreit mit Kuwait". (In einem Hearing vor dem Kongreß im März 1991 gab die Botschafterin dieses Gespräch allerdings differenzierter wieder (vgl. FAZ, 22.3.91, S.14).

Vor diesem Hintergrund reagierte die internationale Gemeinschaft überraschend schnell und geschlossen. Schon am 2.8. verurteilte der UNO-Sicherheitsrat die irakische Invasion und forderte Bagdad auf, alle Streitkräfte sofort zurückzuziehen (Resolution 660). In einer Serie von weiteren elf Resolutionen (--> Dokumente) verhängte der Sicherheitsrat in der Folge u.a. ein weltweites Handelsembargo, erklärte die Annexion Kuwaits für null und nichtig (9.8.) und ermächtigte die Anwendung von Waffengewalt zur Durchsetzung des Embargos (25.8.). Auf Drängen der USA bevollmächtigte er schließlich die Mitgliedstaaten, alle notwendigen Mittel einzusetzen, um die Resolution 660 und die darauffolgenden Resolutionen umzusetzen und zu verwirklichen, wenn der Irak sich nicht bis zum 15.1.1991 zurückgezogen haben würde (29.11.; Resolution 678).

Entscheidend für den weiteren Gang der Dinge freilich wurde die entschiedene Zurückweisung der irakischen Invasion seitens der amerikanischen Regierung. Am 8.8. kündigte Präsident Bush in einer Rede die Entsendung amerikanischer Truppen nach Saudi-Arabien an. Sie hätten ausschließlich defensiven Charakter und dienten dem Schutz des Königreiches gegen den Irak, der unterdessen in Kuwait mehr als 100.000 Mann stationiert habe (IHT, 9.8.). Vorangegangen waren ein zweitägiger Besuch von US-Verteidigungsminister Cheney in Riad und eine "Hilfsbitte" (FAZ, 9.8.) der saudischen Regierung. Der amerikanische Präsident ließ aber zugleich keinen Zweifel daran, daß die USA damit den unmittelbaren Rückzug aller irakischen Truppen aus Kuwait anstrebten und entschlossen seien, der Aggression entgegenzutreten (confront aggression; IHT, 9.8.). Mit dem Ende der Aggression verband Präsident Bush zugleich die Herstellung von Friede und Stabilität in der Region.

Es ist unsicher, was die Absichten Saddam Husains im Hinblick auf das künftige Regime in Kuwait gewesen sein mögen. Eindeutig war nur, daß er eine Rückkehr der Familie Sabah kategorisch ausschloß. Nach der Ankündigung des amerikanischen Präsidenten, Truppen nach Saudi-Arabien zu entsenden, annektierte Saddam Husain Kuwait noch am selben Tag (8.8.). Am 28.8. erklärte er es zur 19. Provinz des Irak. Tatsächlich kann der 8.8. als Wendepunkt der Krise betrachtet werden. In den Augen breiter Teile der arabischen Öffentlichkeit war Saddam Husain bis dahin ein Diktator, von dessen Herrschaft in Bagdad keine Attraktivität ausgegangen war. Auf die Aggression gegen Kuwait hatte es Proteste namentlich linker wie islamisch-fundamentalistischer Kreise - gerade auch in den israelisch besetzten Gebieten - gegeben; hatte die kuwaitische Regierung doch erhebliche Geldmittel sowohl der PLO und sozialen Einrichtungen in Palästina als auch religiösen Kreisen zukommen lassen. Darüber hinaus hatten viele Palästinenser in Kuwait - z.T. seit Jahrzehnten - in allen Bereichen der Wirtschaft, Verwaltung und des öffentlichen Lebens ein gutes Auskommen gefunden. Die Aggression des Irak ließ viele von ihnen über Nacht alles verlieren.

Nach der Ankündigung der Entsendung amerikanischer Truppen nach Saudi-Arabien begann die Stimmung bei weiten Teilen der arabischen Öffentlichkeit umzuschlagen. Mehr und mehr wurde der amerikanische Aufmarsch als neuerliche Bedrohung und als Diktat durch eine auswärtige Macht wahrgenommen. Saddam Husains Strategie bestand von nun an darin, selbst zum Vorkämpfer arabischer Interessen zu werden. Sehr bald begann er, den arabisch-israelischen Konflikt zu instrumentalisieren. Am 12.8. verkündete er eine "Initiative, damit Frieden und Sicherheit in der Region wiederhergestellt werden könnten". Er schlug vor, daß alle Okkupationsprobleme in der Region auf den gleichen Grundlagen und Prinzipien gelöst werden, die vom UNO-Sicherheitsrat aufgestellt werden sollten: *Erstens* solle Israel sich aus den besetzten Gebieten in Palästina, Syrien und Libanon zurückziehen, Syrien aus Libanon; der Irak und Iran aus den besetzten Gebieten des jeweils anderen; des weiteren solle ein "Arrangement" für Kuwait erarbeitet werden. *Zweitens* sollten die amerikanischen und anderen Truppen aus Saudi-Arabien abgezogen und durch arabische ersetzt, und *drittens* alle Resolutionen über Sanktionen und Boykott gegen den Irak eingefroren werden (Europa-Archiv, Folge 17/1990, S. Z 172 f). Die Forderung nach einer Verknüpfung der Krise am Golf mit einer Beilegung des arabisch-israelischen Konflikts durch eine internationale Konferenz wurde von da an ein ständiges Leitmotiv in der Reaktion Saddam Husains auf die Forderungen nach einem bedingungslosen Rückzug aus Kuwait. Zwar wurde eine Verknüpfung von den USA und ihren Verbündeten (sowie Israel) rundweg abgelehnt, doch trat die Notwendigkeit, nach dem Ende des Konflikts die Palästinafrage auf die diplomatische Agenda zu setzen, als Voraussetzung einer dauerhaften Stabilisierung der Nahostregion ins Blickfeld. Die Strategie der Mobilisierung der arabischen Öffentlichkeit fand in der Islamisierung des Konflikts eine weitere Dimension. Bereits am 5.9. rief Saddam Husain in einer im Fernsehen und Rundfunk verlesenen Erklärung zum *Heiligen Krieg* gegen die amerikanischen Truppen in Saudi-Arabien sowie gegen dieses Land selbst auf. Die korrupte saudische Regierung müsse gestürzt werden. Der Irak könne militärisch nicht besiegt werden, da dazu mindestens 12 Mio. Mann benötigt würden. Der Irak müsse bei seinem Sieg Jerusalem befreien (SWB, 7.9.). Auch das Motiv des *Heiligen Krieges* blieb bis zum Ausbruch des bewaffneten Konflikts im Januar 1991 ein Leitmotiv der irakischen Mobilisierungsstrategie und Propaganda. Immerhin sah sich namentlich die saudische Führung gezwungen, auf diese Strategie zu reagieren. Insbesondere fundamentalistische Kreise reagierten auf das Argument, mit der Einladung amerikanischer Truppen den Boden des Wirkens des Propheten Muhammad, auf dem die Städte Mekka und Medina lägen, besudelt zu haben. Nach tausend Jahren hätten sich die Zeiten der Kreuzfahrer wiederholt. Zu deren Zurückschlagung sei tatsächlich der *Heilige Krieg* zu führen. Vor diesem Hintergrund versammelte die saudische Regierung schon eine Woche später mehr als 300 Religionsgelehrte aus über sechzig Ländern, um zu legalisieren, daß "Saudi-Arabien das Recht habe, zu seinem Schutz nicht-islamische Länder anzurufen, um sich gegen die irakische Aggression schützen zu lassen" (AN, 13.9.).

Von besonders negativer Auswirkung auf die internationale Gemeinschaft war die Instrumentalisierung nicht-arabischer Staatsbürger durch Bagdad. Am 18.8. gab der irakische Parlamentsvorsitzende, Sa'di Mehdi Salih, bekannt, daß die Angehörigen der Nationen, die "den Irak bedrohten", auf strategische Einrichtungen, Militärlager usw. verteilt werden sollten. In einem am folgenden Tag in Rundfunk und Fernsehen verbreiteten offenen Brief begründete Saddam Husain diesen Schritt: "Diese Ausländer seien lebendige Zielscheiben, die eine militärische Aggression verhindern sollten; daher dürften sie den Irak nicht verlassen" (Europa-Archiv, Folge 18/1990, S. Z 184). Bemühungen zur Freilassung der "Geiseln" standen in den folgenden Wochen im Mittelpunkt diplomatischer Kontakte mit dem Regime in Bagdad, gegen das das verhängte Embargo im übrigen immer spürbarer zu wirken begann. Zwar verständigte sich die internationale Gemeinschaft darauf, diesbezüglich keine offiziellen Verhandlungen mit Bagdad zu führen. Doch waren private Initiativen zu ihrer Befreiung nicht zu verhindern. So entwickelte sich eine Art von "Geisel-Tourismus", welcher zumeist "elder statesmen" nach Bagdad führte, Kontakte, die Saddam Husain mit der selektiven Freilassung von Geiseln anerkannte. In Deutschland wurde die Reise des Ehrenvorsitzenden der SPD, Willy Brandt, Anfang November in diesem Zusammenhang besonders aufmerksam, aber auch kritisch wahrgenommen. Am 18.11. kündigte Präsident Saddam Husain schließlich an, daß er die etwa 2.000 Geiseln im Zeitraum zwischen Weihnachten 1990 und März 1991 freilassen werde.

Gegenüber der geschlossenen Reaktion der UNO und dem entschlossenen Vorgehen der USA offenbarte sich die Arabische Liga als völlig wirkungslos, die Krise zu entschärfen. Beratungen des Außenministerrates am 2./3.8. zeigten die Gespaltenheit der Organisation gegenüber der Aggression. Der Verurteilung des Irak schlossen sich Jordanien, Jemen, Sudan, Palästina, Mauretanien, Libyen und Tunesien nicht an. Auf der außerordentlichen Gipfelkonferenz am 10.8. wurde indes von der Mehrheit eine Erklärung angenommen, in der die irakische Aggression verurteilt und gefordert wurde, daß sich die irakischen Truppen unverzüglich aus Kuwait zurückziehen. Zugleich beschloß der Rat auf Ersuchen Saudi-Arabiens und anderer Golfstaaten die Bereitstellung von Truppen, um deren Verteidigung zu unterstützen.

Trotz einer Reihe diplomatischer Vorstöße von unterschiedlicher Seite kam eine arabische Lösung bis zum Ausbruch des Krieges im Januar nicht zustande. Ägypten, Syrien und Marokko entsandten Truppen nach Saudi-Arabien; namentlich Jordanien und die PLO unterstützten Saddam Husain. Der Streit darüber, ob Kairo wieder Sitz der Arabischen Liga werden (wie bis 1979) oder dieser in Tunis verbleiben sollte, und der Rücktritt des Generalsekretärs der Liga, Chadli Klibi, am 3.9. dokumentierten, wie tief die Arabische Liga in die politische Sackgasse geraten war.

Naturgemäß hatte der Ausbruch des irakisch-kuwaitischen Konflikts Auswirkungen auf den Ölmarkt. Schon im Vorfeld der Krise hatte der Irak die Anhebung des Richtpreises von 18 US-$ auf 25 US-$ gefordert. 21 US-$ waren auf der OPEC-Konferenz in Wien am 27.7. beschlossen worden. Mit der Besetzung Kuwaits kontrollierte Bagdad zwar etwa 21 % der nachgewiesenen Welterdölreserven, doch fiel der Export aus beiden Ländern aufgrund des Embargos schlagartig vollständig aus. Damit mußten kurzfristig etwa 4,3 Mio. b/d aus der Produktion anderer OPEC-Mitglieder aufgebracht werden. Die anhaltende Unsicherheit darüber ließ den Ölpreis ab Mitte August schrittweise ansteigen. Mit 32 US-$ erreichte der Preis gegen Ende August einen Höchststand seit 5 Jahren. Trotz des Einvernehmens unter den OPEC-Mitgliedern, die irakisch-kuwaitischen Ausfälle zu ersetzen (allein Saudi-Arabien erhöhte seine Produktion um 3 Mio. b/d) stieg der Preis bis Mitte Oktober auf eine zeitweise Höchstmarke von mehr als 40 US-$, von der er bis zum Jahresende auf etwa 26 US-$ zurückfiel.

Mit dem militärischen Aufbau auf seiten der Alliierten und der Weigerung Saddam Husains, sich aus Kuwait zurückzuziehen, war der Diplomatie von Anfang an ein nur enger Spielraum gesetzt. Zwar fehlte es nicht an Bemühungen, Bagdad zu einer flexibleren Haltung zu drängen. Sie wurden von arabischer wie nicht-arabischer Seite unternommen. Namentlich der sowjetische Nahostexperte Primakov unternahm im Auftrag Präsident Gorbatschows im Rahmen zweier Nahostmissionen den Versuch, einen Rahmen für eine diplomatische Lösung zu finden, die die Gefahr einer militärischen Auseinandersetzung abwenden würde. Die Forderung Saddam Husains jedoch, die Kuwait-Frage mit der Palästina-Frage direkt zu verknüpfen, stieß bei den Alliierten auf kategorische Ablehnung. Am 8.11. kündigte Präsident Bush die Entsendung weiterer 100.000 amerikanischer Soldaten in die Golf-Region an. Dies sollte die USA in die Lage versetzen, gegebenenfalls die Offensive gegen den Irak zu ergreifen. Am 29.11. schaffte der Sicherheitsrat der UNO dann die Voraussetzung für eine militärische Auseinandersetzung: In der Resolution 678 wurde dem Irak ein Ultimatum bis zum 15.1.1991 gestellt, seine Truppen aus Kuwait abzuziehen und den vorausgegangenen UNO-Resolutionen nachzukommen. Zugleich bevollmächtigte der UNO-Sicherheitsrat seine Mitglieder, alle Mittel einzusetzen, um den Frieden und die internationale Sicherheit in der Region wiederherzustellen. Vor diesem Hintergrund machte der amerikanische Präsident am 30.11. an den irakischen Präsidenten das Angebot, "to go the extra mile for peace". In einer Pressekonferenz kündigte er die Einladung des irakischen Außenministers nach Washington und die Entsendung Außenminister Bakers nach Bagdad bis zum 15.1.1991 an. Zwar begrüßte Bagdad diese Initiative und verkündete als Antwort endlich die umgehende Freilassung aller Geiseln. Über einen Termin für ein Treffen aber konnte kein Einvernehmen erzielt werden. Damit standen die Zeichen zum Jahresende auf Krieg. Als das Treffen der Außenminister Baker und Aziz am 9.1.1991 in Genf doch noch zustande kam, hatten sich die Positionen nicht verändert. Der Krieg, der in der Nacht vom 16. auf den 17.1.1991 ausbrach, war unvermeidlich geworden.

Udo Steinbach

Aspekte der Proliferation von Massenvernichtungswaffen in Nordafrika und Nahost

Einleitung

Im Zusammenhang mit den sich im Frühjahr 1990 erneut wegen der Chemie(waffen)fabrik Rabta in Libyen zuspitzenden Auseinandersetzungen zwischen den USA und Libyen hat US-Verteidigungsminister Cheney in einer auch von der arabischen Presse viel beachteten Rede (vgl. u.a. JoT, 1.4.) grundsätzlich zur Proliferation von Massenvernichtungswaffen (chemische, biologische und atomare Waffen) in Nahost Stellung genommen und die Sorge der US-Regierung zum Ausdruck gebracht, daß zwar derzeit keine direkte Bedrohung der USA bestünde, jedoch "am Ende der sich andeutenden Entwicklung eine Gefahr für die US-Streitkräfte und ihre Verbündeten entstehen könne, wenn eine ganze Anzahl von Dritte-Welt-Staaten Massenvernichtungsmittel besäße". Die beiden demokratischen Senatoren Wilson und Levin äußerten darüber hinaus in einem Schreiben an den Vorsitzenden des *Armed Services Committee* Sam Nunn ihre Bedenken gegen "the growing problem of tactical missile proliferation in the Middle East", zu dem die westlichen Industrienationen indes durch legale und illegale Rüstungsexporte nicht unmaßgeblich beigetragen haben. Diverse Vorfälle seit September 1989, also noch vor der Golfkrise (u.a. Erprobung von Raketengeschossen durch die irakische und israelische Armee; der irakische Versuch des Erwerbs von 40 Zündern für Atombomben; der dem Irak zugeschriebene Versuch zum Bau einer Superkanone; israelische Drohungen zur Zerstörung des irakischen Atompotentials gefolgt von Saddam Husains Androhung in seiner Rede vom 1.4.1990, im Angriffsfall "halb Israel mit Chemiewaffen zu zerstören"; Saddam Husains Erklärung in derselben Rede, nicht Atom-, aber binäre chemische Waffen zu besitzen, JoT, 3.4.; die Aussetzung eines zweiten israelischen Satelliten, Ofeq-2, mittels einer Langstreckenträgerrakete), haben massive Befürchtungen über unkontrollierte Eskalationen im nahöstlichen Spannungsfall aufkommen lassen, insbesondere wenn das Konzept der Abschreckung (wie es von Israel bislang praktiziert wurde) von Politikern destruktiver Geisteshaltung (wie Saddam Husain) ignoriert wird.

1. Erwerbsziele und Erwerbsrechtfertigung

Sind die Bestrebungen verschiedener Staaten Nordafrikas, des Nahen und Mittleren Ostens, chemische, biologische und atomare Massenvernichtungswaffen einschließlich der dazu erforderlichen Trägersysteme zu erwerben, nachgewiesen, ist über die Aufrüstungsideologie einschließlich der damit einhergehenden praktischen vorbereitenden Schritte und die Rechtfertigung weniger bekannt. Militärische Aufrüstung und Rüstungswettläufe zwischen Staaten sind, so Hanns Maull in seinem Beitrag zum Waffenhandel in Nahost, Resultat eines Gefühls der Unsicherheit und der Perzeption einer realen oder eingebildeten Bedrohung, wobei in diese Sicht seitens der arabischen Staaten die Existenz Israels zwangsläufig integriert ist. Besonders offensichtlich wird diese Dimension bei jenen Staaten, die wie Libyen Rüstungsmaterial in Quantitäten erworben haben, die die Absorptionskapazitäten (auch qualitativ) durch die eigenen Streitkräfte bei weitem übersteigen. Hinzu kommen interne Ursachen für die Stärkung des Militärsektors, sei es dessen Ausbau zur Bekämpfung bewaffneter Opposition (Beispiel Sudan: Kampf gegen die SPLA) oder die dadurch vollzogene Privilegierung und Aufwertung des Militärs als zentraler politischer Akteur zahlreicher nahöstlicher Staaten.

Ein weiterer Faktor, der die Aufrüstung bedingt hat, war machtpolitischer Natur (Ambition zur regionalen Führungsmacht), wobei wie im Falle Libyens der Ost-West-Konflikt und

Interessenkoinzidenzen (Libyen-UdSSR) oder hinsichtlich des Irak dessen unterstellte *containment*-Politik gegenüber dem islamistischen Iran sich begünstigend auf die Deckung des waffentechnischen Bedarfs auswirkte. Diese Ambition wurde zugleich instrumentalisiert, um den Besitz fortgeschrittener Militärtechnologie und damit ausgestatteter Waffensysteme durch bestimmte Staaten (Atomwaffenbesitz Israels oder Indiens) durch eigene Anstrengungen auszugleichen. Verschiedene Reden des libyschen Revolutionsführers Qaddafi belegen aber, daß dieses militärische Ziel auch tiefer sitzende psychologische Elemente hat, nämlich die generelle Unzufriedenheit mit der technologischen Überlegenheit des Westens, der man bislang quasi ohnmächtig ausgeliefert ist. Eindeutig ist bei dieser Einschätzung trotz aller sonstigen Feindschaft die Nähe zur islamistischen Argumentation, die Bassam Tibi am Beispiel der Äußerung des ägyptischen Islamisten Hasan al-Sharqaui (vgl. FAZ, 9.2.1991, Beilage) aufgezeigt hat: "Unser Ziel kann nicht darin bestehen, daß wir uns verwestlichen, sondern daß wir lernen, die modernen Waffensysteme zu handhaben, ja selbst zu produzieren und weiterzuentwickeln, um unsere Feinde zu besiegen." Werden dann noch die Bemühungen zur Aufholung des technologischen Vorsprungs oder zum Bau einer eigenen Atombombe durch den Westen vereitelt (so die einhellige Interpretation der arabischen Medien), ist es zum Vorwurf des "technologischen Rassismus", wie ihn der ehemalige algerische Minister Bashir Boumaza äußerte (PdT, 15.12.), nicht mehr weit. Erst die "islamische Atombombe" wäre der Genugtuung verschaffende Gegenbeweis. Für dieses Ziel tritt Qaddafi offen ein, während andere Staaten wie Pakistan oder der Irak ohne propagandistische Töne zur Tat schritten, damit zugleich aber auch weniger über ihre Rechtfertigungsideologie und die zumindest rhetorisch propagierten Einsatzmöglichkeiten offenlegen. Qaddafi, der zuletzt Mitte April und am 17.6.1990 die Studenten und die Leitungen aller libyschen Hochschulen dazu aufrief, "Tag und Nacht zu arbeiten, um die Zeit zu verkürzen und die Bemühungen zu intensivieren, um den Weltraum zu erreichen und die Atombombe trotz des Widerstandes Amerikas herzustellen" (nach MD, 18.6.), nannte als Zeitraum zur Verwirklichung dieses Ziels 20 Jahre. Zugleich will Qaddafi die Atombombe nicht nur für den nationalen Schutz wie im Falle des US-Angriffs auf Tripolis und Banghazi am 15.4.1986 ("If we had a deterrent force of missiles able to reach New York we would have directed them at that very moment against it"; JANA nach TT, 23.4.) parat wissen, sondern als "lebenswichtige Verteidigungswaffe für alle Araber". Dieses Plädoyer für einen atomar bewaffneten arabischen Nahen Osten zu Verteidigungszwecken primär gegenüber Israel (so Qaddafi explizit am 21.6. und 1.9.1987; vgl. AdG, 21.6.1987) hat Libyen - wie andere nahöstliche Staaten auch - mit einer gezielten Erwerbspolitik und dem Aufbau eines förderlichen Umfeldes (wenngleich teilweise dilettantisch) umzusetzen versucht. Diesem Zweck dienten insbesondere die Nuklearprogramme, die seit Beginn der siebziger Jahre in allen wichtigen Regionalstaaten (Israels Versuchsreaktor in Dimona ist bereits seit 1964 kritisch) angelaufen sind und sich zwar hinsichtlich Typ (zivile vs. militärische Nutzung), Größe und Stadium unterscheiden, doch - wie Shai Feldman betont - letztendlich alle dem einen Ziel, nämlich der Atombombenherstellung dienlich sein können. In das Umfeld des geplanten oder bereits erfolgten Erwerbs von Versuchsreaktoren durch die arabischen Staaten (vgl. Überblick JoT, 3.7.1982 oder The Middle East, Nov. 1985; zuletzt 1989 Algerien und Marokko, das am 26.7.1990 einen 4 Mio. US-$ Vertrag mit den USA zum Erwerb eines Versuchsreaktors unterzeichnete) gehören die Gründung von Expertenkommissionen oder eines Atomenergieministeriums (wie in Libyen am 7.1.1981), die Einrichtungen universitärer Institute (z.B. am 30.4.1982 Fakultät für atomare und elektronische Studien an der Universität al-Fatih, Tripolis) genauso wie die Herausgabe fachspezifischer Periodika. Während indes der Irak (dessen Osiris-Versuchsreaktor 1981 wegen des fortgeschrittenen Stadiums durch einen israelischen Luftangriff zerstört wurde) oder Pakistan (in dessen Atomkraftwerk Kahuta "nicht nur Strom erzeugt werden soll", so zumindest die immer wiederkehrenden Behauptungen besonders von US-amerikanischer Seite; vgl. IHT, 21.2.1987: U.S. warning on Pakistan bomb) dem Besitz von Atomwaffen durch eigene Anstrengungen und international bekannte lokale

Wissenschaftler wie den pakistanischen Atomphysiker Dr. Abdul Qadeer Khan (vgl. Interviews SWB, 16.2.1984 und AN, 3.3.1987) inzwischen recht nahe sind (Feldman: "If Pakistan is to become the first Moslem nuclear state, Iraq is most likely to become the first Arab nuclear state"), blieben Libyen bislang nur medienwirksame "Importversuche": 1. von Pakistan (zurückgehend auf den Besuch Qaddafis in Lahore 1974; finanzielle Beteiligung am pakistanischen Nuklearprogramm), 2. von Indien (im Anschluß an den ersten gelungenen unterirdischen Atomtest 1974 Abschluß eines Atomkooperationsabkommens) und 3. von China (Reise Jalluds in die VR China 1970 zum allerdings erfolglosen Versuch des Kaufs einer "kleinen taktischen Atombombe").

Jüngeren Datums sind die Bemühungen zur Herstellung von chemischen und biologischen Kampfwaffen in der Region und eigentlich nur für zwei Staaten, Irak und Libyen, nachgewiesen. Der Irak produziert zumindest seit Beginn der achtziger Jahre chemische Kampfstoffe (FAZ, 21.1.1991), zum einen den Hautkampfstoff Lost (Senfgas) und zum anderen die Nervenkampfstoffe Sarin und Tabun (sowie vermutet Soman), die von den irakischen Streitkräften während des Krieges mit dem Iran ab 1983-1988 (1983-1987 zur Defensive, ab 1988 auch als Offensivwaffe; vgl. Analyse von McNaugher) zu taktischen und operativen Zwecken gegen die iranische Armee eingesetzt wurden. Opfer von chemischen Kampfstoffen (Tabun) wurden jedoch auch die nach Autonomie strebenden irakischen Kurden, als die Bevölkerung der kurdischen Stadt Khalabja im März 1988 im Zuge einer Vergeltungsaktion von der irakischen Luftwaffe mit solchen Kampfstoffen belegt wurde (mindestens 5.000 Todesopfer). Der Ausbruch einer Thyphusepidemie in der Stadt Sulaimaniya im September 1988 wird hingegen auf den Einsatz von biologischen Kampfstoffen zurückgeführt (MEI, 31.8.1990). Die Produktion von Chemiewaffen durch Libyen ist vermutet, aber nicht definitiv (u.a. durch Anwendung) bestätigt. Den permanenten libyschen Dementis, bei der entsprechenden Anlage in Rabta handele es sich um eine pharmazeutische Industrieanlage, stehen seit Herbst 1988 (wobei damals von der US-Presse primär japanische Firmen beschuldigt wurden, die notwendige Ausrüstung geliefert zu haben) die Vorwürfe der Giftgasproduktion im Raum, wobei die militärische Sicherung der Anlage und die nachgewiesenen Lieferungen chemischer Ausrüstung der Imhausen-Chemie allerdings den Verdacht bestärkten. Seit Sommer 1990 multiplizieren sich schließlich Berichte über den angeblichen Bau einer zweiten, unterirdischen Chemiewaffenfabrik in Südlibyen (u.a. IHT, 19.6.; ZDF-Bericht mit nachfolgenden Meldungen z.B. in OP, 7.2.1991) einschließlich einer Produktionseinheit für "biological surprises" (The Middle East). Qaddafi selbst hat sich zum angestrebten Besitz von chemischen Massenvernichtungswaffen mehrmals geäußert, ganz deutlich gegenüber der eigenen Nachrichtenagentur JANA am 15.3.1990: "Wenn Libyen diese herstellen könnte, würde ich keinen Augenblick zögern, und ich würde diese Tatsache auch nicht verbergen, denn es gibt unglücklicherweise kein Gesetz, das welches Land auch immer dazu zwingen könnte, deren Produktion einzustellen. Da Libyen mit seiner eigenen Kraft erst in 20 Jahren in der Lage ist, eine chemische Bombe zu produzieren, fordere ich jedes Unternehmen und jeden Staat auf, nach Libyen zu kommen und dort eine chemische Fabrik aufzubauen. Ich persönlich werde den Vertrag ohne Zögern unterschreiben." (nach SWB, 17.3.). Solange andere Staaten (USA, UdSSR) ebenfalls legal über Chemiewaffen verfügen, gebe es keinen Grund, so Qaddafi weiter, Libyen den Besitz zu verbieten.

2. Lieferanten und Bestände

Wesentlicher Faktor für den Rüstungswettlauf im Nahen Osten sind bei zwar vorhandenen lokalen Rüstungsindustrien mit allerdings in der Regel limitierten Kapazitäten und technologischen Defiziten (--> Ägypt. Rüstungsindustrie, JB 1989) die Waffenimportmöglichkeiten. Diese sind einheimischerseits abhängig von der Höhe der Ressourcen, die dafür freigesetzt werden können, und zwangsläufig bei Staaten mit geringerer Kapitalabsorptionsfähigkeit

(Libyen, Saudi-Arabien, Golfstaaten) höher als bei bevölkerungsreichen und relativ ressourcenarmen Staaten wie Algerien, Ägypten oder Syrien. Der Irak ist ein Sonderfall, weil systembedingt zu Lasten der Konsumtion und der zukünftigen Entwicklung massiv Ressourcen in den Rüstungssektor umgeleitet werden. Der Rüstungswettlauf ist ebenfalls von der Lieferbereitschaft dritter Staaten/externer Unternehmer abhängig. In welcher Höhe welcher Staat/welches Unternehmen an wen welche Waffen geliefert hat, geht deutlich aus den jährlichen Bilanzen des Londoner *International Institute for Strategic Studies* (The Military Balance) hervor; Tatsache ist, daß allein von 1983-87 überwiegend westliche und östliche Waffenlieferanten, aber auch Staaten wie Südafrika, Brasilien oder Argentinien für 102,4 Mrd. US-$ Waffen in den Nahen Osten lieferten, davon die UdSSR für 33,92, die USA für 17,83, Frankreich für 15,35 und die BRD für 1,39 Mrd. US-$. Die größten Abnehmer waren hingegen der Irak mit 29,89, Saudi-Arabien mit 18,32, Syrien mit 10,45, Libyen und Ägypten mit je 7,8 sowie Israel mit 4,3 Mrd. US-$. Diese Rüstungsimporte einschließlich der legalen/illegalen Importe von Anlagen zur Produktion von Massenvernichtungswaffen schlugen sich u.a. auch in einer bedrohlichen Zunahme des Bestandes an Chemiewaffen und Raketensystemen nieder, die zum Transport konventioneller als auch nichtkonventioneller (atomarer, chemischer oder binärer chemischer) Waffen zumindest prinzipiell geeignet sind.

Dürfte nach allgemeiner Auffassung im nahöstlichen Raum bislang nur Israel über Atomwaffen verfügen, wobei die Anzahl der Sprengköpfe ab zehn aufwärts sehr unterschiedlich angegeben wird (vgl. Le Monde Diplomatique, Jan. 1991: L'arsénal israélien...), herrscht bezüglich des *Aspiranten* Irak Unsicherheit, wie allein einige Zeitungsmeldungen belegen: "Bagdad hat ab 1991 die Atombombe" (Le Temps, Tunis, 17.12.), der ehemalige französische Verteidigungsminister Giraud: "Es gibt keine irakischen Nuklearwaffen" (Le Temps, 18.12.) oder: "Irakische Atombombe im Frühjahr 1993" (IHT, 28.12.). Wie fortgeschritten die Entwicklung de facto auch gewesen sein mag, so haben die schweren Luftangriffe seit Ausbruch des Golfkrieges II ab 17.1.1991 (Zerstörungsquote mindestens 50 %; M, 6.2.1991) auf viele Jahre hinaus die bestehenden atomaren Ambitionen zunichte gemacht. Gleiches gilt für die irakische Infrastruktur zur Herstellung chemischer Kampfstoffe. Wichtigster Forschungskomplex war ein Teil der Universität Mossul, wichtigste Produktionsorte waren die Anlage von al-Falluja (benachbart befand sich eine Produktionsstätte für die modifizierten Scud-Raketen) sowie die Samarra-Anlage 60 km nordwestlich von Bagdad, ursprünglich ausgewiesen als Fabrik zur Herstellung von Pestiziden und ausgestattet durch Geräte aus der BRD (Unternehmen Quast, Kolbe), Niederlande (KBS, Melchennie) und Italien (Montedison). Als jährliche Produktionsmenge der überwiegend in Artillerie- und Raketengeschossen eingeschlossenen chemischen Kampfstoffe wurde zuletzt (1990) 1.200 t angegeben (vgl. MEI, 31.8.: Iraq's chemical weapons capacity).

Parallel zur Entwicklung und Herstellung der Massenvernichtungswaffen gab es im Irak, aber auch in zahlreichen anderen Regionalstaaten Bestrebungen, durch Importe, Weiterentwicklungen importierter Waffensysteme oder gänzliche Neuentwicklungen (dies trifft primär auf Israel zu) die Raketen- und Artilleriekapazitäten auszubauen (vgl. Überblick NZZ, 28.7.). Die Importe von Raketenwerfern (Israel z.B. von amerikanischen Lance-Werfern; Irak, Syrien, Ägypten, Jemen, Iran, besonders aber Libyen von sowjetischen Frog-, Scud-B- und SS-21-Werfern; vgl. Tabelle bei Heisbourg, S. 251) samt dazugehörigen Raketen, darunter im Falle Saudi-Arabiens abgesehen von 2.000 Tow-Antipanzerraketen (KuT, 9.6.) das aufsehenerregende Abkommen mit der VR China über die Lieferung von 2.700 km weit reichenden, mit atomaren oder chemischen Gefechtsköpfen bestückbaren, Dong-feng(Ostwind)- sowie Silkworm-Raketen (JP, 13.6.), waren dabei bislang das dominierende Verfahren der Aufrüstung, wobei dies auch für den Erwerb von weitreichenden Artilleriegeschützen (besonders der weitreichenden südafrikanischen 155 mm G 5-Haubitze, von denen der Irak beim Hersteller Armscar für über 1 Mrd. DM Exemplare orderte; FAZ, 7.8.) gilt. In beiden Sparten hat indes der Irak maßgebliche Anstrengungen unternommen, durch Weiter- und Neuentwicklungen sein Militärpotential zu optimieren. Dies betraf neben den Bemühungen zum Bau einer 80-cm-kalibrigen "Superkanone" nach Plänen des im März 1990 ermordeten kanadischen Ballistikers Gerald Vincent Bull (vgl. The Middle East, August) die Weiterentwicklung der sowjetischen Kurzstreckenrakete Frog (arab. Version: Laith) und der Scud-B-Raketen, deren ursprüngliche Reichweite in einem ab 1982 laufenden Crash-Programm von 280-300 km bei einem Gefechtskopf von 985 kg in der Version "al-Hussein" auf 600-650 km (bei allerdings verringertem Gefechtskopf von 500 kg; erstmaliger Einsatz am 29.2.1988 während des Golfkrieges I bei Abschuß auf Teheran) bzw. in der 1988 erstmals getesteten Version "al-Abbas" auf 850-900 km (Gefechtskopf 150 kg) vergrößert wurde, so daß Israel in den Aktionsradius fiel (vgl. JA, 11.7.1990 und 30.1.1991: Les SCUD de l'Irak). Weitere Raketen (al-Hijara, al-Abid mit 2.000 km Reichweite; al-Condor mit 900 km Reichweite in Kooperation mit Argentinien und Ägypten zumindest bis Sommer 1988) waren in Entwicklung. Zahlreiche europäische Unternehmen (Frankreich, BRD) waren den bislang veröffentlichten Pressemitteilungen zufolge an diesen Weiterentwicklungen beteiligt. Dies trifft begrenzt auch auf die Produktion der iranischen Oghab-Raketen, vollständig indessen auf die libyschen Raketenbauambitionen zu. Gemäß einem Vertrag von 1981 sollte danach die bundesdeutsche, bis 1979/80 in Zaire operierende OTRAG Libyen bis Mitte der achtziger Jahre im Rahmen eines 350-Mio.-US-$-Programmes eine "surface-to-surface medium range"-Rakete entwickeln, die zunächst konventionelle, nach 1985 aber auch atomare Sprengköpfe befördern können sollte (SWB, 14.3.1981), ohne daß es allerdings je zu konkreten Ergebnissen gekommen wäre. Im Gegensatz dazu stehen die erfolgreichen Raketenentwicklungen Israels (Jericho-I mit 450 km Reichweite; Jericho-II mit 1.500 km Reichweite und möglichen atomaren Gefechtsköpfen; September 1988 erste gelungene Aussetzung des Satelliten Ofeq 1 durch eigene Trägerrakete), wenngleich beim Arrow-Programm (Boden-Luft-Antiraketenrakete) noch keine Serienreife erreicht wurde (JP, 27.7.) und so gegen die irakischen Raketenbeschüsse nach Ausbruch des Golfkrieges II im Januar 1991 importierte amerikanische Patriot-Raketensysteme (wie auch auf saudischer Seite) eingesetzt werden mußten.

3. Einsatzwahrscheinlichkeiten und Rückwirkungen des Golfkrieges

Die illegalen, gegen das Kriegswaffenkontrollgesetz verstoßenden Hilfen und Lieferungen bundesdeutscher Unternehmen zum Auf-/Ausbau der Massenvernichtungswaffen und ihrer Trägersysteme in Nordafrika, dem Nahen und Mittleren Osten haben auf nationaler und internationaler Ebene Diskussionen darüber ausgelöst, wie in Zukunft (z.B. durch neue Gesetze und verstärkte Exportkontrollen) trotz der enormen juristischen und technischen Probleme (vgl. z.B. FAZ, 11.2.1991; SZ, 2./3.2.1991: Tauglich zum Töten, untauglich für eine Anklageschrift) solche Kooperationsformen unterbrochen werden können bzw. welchen Nutzen der Atomwaffensperrvertrag (vgl. August 1990 in Genf 4. Konferenz zur Überprüfung der Wirksamkeit des Atomwaffensperrvertrages) oder die geplante Chemiewaffenkonvention (FAZ, 28.6.) tatsächlich haben. Diese Diskussionen werden intensiv sein und die Versuche zur Eindämmung der Proliferation staatlicherseits (ausgehend vom Beschluß des Bundestages vom 1.7.1990) durchaus auch einen ernsthaften Charakter haben, in keinem Fall jedoch - bei weiterhin ausgeprägtem Erwerbs- und Rüstungsinteresse diverser Dritte-Welt-Staaten - die Proliferationstendenz stoppen. Da folglich die Bedrohung bleibt, werden in Zukunft unter Auswertung der militärischen Golfkriegserfahrungen neue Rüstungsinitiativen in Gang gesetzt werden. Die Abwehr von Raketen hat nicht nur die Debatte um den "Krieg der Sterne" wiederbelebt (vgl. FAZ, 31.1.1991), sondern - mit bereits entwickelten und einsatzfähigen oder geplanten Raketensystemen der Typen Patriot, Erint, Thaad, Arrow, Hedi und Eris - die "anti-missile era" (so die IHT, 6.2.1991) eröffnet. Ob solche Antiraketensysteme die Einsatzwahrscheinlichkeiten von Raketen (unabhängig von der Bestückung der Geschosse) durch Feindstaaten reduzieren, ist indessen fraglich. Solange der ehemalige ägyptische General Sa'd al-Din Shazli in seinem 1990 mit Erfolg in Algerien verlegten Buch für die "militärische Option" (englische Originalausgabe 1986) des Nahostkonflikts plädiert, Saddam Husain wie in seiner Rede vom 1.4.1990 mit dem Einsatz von Massenvernichtungsmitteln gegen Israel droht (wenngleich er aller Wahrscheinlichkeit nach dazu technisch bis Januar 1991 *noch* nicht in der Lage war), solange kann es keine *Entwarnung* geben. Bedenklich stimmt aber auch, daß "for some in U.S., a nuclear strike against Iraq makes sense" (IHT, 4.2.1991), daß bei einer Umfrage des Paris-Match Anfang Februar immerhin 21 % einen amerikanischen und 43 % einen israelischen Atomschlag gegen den Irak für möglich hielten (M, 7.2.1991). Besonders in der algerischen Presse wurde diese nukleare Bedrohung angeprangert (u.a. ELM, 8.2.1991) und dies zugleich als Beweis für das eigentliche Ziel des Golfkrieges, nämlich die Zerschlagung des militärisch starken Irak gewertet.

Bibliographie weiterführender Literatur

Barnaby, F.: The invisible bomb: The nuclear arms race in the Middle East. London: I.B. Tauris, 1989

Bathia, S.: Nuclear rivals in the Middle East. London: Routledge, 1988

Beres, L. R.: Israeli security and nuclear weapons. Genf: Programme for Strategic and International Security Studies, Graduate Institute of International Studies, 1990 (PSIS Occasional Papers. 1/1990)

Brzoska, M./Lock, P.: Rüstungsproduktion und Nuklearindustrie in der Dritten Welt. Frankfurt a.M.: Haag & Herchen, 1988 (Militärpolitik Dokumentation. 59-61)

Chemical weapons proliferation. Hearing and markup, Subcommittees on Arms Control, International Security and Science, and on International Economic Policy and Trade, House on H.R. 3033, May 4-July 27, 1989. Washington, 1990, 85 S.

Ehteshami, A.: Nuclearisation of the Middle East. London: Brassey's, 1989

Dumas, M.-L.: La prolifération des armements au Proche-Orient, in: L'Afrique et l'Asie Modernes (Paris), Nr. 166, 1990, S. 66-76

Feldman, S.: A nuclear Middle East, in: Survival (London), Mai/Juni 1981, S. 107-115

Global spread of chemical and biological weapons. Hearings, Permanent Subcommittee on Investigations, Committee on Governmental Affairs, Senate, Feb. 9-May 17, 1990. Washington, 1990, 746 S.

Heisbourg, F.: Armes balistiques et chimiques au Proche-Orient: les risques de confrontation s'accroisent, in: L'Année Internationale 1990. Paris: Hachette, S. 246-253

Henderson, S.: Iraq's new weapons: the facts, in: Japanese Institute for the Middle East Review (Kairo), Nr. 10, 1990, S. 51-58

Hubel, H.: Neue Waffen in der Dritten Welt und ihre Folgen, in: Europa-Archiv (Bonn), Folge 15/1990, S. 453-460

Hunter, J.: The Israeli nuclear threat, in: Arab Affairs (London), Nr. 10, 1989, S. 41-57

Karem, M. A.: A nuclear-weapon-free-zone in the Middle East: Problems and prospects. Westport: Greenwood Press, 1988

Maull, H.: The arms trade with the Middle East and North Africa, in: Europa Publications Ltd. (Hrsg.): The Middle East and North Africa. London, 1990, S. 117-126

McNaugher, T.L.: Ballistic missiles and chemical weapons. The legacy of the Iran-Iraq war, in: International Security (Cambridge, Mass.), Band 15, Nr. 2, 1990, S. 5-34

Navias, M. S.: Ballistic missile proliferation in the Middle East, in: Survival (London), Mai/ Juni 1989, S. 225-239

Hanspeter Mattes

Außenpolitische Aspekte der jemenitischen Vereinigung

1. Die politische Bedeutung des vereinigten Jemen

Der Jemen (J.) verfügt nach der Vereinigung der beiden jemenitischen Staaten Nordj. und Südj. über eine Bevölkerung von über 12 Mio. Einwohnern. Er ist damit der volkreichste Staat auf der Arabischen Halbinsel und übertrifft die Bevölkerung Saudi-Arabiens um mehrere Millionen, da von den rund 12 Mio. Einwohnern Saudi-Arabiens rund ein Drittel Gastarbeiter sind. Nach der Bevölkerung gemessen steht der J. in der arabischen Welt an 7. Stelle. Mit einer Gesamtfläche von 528.000 qkm ist der J. der siebtgrößte Staat in der arabischen Welt.

Was die Wirtschaftskraft des J. betrifft, so hat sich auch nach der Vereinigung an der wirtschaftlichen Lage nichts geändert. Der J. zählt innerhalb der arabischen Welt zu den am wenigsten entwickelten Ländern, und das Pro-Kopf-Einkommen liegt nur in Mauretanien und im Sudan niedriger als im J. (rund 500 US-$). Trotzdem dürften sich die wirtschaftlichen Aussichten des J. nach der Vereinigung insgesamt wesentlich günstiger darstellen als zuvor. Nach der Vereinigung kann nun endlich das Erdölfeld von Shabwa, das als eines der vielversprechendsten gilt, abgebaut werden. Wegen dieses Erdölfeldes und seiner Ausbeutung kam es in der Vergangenheit wiederholt zu Spannungen und Konflikten zwischen den beiden J. Wirtschaftliche Aspekte im Zusammenhang mit der Nutzung dieses Ölfeldes spielten beim Zustandekommen der Einheit eine nicht unerhebliche Rolle.

Positiv dürfte sich die Vereinigung vor allem auf die wirtschaftliche Entwicklung im Süden auswirken, wo durch die Einführung marktwirtschaftlicher Regeln mit einer Verstärkung der wirtschaftlichen Aktivitäten zu rechnen ist. Vor allem dürften nun auch ausländische Investoren zu einem stärkeren Engagement bereit sein. Insgesamt dürfte die weitere wirtschaftliche Entwicklung davon abhängen, inwieweit es gelingt, ähnlich wie in der Vergangenheit durch eine ausgewogene Außenpolitik zu allen Staaten und Blöcken gleich gute Beziehungen zu unterhalten, um so die Voraussetzungen für einen stetigen Fluß an ausländischer Wirtschafts- und Finanzhilfe zu garantieren. Durch die Überwindung des Ost-West-Gegensatzes ist der Spielraum in dieser Hinsicht eingeengt. Mit dem Ende des sozialistischen Regimes und des sowjetischen Einflusses in Aden entfällt sowohl für den Osten als auch für den Westen sowie die mit ihnen verbündeten Staaten die Notwendigkeit, Wirtschaftshilfe zu leisten, um dafür politisches Wohlverhalten zu erkaufen. Für den jemen. Präsidenten Ali Abdallah Salih, der in der Vergangenheit diese Politik mit großem Geschick betrieben hat und für sein Land große Vorteile erzielen konnte, dürfte es in Zukunft schwieriger werden, für seine Haltung finanziell belohnt zu werden. Schon zeichnet sich in der jemen. Politik ein Wandel ab, der möglicherweise bereits eine Reaktion auf die veränderte politische Lage in der Region darstellt.

2. Außenpolitische Einflüsse und Vereinigungsbestrebungen in der Vergangenheit

Die Bedeutung des J. liegt in seiner strategisch hervorragenden Lage am Ausgang des Roten Meeres. Die Engländer erkannten dies schon früh und setzten sich 1839 in Aden fest, wo sie einen wichtigen Stützpunkt zur Sicherung ihres Seeweges nach Indien errichteten. Durch die Eröffnung des Suezkanals 1869 erhöhte sich die strategische Bedeutung der Meerenge von Bab al-Mandab und der angrenzenden Gebiete. Dies veranlaßte die Türken, 1872 erneut den J. zu unterwerfen, nachdem sie bereits von 1538 bis 1635 die Herrschaft über den J. ausgeübt hatten. Die türkische Expansion zog den J. erstmals in die internationale Politik hinein. Türken und Engländer einigten sich auf eine gemeinsame Grenze ihrer Interessengebiete, was die Teilung des J. vertiefte. Dagegen setzten sich die zaiditischen Stämme im Norden unter der Führung ihres Imams zur Wehr. Nach dem Zusammenbruch des Osmanischen Reiches Ende des Ersten Weltkrieges zogen die türkischen Truppen aus dem J. ab. Der 1904 gewählte Imam Yahya wurde Oberhaupt des unabhängigen J. Er versuchte, seine Herrschaft auf alle jemen. Gebiete auszudehnen, d.h. quasi die Einheit des J. herzustellen. Im Süden geriet er deshalb in Konflikt mit den Engländern. Aber auch im Norden stieß Imam

Yahya auf Widerstand. 1934 kam es wegen der drei jemen. Provinzen Asir, Najran und Jizan zum Konflikt mit Ibn Saud, dem Herrscher des saudiarabischen Königreiches, der seinerseits bestrebt war, seinen Einfluß auf möglichst viele Gebiete der Arabischen Halbinsel auszudehnen. In der militärischen Auseinandersetzung unterlag Imam Yahya, und im Frieden von Ta'if vom Jahre 1934 mußte er seinen Anspruch auf diese drei Provinzen aufgeben. Das Verhältnis zu Saudi-Arabien wurde dadurch empfindlich belastet. Angesichts der Bedrohung aus dem Norden sah sich Imam Yahya auch zu einem Übereinkommen mit den Briten bereit, die ihrerseits die Souveränität des J. anerkannten.

Trotz der Festschreibung der Grenze hielten die Jemeniten am Gedanken der Einheit fest. Zwischen beiden Teilen fand ein reger Austausch statt, der insbesondere von den oppositionellen Kräften in beiden Teilen, die im jeweils anderen Teil des J. Schutz vor Verfolgung suchten, getragen wurde. Imam Yahya führte ein äußerst autokratisches Regiment. Er unterband jede Art von Modernisierung und alle Einflüsse von außen. Gegen seine despotische Herrschaft gründeten oppositionelle Jemeniten in Aden die *Vereinigung der freien Jemeniten.* 1948 gelang ihnen die Ermordung Imam Yahyas. Sein Sohn Ahmad konnte die Rebellion niederwerfen und die Nachfolge antreten. Um die Propaganda der progressiven Staaten, vor allem Ägyptens, zu unterlaufen, trat er 1958 der von Ägypten und Syrien gegründeten Vereinigten Arabischen Republik bei. Durch die sich daraus zwangsläufig ergebenden stärkeren Kontakte zum Ausland erhielten auch die oppositionellen Kräfte Auftrieb.

Zwar überstand Imam Ahmad alle Putschversuche, aber sein Sohn Badr wurde eine Woche nach Übernahme der Herrschaft nach dem Tode seines Vaters bei dem Staatsstreich durch die Armee am 26. September 1962 gestürzt. Allerdings konnte Badr entkommen und die Stämme mobilisieren, um mit ihrer Hilfe die Macht zurückzugewinnen. Die junge Republik wäre schon nach wenigen Tagen zusammengebrochen, wenn der ägyptische Präsident Nasser ihrem Hilfeersuchen nicht unmittelbar durch die Entsendung von Truppen entsprochen hätte. Dies hatte für den J. weitreichende Folgen, denn der innerjemen. Konflikt wurde nun in den innerarabischen Machtkampf zwischen Nasser und dem saudischen König Faisal um die Vorherrschaft in der arabischen Welt hineingezogen. Faisal fürchtete, daß Nasser versuchen könnte, durch seine Intervention im J. seinen Einfluß auf die Arabische Halbinsel und die wichtigen Erdölfelder am Golf auszudehnen. Deshalb unterstützte König Faisal Imam Badr und das royalistische Lager im Kampf gegen das republikanische Regime und die Ägypter.

Nasser scheiterte mit seinem Abenteuer im J., nachdem er im Junikrieg von 1967 gegen Israel eine vernichtende Niederlage erlitten hatte. Mit dem Ausscheiden der Ägypter aus der jemen. Politik schwand auch der Einfluß der radikalen Kräfte im republikanischen Lager, wodurch der Weg für einen Ausgleich zwischen den beiden Bürgerkriegsparteien und für ein Ende des Krieges geebnet wurde. Im Mai 1970 kehrten die Vertreter des royalistischen Lagers nach Sana zurück, wo sie mit der Übernahme wichtiger Ämter in der Regierung fortan die Politik des J. entscheidend bestimmten.

3. Der innerjemenitische Gegensatz nach der Unabhängigkeit des Südens

Der Abzug der Briten und die Proklamierung der Unabhängigkeit des Südj. am 30. November 1967 eröffnete erstmals die Möglichkeit, die Einheit des J. herzustellen. Grundsätzlich war für die Politiker des Südj. die Einheit des gesamten J. ein ebenso zentrales Ziel ihrer Politik wie für die Führung des Nordj. in Sana. Während sich in Sana jedoch die konservativen Kräfte endgültig durchgesetzt hatten, übernahmen in Aden linksradikale Kräfte, die aus der *Bewegung der arabischen Nationalisten* hervorgegangen waren, die politische Verantwortung. Im Laufe der weiteren Entwicklung konnten sich in dem innerparteilichen Machtkampf in Aden die radikalen marxistischen Kräfte gegenüber den gemäßigten durchsetzen. Für sie bestand das Ziel nicht in der Vereinigung des J. um der Vereinigung willen, sondern für sie war die Vereinigung mit dem Norden ein Mittel zum Zweck, nämlich der Ausbreitung ihrer am *wissenschaftlichen Sozialismus* orientierten Ideologie und Gesellschaftsordnung auf den

Norden. Hierbei galt der J. auch nur als eine, wenn auch wichtige Etappe im Rahmen der Ausbreitung der sozialistischen Gesellschaftsordnung auf der Arabischen Halbinsel insgesamt. Dies zeigte sich am deutlichsten in der Unterstützung des Südj. für die Aufstandsbewegung in der Provinz Dhufar im benachbarten Oman. Diese Aufstandsbewegung änderte unter dem Einfluß der neuen Führung in Aden ihren Namen in *People's Front for the Liberation of Oman and the Arabian Gulf* (PFLOAG), womit sie den Anspruch auf die Befreiung des gesamten Golfgebietes erhob.

Die 1978 in Aden gegründete marxistische Einheitspartei, die *Jemenitische Sozialistische Partei* (JSP), fühlte sich dem proletarischen Internationalismus verpflichtet, was bedeutete, daß sie im Zweifelsfalle nicht nationale arabische Interessen vertrat, sondern die des kommunistischen Lagers, vor allem aber der Sowjetunion. Im Konflikt zwischen der eritreischen Befreiungsfront und der äthiopischen Regierung unterstützte die südjemen. Regierung als einzige in der arabischen Welt nicht die eritreische Front, sondern die äthiopische Regierung. Das enge Bündis der südjemen. Führung mit der Sowjetunion und dem Ostblock sowie die Versuche einer Ausweitung der eigenen Ideologie auf die benachbarten Gebiete zogen den J. erneut in die internationale Politik hinein, wie das bereits in den 60er Jahren unter Nasser der Fall gewesen war. Während der Südj. für die Sowjetunion als sozialistischer Vorposten auf der Arabischen Halbinsel sowie auch als Flottenstützpunkt im Indischen Ozean wachsende Bedeutung gewann, erhielt der Nordj. in gleichem Maße zunehmend Gewicht als Bollwerk gegen eine Ausbreitung der sozialistischen Ideologie. Präsident Ali Abdallah Salih verstand es, diese Lage zum Vorteil für sein Land auszunutzen.

Angesichts dieser Entwicklung im Südj. war eine Vereinigung beider J. nur schwer vorstellbar. Die Verschärfung der Spannungen, die sich im September 1969 zu einem Grenzkrieg ausweiteten, war deshalb nur eine natürliche Folge des tiefen Gegensatzes zwischen Sana und Aden. Um so größer war die Überraschung in der arabischen Öffentlichkeit, als beide Seiten anläßlich von Verhandlungen am Sitz der Arabischen Liga in Kairo im November 1969 ein Abkommen über die Vereinigung beider J. unterzeichneten. Im Februar 1979 kam es erneut zu einem Grenzkrieg zwischen den beiden J., der wiederum mit der Unterzeichnung eines Abkommens zur Vereinigung beider Teile des J. beigelegt wurde. Wenn auf diesen Vertrag abermals keine konkreten Schritte folgten, so hatte das sicher in erster Linie mit der Unterschiedlichkeit der beiden politischen Systeme zu tun. Eine Vereinigung des sozialistischen Südens mit dem von konservativen und islamischen Traditionen und Gesetzen regierten Norden erschien kaum möglich. Man fürchtete ein Übergewicht des straff organisierten sozialistischen Systems in Aden. Diese Furcht bestand vor allem im benachbarten Saudi-Arabien. Riad tat deshalb alles in seiner Macht Stehende, um eine Vereinigung zwischen den beiden J. zu verhindern.

4. Die Veränderungen im politischen System des Südj. als Voraussetzung für die Vereinigung

Im Machtkampf zwischen den radikalen und gemäßigten Kräften konnten sich im April 1980 in Aden erstmals die gemäßigten und pragmatischen Kräfte unter Führung Ali Nasir Muhammads durchsetzen. Abd al-Fattah Isma'il gab aus "gesundheitlichen" Gründen alle Ämter auf und ging in die Sowjetunion ins Exil. Die Anhänger Isma'ils blieben jedoch in einflußreichen Positionen und verhinderten, daß das sozialistische Programm grundsätzlich in Frage gestellt wurde. Als 1985 Isma'il aus seinem Exil zurückkehrte, spitzte sich die Lage schnell so weit zu, daß eine offene bewaffnete Konfrontation drohte. Auf dem 3. Parteitag der JSP im Oktober 1985 konnte die Einheit der Partei nur mit Mühe gewahrt werden. Die Gegensätze waren so stark, daß am 13. Januar 1986 zwischen beiden Flügeln bewaffnete Auseinandersetzungen unter Beteiligung regulärer Truppen ausbrachen. Zwar konnten sich die Anhänger Isma'ils durchsetzen, und der amtierende Präsident Ali Nasir Muhammad mußte mit rund 30.000 Anhängern in den Nordj. fliehen, Isma'il selbst aber und andere führende Vertreter des linken Flügels kamen bei den Kämpfen ums Leben.

Die neue Führung unter Leitung von Ali Salim al-Baid setzte grundsätzlich die gemäßigte Politik ihres gestürzten Vorgängers fort. Dies geschah offensichtlich auch mit sowjetischer Absprache. Eine Rückkehr zur dogmatischen Politik Isma'ils wäre der von der Sowjetunion verfolgten Politik der Perestroika sowie ihrem Bemühen um eine Normalisierung der Beziehungen zu den konservativen Ölstaaten in der Region zuwidergelaufen. Durch den Bürgerkrieg war die Partei in eine Identitätskrise geraten, die sich nicht durch eine Rückkehr zu den alten ideologischen Positionen überwinden ließ. Die Gegensätze zwischen den beiden verfeindeten Lagern ließen sich nur überbrücken, wenn auch die Meinung des anderen respektiert wurde. Hierbei bot sich Gorbatschows Reformpolitik als ein geeignetes Mittel an. Mit ihr konnte die neue Politik auch gegenüber den Vertretern einer harten Linie legitimiert werden. In diesem Zusammenhang gewann die Idee der Einheit eine neue Bedeutung. Durch eine Vereinigung mit dem Norden ließen sich die radikalen Kräfte im Süden leichter unter Kontrolle halten. Zudem konnte die neue Führung angesichts der nach wie vor bestehenden breiten Zustimmung in der Bevölkerung für die Vereinigung beider J. zusätzliche Unterstützung und Legitimität gewinnen, wenn sie die Vereinigung zu ihrem zentralen politischen Ziel machte. Hierbei spielten auch wirtschaftliche Aspekte eine Rolle, denn aufgrund des Bürgerkrieges sowie anderer ungünstiger Faktoren (Rückgang der Devisenüberweisungen der Gastarbeiter) verschlechterte sich die wirtschaftliche Lage zusehends. Der Demokratisierungsprozeß ließ sich aber nur schwer durchsetzen, wenn nicht zugleich auch die wirtschaftliche Lage verbessert wurde. Deshalb erhoffte sich die Führung in Aden von der Vereinigung mit dem wirtschaftlich stärkeren Norden auch Unterstützung bei der Überwindung der wirtschaftlichen Krise.

5. Innen- und außenpolitische Aspekte in der Vereinigungspolitik Sanas

Im Nordj. waren aufgrund der komplizierteren innenpolitischen Lage die Haltung zur Einheit und die dabei vorherrschenden Interessen differenzierter. Die Regierung unter Ali Abdallah Salih befürwortete grundsätzlich die Vereinigung mit dem Süden. Präsident Salih versprach sich von einer Vereinigung vor allem eine Stärkung der Zentralregierung gegenüber den partikularen Kräften der Stämme, die einen möglichst unabhängigen Status gegenüber der Regierung in Sana anstrebten. Da die Zentralgewalt in Aden wesentlich stärker ausgebildet war als in Sana und die Stammesstrukturen eine geringere Rolle spielten als im Norden, erhoffte sich Salih von einer Vereinigung eine Stärkung seiner eigenen Position. Der Süden verfügte über eine größere Zahl gut ausgebildeter Verwaltungskader, von denen im Falle der Vereinigung der gesamte J. profitieren konnte. Der wichtigste Machtfaktor im Süden war jedoch die Armee, die als gut ausgebildet und diszipliniert galt. Sie konnte im Falle neuer Spannungen und Konflikte mit den Stämmen das Kräfteverhältnis entscheidend zugunsten der Zentralregierung in Sana verändern. Insgesamt war von einer Vereinigung eine grundlegende Stärkung des Staates und der Regierung zu erwarten. Dies wiederum war eine wesentliche Voraussetzung für die Durchsetzung wirtschaftlicher und politischer Maßnahmen auf nationaler Ebene mit dem Ziel der Modernisierung des Landes.

Obwohl die überwiegende Mehrheit in beiden Teilen des J. die Vereinigung unterstützte, gab es auch Kräfte, die sich offen dagegen aussprachen. Die Stämme fürchteten zwar auch gewisse Nachteile von der Vereinigung, aber grundsätzlich lehnten sie diese nicht ab. Ihre Vertreter hofften, in den politischen Gremien ihre Interessen auch in Zukunft genügend absichern zu können, wie das in der Vergangenheit der Fall gewesen war. Die einzigen Kräfte im Norden, die offen und laut gegen eine Vereinigung mit dem Süden agitierten, waren die islamisch-fundamentalistischen Gruppen. Sie fürchteten den Einfluß der kommunistisch-atheistischen Kräfte innerhalb der JSP. Wie die Entwicklung zeigte, konnten die islamistischen Fundamentalisten den Vereinigungsprozeß nicht aufhalten. Sehr wohl aber dürften ihre Proteste und ihr wachsender Einfluß Ali Abdallah Salih bewogen haben, die Vereinigung um sechs Monate vorzuverlegen, um so vollendete Tatsachen zu schaffen und ein mögliches

Scheitern in letzter Minute zu verhindern. Zwar gab es auch im Süden Kräfte, die sich gegen die Vereinigung stellten, aber diese konnten sich in der Öffentlichkeit kaum artikulieren.

Mit dem wachsenden Einfluß der Islamisten sah man in Sana auch die Gefahr einer ausländischen Einmischung, insbesondere im Zusammenhang mit der Einheit. Seitens der Regierung fürchtete man, daß ausländische Kräfte, wobei man besonders an Saudi-Arabien dachte, die Islamisten dazu benutzen könnten, um den Vereinigungsprozeß zu behindern.

6. Die Haltung der arabischen Staaten zur Einheit des Jemen

Für den J. war die Haltung Saudi-Arabiens im Vereinigungsprozeß von allergrößtem Gewicht. Saudi-Arabien ist neben Oman das einzige Land mit einer gemeinsamen Grenze zum J. Politisch und wirtschaftlich ist Saudi-Arabien für den J. von kaum zu überschätzender Bedeutung. Die saudische Regierung hat in der Vergangenheit den J. regelmäßig finanziell unterstützt. Hierbei spielten, wie schon erwähnt, politische Interessen eine nicht geringe Rolle. Hinsichtlich der Einigung des J. hat die saudische Führung wiederholt deutlich zu verstehen gegeben, daß sie die Einheit des J. unterstützt. Anläßlich des Besuchs von Präsident Salih im Anschluß an das Gipfeltreffen der Staaten des Arabischen Kooperationsrates (AKR) in Amman bei König Fahd in Hafr al-Batin am 26. Februar 1990 erklärte der saudische Monarch, daß er voll und uneingeschränkt die Einheit des J. unterstütze und daß diese von Nutzen für alle Muslime sei. Die Bemerkung über den Nutzen für die Muslime wurde als Hinweis darauf gewertet, daß König Fahd damit die Regierung gegenüber den islamischen Fundamentalisten stärken wollte.

Trotz der saudischen Versicherungen zweifelte man in Sana an der Aufrichtigkeit der saudischen Erklärungen. Tatsächlich kann es kaum im Interesse Saudi-Arabiens liegen, wenn der J. im Rahmen der Vereinigung ein größeres politisches Selbstbewußtsein entwickelt und aufgrund des größeren Bevölkerungs- und Militärpotentials auch ein größeres politisches Gewicht erlangt. Zwar entfällt nach dem Reformprozeß im Süden die ideologische Gefahr durch das marxistische Regime in Aden, aber die Stärkung des parlamentarisch-demokratischen Systems in Sana mit einem Mehrparteiensystem bedeutet für die autokratische Feudalherrschaft in Saudi-Arabien eine Herausforderung.

7. Kurswechsel in der jemenitischen Außenpolitik?

In Sana war man immer bestrebt gewesen, sich gegenüber Riad einen größeren außenpolitischen Spielraum zu sichern. Diesem Ziel diente der Beitritt des J. zu dem im Februar 1989 gemeinsam mit Ägypten, dem Irak und Jordanien gebildeten AKR. Diese wirtschaftspolitische Gruppierung war in gewisser Weise ein Gegenstück zu dem von Saudi-Arabien und den arabischen Ölstaaten am Golf 1981 gegründeten Golfkooperationsrat, in dem die reichen Ölstaaten praktisch einen eigenen "Club" bildeten. Im Rahmen des AKR hoffte der J. seine Wirtschaft auszubauen und zu modernisieren. Zugleich bot der AKR, der an sich die wirtschaftliche Kooperation zwischen den Mitgliedstaaten zum Ziel hatte, die Möglichkeit zu einer engeren politischen Zusammenarbeit mit diesen Staaten. Nach der Vereinigung der beiden J. wurde der vereinigte J. als Mitglied des AKR aufgenommen. Damit hatte auch der bis dahin in der arabischen Welt aufgrund seiner marxistischen Politik isolierte Südj. Anschluß an die führenden arabischen Staaten gefunden.

Als sich mit dem irakischen Einmarsch in Kuwait am 2.8.1990 die arabische Welt in zwei Lager spaltete, stellte sich der J. auf die Seite des Irak. Hierbei spielte sicher eine Rolle, daß die Beziehungen zwischen dem J. und dem Irak in den zurückliegenden Jahren intensiviert worden waren. Im irakisch-iranischen Krieg war der J. das einzige arabische Land, das offiziell ein Truppenkontingent in den Irak schickte. Wenn dies auch mehr von symbolischem Wert war und sich auf militärischem Gebiet kaum bemerkbar machte, so wurde es von irakischer Seite doch als eine wichtige Geste empfunden. Saddam Husain reiste nach Beendigung des

Krieges nach Sana, um sich persönlich beim jemen. Volk und seiner Führung zu bedanken und unterstützte den J. mit regelmäßigen Finanzhilfen.

Die Beziehungen zwischen dem J. und dem Irak wurden zudem von den Aktivitäten der irakischen Ba'th-Partei, die in beiden Teilen des J. regionale Zweigparteien gründete, beeinflußt. Im Südj. war die Ba'th-Partei neben der KP die einzige neben der Nationalen Befreiungsfront zugelassene Partei, bis sie mit der Gründung der JSP ihre Selbstständigkeit verlor. Abgesehen von vorübergehenden Belastungen war das Verhältnis zwischen dem Ba'th-Regime in Bagdad und dem marxistischen Regime in Aden ungetrübt. Beide verband eine enge Zusammenarbeit mit der Sowjetunion, und beide Parteien fühlten sich als die progressive Vorhut in der arabischen Welt. Deshalb dürften die südjemen. Vertreter entscheidenden Anteil an der Bestimmung des außenpolitischen Kurses in Sana nach dem 2. August gehabt haben.

Wenn die Entscheidung für eine Unterstützung des Irak in dem neuen Golfkonflikt auch nicht automatisch eine gegen Saudi-Arabien gerichtete Politik bedeutete, so mußte sich die Führung in Sana doch über die möglichen Folgen im klaren sein. Bei einer Verschärfung des Konflikts mußte diese Politik zu einer Konfrontation mit Saudi-Arabien führen. Als im weiteren Verlauf des Konflikts der J. an seiner Unterstützung für den Irak festhielt, reagierte Saudi-Arabien mit Sanktionen. Der Unmut in Riad über die jemen. Politik war um so größer, als der J. als einziges Land der arabischen Welt im Sicherheitsrat vertreten war und mit seinem Votum für den Irak bzw. seiner Stimmenthaltung gleichsam für alle arabischen Staaten stimmte.

Nachdem Riad die diplomatischen Vertreter des J., Jordaniens sowie Sudans wegen der Gefahr der Spionage zugunsten des Irak des Landes verwiesen hatte, hob die saudische Führung am 19. September 1990 alle für jemen. Gastarbeiter bestehenden Privilegien auf. Dies hatte für die rund zwei Mio. Jemeniten in Saudi-Arabien weitreichende Folgen. Da jeder Arbeiter oder Gewerbetreibende über eine Arbeitserlaubnis bzw. einen sogenannten Sponsor verfügen mußte, waren die Jemeniten gezwungen, innerhalb von 30 Tagen die notwendigen Bedingungen für ein ordentliches Arbeitsverhältnis zu erfüllen. Zwar wurde diese Frist um weitere 30 Tage verlängert, sie reichte für viele aber trotzdem nicht aus. Als Folge dieser Maßnahme kehrten rund 750.000 Jemeniten in ihre Heimat zurück, z.T. unter Zurücklassung ihrer in vielen Jahren erwirtschafteten Habe.

Abgesehen von den mit dieser Maßnahme für die Betroffenen selbst verbundenen Härten versetzte die Rückkehr so vieler Bürger in relativ kurzer Zeit den Staat in große Schwierigkeiten. Darüber hinaus vergrößerte der Rückgang der Devisenüberweisungen durch die Gastarbeiter die bereits spürbare Finanzkrise der Regierung. Eine Zuspitzung der Wirtschaftskrise belastet die innenpolitische Lage, die aufgrund der Vereinigung ohnehin schon angespannt war. Es kann davon ausgegangen werden, daß sich auch die saudische Führung über die Konsequenzen ihrer Maßnahme vom 19. September 1990 für den J. im klaren war. Diese Maßnahme war sicher nicht geeignet, die Lage im J. nach der Vereinigung und somit die Regierung unter Ali Abdallah Salih zu stabilisieren. Eine Schwächung der Zentralregierung begünstigte alle gegen die zentrale Ordnung gerichteten Kräfte und bedrohte somit die Vereinigung des J. selbst. In Sana schien man sich bewußt zu sein, daß Saudi-Arabien mit seiner Maßnahme gegen die jemen. Gastarbeiter auf die jemen. Führung zielte, wie die Reaktionen und Anschuldigungen jemen. Politiker zeigten. Saddam Husains Aufruf zur Neuverteilung der arabischen Ölreichtümer dürfte gerade im J. auf Zustimmung gestoßen sein. Die bitteren Erfahrungen, die viele Jemeniten bei ihrer erzwungenen Ausreise aus Saudi-Arabien machen mußten, haben die Beziehungen zwischen beiden Staaten sicher belastet. An einem offenen Konflikt zwischen beiden Ländern aber war wohl weder die saudische noch die jemen. Führung interessiert. In Sana jedenfalls bemühte man sich - trotz der Sympathien für den Irak in der Bevölkerung - auf offizieller Ebene um mehr Distanz zu Bagdad.

Thomas Koszinowski

Pluralisierung von Interessengruppen im Maghreb

So unterschiedlich die politischen Systeme der Staaten des Großmaghreb (Algerien, Libyen, Marokko, Mauretanien, Tunesien) auch sind, sie lassen - betrachtet man ihre Entwicklung seit der Unabhängigkeit - einige gemeinsame Nenner erkennen, darunter die autoritären Beziehungsstrukturen als eine der wichtigsten Systemdeterminanten und die Einbindung des Staatsbürgers in staatlich kontrollierte Organisationen, die ihn einer Einheitsideologie oder einem sanktionierten "Pluralismus der Form" (wie insbesondere in Marokko) verpflicht(et)en. Die achtziger Jahre brachten in Algerien, Libyen und Tunesien Veränderungen, die in einer Aufweichung der ideologischen Rigorosität bestanden (Aufhebung des Einparteiensystems in Tunesien 1981, Algerien 1989, Lockerung des ideologischen Zugriffs in Libyen seit 1987) und sich in politischen Liberalisierungsmaßnahmen niederschlugen, die mit einer Pluralisierung im gesellschaftlich organisatorischen Bereich verbunden waren. In Tunesien wurde diese Phase der Öffnung intensiviert seit 1987, in Algerien und in Libyen seit 1988/1989 (-->JB 1987 ff.).[1] Die erste Phase, in der liberalisierende Maßnahmen umgesetzt wurden, brachte in Tunesien die Zulassung von moderaten Parteien 1981/1983 und in Algerien die Einleitung der Entideologisierung des Wirtschaftssektors und die ökonomische Liberalisierung ab 1980 sowie 1987 die erste Lockerung des Gesetzes zur Gründung von "nichtpolitischen Vereinigungen". Diese Minimalmodifikationen hatten längerfristige Auswirkungen, da sie entscheidend die Aktivierung von Interessengruppen und die Politisierung fast jeder Aktivität nach sich zogen. Die zweite Öffnungsphase, die in Tunesien nach dem Machtwechsel vom 7.11.1987 und in Algerien nach den Unruhen vom Oktober 1988 eingeleitet wurde, war durch die zunehmende Selbstaktivierung der Bevölkerung seit Beginn der achtziger Jahre vorbereitet. Die seither immer wieder geäußerten Forderungen nach mehr Demokratie und nach Aufgabe der staatlichen Monopolstellung im organisatorischen, ideologischen und soziokulturellen Bereich, die im Kontext einer sich für den einzelnen verschlechternden sozioökonomischen Situation in Manifestationen von Unzufriedenheit mündeten, fanden mit dem Zugeständnis der Staatsführung zur Pluralisierung des gesellschaftlichen Lebens eine konkrete Antwort. In Libyen brachten 1988 die Freilassung politischer Gefangener, die Öffnung der Grenzen, die Verabschiedung einer Menschenrechtscharta (12.6.1988) sowie nachfolgende Veränderungen im juristischen Bereich (Wiedereinsetzung eines Justizministeriums, Abschaffung der Revolutionsgerichtsbarkeit, Wiederzulassung privater Rechtsanwälte) und parallellaufende Modifikationen im Wirtschaftsbereich (Wiederzulassung privaten Handels) zum einen mehr Rechtssicherheit, zum anderen bewirkten diese Schritte einen Abbau politischer Unzufriedenheit.

Ein noch starr mit repressiven Mitteln auf Opposition und der Staatsführung nicht genehme Forderungen von Bevölkerungsgruppen antwortendes System ist das mauretanische, das von einem Militärausschuß geleitet wird und eine Einheitsideologie (Parteienverbot) propagiert. Der mauretanische Präsident betonte am 1.7.1989, daß Parlamentswahlen und ein Mehrparteiensystem wegen des niedrigen Bildungsstandes der Bevölkerung nicht eingeführt werden könnten. Die politische Opposition Mauretaniens ist teils Exilopposition (vor allem im Senegal) oder im Untergrund tätig. Der seit 1986 bestehenden Menschenrechtsorganisation wird ähnlich wie den nationalen Organisationen, die unter Aufsicht der Staatsführung stehen, wenig Aktionsraum zugestanden. Ansätze einer Beteiligung der Bevölkerung an lokalen/ regionalen Entscheidungen (Dezember 1986 Gemeinderatswahlen) wurden 1989, dem Jahr des gewaltsamen mauretanisch-senegalesischen Konflikts, ausgesetzt (Nov./Dez. 1990 nachgeholt). Ebenfalls um ein Jahr verschoben wurden die Wahlen zu den Instanzen der "Massenerziehungsstrukturen" zur Politisierung und Mobilisierung der Bevölkerung und die Gründung des als Konsultativorgan geplanten Wirtschafts- und Sozialrates, so daß in Mauretanien die Minimalartikulation von Bevölkerungsgruppen selbst in sektorbezogenen Belangen keine Kontinuität kennt. Der marokkanische König Hassan II. wiederum versteht sich als konstitutioneller Monarch in einem verfassungsmäßig verankerten Mehrparteiensystem (1990: 14 legalisierte Parteien), das ebenfalls verfassungsmäßig geregelt seinen Bürgern die gewerkschaftliche Betätigung (seit 1957) zugesteht. Der Parteienpluralismus erwies sich in Marokko zur Konsolidierung der Monarchie und als Voraussetzung für eine ausgleichende Koalitionenbildung in den repräsentativen Organen gemäß der Politikkonzeption König Hassans als unumgänglich und förderlich. Er erlaubte die Förderung einer Regierungspartei oder Parteienkoalition von königsloyalen und die Ausgrenzung nichtkonformer Parteien. Den legalisierten Parteien und den ihnen affilierten Massenorganisationen (Gewerkschaften u.a.) wurden in der von König Hassan determinierten "konstitutionellen, demokratischen und sozialen Monarchie" (Art. 1 der Verfassung) Aktionsräume, aber keine Autonomie zugestanden. Die enge Verflechtung der parteilichen und nichtparteilichen Organisationsstrukturen erleichtert zudem ihre Kontrolle. Bei nicht genehmigter Ausweitung des Aktionsfeldes treffen Partei und affilierte Organisationen gleichermaßen die politische Repression. Zwar ließen sich die Aktivitäten der Parteien und ihrer Organisationen bislang kontrollieren oder nach Auseinandersetzungen ihre Forderungen verhandeln, wenn auch wie im Dezember 1990 (Streikaufruf der UGTM, CDT; -->Marokko, JB 1990), 1983/84 oder 1981 im Rahmen der gewaltsamen Konfrontationen mit gewerkschaftlich Organisierten oder/und unorganisierten Bevölkerungsgruppen (Schüler, Studenten, sozial Marginalisierte oder sozioökonomisch Unbefriedigte) neben sozioökonomischen Forderungen verstärkt Forderungen nach Demokratisierung und Liberalisierung des politischen Systems laut wurden. Während die sozioökonomischen Forderungen verhandelt wurden, kam es bislang nicht zu politischen Liberalisierungsmaßnahmen. Allerdings machten die Unruhen 1990 der Staatsführung erneut deutlich, daß der Aufbau von konsensbildenden und konsultativen Organen für die Sicherung innenpolitischer Stabilität notwendig ist. Die üblicherweise eingesetzten repressiven Mittel (Folter, Todesstrafe, Verbannung, Sippenhaft usw.) haben zudem zur Aktivierung von parteiaffilierten oder einzelnen Parteien nahestehenden Menschenrechtsorganisationen geführt (LMDDH, 1972 gegr./Istiqlalpartei; AMDH, 1979 gegr./ Linksparteien; OMDH, 1989 gegr., bezeichnet sich als unabhängig), deren Hinweise auf Menschenrechtsverletzungen bereits mehrfach gerichtliche Nachspiele für die Mitglieder der Organisation hatten. Nach den Unruhen am 14.12.1990 zeigte sich König Hassan indes lediglich bereit, zur Förderung der Konsultation zwischen den wichtigsten Interessengruppen (hier: Gewerkschaften und Parteien) und der Staatsführung eine "nationale Charta der sozialen Rechte" (LMS, 30.12.1990) zu erarbeiten, an der neu in Unternehmen zu gründende Komitees beteiligt werden sollen, und einen "Pakt des sozialen Friedens" zwischen Regierung und sozioökonomischen Partnern über 4-5 Jahre zu schließen. Es sind jedoch inzwischen auch die numerisch starken Gewerkschaften, die mit diesem Angebot alleine nicht mehr zufrieden sind, sondern zunehmend den "Respekt der Grundfreiheiten und der Menschenrechte in Marokko" fordern (PdT, 11.1.1991).[2]

Systemische Eingriffe liberalisierender Tendenz Ende der achtziger Jahre waren die Folge innenpolitischer Konflikte in Tunesien und Algerien und sollten zur Lösung der Konflikte zwischen Staatsführung und Gesellschaft dienen, nachdem seit Anfang der achtziger Jahre die politische Opposition ihre Untergrundarbeit verstärkte und sich die Kritik- und Protestbereitschaft an der autoritären, repressiven Politik der Staatsführungen gegen Andersdenkende multiplizierte. Betroffen von der Repression war das "linke, liberale bis rechte" Spektrum, darunter Journalisten, Studenten, Rechtsanwälte, Lehrer, Vertreter des religiösen Bereichs, ehemalige Mitglieder der Regierungspartei, gewerkschaftlich Organisierte, die mehr und mehr eine radikalere Position zur Gewerkschaftszentrale einnahmen und betriebs-/sektorenbezogen selbständige Aktivitäten organisierten, sowie die neu gegründeten Menschenrechtsorganisationen, da sie sich nicht nur ein nationales, sondern auch ein internationales Forum verschafften. Der Gründung der nationalen Menschenrechtsorganisationen Tunesiens (u.a. LTDH, gegr. 1977) und Algeriens (LADDH, gegr. 1985; LADH, gegr. 1987) ging jeweils eine Periode innenpolitischer Unterdrückung bei Mißachtung der in den Verfassungen pauschal garantierten bürgerlichen Freiheiten voraus (in Tunesien seit 1971, insbesondere aber 1974 verschärfte Unterdrückung liberaler Tendenzen in allen Institutionen; in Algerien seit 1980 sog. "Berberunruhen"). Den Menschenrechtsorganisationen kam die Rolle einer "pressure group" insofern zu, als ihre internationalen Kontakte ihnen einen indirekten Einfluß auf die Staatsführung sicherten. Da die Staatsführungen auf ihr internationales Ansehen Wert legen, zum einen um die Investitionsbereitschaft des Auslandes oder wie im Falle Tunesiens den Touristenzustrom nicht zu gefährden, übernahmen sie seit Ende der achtziger Jahre die Postulate der Menschenrechtsorganisationen.

Einen erweiterten Aktionsrahmen - wenn er sich auch nicht unmittelbar in ihrer Legalisierung niederschlug - erhielten Interessenorganisationen der Bevölkerung (hier im weitesten Sinne des Wortes gebraucht) im Rahmen der wirtschaftlichen Liberalisierungsmaßnahmen zugestanden. Die Verschärfung sozialer Disparitäten (Austeritätspolitiken umgesetzt in Algerien, Marokko und Tunesien seit Beginn der achtziger Jahre; Umstrukturierung des öffentlichen Sektors, Privatisierung unrentabler Betriebe verbunden mit personeller Schrumpfung der Unternehmen) wurde als Gefahr für die innenpolitische Sicherheit eingestuft und dementsprechend versucht, der potentiell drohenden Austragung sozioökonomisch bedingter Unzufriedenheit durch Demonstrationen, Streiks ein Gegengewicht oder eine Art Ventil zu schaffen, das erlauben würde, den eingeschlagenen Wirtschaftskurs umzusetzen. Dieses Ventil beinhaltete eine Liberalisierung im soziokulturellen Bereich, d.h. die Zulassung eines kulturellen Pluralismus und des Engagements in soziokulturellen Einrichtungen. Eine solche Entwicklung läßt sich in Tunesien nach dem Machtwechsel 1987, in Algerien nach den Unruhen vom Oktober 1988 und in Libyen seit 1988 beobachten. Damit verbunden waren gesetzliche Maßnahmen, die die Einbeziehung gesellschaftlicher Gruppen und die Organisierung ihrer Interessen erleichtern. Diese Dimension der Aktivierung gesellschaftlicher Interessengruppen ist indes ein Novum im Maghreb. Als Gründe für ihre Förderung werden z.B. ihre Bedeutung bei der "nationalen Sensibilisierung" der Staatsbürger für gesellschaftliche Problembereiche, für die Entwicklung des verantwortlichen Bürgers (Révolution Africaine, 28.6.1990, S. 48; 15.12.1989, S. 45), für die Mobilisierung der Bevölkerung (so der Generalsekretär der tunesischen Regierungspartei RCD, Zouari; Algérie-Actualité, 21.6.1990, S. 18), für die Umsetzung tatsächlicher demokratischer Strukturen (so die tunesische Opposition, die entsprechend die "Förderung der Freiheit der Vereinigungsgründung und Versammlung" postuliert; JA, 21.11.1990, S. 33) betont. Mustapha Maâref, ein tunesischer Journalist, macht das Entstehen der "zivilen Gesellschaft" von der weiteren Bildung und vor allem dem Fortbesehen von Vereinigungen (associations) abhängig (Le Renouveau, 19.12.1990). Der *mouvement associatif* und seine Bedeutung für den Staat und die Gesellschaft im Maghreb der neunziger Jahre war kolloquiumswürdig geworden. Vom 11.-13.1.1991 fand ein nationales Seminar zum *mouvement associatif* in Algerien statt, das zahlreiche islamistisch ausgerichtete Vereinigungen zur Debatte konkreter Probleme der täglichen Arbeit und Organisation (u.a. juristische Regelungen, Funktion in der Gesellschaft, Ressourcen, interne Mobilisierung; ELM, 10.1.1991) versammelte.

Was ist nun unter dem Begriff *mouvement associatif* zu verstehen, welche Arten von "Vereinigungen" gibt es in den nordafrikanischen Staaten bzw. wer organisiert sich? Der in der französischsprachigen maghrebinischen Presse benutzte Begriff *mouvement associatif* zur Benennung der dynamischen Komponente der *associations* macht wegen des ab Mitte des 19. Jahrhunderts im deutschen Sprachraum nicht mehr gebräuchlichen Fremdwortes *Assoziationen* einige Schwierigkeiten hinsichtlich der Übersetzung. Der Begriff *Interessengruppen* im neutralsten Sinne zur Kennzeichnung einer Gruppe von Personen, die ein gemeinsames Interesse eint, das sie jedoch gesellschaftspolitisch umzusetzen wünschen, ist für den vorliegenden Zusammenhang m.E. operabel und umfassend genug, da er sowohl politische Parteien, Gewerkschaften, Berufsvereinigungen als auch religiöse Organisationen mit moralisch-sittlichen (teilweise als "politisch"[3] zu definierenden) Absichten umfassen kann.[4]

In Algerien, Tunesien und auf weitaus geringerem Niveau in Libyen kann 1990 von einer Pluralisierung der Interessengruppen nach vorhergehender Aufgabe des staatlichen Monopols im parteipolitischen (mit Ausnahme des systemischen Sonderfalles Libyen), gewerkschaftlichen und vor allem soziokulturellen Bereich gesprochen werden, die sich eindrucksvoll numerisch niederschlug: u.a. wurden in Algerien 1989 bis Ende 1990 32 Parteien legalisiert, war Ende 1990 ein Bestand von 20.000 Interessengruppen (ELM, 15.1.1991) zu verzeichnen, waren in Tunesien, das über sechs legalisierte Oppositionsparteien verfügt, 1989 456 Interessengruppen (Gesamtzahl der Interessengruppen 1989: 5.432) und 1990 weitere 830 zugelassen worden. In Libyen wurden erste Schritte unternommen mit der Gründung einzelner Komitees zur Sanierung der Altstadt von Tripolis, der Überwachung der Menschenrechte oder der Konstituierung der Journalistenunion.

Die in den Maghrebstaaten zu Beginn der neunziger Jahre bestehenden Interessengruppen lassen sich gegeneinander abgrenzen entsprechend ihrer Ziele und Aufgabenstellung. Zu unterscheiden sind neben 1. den politischen Parteien, 2. den Gewerkschaften und traditionsreichen nationalen Organisationen (Frauen-, Bauern-, Jugendunion), deren Monopol aufgebrochen wurde und die durch die Gründung von Konkurrenzorganisationen zu einer Neudefinition und Neuregelung ihrer Beziehung zur Regierung gezwungen wurden, die ständig anwachsende Zahl 3. der Berufsorganisationen, 4. der Organisationen der Arbeitgeber, die sich wiederum in übergeordneten Konföderationen auf nationaler Ebene zusammenschließen (z.B. seit Juli 1990 in Algerien in der *Confédération des Opérateurs Economiques Algériens*) und einen Zusammenschluß auf maghrebinischer Ebene anvisieren, 5. der sog. Fördererverbände, Bürgerinitiativen oder *interest groups* und *promotional groups*.[5] Zu letzteren gehören die unzähligen Vereinigungen zur Verbesserung der Wohnumwelt, zum Erhalt des architektonischen Erbes, zum Schutz der Ökologie und zum Schutz der Konsumenten, die Wohlfahrts-/Fürsorgevereine, die Selbsthilfegruppen im sozialen und Gesundheitsbereich, die Vereinigungen zur Schaffung von Arbeitsplätzen, zum Schutz der Kinder und Jugendlichen, zur Freizeitgestaltung, zur Förderung der Kultur und kultureller Aktivitäten in allen ihren Ausdrucksformen, aber auch religiöse Vereinigungen. Bei diesen religiösen Vereinigungen sind jedoch wiederum politisch ausgerichtete Vereinigungen mit religiös definierter Staats- und Gesellschaftskonzeption von solchen zu unterscheiden, die vornehmlich der Wohlfahrt (Wahrnehmung sozialer Dienste), dem baulichen Erhalt religiöser Einrichtungen oder der Verbreitung religiöser Inhalte dienen. Eine politische Dimension im Sinne eines gesamtgesellschaftlichen Anspruchs bezüglich der Gültigkeit der Zielsetzung ist bei den religiösen Vereinigungen eher die Regel als die Ausnahme.[6] Gesamtgesellschaftlich ausgerichtet sind die Menschenrechtsorganisationen und die Organisationen, die für Frauenrechte eintreten. Die Konzentration der meisten Interessengruppen auf die Hauptstädte ergibt sich aus ihrer Mitgliederstärke. Zu unterscheiden sind ferner Ad-hoc-Zusammenschlüsse wie z.B. die im Kontext der Golfkrise 1990 entstandenen nationalen Komitees zur Unterstützung des Irak, und langfristig ausgerichtete Zusammenschlüsse wie die in den Mitgliedsstaaten der AMU gegründeten Vereinigungen zur Förderung der AMU. Unterschieden werden ferner Vereinigungen, die Regierungspositionen vertreten und solche, die ihre Zusammenschlüsse als Gegenorganisationen zur Umsetzung nicht oder ungenügend wahrgenommener Interessen verstehen. Zahlenmäßig überwiegen die Interessengruppen sozialer (in Algerien vor allem auch jene, die Eltern/Schüler zur Wahrnehmung schulischer Belange organisieren) und religiöser Ausrichtung. Mitgliedermäßig sind es noch die traditionsreichen Gewerkschaften und nationalen Organisationen der Bauern, in geringerem Maße der Frauen und Studenten, die bereits während oder gleich nach der Unabhängigkeit entstanden, die (im Vergleich zu den Neugründungen) am stärksten sind und über die beste Infrastruktur verfügen. Einflußmäßig sind es zweifellos die Gewerkschaften und die Unternehmerverbände, deren gesellschaftliche Bedeutung sie zu bedeutenden pressure groups machen. Darüber hinaus sind ihre klar umrissenen Ziele und konkreten Interessen verhandelbar. Im Gegensatz dazu fehlt es den politischen Parteien an Organisationsstruktur, gesellschaftlicher Verankerung und insbesondere klaren mittelfristigen Zielsetzungen, die zum einen Mitglieder und neue Bevölkerungsteile mobilisieren können und zum anderen mit der Staatsführung verhandelbar wären. Bislang werden die Forderungen und Ziele der politischen Opposition sprachlich primär in negativen Formulierungen aufgestellt. International am meisten Aufmerksamkeit erreg(t)en die Menschenrechtsorganisationen, deren Kontakte und Kooperation auf internationaler Ebene ihnen zu einer Öffentlichkeit verhelfen, die nicht kongruent ihrer Mitgliederzahl und ihres zugestandenen Aktionsraumes oder ihrer Infrastruktur ist. Ihre internationalen Beziehungen und die daraus gewonnene Unterstützung ermöglicht es ihnen, Veröffentlichungen vorzunehmen und Kolloquien zu veranstalten. Von den nichtparteilichen Interessengruppen setzen sie sich hinsichtlich der Publikationen oder Publizität mit Ausnahme der traditionsreichen nationalen Organisationen von den übrigen Vereinigungen ab. Der öffentliche Rundfunk ist bis auf die Wahlkampagnen, in denen politischen Parteien Sendezeit zugewiesen wird, noch weithin allen Interessengruppen verschlossen. In Algerien sind von zahlreichen Parteien allerdings Anträge an das Innenministerium zur Zulassung privater Rundfunksender ergangen, über die noch nicht entschieden ist. Für die Mehrzahl der Interessengruppen ist Öffentlichkeitsarbeit kaum organisier- und finanzierbar, so daß sie mehr oder weniger lokal begrenzt aus einer "aktiven Kerngruppe" bestehen.

Waren die Lockerungen der gesetzlichen Bestimmungen zur Gründung von Interessengruppen als Mittel zur Entspannung konfliktueller Beziehungen zwischen Staat und gesellschaftlichen Gruppen gedacht, weil durch sie im pluralen System Verhandlungslösungen und eine Konsensbildung zu wesentlichen gesellschaftlichen Fragen, insbesondere auch des wirtschaftspolitischen Bereichs, ermöglicht werden sollten, scheiterte in Algerien und Tunesien bislang die Kooperation zwischen Staatsführung und Interessengruppen mehrfach an deren Ablehnung der Staatsführung oder wichtiger von ihr vertretenen Optionen. Hinzu kam der Vertrauensverlust in die Fähigkeit der Staatsführung und Regierungspartei (d.h. der ehemaligen Einheitspartei), sich inhaltlich und verhaltensmäßig zu erneuern. Die Reformabsichten, zu deren Umsetzung die Staatsführung die Unterstützung breiter Gesellschaftsschichten bedarf, wurden teilweise durch die Kooperationsverweigerung und Maximierung der Forderung von Interessengruppen erschwert (zur Beziehung Opposition-Regierung in Tunesien vgl. z.B. -->Tunesien, JB 1990). Die staatliche Fähigkeit zur Verwaltung und Kontrolle gesellschaftlicher Bereiche wurde zunehmend durch eine im Zusammenhang mit der politischen Öffnung entstehende Tendenz zum "sozialen Protest" (Demonstrationen, Streiks), meist eine spontane Reaktion auf Einzelereignisse von nicht Organisierten, behindert. Diese Art von spontanen "sozialen Protestbewegungen" sind ähnlich wie bei den Interessengruppen Ausdruck eines erhöhten Bewußtseins und einer erhöhten Bereitschaft - ermöglicht durch die Reduzierung staatlicher Kontrolle und eines modifizierten Repressionsapparates - zur Formulierung von Unzufriedenheit und zur Aufstellung von Forderungen, die auf eine Modifikation konkreter Umstände hinzielen. Die individuelle Abwägung und Interpretation der gelebten Situation ist eine weitere Voraussetzung für diese Art bewußter Aktivierung und Kanalisierung des Interesses. Prinzipiell schaffen diese Aktivitäten potentielle Mitglieder für solche Interessengruppen, die als staatliche Gegenorganisationen perzipiert werden. Die Förderung einer Aktivierung des Bürgers in Interessengruppen nichtparteilicher Art stößt jedoch trotz der gesetzlichen Erleichterungen schnell an Grenzen, da den einzelnen Organisationen in der Regel die finanziellen Grundlagen für den Ausbau ihrer Organisationsstrukturen, den Aufbau der notwendigen Infrastruktur und die Ausweitung der Aktivitäten fehlen (Finanzierung durch Mitgliederbeiträge), während nur einige Interessengruppen wie jene, die staatliche Regulationsaufgaben übernehmen und den Staat entlasten (z.B. Vereinigungen zur Förderung der sozialen Wiedereingliederung von jugendlichen Delinquenten oder zum Schutz der Jugendlichen vor Drogen, zur Hilfe für Behinderte usw.) Zuschüsse des Staates, der Gemeinde- oder Provinzverwaltung erhalten.

Die Aktivierung der Bürger in Interessengruppen wird von den Staatsführungen Algeriens und Tunesiens aber auch von den sich Organisierenden als förderlich für die Umsetzung eines demokratischen Lernprozesses eingeschätzt. Entsprechend werden demokratische Strukturen in den Interessengruppen selbst gefordert, wenn auch zunächst nicht immer realisiert. Gerade in den Parteien halten sich autoritäre Beziehungsmuster. Die Interessengruppenbildung wird allerdings auch von solchen Gruppen vorangetrieben, deren Ziele nicht demokratisch-pluralistischer Tradition verpflichtet sind. Ein eklatantes Beispiel hierfür ist zur Zeit Algerien, wo Islamisten (Legalisierung islamistischer Parteien und Vereinigungen sonstiger Art seit 1989) nicht nur im parteipolitischen Bereich aktiv wurden. Gruppen politisch-ideologischer und sittlich-moralischer islamistischer Einstellung nutzten die Erleichterungen zur Interessengruppenbildung, um ein Netz zwischenstaatlicher Organisationen zu schaffen, das sowohl in den familiären als auf den übergeordneten staatlichen Bereich (auf kommunaler, regionaler, nationaler Ebene) einwirken kann, d.h. Meinungsbildung betreiben, Interessen formulieren, Unterstützer mobilisieren und Aktivitäten lenken kann. Während die Demokratisierungsansätze in Algerien den islamistischen Aktivitäten förderlich waren und von ihnen voll ausgeschöpft wurden, sind ihre langfristigen Anliegen auf die Ausbreitung ihrer sich religiös-legitimierenden, autoritär konzipierten und den Einheitsideologien vergleichbaren Gesellschafts- und Staatskonzeption ausgerichtet.

Das von Interessengruppen mit demokratisch-liberalen, pluralistischen Forderungen angestrebte Ziel richtet sich dagegen eher an dem Vorbild einer Verhandlungsdemokratie aus, in der Interessengruppen und Staatsführung kooperieren und sich konsultieren, ihnen andererseits aber gesamtstaatliche Verantwortung aufgebürdet wird. Noch wirkt die Praxis der autoritären Entscheidungsfindung und darauf abgestimmter Strukturen in den Staatsführungen und Regierungsparteien sowie den Interessengruppen hemmend bei der institutionellen Reform und der Entwicklung von Konfliktlösungsmechanismen, zumal gegenwärtig der sich in Interessengruppen aktivierende Bürger in der Regel die Staatsrepräsentanten als "Gegner" seiner Interessen wahrnimmt und somit - zeitlich bedingt - noch keine neuen Perzeptionsmuster und daraus abgeleitet neue Beziehungsmuster entstehen konnten. Tendenzen lassen sich jedoch erkennen. Eine Verankerung und möglicherweise eine Ausdehnung des Interessengruppenpluralismus könnte sich aus den bereits in Einzelfällen zur Umsetzung kommenden Zusammenschlüssen auf maghrebinischer Ebene ergeben (-->AMU). Wichtig sind sie zweifellos was die organisatorische und ideelle Stärkung der Menschenrechtsorganisationen und der für Frauenrechte eintretenden Organisationen anbelangt. Die gegenwärtige politische Situation im Maghreb, die durch offenere Grenzen, wirtschaftspolitische Kooperation in Grenzregionen und auf der Ebene der nationalen Volkswirtschaften gekennzeichnet ist, etabliert eine Transparenz, die eine Verbesserung der Informationslage über den Nachbarstaat und seine positiven wie negativen Entwicklungen fördert und Rückwirkungen auslöst, die zwar nicht überaber auch nicht unterschätzt werden sollten.

Anmerkungen

1 Vgl. auch Anderson, Lisa: Liberalism in North Africa, in: Current History (Philadelphia), Nr. 4, April 1990, S. 145-148, 174-175.

2 Zu den Gründen für die Entwicklung des Parteienpluralismus in Marokko vgl. Faath, Sigrid: Marokko. Hamburg, 1987.

3 Politisch wird hier definiert im Sinne Offes als Aktionsweise, bei der der Akteur explizit seine Aktionsziele als bindend für die weitere Gemeinschaft einstuft. Vgl. Offe, Claus: Changing the boundaries of institutional politics: social movements since the 1960s, in: Maier, Charles S. (Hrsg.): Changing boundaries of the political. Cambridge u.a., 1987, S. 63-105, hier: S. 69.

4 Vgl. auch die Definition bei Beyme, Klaus von: Interessengruppen in der Demokratie. München, 1980 (5. Auflage), S. 10 ff.

5 Vgl. ebenda, S. 71 und S. 70 zur Differenzierung zwischen "wirtschaftlichen Interessengruppen" und ideellen Fördererverbänden bzw. public interest groups: "In wirtschaftliche Interessengruppen tritt in der Regel nur ein, wer sein eigenes Interesse zu fördern sucht. In public interest groups tritt man in erster Linie ein, um für die zu kurz gekommenen Interessen Dritter einzutreten."

6 Im Gegensatz zu der für den europäischen Raum gemachten Aussage von Offe (a.a.O., S. 69/70) beziehen religiöse Bewegungen/Interessengruppen (vgl. die der Islamisten) in islamischen Staaten ihren sittlich-moralischen Veränderungs-/Beeinflussungsanspruch auf die Gesamtgesellschaft, d.h. er ist nicht auf die Gruppe begrenzt. Ausnahmefälle stellen die religiösen (islamischen) Minoritäten (wie z.B. die Ibaditen in Algerien) dar.

Sigrid Faath

Parlamentarismus und Wahlen im Nahen Osten

1. Fortschritte und Rückschläge auf dem Weg zum parlamentarischen Pluralismus

1989 und 1990 haben in 11 von 23 islamischen Staaten zwischen Mauretanien und Pakistan Parlaments- oder Kommunalwahlen stattgefunden, von denen zwei (Jordanien im November 1989 und Algerien im Juni 1990) Ausdruck einer fast sensationellen Öffnung des jeweiligen politischen Systems waren. Aber auch die autokratischen und diktatorischen Regime der Region halten es überwiegend für erforderlich, ihre Herrschaft durch sogenannte "frei gewählte Volksvertretungen" zu legitimieren. Ganz auf ein Parlament verzichteten 1990 nur noch Saudi-Arabien, die Golfscheichtümer Bahrain, Qatar, VAE und Oman, die Militärdiktatur im Sudan (seit 1989) und Mauretanien (wo 1986 und 1990 jedoch Kommunalwahlen abgehalten wurden). Ghaddafis Herrschaft in Libyen stützt sich seit 1977 auf ein basisdemokratisch organisiertes Staatsmodell mit jährlichen Tagungen einer *Allgemeinen Volkskonferenz* anstelle eines Parlaments.

Die Qualität der "parlamentarischen" Systeme in den einzelnen Staaten mit mehrheitlich muslimischer Bevölkerung ist allerdings sehr unterschiedlich und noch in keinem Fall mit den freiheitlich-demokratischen Ordnungen in Westeuropa zu vergleichen. In Afghanistan, Algerien, Irak, Südjemen, Syrien und Tunesien dienten Wahlen in den 70er und 80er Jahren bestenfalls zur Bemäntelung der mehr oder weniger repressiven Herrschaft einer "Staatspartei", die andere Parteien nicht oder nur als unmündige Anhängsel duldete. In Iran (1988), Nordjemen (1988) und Kuwait (zuletzt 1990) durften überhaupt nur regimetreue "Unabhängige" kandidieren. In Marokko garantierten Wahlgesetz und Wahlmodus bisher stets ein überwältigendes Übergewicht der "Königstreuen" (letzte Wahlen 1984), und auch in Ägypten haben die vier Parlamentswahlen seit der Wiederzulassung politischer Parteien (1979, 1984, 1987, 1990) ein Beinahe-Monopol der *Nationaldemokratischen Partei* (vormals Einheitspartei *Arabische Sozialistische Union*) nicht verringern können.

Eine politische Kultur des wirklichen Wettbewerbs starker politischer Parteien steht im *arabischen Raum* erst in den Anfängen. Im Sudan 1986 (nach dem Sturz der 16jährigen Diktatur Numairis), in Ägypten, Marokko und neuerdings Algerien gab es immerhin Ansätze dazu. Im Libanon, dem bis zum Bürgerkrieg 1975 liberalsten arabischen Land, war die Wirkungsmöglichkeit von Parteien durch das konfessionelle Proporzsystem eingeschränkt. Einzig die nichtarabischen Staaten Türkei und Pakistan haben als islamische Staaten der Region bisher Machtwechsel durch Parlamentswahlen erlebt. In der Türkei erreichte der Wettbewerb zwischen rechten und linken Parteien - und die politisch motivierte Gewalt - in den 70er Jahren ihren Höhepunkt. Die (Wieder-)Einführung des Mehrheitswahlrechtes nach der Militärherrschaft 1980-83 hat jedoch auch dort einem Trend zur "Einparteienherrschaft" nach den Wahlen von 1983 und 1987 Vorschub geleistet. In Pakistan waren nach langen Phasen der Militärherrschaft nur 1970, 1977, 1988 und 1990 Parteien-Wahlkämpfe zugelassen, wobei die Chancen der jeweiligen Parteien-Allianzen 1977 und 1990 überdies sehr ungleich waren.

Anfang 1991 wäre es verfrüht, von einem allgemeinen Trend zur Demokratisierung in der Region - einer nahöstlichen *Perestroika* - zu sprechen. Ein demokratischer Durchbruch scheint nur in Algerien gelungen zu sein, wo die frühere Einheitspartei *Front de Libération Nationale* trotz ihrer Niederlage bei den Kommunalwahlen 1990 vorgezogene Parlamentswahlen für Ende Juni 1991 ausgeschrieben hat. Jordanien hat zwar seit November 1989 das freieste Parlament seit Bestehen des Staates, aber Parteien waren noch nicht zugelassen, und die Einteilung der Wahlkreise war unausgewogen. Die Wahlen in Pakistan und Ägypten Ende 1990 brachten eher Rückschläge für die demokratische Entwicklung, ebenso wie die vom Juni 1990 in Kuwait (im Vergleich zu dem 1985 gewählten und 1986 aufgelösten Parlament). Enttäuschend war die Bilanz der "demokratischen Öffnung" in Tunesien seit dem Sturz von Bourguiba (1987): Nachdem die "Staatspartei" *Rassemblement Constitutionnel Démocratique* (RCD, vormals *Parti Socialiste Destourien*) bei den Parlamentswahlen vom April 1989 wie zu

Bourguibas Zeiten alle 125 Sitze (bei 80,48 % der Stimmen) gewonnen hatte, verzichtete fast die gesamte Opposition im Juni 1990 auf eine Teilnahme an den Kommunalwahlen, so daß auch dort dem RCD 98 % aller Mandate zufielen. Bei den letzen Parlamentswahlen in Syrien (Mai 1990) durften zwar die "Unabhängigen" ihren Anteil von 18 auf 40 % der Mandate steigern, aber angesichts des repressiven Charakters des von der *Ba'th-Partei* monopolisierten Staatsapparates war diese "Öffnung" vor allem Augenwischerei. Erst recht galt das für die im April 1989 im Irak durchgeführten Parlamentswahlen. Die irakische *Ba'th-Partei* konnte nicht einmal wie die syrische eine nennenswerte Anzahl "verbündeter" Marionettenparteien zu einer *Nationalen Progressiven Front* aufbieten.

2. Personenkult als Ersatz für Parteiprogramme

Wahlen und Parlamentarismus sind Errungenschaften, die den islamischen Kulturkreis erst durch europäischen Einfluß bzw. direkte europäische Herrschaft im 19. und 20. Jahrhundert erreicht haben, und in mancher Hinsicht spiegelt die Intensität oder auch Dürftigkeit des Parteienpluralismus noch heute den Grad der europäischen Beeinflussung der einzelnen Staaten wider (siehe die Türkei, Pakistan, Ägypten und den Libanon als positive, Saudi-Arabien, Nordjemen und Oman als negative Beispiele). Autochthone Ansätze demokratischer Strukturen, wie die der "Großen Volksversammlung" *(Loya Jirga)* in Afghanistan oder der Ratsversammlungen arabischer Beduinen zur Ein- oder Absetzung ihrer jeweiligen Stammesführer beschränkten sich auf das von Nomaden geprägte Milieu und betrafen auch dort nur eine Machtelite.

Noch heute ist eine starke Personalisierung der Politik, der Kult des "starken Mannes" und "Führers", typisch für alle islamischen Länder Nordafrikas und Vorderasiens. Dies gilt sogar für die Türkei, wo ein nach dem Militärputsch von 1980 beschlossenes Politikverbot für die Parteiführer der 70er Jahre 1987 vorzeitig aufgehoben werden mußte und wo der 1983-89 als Ministerpräsident und seit Ende 1989 als Staatspräsident amtierende Özal bewußt das Image eines selbstherrlichen "Paschas" gepflegt hat. Auch der Wahlsieg einer Frau (Benazir Bhutto) in Pakistan 1988 galt in erster Linie dem Prestige eines "starken Mannes", ihres 1979 hingerichteten Vaters Zulfiqar Ali Bhutto, der das Land 1971-77 regiert hatte. In den übrigen islamischen Staaten treibt der Personenkult vielfach bizarre Blüten. In Iran wurde nur 10 Monate nach dem Sturz des autokratischen Schah-Regimes eine Verfassung verabschiedet, die dem *Imam* und *Führer der islamischen Revolution* Khomeini mehr Vollmachten festschrieb, als nominell irgendeinem anderen Staatschef der Region zustehen. Zur Legitimierung seiner Position wurde die "faktische Anerkennung als Führer durch die überwältigende Mehrheit des Volkes" angeführt. Den Weg zu diesem Rückschritt in die klerikale Diktatur hatten Khomeinis Anhänger schon 6 Wochen nach dem Sturz der alten Ordnung mit einem Referendum bereitet, das die Wähler vor die Alternative "Rückkehr zur Monarchie oder Islamische Republik" gestellt hatte.

Volksabstimmungen nach dem Prinzip "ja oder nein" sind im Nahen Osten zur Festigung der Autorität von Regimen oder zur Bestätigung einer bestimmten Politik beliebter als noch so stark manipulierte "pluralistische" Wahlen. Dabei wird sich oft nicht mit Ergebnissen von 99 % Ja-Stimmen begnügt, sondern der vermeintliche Konsens des Volkes mit der Staatsführung muß noch deutlicher ausfallen. So stimmten nach offiziellen Angaben in Ägypten (April 1979) 99,7 % für den Friedensvertrag mit Israel und in Marokko (Dezember 1989) 99,89 % für die Verschiebung der Parlamentswahlen um 2 Jahre auf 1992. Bei Präsidentschaftswahlen in Ägypten erzielte Anwar al-Sadat 1976 99,94 %, Husni Mubarak 1981 allerdings "nur" 98,46 % und 1987 97,12 %. Syriens Hafiz al-Asad ließ sich 1978 mit 99,6 % aller Stimmen als Staatspräsident wiederwählen, 1985 gar mit 99,99 %, aber auch der "Reformator" Zine El Abidin Ben Ali in Tunesien brachte es im April 1989 auf 99,27 % aller abgegebenen Stimmen. Die Unglaubwürdigkeit solcher Ergebnisse, auch wenn es bei den genannten Fällen keine Gegenkandidaten gab, wurde offensichtlich nicht als Makel empfunden.

Auch dort, wo politischen Parteien die Chance zur Entfaltung gegeben wurde, gibt es viele Beispiele für überwiegend personenorientierte Gruppen: Die Führer der 1980 aufgelösten vier wichtigsten Parteien in der Türkei (Ecevit, Demirel, Erbakan, Türkesh) stellten sich 1987 mit neuen Formationen zur Wahl, davon am erfolgreichsten Demirel, desssen neue *Partei des rechten Weges* Özals *Mutterlandspartei* bei sehr ähnlichem Programm fast ein Drittel ihrer Wähler streitig machen konnte. Die bei den letzen Wahlen in Marokko (1984) erfolgreichste Partei *(Union Constitutionnelle)* war erst ein Jahr zuvor von dem früheren Ministerpräsidenten Maâti Bouabid gegründet worden. Zwei der 1989 in Algerien neu entstandenen Parteien gruppieren sich um die Persönlichkeiten Hocine Ait Ahmad (*Front des Forces Socialistes)* und Ahmad Ben Bella *(Mouvement pour la Démocratie en Algérie)*; die in den 60er Jahren und 1986 dominierende Partei im Sudan *(Hizb al-Umma)* verdankte ihren Erfolg vor allem dem Prestige ihres Vorsitzenden Sadiq al-Mahdi als Urenkel des legendären *Mahdi* des späten 19. Jahrhunderts. Das Phänomen der "erblichen Führung" von Parteien durch Familien zeigte sich besonders in Pakistan (Bhuttos *Pakistan People's Party*) und im Libanon (Gemayels *Kata'ib*, Chamouns *National-Liberale Partei*, Junblats *Progressive Sozialistische Partei*).

3. Vielfältige Gründe für mangelhafte Repräsentativität von Parlamenten

Ganz abgesehen davon, daß in fast allen Staaten der Region das Staatsoberhaupt sowohl dem Parlament als auch der daraus hervorgegangenen Regierung deutlich übergeordnet ist und beide relativ leicht auflösen kann (letztes Beispiel: Pakistan 1990), wurde bisher auch überall mit einer Reihe von Mitteln verhindert, daß die jeweiligen Parlamente die tatsächlichen politischen Strömungen in den einzelnen Staaten quantitativ widerspiegeln. Das angesichts der Machtverhältnisse in vielen Staaten vielleicht naheliegendste dieser Mittel ist die plumpe Wahlfälschung. Unterlegene oder verbotene Parteien und Gruppen haben bisher noch nach fast jeder Wahl in Nordafrika und im Nahen Osten die Wahlsieger der Fälschung bezichtigt, wobei naturgemäß der Nachweis meist nur schwer zu führen war oder sich auf flagrante Beispiele in einzelnen Wahlbezirken berufen mußte. Als häufigste Methoden der direkten Wahlfälschung wurden die Unterschlagung oder Auswechslung von Wahlurnen und Stimmzetteln, die gewaltsame Hinderung bestimmter Personen an der Stimmabgabe und die wiederholte Stimmabgabe derselben Personen, u.U. in verschiedenen Wahlbezirken, genannt. Besonders die letzte Form der Manipulation war bisher selbst in Ländern wie Ägypten und Pakistan wegen Unzulänglichkeiten der Wählerregistrierung nicht zu verhindern.

Bedeutsamer als die schwer abschätzbare Wahlfälschung dürfte aber in den meisten Ländern der Region das Mittel der Nichtzulassung bestimmter Parteien sein. Fast allen heute existierenden Parlamenten sind Monarchien, Militärdiktaturen oder Einparteienregime mit fast unbegrenzter Machtfülle vorausgegangen (Ausnahmen: Libanon und Iran), die nur schrittweise eine Verbreiterung der eigenen politischen Basis anstrebten oder den Kurs der Politik über die eigene Herrschaft hinaus absichern wollten (Türkei 1980-83, Pakistan 1978-85). Dementsprechend muß man allgemein eher von einer restriktiven Neuzulassungspolitik als von Verboten bestehender Parteien ausgehen. Eine plötzlich freie Bühne für eine Vielzahl von Parteien gab es in jüngster Zeit nur nach der Revolution in Iran 1979, im Sudan 1986-89, in Pakistan seit 1988 nach dem Tod von Zia ul-Haq und in Algerien seit 1989.

Die Grenzen des politischen Pluralismus wurden also meistens von undemokratischen Regimen abgesteckt und gegebenenfalls erweitert. Am wenigsten konnte er sich bisher auf der arabischen Halbinsel, im Irak, Iran, Afghanistan und Mauretanien entwickeln. Von den arabischen Golfscheichtümern erlaubten nur Kuwait und Bahrain die Wahl (parteiloser) Parlamente. In Bahrain wurde das 1973 erstmals gewählte Parlament schon 1975 aufgelöst (bis heute), in Kuwait geschah dies 1976-81 und wieder 1986-90. Die Monarchen von Saudi-Arabien und Oman haben sich erst Ende 1990, unter dem Eindruck der Golfkrise, zu der *Ankündigung* herabgelassen, in ihren Ländern eine "beratende Versammlung" *(shura)* einzurichten, ohne Angaben über einen Zeitplan oder die Befugnisse der *shura* zu machen, die wohl auch bestenfalls *ernannt* werden soll. Die Scheichs von Qatar, Bahrain und den VAE gingen nicht einmal so weit. Im Südjemen gab es zwar 1978 und 1986 Parlamentswahlen, aber nur die *Jemenitische Sozialistische Partei* war zugelassen; im Nordjemen durften bei den ersten Wahlen 1988 noch gar keine Parteien kandidieren. (1990 wurden die beiden Parlamente zusammengelegt.) Die im Irak seit dem Staatsstreich von 1968 herrschende *Ba'th-Partei* konnte auch bei den letzten Wahlen (1989) nur kleine kurdische Splittergruppen als zugelassene Alibi-Parteien präsentieren. In Mauretanien gab es zwischen 1965 und 1978 ein Einparteiensystem *(Mauretanische Volkspartei)*, seit dem Militärputsch von 1978 nur parteienlose *Kommunalwahlen*. In Iran, das zuvor nur in den 40er und frühen 50er Jahren Parteienvielfalt erlebt hatte, wurden nach der Revolution von 1979 schon vor den ersten Parlamentswahlen der islamischen Republik (1980) neue totalitäre Strukturen geschaffen.

Während Algerien erst 1989 den Sprung vom Einparteien- zum Vielparteiensystem machte, blieb dieselbe Entwicklung im Nachbarland Tunesien noch halbherzig und rudimentär. Zur Kategorie der unrepräsentativen Parlamente muß auf jeden Fall auch das von Syrien gezählt werden: Seitdem die *Ba'th-Partei* (seit 1963 durch Militärputsch an der Macht) bei relativ freien Kommunalwahlen 1972 ein vernichtendes Urteil der Wähler feststellen mußte, reservierte sie sich, zusammen mit einigen abhängigen "Verbündeten", von vornherein einen Anteil von 70 % der Sitze bei Parlamentswahlen (1990 auf 60 % herabgesetzt).

Eine besondere Form der Verfälschung des Volkswillens stellen die Parlamente in den *Bürgerkriegsländern* dar. Ein Extremfall ist das 1972 gewählte Parlament des Libanon, das seitdem immer wieder sein eigenes Mandat verlängerte und schon fünf Staatspräsidenten - davon zwei nach kurzer Zeit ermordete - gewählt hat. Ende 1989 wurde ihm durch die Politik der AL und westlicher Staaten zu einer neuen Schlüsselrolle verholfen, indem es in Ta'if (Saudi-Arabien) ein Abkommen über die Neuordnung des Landes verabschiedete. Während Teile des Ta'if-Abkommens bereits verwirklicht wurden, ist Anfang 1991 eine Aufstockung des Parlaments durch *Ernennung* von über 40 neuen Abgeordneten durch eine von Syrien abhängige Regierung geplant, für die Organisation von Neuwahlen wurde dagegen noch kein Termin gesetzt. Im Sudan konnte 1986 wegen des Bürgerkriegs in 37 Wahlkreisen des Südens nicht gewählt werden, so daß nur 264 von 301 Mandaten ermittelt wurden. In Iran fielen 1980 wegen Unruhen die Wahlen in sämtlichen kurdischen und einigen weiteren Wahlkreisen aus oder wurden nachträglich annulliert. In Afghanistan wurden nach den von den *Mujahidin* boykottierten und bekämpften Wahlen von 1988 immerhin 50 der 234 Sitze im Parlament "freigehalten", während die *Mujahidin* selbst es weder im pakistanischen Exil noch in den "befreiten Gebieten" bis 1990 schafften, irgendwelche Wahlen zu organisieren. Ein deutliches Defizit an gewählten Volksvertretern haben schließlich auch noch die Palästinenser: Ihr "Exilparlament", der *Palästinensische Nationalrat*, reproduziert sich seit Ende der 60er Jahre mit Hilfe des aus seiner Mitte gewählten *Exekutivkomitees* selbst; in Israel unterliegen sie den dortigen Parteiengesetzen, im besetzten Westjordanland wurden bisher nur 1972 und 1976 Kommunalwahlen abgehalten (im Gaza-Streifen überhaupt nicht) und einige gewählte Bürgermeister später von Israel abgesetzt; in Jordanien durften 1989 zwar Palästinenser kandidieren, aber aufgrund der Wahlkreiseinteilung gelangten nur 11 ins 80köpfige Parlament.

Selbst die derzeit pluralistischsten nahöstlichen Parlamente, die von Pakistan und der Türkei, verzerren den Wählerwillen durch Mehrheitswahlrecht und andere Benachteiligungen der kleineren Parteien (in der Türkei z.B. eine landesweite 10-%-Hürde). So gewann dort 1987 Özals *Mutterlandspartei* mit 36,2 % der Stimmen 292 von 450 Parlamentssitzen (1983 mit 45,15 % 211 von 400 Sitzen), und nachdem seine Partei 1989 bei Kommunalwahlen nur noch 21,9 % der Stimmen erzielte, trat Özal nicht (wie in Aussicht gestellt) zurück, sondern ließ sich im selben Jahr von seiner (Noch-)Parlamentsmehrheit für 7 Jahre zum Staatspräsidenten wählen. In Pakistan gewann Bhuttos PPP 1988 mit 38,74 % der Stimmen 92 von 205 Parlamentssitzen, 1990 mit 36,84 % nur noch 45 (in Allianz mit zwei kleineren Parteien). In Ägypten, das schon vor den Wahlen von 1979 ein Mehrparteiensystem einführte, durften sich z.B. keine *nasseristischen* Parteien zur Wahl stellen - wegen "totalitärer Ideologie" - und *Muslimbrüder* konnten nur im Listenbündnis mit "systemkonformen" Parteien kandidieren. In Marokko schließlich, das sich sogar den Luxus einer legalen Kommunistischen Partei leistet, sorgten Mehrheitswahlrecht und die *Ernennung* eines Drittels der Abgeordneten durch Gemeinderäte und Ständevertretungen auch bei den letzten Wahlen (1984) für eine Zweidrittelmehrheit von Abgeordneten, die der Monarchie keinerlei Probleme bereiten. (Die Ernennung eines Teils der Abgeordneten wurde auch in Jordanien (Senat), im Jemen 1988, in Kuwait 1990 und in geringem Umfang in Ägypten (noch 1990) praktiziert.)

Selbst in Pakistan und Ägypten waren die Chancen für die jeweiligen Oppositionsparteien - u.a. auch durch geringe oder gar keine Möglichkeit der Werbung in Radio und Fernsehen - so beeinträchtigt, daß es wiederholt (wie in Algerien und Tunesien 1990) zu Wahlboykotten kam, die das Ergebnis noch mehr zugunsten der dominierenden Parteien verschoben. In Ägypten traten 1990 die drei wichtigsten Oppositionsparteien nicht gegen die NDP an. Die vielfältigen Methoden, mit denen die meisten Regime ihren Fortbestand bei Wahlen schon im voraus sichern, quittieren allerdings die Wähler mit Desinteresse und einer entsprechend geringen Wahlbeteiligung. In Ägypten soll sie 1990 nur noch bei maximal 45 % (nach anderen Angaben nur 13 %) der *registrierten* Wähler gelegen haben, in Pakistan bei 46 % (1988: 43 %), wobei diese jeweils kaum die Hälfte der Bevölkerung im Wahlalter darstellen. In Syrien mußten seit 1973 stets die Wahlen um einen Tag verlängert werden, um eine präsentable Zahl von Wählern zu mobilisieren, in Iran setzte man zu diesem Zweck 1984 das Wahlalter auf 16 Jahre (für Präsidentenwahlen 15 Jahre) herab. Selbst in Jordanien lockten 1989 die ersten Wahlen seit 1967 nur ein Sechstel der Bevölkerung (54 % der registrierten Wähler) an die Urnen. Für die schweigende Mehrheit in den meisten nahöstlichen Staaten ist der tägliche Kampf um die wirtschaftliche Existenz wichtiger als der fragwürdige Wettbewerb ihrer politischen Führer um die Macht.

4. Ein Siegeszug des islamischen Fundamentalismus auf parlamentarischem Weg?

Sowohl bei den Parlamentswahlen in Jordanien 1989 als auch bei den Kommunalwahlen in Algerien 1990 erzielten islamische Fundamentalisten sensationelle Erfolge: In Jordanien, wo sie nur als "Unabhängige" kandidieren durften, gewannen sie 34 von 80 Sitzen, in Algerien gewann der erst im September 1989 legalisierte *Front Islamique du Salut* (FIS) über 55 % der Stimmen, wenn auch durch den Wahlboykott zweier wichtiger Parteien begünstigt. In beiden Fällen zeigte sich, wie schon bei der Revolution in Iran 1978/79, daß Fundamentalisten als die bestorganisierte Kraft von einem Vakuum profitieren konnten, das die jahrzehntelange Unterdrückung von Oppositionsparteien hinterlassen hatte.

Spektakulär, wenn auch weniger eindeutig, war auch der Wahlerfolg der Fundamentalisten 1990 in Pakistan, wo sich die *Jamaat-i Islami* und ihr nahestehende Gruppen mit dem Mehrheitsflügel der nicht eigentlich fundamentalistischen *Muslim League* und anderen Gegnern der PPP zur *Islamischen Demokratischen Allianz* zusammenschlossen und mit 38,86 % der Stimmen 105 von 205 Sitzen im Landesparlament gewannen (in den Provinzparlamenten 254 von 483 Mandaten). Der Sprecher der IDA, Nawaz Sharif, hatte im Wahlkampf zum "Dschihad gegen die PPP bis zu ihrer völligen Beseitigung" aufgerufen (MD, 3.10.90), und die PPP-Vorsitzende Bhutto war nach ihrer Absetzung als Ministerpräsidentin (August 1990) u.a. durch Gerichtsverfahren drangsaliert worden. Weniger beachtet, aber deutlich, waren auch Erfolge fundamentalistischer Kandidaten im Jemen 1988 (25 %) und bei den Kommunalwahlen in Mauretanien 1990 (24 von 37 Sitzen in der Hauptstadt). Selbst bei den Parlamentswahlen in Tunesien, wo die Fundamentalisten *(Ennahda)* nicht als Partei, sondern nur als "Unabhängige" auftreten durften, erzielten sie landesweit 13 %, in den Großstädten aber 20-30 % der Stimmen, wenn auch keine Mandate. Im Sudan gewann die *Nationale Islamische Front* 1986 51 von 264 Sitzen, in der Türkei die *Wohlfahrtspartei* immerhin 7,1 % der Stimmen (ohne Einzug ins Parlament).

Gäbe es ein "freies Spiel der Kräfte", dann müßten islamische Fundamentalisten heute auch eine erhebliche Kraft in den Parlamenten von Ägypten, dem Libanon, der PLO, Syrien, dem Irak und Afghanistan sein. Weniger leicht einzuschätzen sind die Verhältnisse in Libyen, in Marokko (wo die islamisch-traditionalistische *Istiqlal-Partei* 1984 nur noch 11,5 % der Stimmen anstelle von 21,6 % 1977 erzielte und von Wahlfälschung sprach) und in den Monarchien der arabischen Halbinsel, von denen sich Saudi-Arabien und Qatar selbst als "islamische Herrschaft" darstellen. In Iran ist es den Fundamentalisten innerhalb von zwei Jahren nach der Revolution von 1979 gelungen, die Kontrolle über den gesamten Staatsapparat einschließlich des Parlaments an sich zu reißen.

Während in Syrien und dem Irak die Fundamentalisten noch mit nackter Gewalt unterdrückt werden - selbst das kommunistische Regime Afghanistans zeigt sich seit 1987 weit kompromißbereiter -, wurden sie in anderen Ländern einstweilen mit subtileren Mitteln von der Macht ferngehalten. In Ägypten, dem Entstehungsland der *Muslimbrüder*, wurden diese zwar seit Ende der 70er Jahre nicht mehr verfolgt, aber auch nicht als Partei zugelassen, da sie nur "eine bestimmte religöse Gemeinschaft vertreten" und damit die nationale Einheit gefährden würden. Dennoch durften Vertreter der *Muslimbrüder* sich seit 1984 an den Wahlen beteiligen, indem sie auf den Listen legaler Parteien kandidierten. 1984 verbündeten sie sich mit der 1977 wiedergegründeten liberalkonservativen *Wafd-Partei* und brachten bei 15,1 % Stimmen für die Allianz (bei 58 Mandaten) 8 ihrer Mitglieder ins Parlament (3 weitere über die NDP), 1987 mit der *Sozialistischen Partei der Arbeit*, die dadurch 17 % der Stimmen und 56 Mandate gewann (davon 35 *Muslimbrüder*). 1990 boykottierten die *Muslimbrüder*, ebenso wie ihre potentiellen Verbündeten, jedoch die Wahl, weil sie ihre Forderung nach Aufhebung des seit 1981 verhängten Ausnahmezustandes und nach Mitsprache bei der Ausarbeitung eines neuen Wahlgesetzes nicht durchsetzen konnten.

In Tunesien wurde dem vor den Wahlen von 1989 gestellten Antrag der *Ennahda* auf Zulassung als Partei (u.a. wegen Gewaltakten ihrer Mitglieder) bis heute nicht stattgegeben, stattdessen wurden 1988 und Ende 1990 viele ihrer Führungsmitglieder verhaftet und ihre Publikationen zeitweilig verboten. Repressalien gegen Fundamentalisten sind auch in Marokko in den letzten Jahren häufiger geworden. Im Libanon blieb die *Hizbullah* - die ihren Einfluß allerdings zum großen Teil iranischer Finanzhilfe und Protektion verdankt - Ende 1990 als einzige wichtige Gruppe von einer sogenannten "Regierung der nationalen Einheit" ausgeschlossen.

Diejenigen Regime, die den islamischen Fundamentalisten keine freie Entfaltung gestatten, berufen sich dabei auf deren totalitären und demokratiefeindlichen Charakter, was zweifellos zutrifft. Nicht umsonst haben sich Fundamentalisten im Sudan (schon unter Numairi) und in Pakistan (seit 1978) mit Militärdiktaturen verbündet, um ihren Einfluß auszubauen, und die Intoleranz der Islamischen Republik Iran gegenüber der Opposition zeigt in abschreckender Weise, welche Mittel Fundamentalisten wohl auch in anderen Ländern zum Machtgewinn bzw. -erhalt einsetzen würden. Zahlreiche Mord- und Terroranschläge fundamentalistischer Gruppen in Ägypten, Palästina, Syrien, Libanon, Algerien, Tunesien und Kuwait in den letzten 10 Jahren ergänzen das Bild.

Zwar bekennen sich heute alle islamischen Fundamentalisten zum Prinzip der parlamentarischen Volksvertretung (die sie als *shura* aus dem Koran herleiten), aber ihre Intoleranz gegenüber Andersdenkenden, die sich nicht in das fiktve Ideal der "einmütigen" islamischen Glaubensgemeinschaft *(umma)* und ihrer "von Gott vorgegebenen Ordnung" einfügen lassen, bleibt latent immer vorhanden, so gemäßigt sich einzelne Vertreter der Fundamentalisten auch geben mögen. Zwischen den Verfechtern einer unantastbaren Gültigkeit islamischer Dogmen, auch in der Gesetzgebung und politischen Ordnung, und den von westlichen Freiheitsbegriffen beeinflußten Säkularisten - auch wenn diese selbst sehr tyrannisch auftreten können - sind letztlich nur unbefriedigende Kompromisse möglich bzw. eine Duldung der Fundamentalisten durch die Säkularisten, solange letztere klar die Oberhand behalten. Demokratische Mehrheiten von Fundamentalisten in islamischen Staaten müßten dagegen fast unweigerlich in neue Diktaturen einmünden.

Andreas Rieck

Dokumente/Dokumentennachweise

Dokument 1: Resolution der Arabischen Liga mit Forderung nach irakischem Rückzug aus Kuwait vom 10. August 1990, Kairo

Unter Berücksichtigung der vom Rat der Arabischen Liga während der außerordentlichen Tagung am 2. und 3. August 1990 verabschiedeten Resolution, nach Prüfung der von der 19. Konferenz islamischer Staaten in Kairo am 2. August 1990 verabschiedeten Erklärung, unter Einhaltung der Bestimmungen der Charta der Arabischen Liga und des gemeinsamen Verteidigungs- und Wirtschafts-Kooperationsvertrages der Staaten der Arabischen Liga, unter Einhaltung der Bestimmungen der UNO-Charta, insbesondere des Absatzes 4 von Artikel 25, in Anerkennung der ernsten historischen Verantwortung, die aus schwierigen Umständen erwächst, die durch die irakische Invasion Kuwaits und die ernsten Erschütterungen der arabischen Heimat, der arabischen nationalen Sicherheit und der Interessen der arabischen Nation entstanden sind, ist auf der außerordentlichen arabischen Gipfelkonferenz, die in Kairo am 19. Muharram 1410 bzw. dem 10. August 1990 stattgefunden hat, folgendes beschlossen worden:

1. die Resolution des Rates der Arabischen Liga, die am 3. August 1990 verabschiedet worden ist, und die Erklärung der OIK, die am 4. August 1990 herausgegeben worden ist, zu bekräftigen;
2. die Verpflichtung der UNO-Resolutionen 660 vom 2. August 1990, 661 vom 6. August 1990 und 662 vom 9. August 1990, die die internationale Legitimität zum Ausdruck bringen, zu bekräftigen;
3. die irakische Aggression gegen den brüderlichen Staat Kuwait zu verurteilen, die irakische Entscheidung, Kuwait zu annektieren, oder jegliche anderen Konsequenzen, die aus der Invasion irakischer Truppen auf kuwaitisches Territorium resultieren, zu verurteilen und den Irak aufzufordern, seine Truppen aus Kuwait unverzüglich zurückzuziehen und sie auf Positionen zurückzuführen, auf denen sie am 1. August 1990 gewesen sind;
4. Kuwaits Souveränität, Unabhängigkeit und territoriale Integrität aufgrund dessen, daß es ein Mitgliedsstaat der Arabischen Liga und der Vereinten Nationen ist, zu bestätigen, die Wiederherstellung des legitimen Regierungssystems, das es in Kuwait vor der irakischen Invasion gegeben hat, hervorzuheben und es bei allen Maßnahmen zu unterstützen, die es unternimmt, um sein Territorium zu befreien und seine Souveränität wiederherzustellen;
5. die irakischen Drohungen gegenüber arabischen Golfstaaten und Iraks Konzentration seiner bewaffneten Streitkräfte an den Grenzen zum Königreich Saudi-Arabien zu verurteilen, um die vollständige arabische Solidarität mit Saudi-Arabien zu betonen, die Maßnahmen des Königreiches Saudi-Arabien und der anderen arabischen Golfstaaten zu unterstützen, die unternommen werden, um das Recht auf legitime Verteidigung in Übereinstimmung mit den Bestimmungen von Artikel 2 des gemeinsamen Vertrages über Verteidigung und wirtschaftliche Zusammenarbeit der Staaten der Arabischen Liga, Artikel 51 der UNO-Charta und Resolution 661 des UNO-Sicherheitsrates vom 6. August 1990 zu wahren. Diese Maßnahmen zielen auf einen sofortigen vollständigen Rückzug der irakischen Truppen aus Kuwait und die Wiederherstellung der legitimen kuwaitischen Autorität ab;
6. dem Ersuchen des Königreichs Saudi-Arabien und der anderen arabischen Golfstaaten zu entsprechen, arabische Truppen bereitzustellen, um deren bewaffnete Streitkräfte bei der Verteidigung ihrer Territorien und territorialen Integrität gegen jede ausländische Aggression zu unterstützen.
7. Die außerordentliche arabische Gipfelkonferenz autorisiert den Generalsekretär der Arabischen Liga, die Befolgung dieser Resolution zu überwachen und dem Rat der Arabischen Liga einen Bericht innerhalb von 15 Tagen vorzulegen, so daß er Maßnahmen ergreifen kann, die ihm in dieser Hinsicht angemessen erscheinen.

Quelle: nach Monitor - Dienst, Deutsche Welle, Köln, Serie Nahost, 13.8.1990, S. 8-9

Dokument 2: Die Resolutionen des UNO-Sicherheitsrates zur Golfkrise des Jahres 1990

Resolution 660, 2.8.1990: Verurteilung der irakischen Invasion in Kuwait; Forderung des sofortigen und bedingungslosen Rückzuges; Aufruf zu irakisch-kuwaitischen Verhandlungen. Abstimmungsergebnis: 14:0 ohne Teilnahme Jemens.

Resolution 661, 6.8.1990: Beschluß eines Handels- und Finanzembargos mit Ausnahme von Medikamenten; Einsetzung eines Special Sanctions Committee zur Überwachung des Embargos. Abstimmungsergebnis 13:0, 2 Enthaltungen (Kuba, Jemen).

Text der Resolution:

Der Sicherheitsrat

- Unter nochmaliger Bestätigung der Resolution 660 (1990)
- In großer Sorge darüber, daß diese Resolution nicht befolgt worden ist und die Invasion Kuwaits durch den Irak mit weiteren Verlusten an Menschenleben und materieller Zerstörung andauert,
- Entschlossen, der Invasion und Besetzung Kuwaits durch den Irak ein Ende zu machen und die Souveränität, Unabhängigkeit und territoriale Integrität Kuwaits wiederherzustellen,
- In Kenntnis der Tatsache, daß die legitime Regierung Kuwaits ihre Bereitschaft erklärt hat, die Resolution 660 (1990) zu erfüllen,
- Eingedenk seiner aus der Charta resultierenden Verantwortung für die Erhaltung des Weltfriedens und der internationalen Sicherheit,
- Unter Bekräftigung des originären Rechts zur individuellen oder kollektiven Selbstverteidigung in Übereinstimmung mit Artikel 51 der Charta als Antwort auf den bewaffneten Angriff des Irak auf Kuwait
- Gemäß Kapitel VII der Charta der Vereinten Nationen

1. Stellt fest, daß der Irak den rechtswirksamen Paragraphen 2 der Resolution 660 (1990) bisher nicht erfüllt und die Amtsgewalt der legitimen Regierung Kuwaits usurpiert hat;
2. Beschließt daher die folgenden Maßnahmen, um zu gewährleisten, daß der Irak den rechtskräftigen Paragraphen 2 erfüllt, und um die Amtsgewalt der legitimen Regierung Kuwaits wiederherzustellen;
3. Verfügt, daß alle Staaten verhindern sollen:

a) Den Import aller Rohstoffe und Produkte aus dem Irak oder Kuwait in ihre Staatsgebiete, die nach dem Datum dieser Resolution von dort exportiert wurden;
b) jegliche Aktivitäten ihrer Staatsangehörigen oder auf ihren Staatsgebieten, die den Export oder die Weiterleitung von Rohstoffen oder Fertigwaren aus dem Irak und Kuwait fördern oder eine solche Förderung zum Zweck haben, sowie sämtliche Geschäfte ihrer Staatsangehörigen oder von Schiffen ihrer Flagge oder auf ihren Staatsgebieten, die alle nach dem Datum dieser Resolution aus dem Irak und Kuwait exportierten Rohstoffe oder Fertigwaren aus diesen beiden Ländern betreffen, insbesondere jeglichen Transfer von Geld an den Irak oder Kuwait zum Zwecke solcher Aktivitäten oder Geschäfte;
c) den Verkauf oder die Lieferung durch ihre Staatsangehörigen oder von ihren Staatsgebieten aus oder mit Schiffen unter ihrer Flagge von jeglichen Rohstoffen oder Fertigwaren, einschließlich Waffen oder anderer militärischer Ausrüstung unabhängig davon, ob diese aus ihren Staatsgebieten stammten, mit Ausnahme von Lieferungen für rein medizinische Zwecke sowie, unter bestimmten humanitären Umständen, für Nahrungsmittel, an Personen oder Körperschaften in Irak oder Kuwait oder an Personen oder Körperschaften zum Zwecke von Geschäften, die in Irak oder Kuwait getätigt oder von dort aus geleitet werden, sowie andere Aktivitäten ihrer Staatsbürger, die den Verkauf oder die Lieferung von Rohstoffen oder Fertigwaren fördern oder fördern sollen;

4. Beschließt, daß kein Staat der Regierung des Irak oder im Irak oder in Kuwait tätigen Handels-, Industrie- oder Versorgungsbetrieben Geld oder sonstige finanzielle oder wirt-

schaftliche Mittel zur Verfügung stellen soll und alle Staaten ihre Staatsbürger oder Personen auf ihrem Territorium daran hindern sollen, durch Verlegung von ihren Territorien oder auf andere Weise der Regierung (des Irak) oder solchen Unternehmen Geldmittel oder sonstige Mittel zugänglich zu machen oder andere Mittel an Personen oder Körperschaften in Irak oder Kuwait abzutreten, mit Ausnahme von Zahlungen für rein medizinische oder humanitäre Zwecke und, unter besonderen humanitären Umständen, für Nahrungsmittel;

5. Ruft alle Staaten einschließlich der Nichtmitglieder der Vereinten Nationen auf, in strenger Übereinstimmung gemäß den Bestimmungen dieser Resolution zu handeln, ungeachtet aller vor dem Datum dieser Resolution eingegangenen Verträge und Genehmigungen;

6. Beschließt, in Übereinstimmung mit Nr. 28 der provisorischen Geschäftsordnung des Sicherheitsrates, eine Kommission einzurichten, die aus allen Mitgliedern des Rates besteht und die folgenden Aufgaben übernehmen und dem Rat über ihre Arbeit berichten soll;

a) Die vom Generalsekretär vorzulegenden Berichte über den Fortschritt der Anwendung dieser Resolution zu untersuchen,

b) Alle Staaten um weitere Informationen über die von ihnen ergriffenen Maßnahmen zur wirksamen Anwendung der Resolution zu ersuchen;

7. Ruft alle Staaten auf, mit der Kommission bei der Erfüllung ihrer Aufgabe gut zusammenzuarbeiten und Informationen zu erteilen, die von der Kommission zur Durchführung dieser Resolution erbeten werden;

8. Fordert den Generalsekretär auf, der Kommission alle notwendige Unterstützung zukommen zu lassen und im Sekretariat die dafür erforderlichen Vorkehrungen zu treffen;

9. Beschließt, daß ungeachtet der Paragraphen 4 bis 8 nichts in dieser Resolution verbieten soll, die legitime Regierung Kuwaits zu unterstützen, und ruft alle Staaten auf:

a) Angemessene Maßnahmen zu ergreifen, um Vermögenswerte der legitimen Regierung Kuwaits und ihrer Behörden zu schützen und

b) Kein von der Besatzungsmacht eingesetztes Regime anzuerkennen;

10. Fordert den Generalsekretär auf, ihm über den Fortschritt bei der Anwendung dieser Resolution zu berichten, wobei der erste Bericht innerhalb von 30 Tagen vorzulegen ist;

11. Beschließt er, diese Frage weiter zu verfolgen und seine Bemühungen fortzusetzen, die Invasion durch den Irak bald zu beenden.

Quelle: Blätter für deutsche und internationale Politik, Bonn, Nr. 9/1990, S. 1149-1151.

Resolution 662, 9.8.1990: Erklärung der irakischen Annexion Kuwaits für null und nichtig. Abstimmungsergebnis: einstimmig angenommen

Resolution 664, 18.8.1990: Aufforderung des Iraks, alle festgehaltenen Ausländer umgehend ausreisen zu lassen und Druck auf ausländische Botschaften in Kuwait einzustellen. Abstimmungsergebnis: einstimmig angenommen

Resolution 665, 25.8.1990: Bedauern über die Menschenverluste wegen der irakischen Invasion in Kuwait; Erlaubnis an Staaten mit Flottenpräsenz in der Region, die geeigneten Maßnahmen zur Durchsetzung des Embargos zu treffen. Abstimmungsergebnis: 13:0, 2 Enthaltungen (Kuba, Jemen)

Resolution 666, 13.9.1990: Bevollmächtigung des Special Sanctions Committee zur Prüfung, ob im Irak aus humanitären Gründen Nahrungsmittelbedarf besteht; wenn ja, sollen die UNO und das Internationale Rote Kreuz eine entsprechende Verteilungsaktion einleiten. Abstimmungsergebnis: 13:0, 2 Enthaltungen (Kuba, Jemen)

Resolution 667, 16.9.1990: Scharfe Verurteilung des Iraks wegen dessen aggressiver Akte gegen die ausländischen diplomatischen Vertretungen in Kuwait; Aufforderung des Iraks, das Personal der Botschaften in Kuwait und die Gebäude zu schützen. Abstimmungsergebnis: einstimmig angenommen

Resolution 669, 24.9.1990: Anordnung an das Special Sanctions Committee zur Prüfung von Hilfsmaßnahmen für jene Länder, die durch das Embargo Verluste erlitten. Abstimmungsergebnis: einstimmig angenommen

Resolution 670, 25.9.1990: Verurteilung der fortgesetzten Invasion Kuwaits durch den Irak und der Mißhandlung von Personen in Kuwait; Ausdehnung des Embargos auf den Luftverkehr. Abstimmungsergebnis: 14:1 (Kuba)

Resolution 674, 29.10.1990: Verurteilung des Iraks wegen Verletzung des Völkerrechts und Aufforderung des Iraks, umgehend alle ausländischen Geiseln freizulassen. Abstimmungsergebnis: 13:0, 2 Enthaltungen (Kuba, Jemen).

Resolution 677, 28.11.1990: Verurteilung des Iraks wegen der Zerstörung der kuwaitischen Zivilregister und dem Bemühen, die Zusammensetzung der Bevölkerung in Kuwait zu verändern. Abstimmungsergebnis: einstimmig angenommen

Resolution 678, 29.11.1990: Erteilung der Erlaubnis an die UNO-Mitgliedstaaten zur Einsetzung "aller notwendigen Mittel", falls der Irak nicht bis zum 15. Januar 1991 Kuwait geräumt hat. Abstimmungsergebnis: 12:2 (Kuba, Jemen), 1 Stimmenthaltung (VR China).

Text der Resolution:

Der Sicherheitsrat, erinnernd an und in Bekräftigung seiner Resolutionen 660 (1990), 661 (1990), 662 (1990), 664 (1990), 665 (1990), 666 (1990), 667 (1990), 669 (1990), 670 (1990), 674 (1990) und 677 (1990); feststellend, daß der Irak sich trotz aller Bemühungen der Vereinten Nationen in unverhohlener Mißachtung des Rates weigert, seiner Verpflichtung nachzukommen, die Resolution 660 (1990) und die darauffolgenden, oben genannten relevanten Resolutionen zu erfüllen; in Anbetracht seiner Pflichten und Verantwortlichkeit gemäß der Charta der Vereinten Nationen für die Aufrechterhaltung und Bewahrung des internationalen Friedens und der internationalen Sicherheit entschlossen, die volle Einhaltung seiner Entscheidungen zu gewährleisten; handelnd in Anwendung des Kapitels VII der Charta der Vereinten Nationen, 1. fordert, daß der Irak die Resolution 660 (1990) und alle relevanten darauffolgenden Resolutionen voll erfüllt, und beschließt, bei Aufrechterhaltung aller seiner Entscheidungen, dem Irak eine Gnadenfrist einzuräumen, um ihm eine letzte Gelegenheit zu geben, dies zu tun, 2. bevollächtigt seine Mitgliedsstaaten, die mit der Regierung von Kuwait zusammenarbeiten, alle notwendigen Mittel einzusetzen, um die Resolution 660 (1990) des Sicherheitsrates und alle relevanten darauffolgenden Resolutionen umzusetzen und zu verwirklichen, um den Frieden und die internationale Sicherheit in der Region wiederherzustellen, wenn der Irak nicht bis zum 15. Januar 1991 die oben genanten Resolutionen gemäß dem oben stehenden Paragraphen 1 voll angewendet hat, 3. fordert alle Staaten auf, den in Paragraph 2 der vorliegenden Resolution beschlossenen Maßnahmen die angemessene Unterstützung zu gewähren, 4. fordert alle betroffenen Staaten auf, den Rat regelmäßig über den Fortschritt bei den von ihnen gemäß Paragraph 2 und 3 der vorliegenden Resolution beschlossenen Entscheidungen zu informieren, 5. beschließt, sich der Frage weiterhin anzunehmen. *Quelle:* Süddeutsche Zeitung, München, 1.12.1990 (nach Reuter)

Dokumentennachweise

Allgemeines

- Arab Organization for Human Rights. Human rights situation in the arab world. Introduction to AOHR report for 1989. Genf (Postfach 82, 1211 Genf 28), 1990, 32 S.
- MEED Special Report: Banking, in: MEED, London, 24.8.1990, XIV S.

Ägypten

- Document on cooperation, coordination and integration between Syria and Egypt (Damascus, 16.7.1990), in: Syrie & Monde Arabe, Damaskus, Nr. 437, Juli 1990, S. 53-58.
- Dossier: L'Egypte d'hier à demain, in: Arabies, Paris, Nr. 45, September 1990, S. 26-39.
- Egyptian President's speech on anniversary of 1952 Revolution, in: SWB/ME/0825/A/1-4, 25.7.1990.

- Egyptian President accuses Iraq of planning sabotage attacks, in: SWB/ME/0888/A/1-6, 6.10.1990.
- Mubarak News Conference on Gulf crisis and internal situation, in: SWB/ME/0908/A/1-3, 30.10.1990
- Egypt Budget 1990/1991, in: MEES, Nikosia, 4.6.1990, S. B1-B2.
- "The Arab Organization for Industrialization": Orient-Konzern weltweit gefragt, in: Welthandel-Magazin, Hamburg, Nr. 5, Mai 1990, S. 13-17.

Afghanistan

- Draft amendments to constitution, in: Akinfo, Nr. 13/28.6.1990, S. 64-75 (nach Kabul Times, 24.+26.5.1990)
- Rede von Präsident Najibullah vor Parteikadern innerhalb der bewaffneten Streitkräfte: "Consolidation of armed forces is vital for our victory", in: Kabul Times, 24.9.1990, S. 1-4.

Algerien

- Spécial Algérie-Europe: un avenir solidaire, in: Arabies, Paris, Nr. 47, Nov. 1990, S. 41-51.
- Interview mit Präsident Bendjedid in Sendung "Face à la Presse", 10.10.1990: "Il n'y a pas d'autre issue que les réformes économiques!", in: El Moudjahid, Algier, 10.10.1990, S. 2-4.
- Interview mit Premierminister Hamrouche: "Das Land, die Reformen und die Demokratie machen Fortschritte". in: Monitor-Dienst, Köln, Serie Nahost, 30.5.1990, S. 9-13.
- Mouloud Hamrouche: un an plus tard (Interview zum Stand der politischen Entwicklung), in: Algérie-Actualité, Algier, Nr. 1300, 13.9.1990, S. 5-8.
- Interview mit dem alg. Wirtschaftsminister Ghazi Hidouci: "Pas question d'un rééchelonnement de la dette", in: Jeune Afrique, Paris, Nr. 1558, 7.11.1990, S. 78-84.
- Interview mit Verteidigungsminister Generalmajor Khaled Nezzar: "L'ANP n'a jamais constitué le moindre frein à l'avènement de la démocratie", in: El Moudjahid, Algier, 12.9.1990, S. 4-7.
- Les révélations de Kasdi Merbah: "Ce que je sais" (Interview), in: Algérie-Actualité, Algier, Nr. 1292, 19.7.1990, S. 6-9.
- Interview mit Ben Bella: "Mon parti, c'est l'Algérie", in: Jeune Afrique, Paris, Nr. 1552, 26.9.1990, S. 16-21 (I), Nr. 1553, 3.10.1990, S. 24-30 (II).
- Interview mit Abbassi Madani: "Jamais, jamais nous n'imposerons le voile", in: Jeune Afrique, Paris, Nr. 1543, 25.7.1990, S. 16-21.
- Communiqué commun: Sommet quadripartite de Djanet 8.-9.9.1990. (Zur Touaregproblematik, Teilnehmer die Präsidenten Algeriens, Nigers, Malis; Qaddafi), in: ELM, 12.9.1990, abgedruckt in: Akinfo Nr. 20/4.10.1990; engl. Fassung SWB/ME/0867/B/1-2, 12.9.1990.

Golfstaaten

- Bahrain. Strength through diversity, Beilage zu: The Middle East, London, Februar 1990, S. 23-40.
- Kuwaiti Crown Prince's address to Jiddah Conference, in: SWB/ME/0836/A/3-5, 16.10.1990.
- Kuwait: Emir Jabir issues decree setting up National Council, 22.4.1990 (speech and Emir's decree), in: SWB/ME/0746/A/1-3, 24.4.1990.
- Emir of Kuwait addresses the Kuwaiti people on the Iraqi invasion (5.8.1990), in: SWB/ME/ 0836/A/1, 7.8.1990; deutsch: Europa-Archiv, Bonn, 2. Folge, 25.1.1991, S. D42.
- "Provisional Free Kuwait Government" issues three communiques, in: SWB/ME/ 0833/A/ 3-5, 3.8.1990 (Texte).
- Kuwait: MEED special report, in: MEED, London, 27.4.1990, S. 11-18.
- Oman: Public finance 1985-1989, in: MEES, Nikosia, 12.11.1990, S. B 3-4.
- Qatar: Budgets & Revenues 1989/90 - 1990/91, in: MEES, Nikosia, 2.4.1990, S. B 1.
- Qatar: MEED special report, in MEED, London, 26.10.1990, XII Seiten.
- Natural gas in Qatar, in Syrie & Monde Arabe, Damaskus, Nr. 434, April 1990, S. 10-20.
- UAE: MEED special report, in: MEED, London, 30.11.1990, 30 Seiten.

Irak/Golfkrise

- Saddam Husayn comments about chemical weapons, warns Israel, criticises US, UK (1.4.1990), in: SWB/ME/0730/A/1-4, 4.4.1990.
- Iraqi President speaks on draft new constitution, warns Gulf oil producers, in: SWB/ME/0820/A/1-4, 19.7.1990.
- Iraq's draft constitution published; to be put to a referendum, in: SWB/ME/0831/A/1-3, 1.8.1990.
- Saddam Husayn interviewed by French TV on defence issues, democratisation, in: SWB/ME/0814/A/4-6, 12.7.1990.
- Text des Gespräches der US-Botschafterin April Glaspie in Bagdad mit Saddam Husain vom 27.7.1990: "Ce que Saddam Hussein a dit aux Américains", in: Jeune Afrique, Paris, Nr. 1554, 10.10.1990, S. 45-52.
- Amerikanisch-sowjetische Erklärung zum Einmarsch irakischer Truppen in Kuwait vom 3. August 1990 (Wortlaut), in: Blätter für deutsche und internationale Politik, Bonn, Nr. 9/1990, S. 1149.
- Iraqi Revolution Command Council statement on merger with Kuwait, in: SWB/ME/0839/A/1-3, 10.8.1990.
- Iraqi President's message to Americans, in: SWB/ME/0880/A/1-7, 27.9.1990.
- Iraq: Ba'th Party statement on reasons for downfall of Kuwaiti government, in: SWB/ME/0835/A/1-2, 5.8.1990.
- Documentation on Iraq-Kuwait crisis, in: MEES, Nikosia, 23.7.1990, S. D 1 - D 9.
- Dokumente zur Golfkrise (Interviews mit Saddam Husain. Zur Außenpolitik, Besetzung Kuwaits, militärischen Lage, Aufruf zum Jihad, Geiseln), in: SWB/ME alle Ausgaben ab August 1990, bes. 4.8., 7.9., 2.10., 2.11., 19.11., 28.12. und 29.12.1990; Europa-Archiv, 2.Folge, 25.1.1991, S. D39-D62.

Iran

- United States-Iranian relations. Hearing, Subcommittee on Europe and the Middle East Committee on Foreign Affairs, House, Nov. 9, 1989. Washington, 1990, 85 Seiten.
- Joint statement on Syrian President's talks in Iran, in: SWB/ME/0880/A/16-19, 27.9.1990.
- Ahmed Khomeyni on religious leadership and sacrifices for Islam, in: SWB/ME/ 0778/A/7-9, 31.5.1990.
- Further Saddam Husayn letters to Iranian President proposing peace settlement, in: SWB/ME/0852/A/8-11, 25.8.1990.
- Iran's Fada'iyan-e Khalq opposition reviews external and domestic situation, in: SWB/ME/0958/A/10-12, 31.12.1990.
- Iranian President says "The Satanic Verses" issue is not about freedom of speech, in: SWB/ME/0692/A/2-7, 19.2.1990.
- Tehran friday prayers leader calls for Islam to fill the vacuum left by Communism; message to Soviet Azerbaijan, in: SWB/ME/0674/A/1-4, 29.1.1990.
- Rafsanjani news conference reviewing his Presidency so far, in: SWB/ME/0710/A/4-9, 12.3.1990.
- Khamene'i says he will not allow talks with the USA, in SWB/ME/0755/A/2-5, 4.5.1990.
- Rafsanjani's news conference: Talks with Iraq and relations with West, in: SWB/ME/0785/A/1-5, 8.6.1990.
- Rafsanjani's news conference for Iranian and foreign reporters, in: SWB/ME/A/1-4, 9.6.1990.
- Rafsanjani condemns US "Veto" at UN and calls for single religious authority, in: SWB/ME/ 0896/A/11-15, 16.10.1990.
- Rafsanjani presents annual budget in Majlis, in: TT, 21.2.1990, abgedruckt in: Akinfo, 5/8.3.1990, S. 53-58.
- Khamenei blasts U.S. intentions in Persian Gulf, in: TT 13.9.1990

- Khamene'i says self-determination is the only way to end economic dependency, in: SWB/ME/0728/A/1-4, 2.4.1990.
- MEED special report Iran, in: MEED, London, 2.3.1990 (20 Seiten).
- The Five-Year Development Plan, in: The Echo of Iran, Teheran, Nr. 32/August-Sept. 1990, S. 40-45.

Israel

- Prime Minister Yitzhak Shamir: speech to the Likud Central Committee, Tel Aviv, 12.2.1990, (Auszüge) in: Journal of Palestine Studies, Washington D.C., Nr. 75, 3/1990, S. 163-170.
- Defence Minister Yitzhaq Rabin addresses Labour Party Central Committee on peace process, 12.3.1990, in: SWB/ME/0712/A/3-5, 14.3.1990.
- Politische Richtlinien der neuen israelischen Regierung (Juni 1990), in: Palästina, Bonn, Nr. 3/1.7.1990, S. 95-96.
- Shamir on peace process, formation of next government, in: SWB/ME/0753/A/4-6, 2.5.1990.
- Shamir's address to Knesset presenting new government, in: SWB/ME/0789/A/1-5, 13.6.1990.
- Israeli Defence Minister interviewed on war threat, intifadah, negociations, in: SWB/ME/0827/A/4-7, 27.7.1990.
- Zeitgespräch mit Teddy Kollek: "Wir haben die Araber vernachlässigt", in: Die Zeit, Hamburg, Nr. 45, 2.11.1990, S. 6.
- Kommentar und Resolution des UNO-Sicherheitsrates 672 vom 12.10.1990 bzgl. Vorfälle am Tempelberg, Jerusalem (Abstimmungsergebnis: 15:0), in: FAZ, 15.10.1990 und Le Monde, 14./15.10.1990.
- Resolution des UNO-Sicherheitsrates 681 vom 20.12.1990 bzgl. der Ausweisung von 4 Hamas-Aktivisten aus Besetzten Gebieten nach Libanon, in: Akinfo 2/24.1.1991, S. 42.

Jemen (Nord/Süd)

- Le Yemen à l'heure de l'unification: dossier et documents, in: Maghreb-Machrek, Paris, Nr. 128, April-Juni 1990, S. 102-116.
- South Yemen: Communique on Party Central Committee session, in: SWB/ME/0693/A/4-6, 20.2.1990.
- PDRY: YSP Central Committee discusses unity democracy moves, in: SWB/ME/ 0735/A/7-8, 10.4.1990.
- Yemen: Government issues policy statement, in: SWB/ME/0795/A/3-7, 20.6.1990.
- Yemen: First joint meeting of YAR and PDRY cabinets held in San'a; decisions on merging ministries and freeing political prisoners, in: SWB/ME/0670/A/1-3, 24.1.1990.
- Yemeni Prime Minister comments on Gulf crisis, in: SWB/ME/0861/A/1-3, 5.9.1990.
- New government issues policy statement (economic aspects), in: SWB/ME/W0134/A1/3-5, 26.6.1990.

Jordanien

- Jordanian monarch's speech on preparations for resumption of political pluralism, in: SWB/ME/0738/A/1-2, 13.4.1990.
- King Husayn's news conference; Jordan still recognises Kuwaiti Emir's regime, in: SWB/ME/0839/A/12-15, 10.8.1990.
- Jordan's Prime Minister on his country's reaction to the Iraq-Kuwait conflict, in: SWB/ME/0836/A/6-8, 7.8.1990.
- Jordan's Prime Minister on relations with Saudi Arabia; Gulf Crisis; refugees, in: SWB/ME/0890/A/1-3, 9.10.1990.
- Prime Minister addresses parliament on budget, in: SWB/ME/W0115/A/3-5, 13.2.1990.
- Human rights protection after the state of emergency. amnesty international, London, 1990, 77 S.

Libanon

- Le projet de réformes: 31 Articles affectés (Verfassungsänderungen), in: OJ, 14.8.1990. - Text of agreement between Amal and Hezbollah, in: SWB/ME/0915/A/11-12, 7.11.1990.
- Lebanese President's independence day address anticipates national unification, in: SWB/ME/0929/A/12-14, 23.11.1990.

Libyen

- Revolutionary legitimacy document, General People's Congress Resolution, 9.3.1190, in: SWB/ME/0711/A/5, 13.3.1990.
- Charter of the World Islamic People's Leadership, 20.3.1990, in: al-Daawa al-Islamia, Tripolis, Nr. 265, 4.4.1990, S. 2-3.
- Resolutions of Libyan General People's Congress (9.3.1990), in: SWB/ME/0711/A/5-7, 13.3.1990; SWB/ME/W0120/A1/4-7, 13.3.1990; SWB/ME/0712/A/5-8, 14.3.1990.
- Qadhafi addresses General People's Congress on Arab unitiy, Jewish immigration, water problems (I); on corruption, accountability, withdrawal of revolutionaries from committees (II), in: SWB/ME/0704/A/1-3 (I), 5.3.1990; SWB/ME/0709/A/1-3 (II), 10.3.1990.
- Qaddafi addresses General People's Congress: proposes initiative on Gulf, Tripoli, 1.9.1990, in: SWB/ME/0860/A/4-10, 4.9.1990.
- Qadhafi's address to the General People's Congress to mark vengeance day (7.10.1990), in SWB/ME/ 0890/A/9-15, 9.10.1990.
- Qadhafi addresses Sudanese National Dialogue Conference, in: SWB/ME/0904/A/13-16, 25.10.1990.
- Interview mit Qaddafi (Golfkrise, Israel, Chemiewaffen, Terrorismus): "Die Ölscheichs sind erledigt", in: Der Spiegel, Hamburg, Nr. 46, 12.11.1990, S. 192-198.
- Interview mit dem tschadischen Außenminister Acheikh Ibn Omar zu den tschadisch-libyschen Beziehungen: "Nous libérons les prisonniers libyens", in: Jeune Afrique, Paris, Nr. 1532, 14.5.1990, S. 22-25.
- The Libyan oil scene 1990, in: MEES, Nikosia, Nr. 22, 5.3.1990, S. A1-A7.
- Natural gas utilisation in the Libyan Jamahiriya, in: Syrie & Monde Arabe, Damaskus, Nr. 438 August 1990, S. 6-15.

Marokko

- Dahir relatif au Conseil Consultatif des Droits de l'Homme, in: LMS, 9.5.1990, S. 2/3; abgedruckt in: Akinfo Nr. 12/14.6.1990, S. 9-10.
- Charte Nationale des Droits de l'Homme, in: L'Opinion, Rabat, 16.12.1990; abgedruckt in: Akinfo Nr. 1/10.1.1990, S. 9-10.
- Amnesty International: Menschenrechtsverletzungen in garde à vue-Haft in Marokko, in: Köln: ai-Marokko-Koordinationsgruppe 1990, 28 Seiten (AI Index: MDE 29/01/1990).
- Morocco. "Disappearances" of people of Western Saharan origin, In: Amnesty International, London, November 1990, 31 Seiten, Index: MDE 29/17/90; deutsche Version bei ai. Sektion der BRD.
- Moroccan Prime Minister defends country's record on human rights in letter to Amnesty International, 20.2.1990, in: SWB/ME/0695/A/4-5, 22.2.1990.
- Moroccan government response to Amnesty International report, 22.2.1990, in: SWB/ME/0697/A/3-4, 24.2.1990.
- Interview mit König Hassan II. zur Außenpolitik/Golfkrise: "Bagdad devrait mandater...", in: Le Monde, 16.8.1990 (auch abgedruckt: L'Opinion, 16.8.1990).
- Interview mit dem marokkanischen Kulturminister: "Les 5 piliers de notre stratégie (culturelle), in: Arabies, Paris, Nr. 39, März 1990, S. 74-76.
- Interview mit Mohamed Noubir Amaoui zum Generalstreik, 14.12.1990: "On ne négocie pas avec le roi", in: Jeune Afrique, Paris, Nr. 1566, 2.1.1991, S. 17-21.
- Bilan économique 1989, in: Banque Marocaine du Commerce Extérieur, Revue d'Informations, Casablanca, Nr. 161, März 1990, S. 2-12.

- Privatisations à la marocaine. Dossiers et documents, in: Maghreb-Machrek, Paris, Nr. 128, April-Juni 1990, S. 84-101.
- Codes des investissements, in: Banque Marocaine du Commerce Extérieur, Revue d'Informations, Casablanca, Nr. 164, Juni/Juli 1990, S. 2-11.

Mauretanien

- Amnesty International: Mauretanien. Menschenrechtsverletzungen im Tal des Senegal-Flusses, Bonn: Oktober 1990, AI-Index AFR 38/10/1990, 21 S.
- Mauritanian President's eve of independence day speech (27.11.1990), in: SWB/ME/0934/B/1, 29.11. 1990; deutsch in Monitor-Dienst, Köln, 29.11.1990.

Saudi-Arabien

- Saudi response to Amnesty International report on human rights violations, in: SWB/ME/0661/A/4, 13.1.1990.
- King Fahd: Iraq must withdraw unconditionally; reform must be according to Koran, in: SWB/ME/0933/A/1-4, 28.11.1990.
- Saudi statement on Iran's reaction to pilgrimage quota, in: SWB/ME/0740/A/1-3, 17.4.1990.
- Deficit financing continues in 1990, in: MEES, Nikosia, 8.1.1990, S. B1-B2.
- MEED special report: Saudi Arabia, in: MEED, London 16.3.1990 + 23.11.1990.

Sudan

- Draft document on integration between Sudan and Libya, in: SWB/ME/0708/A/6-7, 9.3.1990.
- Sudan and Libya agreement on integration moves (13.7.1990), in: SWB/ME/0817/A/4-5, 16.7.1990.
- Press statement released by a group of senior Sudanese army officers (General Fathi Ahmad Ali), in: SWB/ME/0889/A/16-18, 8.10.1990.
- The Women's Conference, 20.-29.1.1990: Summary of the recommendations, interviews and conference report, in: Sudanow, Khartum, März 1990, S. 8-12.

Syrien

- Dossier syrien: Assad de Syrie: Le temps des épreuves, in Arabies, Paris, Nr. 41, Mai 1990, S. 10-25.
- Speech of President Hafez Assad: Inauguration of the 10th Congress of National Union of Syrian Students (Damascus, 16.5.1990), in Syrie & Monde Arabe, Damaskus, Nr. 435, Mai 1990, S. 65-76.
- Full text of President Hafez Assad's speech delivered on the occasion of the opening of the People's Assembly's 5th legislative session, in Syrie & Monde Arabe, Damaskus, Nr. 436, Juni 1990, S. 63-73.
- Speech delivered by President Hafez Assad on occasion of the 27th anniversary of the March Revolution, in: Syrie & Monde Arabe, Damaskus, Nr. 433, März 1990, Anhang (15 Seiten); Auszüge in: SWB/ME/0709/A/3-6, 10.3.1990.
- Syrian President says multi-party system unsuitable at present, in: SWB/ME/0767/A/3-6, 18.5.1990.
- Full text of the President Assad's speech addressed to the nation at Ryu paratroopers graduation (Damaskus, 12.9.1990), in: Syrie & Monde Arabe, Damascus, Nr. 433, September 1990, S. 63-75 und SWB/ME/0869/A/1-6, 14.9.1990.
- Asad defends Syria's political and economic system; denies problems in relations with the USSR (Interview), in: SWB/ME/0701/A/3-5, 1.3.1990.
- President Asad interviewed on relations with USSR, Arab Summit, Lebanon, in: SWB/ME/0759/A/1-4, 9.5.1990; auch: Syrie & Monde Arabe, Nr. 435, Mai 1990, S. 51-64.
- Syria: Results of elections to People's Assembly, in: SWB/ME/0776/A/4-5, 29.5.1990.
- Syrian budgets 1988-1990, in: MEES, Nikosia, 7.5.1990, S. B1-B2.

- Le développement des indices économiques globaux les plus importants, in Syrie & Monde Arabe, Damaskus, Nr. 434, April 1990, S. 1-9.
- Natural gaz utilization in Syria, in: Syrie & Monde Arabe, Damaskus, Nr. 435, Mai 1990, S. 1-13.

Tunesien

- Discours du Président Ben Ali à l'occasion de la Fête du Travail, 1er mai 1990, in: Etudes Internationales, Tunis, Nr. 36, Herbst 1990, S. 178-185.
- Discours du Président Ben Ali au sommet arabe extraordinaire, Bagdad, 28-29 mai 1990, in: Etudes Internationales, Tunis, Nr. 36, Herbst 1990, S. 186-190.
- Rede Präsident Ben Alis zum 3. Jahrestag des 7.11.1987: "Ouvrir les plus larges horizons...", in: La Presse de Tunisie, Tunis, 8.11.1990, S. 4-5; engl. Zusammenfassung in: SWB/ME/0917/A/12-13, 9.11.1990.
- Interview mit dem tunesischen Erziehungsminister Mohamed Charfi: "Mon combat contre les islamistes", in: Jeune Afrique, Paris, Nr. 1530, 30.4.1990, S. 18-22.

Türkei/Zypern (Nord)

- Turkey: Brutal and systematic abuse of human rights. New York: Amnesty International, 1989, 73 S.

Westsahara/Polisario

- Texte intégral du rapport du secrétaire général de l'ONU sur le Sahara, in: L'Opinion, Rabat, 6.7.1990, S. 1, 3+4.
- UNO-Plan zur Durchführung des Referendums: "Comment se déroulera le référendum: Le plan de paix", in: Jeune Afrique Plus, Paris, Nr. 8, Sept.-Okt. 1990, S. 46-57; deutsch in: Sahara-Info, Bremen, Nr. 5-6, Nov./Dez. 1990, Beilage, S. IV-VI.
- Westsahararesolution der 45. Sitzungsperiode der UN-Vollversammlung, Kommission IV, 19.10.1990, in: Sahara-Info, Bremen, Nr. 5-6, Nov./Dez. 1990, Beilage, S. VII-VIII.
- SADR Prime Minister Ali Beiba interviewed by Algerian Radio (20.2.1990), in: SWB/ME/0696/A/6-7, 23.2.1990.
- Entschließung des Europäischen Parlaments vom 15.2.1990 zu den Menschenrechten in der Westsahara, in: Sahara-Info, Bremen, Nr. 2/1990, S. 7.
- Entschließung des Europäischen Parlaments vom 11.10.1990 zur Westsahara, in: Sahara-Info, Bremen, Nr. 5-6, Nov./Dez. 1990, S. 13.

Arabische Liga

- Arab Summit: Opening Speech by President Saddam Husayn, 28.5.1990, in: SWB/ME/0777/A/1-4, 30.5.1990.
- Final statement of Arab League Summit meeting in Baghdad, in: SWB/0779/A/3-7, 1.6.1990; Auszüge in deutsch in: Palästina, Bonn, Nr. 3/1.7.1990, S. 92-93.
- Protokoll der außerordentlichen Arabischen Gipfelkonferenz, Sitzung vom 10.8.1990 (al-mukhsar al-kamil), in: al-Yaum al-Sabi', Paris, Nr. 328, 20.8.1990, S. 8-11 (in arabisch), Auszug in deutsch in: Der Spiegel, Jg. 44, Nr. 35, 27.8.1990, S. 137.

AMU/AKR

- Discours du Président Zine El Abidine Ben Ali à l'ouverture de la première session du conseil de la Présidence de l'Union de Maghreb Arabe, 22.1.1990, in: Etudes Internationales, Tunis, Nr. 35, Sommer 1990, S. 170-176.
- Final statement of Arab Maghreb Union-Session (21.-23.1.1990), in: SWB/ME/0671/A/5-7, 25-1-1990, vgl. auch frz. Text in: Akinfo, Nr. 3/8.2.1990, S. 4-6.
- Arab leaders issue statement at conclusion of ACC summit (23.-24.2.1990), in: SWB/ME/0698/ A/9-10, 26.2.1990.

EG

- European Parliament, resolution on repression in the Israeli-Occupied territories, Strasbourg, France, 18. January 1990, in: Journal of Palestine Studies, Washington, Nr. 4/1990, S. 134-136.

- EG-Erklärung zur Invasion des Irak in Kuwait vom 4.8.1990, in: Palästina, Bonn, Nr. 4, Okt. 1990, S. 73.
- Declaration on the Middle East, issued by the heads of state of the twelve European Community members, Dublin, 26-26 June 1990, in: Middle East International, London, 6.7.1990, S. 23; in deutsch in: Palästina, Bonn, Nr. 4, Okt. 1990, S. 75-76.

GKR

- Final communique of GCC Foreign Ministers' meeting on Gulf Crisis, Sept. 1990, in: SWB/ME/0864/A/2-3, 8.9.1990.
- Final Communique of GCC Supreme Council Meeting in Doha, December 1990, in: SWB/ME/ 0957/A/9-13, 29.12.1990.
- GCC main economic indicators 1990, Economic and Industrial Research Division, Research Institute, King Fahd University of Petroleum and Minerals, Dhahran/Saudi Arabia 1990, 130 S. (englisch und arabisch).

OIK

- Final recommendations of the Islamic Foreign Ministers' Conference, 5.8.1990, in: SWB/ ME/0838/A/9-11, 9.8.1990.
- OIC political, economic and cultural resolutions, 1969-1990 (Bibliographie), in: OIC-Information-Report, Ankara, Nr. 19-20, Juli/Okt. 1989, S. 15-26.

OPEC/OAPEC

- 87th Meeting of the OPEC Conference (Genf, 26.-27. Juli 1990); resolutions (27.8.1990), in: OPEC Bulletin, Wien, August 1990, S. 4-7; September 1990, S. 6-8 (resolutions).
- OPEC Press Conference, Vienna (13.12.1990): Algeria's Sadek Boussena (Conference President), in: MEES, Nikosia, 24. December 1990, S. D1-D7.
- Energy into the 21st century: an OPEC view. Speech by Dr. Subroto, Secretary General of OPEC, Brüssel 3./4.5.1990, in: OPEC Bulletin, Wien, Mai 1990, S. 5-9.
- Resolutions of the 88th meeting of the OPEC Conference (Wien, 12.-13.12.1990), in: OPEC Bulletin, Wien, Januar 1991, S. 4-7.

PLO

- The human rights situation in Palestine: reports by the delegations of inquiry on behalf of the International Committee for Palestine Human Rights. International Progress Organization, Wien, 1989, 42 Seiten.
- Yasir Arafat's message on 29th month of uprising: mass destruction weapons threaten conflagration, in: SWB/ME/0738/A/2-4, 13.4.1990.
- Speech by PLO leader Arafat, Arab Summit, Baghdad, 28.5.1990, in: SWB/ME/ 0777/A/ 8-12, 30.5.1990.
- Arafat's Fatah Day address to Palestinians, 31.12.1990, in: SWB/ME/0961/E/16-17, 4.1.1991.
- Yasir Arafat interviewed on dialogue with the USA and the threat of war, in: SWB/ME/ 0814/A/1-3, 12.7.1990.
- Palestinian uprising: Hamas issues call on strike days and other activities, in: SWB/ME/ 0726/A/3, 30.3.1990.
- Hamas-Fatah joint statement on ending inter-Palestinian strife, in: SWB/ME/ 0878/A/14-15, 25.9.1990.
- Palestine uprising leadership issues calls, Nr. 50 (supplement, 6.1.1990) bis Nr. 64 (4.12.1990) ohne Nr. 63, in: SWB/ME-Serie, 8.1.1990, 26.1.1990, 17.2.1990, 9.3.1990, 31.3.1990, 23.4.1990, 15.5.1990, 29.5.1990, 18.6.1990, 7.7.1990, 3.8.1990, 3.9.1990, 4.10.1990, 6.12.1990 (jeweils 1-3 Seiten).

Auswahlbibliographie

Die folgende Zusammenstellung umfaßt die wissenschaftlich wichtigsten und interessantesten monographischen Neuerscheinungen, die seit Ende 1989 in deutscher, englischer und französischer Sprache veröffentlicht wurden. Weitergehende Literaturhinweise sind erhältlich bei: **Übersee-Dokumentation/Referat Vorderer Orient,** Neuer Jungfernstieg 21, 2000 Hamburg 36

POLITIK/WIRTSCHAFT ALLGEMEIN*

Andersen, Roy R. (u.a.): Politics and Change in the Middle East: Sources of Conflict and Accommodation. Hemel Hempstead: Prentice Hall International, 1990, 331 S.

Balta, Paul: Le Grand Maghreb. Des indépendances à l'an 2000. Paris: La Découverte, 1990, 329 S.

Beaugé, Gilbert (Hrsg.): Les capitaux de l'Islam. Paris: Editions du CNRS, 1990, 256 S.

Boullata, Issa J.: Trends and Issues in Contemporary Arab Thought. Albany, N.Y.: State University of New York Press, 1990, 219 S.

Breslauer, George W. (u.a.): Soviet Strategy in the Middle East. Boston: Unwin Hyman, 1990, 320 S.

Calabrese, John: China's Changing Relations with the Middle East. London: Pinter, 1990, 183 S.

Coffey, J. I./Bonvicini, G.: The Atlantic Alliance and the Middle East. Basingstoke: Macmillan Press, 1989, 316 S.

Fargues, Philippe/Boustani, Rafic: Atlas du Monde Arabe. Géopolitique et société. Paris: Bordas, 1990, 230 S.

Frank, Gerd: Allahs große Söhne. Staatengründer und Reformer (Hassan II., Ibn Saud, Nasser, Kemal Atatürk, Hussein II.). Frankfurt/M.: Societätsverlag 1990, 301 S.

Golan, Galia: Soviet Policies in the Middle East: from World War II to Gorbachev. Cambridge: Cambridge University Press, 1990, 319 S.

Hansen, Gerda: Massenmedien im Kontext der politischen und gesellschaftlichen Entwicklung des Vorderen Orients. Eine Auswahlbibliographie (seit 1980). Hamburg: Deutsches Übersee-Institut, 1990, 75 S.

Hünseler, Peter: Die außenpolitischen Beziehungen der Bundesrepublik Deutschland zu den arabischen Staaten von 1949-1980. Frankfurt/Main: Lang Verlag, 1990, 197 S.

Al-Jadir, Adib (Hrsg.): Human Rights in the Arab World. Sondernummer der Zeitschrift Journal of Arab Affairs, Boulder, Col., Vol. 9, Nr. 1/ Frühjahr 1990, 83 S.

Kodmani-Darwish, Bassma (Hrsg.): Maghreb: Les années de transition. Paris: Masson, 1990, 398 S.

Lamchichi, Abderrahim: Islam et contestation au Maghreb. Paris: L'Harmattan 1990, 350 S.

Layachi, Azzedine: The United States and North Africa: A Cognitive Approach to Foreign Policy. New York: Greenwood Press, 1990, 203 S.

Lenczowski, George: American Presidents and the Middle East. London: Academic and University Press, 1990, 368 S.

Mejcher, Helmut: Die Politik und das Öl im Nahen Osten. II. Die Teilung der Welt 1938-1950. Stuttgart: Klett-Cotta, 1990, 492 S.

Naaoush, Sabah: Dettes extérieures des pays arabes. Paris: L'Harmattan, 1990, 128 S.

El-Naggar, Said: Privatization and Structural Adjustment in the Arab Countries. Washington, D.C.: International Monetary Fund, 1989, 269 S.

Reich, Bernard (Hrsg.): Political Leaders of the Contemporary Middle East and North Africa: A Biographical Dictionary. New York: Greenwood Press, 1990, 570 S.

Richards, Alan/Waterbury, John: A Political Economy of the Middle East: State, Class, and Economic Development. Boulder, Col.: Westview Press, 1990, 495 S.

Sonn, Tamara: Between Qur'an and Crown: The Challenge of Political Legitimacy in the Arab World. Boulder, Col.: Westview Press, 1990, 266 S.

Wilson, Rodney: Islamic Financial Markets. London: Routledge, 1990, 242 S.

GESELLSCHAFT/KULTUR ALLGEMEIN

Ali, Wijdan (Hrsg.): Contemporary Art from the Islamic World. Buckhurst Hill, Essex: Scorpion Publishing Ltd., 1989, 288 S.

Badran, Margot/Cooke, Miriam (Hrsg.): Opening the Gates. A Century of Arab Feminist Writing. London: Virago Press, 1990, 412 S.

Chaline, Claude: Les villes du monde arabe. Paris: Masson, 1990, 188 S.

Ehlers, Eckart: Der islamische Orient: Grundlagen zur Länderkunde eines Kulturraumes. Köln: Islamische Wissenschaftliche Akademie, 1990, 417 S.

Femmes et pouvoir. Sondernummer der Zeitschrift Peuples Méditerranéens, Paris, Nr. 48/49, Juli-Dezember 1989, 336 S.

Glavanis, Kathy and Pandeli: The Rural Middle East: Peasant Lives and Modes of Production. London: Zed Books, 1990, 214 S.

Ismael, Tareq Y. (Hrsg.): Middle East Studies. International Perspectives on the State of the Art. New York/London: Praeger, 1990, 229 S.

Lacoste-Dujardin, Camille: Mütter gegen Frauen. Mutterherrschaft im Maghreb. Zürich: efef, 1990, 252 S.

Minces, Juliette: La femme voilée. L'Islam au féminin. Paris: Calmann-Levy, 1990, 235 S.

Pollack, Christine: Kulturschock Islam. Reise- und Verhaltenstips für Frauen, die islamische Länder besuchen. Bielefeld: Peter-Rump-Verlag, 1990, 204 S.

Snami, Setenyi (Hrsg.): Women in Arab Society: Work Patterns and Gender Relations in Egypt, Jordan and Sudan. Leamington Spa: Berg Publishers, 1990, 217 S.

MINORITÄTEN

Chaker, Salem: Berbères aujourd'hui. Paris: L' Harmattan, 1989, 149 S.

Daftari, Fahad: The Isma'ilis: Their History and Doctrines. Cambridge: Cambridge University Press, 1990, 804 S.

Gunter, Michael M.: The Kurds in Turkey: A Political Dilemma. Boulder, Col.: Westview Press, 1990, 151 S.

Lasry, Jean-Claude/Tapia, Claude: Les juifs du Maghreb. Diaspora contemporaines. Paris: L'Harmattan, 1990, 480 S.

Rondot, Pierre (u.a.): Les chrétiens du Monde Arabe. Paris: Maisonneuve & Larose, 1990, 160 S.

ISLAM

Appignanesi, Lisa/Maitland, Sara: The Rushdie file. London: Fourth Estate, 1990, 258 S. (mit zahlreichen Dokumenten)

al-Ashmawy, Muhammad Saïd: L'islamisme contre l'Islam. Paris: La Découverte, 1990, 112 S.

Choueiri, Youssef M.: Islamic Fundamentalism. London: Pinter, 1990, 178 S.

Faroqhi, Suraiya: Herrscher über Mekka. Die Geschichte der Pilgerfahrt. München/Zürich: Artemis & Winkler, 1990, 350 S.

Kepel, Giles: Intellectuels militants de l'Islam contemporain. Paris: Seuil, 1990, 290 S.

Kerlau, Yann: Les Aga Khans. Paris: Perrin, 1990, 428 S.

Khan, Muhammad Akram: Glossary of Islamic Economics. London: Mansell, 1990, 160 S.

Khuri, Ruad I.: Imams and Emirs: State, Religion and Sects in Islam. London: Saqi Books, 1990, 270 S.

Landau, Jacob M.: The Politics of Pan-Islam: Ideology and Organization. Oxford: Clarendon, 1990, 438 S.

Liauzu, Claude: L'Islam de l'occident. Paris: Arcantère, 1990, 186 S.

Na'im, Abd Allah Ahmad: Toward an Islamic Reformation: Civil Liberties, Human Rights and International Law. Syracuse, N. Y.: Syracuse University Press, 1990, 253 S.

Nasir, Jamal: The Islamic Law of Personal Status. London: Graham & Trotman, 1990, 358 S.

Nirumand, Bahman (Hrsg.): Im Namen Allahs. Islamische Gruppen und der Fundamentalismus in der Bundesrepublik Deutschland. Köln: Dreisam-Verlag, 1990, 163 S.

Schimmel, Annemarie: Der Islam. Eine Einführung. Stuttgart: Reclam, 1990, 157 S.
Schimmel, Annemarie (Hrsg.): Der Islam. Islamische Kultur - Zeitgenössische Strömungen - Volksfrömmigkeit. Stuttgart: Kohlhammer, 1990, 486 S.
Corbin, Henry: La topographie spirituelle de l' Islam iranien, Paris: Editions La Différence, 1990, 305 S.
Weber, Egard/Reynaud, Georges: Croisade d'hier, Djihad d'aujourd'hui. Paris: Editions Cerf, 1989, 343 S.

ÄGYPTEN

Ayubi, Nazih: The State and Public Policies in Egypt since Sadat. Exeter: Ithaca Press, 1990, 278 S.
Baker, Raymond William: Sadat and After. Struggles for Egypt's Political Soul. London: I. B. Tauris, 1990, 365 S.
Bianchi, Robert: Unruly Corporatism. Associational Life in Twentieth-Century Egypt. Oxford: Oxford University Press, 1990, 304 S.
Brown, Nathan: Peasant Politics in Modern Egypt: The Struggle against the State. New Haven, CT: Yale University Press, 1990, 280 S.
Cohen, Raymond: Culture and Conflict in Egyptian-Israeli Relations: A Dialogue of the Deaf. Bloomington: Indiana University Press, 1990, 208 S.
Lorenz, Joseph P.: Egypt and the Arabs: Foreign Policy and the Search for National Identity. Boulder, Col.: Westview Press, 1990, 184 S.
Meyer, Günter: Kairo: Entwicklungsprobleme einer Metropole der Dritten Welt. Köln: Aulis Verlag Deubner, 1989, 44 S.
Quandt, William B. The United States and Egypt: An Essay on Policy for the 1990s. Washington: Brookings Institution, 1990, 82 S.
Rubin, Barry: Islamic Fundamentalism in Egyptian Politics. New York: St. Martin's Press, 1990, 180 S.
Wayne, Scott: Egypt and the Sudan. Brentford: Rogers Laselles, 1990, 440 S.

AFGHANISTAN

Anderson, Ewan W./Hatch Dupree, Nancy (Hrsg.): The Cultural Basis of Afghan Nationalism. London: Pinter, 1990, 264 S.
Emadi, Hafizullah: State, Revolution and Superpowers in Afghanistan. New York/London: Praeger Publishers, 1990, 157 S.
Grevemeyer, Jan-Heeren: Afghanistan. Sozialer Wandel und Staat im 20. Jahrhundert. Berlin: Verlag für Wissenschaft und Bildung, 1989, 430 S.
Halbach, Uwe: Afghanistan nach dem sowjetischen Truppenrückzug. Köln: BIOST, 1989, 157 S.
Ma'aroof, Mohammed Khalid: Afghanistan and Super Powers. New Delhi: Commonwealth Publishers, 1990, 347 S.
Urban, Mark: War in Afghanistan. London: Macmillan Press, 1990, 337 S.

ALGERIEN

Blin, Louis: L'Algérie, du Sahara au Sahel. Paris: L'Harmattan, 1990, 501 S.
Boubakeur, Cheikh Si Hamza: Contribution à l'étude de la vie réligieuse et de la littérature algérienne moderne. Paris: Maisonneuve & Larose, 1990, 2 Bände, 324+280 S.
Brahimi, Brahmi: Le pouvoir, la presse et les intellectuels en Algérie. Paris: L'Harmattan, 1990, 309 S.
Chalabi, El-Hadi: L'Algérie, l'état et le droit: 1789-1988. Paris: Arcantère, 1989, 336 S.
Faath, Sigrid: Algerien. Gesellschaftliche Strukturen und politische Reformen zu Beginn der neunziger Jahre. Hamburg: Deutsches Orient-Institut, 1990, 732 S.
Hirèche, Assia: Algérie, l'après-pétrole. Quelles stratégies pour 1995 et 2010? Paris: L'Harmattan, 1989, 436 S. + Anhang

Rouadjia, Ahmed: Les frères et la mosquée. Enquête sur le mouvement islamiste en Algérie. Paris: Karthala, 1990, 309 S.

Ruhe, Ernstpeter: Algerien-Bibliographie. Publikationen aus der Bundesrepublik Deutschland, Österreich und der Schweiz 1962-1989. Wiesbaden: Harrassowitz, 1990, 181 S.

Walter, Helga: Widerschein Afrikas. Zu einer algerischen Literaturgeschichte. Wiesbaden: Harrassowitz, 1990, 187 S.

GOLFSTAATEN

al-Alkim, Hassan Hamdan: The Foreign Policy of the United Arab Emirates. London: Saqi Books, 1989, 279 S.

Assiri, Abdul-Reda: Kuwait's Foreign Policy: City-State in World Politics. Boulder, Col.: Westview Press, 1990, 193 S.

von Boehmer, Henning (Hrsg.): Deutsche Unternehmen in den arabischen Golfstaaten. Stuttgart: Schaeffer Verlag, 1990, 627 S.

Codrai, Ronald: Seven Sheikdoms. London: Stacey International, 1990, 176 S.

Cordesman, Anthony H.: The Gulf and the West: Strategic Relations and Military Realities. Boulder, Col.: Westview Press, 1990, 526 S.

Crystall, Jill: Oil and Politics in the Gulf: Rulers and Merchants in Kuwait and Qatar. Cambridge: Cambridge University Press, 1990, 250 S.

Ehteshami, A./Nonneman, G./Tripp, Ch.: War and Peace in the Gulf: Domestic Politics and Regional Relations into the 1990s. Exeter: Ithaca Press, 1990, 140 S.

Fakhro, Munira A.: Women at Work in the Gulf: A Case Study of Bahrain. London: Kegan Paul International, 1990, 204 S.

Mansfield, Peter: Kuwait: Vanguard of the Gulf. London: Hutchinson Publishing Co. Ltd., 1990, 138 S.

Scholz, Fred: Muscat, Sultanat Oman. Geographische Skizze einer einmaligen arabischen Stadt. Berlin: Das Arabische Buch, 1990, 459 S.

Shanneik, Ghazi (Hrsg.): Die Beziehungen zwischen der Bundesrepublik Deutschland und den Arabischen Golfstaaten (GCC). Bonn, 1990, 112 S.

Stöger, Christian J.: Kuwait. Öl, Macht und Ohnmacht. Mödling-Wien: Edition Umbruch Extra, 1990, 120 S.

Whelan, J. (Hrsg): United Arab Emirates: A MEED Practical Guide. London: E.M.A.P. Business Information, 1990, 320 S.

IRAK/GOLFKRIEG/IRAKISCH-KUWAITISCHER KONFLIKT

Amin, S. H.: Legal System of Iraq. Glasgow: Royston Publishers, 1989, 626 S.

Cordesman, Athony H./Wagner, Abraham R.: Iran-Iraq War. London: Mansell Publishing Ltd., 1990, 647 S.

Davies, Charles (Hrsg): After the War: Iran, Iraq and the Arab Gulf. Chichester: Carden Publishers, 1990, 426 S.

Encke, Ulrich: Saddam Hussein: Ein Portrait. München: Heyne, 1990, 104 S.

Graz, Liesl: After the Ball: The Gulf's Turbulent Decade. London: I. B. Tauris, 1990, 256 S.

L'invasion du Koweït. Opinions arabes. Sondernummer von Maghreb-Machrek, Paris, Nr. 130, Oktober-Dezember 1990, 159 S.

Joyner, Christopher C. (Hrsg.): The Persian Gulf War: Lessons for Strategy, Law and Diplomacy. New York: Greenwood Press, 1990, 256 S.

al-Khayyat, Sana: Honour and Shame: Women in Modern Iraq. London: Saqi Books, 1990, 232 S.

Korn, David, A.: Human Rights in Iraq. New Haven, CT: Yale University Press, 1990, 164 S.

Linde, Gerd: Despot contra Emir. Irak, Kuwait und die UdSSR. Köln: BIOST, 1990, 40 S.

Metz, Helen, Chapin (Hrsg.): Iraq - A Country Study. Washington, D.C.: GPO, 1990, 302 S.

Miller, Judith/Mylroie, Laurid: Saddam Hussein and the Crisis in the Gulf. New York: Times Books, 1990, 268 S.

Mofid, Kamran: The Economic Consequences of the Gulf War. London: Routledge, 1990, 177 S.

Nirumand, Bahman (Hrsg.): Sturm im Golf. Die Irak-Krise und das Pulverfaß Nahost. Reinbek: Rowohlt, 1990, 188 S.

Salinger, Pierre/Laurent, Eric: Guerre du Golfe. Le dossier secret. Paris: Olivier Orban, 1990, 304 S.; deutsche Ausgabe: Krieg am Golf, München: Hanser, März 1991.

IRAN

Allafi, Mohammed H.: Peripherer Fordismus im Iran. Drei Jahrzehnte Widersprüche in der Regulation eines teilmodernisierten Landes (1952-1982). Konstanz: Wisslit, 1990, 349 S.

Amirahmadi, Hooshang: Revolution and Economic Transition: The Iranian Experience. New York: State University of New York Press, 1990, 420 S.

Chehabi, H. E.: Iranian Politics and Religious Modernism: The Liberation Movement of Iran under the Shah and Khomeini. New York: Cornell University Press, 1990, 342 S.

Hunter, Shireen T.: Iran and the World: Continuity in a Revolutionary Decade. Bloomington: Indiana University Press, 1990, 254 S.

Karshenas, Massoud: Oil, State and Industrialization in Iran. Cambridge: Cambridge University Press, 1990, 308 S.

Keddie, Nikki R./Gasiorowski, Mark J. (Hrsg.): Neither East nor West: Iran, the Soviet Union, and the United States. New Haven, CT: Yale University Press, 1990, 295 S.

Kooroshy, Javad: Wirtschaftsordnung der Islamischen Republik Iran. Anspruch und Wirklichkeit. Hamburg: Deutsches Orient-Institut, 1990, 261 S.

Menashri, David (Hrsg.): The Iranian Revolution and the Muslim World. Boulder, Col.: Westview Press, 1990, 282 S.

Ramazani, R. K. (Hrsg.): Iran's Revolution: The Search for Consensus. Bloomington: Indiana University Press, 1990, 148 S.

Who ist who in Iran? Meckenheim: MB Verlagsgesellschaft, 1990, 350 S.

ISRAEL/PALÄSTINA/NAHOSTKONFLIKT

Avishai, Bernard: A New Israel: Democracy in Crisis, 1973-1988. New York: Ticknor & Fields, 1990, 420 S.

Bailey, Sydney D.: Four Arab-Israeli Wars and the Peace Process. London: Macmillan Press, 1990, 522 S.

Bialer, Uri: Between East and West: Israel's Foreign Policy 1948-1956. Cambridge: Cambridge University Press, 1990, 291 S.

Butt, Gerald: Behind the Star: Inside Israel today. London: Constable, 1990, 192 S.

Cordesman, Anthony H./Wagner, Abraham R.: Arab-Israeli Conflict, 1973-1989. London: Mansell, 1990, 300 S.

Dieckhoff, Alain: Les espaces d'Israël. Essai sur la stratégie territoriale israélienne. Paris: FNSP-FEDN, 1989, 210 S.

Elazar, Daniel J.: Israel's Odd Couple: The 1984 Knesset Elections and the National Unity Government. USA: Wayne State University Press, 1990, 253 S.

Epstein, Simon: Les chemises jaunes. Chronique d'une extrême droite raciste en Israël. Paris: Calmann-Lévy, 1990, 333 S.

Friedmann, Robert I.: The False Prophet: Rabbi Meir Kahane from FBI Informant to Knesset Member. Brooklyn, N. Y.: Lawrence Hill, 1990, 282 S.

Giladi, G.: Discord in Zion: Conflict between Ashkenasi and Sephardi Jews in Israel. Essex: Scorpion Publishers, 1990, 376 S.

Al-Haj, Majid/Rosenfeld, Henry: Arab Local Government in Israel. Boulder, Col.: Westview Press, 1990, 211 S.

Hall-Cathala, David: The Peace Movement in Israel, 1967-1987. London: Macmillan Press, 1990, 228 S.

Kloke, Martin W.: Israel und die deutsche Linke. Zur Geschichte eines schwierigen Verhältnisses. Frankfurt/Main: Haag und Herchen, 1990, 225 S.

Levite, Ariel: Offense and Defense in Israeli Military Doctrine. Boulder, Col.: Westview Press, 1990, 192 S.

McCarthy, Justin: The Population of Palestine. New York: Columbia University Press, 1990, 496 S.

Otto, Ingeborg/Schmidt-Dumont, Marianne: Der Nahostkonflikt seit Ausbruch der Intifada. Eine Auswahlbibliographie. Hamburg: Deutsches Übersee-Institut, Übersee-Dokumentation, 1990, 420 Titel.

Reiser, Stewart: The Israeli Arms Industry: Foreign Policy, Arms Transfer, and Military Doctrine of a Small State. New York: Holmes & Meier, 1989, 252 S.

Roberts, Samuel J.: Party and Policy in Israel: The Battle between Hawks and Doves. Boulder, Col.: Westview Press, 1990, 212 S.

Sichrovsky, Peter: Die Kinder Abrahams. Israels junge Generation. Köln: Kiepenheuer & Witsch 1990, 206 S.

Sobhani, Sohrab: The Pragmatic Entente: Israeli-Iranian Relations, 1948-1988. New York/ London: Praeger, 1989, 172 S.

Warnock, Kitty: Land without Honor: Palestinian Women in the Occupied Territories. New York: Monthly Review Press, 1990, 192 S.

JEMEN (NORD/SÜD)

Dresch, Paul: Tribes, Government and History in Yemen. Oxford: Clarendon, 1989, 469 S.

Fayein, Claudie: Vies de femmes au Yémen. Paris: L'Harmattan, 1990, 103 S.

Halliday, Fred: Revolution and Foreign Policy: The Case of South Yemen 1967-1987. Cambridge: Cambridge University Press, 1990, 315 S.

Kostiner, Joseph: South Yemen's Revolutionary Strategy, 1970-1985: From Insurgency to Bloc Politics. Boulder, Col.: Westview Press, 1990, 122 S.

JORDANIEN

Abu Jaber, Kamel/Buhbe, Matthes/Smadi, Mohammad: Income Distribution in Jordan. Boulder, Col.: Westview Press, 1990, 208 S.

Czichowski, Frank: Jordanien: Internationale Migration, wirtschaftliche Entwicklung und soziale Stabilität. Hamburg: Deutsches Orient-Institut, 1990, 296 S.

Sarrar, Awni: Zukunftsvorstellung und Wertorientierung. Sozialpsychologische Analysen von Schüleraufsätzen aus Jordanien. Saarbrücken: Breitenbach 1989, 213 S.

Wilson, Rodney (Hrsg.): Politics and the Economy in Jordan. London: Routledge, 1990, 243 S.

LIBANON

Balta, Paul/Corm, Georges: L'avenir du Liban dans le contexte régional et international. Paris: Les éditions ouvrières, 1990, 310 S.

Fisk, Robert: Pity the Nation: Lebanon at War. London: Andre Deutsch, 1990, 662 S.

Hanf, Theodor: Koexistenz im Krieg. Staatszerfall und Entstehen einer Nation im Libanon. Baden-Baden: Nomos, 1990, 827 S.

Smilianskaia, I. (Hrsg.): Modern Lebanon: State, Politics, Society. Exeter: Ithaca Press, 1990, 300 S.

Tanter, Raymond: Who's at the Helm? Lessons of Lebanon. Boulder, Col.: Westview Press, 1990, 262 S.

LIBYEN

Childs, Timothy W.: Italo-Turkish Diplomacy and the War over Libya 1911-1912. Leiden: E. J. Brill, 1990, 271 S.

Collectif: Le procès de Reagan - Après les bombardements U. S. de Tripoli et de Benghazi. Paris: L'Harmattan, 1990, 175 S.

Davis, Brian L.: Qadhafi, Terrorism and the Origins of the United States Attack on Libya. New York/London: Praeger, 1990, 224 S.

Goldberg, Harvey E.: Jewish Life in Muslim Libya: Rivals & Relatives. Chicago: University of Chicago Press, 1990, 181 S.

Mahrad, Ahmad: Politische Entwicklungen in Libyen: ein Pressebericht. Pfaffenweiler: Centaurus-Verlagsgesellschaft, 1990, 197 S. (Bibliographie)

MAROKKO

Bencherifa, Abdellatif/Popp, Herbert (Hrsg.): Le Maroc: espace et société. Actes du colloque maroco-allemand de Passau 1989. Passau. Passavia Universitäsverlag, 1990, 288 S.

Benjelloun-Laroui, Latifa: Les bibliothèques du Maroc. Paris: Maisonneuve & Larose, 1990, 432 S.

Clément, Jean-François (Hrsg.): Maroc. Paris: Autrement, 1990, 221 S.

Deshen, Shlomo: The Mellah Society: Jewish Community Life in Sherifian Morocco. Chicago/London: University of Chicago Press, 1989, 152 S.

Hassan II présente: La Marche Verte. Paris: Plon, 1990, 480 S.

Müller-Hohenstein, Klaus/Popp, Herbert: Marokko: ein islamisches Entwicklungsland mit kolonialer Vergangenheit. Stuttgart: Klett, 1990, 229 S.

Perrault, Gilles: Notre ami le Roi. Paris: Gallimard, 1990, 370 S.

Welte, Frank: Der Gnâwa-Kult: Trancespiele, Geisterbeschwörung und Besessenheit in Marokko. Frankfurt/Main: Lang, 1990, 379 S.

van der Yeught, Michel: Le Maroc à nu. Paris: L'Harmattan, 1990, 192 S.

MAURETANIEN

Amnesty International: Mauritanie 1986-1989, contexte d'une crise. Paris: La Découverte, 1990, 64 S.

Baduel, Pierre Robert (Hrsg.): Mauritanie entre arabité et africanité. Aix-en-Provence: Edisud, 1990, 199 S.

Belvaude, Catherine: Ouverture sur la littérature en Mauritanie. Paris: L'Harmattan, 1989, 152 S.

Handloff, Robert E. (Hrsg.): Mauretania - A Country Study. Washington: GPO, 1990, 218 S.

Kamara/Laborie/Langumier: L'urbanisation de la Mauritanie. Enquête sur trois villes secondaires: Rosso, Kiffa et Aioun el-Atrouss. Paris: La Documentation Française, 1989, 95 S.

PAKISTAN

Akbar, S. Ahmed (Hrsg.): Pakistan: The Social Sciences' Perspective. London: Oxford University Press, 1990, 298 S.

Bindra, S.S.: Politics of Islamization, with special Reference to Pakistan. New Delhi: Deep & Deep Publications, 1990, 307 S.

Jalal, Ayesha: The State of Martial Rule: The Origins of Pakistan's Political Economy of Defence. Cambridge: Cambridge University Press, 1990, 360 S.

Johal, Sarbjit: Conflict and Integration in Indo-Pakistan Relations. Los Angeles: California University Press, 1989, 265 S.

Kennedy, Charles H.: Bureaucracy in Pakistan. Oxford: Oxford University Press, 1989, 268 S.

Mahmood, Safdar: Pakistan: Political Roots and Development. New Delhi: Sterling Publishers, 1990, 304 S.

Noman, Omar: Pakistan: A Political and Economic History since 1947. London: Kegan Paul International, 1990, 238 S.

Marri, Mir Khuda Bakhsh: A Judge May Speak. Lahore: Ferozsons, 1990, 226 S.

Zakaria, Rafiq: The Trial of Benazir: An Insight into the Status of Women in Islam. London: Sangam Books, 1990, 168 S.

PLO/INTIFADA

Benda, Roswitha von: "...dann werden die Steine schreien". Die Kinder der Intifada. München: Kindler, 1990, 195 S.

Favret, Rémi: Arafat, un destin pour la Palestine. Paris: Edition Renaudot et Cie., 1990, 330 S.

Livingstone, Neil C./Halevy, David: Inside the PLO: Covert Units, Secret Funds, and the War against Israel and the United States. New York: William Morrow, 1990, 336 S.

Nassar, Jamal R./Heacock, Roger (Hrsg.): Intifada: Palestine at the Crossroads. New York/London: Praeger, 1990, 347 S.

Oded, Arye: Africa, the PLO and Israel. Jerusalem: The Hebrew University of Jerusalem, 1990, 108 S.

Peretz, Don: Intifada: The Palestinian Uprising. Boulder, Col.: Westview Press, 1990, 246 S.

Saint-Prot, Charles: Yasser Arafat. Paris: Picollec, 1990, 220 S.

Schiff, Zeev/Yaari, Ehoud: Intifada. The Palestinian Uprising: Israël's Third Front. New York: Simon & Schuster, 1990, 352 S.

Schreiber, Friedrich: Aufstand der Palästinenser - die Intifada. Fakten und Hintergründe. Opladen: Leske + Budrich, 1990, 187 S.

SAUDI-ARABIEN

Albers, Henry H.: Saudi Arabia: Technocrats in a Traditional Society. Frankfurt/Main (u.a.): Lang, 1989, 244 S.

al-Farsy, Fouad: Modernity and Tradition: The Saudi Equation. London: Kegan Paul International, 1990, 337 S.

Gause, G. Gregory: Saudi-Yemeni Relations. Domestic Structures and Foreign Influence. New York: Columbia University Press, 1990, 233 S.

Kingdom of Saudi Arabia. London: Stacey International, 1990, 256 S.

Looney, Robert E.: Economic Development in Saudi Arabia: Consequences of the Oil Price Decline. New York (u.a.): Jai Press, 1990, 289 S.

Robinson, Jeffrey: Yamani. Paris: Editions Belfont, 1990, 344 S.

SUDAN

Ahmed, Hassan Makki M.: Sudan. The Christian Design. Leicester: The Islamic Foundation, 1989, 176 S.

Alier, Abel: Southern Sudan: Too Many Agreements Dishonoured. Exeter: Ithaca Press, 1990, 292 S.

Collins, Robert O.: The Waters of the Nile: Hydropolitics and the Jonglei Canal 1900-1988. Oxford: Clarendon Press, 1990, 441 S.

Ismail, Ellen/ Makki, Maureen: Frauen im Sudan, Wuppertal: Peter Hammer Verlag, 1990, 175 S.

Kenyon, Susan M.: Five Women of Sennar: Culture and Change in Central Sudan. Oxford: Oxford University Press, 1990, 256 S.

Khalid, Mansour: The Government they Deserve: The Role of the Elite in Sudan's Political Evolution. London: Kegan Paul International, 1990, 480 S.

Streck, Bernhard (Hrsg.): Tradition. Migration. Notstand. Themen heutiger Sudanethnographie. Göttingen: Edition Re, 1990, 132 S.

Thomas, Graham F.: Sudan, 1950-1985: Death of a Dream. London: Darf Publishers Ltd., 1990, 255 S.

Woodward, Peter: Sudan, 1898-1989: The Unstable State. Boulder, Col.: Lynne Rienner Publishers, 1990, 273 S.

SYRIEN

Ramet, Pedro: The Soviet-Syrian Relationship since 1955: A Troubled Alliance. Boulder, Col.: Westview Press, 1990, 290 S.

Hinnebusch, Raymond A.: Authoritarian Power and State Formation in Ba'thist Syria: Army, Party, and Peasant. Boulder, Col.: Westview Press, 1990, 350 S.

Kienle, Eberhard: Ba'th versus Ba'th: The Conflict between Syria and Iraq, 1968-1989. London: I. B. Tauris, 1990, 238 S.

Perthes, Volker: Staat und Gesellschaft in Syrien 1970-1989. Hamburg: Deutsches Orient-Institut, 1990, 340 S.

Pipes, Daniel: Greater Syria: The History of an Ambition. Oxford: Oxford University Press, 1990, 240 S.

TÜRKEI

Aricanli, Tosun/Rodrik, Dani (Hrsg.): The Political Economy of Turkey: Debt Adjustment and Sustainability. London: Macmillan Press, 1990, 278 S.

Bahcheli, Tozun: Greek-Turkish Relations since 1945. Boulder, Col.: Westview Press, 1990, 216 S.

Czok, Heidrun (u.a.): Türkei-Landeskunde. Wirtschaft, Beruf, Bildung, Religion, Familie und Erziehung. Opladen: Leske + Budrich, 1990, 160 S.

Dodd, Clement H.: The Crisis of Turkish Democracy. Beverley: Eothen Press, 1990, 236 S.

Evin, Ahmet/Denton, Geoffrey (Hrsg.): Turkey and the European Community. Opladen: Leske + Budrich, 1990, 204 S.

Finkel, Andrew/Sirman, Nukhet: Turkish State, Turkish Society. London: Routledge, 1990, 312 S.

Hottinger, Arnold: Unbekannter Nachbar Türkei. Aarau: AT-Verlag, 1990, 176 S.

Rustow, Dankwart: Die Türkei - Brücke zwischen Orient und Okzident. Göttingen: Vandenhoeck & Ruprecht, 1990, 186 S.

Turkey: A Strategy for Managing, Borrowings, and Transfers under Macroeconomic Adjustment. Washington, D.C.: World Bank Publications, 1990, 181 S.

TUNESIEN

Camau, Michel/Zaïem, Hédi/Bahri, Hajer: Etat de santé. Besoin médical et enjeux politiques en Tunisie. Paris: Editions du CNRS, 1990, 290 S.

Charfi, Mounir: Les ministres de Bourguiba: 1956-1987. Paris: L'Harmattan, 1989, 246 S.

Hopkins, Michael: Tunisia to 1993, Steering for Stability. London: EIU, 1989, 111 S.

Moudoud, Ezzeddine: Modernization, the State, and Regional Disparity in Developing Countries. Tunisia in Historical Perspective 1881-1982. Boulder, Col.: Westview Press, 1989, 229 S.

WESTSAHARA

Gesellschaft der Freunde des Sahrauischen Volkes (Hrsg.): Der Konflikt um die Westsahara. Hamburg: GFSV e.V., 1990, 62 S.

Moha, Edouard: Le Sahara occidental ou la sale guerre de Boumediene. Paris: Picollec, 1990, 191 S.

Perregaux, Christiane: Femmes sahraouies, femmes du désert. Paris: L'Harmattan, 1990, 191 S.

Roosens, Claude: Le conflit du Sahara occidental: bibliographie, documents, chronologie. Louvain-la-Neuve: CERMAC, 1990, 77 S.

*Auf die beim Verlag Metzler-Poeschel, Stuttgart, erschienenen aktuellen *Länderberichte* des Statistischen Bundesamtes bzw. die Marktinformationen der Bundesstelle für Außenhandelsinformation, Köln, zu allen Staaten der Region wurde nicht im einzelnen hingewiesen.